沁水县中村志

马刘勤　主编

山西出版集团
山西人民出版社

中村村全貌

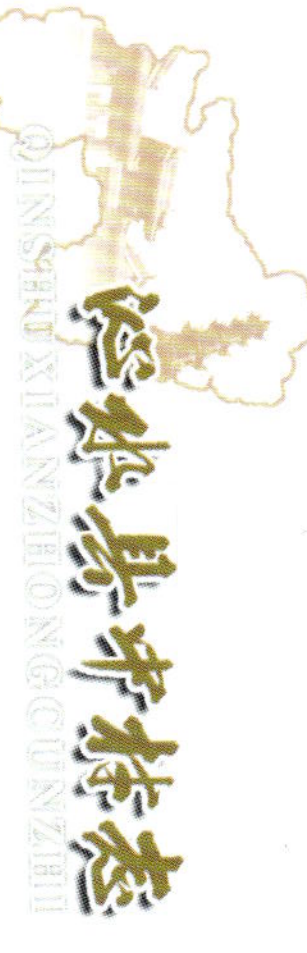

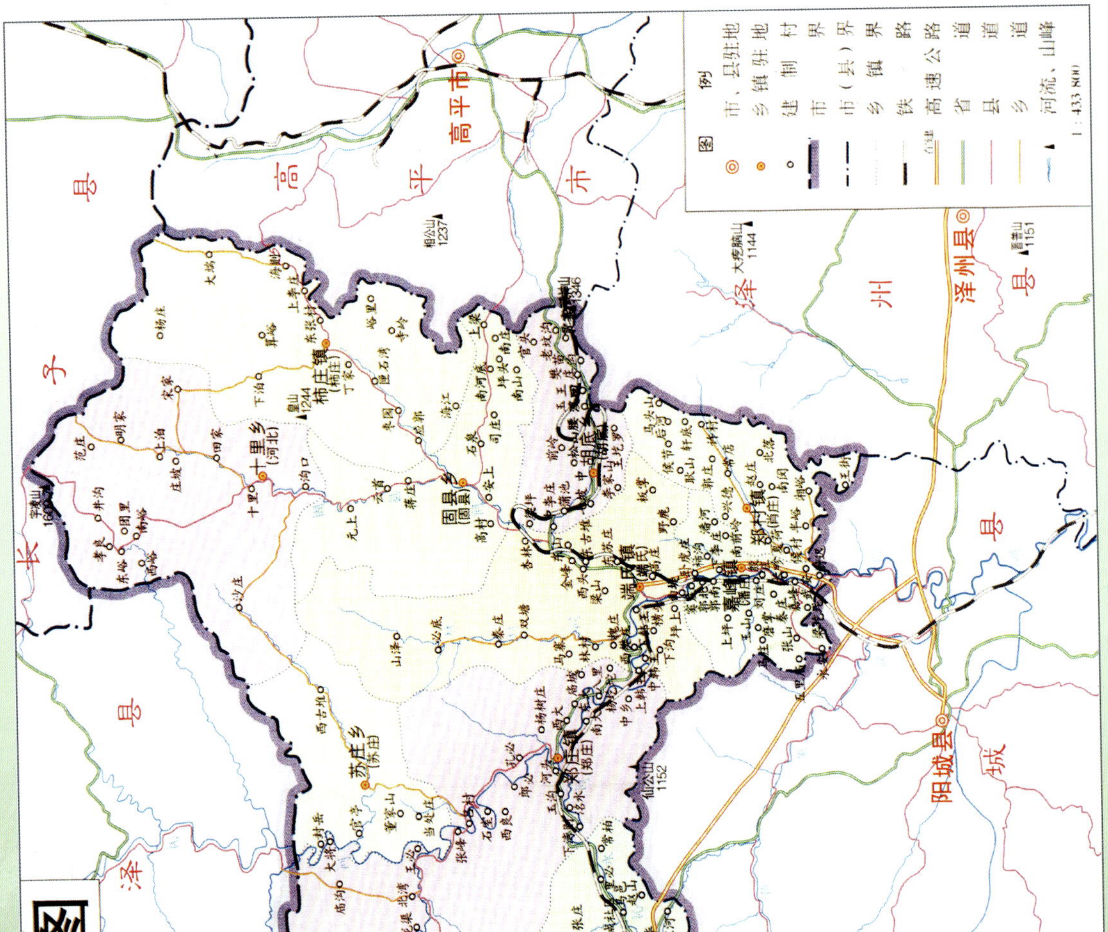

沁水县行政区划图

山西省沁水县位置图

大同市
雁北地区
忻州地区
吕梁地区
太原市
阳泉
晋中地区
长治
市
临汾地区
沁水县
晋城
市
运城地区

浮山县
安泽县
长子县
高平市
翼城县
绛县
阳城县
泽州县

沁水县
龙港镇
嘉峰镇
郑村镇
端氏镇
柿庄镇
郑庄镇
中村镇
固县乡
(固县)
十里乡
(河北)
胡底乡
(胡底)
苏庄乡
(苏庄)
樊村河乡
(樊村)
张村乡
(张村)
土沃乡
(土沃)
(中村)
(郑庄)
(端氏)
(柿庄)
(肖庄)

宇宙山 1609
皇山 1244
相公山 1237
尖山 1496
仙公山 1152
鹿台山 1463
舜王坪 2322
老鹳山 2020
大疙瘩山 1144
喜普山 1151

图例
市、县驻地
乡镇驻地
建制村
市界
市(县)界
乡镇界
铁路
高速公路
省道
县道
乡道
河流、山峰
1:433 800

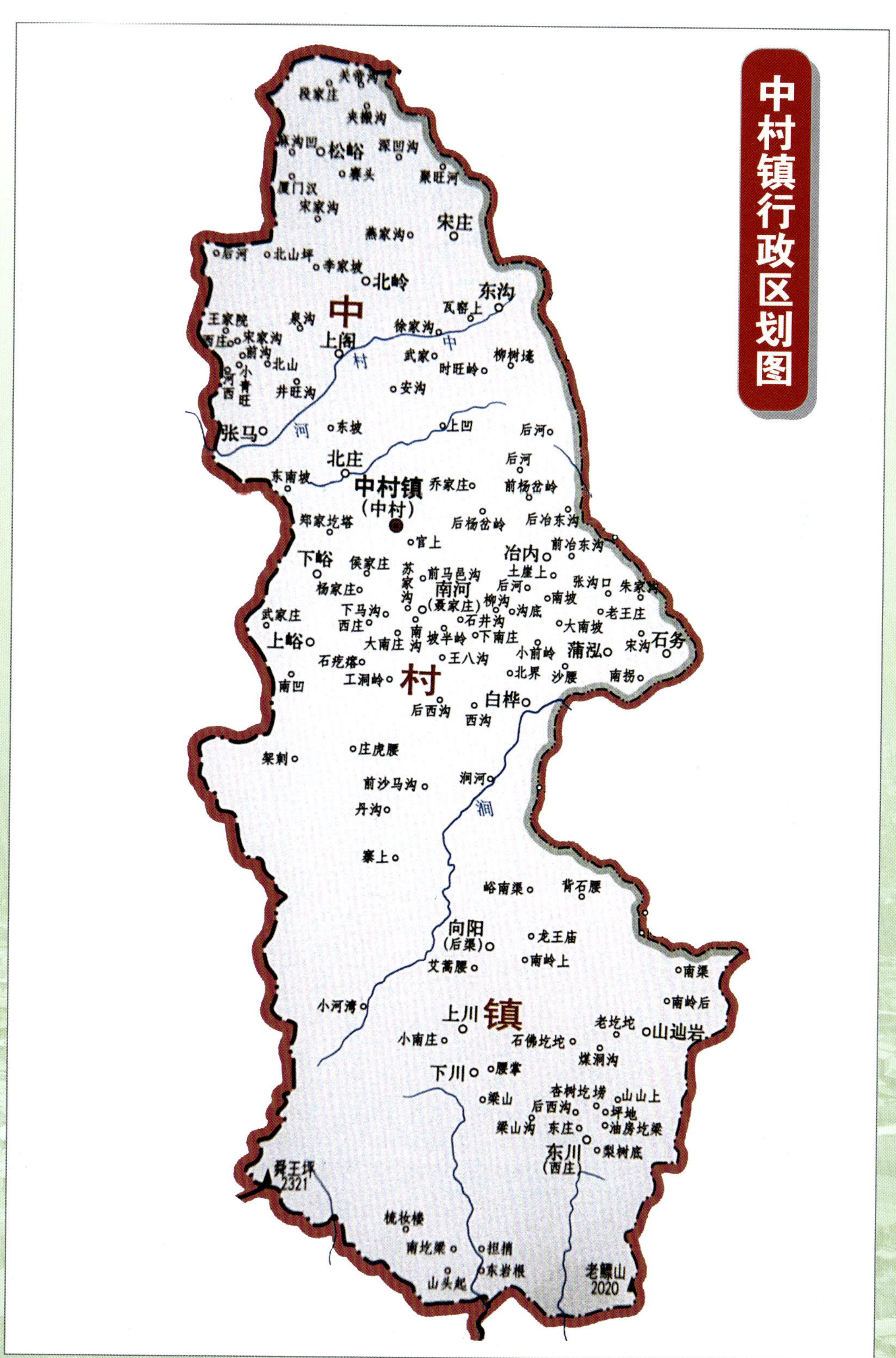
中村镇行政区划图
段家庄
松峪
深凹沟
聚旺河
厦门汊
宋家沟
燕家沟
宋庄
后河
北山坪
李家坡
北岭
东沟
瓦窑上
王家院
泉沟
徐家沟
西庄
宋家沟
前沟
上阁
中
村
武家
时旺岭
柳树墕
北山
小青旺
井旺沟
安沟
张马
河
东坡
上凹
后河
北庄
后河
东南坡
中村镇
（中村）
乔家庄
前杨岔岭
郑家圪塔
后杨岔岭
后冶东沟
官上
冶内
前冶东沟
下峪
侯家庄
苏家沟
前马邑沟
土崖上
南河
（聂家庄）
后河
张沟口
朱家沟
杨家庄
柳沟
沟底
南坡
武家庄
下马沟
西庄
石井沟
老王庄
大南坡
大南庄
南沟
坡半岭
下南庄
上峪
小前岭
蒲泓
宋沟
石务
石疙瘩
王八沟
工洞岭
村
北界
沙腰
南拐
南凹
白桦
后西沟
西沟
庄虎腰
架刺
前沙马沟
洞河
丹沟
洞
寨上
峪南渠
背石腰
向阳
（后渠）
龙王庙
艾蒿腰
南岭上
南渠
小河湾
南岭后
上川
镇
老圪坨
山辿岩
小南庄
石佛圪坨
煤洞沟
下川
腰掌
梁山
杏树圪塄
山山上
后西沟
坪地
梁山沟
东庄
油房圪梁
东川
（西庄）
梨树底
舜王坪
2321
梳妆楼
南圪梁
担梢
东岩根
山头起
老鳏山
2020

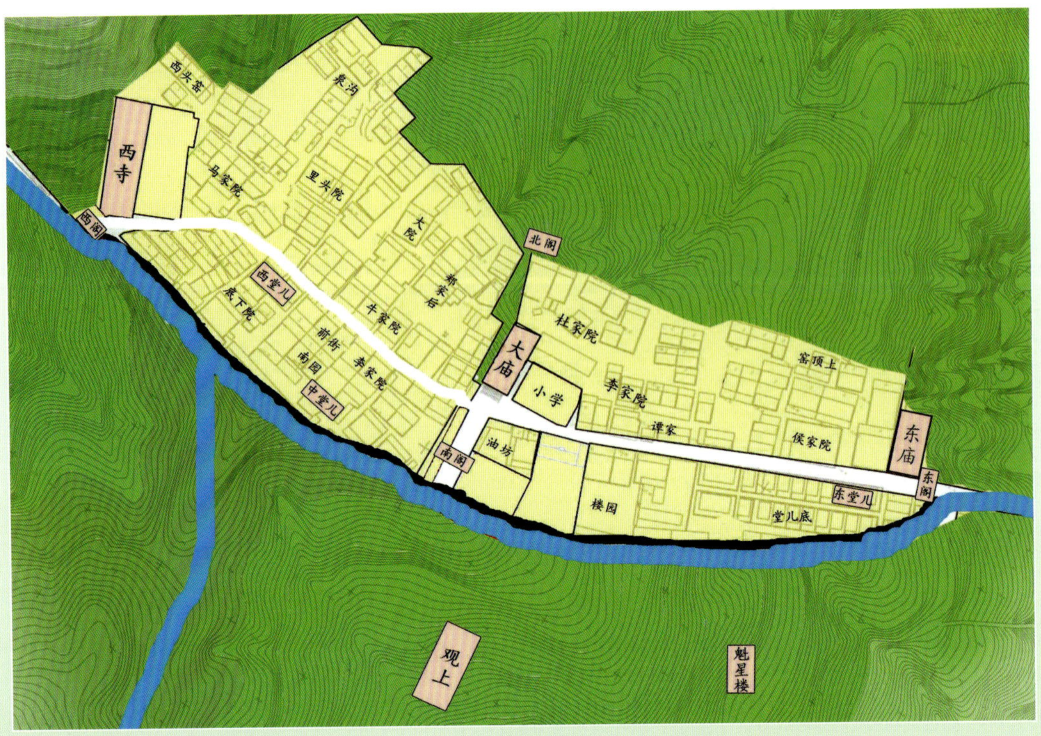

20 世纪 50 年代中村村布局图

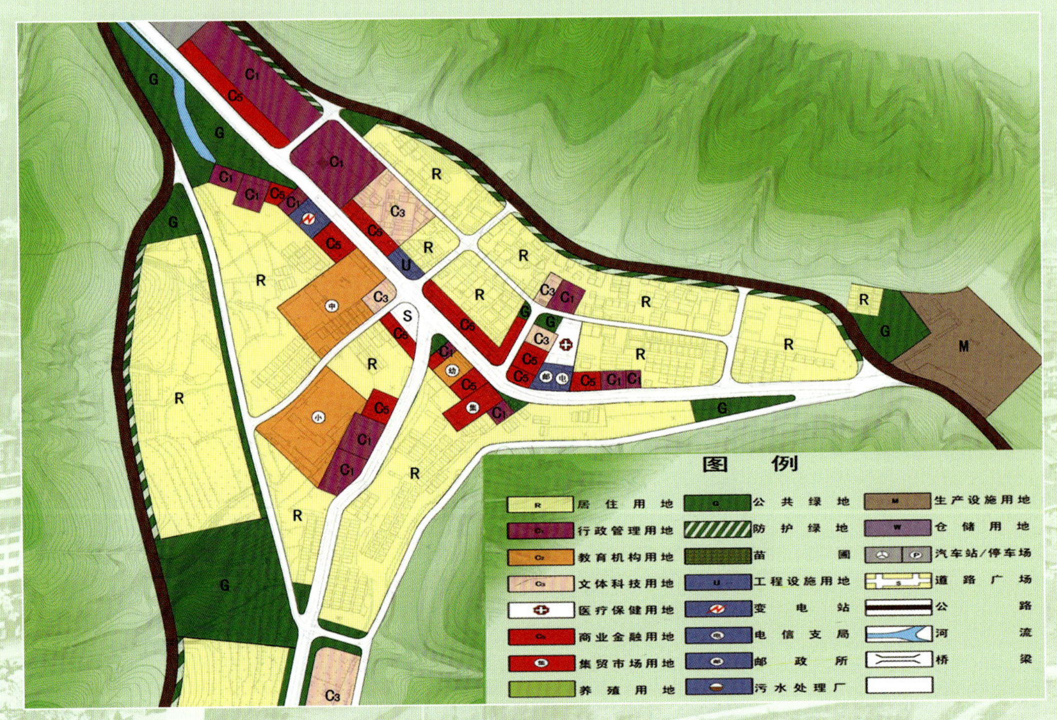

中村规划图

木凹自然村

乔家自然村

上沟自然庄

涧河自然庄

小河湾自然庄

晋城市委书记马巧珍深入中村就基层思想政治工作进行专题调研

在外工作领导与中村镇、村领导共议发展大计

沁水县委组织部长范鲁正指导中村党建工作

李怀玉荣获沁水县“十佳共产党员”称号

沁水县领导与中村文艺宣传队合影

1976 年中村村红尖兵合影

中村村党支部、村委会领导谋划中村发展宏伟蓝图

中村镇政府办公楼

中村村委办公楼

中村公园一角

绿色休闲文化长廊

修复中的西祥寺

优秀人民调解委员会

山西省司法厅

二〇〇七年二月

中村党总支连续五年捧得晋城市党日活动流动杯

沁水县中村镇中村村党总支
先进基层党组织
中共晋城市委
二〇〇一年六月

文明和谐村标兵
（2006-2007）
晋城市精神文明建设指导委员会
二〇〇八年四月

奖给：中村镇中村村
二〇〇九年度
先进集体
中共沁水县委
沁水县人民政府
二〇一〇年三月

本志编委人员合影

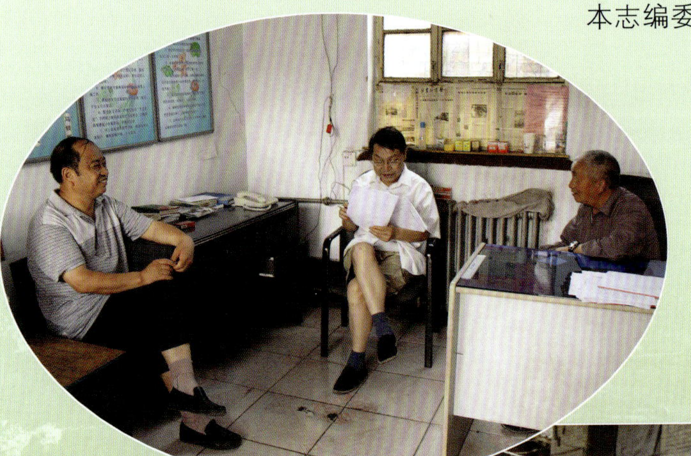

本志编纂人员
研究编纂提纲

本志主编向牛氏族人了解家谱

沁水县中村志编委会

顾　问： 田王瑞　刘建基　郑挺奇　张国忠　郑民伟

总策划： 马刘勤

主　任： 马刘勤

副主任： 郑　芳　张书元　任振奎　蔺　杰　张跃政

委　员： 侯晋林　李卫京　贾志军　王翠兰　李小战　谭秋兰
徐明亮　刘虎虎　李忠忠　刘其锁　刘小瑞　李忠生
刘玉良　席国兴　乔永隆

主　编： 马刘勤

审　稿： 田同旭

资　料： 霍新会　李建国　侯凤德　李国宏

摄　影： 韩志军　王马林

制　图： 贾志军

录　入： 韩志军

目　录

第一卷　地理

第二卷　经济

第三卷　政治

第四卷　文化体育

第五卷　教育卫生

第六卷　文物宗教

第七卷　军事

第八卷　姓氏人口

第九卷　村风民俗

第十卷　人物

第十一卷　艺文

第十二卷　志余

前　言

马刘勤

一

沁水县中村镇中村村是生我养我的地方。它位于山西省东南部，深藏在太行、太岳、中条三山交汇的叠峰翠嶂之中，地理坐标东经111°56′03″—112°04′23″,北纬35°25′12″—35°40′08″,海拔1100米至1500米,总面积58.38平方公里,大陆性气候,年均气温7.5°,无霜期160天,年降雨量750mm,是沁水县西部政治、经济、文化重镇。

中村,深山斗城,世外桃源。这里金木水火土五行俱全,青松翠柏山川钟秀,地下煤炭、铁矿储藏丰富。自清咸丰年间铁产盛行,20世纪冶炼、采煤兴旺,是沁水煤、铁之乡;地上森林茂密,有林面积25 253亩,覆盖率达90%以上,处于中条山国家自然保护区范围,林木生长量、蓄积量在沁水县乃至山西省首屈一指。工业生产煤焦领先,商贸服务门类齐全,农工牧学商诸业兴旺,人民生活富裕便捷。民族精神大为振奋,华夏文化得以传承,民善家和,村风淳朴,真可谓是物华天宝之地,钟灵毓秀之乡。

有史以来，华夏先祖辛勤耕耘在这块沃土上，石器时代先人在这里刀耕火种,舜耕历山留下不灭的踪迹,农耕文化从此发扬光大。中村先民用双手开辟了天地,用血汗浇灌着家园,不论遭遇何种灾难,毅然前赴后继,从不言弃。他们善良慈爱,用乳汁哺育着儿女,历经朝代更替,人丁繁衍兴盛。20世纪上半叶,中村儿女勇敢奔赴抗战御敌前线,洒热血,抛头颅,保家卫国在所不惜。新中国成立之后,勤劳的中村儿女,在中国共产党的领导下,与时俱进,走中国特色社会主义建设道路,不畏艰险,不怕牺牲,奋力拼搏。村级领导一任接一任,一代传一代,把一个封建落后名不见经传的旧农村,建设成为一个繁荣昌盛、富裕和谐的新城镇。时今的中村,是山西省“基层模范党组织”、“山西省农村改革红旗单位”、“山西省精神文明建设标兵单位”、晋城市“和谐文明村”。中村的发展变化,让每一个中村子民引以为自豪和骄傲。

二

盛世修志，以资治世，是中村历代贤达的夙愿。1986 年我到太原给父亲治病，当时江地先生提出两件事：一是维修中村西庙，二是编写中村村志。由于受经济条件的制约，两件事都没有落实。1992 年李怀玉同志接任中村党总支书记，时任山西省民政厅副厅长的刘建基同志又提议编修村志，并提出很多具体意见。我与怀玉商议多次，将编修村志列入议事日程，但因种种情由进展缓慢。2002 年郑芳接任村党总支书记，编写村志工作力度加大，速度加快，安排专人，向在外人员邮信发函，广征资料。其间，刘建基同志多次过问和关注，2007 年 5 月 18 日给我写信说："前些年我多次建议为中村编写志书，经你的过问，中村定了人正在办，……我总想这件事。"

为何他们如此重视编修村志呢？借用顺治《沁水县志》王纪序曰：

> 夫两先生之为此至也，重沁也。生其地而不能名其地之形势与其人物，举一山焉，吾不知为某山，举一水焉，吾不知为某水；天下亦不知沁之有山与水也，曰乡之人而不道也。问一善焉，吾不知某某善；问一才焉，吾不知某某才，天下亦不知沁之有善与才也，曰乡之人而不道也。无志是无沁也，两先生生不同时，而皆欲以沁传。其始修也，因乎沁，沁之所有，必非志之所无，而天下知有沁。

中村尽管历史悠久，但传世的文字记载少之又少。作为中村近代文化人的江地先生、建基先生深知修一村志，著为成书，使中村人知中村，使天下人知中村是为必须。著名学者冷金成曾说："历史是一种文化，是一种大智慧。谁掌握了这种文化和大智慧，谁就掌握了历史，谁就能够创造历史！"中村志要成为历史与智慧的载体，将中村的历史文化传承延续，让有识之士继而光大，再创历史辉煌，此大事乎，要事乎，千秋之业乎！

三

"邑之有志，犹国之有史也。凡一邑之风土人情、沿革变易、盛衰得失之故，鳌然毕具。长民者一披览焉，其所以因地制宜，救弊补偏，兴废举坠者，端赖乎此。故为政之要图，莫是过也。"此乃嘉庆年沁水窦庄张公心至重修《沁水县志》序之句首，开宗明义，举修志必要。

然而修志又何其容易？没有文化人担当此任，没有懂行人提纲挈领，没有知情人述说导引，没有痴情人潜心细研，著书立说难矣！我很想亲自编写村志，但多年忙于政务，闲暇时间甚少，加之文字工力欠缺，深感心有余而力不足。起始，劳村委安排几个热心人邮信发函，收集资料，但因不谙编辑之道，搜获有用之才寥寥。2008年聘请了曾参与沁水县志编写的端氏镇野鹿人霍新会先生，他在中村一住两年，村党总支、村委会各位领导通力协助，村人侯封德、李建国、李国宏、席国兴等积极参与，搜资料、查档案、访“三老”（老前辈、老党员、老干部）、尽心竭力，辛勤耕耘，把自认为有用的内容分门别类，按志书体例编排撰写。但因不熟悉当地风土人情、生活习俗，深度辨史撰文还颇有难度。无奈，我被赶鸭子上架，亲自执笔撰文！

感谢沁水县政协老副主席、沁水一中高级语文教师田王瑞先生。我邀他担任顾问，他毫不推辞，并与我研究编写大纲，鼓励我要把中村志作为沁水（西）半部县志来完成。他的关心使我坚定了信心，之后，我广揽众贤，把县政协的李卫京、贾志军、韩志军同志组合到一起，并用政协工作之便，把中村志列为文史资料整理工程。政协各位领导、专委会主任也投入其中，大家群策群力，集思广益，不怕吃苦，挖掘资料，力求史实准确，述说清晰，言简意赅，特色突出，易读易懂。

感谢中村历任村干部，他们认真保管了土改以后的村级档案，尽管纸张脆弱，但记录着历史真实，一份份土改文书，一张张房产土地证，一页页财务账簿，中村发展的过程记在里面，中村成长的速度记在里面，中村进步的脚印镌刻在里面。

感谢贾志军同志，他牺牲休息时间，跑遍了中村各大家族的墓地，查抄了所留碑刻文字，登记了古建房屋花梁，辨明了中村各氏族承袭传延梗概。韩志军同志则是承担了全部文字打印，一遍一遍改，一遍一遍打。我改几遍，他打几遍，志书的字里行间都渗透着他的汗水。

感谢沁水的文人、山西大学文学院田同旭教授，中村志付梓出版，他功绩卓著。我们两人相交很深，有其共同爱好，多年合作整理沁水历史文献，相继出版了《沁水历代文存》、《沁水县志三种》、《沁水史话纵横》、《沁水县志逸稿》等。编辑中村志他称为“补编《沁水县志》之不足”。他利用2011年春节假期，审阅修改初稿。苦哉？乐哉！

由于仁人贤士的无私鼎助，中村志得以成书无疑。

四

村志与其他方志能否一样？中村志应具有什么特色？国史重在载述治国之大略，方志必须要重究行政之得失。村志言国乃大，言邑不当。我思之长久，豁然悟性突发：乡邻和睦乃大，家族孝悌为先，官吏长仆要忠，人事善处若水。儒学治村与依法治国可谓异曲同工。

《孝经·广治德章》曰：“君子之教以孝也，非家至而日见之也。教以孝，所以敬天下之为人父者也；教以悌，以敬天下之为人兄者也；教以臣，所以敬天下之为人君者也。诗云：‘恺悌君子，民之父母。’非至德，其孰能顺民如此其大者乎？”

《礼记·中庸》曰："夫孝者，善继人之志，善述人之事也。"

村志所记，重在居里功德善孝。凡长老首领治村之忠功、凡村民助人乐施之善举、凡子孙敬侍亲祖之孝行，不惜重笔挥毫泼墨。例如人物卷，从居里，到籍外，再流寓，略有事迹者能录尽录，阐述功德的原始文稿选附于履历之后，便于后人传颂。又如各氏族家谱祖碑，凡有文字名讳者能载尽载，以便后人追宗认祖，大行其孝。编志期间，我最为用心的即是整理族谱。时今，年轻人多说不出三代以上祖先名讳，何以称孝？整理各氏族谱系，把亲情续接，把血脉疏通，知始祖何时何处迁徙中村，知各门各支流向何方。收录有两次人口普查登记表，近百年大小人等生日、名讳清清楚楚。中村志也可称之为"中村大家谱"。

中村志记述事物客观实在，记述人物公平公正，避免空谈渲染，更不妄加评论。写人写事紧扣历史大背景，尽量让读者自己领会品味社会变迁，人情世态。村人族里之事以情叙述，淡化政治色彩。当然不是不讲政治，编者的政治观点隐含在文章始末，只是不做空头政治说教。在历史上发生的一些不愉快的大事，实录原始文档，让后人知晓而吸取教训，无须沿袭恩怨之忧。

五

唐太宗曰："人以铜为镜，可以正衣冠；以古为镜，可以见兴替；以人为镜，可以知得失。"

翻开《沁水县中村志》，祖先的影事跃然眼前：乡亲族里，曾祖伯叔，村风民俗，人文地理，家长里短，历史变迁，至亲至情，囊括一纸。无论中村子孙游离于世界何地，听一句中村话，讲一件中村事，看一眼中村人，情就融在一起，心就贴在一块，因为我们身上流着中村祖先的血，血浓于水！

《沁水县中村志》的出版，其目的不仅仅是让中村后世子民勿忘祖先，勿忘历史，更重要的是让我们钟爱故土，开创未来。当今世界进入信息化、网络化时代，地球变得越来越来越小，经济全球化、专业化也让人们你依赖我，我依赖你，同时人流物流变化莫测，业无一定，居无永久，中村子孙必然也会融入世界潮流。时势造英雄，英雄也造时世。恰逢盛世，政通人和，国泰民安，乃科学发展之大好时机，深望有志之中村儿女，为了中村的未来，为了中国的未来，为了世界的未来而努力！

中村，我的母亲，骄傲的昨天，奋起的今天，辉煌的明天！亲情所至，孝心所使，恭撰此文，聊表我的初衷。

公元 2011 年 4 月·清明

序　一

田同旭

2011年2月寒假，我返沁水回家过年。适逢沁水政协主席马刘勤君，亲自执笔编撰的《沁水县中村志》最后定稿，即将付梓刊行，他要我为《沁水县中村志》的正式出版写个序言。我曾有幸目睹《沁水县中村志》的编撰全过程，参与《沁水县中村志》的选题策划，体例设计，内容确定，初稿审阅。所以，马刘勤主席要我为《沁水县中村志》写个序言，我没有理由推辞。

2002年，马刘勤初任沁水政协主席。政协有项很有意义的工作，即编撰《沁水文史资料》。自2003年开始，我开始和马刘勤主席合作，整理现存的沁水历史文献，希望能够为沁水的文化建设做点事情。八年多时间，我们先后完成了《沁水历代文存》、《沁水史话纵横》、《沁水县志三种》、《沁水县志逸稿》等书的整理编撰，约400余万字，以《沁水文史资料》书系形成，陆续正式出版。

2005年，《沁水历代文存》与《沁水史话纵横》二书率先出版，在沁水引起一些小小震动。马刘勤主席很是兴奋，他告诉我："你为沁水整理历史文献，我也应当为中村的文化建设做点事情。"马刘勤主席决定，要编撰一部《沁水县中村志》。于是，他认真征求中村乡亲意见，多次邀请相关人员，策划论证选题，确定编写宗旨，设计编撰体例，安排资料收集，规定内容范围等等。于2006年，启动《沁水县中村志》的编撰。

中村在沁水县，尤其是在沁水西部，是个较大的乡镇。历史悠久，社会复杂，人口众多，文化深厚，经济活动非常频繁。它的社会人情，地理文化，风物掌故，村风民俗，都非常集中非常典型地反映了沁西的社会文化特点。所以，编撰一部《沁水县中村志》，囊括整个沁西的社会文化，差不多等于编撰半部《沁水县志》，是一个很有意义，而且功德无量，富有开创性的文化工程。《沁水县中村志》又是中村有史以来第一部村志，一切工作都是破天荒，都要开创，其编撰困难可想而知。

《沁水县中村志》的编撰，原本设想请人编写，马刘勤主席做个主而不编的主编。不曾想到，两个年头过去，所请编写人员写出个20余万字的初稿，大致一阅，与我们的初衷相差甚远。主要原因在于所请编写人员，对中村不甚熟悉，初稿内容，以及文笔，皆难尽人意。初稿失败，仅仅是做了一些有限的资料收集分类工作，浪费了非常宝贵的时间。

一部乡村志的编撰，编撰者不仅仅要具备一定的文字功底，还应当非常熟悉当地的历史掌故，地理文化，社会习俗，风物人情，包括山水走向，庭院坐落等等，意即要非常熟悉而且真正懂得所谓的“乡情”。否则，大概是很难做好一部村志的。“乡情”最重要，一指当地的村情、社情、民情、物情，二指编撰者浓浓的“桑梓之情”，乡情应是一部乡村志的灵魂。

马刘勤主席在中村土生长大，熟悉而且懂得中村乡情。多年来，他对家乡中村，始终抱有一种浓浓的乡情，还有一种强烈的责任之心。马刘勤主席遂以自己熟悉而又懂得中村乡情的文化优势，干脆自己亲自动手，做个亲自执笔操盘编撰《沁水县中村志》的主编。

工作之余，马刘勤主席与各地中村籍知名人士，频繁地通信联系。这些人士，多为中村精英，他们熟悉中村历史沧桑，甚至创造过中村的历史，他们能够提供资料，撰写回忆文章。马刘勤主席又勤奋阅读相关文献，检索村中档案，访问知情乡亲，收集书信家谱。出入村中所有庭院拍照，考察现存古代建筑；跑遍周边古庙荒墓，拓回诸多碑刻题壁。遂亲自执笔书写，操盘编撰，历时三年，一部60余万字，300余幅历史照片的《沁水县中村志》，总算封笔杀青，完稿问世。

我们中华民族，有着几千年的文明历史，文明历史的流传，仰仗历史的记载。所以古人历来注重史志的编撰，因此国有史，省有通志，州府郡县皆有方志。由国史的简略，到通志的详细，至方志的具体直接，相互照应补充。

古代国史、通志、方志，记载保存了我们中华民族悠久丰富的历史文化，给我们留下了一笔非常宝贵的历史文化遗产，使我们在现实生活中，无论遇到什么事情，都可有史为鉴，以古证今。然而，无论是国史，还是通志，终究是一国之史，一省之志，即使是一县之志，所记历史尽管久远，地域尽管广阔，事件尽管纷繁，人物尽管众多，由于篇幅限制，它也不可能尽详尽细，包容所有，具体备至。于是，便有了诸多乡镇村志的问世。

三国曹魏时有《濑乡志》，记载道家鼻祖老子故里。它可能是现知古代最早的一部乡村志，乡村志的编撰，开始滥觞。宋以后，乡村志的编撰开始发展，明以后终成大势。举其要者，宋代常棠有浙江海盐《澉水(镇)志》等，明代张泰有山东曲阜《阙里志》等，清代郎遂有安徽池州《杏花村志》等。山西至民国以来，始见太原《柳子峪志》、灵石《西河底村志》、汾阳《陈家庄志》、阳城《大宁乡志》、虞乡《黄旗志》等乡村志的问世。

古代乡村志的编撰，体例多仿县志体例，也有突破县志体例内容者，多据各自乡村实际情况，设计体例，安排内容，皆突出各自的地方时代特色。

常棠《澉水（镇）志》八卷，分十五门，即《地理门》、《山门》、《水门》、《廨舍门》、《坊苍门》、《坊场门》、《军寨门》、《亭堂门》、《桥梁门》、《学校门》、《寺庙门》、《古迹门》、《物产门》、《碑记门》、《诗咏门》等目。

张泰《阙里志》十三卷，记孔子故里，见有《图像》、《礼乐》、《世家》、《事迹》、《祀典》、《人物》、《林庙》、《山川》、《古迹》、《恩典》、《弟子》、《撰述》、《艺文》等目。

郎遂《杏花村志》十六卷，记一个普通江南乡村，列《村中》、《村南》、《村北》、《村东》、《村西》、《人物》、《闺淑》、《仙释》、《题咏》、《词赋》、《宸翰》、《文章》、《户牒》、《族系》、《传奇》、《杂记》等目。

古代乡村志的特点，由于所记地域限定在一定范围内，遂有条件尽详尽细，直接具体地记载一乡一村的历史文化，资料真实，内容广泛，非常珍贵。

古代沁水自明代以来，曾经先后八次修志，现存康熙、嘉庆、光绪旧志三种。新中国成立以来，又二次修志。自今未见古代沁水有乡村志的传世，二十世纪八十年代以来，始有几部乡村志的问世，见有《武安志》、《冯村志》等，各有优劣，不一而论。因《沁水县中村志》是沁水所编乡村志中，唯一正式出版的第一部村志，故主要谈《沁水县中村志》。

《沁水县中村志》十二卷，前举《大事记》，卷分《地理》、《经济》、《政治》、《文化体育》、《教育卫生》、《文物宗教》、《军事》、《姓氏人口》、《村风民俗》、《人物》、《艺文》、《志余》等目。卷下又分 48 章 130 节。体例受旧志影响，又仿新志体例，且有中村地方时代特色。

《沁水县中村志》的显著特点，由于所记地域仅限于中村范围，遂有条件记载详细，直接具体地记载了中村的悠久历史、山水地理、村风民俗、姓氏人物等，加之配以 300 多幅富有时代特点的历史照片，以及影印文件，使《沁水县中村志》记载显得非常真实。而且古今村民的吃穿住行、庭院街道、人口增减、婚丧节庆、风俗习惯、耕种养殖、农具商品等等的古今演变，都作具体记载。人物入选，不仅记载事业有成者，对于普通村民，凡有事迹者，有名望者，有一技之长者，对中村有所贡献者等等，皆入村志。凡古今《沁水县志》所记较为概括，在《沁水县中村志》中，很多记载都显得具体直接，真实可靠。可以说，读一部《沁水县中村志》，中村历史文化皆知，沁西历史文化可知，对整个沁水历史文化来说，管中窥豹，也可见全斑。《沁水县中村志》是一部集地方社会史、文化史、民俗史、经济史为一体的百科全书，可以称为古今《沁水县志》的具体补充。

寒假结束后，我返回山西大学，顺便将《沁水县中村志》送审稿携来欲交出版社。恰好有机会参加山西省地方志办公室举办的一个“山西省村志编纂工作方案研讨会”，遂先将《沁水县中村志》带到会上，请与会专家传阅。与会专家在听罢我的介绍，翻阅《沁水县中村志》后认为，《沁水县中村志》很有特色，在山西已经问世的约200余种乡村志中，《沁水县中村志》观点正确，内容丰富，资料可靠，体例科学，文字朴实，可谓一部典范之作。

2011年4月于山西大学

序　二

中村村党总支书记、村委会主任　郑芳

非常高兴，全面反映中村历史与现状的《沁水县中村志》付梓出版，这是中村人民政治、文化生活中的一件大事、盛事，是精神文明建设的一枝奇葩。此所谓“好雨知时节，当春乃发生。随风潜入夜，润物细无声”。

中村有近千年的历史。在漫长的封建社会，农民始终处于社会的最底层，饱受阶级压迫、经济剥削、政治歧视，每遇自然灾害侵袭，更是哀鸿遍野，民不聊生。1921 年中国共产党诞生，穷人有了革命的方向。20 世纪 40 年代，中村有了中国共产党的基层组织，领导人民反抗阶级压迫，反抗外敌入侵，拯救人民逃离苦海。

新中国的诞生，使农民看到了艳阳天。在中国共产党的领导下，农民组织起来，走合作化的道路，走集体化的道路，掀起社会主义建设新高潮；20 世纪 70—80 年代，农村实施体制改革，改变经营方式，群众生活逐步提高；进入 21 世纪，科学进步，政策引导，发展市场经济，活跃农村文化，农民生活质量明显改善。中村和祖国各地一样，她随着祖国的变化而变化，她随着祖国的发展而发展，她随着祖国的强大而强大。

中村党（总）支部是中村人民的主心骨，全体共产党员充分发挥共产党员的先锋模范作用，在物质文明、精神文明、政治文明、生态文明建设中，吃苦在先，冲锋在先，先天下之忧而忧，后天下之乐而乐。他们把毕生精力奉献给故土，为后代开辟了前进的坦途。

中村的历任领导是中村前进的引擎，他们呕心沥血，把汗水洒在中村的土地上。他们牵挂着村里的田禾道路、院落宅室、林木花草、鸡鸭牛羊，农业耕作、企业生产、市场供应，他们惦记着村民的子女教育、老人抚养、卫生健康，真是“衙斋卧听萧萧竹，疑是民间疾苦声；些小吾曹州县吏，一枝一叶总关情”。

中村的村民是中村历史的创造者，中村人民在各个历史时期书写了中村辉煌的篇章。一面面奖旗凝聚着中村人的心血，一纸纸奖状记录着中村人奋斗的足迹，一尊尊奖杯闪耀着中村人的光彩。“人民，只有人民才是创造人类历史的真正动力。”

中村悠久光辉的历史需要传承，但是系统记载反映其发展演变过程的文本没有，记述全村地理、自然、风俗、沿革的文本没有。村档案室保存着厚重的资料，一任一任往下传，众人很少看到，作用难以发挥。修一部反映中村全貌的百科全书非常必要。

1986年，江地先生首次建议编修中村志，至今已整整25年。在这四分之一世纪里，刘建基厅长、张国忠主任、郑挺奇老人等，一直关心村志的编修。特别是马刘勤主席，从策划到编撰，数年之久，矢志不移。沁水县政协把编撰中村志作为文史资料工程，组织有关人员深入农户，深入地头，精查细找，追根寻源，终以洋洋六十万言见诸世人。他们使村人的夙愿变为现实，他们的功绩永载史册。

历史仍在自然延续，未来还需后人努力。今天，发展的责任自然地落到我辈肩头，我们不能推卸，我们不能犹豫，我们要勇敢的担当。我们上不能愧对祖先，下不能辜负子孙，不能玷污中村的英名。我们要认真落实科学发展观，在各级党委、政府的领导下，实现科学发展、争先发展、和谐发展，把中村建设成为富裕、文明、生态、和谐的社会主义新中村！

谨以此为序。

公元2011年4月·清明

凡　例

一、本志以中国特色社会主义理论为指导，坚持辩证唯物主义和历史唯物主义，尊重历史本来面目，客观公正记载史实。本着详今略古的原则，重点记述新中国诞生以来的发展历程，特别是改革开放以来的重大变化。

二、本志书设卷、章、节，以文字记述为主，附之以图、表、录。大事记采用编年体或记事本末体，遵循大事不疏漏，小事不滥收的原则。凡载事物上溯不限，下限截至2010年底。

三、本志分设大事记、地理、经济、政治、文卫、民俗、军事、文物、艺文、人物、志余等。每部分以横陈百科，纵贯历史的体例，不溢美、不护短，客观记载，朴实叙述。

四、人物志以记述本籍人员为主，分居里、籍外、流寓三节，以生卒年月为序。居里人物新中国成立后的支部、村委正副职均记载，籍外、流寓工作人员副科级以上干部记载，村民凡有突出贡献或一技之长、村内外有较大影响者记载。入志各人均写简介，详略不等。

五、艺文志收录文章以中村村人撰写或撰写中村人、事为准。

六、彩照图片集于卷首，黑白图片随文插录，力求图文并茂。

七、本志引文保持原貌，采用规范语体文记述。历史纪年新中国成立前按朝代纪年夹注公元纪年，新中国成立后用公元纪年。

八、本志所用资料来源于其他志书、文献、报刊者标明出处，凡当事人亲历、亲见、亲闻的口碑资料及大量档案资料，志书不注明出处。

九、简化字按国家文字改革规定执行。

大　事　记

本卷记载大事，均以历代正史、方志、文献、碑刻之记载为据。

旧志：相传舜耕历山，中村地处历山主峰舜王坪之北麓。

金代

金人初入中原，两河百姓在中村丹坪寨等地修筑忠义社，且以待岳飞之兵，故又名岳将军寨。沁水境内有七处，丹坪寨为其一，遗址在今涧河村西，四围壁立，绝顶平坦，阔5万平方米，整个山寨约50万平方米。

元代

中村有人用砂石雕刻狮子一对，蹲立于中村舜帝庙（大庙）大门外两侧。狮子精雕细琢，工艺超群，栩栩如生。现存放在村文化大院门边。

明代

舜帝大庙（始建年代无考）年久残破，故重新维修。此乃沁水境内最大的舜庙，建筑宏伟壮观，且香火极盛。1940年日寇飞机轰炸中村，庙内大殿和侧房被炸，仅留戏台。1980年因修新舞台，老戏台被拆。

1596年（明万历二十四年）

灵虚观（始建年代无考）重修，开工于明万历二十四年（1596）二月十五日，竣工于万历三十五年（1607），历经十一年完工。

1631年（崇祯四年）

《中村庙兵荒碑记》：崇祯四年（1631），流寇作乱，夏六月来中村，居民遭其抢掠。次年秋，流寇又过中村，大约百万余人，途经七天，到处烧杀抢掠，洗劫一空。

1638年(崇祯十一年)

本村又遭蝗虫食田苗之灾。蝗灾过后，次年闰五月，自夏到秋，滴雨未落，赤地千里，岁复大饥。百姓以草根木屑为食，甚至父子、夫妻、亲属相食。饥民流亡，村中十室九空。

1641年(崇祯十四年)

春，兵乱年荒，粮价昂贵。斗米两银，斗麦千钱，油斤三百，豆升八十钱。柿、枣、梨、桃每个钱二文，客来无酒肉，猪肉二百五十文，羊肉百二十文，牛肉一百文。一鸡而千钱，一犬二两银，猪一口一二十金等，食物之贵也。尺布七十、棉花斤五百。

清代

1686年(康熙二十五年)

历山舜王坪碑记载，历山所居沁水县地界四至为：西至珍珠滴水龛，东至天河梳妆楼，南至王堂大石牛，北至马鞍桥矿洞岭。

1691年(康熙三十年)

五月，特大旱，蝗日食禾，麦无收成。

1695年(康熙三十四年)

四月初六，地震。同时，平阳、潞安，亦发生地震。

1721年(康熙六十年)

六月，大旱，至九月始雨，秋禾不收。

1752年(乾隆十七年)

大旱，百姓流亡外地就食。

1753年(乾隆十八年)

雹雨成灾。

1754年(乾隆十九年)

瘟疫流行。

1792年(乾隆五十七年)

特大旱，民卖子女而食。

1814年(嘉庆十九年)

冬无雪。

1825 年(道光五年)

春大雪,树木多冻死。

1833 年(道光十三年)

夏,瘟疫流行。

1847 年(道光二十七年)

冰雹损坏田禾,五谷未有一半收成。粮食昂贵,强盗抢掠,百姓遭难。

1851 年(咸丰元年)

太平天国途经山西沁水,百姓逃兵躲避。

1856 年(咸丰六年)

夏旱,秋多蝗。

1862 年(同治元年)

遭飞蝗入境,来时遮天盖地,落时田禾被吃一空。勤力扑打,收效甚微,等其离去一点不余。

1867 年(同治六年)

从春到夏,未落点雨,粪土成堆,呼吁不应。

1877(光绪三年)

连年大旱,民多饿死,粮食价格日夜猛涨,较常高一至十倍。妻离子散,兄弟不顾,百姓饥苦无助。

1878 年(光绪四年)

大旱,死亡过半。

1879 年(光绪五年)

旱灾依然严重,但薄有收成。

同年,沁水、垣曲、翼城三县知县合议重修舜王坪舜帝庙,所有历山四至息讼,甘结条款,各立石碑于本县。

中华民国

1912 年(民国元年)

县衙门改称县公署,知县改称知事。

1916 年(民国 5 年)

春,“资合公”盐号成立,后易名“东余合”,在端氏、张马、中村设立分号。

1917 年(民国 6 年)

山西省编定村制,设村长、村副、官长、邻长。沁水县原设 54 里,改为 53 个编村。

1922年(民国十一年)

县公署决定成立第三高小,以中村西庙为校址,由村长李星垣和村副刘相秦负责筹办。

李、刘筹办中,砍伐村中大树和观上松柏坡山林。前任村长牛天衍趁机对李派进行攻击,说砍伐大树是破坏了风水。村中十二疙瘩老汉集群众千余人,欲揪斗李、刘。李、刘闻风分别逃到张马盐店和南凹炼铁炉号,群众也分头跟踪两地把盐店、炉号团团围住,指名要人。两号经理只好把人交出。刘清鸿、刘清瑞、乔奇瑞等带头将李星垣、刘相秦捆绑,押至中村大庙,对李、刘拳打脚踢,并用石灰擦李星垣一只眼,又用剪刀挖掉另一只眼,刘相秦也被挖掉一只眼。李星垣伤势过重,不久死去。

事件发生后,县知事麻席珍派县绅杜若藻、李登瀛到中村处理。杜、李将当事人刘清鸿、刘清瑞和前任村长牛天衍押解到县城。判处刘清鸿徒刑十年,刘清瑞七年,乔奇瑞五年,牛天衍也被判了刑。

1930年(民国十九年)

1月,国民党沁水县党部召开第三届代表大会,选举崔育砚为书记长。

4月,县公署改为县政府,知事改称县长。

1932年(民国二十一年)

晋钞贬值,山西省银行发行省新币,1元新币兑换旧币20元。

1935年(民国二十四年)

10月2日,路经沁水的曲(沃)高(平)公路正式通车。

冬,阎锡山建立"防共委员会",全省划为12个"防共保卫区",建立"防共保卫团",沁水属十二团,团长赵鸿儒。

1937年(民国二十六年)

7月25日,"沁水县牺牲救国同盟会"在县城西关文庙正式成立。师小帆(中共党员)出任县牺盟会特派员。

10月,"中共沁水县临时工作委员会"在县城西关成立,吴殿甲任书记。

1938年(民国二十七年)

2月19日,十八集团军彭德怀副总司令抵沁水,指挥东路军作战。

3月3日,侵华日军第十四师团石黑支队侵占沁水县城,把沁西、沁南、沁东分割开了。

3月,中共翼城中心县委以牺盟会翼城中心区名义,在沁水、翼城两县交界处的曹公村联合举办"抗日救亡青年培训班"。中村附近一批青年到培训班学习。中村的李广澎(江地)、北庄的王维岳等人在训练班参加了中国共产党,成为沁南第一批共产党员。江地学习结束后,被党组织送往延安抗日军政大学。

3月24日，毛泽东、刘少奇指示，建立以八路军名义出现的游击兵团。指出翼城、沁水、绛县组织一个支队。接着山西省政治保卫第四支队，沁南抗日一大队，基干二团，沁翼独立营等都按这一指示组建起来。

6月，常子章、刘良受中共翼城中心县委委托，到沁南小青旺村发展党的组织，吸收张得元、张元智、张得惠、张秉亮、王盛周等七人入党，成立了沁南境内第一个中共党支部。

本月，国民党三三军团驻沁水地工队，无理将牺盟会沁水县特派员师小帆（沁水工委书记）、协助员苏平（女）抓捕，武装押解到中村镇三三军团司令部，后经第五行政区交涉才予释放。

7月29日至31日，侵华日军酒井联队在阳城町店遭痛击后，7月6日逃入沁水城，龟缩20余天后，于29日凌晨偷偷西窜，往晋南支援日军108师团。东乌岭是沁水县的西大门，是日军向西逃窜的必经之路。侦得消息，国民党九十三军五十八团、五十九团炮兵营奉命从中村出发，连夜进入东乌岭东侧的王寨至关帝坡20里长的公路两侧设伏，指挥所在杨家山。决死三纵队第七、第八总队从沁水樊村和翼城星夜奔赴东乌岭配合友军作战。

上午十时，1300余名日军、180余辆汽车进入伏击圈，设在杏峪姚家河的曲线首先将关帝坡日军先头汽车击毁，拉开了东乌岭战役的序幕。经过三天的浴血奋战，全歼日军1300多人，生俘44人，击毁汽车180余辆，缴获了大批军用物资。

东乌岭大捷是抗日战争以来，国共合作在沁水境内取得的首次重大胜利。

8月，驻中村镇的九十三军参谋长魏伟受三三军团长指派，与五专区督查专员戎子和（决死三纵队政委）、杨献珍（五专区秘书主任）、董天智（决死三纵队司令员）在中村镇三三军团司令部进行会谈（史称国共高干中村会谈）。

10月，中共翼城县委在沁南历山顶上东川编村老圪坨村建立中共老圪坨党支部，崔皓辰任党支部书记，党员有王维汉、贾清谦、刘振宏等。

本月，驻中村镇沁水第三区牺盟会特派员关幼林（中共党员），赴南阳村召开牺盟会员和基干群众会议，布置抗日宣传活动。会间，三三军团纠集当地三青团员30余人，冲进会场，关幼林及十余人被打伤。

1939年（民国二十八年）

1月1日，县工委在县城北庙举行军政民联合演出大会。三三军团地工队借故滋事，当天将县工委书记、牺盟特派员师小帆，工委宣传委员、牺盟会秘书张立云，县工委组织委员、牺盟会协助员苏平（女），工救会秘书吴凤鸣等五人扣押至王家大院。第三天又武装押解至三三军团驻地中村镇。后经牺盟会长治中心区和夏县中心区派人交涉、抗议，《洪流》小报又造舆论，三三军团七天后才将被扣押人员释放。

2月，山西省牺盟总会派牛荫冠到翼城召开翼城、沁水、阳城、曲沃、绛县、浮山等六县牺盟特派员会议，决定将六县人民武装自卫队合编为"山西省政治保卫第四支队"（简称"政卫四支队"），下辖三大队，翼城为第一大队，沁水、浮山两县自卫队为第二大队，阳城县为第三大队，支队活跃于沁、翼、浮一带，开展抗日活动。

3月25日，阎锡山在陕西宜川召开军、政、民高级干部会议（史称秋林会议），其意是投降日军，准备反共。

4月3日（农历二月十四日）日寇飞机疯狂轰炸中村村，大庙及庙后、庙西房屋倒塌，烈火熊熊。大庙内北殿和东西厢房、李品山院、刘深煜院、郑玉宽院等均在此次轰炸中严重毁坏，并炸死炸伤多人。

8月，中共沁水县委派江地回中村三区担任区委书记。

12月18日，驻沁南张村三青团沁水办事处主任吉彦珍密谋策划，在国民党陈铁第十四军的支持和怂恿下，纠集约300多人的三青团暴徒，午夜从张村出发，偷袭沁水第三抗日区区公所（中村镇），打伤了抗日区长王维岳同志，摧毁了区牺盟会和抗日群团组织。区委书记江地带领游击小组抵抗，因寡不敌众，在混乱中只身顺河跑往翼城中心县委所在地曹公村汇报。区牺盟会特派员赵道源，在混乱中脱险后，赶回县城向县委汇报。至此，沁南抗日组织被摧毁，共产党组织转入地下活动，部分共产党员失去组织关系，脱党。史称"十二月事变"。

12月19日，中村南河民高校长崔育砚殴打教师段世杰（共产党员），绑架进步学生王明文等。

1940年（民国二十九年）

3月，江地在随晋豫区党委向北转移时突然患病掉队，被国民党军队逮捕。敌人因弄不清江地的身份很快将其释放。江地因找不到上级党组织返回家乡，坚持地下活动。

4月20日，盘踞浮山、翼城的日寇纠集万余人，向沁水城西地区进犯，被抗日军民痛击于张马、中村、可陶河等地。

本月，日军一个中队侵占张马村，在张马南边的上河岭、东边中村的石槽岭、西边的黑虎庙、北边的阴疙瘩，各设立一个据点，每个据点由一个小队驻防。

1941年（民国三十年）

1月26日，江地在中村附近的蚂蚁沟被国民党第98军第42师第251团逮捕，先扣押于第42师政治部驻地西哄哄和下川，后移交给驻张村、板桥的伪沁水县政府监狱，三个月后释放。

5月7日至25日，日寇发动中条战役，中村为诸多国民党参战军队指挥所所在。

10月，沁翼抗日县政府在沁水中村松峪村成立，下辖三个区，松峪为第一区，区长郑光彩。

1942年（民国三十一年）

2月1日，中共沁南县委成立。本月沁南抗日县政府在南阳张沟成立，开辟了沁南抗日根据地。

3月初，晋豫联防区司令员刘忠命令第17团攻击石槽岭日军据点，由王维岳率领的抗日一大队配合。在第17团团长尤太忠指挥下，我军摧毁了石槽岭日军据点。

1943年（民国三十二年）

1月15日，中共沁南县委第一区分委张春元介绍李长青秘密入党，成为中村村第一个党员。

6月，牛永林、乔兴才相继入党。

7月，经中共沁南县委第一区分委批准，成立中村村第一个党小组，李长青任党小组组长。

7月27日，驻张马日军在太岳军区第四分区部队和沁南县地方武装围困下，向西败退。从此，沁南境内无日伪据点。

8月29日中共沁南县委在第二区堡头村召开全县民主人士座谈会，中村知名人士李长轸、刘相其、李国君等参加。

1944年（民国三十三年）

3月29日，太岳军区第二、第四军分区部队收复沁水城，被日寇蹂躏四年之久的沁水城人民得到解放。

7月，士敏县、沁南县伤寒、痢疾、霍乱、梅毒等传染病流行。

1945年（民国三十四年）

1月1日，太岳行署在郑庄召开全区群英会。沁南县出席的有劳动英雄靳秉乾，爆炸英雄崔玉凤，采药英雄芦颜喜，合作英雄王克勤、张文隆等。

3月3日，太岳区参议会在郑庄村举行，沁南县靳秉乾、张弘舸出席了这次会议。

3月，中村引进金皇后玉米优种。

8月15日，日军无条件投降，中村人民热烈庆祝抗战胜利。

1946年（民国三十五年）

5月4日，中共中央发布《关于清算减租及土地问题的指示》。

7月，村公所带领全村民兵、民夫到翼城吴村往后方抢运粮食20万斤，大约有300余人参加了这次抢运公粮任务。

本年冬，全县土地改革运动开始。

1947年（民国三十六年）

3月，中村民兵随太岳部队奔赴晋南参战。

7月1日，经沁水县委第三区区委批准，建立了中村村党支部，牛永林任第一任党支书。

7月15日，士敏县、沁南县合并，恢复原沁水县建置。

8月，中村镇组织一个连民兵，过黄河参战，中村村有30多名民兵参加，历时四个多月。

10月，中村村认真贯彻《土地法大纲》，开展了“填平补齐”运动，实行了耕者有其田。土改工作开始，李长青任农会主席。

1948年（民国三十七年）

3月，由村武委会主任乔兴邦带队，赴临汾参战，本村出动民兵、民夫100多人，历经数月，解放临汾返回。

7月，根据县委召开的县、区、村扩大会，村里对土改工作中出现的“左”倾偏向进行纠正，简称“纠偏”。

是年冬，村土改结束。根据中央规定，划分阶级成分标准，采取“自报公议，三榜定案”的原则，本村划为地主5户，富农2户，上中农1户，贫农130户，下中农150多户，中农20多户。从地主、富农手中没收土地300多亩，房屋七大院以及牛、驴、骡、马等财产。

12月，中村小煤窑在县政府扶持下恢复生产。

中华人民共和国

1949年

1月9日，本村武委会改称村人民武装部。

2月，春节期间，农民挂上毛主席像，喜庆翻身得解放。

3月13日，沁水南下县委组成，中村刘杰义等被抽调随军南下福建。

4月，村扫盲冬学转为常年民校。

10月1日，中村村广大群众欢天喜地，庆祝中华人民共和国成立。

10月8日，根据政府通知，村里缝制国旗。

11月，开展查田定产，丈量土地。

1950年

春，审查发放土地证、颁发房产证。

是年，村民认购中国人民胜利折实公债，入股创办供销合作社。

1951 年

1 月，响应中共沁水县委号召，积极推行爱国公约。

3 月 18 日，沁水县首届一次妇女代表大会召开。本村曹兰英参加了会议。

1952 年

全县开展了“三反”、“五反”运动。

是年，村里办起互助组。

1953 年

春，沁水县第三区（中村），首先在西文兴、后马园试办初级农业生产合作社。

秋，中村开始兴办初级农业生产合作社，选举牛永林为社长，刘杰发为副社长，刘杰深为会计。

全县进行第一次人口普查。

1954 年

1 月，县人民政府改为县人民委员会，撤消区公所一级行政机关，全县划为 120 个乡，中村村属中村乡管辖。

2 月，中村村设立两个初级农业社，即东兴社和东明社。

11 月，实行义务兵役制。

1955 年

1 月，中村村光明高级农业生产合作社成立，全村 300 多户全部入社。

3 月 1 日，市场开始流动新版人民币。

5 月，从春到夏无雨。

9 月，贯彻执行山西省人民委员会颁发的《农村粮食统购统销办法实施细则》。

10 月，贯彻中央七届六中全会《关于农业合作化问题的决议》。

1956 年

3 月 1 日，全县实现了高级农业社。

中村乡公所有了电话。

10 月，县引进东北苹果树。中村社按每户发两棵，栽在房前屋后。

1957 年

7 月 10 日，16 两秤改为 10 两秤。

1958 年

春，购进双轮双铧犁和七寸步犁（镜犁）。

6 月，宣传贯彻“鼓足干劲，力争上游，多快好省地建设社会主义”总路线。

响应县委“一夜绿化沁水县”的号召，全体社员点着灯笼，挥舞铁锹，在北坡、南坡挖穴，点播核桃上千株。

7 月，中村村用石灰搅铁砂铺捶街道。

9月，大炼钢铁开始，中村为全县七个战区之一。

9月，成立人民公社。

10月，开展大炼钢铁，全县组织炼铁大军到中村下峪炼铁。开始试办公共食堂。

秋，全民总动员大搞深翻土地。黑夜加班刷墙，打扫卫生。

11月，沁水、阳城合并，称阳城县。

全体社员修建铁厂，修建中村至下峪小火车路。

中村管理区购进三辆胶轮骡马大车，每个小队有了滚珠轴承小平车。

定都——杨岔岭线公路，由中村至次营线改建延伸而成。

1959年

3月，反右倾，鼓干劲，开展更大、更好、更全面的跃进。

9月，沁水和阳城分县，恢复沁水县。

省林业厅投资35万元，修通中村至翼城界12公里六级公路。

10月12日，中村至舜王坪林区公路通车，全长45公里。

1960年

2月4日，中村公社组织3000人的生产大军沿山整地。6天时间治理大山两座，整修土地2100亩，达到水不下山，土不流失。

12月，县委召开四级扩干会，贯彻对国民经济实行"调整、巩固、充实、提高"的方针和党的"三级所有，队为基础，物资劳动，等价交换，分配计划，由队决定，按劳分配"的政策，彻底纠正"一平二调"的共产风。

1961年

4月，全县普遍贯彻《人民公社六十条》政策。

秋，公共食堂难以为继，被迫解体。

1962年

推广玉米双交种。

同年，财务体制由生产大队核算下放到生产小队核算。

5月，中村公社建设蒸汽机发电站，六月开始供电，中村首次用上电灯照明。

1963年

春，引进沁源优良谷种"母鸡嘴"，因气候凉不适应种植，未能推广。

12月，中村林场木材加工厂建成，并装备柴油发电机组。中村公社发电站停办，中村村民改由林场供电照明，并改定时供电为整夜供电。

是年，沁水—中村公路修通。

1964年

6月，全县进行第二次人口普查，中村村总人口为1384人。

11月，本村进行“四清”运动，即清政治、清经济、清组织、清思想，又称“社教运动”。

是年，沁水—中村公路改建，达到四级标准，全长33公里。

1965年

2月，组织全体社员学习党中央《关于社会主义教育运动的若干问题》即二十三条。

3月，开展“农业学大寨”运动。

是年，开展“突出政治，大学毛著”运动。

1966年

5月，“文化大革命”开始。

6月，社员宋来文在张沟放牛，因吸烟引发森林大火，火势凶猛，人工难以扑救，上级派飞机巡查，又调驻沁解放军战士参加救火，三天才扑灭，造成近千亩森林烧毁。宋来文因此服刑坐监。

9月24日，经全体贫下中农、社员讨论，大队支委、管委、贫协决定，在村西寺东边为小学新建五排共20间教学用房，预算投资7650元，用二至三年时间建成。

1967年

2月2日，“文革”造反派夺权。

1968年

4月10日，大队投资765元，扩建毛泽东思想总校。

6月2日，第三生产队投资2725元，在村南园新建楼房6间，上下共12间，上为库房，下为畜圈。

为解决中村群众粮食加工及照明等困难，大队购置蒸汽机、发电机、配电盘等设备，建设发电站，总投资1.6万元。

是年，中村大队“文化革命委员会”决定，拆除南阁，修建新南街，总投资3504元。

农村普遍开展“农业学大寨”运动。《毛主席语录》人手一本，毛主席纪念像章人人佩戴。

10月，“中村大队革命委员”会成立，选举刘杰汉为主任，乔兴才为第一副主任，马孝善为第二副主任。

开展清理阶级队伍运动。

1969年

2月，兴办大队合作医疗所。

1970 年

3 月，响应党中央、国务院号召，贯彻毛主席指示，开展“一打三反”运动。

是年，中村大队实现红医村，社员看病全免费。

1971 年

2 月，开展“三忠于”、“四无限”、“两化”运动，学习党的基本路线。

9 月 1 日，响应团县委号召，充分发挥青年在“三大革命”运动中的“四队”作用，即毛泽东思想宣传队，抓革命、促生产战斗队，阶级斗争、生产斗争突击队，科学实验先锋队。

是年，中村民兵营荣获山西省军区民兵“三落实”先进单位。

1972 年

1 月，马孝善任中村大队党支部书记，谭兴悟任革命委员会主任，李怀玉任党支部副书记，牛锡保任支部委员、革命委员会副主任。

6 月，中村大队妇联会开展学习毛主席“路线是个纲，纲举目张”的重要指示，进行路线教育。

7 月，村团支部响应团县委号召，推广郑庄公社南郎大队团支部狠抓青年思想教育，加强青年路线教育的经验。

9 月，中村大队与中村铁厂、中村林场联合建成张马至中村 10 千伏供电线路，由绛县堡子变电站供电。

12 月，开展“批林整风”运动。

1973 年

1 月 6 日，全大队坚持按劳取酬，实行评工记分劳动管理制度。实现户均养猪 2 头，养鸡 5 只。

4 月，大队成立了由 51 人组成的农田建设专业队伍。

中村大队制定三年农田基本建设规划。

打坝工程：涧石沟打坝 2 条；狼泉沟打坝 2 条；后沟打坝 3 条。

闸沟造地：前后安沟、观沟、刘六窑沟、乳庄沟、庙坡沟、南凹上沟、庆农庄沟、杨家庄沟，冬季全部参加垫滩、闸沟造地工程。

水利工程：1.新打水池两个（桑柏节，木凹）；2.治理南河一条；3.东河河上游截潜流池一个。

农田建设工程：大搞土地基本建设，人造平原工程。

1974 年

3 月，兴建村南机电灌配套工程，水泵扬程 70 米，可灌溉面积 200 亩。

1975 年

3 月，山西省晋东南地区沁河灌区张峰水库工程动工，大队派民工参加兴建。

学习三项指示:“学习理论,反修防修,安定团结和把国民经济搞上去。”

1976 年

1 月 15 日,全大队干部、社员深切追悼周恩来总理逝世。

7 月 6 日,哀悼朱德委员长逝世。

9 月 17 日,全大队干部、社员沉痛哀悼毛泽东主席逝世。

10 月,热烈庆祝粉碎王洪文、张春桥、江青、姚文元“四人帮”反革命集团的伟大胜利。

是年,中村大庙南戏台被拆,改建为中村舞台。

1977 年

响应县委“大批促大干,建成大寨县”的号召,大队提出:“大批大治促大干,不变面貌心不甘,亩产粮食六百斤,人均植树一百五,户均养猪达一头,人均收入一百三,苦干实干加巧干,尽快建成大寨队”的目标。

1978 年

12 月,响应县委号召,大力开展计划生育,提倡一对夫妇只生一胎,使全县人口自然增长率控制在千分之六以下。

1979 年

2 月 1 日,中村新设人民法庭。

4 月,根据上级政策,进行地主、富农分子摘掉帽子和改变地、富子弟成分的工作。

1980 年

2 月,农村开始逐步实行以定额计酬,联产计酬的生产责任制。

是年,修建礼堂 10 间,办公楼一栋,文化娱乐活动室 7 间。

1981 年

2 月 25 日,开展“五讲”(讲文明、讲礼貌、讲道德、讲秩序、讲卫生)、“四美”(心灵美、语言美、行为美、环境美)文明礼貌月活动。

是年,治理旧河道 2000 米,改造街道 400 米。

1982 年

2 月,本村实行家庭联产承包责任制,土地承包到户。

7 月 1 日,第三次全国人口普查结束,截至是日零点,全村共有 652 户,总人口为 1517 人,其中男性 775 人,女性 742 人。

8 月 2 日,本村连降暴雨,造成人民生命财产极大损失。据不完全统计,损失价值达 8 万余元。

8 月 3 日,大队组织防汛救灾领导小组,并组成由党支部书记马孝善担任总指挥,刘培祥、霍明明、刘虎虎担任副指挥,李法刚等 15 人为成员的“抗洪救灾指挥部”。

9月,指挥部带领群众筑河坝2760米,改造高压电力线路4000米,实现了通水通电。

是年,中村大队投资22万元,建成镇区自来水供水工程。

是年,大队新修露天剧场,公社在原大庙舞台旧址新修“丹坪电影院”。

1983年

2月,村党支部书记马孝善被中共沁水县委、县政府评为“劳动模范”。

3月1日,村党支部、管委会制定《村规民约》20条,要求驻镇各单位自觉遵守,违者必究。

4月17日,中村镇妇联主任李文娥被选为中国妇女第五次全国代表大会代表。9月1日出席了全国妇代会。

10月23日,县委在中村镇召开了180余人参加的精神文明建设现场会,与会人员参观了中村、石室等五个文明村。

县、镇投资18万元,新选址在花沟口修建中村初级中学,占地面积20亩,建筑面积1412平方米。

是年,建成年产100万块机砖厂,改厕、改圈670个,铺街道1840米。

是年,街道裁弯取直,拓宽延伸,主干路3条,宽26米,次干路宽10米,巷路宽4米,街道用水泥铺装硬化。

1984年

3月,全县进行土壤普查,中村土壤含全氮0.073、全磷0.019、碳酸钙0.08,土壤缺磷。

5月,中村公社改为中村镇,大队改为村民委员会。

是年,恢复改造东南坡小煤矿,新建小学校用房31间,截潜流工程2处,建设提水高位池一个,为群众购买电视机76台,村民出半价,其余由村委补贴。

是年,村宣传队赴长治参加文艺汇演,荣获晋东南地区“全区文化艺术振兴奖”。

是年,村办食醋酿造厂建成。投资6万元,维修街面,铺油路1万平方米,污水处理用管道排泄。

1985年

7月,经中村镇党委批准,中村村党总支成立,共有党员51名,下设:农业、工业、商业、离退体老干部4个党支部和11个党小组。

11月2日,山西省省长王森浩在中村、下川偏僻山区视察乡、镇企业。

12月10日,村委投资建成兴盛贸易中心大楼,占地面积1900平方米,共三层,下设旅社、饭店、门市部。

12月20日，全体党员和群众集资7.8万元，帮助兴建泰盛铁厂。

是年，中村村办泰盛铁厂投产，拥有固定资产109万元，职工150人，日产生铁20吨，年产5000吨。

1986年

6月17日，中村村党总支参加中共晋城市委召开的创“最佳党日活动”评选会，以1035分的优异成绩夺魁，荣获市委组织部颁发的“最佳党日活动”流动金杯。

是年，改造露天剧场，建粮食加工房8间，为小学购置课桌150套，实现了“一无两有”。

1987年

1月，村妇会开展“五好家庭”、“好媳妇”、“好妯娌”、“文明户”竞赛活动。

4月，村委吸取大兴安岭特大森林火灾事故教训，认真贯彻市、县、镇护林防火的紧急通知，深入宣传贯彻落实《森林法》。

9月，开始实行村中老人发放生活补助费，考入中专、大专院校学生发放助学金制度。

成立了村红白理事会。

全体党员捐款1325元，支援大兴安岭灾区人民重建家园。

12月，沁水至中村35千伏电力线路建成，中村开始由沁水电网稳定供电。

1988年

村里第九、第十村民小组群众吃上自来水。

改善办学条件，在庙东新建教学楼一栋。

是年，南大街新建南路、新建北路街道铺柏油路面。

村党总支被市委组织部评为“先进集体”。

党员义务投工投料，为老山前线战士李元斌维修了危房。

1989年

年初，组织党员学习《人民日报》社论，反对资产阶级自由化。

8月，全村870亩小麦获得大丰收，平均亩产510斤，总产44万斤，超历史最高年。向国家交售小麦4.7万斤，超额72%完成夏征任务。

10月21日，全村进行“栽桑植树，公路修复，土地基本建设”三大战役会战。

11月25日，村党总支书记马孝善、村委主任刘培祥亲自带领群众参加中村至张马公路大会战，分段作业，责任到组，高质量按期完成任务，受到筑路指挥部的表彰。

是年，中村村被市委、市政府授予“文明村”光荣称号，被市“双学双比”领导组评为“先进集体”，中村党总支被中共晋城市委评为“最佳党组织”，被县委、县政府评为“先进集体”。

1990 年

7月1日，进行第四次全国人口普查，截至是日零点，全村共有686户，总人口为1682人，其中男性798人，女性884人。

村党总支书记马孝善被中共沁水县委授予“优秀党务工作者”光荣称号。

10月，村党总支书记马孝善出席中共晋城市第一届委员会第六次代表大会。

1991 年

2月24日，村党总支书记马孝善当选为山西省党代表，出席了中国共产党山西省第六次代表大会。

4月，中村村被山西省体改委评为“农村改革红旗单位”。4月22日，小麦发生大面积蜘蛛虫害，组织群众进行喷打农药。

6月，村委投资4.4万元，购进小麦脱粒机10台，各组麦场全部架通电力线路，机械打麦解决了群众夏收之急。

是年，投资4万元，改良了乔家庄所有厕所，同时安装了自来水；投资2.1万元，修建了高位水池，全村实现了自来水入户。

投资15万元，改造了村委办公大楼。

1992 年

1月，李怀玉任村党总支书记。

7月10日，村委筹集资金80余万元在泰盛铁厂院内兴建“泰盛铸造厂”，注册资金30万元，为村办企业。主营各种配套污水管，兼营小型铸件、暖气片等。

7月18日，投资47万元兴建中村集贸市场，建筑面积1700平方米，商品房114间。

是年，投资45万元，新建年产5000吨耐火材料厂。

1993 年

7月9日，中村镇遭受冰雹袭击，时间长达1小时40分钟，部分地块覆冰30厘米。

本月，中村两委班子决定投资50万元兴建中冶煤矿。

8月2日，经村两委班子决定，成立中村镇中村村汽车队综合服务公司。

10月31日，村委组织驻镇厂矿及各单位、全体村民集资35万元，安装了闭路电视。

是年，人均纯收入达1230元，首次跨入了市、县小康村行列。

村卫生所达到初级卫生标准。

中村集贸市场被晋城市工商局评为“市级文明集贸市场”。

1994 年

9 月 9 日，为 60 岁以上老年人发放生活补助金。

9 月 10 日，本村学生入学实行全免费。

是年，村投资 10 万元，建成年产 300 万块机砖轮窑砖厂；投资 3 万元，安装了程控电话；为活跃群众文化生活，舞厅、老年活动室、图书室相继建成。

是年，发放集体土地承包使用证。县委、政府授予“明星村”称号。

是年，村委实行企业管理体制改革，将原中村经济合作社改为“山西省沁水县历山经济开发总公司”。

1995 年

3 月，中共山西省委、省人民政府授予中村村“千万元村”称号。

5 月 2 日，中村育英幼儿园奠基，占地面积 2800 平方米，建筑面积 2153 平方米，预算总投资 120 余万元。

12 月 3 日，村委决定开发香菇生产。

1996 年

7 月，中共晋城市委命名村党总支为“十佳红旗党支部”，授予中村“党建先进村”称号。

是年，中冶煤矿建成投产。

1997 年

2 月 28 日，中共晋城市委表彰村党总支为“基层红旗党组织”。

7 月 1 日，村党总支和村委会举办了“庆七一，迎香港回归”活动。

8 月 14 日，村农科人员参加晋城市科委在沁水县召开的培训农村科技当家人现场会。

10 月 24 日，掀起以“硬化街道，果树越冬，修建公路”为中心的冬季三项基本建设高潮。在全村推广地膜覆盖、精播小麦种植技术。

12 月，中村被市老龄委评为“老龄工作达标先进村”。

1998 年

1 月，中村村被晋城市政府评为“电话村”。

4 月，中村被县委、县政府评为“小康建设先进集体”。

8 月 18 日，中（村）下（川）旅游公路正式剪彩通车。

是年，硬化村内 12 条胡同道路。

1999 年

迎澳门回归。

7 月，市人民政府授予中村村“先进集体”称号。

是年，投资 300 万元，建成年产 20 000 吨的硅肥厂。

2000年

1月25日，召开第五届村民换届选举大会，选举刘培祥为村委主任，谭兴悟、李建国为村委副主任，刘小瑞、刘虎虎为村委委员。

5月25日召开“致富思源，富而思进”教育动员大会，进行“两思”教育。

8月17日，市委书记马巧珍深入中村进行基层思想政治工作调研。

12月，本村被县科技委员会评为“科技先进单位”。

中村村委被晋城市依法治市领导组表彰为“1996—2000年普法依法治理先进集体”。

是年，全国第五次人口普查结果显示，中村总户数665户，总人口1861人，男855人，女1006人。

2001年

7月，村党总支被市委评为“先进基层党组织”，被县委评为“红旗党组织”。

12月，中村村荣获“山西省计划生育协会第四次全省会员代表大会文艺演出优秀奖”。

2002年

5月，市委授予中村村“三个代表学教活动先进单位”称号。获县委、县政府欢乐家庭文艺大赛特别奖。

省文化厅授予中村村“办好农民书屋，提高农民素质”铜匾。

中村村被县人民政府评为“消防工作先进单位”。

村离职干部享受生活补贴。

8月，村党总支采用“两推一选”方法进行了改选，选举郑芳为总支书记，刘虎虎、霍明明为副书记，赵洪理、刘小瑞为委员。

是年，组织群众开挖街道、胡同排污渠2000米，污水排泄由地面转地下。

2003年

1月9日，召开第六届村民委员会换届选举大会，刘其锁当选村委主任；李忠忠当选副主任；刘虎虎、刘小瑞当选村委委员。

3月2日，山西省妇联会授予中村村妇联会“妇女群众文化活动示范点”称号。

5月，全民动员抗击非典型肺炎，村委成立防治“非典”领导组和“护村队”，每天三班值勤，实行巡视零报告制度。检查过往车辆，进行消毒工作，控制外来人员，加大宣传力度，取得了抗击“非典”的胜利。

9月13日，中村连降大雨，冲毁河坝200米，倒塌房屋15户20间，造成危房30户65间，滑坡10处，直接经济损失达15.05万元。

是年，省司法厅授予中村“省优秀人民调解委员会”称号。

是年,国家司法部授予村党总支副书记霍明明“全国优秀人民调解员”称号。

中村村委被晋城市社会治安综合治理委员会评为“市级安全文明村”。

晋城市精神文明委员会授予中村“文明村”称号。

2004 年

1 月 20 日,在全村进行了评选“五好家庭”活动。

2 月 4 日,动员安排防治禽流感工作,控制禽流感发生。村党总支被县委评为“党建工作先进集体”。

3 月 20 日,村党总支、村委会决定,将下川小河湾自然庄整体移民搬迁安置在村南大巷小区。

“村村通公路”工程建设被县委、政府评为“先进集体”。

是年,全县减免农业税,实施粮食直补政策。

2005 年

9 月 22 日,中村镇政府以中政字[2005]第 44 号文件,批复同意将白华村涧河村民小组并于中村村。

中村村被市委、市政府授予“优秀人民调解委员会”称号。

9 月,投资 500 万元,占地面积 20 亩,新建的中村小学交付使用。

10 月 12 日,村党总支进行换届选举:郑芳当选为党总支书记;刘虎虎、李忠忠当选为副书记;刘小瑞、刘其锁当选为委员。

12 月,村委进行第七届换届选举,选举郑芳为村委主任,实现了总支书记、村委主任一肩挑;选举刘其锁为副主任;刘小瑞、刘虎虎为委员。

2006 年

6 月 5 日,村委会出台新的红白理事会章程,提倡量力而行,勤俭办事,杜绝攀比,避免浪费。这项规定受到群众拥护。

8 月 16 日,党总支、村委会决定,拆除河槽上的商业用房(危房),在主干街道中心投资 260 多万元,修建集文化、娱乐、休闲、体育为一体的文化长廊 3000 平方米,丰富广大村民的文化生活,提高村民整体素质。中村被市、县列入新农村建设示范村。

10 月,中村村委被全国老龄工作委员会评为“全国敬老模范村”。

党总支书记郑芳,荣获晋城市“优秀农村党支部书记”称号,被县人大评为“优秀人大代表”。

中村村被市文明委员会评为“文明村标兵”。

2007 年

4 月 13 日,村党总支书记郑芳被中共晋城市委、政府表彰为“农村优秀党支部书记、村委主任”;中村村被市妇联授予“巾帼文明示范村”称号。

是年，村委投资235万元，硬化了东起中村煤矿，西至下峪口2.4公里环村公路。

是年，投资185万元，完成上凹畜牧养殖园区基建工程。

是年，全体村民免费加入农村合作医疗；70%村民参加农村养老保险。

2008年

1月，中村民兵营被晋城市政府，市军分区评为“先进民兵营”。

4月，中村村被晋城市委、市政府授予“和谐村”光荣称号。

中村村被中共沁水县委、县政府评为“新农村建设先进单位”。

5月18日，中村村全体村民积极踊跃向四川汶川地震灾区捐款19 505元。其中中村村总支书记郑芳、党员杜敬生各捐款1000元，村委副主任刘其锁捐款500元，总支副书记李忠忠、刘虎虎、村委会计乔永隆、村民杜发展分别捐款300元。

5月19日至5月21日为全国哀悼日。19日下午14时28分全体村民向汶川地震灾区遇难者默哀3分钟。

5月24日，中村村党总支响应中组部通知，全体党员114人，积极缴纳“特殊党费”共计22 090元，支援汶川灾区恢复建设。

6月6日，在县政协主席马刘勤倡导下，村委会决定由五台山临济宗释一青主持负责，开始修缮中村西(祥)寺。

6月30日，“庆七一、迎奥运”表彰会及歌咏比赛在中村村人民舞台举行。

7月1日，中共沁水县委组织部授予中村党总支“五个好”基层党总支称号。

9月，中村镇举行纪念改革开放三十周年文艺晚会。

12月10日，中村村第八届村民委员会换届选举大会召开，选举郑芳为村委主任，李忠忠为副主任，刘小瑞为委员。

12月16日，村党总支进行改选，报请镇党委批准：郑芳任总支书记，李忠忠、刘虎虎、刘其锁任副书记，刘玉良、李忠生任委员。

2009年

6月，中村村被沁水县委授予“先进基层党组织”光荣称号。

6月，村委会与端氏镇下沟村青年田东亮达成合作协议，由田东亮租用原泰盛铁厂旧址，出资1800余万元建设年产6000万块煤矸石机砖场。当月动工，经过半年紧张建设，年底三道旋转窑砌成，煤矸石粉碎机、机砖成型机、电力线路安装完毕。次年5月正式投产。

8月28日，中村村农村党员干部现代远程教育播放点被晋城市农村党员干部现代远程教育领导协调小组评为“四星级”终端站点。

9月12日，根据镇政府和县城建局安排，中村村在全村范围内逐户开展危房调查。

9月16日,中村村召开集体林权制度改革工作动员大会。这是农村继土地承包后的又一次大变革。

10月12日,中村村召开第三批学习实践科学发展观活动动员大会。中村村学习实践活动扎实有效开展。

11月,于2009年3月开工改建装修的村委新办公大楼(东大街1号原中村镇政府办公楼)竣工并投入使用。

是年,投资150万元建成占地4000m²的中村村花沟养殖园区,9户村民入园养殖家禽家畜。

是年,村委和中村煤矿共同投资200余万元,实施中村煤矿至中村粮站桥之河道污水治理工程。次年完成。

是年,启动中村镇煤层气集中供气工程,本村预算总投资277余万元。年底,完成了主体管道铺装任务。

是年,中村籍人士李海良牵头与村委会达成协议,总投资2000余万元,建设年产90万吨水泥粉磨站。次年投产。

2010年

3月8日,中村村妇代会被沁水县妇联评为"先进基层妇女组织"。

3月,中村村被中共沁水县委、县政府评为"先进集体"。

3月23日,中村村召开林权制度改革承包方案表决大会。会议采取票决方式通过了《中村村林权制度改革林地林木承包方案》,林改工作有序展开。

5月,中村村团支部被团县委表彰为"五四红旗团支部"。

7月14日,中村村党总支召开"创先争优及建设学习型党组织"动员大会。

10月,中村村被沁水县防范和处理邪教问题领导小组表彰为"防范和处理邪教问题工作先进集体"。

11月1日,全国第六次人口普查开始。普查数据显示中村总户数858户,总人口2570人,其中:男1217人,女1353人。

是年,村委投资3万余元,完成公路沿线绿化工程。

是年,村委投资5万余元,完成花沟养殖园区内的供水、排污、供电、道路等硬件设施。

是年,村委投资25万余元,完成涧河、上凹两个自然庄的饮水工程。

是年,村委投资25万余元,完成木凹自然庄"村村通公路"全覆盖、大循环工程,木凹直通下峪村养猪基地的道路全部硬化。

在2009年基础上,完成了煤层气入户装表、安灶送气工程,家家户户用上了洁净安全的新能源。

第一卷 地理

第一章 位置面积

中村村位于沁水县西南部，距离县城35公里。地理坐标为东经111°56′03″—112°04′23″，北纬35°25′12″—35°40′08″。总面积58.38平方公里。

中村村地域版图由南北两部分组成，北部含中村、乔家庄、杨家庄、侯家庄、上凹、安沟、时旺岭、柳树壕等，面积18.88平方公里（原：中村村11.42平方公里，上凹村7.46平方公里）。南部含涧河、庄虎腰、丹沟、寨上、沙马沟、小河湾等，面积39.50平方公里（原：涧河村24.04平方公里，小河湾村15.46平方公里）。

四邻：东与中村镇冶内村，土沃乡上沃泉村，中村镇下川村、上川村、向阳村搭界；西与中村镇下峪村，中村镇上峪村，翼城县大河乡搭界；南与中村镇南河村、下川村搭界；北与中村镇北庄村、北岭村、东沟村、白华村，土沃乡南阳村搭界。中村村面积占到全县的2%，乃沁水县西部大村、重镇。

第二章　建置沿革

第一节　村名稽考

一、传说

据先人口口相传，中村最早叫“中庄”，当时只有一户人家，姓刘。“中庄”因所处地理位置而得名，南面有南河、南庄、南岭，北面有北岭、北庄，西面有西岭庄，“中庄”居中而谓之。

二、文载

据万历二十四年二月十五日(1596)《灵虚观重修碑》记：在明万历二十四年，由本村善士郑尚志等率众重修灵虚观，建在离县六十余里的中村庄，原属白云观。由此可见当时“中庄”已改谓“中村庄”。

据崇祯十五年四月初八(1642年)中村庙兵荒碑记：“崇祯四年(1631)，流寇作乱。其首曰王加印者，自秦入境，统领五百余贼。夏六月，来中村，居民尽被抢掠。然其时受害犹小。”碑文可见“中村庄”已从明代崇祯四年前更名为“中村”。

康熙三十六年(1697年)《沁水县志》村镇目下载：“城西，中村镇，离城七十里。”此间沁水县仅有三镇：端氏、中村、王寨。

三、辨析

“中庄”、“中村庄”、“中村”、“中村镇”，看起来每隔一个时期仅仅更改一字，实则反映了时代的进步和中村的发展。一是中村依山而建，坐北朝南，四面环山，风光独异，地理风脉甚佳；二是地势开阔、土地肥沃、水源充足，气候温和，适宜人类的繁衍生存；三是居民来自各方，宽容兼纳，和谐相处，村风淳朴。故外乡百姓纷纷迁居于此，躬耕稼穑，修房盖屋，生息繁衍，安居乐业。

第二节 建置沿革

中村先祖何时徙居于此无从考证。据传张马村、青旺村张姓为唐朝右光禄大夫张士贵后裔，推测唐、宋年间中村便有人居住。按观上《重修灵虚观碑》记载，明清时期中村发展较快。有人便会有官府统治。

唐、五代、宋：端氏、沁水隶属泽州，中村隶属沁水县管辖。

明代：沁水隶属冀宁道，中村隶属沁水

清代：沁水隶属泽州府，中村隶属沁水。康熙年《沁水县志》记载："通县旧为十都，内分五十四里"（城西 18 里，城中 18 里，城东 18 里），"每里十甲，每甲十户，内一户为里长，九户为甲首"。中村隶属沁水城西 18 里的蒲泓西里和上阁南里（据家谱、志文考证：东街多为蒲泓西里，西街多为上阁南里）。

民国："民国六年，锡山兼绾民政，讨论施治之方，以为村者，人民聚集之所也，为政不达诸村，则政乃粉饰；自治不本于村，则治无根蒂。舍村而言政治，终非彻底之论也。"于是，1918 年山西废除里甲制，创行"村制"。村设立村、闾、邻三级管理梯次，300 户左右为一编村，村下设闾，25 户为一闾；闾下设邻，5 户为一邻。中村隶属沁水县第三区（中村）管辖。

抗战时期：1938 年 10 月，山西省划为 7 个行政区，沁水县隶属第五行政区（长治等 12 个县），全县下辖 4 个区，中村隶属第三区。1940 年 7 月，全县划为 8 个区，中村隶属第一区（南阳、中村、张马、上川一带）。1942 年 2 月，沁（水）南县抗日县政府成立，下设 3 个区，中村隶属第一区（松峪、小青旺、上阁、张马、中村、白华、冶内、蒲泓）。1944 年 4 月，将沁（水）南县改为沁水（南）县，其管辖范围不变。1947 年 7 月，士敏县与沁水（南）县合并，恢复了原沁水建置。合并后，全县划为 7 个区，中村隶属第一区。

新中国成立后：全县划为 7 个区，中村隶属第三区（中村）管辖。1953 年 7 月，全县划为三个行政区、29 个乡、131 个行政村，中村村隶属沁水县第三区中村乡公所管辖。1958 年 3 月，区级行政机构撤销，实行乡建制，中村村隶属中村乡管辖。1958 年 9 月，全县实现了人民公社化，以乡（镇）成立人民公社，实行政社合一体制。中村村改为中村管理区，隶属上游人民公社管辖。同年，沁水与阳城合并，称阳城县，中村管理区隶属阳城县上游人民公社管辖。1959 年 10 月 1 日，阳城、沁水分治，恢复沁水县建置，中村管理区隶属中村人民公社管辖。1967 年，中村管理区改为中村生产大队，仍隶属中村人民公社管辖。1968 年成立革命委员会，改为中村大队革命委员会，隶属中村公社革命委员会管辖。

1984 年 7 月，国家实行农村管理体制改革，改变政社合一体制，将人民公社

改为乡镇，建立人民政府；生产大队改为村，建立村民委员会。中村村隶属中村镇人民政府管辖。2002年，实行撤村并组，原中村镇上凹村、下川乡小河湾村并入中村村。2005年9月，原涧河村整体划并入中村村。

第三章 自然概况

第一节 地形 地质

一、地形

中村村地势北部东北高，西南低；南部东北低，西南高，中间呈低凹地带。东北由坞岭山一脉顺石幢山、时旺岭、杨岔岭、石槽岭延向东南；西南由历山、丹阳山、白华岭延向东北。境内山峦重叠，沟壑纵横，高低悬殊。南部历山舜王坪海拔 2358 米，涧河出口约 900 米，相对高差 1458 米。中村本地海拔 1117 米。北部村庄多在分水岭西坡，因而溪水、河水均向西流，至翼城的西阎、绛县的续鲁入汾河，继而入黄河。中村境内山沟有：乔家沟、刘六窑沟、乳庄沟、张沟、下马沟、涧石沟、观沟、狼泉沟、上沟、丹沟等；山岭有：时旺岭、乔家岭、杨岔岭、石槽岭、北岭、木凹岭等。中村在沁水可称为山区，耕地均属丘陵台坡地，面积仅 3600 亩，林地面积 25 253.4 亩，森林覆盖率达 80%，实属生态环境绝佳之地。

二、地质

中村村区域因受新华夏构造体系和晋东南山字形构造的控制，以及南部秦岭纬向构造带的影响，境内构造复杂。构造线呈南北走向，西南则发育有正东西构造和旋扭构造。

境内出露地层较齐全，自南至北，由老到新，分别为：元古界震旦系；下古生界寒武系，奥陶系；上古生界石炭系，二迭系；中生界三叠系及新生界第四系。

元古界震旦系：分布于中村小河湾、下川南部，面积小，由灰岩、砂页岩、石英砂岩组成。

古生界寒武系：主要分布于下川地区，为紫红色泥岩、页岩、灰岩、白云岩夹砂岩。

奥陶系:分布于下川至中村、土沃一带,为白云岩、泥灰岩、灰岩、白云质灰岩。

石炭系:分布于中村、土沃、杏峪、张村等地,是煤、铁、硫铁,耐火粘土等矿产的重要储存部位。分中、上两统。中统为本溪组,上统又分为太原组与山西组。其中本溪组为褐黄、黄绿及灰色粘土岩,粘土页岩,下部及底部常有硫铁矿与山西式铁矿产出,太原组与山西组均是主要含煤地层,由灰岩、页岩、砂岩及煤层组成,亦是硫铁矿与粘土的产出层位。

二迭系:在全县分布最广,占总面积的80%以上,由砂页、泥岩、砂质页岩、页岩等组成,下部夹少量炭质页岩及煤线,上部夹淡水灰岩透镜体,局部夹鞍山质凝灰岩层,是锰铁矿、锆石、钛矿赋存部位。

中村村区域内自然土壤多为淋溶褐土和山地褐土。

第二节 山川 河流

历 山

历山: 位于沁水县城西南部中村镇下川村与阳城、翼城、垣曲交界处,属中条山系。最高峰为舜王坪,海拔2358米,是沁水海拔最高处。也是本县最大的亚高山草甸,面积近5000亩,草种繁多,植被良好,是优质天然牧场。被国务院批准设立为历山自然保护区,又被确定为国家级森林公园。历山方圆百余里,群峰耸立,谷深峰秀,溶洞成群,灌草丛生,林木参天,清泉飞瀑独特,珍禽异兽甚多,山顶岩石矗立,自然风光秀丽,是生态旅游和休闲避暑的理想之地。主要景点有舜王坪、舜帝庙、南天门、斩龙台、东峡、西峡、白云洞、啸天洞、下川遗址等。

丹坪砦

丹坪山: 位于中村涧河村之南,有上、中、下三叠。上叠有泉水,巅有平地近百亩,金代筑有岳将军寨。后来有山民居住,直至20世纪末,才迁居他地。山中有“黄道士洞”,且有碑文记载。山下为丹沟庄,21世纪初迁移中村等地。

北岭:又名三台山,坐北向南,岭上有耕地，植被优，松树乔灌茂密，中村村依山而建。

杨岔岭：位于村之东五里许，分水岭，满山苍松，郁郁葱葱。

时旺岭：位于村之东北十里许，与土沃乡为邻，植被优，原有居民，后迁移。

石槽岭：位于村之东南六里许，与柳沟村共属，森林茂盛，材积储量大，山宝也。

南岭：位于村之南，与南河村共有，山坡多耕地，山顶乔灌混杂，植被优。

西岭：位于村之西南，木凹各自然庄散落坡间，耕地层叠，岭头松树灌木混杂，植被优。

庄虎腰：位于涧河西山上，原有居民，后迁移，耕地还林。

矿洞岭：位于涧河西山上，此地藏铁矿，20 世纪 80 年代兴盛，后淡出。

中村河：集上沟、乔家沟、张沟、乳庄沟、南河、下马沟、涧石沟、狼泉沟、下峪沟等小河小溪，为长年性河流，在北庄口与北庄河汇流，向西流经张马，经翼城县西闫镇流入汾河。全长 10 余公里，流域面积 101 平方公里，年径流量 0.14 亿立方米，一般流量 0.15 立方米 / 秒。20 世纪 80 年代后，水位逐渐下降，经常出现冬春干枯、断流。到了夏、秋，雨量充沛时流水不断。该河地处石质山区，植被覆盖良好，河水含泥沙量很低。中村河经过多年治理，在沿村一带筑起了护村河坝，汛期灾情基本得到控制。

涧 河

涧河：古传：土人掘地，得箭头如铧，一名铧河。旧名清涧水，以发源清涧潭也。由白华之南迤东，合土沃河入阳城境，再东合板桥河，入泽河。今涧河主流来之小河湾、林池河，已不如旧时流量，但仍然常年径流不息，清澈碧透。2007 年中村镇政府提水北调，供中村、南河、北庄、下峪、张马等村群众生产生活及工矿企业用水。

七星潭洞

七星潭：光绪《沁水县志》记："清涧潭，县西南五十里，白华村南，一名七仙潭。岩壑若龛，后为洞口，石如龙鳞。蹑鳞上，半里许，便水深不可入矣。"实则，潭属涧河村地，古来多叫"七星潭"，建有神殿，乡民祈雨于此，香火甚旺，有碑文记载。今有中村林场拟建旅游景点，修通水泥砌石步道，陡处拾阶而上，曲径通幽，令人神怡。

上沟：位于村北八里许，原为独立行政村，有居民。沟有溪水，常年清澈。雨季水大，流向北庄。

乔家沟：位于村东三里许，自然庄，杨岔岭西坡积水顺沟而下，汇张沟河入中村东河。

张沟：位于村东南三里许，石槽岭东北坡与杨岔岭南坡水汇积，入中村东河。

乳庄沟：位于村北，沟深四里，北岭东坡水汇流，季节河，入中村东河。

后沟：位于村背后，由北向南，雨季有洪水泄下。

观沟：位于村南，积石槽岭西坡水，雨季水大，入中村南河。

下马沟：位于村南，由南岭、西岭相衔而成，沟长五里许，集雨面积大，雨季有洪水，入中村南河。

涧石沟：位于村西南，小沟，有涧水。

营房沟：位于村西，北岭与北庄腰形成，雨季有水。

狼泉沟：位于村西北，北庄腰凹间沟壑，雨季有水。

丹沟：位于丹坪寨下，涧河村西南，旧有居民，历史久远。丹坪山、庄虎腰诸岭积水汇流，向东北入涧河。

第三节　气　候

沁水属暖温带季风性气候，境内地形地貌较为复杂，造成各地小气候的差异。主要特点是：大陆性气候明显，四季分明，冬长夏短，雨热同季，季风强盛；春季干燥多风，十年九旱；夏季炎热多雨，雨热不均；秋季温和宜人，阴雨稍多；冬季寒冷寡照，雨雪稀少，地方性风盛行。

中村村为大陆性气候，冬季最低气温约在零下 21 摄氏度，夏季最高气温约 32 摄氏度，年平均气温在 8.4~10.6℃，气候凉爽，寒暑分明。降雨量集中于 7、8、9 三个月，年平均降水量 700 毫米左右，干旱与潮湿季节明显。年日照为 2610.6 小时，无霜期 160 天左右，农作物一年一熟。

第四章 资源概述

第一节 土地资源

1946年至1948年开展土地改革运动。土改结束时，丈量核实中村村耕地约3200亩。1955年农业合作化时，全村入社土地约3300多亩。土地集体所有后，连年治山治水，闸沟造地，使耕地面积逐步增加。1982年土地承包下户时，全村共有耕地5915亩。1983年后，随着改革开放不断深化，发展商业、新建企业、村民建房、村镇扩展、退耕还林等用地累积增多，到2005年实有耕地2790亩。撤并村组后，2008年达到3600亩，人均耕地1.34亩。

中村为次生林区土壤，属树龄在30年以上的针阔叶混交林区及灌丛植被下发育起来的土壤。由于海拔高度在1200~1650米之间，温度低，降水量多，土体淋溶较强，土壤中碳酸钙基本淋溶殆尽。其土壤特征是：(1)土层以上有2厘米左右的枯枝落叶层，以下为腐殖质层。(2)本层土壤有机质含量大于2%，通体砂壤，土体湿润，结构疏松。(3)通体无石灰反应，pH值7.2左右，呈中性反应。本土壤宜林不宜耕。

土质类型有：

1.砂质土(砂壤土)，分布在中村东河滩地、涧河两岸。其特点是：土壤疏松，通透性好，春季增温快好捉苗，利于作物出苗和根系下扎；但有机质分解快，肥效前劲大，后劲小，保水、保肥性差，易旱而低产。

2.粘质土(红壤土)主要分布在中村北坡、北庄腰及上凹一带。其特点是：土壤粘重致密，保水保肥性强，有机质分解缓慢，施肥后释放时间长，作物生长期不易脱肥。但通气透水性差，土温低，极易板结，易耕期短。春季幼苗出土缓慢，发老苗不发小苗。一旦苗期过去，植物生长很快，是农民向往的好土地。产出的粮食颗粒重，质量好。

3.壤质土(二合土)分布在中村东河的花墙坟，西南部的南坪、猪洼坪、桑柏界等地段。其特征是:砂、粘比例适宜,兼备砂质土和粘质土的优点,消除了它们的缺点,既发小苗,又发老苗,可谓优质高效农田。

4.其它土质:①表土层,自然土壤为屑粒状结构,耕层有机质含量不高。②底土层:大多为块状结构,褐土性因受黄土母质影响,多为柱状结构,群众叫"立土"。

中村村党总支、村委会认真贯彻执行十分珍惜、合理利用土地和切实保护耕地的基本国策,合理规划,统筹安排,严格控制非农建设占用耕地,保障了土地资源的可持续利用。

根据中村国土资源所2008年提供的中村土地开发、复垦与整理统计数据显示:

1.荒草地开发164.8亩,其中:中村29.5亩,上凹66.8亩,涧河68.5亩。

2.林地可开发(包括荒草地)278.7亩。其中:中村49.6亩,上凹112.3亩,涧河116.8亩。

3.滩涂河开发16亩。

4.牧草地可开发2919.3亩,其中:中村418.1亩,上凹1165.7亩,涧河1335.5亩。

土地复垦:可复垦砖瓦窑1个,面积18亩。

土地利用分类:农用地3168亩;建设用地829.7亩;未利用地1454.3亩。

第二节 水资源

一、降水量

中村村地处山区和丘陵区,年降雨量平均在700毫米左右。

二、河川径流

河川径流是水资源的主要组成部分。中村河年径流总量为0.14亿立方米。中村河由于属煤矿采空区,破坏了当地的水文地质条件,使含水层呈逐渐枯干趋势,平时河水断流,汛期水量加大,成为季节河。

三、地下水及泉水

地下水分布埋藏规律受自然地理及地层、地质构造控制,按岩石空隙性分为孔隙水、裂隙水、岩溶水三种类型。主要分布在石炭系、二迭系地层中,多以泉水出露于河川沟谷之中,以风化裂隙为主要水。中村河地下水资源只有0.07亿立方米;小泉小水仅5处,无法利用。中村地区人均水资源1340立方米,在沁水县属于缺水区。

为了彻底解决人畜吃水和生产用水,中村镇政府于2005年投资500余万元，兴建“提涧（河）入中（村）”引水工程，建筑梯形拦河大坝、集水廊道，开沟铺管20公里，日拦水量2000立方米以上。这一工程解决了南河、白华、北庄、下峪、张马、中村镇万余人的生活用水，也为经济发展奠定了基础。

第三节 矿产资源

中村地下矿产资源极为丰富，主要有煤、铁、铜、铅、锌、硫铁矿等。

一、铁

中村铁矿区，位于中村一带，坐标为东经111°57′54″—111°59′54″，北纬35°31′29″—35°33′55″，属“山西式铁矿”。矿体贮存于石炭系本溪组底部，含矿层呈似层状，层位稳定，厚0到10米，单矿体呈透镜体或扁豆体，多数长几十米至200米，个别长400至500米，一般厚几十厘米至2米，局部达10米，矿体产状平缓，倾角10°左右。构造简单，呈单斜，两条断层较明显。

其一，下峪断层，长约1000米；

其二，南河断层，长约750米。两者皆为正断层。走向近东西向，断距10至20米，矿层被错开。铁矿石分氧化矿与原生矿两类。氧化矿产于地表及浅部，以赤铁矿、褐铁矿为主，呈鲕状、结核状、块状，含铁一般30%~35%，部分达40%~45%；原生矿产于深部，以菱铁矿、黄铁矿为主，呈胶状、鲕状或结核状，含铁约30%。据矿体露头分五矿段共31个矿体：

（1）中村北矿段，四个矿体，较好矿长达200米，厚6米；

（2）下马沟矿段，六个矿体，沟两侧南部矿较好，各长500米与300米，厚1.5至5米与1.3至5米；

（3）南河庄至大南矿段，八个矿体，较好矿长达500米，厚4米；

（4）王八沟至东村矿段，六个矿体，矿较好的两处，西部长400米，厚1至5米；中部长150米，厚2至10米；

（5）下峪东矿段，七个矿体，断续出露长4500米，厚0.5至3米。

经普查评估，中村铁矿区属小型铁矿床，储量G1+C2级526.8万吨，其中G1级246.8万吨，C2级280万吨。

二、煤

沁水县地处“沁水煤田”南部，煤炭资源极其丰富，含煤地层面积约2418平方公里，占全县总面积的90.34%，其中勘探面积966.43平方公里。全县有四大煤矿勘探区，中村系沁水普查区。该区包括王寨、杏峪、龙港、土沃、张村地区，向东跨入阳城县的羊泉、芹池一带。东西最长38公里，南北最宽25公里，面积约700平方公里，地理坐标：北纬35°30′—35°45′，东经111°58′30″—112°22′30″。

地质概况：山西组与太原组为主要含煤地层。山西组含5层煤，总厚度7米，含煤系数14%。其中可采者西南部1层（2号煤），中部与东部2层（2、3号煤）。2号煤为主要可采层，层位稳定，厚0.39米~6.86米，平均1.88米，局部含一层夹石，厚0.3米，个别达0.8米；3号煤厚0~5.88米，平均2.14米，厚度不稳定，向四周变薄，常有一层夹石，厚0.14米~0.44米，于西南部尖灭，被砂岩所代替。太原组含煤3—11层，总厚8.5米，含煤系数10%。其中1层15号煤为主要可采层，厚1.18米~5.12米，一般厚2.5米~3米，常有1—2层夹石，局部多至4层，厚0.05米~0.5米。

沁水普查区属大型矿床，区内储量26.9亿吨。

三、金属矿

主要分布于中村地区的小河湾。位于横河——下川逆断层向西延伸的扭折部位。铜矿化主要地段是横河——下川大断层相一致的再次逆掩，上盘部位出露于中寒武统白云质灰岩内，而下盘出露于奥陶系下统的细一中粒白云岩内，普遍具分散的铅，锌矿化，但在断层上下盘的接角部位，分布着品位极富的网脉状的方铅矿、闪锌矿，矿物含量达60%，但规模不大。

铜矿物由黄铜矿、含铜黄铁矿组成，氧化矿物为孔雀石、蓝铜矿、铜蓝组成。伴生矿物以黄铁矿为主。

四、硫铁矿

地质简况同中村铁矿。该区硫铁矿产于2个层位，1层产于石炭系中统本溪组底部，1号铁矿体之下。分布于苏家沟村北，呈似层状，矿体长400米，宽215米，平均矿厚2.2米。2层产于石炭系上统太原组下部，属部石英砂岩之上，相当于2、8号铁矿体。分布于西岭庄西南，呈大透镜体状，矿体长265米，宽190米，平均矿厚0.89米。含硫13.9%、23.77%，属于一般工业指标的Ⅲ级品。计算储量61.37亿吨。

第四节　野生植物

中村村位于中条山腹部，全村有林地面积达25253.4亩，森林资源十分丰富。天然林、人工林皆有。海拔1400米左右为针叶林或疏林密灌植物带，海拔1200米左右多为人工林带，海拔1000米以下为草灌丛农垦带。历山自然保护区素有

"山西植物资源宝库"之称，境内野生植物约400余种，有标本植物300种，隶属45个科。按用途分为以下五种：

一、食用植物

果实类：山楂、杜梨、欧李、棠梨、樱桃、山杏、小果、圪荆、沙棘、桑葚、山桃、海棠、楸子、榛子、橡子、软枣、酸枣、黄连木、山葡萄、山核桃、翅果油、马梨蛋、野草霉、郁香、麦冬、山丁子等。

叶花类：野韭菜、野小蒜、马梨花、茖葱、香椿、金针花、洋槐花、榆茄、秋花、苦苦菜、洋桃蔓、夹夹蔓、扫帚苗、圪蕾苗、灰灰菜等。

菌类：猴头、木耳、蘑菇、香菇等。

二、药用植物

境内约有200余种，比较有名和产量较高的有：九节菖蒲、山茱萸、黄芩、猪苓、灵芝、远志、防风、秦艽、青翘、连翘、羌活、五味子、苍术、柴胡、党参、元参、丹参、山楂、桔梗、地榆、毛知母、山桃仁、菟丝子、野菊花、益母草、酸枣仁、车前籽、何首乌、蒲公英、五加皮、金银花、赤芍、白芍、荆芥、木通、冬花、茵陈、艾、麦冬、节节草、地服子等。

三、纤维植物

外皮能提取纤维的有：椴树、椿树、杨树、柳树、榆树、锦鸡儿、视师麻、南蛇腾、检子梢、胡枝子、紫穗槐、山棉花等。茎枝纤维能用来捆东西的有：菖条、荆条、杠柳、山豆根、青岗条、拉拉身、蝎子草、白草、香蒲、狗尾草、草木樨等。

四、用材植物

主要有：油松、侧柏、红桦、白桦、华山松、白皮松、杨树、柳树、国槐、刺槐、白榆、千斤榆、辽乐栎、栓皮栎、麻栎、槲栎、蒙古栎、五角枫、八角枫、元宝枫、黄连木、椿树、楸树、栾树、椴树、漆树、桐树等。

五、观赏植物

主要有：八仙花、绒线菊、珍珠梅、白鹃梅、太平花、四照花、花楸、野茉莉、山杏、山桃、杜鹃、红芍、山丹丹、山盆花、太阳花、手掌参、白芷、金莲花、金丝桃、黄花草、桔梗、百合花、野玫瑰、迎春花、丁香树、红豆杉、桂花、山茶花、海棠花等。

村民栽培的观赏花卉有：迎春花、马榴花、菊花、牡丹、月季、火炬、倒挂金钟、橡皮树、鸡冠花、一品红、君子兰、太阳花、仙人球、万年红、老来俏、百日红、阿兰铁、文竹、平阳竹、高岗竹、仙人掌、石榴、玫瑰花、铁树、串串红、樱花、无花果、柳叶桃、玻璃海棠、接接红、槟槟花、刺梅、杜鹃花、看樱桃、干枝梅、节节高、马蹄花、美人蕉、吊兰、富贵龙、含笑、开运竹、大花慧兰、骑文草、榕树、巴西梦、地王、白牡丹、粉绣球、紫罗袍、赛海棠、牵牛花、芍药、紫薇、粉团、金银花等。

村镇栽植的风景树木有:龙爪槐、塔柏、侧柏、蜀桧、香花槐、国槐、银杏、法桐、木槿、桧柏、广玉兰、冬青、雪松、迎客松、金贞女叶、倒垂柳、合欢等。

第五节　野生动物

食草动物有野猪、野兔、山羊、麝等;食肉动物有狼、豹、獾等;鸟类似雀形的有斑翅山鸡、山斑鸠、灰斑鸠、喜鹊、乌鸦、麻雀、苍鹭、云雀、黄莺、黄道眉;飞行动物有野鸽子、水鸪鸪、小燕子、啄木鸟、猫头鹰、红嘴鸦、野公鸡、鸪鸬鸡、灰鸡、老鹰、布谷鸟、蝙蝠、大雁、白冠长尾雉、秃鹰等;两栖动物有青蛙、蟾蜍;爬行动物有蛇类百种、蜥蜴、壁虎;软体动物有蜗牛;腔肠动物有蚯蚓;节肢动物有蜈蚣、蝎子、蜘蛛、蟋蟀、螳螂、蝼蛄、蝉、蚂蚁、蚂蚱、蜻蜓、蝴蝶、天牛、甲虫、金龟子、瓢虫,蜜蜂、萤火虫、蚜虫、蝈蝈;哺乳动物有狐狸、兔、黄鼠狼、老鼠、松鼠、花鼠等。

属于国家一类保护的珍贵稀有动物有老虎、金钱豹、梅花鹿、黑鹳、金雕、白尾海雕、大鸨、朱鹮等;属于国家二类保护的动物有猞猁、麝、猕猴、雀鹰、秃鹰、大鵟、蜂鹰、猪隼、燕隼、灰背隼、红脚隼、红隼、白冠长尾雉、水獭、大鲵、雕鸮、豹、鸳鸯等。

第六节　自然灾害

中村既有“四十里寒冰地”之称,又有“十年九旱”之说,历史上曾发生过旱灾、虫灾、雹灾、涝灾、霜灾等自然灾害。

光绪《沁水县志》记:

明代,崇祯十一年,蝗;十二年,夏旱。蝗冬蝝生,累累然蔓延附地如鳞,民大困;十三年,岁大祲,民多饿死,人相食。

清代,顺治四年,大旱,六月始雨;六年,三月大雪,四月地震;九年,大旱;十三年,地震,大旱,无麦;十四年,旱。

康熙二十九年,黑虫食禾,牛生瘟;三十年,五月旱无麦,蝗食苗,人民死徙殆半;三十四年,地震,城堞倾毁,与太原平汾路同日;六十年,自六月旱,至九月始雨,秋禾不登;六十一年,夏无麦,秋薄收,市绝米麦,人多饥死。

雍正十年,秋霖雨伤稼;十二年,春大雪。

乾隆二年，秋旱；十五年，大雨雹；十七年，大旱；十八年雨雹；十九年，大疫；二十三年，雨雹；二十四年，大旱；三十三年，旱；四十三年，大旱；五十七年，大旱，饥馑相望，民卖子女而食；六十年，大雨雹。

嘉庆九年，旱，岁大歉；十五年，正月壬申昼晦，春旱，米翔贵，夏雨始种；十八年，秋霖雨弥月，岁歉；十九年，岁歉，冬无雪；二十年，秋大雨，九月地震；二十一年，春大旱；二十二年，夏秋旱，岁歉；二十五年，夏旱，七月雨。

道光五年，春大雪，树多冻死；七年夏旱。十一年冬大雪。十二年，秋霖雨，伤稼；十三年，民多疫；十五年，春旱，夏无麦，秋早霜杀谷，民大饥；十六年大瘟；十八年夏雨雹；十九年三月霜，桑叶多冻损；二十年，六月大雨；二十二年，六月戊寅朔日食，既昼晦见星；二十六年，旱；二十七年，夏旱无麦，秋霖雨，伤稼，岁歉。

咸丰三年，正月丁卯天色赤，风尘蔽日；六年，夏旱，秋多蝗；七年，岁歉；十年，春大饥。

同治元年，飞蝗遍野。七月十五，星陨如雨，十月地震；三年，大水；四年，秋暝伤稼；八年，秋旱；九年，秋雨雹；十二年，夏大风，秋旱，冬大雪，柿树多冻死者。

光绪二年，岁歉；三年，大旱，饥馑相望，民多饿死；四年，岁大祲，人民死亡过半；七年，春牛生瘟。

《沁水县志》(1987年版)记：

光绪三年大灾之后，清政府曾拨漕米一万五千石，全县灾民约八万余人，每人平均仅可分得一斗多粮，最多也只能维持一个月的生活，而且漕米拨在河南清化(今博爱县)，县里派晋得麟、贯沂二人到清化提取，因无脚力，运输困难，漕米基本未运。山西巡抚张之洞，亦曾施饭赈饥，开始每人给二勺，继而减为一勺、半勺，最后停施。全县十万之众焉能以勺饭不死？

俗话说："不怕荒年，只怕连年。"沁水县在光绪二十四年至二十六年，连续三年遭遇荒旱，光绪二十四年小麦无收成，秋收仅及六七成；二十五年夏麦不收，秋收仅及三成；从二十五年八月至二十六年六月共十一个月滴雨没落，不仅夏麦不收，连秋禾都没下种，烈日当空，赤地百里，百姓剥树皮充饥。当时粮价小麦每斗一千六百文，白面每斤百文，到处饿死人。

1943年春夏，全县发生特大旱灾，晚秋作物没有下种；第二年春天禾苗生长之际，又生蝗虫，禾苗全被吃光；接着又瘟疫流行，百姓纷纷逃往安泽、浮山就食。

1949年，夏旱，秋涝。

1956年，下暴雨、洪水冲毁庄稼。

1958年，9月，早降大雪，玉米、谷、豆秋禾受损。

1967年春，发生猪瘟。

1982年8月2日，由于连续降雨，发生历史罕见的洪灾，水深数米，洪灾造成损失8万余元。

1986年至2003年旱灾连绵。1987年、1995年、1996年、1997年、2000年、2001年6个年份春旱;1986年、1991年、1994年、1997年、2001年、2002年6个年份夏旱;1988年、1990年、1996年、1998年4个年份秋旱。其中1997年旱灾最为严重,粮食减产近五成。

1986年至2003年,发生洪涝灾害的年份有1992年、1993年、1996年、1998年、2000年、2003年。1996年7月30日至8月5日,全县大部分地区连降暴雨,平均降雨189毫米,中村村也发生洪灾,土地被冲毁,作物受灾害。

1991年、1993年、1999年、2001年中村遭受不同程度的冰雹袭击。

1993年7月9日,中村镇部分村遭受冰雹袭击,时间长达1小时40分钟,部分地区覆冰雹30厘米,损失惨重。

1997年,从春到秋,未降透雨,旱象严重。

2003年,非典型肺炎流行。

2004年,禽流感流行。

2006年4月11日至12日,沁水县境内出现寒潮天气,中村地区的水果、核桃及青连翘普遍受冻,当年各种果品严重减产。

2006年6月30日下午,降暴雨、冰雹,受灾面积达460亩,涉及农户143户。

当地常有霜冻现象,在长期的生产实践中,广大农民积累了不少的防霜冻的办法:一是烟幕法,在夜晚堆积柴草到地头,霜冻来临开始点燃,可提高地温和气温;二是覆盖法,霜冻来临前,将农作物用草覆盖起来,有防冻效果;三是浇水法,有灌溉条件的可浇水,增加湿度,提高地温。

在自然灾害中,冰雹为不可抗拒的自然灾害。冰雹在本地区发生的时间为4月中旬至9月,主要集中在6、7月份。一日中降雹大多出现在14—20时,其它时间出现很少。冰雹在本地的移动路线是自杏峪经土沃、中村出翼城县的十字河,其规律为雹打一条线。

2009年,沁水出现春夏连旱,秋庄稼仅有二三成收获。

2010年,冬季无雪,旱情严重,危及小麦产量。

第七节　环境保护

新中国成立初期,中村村自然环境、生态环境一直处于良性循环状态。自20世纪60年代起,随着铁厂、煤矿、水泥厂的兴建,环境问题逐步显露出来。特别是80年代以来,小冶炼、小铸造、型煤厂等企业排放的废气、废渣、粉尘,严重污染环境,直接危及村民的身体健康。为此,村党总支、村委会制定了各项环境保护措施，对污染源进行综合治理，并按照“以防为主，防治结合”的方针，加强环境监测工作。1996 年，依法关闭了一批污染严重的小企业；2003 年 4 月，针对中村水泥厂造成环境污染问题，经市、县环保局、监委联合调查组调查后，依法将该厂关闭，使水泥粉尘污染问题得到彻底解决，环保工作取得了初步成效。

进入 21 世纪，村两委班子决心“优化生态环境，打造绿色中村”，积极推进绿色工程。

一是抓退耕还林和绿化工作。完成退耕还林工程 516 亩，栽植了刺槐、杨树、松树、金银花等乔、灌木。同时把生态环境建设与小康园林化村镇建设相结合，在村四周铺草坪、栽花草，达到村在花中，房在绿中，人在景中。

二是抓环境整治工作。投资 200 万元，硬化巷道 52 000 平方米，铺砌胡同 27 条 3845 平方米，告别了晴天扬灰，雨天淌泥的历史；投资 20 多万元，铺埋排污管道 5600 米，贯通大小巷道、胡同及街道排污渠网，规范了群众生活污水的排放；整修垃圾池 22 个，做到专车清运，专人管理；改良厕所 200 个，按片修建公厕 11 个；畜圈全部搬迁村外，彻底消除了蚊蝇滋生的天然场所；投资 90 万元，对街道中心河床上的房屋进行拆迁改造，清除淤泥，种花种草，建成集休闲、娱乐、健身为一体的绿色文化长廊；投资 70 万元，建成农民洗浴中心；进行炉灶改造工程，全村 750 户安装节能秸秆气化炉灶；2010 年春，煤层气引入家家户户。

中村村蓝天白云，青山绿水，环境优美，生态和谐，曾多次被市、县、镇评为“文明村”、“和谐村”、“环境整治先进村”。

第二卷　经济

第一章　农　业

中国是个古老的农业国度。中村是农耕文化的发祥地。《史记》曰:“舜耕历山,渔雷泽,陶河滨”,又发现下川新石器时期遗址,这充分说明从远古时起,中村先民就在这块土地上耕耘着,生产着,繁衍着,发展着。

中村村属大陆性季风气候,降水较多,雨量丰富,雨热同季,阳光充足,优越的自然环境为发展农业提供了极为便利的条件。但在漫长的封建社会,农业生产基础十分薄弱,农业技术落后,生产工具简陋,生产力长期停滞不前,导致农业生产发展缓慢。1949 年 10 月 1 日新中国成立后,共产党和中央政府十分重视农业的恢复和发展,制定了“以农业为基础,以工业为主导”的国民经济发展总方针,提出了“劳动最光荣”的口号,极大地调动了农民的生产积极性,社会各界尊重农民,支持农业,热爱农村蔚然成风。毛泽东主席提出“水、肥、土、种、密、保、工、管”农业八字宪法,农村大力开展农田基本建设,兴修水利,增加有效灌溉面积,实行科学种田,培育优良品种,提高单位面积产量,增加投资和改善农业现代化装备,极大地推动了农业生产的发展。特别是中共十一届三中全会后,农村经营体制大改革,生产力大解放,农业生产大发展,社会主义现代化农业正在形成。

第一节　农村变革

封建社会,土地为私有制。土改前,中村全村耕地 3020 亩,其中 1800 多亩集中在 10 余户富裕家庭,大部分村民只有少量的瘠薄地、低产田,收入甚微。

一、土地改革

1946年5月4日，中共中央发布《关于清算减租减息土地问题的指示》，把减租减息政策改为没收地主土地归农民所有的政策。1947年9月13日，中共中央又颁布了《中国土地法大纲》，规定废除封建半封建的土地制度，接着全县掀起了声势浩大的土地改革运动。基本做法是：由各区乡党组织以农会为骨干，层层召开群众大会，宣传贯彻党的土改政策和“五四”指示，通过发动群众诉阶级苦，算经济账，极大地提高了广大贫下中农的阶级觉悟。在此基础上，根据中央规定的阶级成分划分标准，采取“自报公议，三榜定案”的方式，经过贫雇农讨论，农会通过，村民大会定案，最后划定各户的阶级成分。

阶级成分划定后，根据政策开始没收地主的土地、耕畜、农具、房屋、粮食及其他财产，征收富农上述财产的多余部分，同时征收祠堂、寺院、学校、大社的土地及其他公产土地。县里对某些不法地主隐藏的粮食、财产进行了认真的追查，并公开宣判了一批不法地主分子。

中村村土改时成立了农会，选举李长青为农会主席，刘杰法、李光明、乔兴瑞、乔兴才为农会会员。乔兴邦为武委会主任，乔兴才为副主任。在农会领导下，从地主、富农手中(包括富裕中农献田)共收回耕地300多亩，收回房屋200余间以及大量的家具、农具、衣服等，牛、驴、骡、马全部没收。划定阶级成分分别是：地主6户，富农8户，贫下农208户，中农141户，上中农28户。

对没收和征收地主、富农的土地、财产及祠堂、寺庙等公产，按照党的“满足贫雇农，填补下中农，有利于生产”的政策，采取逐户登记，自报公议，三榜定案的办法，进行了合理的分配，把土地、房屋、牲畜、农具、粮食等分配给无地和少地的贫苦农民。地主、富农也同样得到一份土地，维持生活，并在农会的监督下，改造成为自食其力的劳动者。

中村村于1948年年底结束土改运动。农民分得的土地和房屋，均由县人民政府颁发土地证和房产证。翻身后的广大贫下中农，喜笑颜开，感谢毛主席，拥护共产党。自此，农民真正实现了“耕者有其田，居者有其屋”。

二、互助组与农业生产合作社

土地改革后，农业生产有了很大发展。但是，分得土地的农民在单干中缺乏生产资料等困难显现，特别是耕畜、农具的稀少，劳动力的不均匀，制约了生产力的发展。为了适应新的形势，在全国乃至全县，不少农村开始组织起临时性的、小规模的、三五户随季节性的、离合不定的互助组，后来逐步发展成常年互助组。1951年中村村东头，成立了三个常年互助组，组长分别是：李瑞旭、侯迎交、王新年。互助组解决了单干所不能解决的困难，明显地促进了农业生产力的发展和粮食产量的提高。

在互助组发展的同时，郑庄乡东郎村试办了全县第一个农业土地入股、统一经营，带有半社会主义性质的初级农业生产合作社。

1951年，中共沁水县委根据中共中央《关于农业生产互助合作的决定》精神，总结了东郎村的经验，制定出全县试办农业生产合作社的十条规定：

（一）以现有的互助组为基础，采取自愿结合的办法，组织规模较小的（一般为10户左右）农业生产合作社。

（二）土地入社，可留少量的自留地。

（三）入社土地民主评定产量作为分红资金。

（四）按劳资比例分红，以劳分红为主，兼顾土地分红，并适当扩大公共积累（公积金、公益金）。

（五）按各工种评定定额工分，按劳取酬。

（六）统一计划生产，统一调配劳动力。

（七）种子、肥料和农具自备。牲畜按定额记分，或社内雇用，或作价入社。

（八）允许社员入社、退社自由，但退社时不准将公积金、公益金、土地及其他投资全部带走。

（九）土地负担采取属人办法。

（十）选出社长、副社长、会计、保管，下设若干劳动小组。

根据县委的规定和《中共中央关于农业生产合作社若干问题》的决议，1952年11月，中村村由牛永林、刘相恒带头，试办初级农业生产合作社，取名为“光明农业生产合作社”。首批入社农户达30多户，选举牛永林为社长，刘相恒为副社长。合作社办公地址设在西街书房院胡同窑楼上。

1954年进行扩社，除个别户外，全村有300余户入社。初级社实行土地、耕畜、农具生产资料入股，集体统一经营，收入按土地、劳动力投工、入股分红。1954年11月扩社后，全村分为4个初级社：光明社牛永林任社长，马如祥任副社长；西明社王书贵任社长，李家昌任副社长；东明社侯迎交任社长，李树法任副社长；黎明社李瑞旭任社长，乔执才任副社长。

1955年10月，中共七届六中全会通过了《关于农业合作化问题的决议》，1956年3月，中共中央公布了《高级农业生产合作社示范章程》，其主要内容有：社员的土地无代价地转归合作社集体所有，取消土地报酬，耕畜、大型农具等主要生产资料转归合作社集体所有，由社分期偿还价款；社员参加集体劳动，实行按劳分配；社员的零星树木，小农具等仍归私有；合作社按土地比例，社员人口多少分给少量自留地。

1956年11月，中村成立高级社，全村农户全部入社。社长牛永林，支书马如祥，会计谭怀宝。由初级农业社转为高级农业社的过程中，中村周围的中村、下峪、上峪、南河、北庄、上沟合并为一个高级社，下设中村光明社、下峪丰明社、上峪乐明社、南河联明社，北庄裕明社，上沟黎明社六个分社。中村光明社共有377户，1332口人，耕地3769亩，牛245头，驴25头，骡7头，马3头，羊775只，猪73口。高级社的成立，标志着生产资料私有制的农业社会主义改造基本完成，社内设管理股、财务股、副业股、畜牧股。广大农民走上了社会主义集体化道路，"一化三改造"的国家过渡时期的总路线实现。

三、人民公社化

1958年，根据党中央、毛主席"还是办人民公社好"的指示，全国掀起人民公社化运动，实行政社合一。人民公社即是农村中同基层政权机构相结合的社会主义集体所有制的经济组织，也是农村社会的基层单位。当年9月，沁水全县39个乡（镇）合并为14个人民公社，每个乡（镇）成立一个人民公社。乡设人民委员会，公社设管理委员会，乡长同时担任公社管理委员会主任。乡（镇）以地名命名，人民公社则冠以具有时代特征的名称，中村乡称"中村乡上游人民公社"。公社下设管理区，管理区下设村民委员会。中村光明社改为中村管理区，主任马如祥，下辖东村、西村两个村。东村耕地1493.6亩，西村耕地2501.9亩。管理区实行统一核算，生产队作业。分配上实行的是供给制加工资制。

生产队集体收秋

人民公社化过程中，人们违背自然规律和客观条件，提出不切实际的高指标、高口号，出现了"浮夸风"、"共产风"、"瞎指挥风"、"一平二调风"等五风。中村管理区也跟风跃进，平调劳力参加大炼钢铁运动，修建中村至下峪小火车路；不切实际办了9个公共食堂，男女老少统一在食堂就餐；先后又建起了幼儿园、保健站、妇产院、图书馆、理发室等。是年，大部分青壮年劳力外调炼钢铁、修水库、修公路，村里剩下老弱病残，致使当年丰产的秋粮难以收回，雨雪沤烂、山害糟践，使村民的生产生活受到重大伤害。为扭转生产生活下滑的局面，管理区硬撑着购置了三辆胶轮大车，9个生产队购买了九辆小平车。这在当时来说确实是农村先进的运输工具。

20世纪60年代初，全国连续三年遭受自然灾害，出现历史上罕见的三年困难时期。中村社员当时的生活现状是:一天六两粮食,配以“淀粉”(用玉米苞皮加石灰沤制,用玉米芯子磨成面沤制)窝头,不足再打野菜充饥。马梨蛋、黄花叶、杜梨叶、灰灰菜、扫帚苗成为度日主食。不少人得了浮肿病,患者每人每天一碗豆浆,以增补营养。

1961年,认真贯彻执行《农村人民公社工作条例(六十条)》、《关于巩固人民公社集体经济的指示》,停办了公共食堂,恢复了社员自留地和家庭副业,对公社无偿平调集体和个人的财物作了退赔,纠正了“五风”。对在大炼钢铁中损坏的社员生产和生活用具给予了赔偿。认真执行“三级所有,队为基础,物资劳动,等价交换,分配计划,由队决定”的方针,恢复了生产队核算。社员参加集体劳动,实行定额管理,评工记分。生产大队对生产队实行了“三包一奖四固定”,即:包工、包产、包成本;超产奖励;劳力、耕畜、土地、农具四固定。从此,农村生产、生活有了新的转机。

1965年,全国掀起了突出政治,大学“毛著”,农业学大寨高潮。中村大队也学习大寨“评工法”,自报公议,评工记分,不但评农活,还评思想和劳动态度。

洞河大队组织群众学文件

1966年,“文革”开始,农村、农业、农民同样遭受冲击,中村村同样受到极大影响。但中村大队在这一时期还坚持了一些自己的做法,在抓粮食的同时不放松集体、社员搞副业,所不同的是社员副业收入交队记工,统一分配。70年代初全大队粮食平均亩产500余斤,加上副业收入,中村大队社员分配最低的生产队一个劳动工(按10分计)可分红八九角钱,最高的生产队能分一元二三。既实现了粮食产量“过黄河”,又使社员现金收入逐年提高。

四、家庭联产承包责任制

1976年,粉碎“四人帮”后,党在农村的各项经济政策逐步落实,恢复以生产队为核算单位,分给社员自留地,允许社员开垦小块自由地,从事家庭副业,调动了广大农民的生产积极性。特别是中共十一届三中全会以后,1979年以家庭联产承包责任制为主的农业管理体制全面推行。农村经济政策放宽,社员在自主搞好农业外,既可搞家庭副业,也可出外务工经商。经济活了,生活开始向富裕方向迈进。

1981年,中村大队按照上级指示,积极推行"四专"、"一联"的农业生产责任制,即把大部分耕地划分到专业承包户,实行"包产量、包投资、包工分、超产包奖,减产包赔"的农业生产责任制,这种办法受到广大社员的欢迎。1983年涌现了户售国家粮食5000斤以上的李树深、售蚕茧250斤以上的马玉花、售蔬菜一万斤以上的侯安花、售仔猪50头以上的杨珠元等3户;人均纯收入3000元的宋来文、人均纯收入4000元的刘启锁。尤其是粮食专业户李家富交售国家商品粮3万斤。

农业生产责任制在中村有以下几种形式:

(一)专业承包。根据方便生产,有利经营的原则,把农、林、牧、副和工商各业分别包到专业队、专业组、专业户,联系生产成果计算报酬。

(二)联产到组。把擅长不同活路的劳力划分为不同的作业组,然后将耕地、农具、种植面积、包产指标、肥料、种子等分配到组,实行定工、定产、定成本、超产和减产奖赔,最后按生产成果计酬,生产队统一核算分配。

(三)联产到劳。坚持集体所有制、按劳分配原则和基本核算单位"三不变";在统一种植计划、统一使用耕畜家具、统一调配劳力、统一核算分配的"四统一"条件下,按劳或按人劳比例奖赔或全奖全赔。

(四)包产到户。生产队把耕地按劳力或人劳比例落实到户,对户签订承包合同,包产量(产值)、包工分、包费用,超产或减产奖赔。

(五)包干到户。在坚持基本生产资料(土地)公有制的前提下,生产队把耕地按人口或人劳比例包干到户,耕畜和农具作价归包干户,国家征购、集体提留部分,分别落实到户,通过经济合同形式来保证承包任务的完成。

1983年1月1日,中共中央发出了《当前农村经济政策的若干问题》(一号文件),根据这一文件精神,进一步完善了生产责任制,中村大队实行了包产到户、包干到户生产责任制。社员完成征购粮、农业税任务后,剩余全是自己的。

1999年,中共中央把稳定农村,稳定农业,稳定农民放到一切工作首位,及时实施延长土地承包期的政策,第二轮土地承包一订30年不变。中村对承包下去的2200亩耕地,给村民颁发了土地使用证,让农民吃上了"定心丸",县、市领导在中村召开了现场会,并颁发了"沁水县集体土地农业用地使用证"。自此,土地所有权和经营权分离,作为一种新的制度植根于中国大地。

第二节　主要农作物

一、粮食作物

小麦:禾本科,一、二年生草本。根据播种期不同,有冬小麦和春小麦之分。籽粒主要制面粉，麸皮可做饲料，秸秆为编制业和造纸等的原料。中村属温凉地区，适宜种植冬小麦。1961年开始试种，有小红麦、晋南白麦。20世纪80年代引进晋麦47号、临旱536、烟农21，晋麦47号适应性强，烟农21号是强筋小麦，产量高，适于本地种植。优良品种、科学种植、合理施肥使小麦亩产可达500~1000斤。

玉米：亦称"玉蜀黍"、"包谷"等，禾本科，一年生草本。籽粒除供食用外，工业用途极广，可制淀粉、酒精、塑料等，秆、叶、穗可青饲和青储。花柱和根、叶均可入药。20世纪50年代引进美国品种"金皇后"，产量较高。随后引进的白马牙、丹玉6号、中单2号、农大84、屯玉51、沈单16等也都适合本地种植，并且产量、质量均逐步提高，个别品种或地块可达亩产2000斤。

谷子：雅称"粟"，去壳后叫"小米"，禾本科，一年生草本。喜温暖，耐旱，对土壤要求不严，适应性强，根据生长期可春播和夏播。籽粒营养价值高，供食用和酿酒。茎、叶、谷糠可做饲料。中村种植品种有压塌垅、小黄谷、长农10号、长农18号、长农17号、母鸡嘴、大寨谷等。

高粱：亦称"蜀黍"，禾本科，性喜温暖，抗旱，耐涝。籽实供食用，酿酒或制饴糖。穗可制扫帚。中村能种植的品种有晋杂5号、忻杂7号、高平三尺三等。

黍子：禾本科，一年生草本。生育期短，喜温暖，不耐霜，抗旱力极强。籽实供食用或酿酒，秆、叶可做饲料，中村多制作黍毛笤帚。

豆类：中村种植豆类主要供自食，没有规模和数量。种植品种有晋豆25、庚84等，其中晋豆25成熟早，产量高，亩产可达400斤左右。

二、经济作物

蓖麻：俗称"大麻"，大蓟科，一年或多年生。喜高温，不耐霜，耐碱，耐酸，适应性强。种子可榨油。油脂可制润滑油、媒染剂和药用。根、茎、叶、种子均可入药，功能祛湿通络、消肿拔毒。轧油后饼渣可作肥料。

大麻：俗称"小麻"，桑科，一年生草本。短日性，不耐旱、涝，适宜肥沃沙质壤土。大麻有雄雌株之分，雄株叫"花麻"，雌株叫"籽麻"。茎部韧皮纤维长而坚韧，可制麻布、帆布等，是纺织工业原料。种籽可榨油供制油漆、涂料等，油粕可做饲料。中医学上以果实入药，性平、味甘，功能润燥、滑肠，主治大便燥结。

向日葵：亦称"葵花"，菊科，一年生草本。喜温暖，耐旱。20世纪60年代引进中村，有三道白、复墨葵、大葵、小籽葵、油葵等品种，籽实主要用作榨油，供食用。茎、花盘可做饲料、燃料。

蔬菜：主要品种有山药蛋、萝卜、白菜、豆角、南瓜。林中产有野木耳，人工培育有木耳、香菇、猴头、燕窝等。

中村还曾种过烟叶、甜菜等作物，但因经济效益不佳，均没坚持下来。

三、耕作方法

传统的耕作方法有轮作和间作。轮作又叫“倒茬”，即今年种谷子，明年种玉米；今年秋种小麦，明年春种谷子、玉米等。间作又叫“套种”，如玉米、谷地带豆子，高低间作；玉米地带南瓜，粮菜间作等。随着科学种田技术推广，复播套种、带状种植成为习惯，五尺一带玉米间薯类；八尺一带谷子间高粱；玉米、小麦条田种植等，充分改善了作物自然通风和光照条件，提高了光能利用率，提高了土地产出效益。

四、田间施肥

传统肥料主要是农家肥，有人粪尿、畜厩肥、猪圈肥、秸秆肥、青绿肥、灰渣肥、油饼肥、羊卧地、熏肥等，其中以人粪尿、畜厩肥、猪圈肥为多。

熏肥：是在靠近山坡的地块，把松柏枝和灌木杂草积成堆，用土覆盖成窑形，开通风口，点燃后以烟熏土，一星期内可成。开窑后用人粪尿浇灌最佳。

羊卧地：是集体化时，每个生产队有一群羊，组织起来轮流在耕地里过夜卧地，其粪尿是上等肥。

农家肥为有机肥，长效肥，多作底肥。常在冬季运送到田间，来年开春耕地时普撒而施，也有集中施在犁沟内一并播种。农家肥可提高地力，改善土壤，基本无公害。

化肥：主要为无机肥，速效肥，多作追肥。现在也有长效化肥。化肥于20世纪50年代引进中村，开始人们统称“肥田粉”，具体有过磷酸钙、硝酸铵、尿素、硼肥、碳铵、磷酸二铵、硝酸磷等。进入21世纪，科学技术更为先进，各种复合肥、微肥、液体肥应运而生，哥巴德尿素、哥巴德生态肥、哥巴德生化硝酸磷、潔效王液肥等，价格低廉，使用方便，肥效突出，极大地提高了粮食产量。但是，化肥的长期使用，造成土壤板结，pH值加大，不利于生态保护和无害化生产。

五、作物保护

农作物的保护，主要是病虫害防治。历史上中村多次发生蝗灾，人们束手无策，听天由命。新中国成立后，每遇灾害政府就发动群众大打人民战争，发挥了巨大作用。特别是新农药的诞生，彻底改变了病虫害防治办法，化学药品、生物制剂、农药器械与时俱进。大面积发生病虫灾害时，国家可动用飞机喷药灭虫。群众的植保意识也有了极大提高，群防群治效果良好。

第三节 农田水利

中村耕地多为山坡梯田，地块碎，坡度大，水土保持条件差。农田基本建设是每年必干的主要农活。

一、农田建设方法

一是平整。起高垫低，修边垒堰，以防止水土流失，达到积水不出地，下雨不塌堎，山洪不打壑。经过平整的土地，水土流失可减少30%以上。

二是刷堎。俗称“下榭扇”，即铲除堰堎上的灌木杂草，以防其与禾苗争水夺肥，提高水、肥利用率。

三是秋耕。俗称“秋刹地”，以加深活土层，蓄水、保墒、消灭病虫害。农谚约曰：“秋天划破皮，顶住春天犁十犁”。

四是深翻。有人工深翻，也有机械深翻。土地集体经营时常搞深翻运动，牲畜前面犁，人工后面翻，要求活土层达到一尺半。机械深翻，主要采用套犁，即前面一部拖拉机犁过后，紧接着第二部在前面犁沟中再加深一犁。活土层越深保水保肥效果越好。深翻过的耕地号称“海绵田”。

二、农田保护制度

2004年7月，为认真贯彻落实“十分珍惜，合理利用土地，切实保护耕地”的基本国策，对基本农田进行特殊保护，村委和农户特签订了耕地及基本农田保护责任书。

权利与义务

1.依据《土地管理法》和《山西省基本农田保护条例》的有关规定，对所承包耕地加强保护，不断培肥地力，使其高产、稳产。

2.村委积极为承包户提供生产、技术、信息服务，承包户要在村委的统一安排指导下，妥善进行农业结构调整，合理、科学的种植高产、高效农作物，提高土地产出率，促进乡村经济发展。

3.不准将所承包的责任田擅自出租、转让给他人搞非农建设，不准非法修建私人住宅，不得弃耕撂荒。

4.对任何单位和个人侵占、破坏基本农田等一切非法行为进行检举、揭发、控告。

5.责任田在依法批准征、占用时，必须服从国家、集体建设需要，但有权依法获得相应的补偿。

以上规定为保护耕地打下了良好的基础。

三、农田水利建设

水利是农业的命脉。新中国成立以来，党和政府始终把农田水利建设作为发展农业的重中之重。利用一切可利用的水源，采用一切可采用的方法，积水、节水、防洪、抗旱，以保证粮食生产。

（一）蓄水设施

在农业“大跃进”时期，中村大力兴修水利。1958年至1960年中村管理区全民上阵，兴修了乳庄沟水库，动用土石方8760立方，投资约530多元，水库容水量38200立方，可浇地382亩。

蓄水设施

20世纪70年代，成立了农田水利建设专业队，把群众运动和专业队伍相结合，坚持兴修水利。先后兴建了张沟、乔家沟小型水库，建设了东河、乳庄沟、乔家庄坡根截潜流工程。

（二）防洪设施

20世纪40年代，在抗日政府帮助下，中村兴建一条东西走向的护村河坝，由大石块泼灰泥砌成，村人称之为“马道”。马道顶面人和牲畜可以行走。每逢雨季，东河、南河及各山沟流下的洪水，被马道挡住，向西流去。1949年秋，一场暴雨，东河、南河山洪爆发，因被马道挡在村外，村镇及村民受到了保护。

20世纪50年代，为了防止山洪冲毁农田和村镇，全体村民在北坡、北庄腰、西岭、猪娃坪等地，沿山、顺耕地边开挖导洪渠，把洪水引向河沟。

20世纪60至80年代，开展“农业学大寨”运动，治山治水，闸沟造地，接着又搞小流域治理，中村境内的沟沟叉叉都筑起拦水坝、淤地坝，并栽植树木进行生态治理。

（三）提水设施

提水设施

20世纪70年代，为了建设水浇地，中村曾在花沟口（现露天剧场处)修建万方大水池,并在南坪顶也修建千方水池,采用水泵提水灌溉。因为成本过大,加之气温较低,灌溉设施废弃。

第四节　农机具

一、传统农具

犁:有两种。一种叫耩疙瘩犁,犁身由榆木、椿木等坚硬木料制成,犁辕系铁打或木制,这种犁没有犁镜;一种叫墒犁,构造大体和疙瘩犁一样,只是犁铧上有犁镜,可翻土,也叫翻犁。这两种犁耕田深度为四至六寸。

耧:三条腿耧,行距六寸,一般用来播种谷子、小麦、茬豆、小麻等作物;两条腿耧行距一尺左右,为改良耧,可种玉米、豆。

犁

耧

耙:多为死齿耙,铁耙齿钉在木耙上面,耙地时耙齿向下,以集中根茎、杂草、耙碎坷垃。此外,还有一种和耙相似的叫"耢",是用荆条、兑角条编制而成,作用是耙耢保墒。

砘:由一根二尺多长的木柱横穿三个直径约尺许的石轮,主要用来谷子、小麦下种后的镇压。

牛车:车轮直径五六十公分不等,外用铁圈,内用榆木等坚硬木料作车脚制成,轮距近一米,辕杆由通长原木做成,车架上装有藤条蓝筐,主要用牛拉,骡、马次之。20世纪80年代前,牛车是农村的主要运输工具。

手工用农具有:大锄、挖锄、钢锹、粪桶、扁担、箩头、铡刀、镰刀、糊积棰、钩担、马勺、茅勺、粪钗、篮等。

场上用农具有:木杈、小杈、铁杈、木锹、扫帚、碌碡、推板、筛子、尖担、扇车、簸箕、篓、布袋、麻绳、绳索、套包、炮杆等。

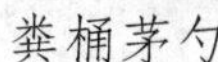
粪桶茅勺

箩　头

二、新式农具

1952年兴办农业合作社时，推广七寸步犁和山地犁；1954年，推广双轮双铧犁，由于山区地理条件所限没有得到推广；1958年大跃进中推广小平车，并购置了三辆胶轮大车，提高了运输量，减轻了劳动强度；1972年，大队购置了拖拉机、推土机，中村有了现代农业机械；1974年，大队又购进30型拖拉机一台；1979年大队购进60型滚链拖拉机，能犁地，能推土；1991年村委统一购置了10台小麦脱粒机等。进入21世纪，村民自行购置农业机械成风，手扶拖拉机、四轮拖拉机、播种机、旋耕机、收割机比比皆是。政府对农民购置农业机械还实行财政补贴，鼓励使用农机具。

三、打麦方式

小麦是我国北方主要农作物，其收打方式经历了棒打、畜力碾打、拖拉机碾打、脱粒机搅打和联合收割机收打的历史演变过程。

1.人工棒打阶段

20世纪初，中村气候寒冷，不适宜种植小麦，多种荞麦、黍、谷子等耐寒和生长期短的作物。人们收获时只能用棒打，方法有两种：一种是把作物集中于院子或场地，一手抓作物，一手拿棒槌，翻来覆去捶打穗头，直至把籽粒全部脱完为止；另一种方法是全部把作物籽穗剪下来，用圪栏或链架往下捶打。无论哪种打法，脱完后都要用簸箕把籽粒簸干净。

人工棒打

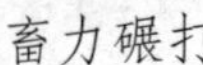
畜力碾打

拖拉机碾打

2.畜力碾打阶段

有了畜力，人类又发明了碌碡，小麦收打便开始使用畜力碾打。

畜力碾打前，先找一块比较平整的土地清理杂草，适量泼水，撒上麦糠，牲畜拉碌碡反复碾压，达到硬化，即谓“麦场”。打麦时，将麦捆解开，麦穗朝上，散摊场上，晒到上午10点左右，开始驾上牲畜拉着碌碡碾压。根据场地的大小一般为一至两犋牲畜作业。碾一会，要有人挑场和翻场。碾罢后，要起场、扬场。夏收，全村往往要用一月时间。

3.拖拉机碾打

20世纪70年代，生产大队购回拖拉机，便开始用大、小拖拉机碾打。大拖拉机拉两个碌碡，小马力的拉一个碌碡，碾打速度比畜力提高三倍，每季收打只需十天左右。

脱粒机搅打

联合收割机收打

4.脱粒机搅打

脱粒机俗称“打麦机”，用电力或柴油机带动。上世纪80年代初，随着家庭联产承包责任制的建立和完善，农民购买农机具热情高涨，大多数村庄都用脱粒机。

脱粒机打麦，有两种方式：一种是麦场离村较近，容易架设电力线路，人工把小麦割运回麦场用脱粒机搅打；另一种是用小三轮车把脱粒机拉到地里，铺上大塑料布，三轮车上的柴油机带动脱粒机搅打。一台脱粒机至少需要五个劳力辅助，一个小时可打五百至一千斤，是拖拉机碾打的2~6倍，是畜力碾打的6~20倍。

5.联合收割机收打

进入21世纪，联合收割机进入田间。翼城、运城、河南等地的小麦收割机械队，根据收割时间巡回于各地。一台收割机连割带打，三四亩麦子一个小时便地光麦净。

四、粮食加工

传统的粮食加工工具是：石磨、石碾、大罗、小罗、罗床、木函等。石磨有三种：大磨——牲畜牵引，专磨小麦、豆类、玉米等面粉；小磨——构造与大磨相同，体积较小，畜力人力通用；拐磨——园型构造，直径约33厘米，人工手摇，主要磨摊煎饼用面酱。

20世纪70年代，随着电力发展，粮食加工机械也走进中村，大队兴办起加工坊，购置面粉机（俗称钢磨）、碾米机（俗称一风吹），使广大妇女从磨台、碾台边解放出来。市场经济实行后，粮食加工由个体经营。

“农业的根本出路在于机械化”。农业机械的推广运用，极大地提高了劳动效率，把农民从繁重艰苦的生产活动中解放出来，农民正在向农业工人进化。

石　磨

石　碾

碾米机

第二章 林牧业

第一节 林 业

一、山林权属

新中国成立前，天然森林大部分被富人和村社社首所占有，广大农民没有林地。新中国成立后，经过土地改革，“一化三改造”，森林资源全部收归集体或国家所有。村民在房前屋后、自留地、坟头和按农村工作六十条所种植的树木及荒山造林，归自己所有，政府颁发了个人林权证书。

中村村境内现有林地主要归属国有林场和村集体所有。

国有林地主要分布在杨岔岭、矿洞岭、加刺、大树圪堆、天井背、石佛圪坨等地，共有面积27万亩，有林面积25万亩。

村集体所有林地主要分布在前庄凹、东至梁退耕地，西至梁退耕地，南至梁退耕地，北至梁退耕地。小河弯自然村南林池北边，西靠大河林场，牛圪联背，南边靠东梁背，东靠油六沟。涧河自然村林地分布在丹沟、寨上、庄虎腰、涧河，全村有林面积7 000多亩。

二、植树造林

新中国成立后，中村村积极响应党和国家“植树造林，绿化祖国”的伟大号召，20世纪50年代开始在本村四周零星植树，有加拿大杨、箭杆杨、桑树等。同时，开展荒山人工造林，取得了显著成效。1958年，响应县委提出的“苦战一昼夜，绿化沁水县”的号召，全村男女老少齐动员，在中村北坡、南坡栽种核桃树一千余株。60年代，中村又大面积种植核桃树，建成核桃林基地。

20世纪70年代，大队组织林业专业队（谭兴悟任大队林业主任，刘培义、李树奇任林业队队长，队员有刘铭兴、马兵善、谭学悟等人），大搞四旁植树，并大力发展经济林。先后在后沟建苹果园13亩，北岭建苹果园50亩，梁疙瘩建山楂园

100 亩；在花沟建苗圃 30 多亩，育有核桃苗、苹果苗、山楂苗、银杏苗等。同时，加大宜林荒山绿化，全队人员经过多年艰苦创业，栽植刺槐、油松达 2 700 多亩。实行土地联产承包责任制后，每年三月植树节全村义务植树，累计四旁树木存有 3 万多株。

1983 年，随着林业政策逐步放开，沁水县出现了家庭办林场的模式。县政府大力号召农民到荒废的山庄窝铺落户，兴办家庭林场，并颁发造林专业户荒山长期使用证。政策规定：承包期 50—80 年不变；子女有继承权；原有树林作价保本，增值部分归造林者个人；林木采伐执行国家有关规定，所有家庭林场的产品允许自行处理；一般造林 50 亩，植树 1000 株，育苗 20 亩或管护 300 亩以上，都可成为家庭林场。中村村广大农民积极试办家庭林场，吉瑞跃北岭上植树 50 亩；刘正云木凹梁植树 110 亩，育苗 20 亩；郑允开四旁植树 7 000 株；牛公社育苗 10 亩。这四户成为当时村中较大的四个家庭林场。

植树造林

进入 21 世纪以来，支、村两委班子为优化农村产业结构、改善生态环境、打造绿色中村，认真贯彻执行“退耕还林，封山绿化，以粮代赈，个体承包”的政策，继续狠抓植树造林，完成退耕还林 694.7 亩，并投资 90 万元建设绿地 1 350 平方米，在村街道两旁栽植法桐、雪松、侧柏、香花槐等 20 余种花卉树木，为中村筑起了一道绿色景观。

三、古稀树木

小河湾村有一株落叶乔木，高 3 米，直径 1.10 米，属野茉莉科，是省级重点保护野生植物。全省最大的华山松生长于海拔 1505 米的小河弯山神庙前，树高 24 米，杆高 12.6 米，胸径 0.75 米，积木 3.86 立方米，树冠呈伞状，方圆约 10 米，枝叶茂盛。中村西街老槐树衚衕古槐树，高约 22 米，胸围约 4.2 米，胸径 1.4 米，占地 40 余平方米，树冠遮荫 70 余平方米，树龄约千年，可谓“镇村之宝”。

古稀树木

境内还有受国家保护的珍稀树种红豆杉、连香树、领春木、奉檀木等。有全省最大的华山松、太白杨、流苏树、褐梨王、黑枣树等。有全市单株最大的漆树、桑树、核桃树、小叶杨、大青杨、大油松等。

古树的年轮记载着中村的历史。

四、护林制度

由于所处环境，中村始终把森林安全和树木管护作为头等大事，防患于未然。村规民约、年度工作、季节安排，护林事宜疏而不漏。村民们养成良好的护林习惯。

附录：

中村村护林防火责任状

为了搞好护林防火工作，确实杜绝和预防森林火灾的发生，甲方特对乙方签订以下责任状：

一、乙方无条件的执行各级护林防火的有关规定。

二、乙方无任何理由带火入山和在林区边境使用明火。

三、特险期内，严禁一切野外用火，不得在田间熏肥和焚烧秸秆、根茬、杂草及烧塄。

四、乙方上坟烧纸，在林区边界或在林区内应预先做好防火设施的准备工作，必须在余火熄灭后才可离开。

五、乙方在林区内开矿、取石或搞其他副业，没有甲方同意或有关单位的批准，一律不得私自行动。

六、任何单位和个人严禁乱砍滥伐。

七、各农户及在本村矿山采矿人员严禁野外用火。

八、乙方无论在何时何地发现大小火种应有义务立即上报及扑救。

九、违犯以上条款者，甲方有权追究责任，给予500—1000元的罚款，情节严重者报有关部门处理。

十、本责任状长期有效。

甲方：中村村村民委员会

乙方：

二〇〇八年十月三十日

第二节 畜牧业

一、牧坡资源

中村天然牧草种类很多，草种以白杨草为主，混生有27科90多种，草层覆盖度为80%~90%。

二、牲畜饲养

封建社会，土地归个人所有，农户均饲养大牲畜，主要是牛、驴、马，一是为犁地，二是为积肥。羊只有富裕大户才养，猪、鸡饲养比较普遍。

1956年组织农业合作社，各户大牲畜都作价入社，各队都新建集体畜圈，由专职饲养员放牧喂养，全村存栏数约300多头。每生产队养羊一群，约50~80只。大队办有豆腐坊，集体养猪数头。

21世纪60年代，大队在乔家庄兴办牧场，由王兴年、祁志亮负责，修建房屋15间，饲养母牛20多头，并养有种牛、种马、种驴，为各生产队牲畜繁殖服务。1975年全大队养羊2 000余只，成为历史最高年。1978年大牲畜增长到498头，猪存栏773头，羊存栏1 507只。

1982年牲畜作价下户。1983年，全村大牲畜存栏504头，猪存栏532头，羊存栏1 048只。之后，畜牧业稳步发展，村中养殖大户常有出现，如李喜来养羊、宋其云养牛等。

三、养殖企业

中村鹿场：2001年村民乔小亚投资6.6万元，从东北购回12只梅花鹿，经6年的努力，鹿存栏发展到20头，年利润10 000元。2009年由于世界金融危机的影响，鹿茸产品市场疲软，价格下滑，致使产品难以销售，收入减少。

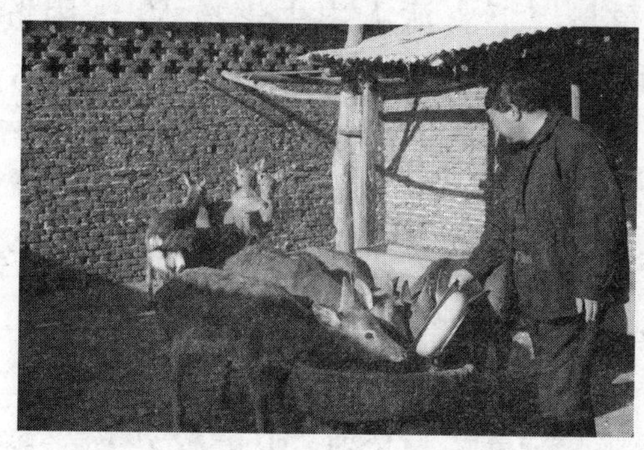
中村鹿场

花沟养殖场

花沟养殖场:2008年村委投资110万元，在花沟建成养殖小区，建筑面积3300平方米,其中刘国关养山鸡2000只、柴天龙、侯云儿养肉、蛋鸡6000只。

獭兔场:2007年6月,上凹庄侯宪秀自筹资金4万元,办起了獭兔场,建筑面积约100平方米,饲养獭兔300余只,主要销售毛皮,一张皮可卖30元,年收入3万余元。

乔家七彩山鸡：乔家庄乔军海和刘国关投资20万元兴建七彩山鸡养殖场，建筑面积1800平方米,饲养人员5名。配有卫生防疫室、小鸡孵化室、雏鸡饲养室,饲养山鸡3000只,以销售活鸡为主,年收入可达10万元。

獭兔

七彩山鸡

养蜂:村民刘其锁充分利用木凹山大坡广、花草丰富,发展养蜂得天独厚的优势,办起了养蜂场,占地600多平方米,发展土蜂80多箱,年产蜜2000斤,收入3万元。

虹鳟鱼场:涧河水是山涧涌泉溪流水,水质好,水温变化幅度小,具备虹鳟鱼养殖条件。1985年,由县政协牵头引进朝鲜品系的营养价值较高的虹鳟鱼,在沁水县固县乡进行试养。成功后,涧河村于1986年投资15万元,建设标准鱼池水面5亩,并聘请县政协副主席刑连鑫和水利局水产技术员蔺杰指导。但由于条件所限,改用涧河电站500米渠道,投放鱼苗3万尾养殖。喂养八个月,平均体重100克,少量成鱼达130克,未达到商品鱼重量。后又派人出去学技术,试用蚕蛹代替进口鱼粉,改变饲料配方,终于养殖成功。3万尾虹鳟鱼销售收入达15万元。自1987年后,承包给个体经营。2005年,由于建设中村镇人畜吃水工程而停止养殖。

上凹牛场:2006年,村"两委"班子面对矿山枯竭,农业发展后劲不足的现实,决定以股份制形式新建"上凹畜牧示范园区",以养殖奶牛为主,带动农民种草,改变生产方式。

松花粉厂:中村村村官席国兴,以中村科技园区为依托,引进松花粉采摘技术项目,开辟了农民增收的新途径,安置闲散劳力约30余个。

第三节 蚕 桑

据旧史记载:沁水从唐代开始就植桑养蚕。古代沁水,沁河两岸遍栽桑树,农户普遍养蚕,丝织品畅销全国。中村村历史上一直依靠地埂植桑养蚕,发展较慢。20世纪70年代,组织社员发展密植桑园,每个生产队2—3亩,全村计30多亩。同时鼓励社员在自留地内育桑苗,每株集体补助一角钱。1968年全村产茧达4383斤,每张单产65斤,名列中村公社第二名;1976年全村养蚕44张,总产达2881斤。集体化时,蚕茧销售收入是农村集体经济的一项主要来源。实行农业生产责任制后,1984年产茧6600斤,收入8882元,有2户售茧在300斤以上。这是历史最高纪录。之后,逐年下降,到90年代后期,村里基本没有养蚕户。

一、植桑

适应中村生长的桑树优良品种较多,有鲁桑——少桑葚、叶园厚、多津;荆桑——叶边有瓣,宜栽赤硬土;柿叶桑——叶大而厚,蚕食后茧坚而丝多;绉皮桑——叶小而薄;高白桑——宜栽山岗地、堎隅、蔺畔;还有从外地引进的优种湖桑32号、格鲁桑等。

(一)植桑方法

地埂栽桑:适应本村自然条件,瘦薄地埂株距4—5尺,肥沃地埂6—7尺。优点是通风透气好,日照充足,不需过多管理,桑树与庄稼互不争水争肥,桑、粮两得。

矮干密植桑园:利用耕地专植桑树,栽植行距三尺,株距一尺,每亩约两千余株。优点是利于管理,产量高,适宜规模养殖。

(二)育苗

籽播:以鲁桑籽为佳,播种期正月至八月均可,用耧播种,深度1—2厘米,耙光保墒。

嫁接:是对实生桑的品种改良。嫁接方法有插接、劈接、压接、搭接,新方法有袋接、套接、芽接等。嫁接时间清明左右。

带根扦插:将优种桑条剪成4—6寸,保留3—4个芽眼,下段皮下接桑须根,植入地里,每亩约7—8千株。

(三)剪修桑树与采叶

农谚说:“斧头自有一倍叶”,说明桑树修枝十分重要。春天进行桑树修剪,控制树型,俗称“出扦”。每年交替轮换,桑多苦砍,桑少少剥。砍叶又称“科叶”,按照先砍老桑,后砍小桑,先砍背阳桑,后砍向阳桑,先砍瘠薄地桑,后砍肥沃地桑的技术原则进行。桑条必科者有四:沥水条(向下垂);刺身条(向里长);骈指条(相并者去其一);冗脞者(顺生而繁冗着)。

秋天采叶用剪刀剪叶留叶柄,严禁顺条捋叶,防止毁坏桑树。

(四)病虫防治

桑蟥:桑树之天敌,7—9月危害秋桑叶十分严重。防治方法是:春天到来时在桑蟥孵卵前适时刮卵绝源,孵化后喷洒农药消灭幼虫,成虫后喷药捕杀消灭之,必须干净彻底,不留后患。

二、养蚕

(一)土法养蚕

传统养蚕是自繁、自育,自缫丝。蚕农挑选优茧优种,七、八天后出蛾,母蛾交尾后,在麻纸上产卵(俗称蚕帘,大小不一)。将蚕帘先贴在水缸外壁,再放入粮食缸里,以防受热。立冬时,在冷水中浸泡取出,再放入缸内。清明时,取出挂在室内温暖处,直到出蚁。出蚁后用鸡毛扫,从收蚁到上蔟经过三眠四令,一般为一月左右,最快的25天即可上蔟。上蔟后7天即可采茧。土茧个大质松,颜色有雪白、深黄、淡黄、粉红等。

养蚕要掌握规律,蚕蚁时喜温喜暗;眠起时宜温;大眠后宜暖宜亮;上蔟前宜渐温,上蔟后宜暖宜暗。蚕姑生长期间,忌食湿叶、热叶;忌鱼、虾、肉、葱、蒜、酒、醋、麝香、雄黄、农药等辛辣怪味,以及烟雾、贼风、污秽等。蚕室禁忌生人进入,以免造成不必要的损失。

(二)新法养蚕

新法养蚕首先是品种改良,1956年开始引进江苏优良蚕种, 在全县进行推广。其后随着蚕桑业的发展又不断地更新。春蚕种以“东肥华合”为主,“741×703”、“742×704”、“722×704”也较适宜。秋蚕一般可用春蚕种,个别的可用“青花×723”。“四川781×782”是较好的春秋兼用品种。端氏蚕研所选育的“端氏1—4号”有耐旱的特性,适宜于本地区养殖。

20世纪50年代,一年养一季春蚕,后来逐步发展到一年两季、三季,即春蚕、秋蚕、晚秋蚕。春季坚持量叶养蚕,秋季注意采养兼顾,晚秋蚕根据桑叶情况适当安排。

附:农业经济发展统计表

1957年10月全社各队农作物产量统计表

单位：

队别	1	2	3	4	5	6	7	8	9	总合计
谷	18 871	27 096	25 276	21 246	22 793	13 824.8	17 025	17 436	40 345	203 915.8
小豆	275	108	348	262	325	25	96	351	1744	3533
小麻	585.8	761.8	536	965	450	535	417.12	607	1025.8	5883.4
大麻	403	763	316	1042	803	680	746.8	450	50	5253.8
杂豆	85	169	239	426	250	547	298		1797.8	
青豆	4655	4573	4674	4886	3873	3082	1709	2958	8734	39 144
笨豆	105	79		229					120	533
黍	271.8	152	406	256	177.8	130.9	109	278	387	2167.9
豆角子	73.6			85	59	70	78	75		440.6
金皇后	19 880	35 980	26 350	44 904	23 705	26 310	30 859.8	12 984	13 810	234 782.8
小玉子	22 210	22 120	22 450	16 510	17 040	14 810	4850	13 594.8	44 243	177 827
白玉子	17 900	12 770	15 610	50 976	14 565	10 890	8200	14 159	14 948	160 018
青玉子	49 600	5460	4765	4500	4602	2430	4276	3908	11 893	46 794
黑豆	1457	2534	1003	4674	2274	4007	5130	2181	3278.8	26 538.8
蔓豆			33	146	241		87.8			507.8
荞麦				30				553		583
高粱	815	660	519	387	404	477	376	292	369	4299
小绿豆	37		6.6				5.8			42.14
老豆				30			43			73
豆角	2717.8	4511	3422	4346	4140	3927	4310	1764.8	1527	30 665
瓜	3476	5418.8	5619	4516.8	1872	4998	4837	1382	1677.8	33 796.8
萝卜	5390	5730	7082	9024	10 150	4975	2962	911	3483	49 707
葱	317.7	482	484	216	316	345.8	225.8		265	2651.7
山药蛋				1227						
油糠	2300	1790	3450	2350	2580	2000	2090	3060	4100	23 720

总账综合明细情况

单位:元

账户名称	1961 年年底余额		1962 年至 1969 年发生额		1969 年年底余额	
	收方	付方	收方	付方	收方	付方
固定财产		101986.59	73547.27	59187.91		87627.23
库存粮食		6942	39106.47	32732.83		568.36
库存物资		4853.96	14655.25	10679.56		878.27
下拨资金				71749.65		71749.65
信用社存款		7807.38	267342.72	266642.11		7106.77
社员股金	38019				38019	
公积金	95188.5		47094.92	45325.35	96958.07	
公益金	8084		25014.41	26269.5	6828.91	
往来		7114.25	276125.41	287123.53		18112.37
预付生产费		12587.32	12587.32			
收入			420150.84		420150.84	
支出			2045.47	123924.48		121879.01
其中管理费						
公代各队				254035.16		254035.16
合计	141291.50	141291.50	1177670.08	1177670.08	561956.82	561956.82

总账各账户逐年发生额综合数(1)

单位:元

年份	固定财产		库存粮食		库存物资		下拨资金		信用社存款	
	收方	付方	收方	付方	收方	付方	收方	付方	收方	付方
1962	56431.40	38737.86	10479.91	4308.28	8980.94	6264.61		65303.65	43779.96	36775.51
1963	764.37	5088.04	8950.04	5752.55	2204.37	1487.67			28445.22	38281.83
1964	4588.00	8331.40	4530.14	8332.23	1752.03	1635.01			70506.01	65916.75
1965	11763.50	7030.61	3577.20	3005.69	928.69	108.92		6446.00	24959.98	31105.12
1966			2791.99	2316.92	123.58	371.68			37413.80	30193.19
1967			3246.02	3423.34	291.50				11937.62	11090.50
1968			2272.95	1941.86	79.09	176.35			16008.39	23878.57
1969			2358.22	3651.96	295.05	635.32			34291.74	29400.64
合	73549.27	59187.91	39106.47	32732.83	14655.25	10679.56		71749.65	267342.72	266642.11

总账各账户逐年发生额综合数(2)

单位:元

年份	公积金		公益金		往来		预付生产费		社员股金	
	收方	付方	收方	付方	收方	付方	收方	付方	收方	付方
1962			38.90	2066.44	30 124.75	28 217.11	12 587.32			
1963	5832.93	184.40	2615.60	997.10	68 147.61	67 833.27				
1964	4556.56	1496.45	3438.60	2576.15	22 023.78	23 004.36				
1965	8457.72	4320.00	2320.20	1157.34	20 895.84	21 205.13				
1966	4941.34	12 965.63	7840.45	10 391.96	35 704.03	34 752.96				
1967	8642.07	10 885.77	3211.60	2238.60	24 675.37	26 490.79				
1968	4795.50	10 161.84	1893.27	3621.21	36 841.31	32 660.95				
1969	9868.80	5311.26	3655.79	3220.70	37 712.72	52 958.96				
合	47 094.92	45 325.35	25 014.41	26 269.50	276 125.41	287 123.53	12 587.32			

总账各年度收支情况

单位:元

年份	收入		支出		公代各队		结余		
							长	短	
1962	64424.83		2045.47	10135.26		37084.76	19250.28		
1963	59426.04			19316.23		37445.09	2664.72		
1964	48176.58			17266.02		31013.33		102.77	
1965	47743.51			15086.03		31181.80	1475.68		
1966	42678.50			13494.35		27007.00	2177.15		
1967	39186.74			13261.92		23800.00	2124.82		
1968	59529.07			18117.80		30861.00	10550.27		
1969	58985.57			17246.87		35642.18	6096.52		
1970	420150.84		2045.47	123924.48		254035.16	44339.44	102.77	44236.67

分账各年收支情况

单位:元

年份	生产收入	其他收入	生产支出	其他支出	税	管理费
1962	62012.58	2412.25	6332.93	1550.16	72.15	134.55
1963	58555.75	870.29	15907.72	3195.50		213.01
1964	47847.87	328.71	14807.63	2212.85		245.54
1965	47439.72	303.79	12319.30	2512.61		254.12
1966	41439.19	1239.31	12456.45	696.13		341.77
1967	38748.49	438.25	12508.28	589.09		164.55
1968	57972.56	1556.51	15852.48	2053.79		211.53
1969	57713.17	1272.40	15264.59	1712.22		270.06
合	411729.33	8421.51	105449.40	14522.35	72.15	1835.13

粮食综合明细情况

品种	入库		出库		结存		长余	
	数量	金额	数量	金额	数量	金额	数量	金额
玉麦	264903.7	21493.83	268825.3	22102.11			3921.6	608.28
谷	32356	2575.63	32269.6	2610.19	86.4			34.56
青豆	38425.2	3988.53	35419.2	3622.14	3006	366.39		
小麦	32821.7	4170.75	35894.7	4569.6			3073	398.85
小豆	16584.8	2132.43	16349	1855.42	235.8	277.01		
高粱	8607.6	696.07	10321	779.81			1713.4	83.74
黑豆	23749.5	2779.49	18512	2050.9	5237.5	728.59		
黍	390	25.31	112	10.19	278	15.12		
荞麦	2060	173.04	1040	85.76	1020	87.28		
蔓豆	1863.4	188.83	908	93.57	955.4	95.26		
大麦	1697	143.51	1080	90.72	617	52.79		
小绿豆	47	6.11	29	4.02	18	2.09		
豆角籽	704.5	87.6	1156.6	98.41			452.1	10.81
小米	10866	1184.4	6434.5	848.42	4431.5	335.98		
白面			957	171.7			957	171.7
优种高粱	487	29.3			487	29.3		
麸			1500	113.5			1500	113.5
合计	435563.4	39674.83	430897.9	39106.46	16372.6	1989.81	11617.1	1421.44

中村村历年集体经济收入情况明细表

单位:元

年份	经营收入	发包及上缴收入	补助收入	提留收入	其他收入	合计
1998	364306.01	84790.00		90714.00	236557.86	776367.87
1999	184492.37	102020.00		89906.90	319942.95	696362.22
2000	273677.36	287065.00		91213.80	457044.04	1109000.20
2001	139397.18	389911.85		90502.20	698176.25	1317987.48
2002	185656.84	647440.00		90497.90	426453.37	1350048.11
2003	189606.08	1194640.00		69010.40	406583.09	1859839.57
2004	215009.00	1356760.00		69816.00	366309.46	2007894.46
2005	151258.00	511990.00	16000.00		441104.17	1120352.17
2006	79940.00	1634840.00	511000.00		459573.71	2685353.71
2007	66190.00	1554600.00	905000.00		777158.43	3302948.43
2008	30780.00	1574235.04	243796.20		535216.71	2384027.95
2009	535130.00	1557593.96	699260.00		462578.01	3254561.97
2010	112038.00	440000.00	15000.00		152974.96	720012.96

中村村历年集体经济支出情况明细表

单位:元

年份	经营支出	管理费用	其他支出	应付福利费	应付统筹款	支出合计
1998	24504.00	56037.17	540741.28	113980.19	52063.00	787325.64
1999	28601.36	62638.66	647254.64	67359.20	72680.00	878533.86
2000	62701.03	33010.14	659782.07	84442.20	80920.00	920855.44
2001	41867.50	76373.24	1019109.42	114798.12	44238.00	1296386.28
2002	73660.50	161148.40	525275.93	135015.30	77600.00	972700.13
2003	102002.47	171867.10	443211.43	191058.05		908139.05
2004	51791.00	189283.05	1222220.30	457254.40		1920548.75
2005	66242.00	240571.65	1250827.55	473757.30		2031398.50
2006	93884.00	289909.46	995617.08	1093264.10		2472674.64
2007	234203.20	691900.30	918148.23	1233171.50		3077423.23
2008	39776.00	693578.38	1660839.95	1430911.00		3825105.33
2009	115539.50	636211.28	1706705.38	1351357.50		3809813.66
2010	9021.00	91668.68	388742.01	502311.00		991742.69

第三章 工 业

工业是生产力发展和社会分工的结果,是国民经济的主导。中村的工业发展在沁水县西部算时间较早,规模较大的,尤其是采矿业和冶炼业最为兴盛。据清代乾隆八年(1747)乡人尚凌九撰《创建石井沟庙碑记》:“自余公顺号、永盛、三合、协盛四家业铸冶于斯,匠工广众,以光照天,鸟兽之客以消,而业财之事以起。”清代乡人樊初荀《自上沃山路入张马》诗曰:“短碣何年惟颂德,孤村几处未知名。回头远过嶂山背,炉冶牛车别有声。”由此可窥中村地区早期工业一斑。与此同时经营铁货的商人应运而生。众商号为解决产品外销,又集资修建了石井沟桥,乡人郑时雍撰《石井沟桥碑记》载:“吾乡石井沟者,石上生穴,不假修凿,自然成井,地以是得名。附近多冶炉,东通潞安泽州,西达平阳诸州郡。山径之间有绝壑,商贾往来者,恒抱涉险虞。”说明当时中村冶炼产品已远销潞安、泽州、平阳一带,中村已成为沁水西部重要的工业产品集散中心和商业重地。

第一节 民营工业

冶炼

据中村、柳沟、南河等地老君庙重修碑记载,明末清初集资修庙的商号共73家,去其重复,约68家。这些商号有经营药材的,如“积养堂”;有经营杂货的,如“德泰号”;也有经营灰窑、砖窑的等,但大多数商号是经营冶炼业的。有的商号从乾隆年间开始经营,至光绪年间依然兴盛;有的商号集采矿、冶炼、铸造、销售于一体。中村的“三泰号”应为铁号,建于何时、衰于何时无考。民国23年(1935年)本村李明旭兼营天顺炉号进行冶炼生产。民国27年(1939年)中村地区各炉行有各种炉50张,工人400余名。本年冬,八路军太岳军区某兵工厂,由垣曲迁上峪村,利用摧垮的“天顺德”等炉号,生产手榴弹;华北军区又迁至中村涧河,成立步枪修械所,制造手榴弹约10万枚,维修数千支步枪,利用涧河水打磨碾炸药,有力地支援了抗日战争和解放战争。

煤窑

中村很早以前就有煤窑，现存的遗址就有北庄腰、后沟、观沟、东坡等处。新中国成立后，县人民政府颁发采矿证，中村后沟煤窑由牛增华等人合伙取得开采权。20世纪60年代北庄腰煤窑还在开采。

石灰窑

石灰称白灰。生产技术简单，把青石用炭烧成即可，是村副业之一。村民乔小亚从1988年至1993年，在中村西头狼泉沟办露天石灰窑，每天可烧石灰12吨，年烧2000吨，年产值4.8万元，利润1万元。村民李高海、王马琳等也烧过石灰。中村石灰色白，杂质少，适宜装修房屋、室内粉刷和浆砌。

石料场

20世纪90年代，村民杜金生自筹资金3万元，在中村西头涧石沟办起石料场。购置破碎机、铁筛、滚筒机，年可生产石料6万立方米，年产值30万元，实现利润6万元。石料场占地仅660平方米，设备简单，很适合在当地发展。

预制厂

20世纪90年代，杜金生办起石料场后，为满足当地单位和群众修房盖屋的需要，又投资1万多元，购置搅拌机、切割机、挤压机，办起了预制板厂。预制板厂占地面积2000平方米，年产预制板2200块，产值9万元，实现利润1万余元。

水泥粉末站

沁水县复昶工贸有限公司成立于2006年4月，法人代表李海良。

2009年，公司与山西省水泥龙头企业山西中条山新型建材有限公司进行联营，在中村硅肥厂原址建设水泥粉末站，实施水泥熟料加工项目。项目总投资2000余万元，占地15 900平方米，设计年生产水泥90万吨，可安排劳动力200余人，实现工业总产值3亿元。

水泥粉末站

煤矸石砖厂

沁水县佳诚新型建材有限公司成立于2009年5月，占用原泰盛铁厂旧址，由端氏镇下沟村田东亮投资1800万元，新建煤矸石新型环保机砖。2010年5月正式投产，年可产成品砖6000万块，实现产值1500万元，安排100余名劳动力就业，拉动了运输业、服务业，方便了当地和周边建筑业的发展。

煤矸石砖场

第二节　手工业

木匠马锁勤

木匠

大兴土木，鸠工庀料。盖房子请来木匠，先做好门窗口料，下根基，垒墙，装梁，续檀，焊瓦，封脊，泥水活和木工家具等活都会做，统称木匠。

中村有记载的木匠字号为“凯盛木铺”，老匠工刘相凯，其子刘杰周及刘祥基、刘铭祥、李树德、牛和平、王勤书、马锁勤等从师学艺。另有刘枝盛、刘鸿章、刘铁成祖孙三代也以木匠为业。年青人李拽拽，16岁就在大队企业学木工，练得一手精湛技艺。改革开放后，自己经营起家具制作，娶媳嫁女所用方桌、橔椅、大包床、板箱、茶几、组合柜样样皆有。尤其兼做棺木寿材，并刻花油漆，“二龙戏珠”，“凤戏牡丹”，刻画得活灵活现，是为能手。

铁匠

中村何时有铁匠无可考证，有记载的铁匠字号为“福盛炉”，业主霍栓和，其侄儿霍铁柱师从叔父。合作化后霍栓和参加县营“中村铁木社”，其子霍铁锁子承父业；另有“晋顺炉”，业主曹之龙，阳城人氏。20世纪70年代，河南省偃师市闫振杰来到中村涧河大队从事铁业生产，主要打造锄头、铁锹、镢头、镰刀等农具，并打造菜刀、铁勺等生活用具，经济收入归集体，本人挣工分，秋后参加队里分配。在改革开放后，他为扩展业务，从涧河搬到了中村，既服务了周围群众，又获得较好的经济效益。

石匠

石匠王启先

中村自有人居住以来就有石匠。村中房屋建筑多为砖石结构，窗台石、台阶石、门墩石等破洗工艺过硬。有记忆的石匠有宋春喜、宋兴文兄弟及王启先、乔小根、席振龙、乔栓马等，他们为修房建屋立下不朽功劳。农村石匠20世纪60年代在“农业学大寨”中砌河坝、垒石堎、修库房、建畜圈、圈路桥，为发展集体经济作出了极大贡献。

编织业

在农村把芦苇、高粱秆泡湿，在打麦场上滚压，再用专用刀具将高粱秆去箣分瓣，用瓣篾编织成席子，晾干后可铺到坑上或床上。席有四、六(4尺×6尺)席，三、六(3尺×6尺)席等，还有等炉席，圈席。村中编织席大都是河南、山东匠人，东家付工资。村民中有人善于编制草篮、菜篮、箩头、条篓等物什，适用于生产生活。谭春悟心灵手巧，编制技艺超群。

豆腐坊

豆腐是中国传统食品，磨豆腐历史悠久。据传东街侯氏乃十字河迁居中村，做豆腐为祖传技艺。中村有记载的豆腐坊有乔兴武经营的“兴盛记”豆腐铺。合作化前，中村东街、西街均有豆腐坊，乔兴普、马世傑、刘相燕曾多年从业。过年过节吃豆腐就是改善生活，许多家庭自己也能做豆腐。集体化后，豆腐坊由集体经营，群众吃豆腐要用豆子或玉米换。磨豆腐依靠人力或畜力推磨(石磨)。20世纪70年代开始用电动机械(钢磨)加工，工效成倍提高。豆腐一般用浆(卤)水或石膏点制而成。村民李如芳用机械做豆腐，年销售达1万余斤。

2008年12月，师清智投资3.1万元，购置了现代化果蔬彩色豆腐机械，生产自然香果蔬彩色豆制系列产品，主要有豆腐、豆浆、豆花、豆皮、豆干等。“自然香果蔬彩色豆腐”是在传统豆腐制作的基础上，按科学比例加入天然蔬菜、水果汁，用生态凝固剂代替传统石膏、卤水，运用“自然香彩色豆腐机”辅以现代科技工艺加工而成，不仅含有丰富的营养成分，而且有利于人体吸收、消化。

硝坊

皮革生产兴盛在20世纪50年代前，当时主要运输力为骡、马、驴大牲畜，缰、鞍、鞦、鞑及车、轿上使用的皮绳、皮鞭等用量较大，所以“硝皮坊”兴旺。1952年登记的商铺就有“祥义皮房”等三户，业主均为河南沁阳人。还有“福盛鞍铺”，业主王来来，即王小顺之父，原籍晋城，后安家中村。“硝皮坊”有手工制草作坊和手工皮件作坊两种。

粉坊

中村村民素有食粉条、粉丝、粉皮、干粉的生活习惯，所以粉坊一直传承延续。村档记载河南人王振海曾开“协和粉坊”。20世纪五六十年代大队有粉坊，加工干粉、小粉、粉条、粉丝，加工后下脚料供养猪。70年代粉坊加工由驴推磨发展到电动钢磨加工。李红卫、杨中元从事粉匠营生。制粉生产使用的原料，主要是高粱、绿豆、玉米。绿豆制作粉丝，每50公斤可出干粉丝15至18公斤；高粱每50公斤出干粉12.5至13.5公斤。绿豆可单独制作粉丝，其余原料需和绿豆配合才可制作成品。

酿醋业

酿醋生产主要靠手工作坊，酿造坊有醋坊和酱园之分，前者单线制醋，后者兼制豆油、酱菜。

酿醋业在农村有着悠久的历史，每年端午各家各户都要制备一坛米醋，供自己全家一年食用。其酿法落后，规模又小，长期以来工艺上没有多大改进。乡镇企业兴盛时，镇政府委托张桂兰、王怀连在观上庙创办酿醋坊。改革开放后，刘虎虎、张桂兰、乔吉河等人经营酿醋业。酿醋原料分为两类：一类是粮食——高粱、大麦、玉米、豌豆、小米等；另一类是果类——柿子、枣、杏、梅、红薯等。中村多酿粮食醋。

榨油业

中村当地主要生产大麻、小麻、荏、油菜籽，所以油坊的存在源远流长，油坊所榨的植物油，主要供本地居民食用。集体化时，大队办有油坊，乔执政、王成义、乔兴路从事榨油，基本上停留在家庭手工业阶段。榨油方法，用石碾将油料原物碾碎，用蒸笼蒸熟之后，装入油槽中，下木楔用鎚打压，将油慢慢挤出。

改革开放后，村民种植油料的积极性提高，油料作物品种也多起来，特别是油葵面积扩大，产量提高。李锁锁、李小铁、牛红文顺应时代，购置榨油机，改革了生产工艺，工效成倍增长，榨出的油也质高品优。

土布业

织布为家庭手工业的主要内容。旧时，中村家家户户从邻县翼城购买棉花，妇女进行纺线织布。即使在清末洋布涌入祖国各地的情况下，土布生产仍然保持了一定的数量。新中国成立后，直到20世纪七十年代末一些家户仍有纺线织布。

土布也叫“家机布”，生产工具主要是纺花车、织布机、梭。生产程序包括：弹皮棉，搓棉卷，用纺车将棉卷纺成纱，浆纱、绕纱、经纱，穿纱入杼，把经纱安置于织机上，用梭纬织成布。土布幅宽1.2至1.5尺，3至5丈为一匹。

农户所产土布，原则上自纺、自织、自用，偶有节余才在集市上进行交易，所以商品量很小。

漂染业

农村织出土布后，进入染坊漂染着色，多为朱红、枣红、丹青、天蓝、黑色等。村档记载，中村曾有染坊三个，分别是侯镇岳的“顺德染房”、峪里人武汉俭的“兴义染房”、武银兆的“福盛永染房”。解放后侯树晓和吴银兆两位染匠一直从业。染坊一般为独资开设，合资经营者较少。染坊内所用设备极为简单，置有踩石数架，染缸数口。每年从9月到次年3月为生产旺季。染坊染布过程极其简便，先将颜色配好，放入染锅中用火稍稍温热，等其均匀后便倒入染缸；把用水浸泡24小时的白布捞出，用木棒锤打沥水，遂放入染缸中染色；经过一段时间后取出晒干，再喷洒少许粉面水浆，经10余小时后压光、阴干、叠卷即成。

纺绳铺

中村、下川盛产大麻、小麻。将大麻杆泡水中沤数日，捞出后晾干，用手披麻。然后将麻皮纺成数股，由多股合成粗细不同的麻绳，供不同用途。村档记载本村侯镇铜曾开“天福祥”绳铺，沁水人王殿祥、王殿旭开“祥顺绳铺”。西头窑刘温基也从事纺绳、织毛褂(用羊毛纺线织成的口袋)生产。20世纪70年代，村民侯树德曾承包大队麻绳铺，经营纺绳业。

黑白铁皮加工

黑白铁皮加工在中村兴办较迟，它是随群众生活需要发展起来的。村民侯玉文应市场需求，自筹资金5000多元，购置切割机、电焊机、打炉机，加工各种铁皮用具，烟囱、簸箕、货架，百姓日常生活需要随时加工，以需定产。

裱糊纸扎

裱糊纸扎是传统的民间手工艺，从前多是在殡葬亡者时请能者制作。改革开放后，村民刘二虎开办专营裱糊纸扎业务，把纸扎作为商品。裱糊的纸扎品种繁多，主要有花圈、童男童女、金山、银山、白马、花幡、香幡、桃幡、电冰箱、电视机、沙发、空调、汽车、大包床、饮水机、电风扇等，年收入达2万多元。在其影响下，又发展起多家门市。

裱糊匠刘二虎

第三节　集体工业

中村村集体原本没有工业，在生产大队时期有一些粮食作物种植之外的“副业”，像粮食加工、烧石灰、做砖瓦等，以服务当地生产生活需要。1984年中共中央、国务院的一号文件，发出“大力发展商品生产，大力发展商品经济”的指示，这为农村经济的快速发展指明了方向，鼓起了风帆。大队党支部、管委会认真分析当地资源优势，掀起了集体办工业的高潮。

中村煤窑

中村原有小煤窑，因为地下水较大，不好开采。20世纪60年代前，中村的小煤窑都开在地势较高的地方，如后沟煤窑、北庄腰煤窑。北庄腰煤窑是最早的集体工业，属大队生产经营。70年代村领导选定重开本村东南坡上(距村一华里)的小煤窑。当时测量新开煤窑煤层厚度约计3米，煤田面积约10平方公里，原煤储存量约60万吨，设计年产量3万吨，全部工程投资42万元，可安排劳力50个。后因技术问题和县营中村煤矿的重建而停建。

泰盛铁厂

泰盛铁厂

1985年，由县经济开发公司牵线，县委办王治贵副主任协调，引进资金100万元兴建村办铁厂，注册名“泰盛铁厂”，霍明明任厂长。铁厂选址在下河三孔窑处，占地40余亩。在建设资金困难时，全村共产党员和村民积极集资8万元，保证了企业按期建成。铁炉容积13立方米，日产生铁20吨，年产达6000吨，安排劳力200余人，年产值200余万元。由于市场变化，资金周转困难，村委将“泰盛铁厂”整体承包给“中村铁厂”经营，在年交20万承包费的基础上，逐年清还建设债务。随着产业政策调整，铁厂于2003年关闭。

八·二五矿洞

原为中村铁厂矿洞，位于中村村西头“十八条”地块，1988年8月25日经中村铁厂与村委协商，改为中村矿洞，由刘其锁承包，每年上缴村委利润20万元。

中冶煤矿

中冶煤矿

前身系中村冶内东沟煤矿，位于冶内村东沟。1993年7月，村委投资50万元破土兴建，设计年产煤15万吨。1996年煤矿建成投产，由村委集体经营。2000年至2004年村委将其承包给私人经营。2004年煤矿改制，与沁水县煤运公司实行股份合作，改为“山西沁水丰源煤业有限公司”。公司具备年产30万吨的生产能力，固定资产3700万元，职工200余人。2008年实现利润1500万元，上缴国家税金1300万元。公司每年上缴村委利润150万元，供应村民每人生活用煤一吨。公司多次荣获沁水煤炭局安全奖、生产先进奖；多次被沁水县地税局评为“纳税大户”。

1996年—2008年中冶煤矿矿长为李刘怀，副矿长为闫书亮、毕行虎、樊义文、王登龙、牛二强。

中冶型煤厂

中冶型煤厂

2001年，中村村委投资25.3万元，在下河三孔窑处紧邻泰盛铁厂兴建，隶属经济开发总公司。设计年产型煤5万吨，年产值28万元，实现利润6万元。本厂设备由洛阳市华誉型煤设厂全套提供，主要有破碎机、搅拌机、成型机、烘干窑、成品库。中冶型煤厂由马龙承包经营，产品销往运城、芮城、平陆、侯马等地。

中村耐火建材厂

1992年，中村村两委根据沁水冶炼业的发展状况，经时任陵川县长的张国忠协调，聘请陵川技术人员帮助，村投资30万元建设耐火材料厂。厂址定在下河中村村与北庄村交界处。该厂投产后，年销售耐火材料5000吨，收入75万元，有力地服务、方便了县办、镇办、村办铁厂。

中村泰盛铸造厂

1992年，以泰盛铁厂为依托，投资80余万元，建成年产3000吨铸件的加工铸造厂，企业实行单独核算，独立经营，年实现利润40.29万元。

硅肥厂

1999年，围绕发展“两高一优”农业，增加农民收入，村两委决定将耐火材料厂改建为“硅肥厂”。该厂投资300万元，年产硅肥2万吨，产值2300万元，年实现利税100万元，上缴国家税收21.9万元。硅肥分为生产小麦专用肥、玉米专用肥，还适用于蔬菜、花卉等种植。产品销往本县及周边邻县，并远销南方广东等地。

历山经济开发公司

1994年，在村办企业发展势头良好的形势下，为切实使企业上规模、上档次，尽快与市场接轨，并理顺党总支、村委会与集体经济组织的关系，村两委决定将原“经济合作社”改为“山西省沁水县历山经济开发总公司”。总公司具有独立法人资格，下辖中冶煤矿、泰盛铁厂、机制砖厂、建材厂、八二五矿洞、商贸中心、运输车队8个企业，拥有固定资产1260万元，从业人员1480人，年创利税200余万元。

涧河木材加工厂

1983年，由涧河大队投资15万元建成，主要产品以包装箱为主，有职工10余人，年产值10万元，实现年利润3万元。所生产包装箱经久耐用，适合货物远途运输。

核桃露厂

1988年涧河村支书张洪奎利用涧河核桃资源，办起了核桃露厂。总投资120万元，拥有厂房、库房600平方米，职工45人，1990年投产，年产1500吨。1991年被沁水县经委收回，由于经营管理不善，企业倒闭，厂房丢失，人员解散。

万家香菇厂

涧河村于1996年发展菌类种植业，投资30万元，兴建香菇加工厂。所加工的香菇质量上乘，口味好，耐储存，销往沁水、翼城周边地区，年产值5万元。

小河弯木器厂

1953年合作化时建成，1958年形成一定规模。木器厂以制造日用家具为主，生产木碗、木勺、纺织锭、香炉、灯柱、香筒、笔筒、脸盆等，销往县内及阳城、晋城、翼城、河南、垣曲等地。除制作木器外，还兼营销售木材，主要有杨树、柳树、槐树、榆树、松树、椿树、楸树、柏树等。原木交易以立方或以根条计量计价。

砖瓦窑

本村生产砖瓦历史悠久，又很普遍。村周边村庄都开过砖瓦窑。产品有青砖、红砖、方砖、庙宇砖、条砖、古砖及雕花砖等。瓦又分脊瓦、仰瓦、桶瓦、三号瓦、四号瓦、五号瓦。脊瓦上雕刻有花、鸟、鱼、兽头及龙凤呈祥等。

20世纪70年代，大队为增加副业收入，委派马开珍等人在乳庄沟兴办手工砖瓦场，砖瓦坯以粘白土为原料，和泥扣制而成，每人每天可扣砖坯500块左右，制作瓦坯400—500个。每年清明至秋分为生产期。砖瓦窑大小不等，容量装砖瓦坯5000—10000个不等。

20世纪80年代，村委在南河投资10万元，购置制砖机械，年生产青砖50万块；90年代，村委投资30万元，在花沟新建轮砖窑，年产砖200万块。轮砖窑不洇窑，成品砖为红色。2000年，村委又投资60万元，扩建了轮窑，年产砖可达300万块。

第四节 国营工业

峪里铁厂

1958年6月建设在下峪村，1960年秋迁至中村村西（即狼泉沟与营房沟之间的河滩——骆驼场）。铁厂迁至中村后，增加了翻砂和耐火砖车间，建筑面积1444平方米，职工200人，拥有锅驼机、柴油机18部，723个马力。翻砂、铸造的产品主要有民用高耳锅，尺六、尺八蒸锅，八印锅，大小尖岑，八尺岑，大小把锅，铁锅，茅杓等。后因形势变化停业。

峪里铁厂建厂伊始，党总支书记由副县长崔廷必兼任，厂长为秦启文。

中村铁厂

1970年4月，原冶内翻砂合作工厂改建成铁厂，利用江苏无锡产6110型32千瓦柴油发电机组发电生产，当年产铁48.6吨。由于场地局限，交通不便，于1971年4月迁址中村。

中村铁厂

中村铁厂利用原峪里铁厂在中村的旧址，对1958年修建的一座4立方高炉炉体，一个高达30米的烟囱，10余间工房及38间宿舍进行了修缮和改造，新购山东潍坊产6160型180马力、120千瓦柴油发电机组供电生产，于1971年7月1日炼出了第一炉生铁。沿用传统的沙模翻砂技术，制造各种犁铧、铁锅、铁炉、水管等20余种产品。

1978年，省冶金局拨给技改费20万元，作为对小高炉进行技术改造。1980

年，该厂发展到拥有4立方高炉两座，化验设备一套，鼓风机6台，各种运输车辆10辆，各种机床6台，185马力发电机组一部。1982年集资架设堡子至中村10千伏高压输电线路，结束了柴油机发电炼铁的历史。

1984年建成13立方米炼铁高炉一座，1985年，高炉容积达到21立方米，拥有职工432人，年产生铁9384吨，年产值114万元1986年又建成17立方米炼铁高炉。到1989年，生铁产量达12 264吨。同时新建两座1.5吨，碱性侧吹转炉一套，3机架250，1机架300轧钢机及相应配套设施，具备年产生铁2万吨（包括由国营铁厂承包的中村大队属泰盛铁厂），钢锭1.2万吨，钢材1万吨的小型钢铁联合企业。1993年生产粗钢8000余吨，建筑用钢材6500吨。

1994年以后，企业连年亏损，大部分车间停产，资不抵债。1996年12月全面停产整顿，几经努力终未能恢复生产，2003年5月停产。后县经委将铁厂承包给中村刘锦社，改名为“兴隆钢铁有限公司”。

中村铁厂党政一把手先后为董丰银、刘万钧、侯治德（代）、王德俭、侯元珍、郑魁榜（代）、平富珍、郑民伟、郑文兴、乔炳旭。

中村松香厂

1960年8月，在中村东堂儿外建设了松香厂，建筑面积660余平方米，职工60余人。从建厂开始，截至1963年底，国家共投资7.5万余元。建厂初期年产量不足1000斤，1962年年产量13吨，四年共产松香24吨多。1964年，根据国家统筹安排的方针，中村松香厂停办。

中村松香厂厂长王克和。

中村木器厂

1969年11月，原中村松香厂改为木器厂，利用本地木料，试制成功“算盘珠”，与天津算盘厂签订供应算盘珠合同。1972年，生产的“木筷”正式纳入国家计划，产品由晋东南地区农产品公司统一包销，1978年又试制成功算盘。1974年9月23日，请示山西省轻工厅批准，中村松香厂改名为“中村日用木器厂”。因木质筷劣于竹质筷，1974年停制木筷。单一生产算盘，因质劣价高销路受到影响，于1978年5月16日停产，1982年7月关闭。

中村木器厂历任厂长：王克和、刘万钧、乔执勤、郑文兴、郑魁榜、郑毓才。

中村水泥厂

中村富有石灰岩、粘土、铁水渣、原煤等原材料，发展水泥生产条件优越。中村水泥厂1971年4月筹建，厂址选在原酒厂旧址（最早这里是东庙，大跃进时建设酒厂,生产时间不长,停业),招工60名,用两台球磨机(0.956×3.5),一台破碎机,两个土蛋窑煅烧水泥熟料。1972年10月试产,当年生产300号水泥30吨,1973年正月正式投产,生产水泥805.5吨,总值40 000万元,成本由155元降至85元。自建厂至1979年上半年,由于设备不配套,技术水平低,质量不稳定,成本高,销路不畅,致使连年亏损总额达30多万元。从1979年下半年开始,狠抓了技术改革,有了完善的测试设备,产品质量基本稳定在400号,同时抓了经营管理,降消耗,降成本,使每吨成本由1978年的70元下降到44.37元,实现了扭亏为盈。1981年10月晋东南行署拨款10万元,立窑配套,扩大了生产。

1984年末,有职工105人,占地面积3500平方米,建筑面积1856平方米,产量达3850吨,产值18.1万元,质量标号稳定在400号。主要设备有水泥磨(0.956×3.5、1.2×4.5)各两台,锤式粉碎机两台,颚式粉碎机一台,土蛋窑四座,年生产能力达到4000吨。1997年12月改为“沁水水泥有限责任公司”。由于污染问题,2002年停产关闭,2003年12月全部职工买断工龄,解除劳动关系。

中村水泥厂历任厂长:段鸿泉、刘相贞、张遵江、安国法、李盛魁、高鸿朝、张秋兴。

中村煤矿

原址在距中村镇不足500米的东边南山脚下,作为中村铁厂的一个附属车间,利用旧竖井,延伸挖掘。1971年底招工50人,年产量设计万吨。1973年5月,该矿从中村铁厂分出,单独经营核算,作为永安煤矿“中村坑口”。1976年,成为地方国营中村煤矿。

中村煤矿

1976年3月,该井南巷到采空区,北东西三边遇到断层,西边临村,加之顶板薄,时有塌顶危险,难以开采,因此到对面北山脚下打斜井。经过近两年的施工,1977年新斜井投产。当时井田面积1.9平方公里,地质储量950万吨,可采储量665万吨,含矸率0.2%,瓦斯含量最高0.5%,一般保持在0.2%左右。

1985年,职工人数162名,年产量64 624吨,总产值301万元。煤炭除本地销售外,经翼城火车站转运外调西北地区。

中村煤矿历任矿长:李雪林、赵志民、李家义、王政政、成维嘉、李杰、张书明。

2004年中村煤矿改制并购给沁晟煤焦有限公司,现为“沁晟煤焦有限公司中村煤矿”。煤矿现有职工560余人,固定资产7239万元,占地面积5万平方米,井田面积5.35平方公里,地质储量3013万吨。现在开采2#煤层,平均厚度3.5米。2007年生产原煤33.57万吨,销售收入1.18亿元,上交税金3298.35万元。该矿为国家二级矿井。

中村林场

中村林场

1957年,中条山森林经营局在沁水建立中村林场和端氏林场。中村林场管辖范围跨涉中村、土沃、张村3个乡镇,区域面积438 102公顷,林业用地面积258 574.5亩,共涉及6个天保管护区,62个林班,1236个国有小班,有职工140余人。管辖区域内森林覆盖率41.1%,活立木总蓄积量82.8万立方米。

中村林场历任场长:史占和、王诠、栗学凯、萧保岐、靳秉乾、侯元珍、赵秀齐、王尚贤、侯功周、靳桂林、许国华、赵权宝、申贵锁、崔虎泰、侯兴辉、薛之东。

中村海绵铁厂

厂址在北庄村,但对中村经济及社会发展影响较大。

1976年春,山西省副省长兼省计委主任贾冲之领导组建"山西省海绵铁办公室",推行铁矿石直接还原固体金属铁,代替生铁做炼钢原料,达到节能之目的。"省海绵铁办公室"主任由省科委工业处长陈明兼任,贾元(贾副省长胞弟)任顾问,另抽调太原电磁厂张一德,和顺焦化厂李四孩为技术员,指导洪洞、沁水中村及绛县十字河三个乡镇企业的建设投产。中村海绵铁厂由中村公社领导。

1976年夏秋,中村公社将在外地修建公路的本社民工90余人,集体转为海绵铁厂工人。

由于工程任务重、时间紧,中村公社难以独立完成,省县领导研究决定,中村海绵铁厂由县乡共同领导管理,以便于协调各方面工作。"省海绵铁办公室"由顾问贾元,技术员张一德和李四孩长期住厂;县政府抽调县计委主任原松柏、县乡镇局副局长乔封谦、县物资局干部李学书、县乡镇局干部尚封祥和张世温,中村公社干部尚奎忠及刘培思等长期住厂帮助工作。省计委专门指定贾冲之副省长秘书张奎和省计委基建处长郭雅儒负责此项工作。

1977年4月,中村海绵铁厂筹建处成立,县委任命王德义为主任兼中村公社党委副书记,原中村铁厂副书记安国法、原沁水化肥厂筹建处技术员郑民伟为副主任。1979年夏,王德义调离,县委调原化肥厂筹建处副主任王志德为中村海绵铁厂筹建处主任兼中村公社党委副书记。

1978年7月,用白煤在底卸式焦炉,生产出合格海绵铁,金属化率达93%,获省科技成果四等奖。1979年底,省计委两次共投资80万元,建成900平方米炼钢车间，安装了10吨桥式起重机2台，1.5吨三相炼钢电弧炉1台，炉用变压器功率1000千伏安及2米搅拌机，1立方米空压机10余台空气锤和风铲，并架设堡子变电站至海绵铁厂10千伏供电专线，于1980年初炼出第一炉优质碳素钢。至当年底，共用海绵铁炼钢59炉次，产钢150余吨，总结出海绵铁炼钢工艺方法。

后来由于多种原因项目失去支持，只得改用废钢为原料，三年生产出近万吨铸钢件，销往本省及洛阳等地的矿山机器厂。1985年4月，晋东南专署发文明确中村海绵铁厂为县管国营企业。随着我县炼铁业兴起，海绵铁厂建成13立方米炼铁高炉，开始以炼铁为主业。1989年，该厂生铁产量7290吨，职工达352人。1998年企业停产，2003年破产。

中村海绵铁厂历任厂长：王志德、李承志、都培明。

第四章　交通电力

交通是经济发展的主动脉,电力是经济发展的先行官。大路大富,小路小富,无路不富;电足发展快,电缺发展慢,无电难发展。特别是进入信息时代,交通电力尤为重要,它把空间缩小,它把距离拉近,它把成本降低,它把效率提高。它已与人们的生产生活息息相关。

第一节　道　路

中村村地处山区,沟壑纵横,交通不畅,货物运输和人们出行十分不便。历代人们都根据经济条件修建了一些乡间小道,东翻阳岔岭到冶内、土沃,西到张马、西阁,南到南河、柳沟,多为牛车小道。长途货物运输下翼城、到河南均靠骡马牲口驮运,一趟往返约十天半月。

县乡公路

沁中公路:始于沁水县城五柳庄,经石堂、河渚、尧都、郝家、宋庄、上阁、张马至中村,全长34.2公里,也是省道沁(水)东(镇)路一段。

1940年,中村到张马顺河滩整修了简易大路,每逢下雨就被洪水冲毁,雨后再修。

新中国成立后,党和政府十分重视公路建设,中村的道路状况逐步得到改善。1962年初建沁水至郝家煤矿公路,长20公里。1963年中条山林局资助5万元完成郝家至阳岔岭段,长11公里,与原定阳公路相接,可通中村,称沁中公路。1980年改线,经东沟、上阁、张马与翼张公路相接,称沁张公路。1990年又改郝家至蚂蚁沟口段,经宋庄、蚂蚁沟、上阁、张马至中村仍称沁中公路,11月郝家、宋庄两隧道破土开工,1993年竣工通车。

定中公路:起点定都村南沟口,于南瑶村通过南沟岭隧道,经张村、东文兴、土沃、冶内、杨岔岭直达中村,全长46.6公里。

翼张公路:北起翼城县东门坡底晋韩公路,经翼城县中卫、甘泉,在北山坪入沁水界至张马村,全长43公里,沁水境内8.65公里。1940年4月,日本侵略军盘踞张马、上阁村时,曾修筑张马至翼城的军运公路。1943年日伪据点被拔,公路荒废,仅通马车。1957年,山西省农林厅为开发下川林区,决定修建翼城至下川林区专用公路,翼城和沁水两县共同努力,1958年8月告竣。

1989年,中村至张马公路重建,打河坝、拓路基并铺装沥青路面。2006年,镇政府再次实施中村至张马公路拓宽改造工程,路面宽度20米,水泥硬化。公路两旁栽植塔松,安装高杆节能路灯。自此,中村至张马路街合一。

中张公路

中下公路:原为翼川林区专用公路,1979年公路分级管理后,翼城至中村划归县公路养护,中村至下川定为乡公路,全长22.7公里,由中村镇和下川乡自修自养。1986年历山自然保护区被列为山西省旅游重点开发项目,当年投资30万元,修建下川经梁山至舜王坪11.2公里旅游公路。从此,旅游者驱车可达舜王坪山巅,一览历山胜景。1997年,中下公路在原基础上拓宽改造,全线硬化铺油,于1998年8月18剪彩通车。2010年,县政府再次投资,提高中下游公路建设等级,年底基本完成水泥路面铺装。

村庄公路

为缓解村内新建北路、新建南路交通压力,减少镇区空气污染,减少交通事故,2001年11月,镇村两级领导启动修建环村公路项目,驻镇单位、经商户积极响应并集资援助。西起狼泉沟口,东至中村煤矿,沿线建设石拱桥梁三座(下河桥、下马沟桥、中村煤矿过河桥),两公里环村公路于2002年建成通车。2005年,又投资230余万元,进行环村公路路面水泥硬化,有效宽度9米,硬化面积18 000平方米。

2004年,山西省实施"村村通"公路工程,中村镇提出"三年任务一年完",中村村一年水泥硬化至乔家干线公路5.3公里,面积31 000平方米;至木凹、乔家各自然庄2.5公里,面积15 000平方米;沥青铺装上凹至北庄1.5公里,面积4500平方米。

村庄公路

中村镇域内公路,西通河东平阳,北达并州

上党，东去泽州鲁川，南赴豫北河洛，真可谓纵横交错，四通八达。

田间道路

20世纪50年代前，中村村土地私有，田间道路狭窄，大多数只能供人步行肩挑，河滩地可通牛车，猪洼坪、三家坡、西岭上有断断续续牛车路。经过互助组、合作社、高级社，土地全部入社，为修路创造了条件。60年代至70年代，东头的西疙瘩，东疙瘩，李家疙瘩，北岭上，西头的西岭上全部通了牛车路，北庄腰、西坡、桑柏节、猪洼坪、木凹等改建成能通拖拉机的大路。1994年，第二轮土地承包时，田间路已通拖拉机、汽车、收割机等大型机械。

第二节　运输工具

20世纪60年代前，中村村交通运输工具十分落后，不是人担肩挑，就是牛拉马驮。主要运输工具有钩担、扁担、尖担，牛车、马(骡、驴)车，另外还有驮架、楦绳等。

扁担：扁担由桑木、柞木、椿木等坚韧而柔软的木材锯、刨而成，宽约二至三寸，长约五至六尺，中间宽，两头略窄。扁担两头各安一个等距离的木楔子，配以绳索、筐(篓)适合于长途挑运，配以箩头(手工编制的条筐)用于短距离挑运。

钩担：由扁担配以铁制的老鸦嘴和长约三寸的三节套环及长约7寸的铁钩组成，是家用肩挑水桶、粪桶等简便灵活的铁木工具。

尖担：形似扁担，较扁担长尺许，在两端套有尖铁夹鞋，便于穿插成捆的物什，主要用来挑担谷子、小麦、豆子等。

牛车：是一种古老的运输工具，明清年代，牛拉车很盛行。牛车轮直径约40厘米，外用熟铁辋圈，里用坚韧木辐田䡖。还有一种熟铁花车轮。车轮有一根直径二寸，约三尺长的铁轴相连，轮轴上置有硬辕杆车棚，棚轴间有U形铁箍相套，上油滑动行进。

马(骡、驴)车：车轮是铁制品，软辕，配以鞍、鞧，后改为胶轮。

马车

驮架

驮架:即木制八字形架,搭在骡、马背上,用麻绳将所运货物捆绑在架上驮运。

楦绳:即粗麻绳与一个铁制圆环老鸦嘴和一个铁制楦钉组成。主要作用是拖拽木材。使用时把楦钉钉在木头上,人工用绳把伐倒的木料顺滑道运到目的地。

20 世纪 50 年代,村里有了轻便的胶轮平车,一个人力可以拉 500 公斤,提高了劳动效率。60 年代,村集体从东峪乡购买回一辆胶轮大车,并修建了大车店。第一任驾车人员有宋来文、刘来顺。陆续大车发展到四辆。

1974 年,村集体购回四轮拖拉机一台,第一任驾驶员是乔克锁、侯富银。到 1992 年,全村驴拉胶轮平车发展到 44 辆,四轮拖拉机 17 辆,大型货车 15 辆,主要运输铁矿、煤炭、青石,服务于铁厂、煤矿、水泥厂。

20 世纪 90 年代后期,个体户购车进入高潮。刘其锁、赵锁柱靠挖矿致富后,成为我村早期桑塔纳小轿车的拥有者。进入 21 世纪,运输工具更新换代,大吨位汽车,拖拉机、农用车、三轮车、摩托车、小轿车逐渐走进百姓家庭,货物运输和村民出行得到极大改善。2005 年,刘锡书等 6 户村民靠小额贷款,一次性从河南购回 6 辆豪华中巴,从事客运。自此,中村至沁水县、晋城市客运业务进入民营时期。运输业已成为本村一项主要产业。

第三节 电 力

古代用松柴照明。20 世纪 50 年代后,村民照明方法逐步进化,主要有麻油灯盏、煤油灯、蜡烛,夜晚出门开始用手电、马灯等,开会、唱戏、办红白大事则用汽灯。

20 世纪 60 年代初期,中村公社在东堂儿胡同东修建厂房,利用锅驼机火力发电,中村开始用上电灯。1962 年,中村林场用柴油机发电代替锅驼机发电,供全村照明。受发电量限制,每晚定时供电,各家各户依安装灯泡瓦数定额交电费。

1972 年 1 月,中条林局架设由西阎堡子至张马 10 千伏电力线路。此后,中村各厂矿、大队架设了张马至中村的 10 千伏线路,使中村地区成为跨县域的 10 千伏网架,中村开始用上国家网电。中村大队在沙圪梁修建配电室,架设变压器,户户装电表,用电计量交费。

1987 年 12 月,中村 35 千伏变电站建成投运,10 千伏出线 5 回(843 中村线、844 海绵线、846 中村铁厂线、847 西阎线、848 下川线),改变了中村地区由西阎堡子变电站出线跨地区供电的格局。

1993 年 9 月,中村 35 千伏变电站增容,2 号主变压器投入运行,10 千伏出线 5 回(843 张沟线、844 兴隆铁厂线、845 东沟线、847 北河线、848 东川线)。

2000 年进行农网改造后,实行一户一表,集中装箱,城乡同网同价,村民用电到供电所交费。随着住户增加和工农业生产用电的需求，原村主干变压器由180KW 1台增加到11台，极大地方便了生产、生活用电，为新农村建设提供了强有力的电力保障。

洞河电站

1972年冬，涧河、白华两村开始在涧河修建水电站，由中村公社副书记赵纯孝负责。由于施工技术问题1973年春停工。1975年10月公社决定复工，由李怀玉任施工总指挥。1976年3月开工，1977年7月1日剪彩发电。电站渠道总长2250米，厂房建筑面积320平方米，生活区面积180平方米，总工程量11 000立方米，投工262 000个，投资288 000元。安装水轮机两台，发电机两台，单机容量75千瓦。发电后供涧河、白华、柳沟、南河、中村五个大队的928户社员照明和部分农村农产品加工用电。

经两年多的运行，由于地势高，气候寒冷，引水渠道冬季结冰冻裂，到处漏水，严重塌方，使之无法通水发电，1980年3月停止运行。

中村供电所

中村供电所

成立于1988年1月，时称中村镇电管站，由中村镇政府分管工业副镇长崔登云兼任站长，牛金昌（中村大队电工）任副站长。2000年4月改为中村供电所。2008年在册人员8名，全所有供电建制村28个，自然村78个，居民照明用户4014户，工矿企业用户55个，行政事业用户32个。管辖5条10千伏线路，88台配电变压器，58千米低压线路的安全运行。2007年售电量848万千瓦时。

第四节 通 讯

邮电机构

1944年，沁水解放后，在城关设沁水县邮政局，在端氏设士敏县邮政局。1946年，在人口较集中的村镇中村、郑庄、潘庄、柿庄、青龙分别设邮政代办所。

1949年，沁水、端氏两邮政局划归山西省邮电管理局领导，沁水邮政局改为邮电局，端氏邮政局改为端氏邮电所。

1956年，端氏邮电所改为端氏邮电支局，中村、柿庄营业处改为邮电所。

1969年12月，为适应战备需要，邮、电分设。分设后沁水县邮政局归县“革命委员会”领导，沁水县电信局归县人民武装部领导。

1973年8月，县邮政局与县电信局合并，恢复了沁水县邮电局。

1983年，端氏、中村、郑庄改设邮电支局。

1998年10月，邮电分营，分为“沁水县邮政局”和“沁水县电信局”。同年8月，成立了“中国移动通信集团山西有限公司沁水县分公司”。中村邮政、电信业务随县里机构变换而变换。

邮政业务

1946年邮路有沁水至中村，步班直投；1958年沁水至中村发展为自行车投递，第二年该为驮班投递；1971年发展为摩托车投递；1973年改为委托客车(班车)投递。1983年起沁水有了自办汽车邮投。

中村邮政

电信通讯

1916年，沁水才有电话、电报，1920年电话由沁水通往中村，1938年日寇侵犯沁水，电话业务中断。1953年全县各乡通电话。1980年沁水至中村开通载波电话。1994年，中村安装了程控电话。

1998年，中村村被晋城市评定为“电话村”。随后，移动电话飞速发展，手机通讯深入家户，电信极大地方便了人们的生产和生活。

第五章　商贸服务业

商贸业产生于奴隶社会初期，是商品生产和商品交换发展的结果。它的产生，形成了人类社会的第三次大分工，并创造了一个不从事生产而只从事产品交换的阶级——商人。经济越发展，社会分工越细化，商贸业越发达，作用越重要。特别是今天，经济全球化的推进，商贸业更显现出无可比拟的作用。同时，为生产、生活服务的产业应运而生，且随着生产专业化、社会化的发展，服务业日益增强、扩大。商贸服务业的发展水平，是一个地方或区域经济、社会发展的重要标志。

第一节　商贸业

中村村商贸业历史悠久，县(康熙)志就有记载。清道光二十五年(1845)《南河村庙(重修)碑记》铭刻，当时有25家商号捐资重修，其中有经营杂货的“德泰号”，经营药材的“积养堂”等。

中村镇街市以本村人利用自己的临街住房兼作小本生意为多，也有外地人租房经商。主要经营食品、日用品、农具、土产、山货、布匹、绸缎等，还开有药铺、饭铺、馍铺、镶牙铺、理发铺、掌鞋铺，磨坊、染坊、绳坊、鞍坊、豆腐坊等。20世纪30年代，本村郑育东的“京货铺”、刘文华的“富和成”、李枝章的“永兴合”、李见善的“升义成”、刘建勋的“千和太”等商号，李明旭经营的“天顺成”冶炼炉号和其创办的“宝楼戏”蒲剧团，在当时颇有声誉。

旧时，中村镇较大的贸易活动主要有两种：逢集和庙会。每月的三、六、九逢集，每年的二月二观上庙会、四月初八大庙娘娘庙会、七月十五杨岔岭庙会(解放后已迁入中村会)、十月十五东庙庙会，周边济源、沁阳、晋城、阳城、翼城、垣曲等地的客商云集前来，百货齐备，设摊交易，贸易活跃，市场繁荣。

中村供销社

1949年,新中国成立后,政府资助小米20石,在城关、端氏、中村建立集镇供销社。供销社是在共产党的领导下,由农民群众集资,国家扶持的民办公助合作商业组织。动员群众入股时,小米一斗为一股。1950年,中村供销社主任是张文兵,副主任是常明智、王秉贤、李文林。供销社下设张马、上阁、薄弘、冶内、白华五个分社,设日杂、生产资料、副食品三个门市部。门市部售货员李文林、杨占元、王本相、何建红、张石海、樊中利、尚明智、马存智、郑乐善。1953年又成立农产品、生产资料、副食品三个经理部。

1956年,开展对私营工商业的改造,供销社逐步改变成以乡政府所在地为基点的新型集镇社,将基层社变为集镇社的分销点、代销员或流动供应小组,统一使用资金,统一经营管理。

中村镇有张马、上阁、松峪、下峪、冶内、白华六个基点。

1978年,中共十一届三中全会后,落实供销社社员股金分红等遗留问题,重新恢复原有体制。它的职能:一方面坚持为农业生产、农民生活服务的方向;另一方面,按照国家计划,完成对农副产品的采购任务,是城乡商品流通的主渠道之一。

1983年,供销社恢复了组织上的群众性,管理上的民主性,经营上的灵活性。在经营范围和服务领域上,由过去的抓购销、调存,转变到扶持农村商品的生产上来;由偏重抓工业品、生活资料,转变到抓农副产品、生产资料经营上来;由农商两家、产销两行,转变到搞好结合服务上来;由坐门等客、柜台买卖,转变到下乡供应,上门收购,服务到户上来。同时,扶植多种经营,实施资金资助、引进技术和品种、提供信息服务和技术服务、帮助种植业、养殖业解决产供销等,实行一体化经营,一条龙服务,促进了中村地区商贸业的发展。随着农村改革开放的逐步深入,供销社受到市场的挑战和经营体制的制约,效益下滑,面临着新的选择。

中村粮站

抗日战争时期,政府通过群众负担来征集粮食,在城关、中村、郑庄、端氏、潘庄利用庙宇、民房建立"地粮库",1950年先后在城关、端氏、中村、郑庄建立粮食交易所,1955年,全县成立15个粮食管理站。中村粮站曾管辖张马、下川两个粮库。

计划经济时期，国家对粮食实行统购统销。农民按照各级政府下达的公粮征购任务，分夏、秋两季向粮站上缴。农民把交公粮视为神圣的职责和义务，作为对国家的必须贡献。实行市场经济以来，粮食市场逐步搞活，农民余粮自由销售。中村的粮油贸易进多出少，大米、食用油多为外地购进，小杂粮、山货出售量也不大。

中村石油站

1984 年底，县石油公司在中村设立石油站，修建在东山魁星楼脚下。石油站服务当地汽车、拖拉机等运输和农机具的汽油和柴油供应。当时由于石油紧缺，按车辆马力定额供油。加油用油桶过秤计量。随着经济社会的发展，石油需求越来越大，石油公司在狼泉沟口新建电子控制计量加油站。

中村食品站

1984 年底，县食品公司在中村设立食品购销站，修建在中村林场对面。计划经济时期，农民养猪也有任务，生猪实行统购统销。食品站的主要任务是把农民养殖的生猪收购回来，再根据上级下达的任务及时外调。同时，依据计划屠宰少量生猪，按预先分配的肉票供应当地群众猪肉。实施市场经济后，猪肉按市场需求供应，由审查批准的专业户屠宰销售。

中村百货站

隶属于沁水县百货公司，开办于 1986 年，修建在三家号胡同前，新建路北。当时，中村工矿企业兴旺，流动人员较多，加之商品尚不丰富，供应渠道仍以国有商业为主，中村百货站为保障供应发挥了积极作用。

中村木材站

隶属于沁水县木材公司，组建于 1961 年，地址在南街口东侧，建有办公用平房 10 余间，占地面积 3000 余平方米，主要是把各村按计划采伐的木材收购回来，再按计划调拨出去。

中村商贸店铺

20 世纪 80 年代以来，中村外来客商和本地经商者愈来愈多，百货、日杂、副食、糖酒、粮油、电器等门类齐全，集体、个体、私营、股份多种经济成分并存。截止 2008 年底，中村镇注册商铺达 200 多个。进货渠道主要在侯马、沁水、晋城、阳城以及郑州、洛阳等地。商品种类也由生活日用品、生产资料拓展为家用电器——电视机、录音机、电风扇、冰箱、空调、家庭影院等;交通工具——自行车、摩托车、电动车、小轿车等;通讯工具——电话、手机、电脑等。这些商铺交易方式灵活,批发零售兼做。商贸业方便了群众,活跃了市场,促进了社会发展。

第二节 服务业

金融业

国家银行:1943年,士敏、沁南抗日县政府先后建立了金融机构(经济局),在边区政府领导下,使用冀南银行钞票。1948年12月1日发行了人民币。1949年8月将原冀南银行沁水支行正式改为"中国人民银行沁水县支行",1950年成立了中村营业所。1986年,中国人民银行沁水县支行与中国工商银行沁水县支行分设,中村营业所隶属工商银行。之后,各专业银行在中村均设立营业所:工行中村营业所、农行中村营业所、中行中村营业所、建行中村营业所。

农村信用社:1941年春,中村峪里信用合作社成立。信用社有辖区内农民、企业、个体工商户入股组成。业务先属人民银行监管,1955年起隶属农业银行监管,1996年与沁水县农行脱钩,成立沁水县农村信用合作社联合社,现名"山西省沁水县农村信用合作联社",隶属省联社。中村信用社随县体制的变化而变化。

中村信用社

商业保险:中村镇现有人寿保险营销服务部、财产保险营销服务部。人寿主要经营:人寿保险、健康保险、意外伤害保险与各类保险业务,人身保险的再保险业务等。财险主要开办:企业财产险、家庭财产险、机动车辆险、货物运输险、责任险等。两个服务部分别隶属"人寿保险沁水公司"和"财产保险沁水公司"。

金融服务的便捷,促进了各行各业的发展,繁荣了市场经济,推动了社会主义社会的快速发展。

修理业

掌鞋:此乃传统服务。旧时,商品不发达,一双鞋子要修了又修,掌了又掌,且多是布鞋。随着时代进步,皮鞋已由高贵者的专利变成普通百姓的一般穿着。由

修鞋匠牛锡文

此，掌鞋业也顺势发展。集体化时，村办掌鞋铺由赵转年经营。改革开放后，村民谭春悟、左冬苗、牛锡文等人均从事掌鞋业，且钉扣子、安拉锁、修拉链，童叟无欺，诚信为民。

镶牙：较早到中村从事镶牙业的为河南省沁阳人李长禄（李元斌之父）。解放前，他在中村开办“兴记镶牙馆”，为百姓修牙、补牙兼治牙病。其长子李元法承父业专事镶牙。1949年解放后，李长禄落户中村，集体化时为村集体经营镶牙馆。村民马海清，从老家洛阳落户中村，祖辈5代从事镶牙。他从艺镶牙业30多年，镶金牙是他的一技之长，并培养徒弟10多名。村民刘春生也随其伯父学得镶牙技艺，曾流动于县里乡村。近年来，烤瓷牙已风靡市场。

机电维修：进入市场经济时期，各类机械、电器走进百姓家庭，修理修配呈现出巨大市场。早期，村民刘培庭购买电焊机、车床等办起修理门市部。后来，李奇、席跃军等也相继投资数万元，购置机械台钻、电焊机、切割机、发电机、变压器等设备，专事修理业。村民席跃进投资2万元开办“三轮车修配门市部”，并兼营机油、轮胎、三角带、轴承、手扶配件等产品。村民高治国投资10万元，开办“豪爵铃木专卖维修店”，专事摩托车销售、维修，跟踪服务。

外籍人也多来中村从业。王寨人张兴龙，1983年起开始修理修配各种用具，多年来陆续投资4万元，备置了掌鞋机、砂轮机、老虎钳、电焊机、配钥匙机、气泵等机械，开展戗刀磨剪、修压面机、修自行车、修摩托补胎、铁器焊接、配钥匙、换锅底等业务。不起眼的修理业，极大地方便了村民的生产生活，也给从业者带来丰厚的经济收入。

剪裁缝纫业

裁缝女刘瑞娥

中村早期的剪裁缝纫者当数刘昌玉。20世纪60年代，村集体办有裁缝铺，第一代裁缝师傅有刘昌玉、徐锦花、乔克科，后有李小平等。当时，多为村民扯好布料，交裁缝量身定做，集体收加工费，师傅们挣工分。制作的衣服大部分是中山装、西式裤、衬衣，这便是时髦服装。80年代政策容许个体办缝纫时，村民刘瑞娥（刘昌玉之女）继承父亲手艺，从事裁缝，并逐步创新。她擅长于制作中山服，对流行装一看便能裁剪，西装、喇叭裤、踩蹬裤、筒裤，夹克等款式均可缝制,常常顾客盈门。

粮食加工业

20世纪70年代,中村基本告别人推磨、驴拉碾加工粮食的方式。村集体开有加工房,面粉机可磨玉米面、白面、豆面等,粉碎机可加工玉米圪糁、大瓣瓣、豆圪糁等,脱粒机主要加工小米。集体加工房停办后,村民李艳艳投资4万多元,购置面粉加工机、玉米粉碎机、脱粒机等,延续粮食加工业,服务于村民的日常生活。

第三节 饮食业

旅馆业

历史上作为集镇必有驿站。中村镇居商道之上,旧时客商来往频繁,住宿餐饮必不可少。留人小店、车马大店、旅社、接待站、招待所、宾馆应时而生。村集体曾办有旅社、车马大店,县工业局曾办中村工业招待所。较早的个体旅社是延凤英所办的"青春旅社"。20世纪末,中村的旅馆业发生了较大变化,服务水平明显提高。

白云大酒店

白云大酒店:1990年,供销社员工师明社承包经营的白云大酒店正式开业,集住宿、餐饮、娱乐为一体。酒店建筑面积500多平方米,内设普通标准间20个,床位20张,大餐厅一个,包间10个。可容纳150人同时就餐。

中怡宾馆

中怡宾馆:2003年,村民刘培学办起中怡宾馆,建筑面积200多平方米,设有普通及标准间20个,床位40张,内备有淋浴、卫生间、空调、电视机等设施,可容纳40人住宿。

车站旅社:杨代萍兴办,建筑面积255平方米,有床位18张,主要供来往旅客住宿。

洗理业

洗澡:本是人们最普通的生活行为,但是在经济不发达时期,洗澡便显得奢侈。中村最早的浴池建在南胡同大店院里(位置在现村文化大院处),一间房内

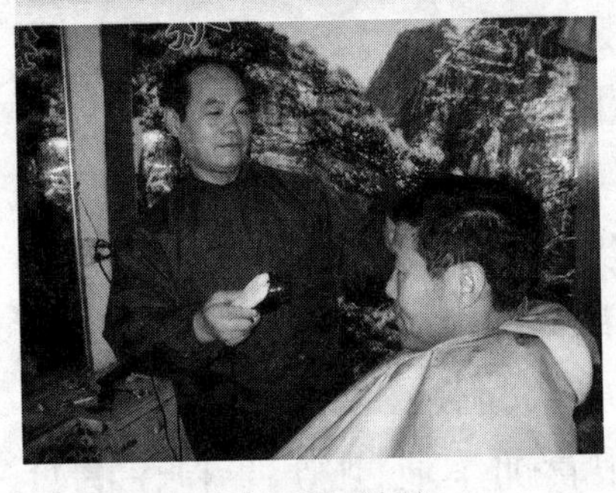

理发匠李树锁

用水泥砌一个70公分深的池子,下面安一口大铁锅,在房外砌个炉灶,加煤炭烧水。洗澡的人一多,换水不勤,就不太卫生。20世纪90年代,中村林场办了一个淋浴澡堂,进步了许多。2001年,村民原小孔投资70万元,建成“大众洗浴中心”,建筑面积600平方米,内设浴池、淋浴、单人浴、双人浴,改善了卫生条件,提高了卫生水平,是中村较大的洗浴中心。

理发:中村村档记载,村民张兴炎(张昌顺之祖父)早年开办理发所。集体化时大队办有理发店,从业者有刘百枝、刘喜田、张鸿儒、李树锁等。改革开放后,李树锁等人兴办个体美容美发店10多家,从业者20余人。其中村民侯宝投资5.6万元,开办了美容美发沙龙,主要服务项目有推、剃、剪、吹、烫、染发、焗油、干洗、离子烫、洗面、造型等。“哆来咪发艺美容美发店”,由武东霞经营,服务项目有理发、刮脸、洗面、绣眉、化妆、专业烫染、护肤、抛光烫等。

干洗:村民马鑫在南街开办了一家干洗店,主要承揽干洗、湿洗、皮衣上油等业务,服务周到,诚信为民。

餐饮业

中村历史上有记载的餐饮项目不少,如刘堪忠的“仁兴馍铺”、刘清晋的“义兴馍铺”、王顺合(北庄人)、崔凤歧(沁水人)合开的“义顺合饭铺”等。现今,中村的餐饮业更为兴盛,除白云宾馆外,开饭店的有贾格胜、刘凌波、杨军军、王强、杨卫忠、刘书田、王秀峰、刘锡书、李仁贤、郑拽礼、李刚刚、霍永锋、姚爱义、乔冬生、刘书义等20余人。经营品种五花八门,饸饹、饺子、削面、拉面、砂锅、火锅、牛肉丸、大盘鸡、羊肉串等,丰盛的饭菜供食客挑选。

风味名吃

清蒸虹鳟鱼:中村涧河20世纪70年代养殖虹鳟鱼,厨师们利用地域优势,抓住活鲜特色,将虹鳟鱼去鳞、扒肚,加入盐、糖、鸡精、胡椒粉等佐料腌制,而后装盘上笼清蒸,蒸熟后浇上炖好的鱼汁,洒上切好的葱、姜、青红椒丝,质嫩味美。

清炒核桃仁:中村境内特产核桃,皮薄肉厚香酥,将核桃仁去皮与黄瓜、胡萝卜清炒,色、香、味俱全,长期食用有健脑益智、强筋壮骨之功效。

清炒木耳:中村、下川等地产野生黑木耳,与胡芹、瘦肉清炒荤炒均可,味香色美,清爽利口,常食可降压活血、补钙、健肾。

红薯油糕:红薯煮熟去皮,放入白面,和成面团,切成小块,沾油捏片,包入红糖或白糖，在食用油中炸黄捞出，外脆内软，香甜可口。

汆汤饸饹：在开水中先放入盐、大料、花椒等调料和已熬好的骨头汤，将辣麻片、肥肉片、青菜和饸饹放入，猛火熬起，出锅时放入味精、醋，即可食用。

拨烂羹：也叫不烂汤。碗中放面，加少许水，用筷子搅拌成大小相近的块状（小面疙瘩）散入放好菜的沸水锅中，加盐烘油即成，这种饭快速方便省时。加什么主料叫什么名字，如鸡蛋不烂羹、小瓜不烂羹等。

饺子：俗称扁食。和面搓长条，切小块擀薄片，包上用熟萝卜丝、韭菜、鸡蛋、豆腐、粉条、大葱、佐料等剁成的馅，煮熟蘸蒜食用。加上猪肉叫猪肉饺子；加上羊肉叫羊肉饺子；杂面包的叫杂面饺子；白面包的叫白面饺子。

炒米羹：先把小米炒熟下锅，切入萝卜、豆角等，菜熟后下面条，烘油调醋即成。

煎饼：小米用热水泡涨，上磨磨成糊状，叫煎饼汁。放在火边，发酵后加碱，舀进烧热刷油的煎饼砚内，盖严煎熟即成。

大盘鸡：将鸡腿剁成块状，放佐料（葱、蒜、姜）在高压锅内炖熟，熟后上盘，放入辣椒，口感麻辣，色、香、味俱佳。

传统宴席

传统宴席也称酒席，在农村逢遇婚嫁、庆寿、满月、暖房、生日等吉庆喜事，头顿饭乃饸饹、面条，二顿饭必为宴席款待。宴席的丰盛和质量根据主办家庭经济状况而选定。

十大碗：即烧（炖）鸡、肚丝汤、喇嘛、木须肉、红烧肉、海带汤、江米、三鲜汤、鱼、丸子汤。外配凉菜六盘：牛肉、蒜薹肉丝、麻辣花生米、腐竹、凉粉、莲菜或黄瓜。

十二器（碗）：在十大碗的基础上增加了两碗，天门冬和金针汤。十二器在上菜时一干一汤交叉而上。宴席上传统的主食为：蒸馍、花卷、糖包、包子等。

附录：

1952年中村村商业店铺统计表

商号名称	经营者	籍　贯
协兴饭铺	韩海中　谭怀明	下峪　中村
同 义 和	刘维成	中村
义 腾 合	赵金良	河南
源 顺 兴	韩风州	下峪

商号名称	经营者	籍 贯
张永兴	高希兴	籍贯不详
王丰永	李玉亭	城关
王丰永	李志嘉	城关
永兴合	李学昇	中村
隆腾号	乔执政	中村
隆腾号	侯镇淮	中村
隆腾号	刘普煜	中村
裕兴永	王顺迎	下峪
裕兴永	侯宪斌	中村
荣盛成	牛增荣	中村
义兴顺	刘相宋	中村
福顺兴	伏清海　王小软	陕西　晋城
德兴成	杨得义	河南
万兴恒铁货铺	吉得春	阳城
祥盛永	李铭英	上峪
瑢兴富	焦玉兰　郭瑢	张村　张村
祥义皮房	黄正青	沁阳(回族)
祥义皮房	贾喜春	沁阳(回族)
瑢兴富	郑吉义	下峪
仁兴馍铺	刘堪忠	中村
天盛成	刘德熊	中村
聚和永	王九凤	沁水
福盛鞍铺	王来来　冯小臭	晋城
德盛永	郑克谊	沁水
祥顺绳铺	王殿祥　王殿旭	沁水
凯盛木铺	刘相恺	中村
德胜和	陈德胜	中村
福盛炉	霍拴和	阳城
顺兴木铺	刘增	沁阳
祥义皮房	贾庆所　白金胜	晋城(回族)
新民相社	谢长凯　苏秀珠	河南孟津
兴义染房	武汉俭　李月英	峪里
禎兴源	刘秀基　王小英	中村
	李天章　姚国珍	中村　上阁

商号名称	经营者	籍 贯
天福祥(店房)	张文俊	平原省
天福祥(烂货铺)	花聚兰	平原省
天福祥(绳铺)	侯镇铜	中村
顺德染房	侯镇岳	中村
义兴馍铺	刘清晋	中村
五 盛 永	谭玉悟	中村
振 兴 顺	郑王彪	中村
广 义 恒	马即明 马之高	平原孟津
	马之奎 李志谋	平原孟津
福 兴 顺	乔兴怀 刘仁基	中村
晋 顺 炉	曹之龙	阳城
义圣合(鞋铺)	李庆洁	河南
义顺合(饭铺)	王顺合 崔凤岐	北庄 沁水
兴记镶牙馆	李长禄	沁阳
协和粉坊	王振海	河南
福盛永染	武银兆	下峪
福盛各掌鞋铺	张元生	济源
兴盛记豆腐铺	乔兴武	中村
广 华 祥	秦光明	河南
华 兴 盛	华振和	河南
福 顺 永	李广福	中村
同 生 堂	马廷相	河南
和 合 永	葛海星	河南
理 发 所	张兴炎	中村
新 盛 永	王兴合	北庄

2010 年中村村商业店铺统计表

企业名称	法定代表人	具体地址	经营范围	所属行业	劳动用工
沁水县中村镇百汇商场	郑文爱	新建北路	百货五金	个人零售	自己经营
沁水县中村镇新潮尚衣	张华萍	新建北路	服装	个人零售	自己经营
沁水县中村镇花琴童装店	王花琴	新建北路	服装	个体零售	自己经营
沁水县沁乐家园中村美特好超市	樊雪雪	新建北路 34 号	百货	个体零售	自己经营
沁水县中村镇仁杰五金交电门市部	王仁杰	新建南路	五金交电、矿山机电	个人零售	自己经营

企业名称	法定代表人	具体地址	经营范围	所属行业	劳动用工
沁水县中村镇正大鞋行	刘爱侠	新建南路	鞋	个人零售	自己经营
沁水县中村镇文化用品商店	王张叶	新建南路	文化用品	个人零售	自己经营
沁水县中村镇春霞窗帘行	武春霞	南大街 41 号	窗帘加工、销售	个体零售	自己经营
沁水县中村镇秋秋服装店	王秋连	新建北路	服装	个人零售	自己经营
沁水县中村镇文雷服装店	杨文雷	南大街	服装	个体零售	自己经营
沁水县中村镇娅丽童装专卖店	刘娅丽	新建北路	童装专卖	个体零售	自己经营
沁水县中村镇建平皮鞋店	刘建平	新建南路 13 号	订做皮鞋	个人零售	自己经营
沁水县中村镇日杂门市部	刘郑社	新建南路 15 号	日杂、百货	个人零售	自己经营
沁水县中村镇杨伟鞋店	杨伟	新建南路 31 号	鞋	个人零售	自己经营
沁水县中村镇小花面食店	马小花	东大巷 12 号	面食加工	个体零售	自己经营
沁水县中村镇望山废品回收店	闫望山	中村村硅肥场院	废品回收	个体零售	自己经营
沁水县中村镇三矿废品回收站	张三矿	中村村硅肥场院	废品回收	个体零售	自己经营
沁水县中村镇小星服装店	朱小星	新建南路	服装、百货、化妆品	个体零售	自己经营
沁水县移动公司中村镇林刚代办点	牛林刚	新建北路 78 号	入网缴费	个体零售	自己经营
沁水县中村镇勤军服装店	韩勤军	新建北路 80 号	服装	个体零售	自己经营
沁水县中村镇福林鞋行	柴福林	新建北路 82 号	鞋帽	个体零售	自己经营
沁水县中村镇明生花圈店	王明生	新建北路 88 号	花圈、纸扎	个体零售	自己经营
沁水县中村镇振霞服装门市部	李振霞	新建北路 68 号	鞋帽	个体零售	自己经营
沁水县中村镇瑞娥服装加工部	刘瑞娥	新建北路 70 号	服装加工	个体零售	自己经营
沁水县中村镇冬霞干洗店	蔡冬霞	南大街 33 号	干洗衣服	个体零售	自己经营
沁水县中村镇彦韵阁图文装饰	王中执	南大街 30 号	打字、复印	个体零售	自己经营
沁水县中村镇大台北影楼	李海潮	南大街 36 号	照相	个体零售	自己经营
沁水县中村镇艳艳毛衣编织门市部	郭艳艳	南大街 25 号	毛衣编织	个体零售	自己经营
沁水县中村镇海燕服装店	侯东海	南大街 19 号	服装	个体零售	自己经营

企业名称	法定代表人	具体地址	经营范围	所属行业	劳动用工
沁水县中村镇林燕蛋糕店	尚林燕	新建北路90号	加工蛋糕	个体零售	自己经营
沁水县中村镇一分利商店	高芝荣	新建北路56号	副食品、针纺织品	个体零售	自己经营
沁水县中村镇秋叶副食门市部	张秋叶	新建北路100号	烟酒、副食、日杂	个体零售	自己经营
沁水县中村镇瑞琴综合商店	李瑞琴	新建北路118号	烟酒、副食、小百货	个体零售	自己经营
沁水县中村镇富民粮店	王富民	新建南路65号	粮油、烟酒、副食	个体零售	自己经营
沁水县中村镇欧芬美容美发厅	张康利	新建南路61号	美容美发	个体零售	自己经营
沁水县中村镇杰刚粮油店	刘杰刚	新建南路	副食、水产品	个体零售	自己经营
沁水县中村镇信誉综合超市	马忠勤	新建南路	百货、日杂、烟酒、副食	个体零售	自己经营
沁水县中村镇金雷蔬菜门市部	李金雷	菜市场	蔬菜	个体零售	自己经营
沁水县中村镇桥头理发店	李树锁	新建南路33号	理发	个体零售	自己经营
沁水县中村镇白云便利店	樊瑞琴	新建北路46号	烟酒、副食	个体零售	自己经营
沁水县中村镇万家福副食超市	侯封贵	新建北路	烟酒、副食、百货	个体零售	自己经营
沁水县沁乐家园中村海之情超市	李晓琴	南大街54号	日用品、副食	个体零售	自己经营
沁水县中村镇清悟综合商店	谭清悟	新建北路16号	副食	个体零售	自己经营
沁水县中村镇曹军粮油店	曹军	南大街	粮油、副食	个体零售	自己经营
沁水县中村镇同梅综合门市部	刘同梅	新建南路29号	副食	个体零售	自己经营
沁水县中村镇书林理发店	席书林	西坡巷02号	理发	个体零售	自己经营
沁水县中村镇志庭理发店	常志庭	新建南路27号	理发	个体零售	自己经营
沁水县中村镇花琴综合门市部	聂花琴	新建南路79号	烟酒、副食、日杂	个体零售	自己经营
沁水县中村镇怀义门市部	郑会勤	新建南路86号	烟酒、副食、日杂、小百货	个体零售	自己经营
沁水县中村镇绿叶商行	李国瑞	新建南路77号	烟酒、副食	个体零售	自己经营
沁水县中村镇秋婵门市部	李秋婵	新建北路01号	烟酒、日杂	个体零售	自己经营

企业名称	法定代表人	具体地址	经营范围	所属行业	劳动用工
沁水县中村镇玲霞副食门市部	王玲霞	新建北路	烟酒、副食、日杂	个体零售	自己经营
沁水县中村镇顺和化妆品店	郑爱娅	新建北路92号	化妆品	个体零售	自己经营
沁水县中村镇鑫达超市	樊虎秀	新建北路86号	烟酒、副食	个体零售	自己经营
沁水县中村镇书琴日杂门市部	张书琴	新建北路66号	烟酒、副食	个体零售	自己经营
沁水县中村镇宝义烟酒副食店	史宝义	东街20号	烟酒、副食	个体零售	自己经营
沁水县中村镇广萍副食商店	杨广萍	东大街23号	烟酒、副食	个体零售	自己经营
沁水县中村镇德平食品门市部	刘德平	南大街47号	烟酒、副食	个体零售	自己经营
沁水县中村镇林芳门市部	高林芳	南大街45号	烟酒、副食	个体零售	自己经营
沁水县中村镇瑞琴超市	李瑞琴	南大街10号	烟酒、副食	个体零售	自己经营
沁水县中村镇张玲百货门市部	张玲	南大街12号	化妆品、百货	个体零售	自己经营
沁水县中村镇爱心理发店	尚润玲	南大街286号	理发	个体零售	自己经营
沁水县中村镇隆福里超市	樊爱爱	南大街9号	副食、百货	个体零售	自己经营
沁水县中村镇林茂粮油店	曹林茂	新建北路	粮油、烟酒、副食、日杂	个体零售	自己经营
沁水县中村镇粉菊综合门市部	宗粉菊	炉园胡同15号	烟酒、副食	个体零售	自己经营
沁水县中村镇淑霞商店	李淑霞	新建北路10号	烟酒、副食	个体零售	自己经营
沁水县中村镇东霞美容美发	武东霞	南大街11号	美容美发	个体零售	自己经营
沁水县中村镇二元小超市	张兴亮	新建南路69号	小商品	个体零售	自己经营
沁水县中村镇润基生产日杂便利店	刘润基	新建北路20号	五金交电、日杂、农资	个体零售	自己经营
沁水县中村镇末祥门市部	董末祥	新建南路89号	烟酒、副食	个体零售	自己经营
沁水县中村镇忠生家电维修	柴忠生	新建北路106号	家电维修	个体维修	自己经营
沁水县中村镇天兴小家电	李波	新建南路59号	家电维修、零售、家电、小百货	个体维修	自己经营
沁水县中村镇王峰机电修理部	丁王峰	新建北路	电机修理、电机配件	个体维修	自己经营
沁水县中村镇元生电焊修理部	侯元生	中村村硅肥场院	电焊、氧焊	个体维修	自己经营

企业名称	法定代表人	具体地址	经营范围	所属行业	劳动用工
沁水县中村镇玉杰三轮修理部	王玉杰	中村村硅肥场院	三轮车修理、配件	个体维修	自己经营
沁水县中村镇鹏飞修理部	裴鹏飞	中村村硅肥场院	电焊、补胎	个体维修	自己经营
沁水县中村镇培斌洗车补胎行	刘培斌	中村村硅肥场院	洗车、补胎	个体维修	自己经营
沁水县中村镇忠忠修理部	左忠忠	中村村硅肥场院	电焊、修理	个体维修	自己经营
沁水县中村镇王峰钣金喷漆部	王峰	中村村硅肥场院	钣金、喷漆	个体维修	自己经营
沁水县中村镇宾达修理部	靳鹏飞	中村村硅肥场院	电焊、补胎	个体维修	自己经营
沁水县中村镇雷刚电器修理	王雷刚	中村村硅肥场院	电器修理	个体维修	自己经营
沁水县中村镇钢板修理部	王雷雷	中村村硅肥场院	钢板修理	个体维修	自己经营
沁水县中村镇建军火补轮胎部	关建军	中村村硅肥场院	火补轮胎	个体维修	自己经营
沁水县中村镇芳芳摩托修配部	王芳芳	北大街	摩托车、修理、配件	个体维修	自己经营
沁水县中村镇欢虎水电暖配件部	王欢虎	西坡巷	五金交电、水暖配件	个体维修	自己经营
沁水县中村镇亭亭摩托修理部	王亭亭	新建北路 14 号	摩托车修理、配件	个体维修	自己经营
沁水县中村镇刘锁摩配城	王刘锁	新建南路 17 号	修理、配件	个体维修	自己经营
沁水县医药药材公司中村医药药材站零售药店	王斌	新建南路	中药、中成药、化学药剂、抗生素、生化药品	医药卫生	自己经营
沁水县中村镇瑞康药店	郭瑞花	新建北路 60 号	药品	医药卫生	自己经营
长治市康得大药房连锁有限公司沁水二店	马雷	南大街	中药饮片、中成药	医药卫生	自己经营
沁水县中村镇康民药店	姚书庭	西坡巷 04 号	中药、中成药、化学药剂、抗生素	医药卫生	自己经营
沁水县中村镇鹏鹏大药房	王鹏鹏	西坡巷	中药、中成药、生化药品	医药卫生	自己经营
沁水县中村镇韩勤学诊所	韩勤学	南大街 23 号	诊所	医药卫生	自己经营
沁水县中村镇中村村卫生室	郑芳	新建南路 57 号	医疗、预防保健	医药卫生	自己经营
沁水县中村镇晋阳饭庄	李仁贤	新建南路	主食、炒菜	餐饮	自己经营
沁水县中村镇凌波餐馆	刘凌波	新建南路 79 号	中餐、零售、烟酒	餐饮	自己经营

企业名称	法定代表人	具体地址	经营范围	所属行业	劳动用工
沁水县中村镇市场饭店	李杰	新建北路	主食、炒菜	餐饮	自己经营
沁水县中村镇同仁饭店	杨观斌	新建南路	主食、热菜	餐饮	自己经营
沁水县中村镇 永济一绝饺子馆	薛继强	西坡巷	主食、热菜	餐饮	自己经营
沁水县中村镇 铁蛋鸡汤刀削面	侯东峰	新建北路	主食、热菜	餐饮	自己经营
沁水县中村镇历山大酒店	姚爱义	南大巷 88 号	餐饮	餐饮	自己经营
沁水县中村镇格胜饭店	贾格胜	新建 南路 63 号	热菜、主食	餐饮	自己经营
沁水县中村镇 艳艳粮食加工坊	李艳艳	新建 北路 116 号	粮食加工	小作坊	自己经营
沁水县中村镇东生蒸馍店	王东生	南大街 76 号	蒸馍	小作坊	自己经营
沁水县中村镇洪文煤球场	牛洪文	中村村外环路	煤球	小作坊	自己经营
沁水县中村镇 培学肉食店	刘培学	南大街 112 号	肉食、熟肉加工	小作坊	自己经营
沁水县中村镇 洪文粮食加工	牛洪文	南平巷 07 号	粮食加工	小作坊	自己经营
沁水县中村镇华西养殖场	刘国关	中村村花沟	养鸡	养殖	自己经营
沁水县中村镇天龙养殖场	柴天龙	中村村花沟	养鸡	养殖	自己经营
沁水县中村镇封秀养鸡场	侯封秀	中村村花沟	养鸡	养殖	自己经营
沁水县中村镇 花西养鸡专业合作社	吉怀铁	中村村花沟	养鸡	养殖	自己经营
沁水县中村镇中怡宾馆	刘培学	新建北路 7 号	食宿、澡堂	食宿	自己经营
沁水县中村镇 金声电器综合经营部	杨卫锋	新建 北路 52 号	住宿、音响	食宿	自己经营
沁水县中村镇刘强台球室	杨刘强	南大街 37 号	台球	娱乐	自己经营
沁水县中村镇 休闲娱乐中心	樊小雪	新建北路	歌舞娱乐、 烟酒、副食	娱乐	自己经营
沁水县中村镇育英幼儿园	刘勤书	新建南路		学校	自己经营
沁水县中村镇中村小学	王庆海	新建南路		学校	自己经营
钢铁厂加油站	付静斌	中张路	汽油、柴油	危化	自己经营
沁水县中村中旺货运中心	李忠忠	新建南路	道路运输	地面企业	集体
沁水县佳诚 新型建材有限公司	田必胜	中张路	烧结砖、 多孔砖加工	地面企业	86
沁水县中冶型煤场	马龙	中张路	型煤加工	地面企业	10
沁水县中村镇发展预制厂	杜发展	中张路	建材	地面企业	3
沁水县复昶工贸有限公司	李海良	中张路	建材	地面企业	80
沁水供电支公司 中村供电营业所	郝伟强	中村村	中村镇行政 区域供电 *	金融	5

企业名称	法定代表人	具体地址	经营范围	所属行业	劳动用工
沁水县绿盛养蜂专业合作社	刘启锁	中村村	养蜂;开展技术培训咨询服务等	其他	100
沁水县农村信用合作联社中村信用社	李永青	中村村	经营范围以批准文件所列的为准	金融	8
沁水县新华书店中村门市部	刘锦巧	中村村	零售:图书、磁带	文体	3
沁水县邮政局中村邮政支局	杨丽霞	中村村	邮政基础业务,邮政增值业务	金融	5
中村卫生院	李廷水	中村村	医疗、预防保健	医疗卫生	
沁水县中村供销社	杨明芳	中村村	零售:五金交电	个体	26
沁水县中村镇农科站	张广明	中村村	零售:农药;代销:种子、化肥	其他	1
山西马家园种植专业合作社	马刘孔	中村村	农作物、土特产的种植等	其他	180
山西省中条山国有林管理局中村林场	薛之东	中村村	种植营林、板材、木制品加工	加工	26
中国邮政储蓄银行有限责任公司晋城沁水县中村镇支行	王娅珍	中村村	吸收公众存款;办理汇兑业务等	金融	5
沁水县中村镇小国摩托销售部	高治国	新建北路	修理	个体	1
诚信寿衣店	郑魁林	新建北路	寿衣、纸扎	个体	1
跃军机电修理部	席跃军	新建北路	机电修理	个体	1
跃进三轮车修理部	席跃进	新建北路	修理	个体	1
沁水县中村镇海军摩托销售部	王海军	新建北路	修理	个体	1

第六章　村镇建设

华夏民族择地筑屋讲究风水，先祖迁徙中村筑巢安居真乃慧眼独具。远时，中村的生态环境非常优美，四面环山，青松葱葱；东南两河，清溪潺潺；宅院精舍，坐北向阳；紫气缭绕，鸟语花香。

历代贤达苦心布局中村建筑，整个村镇呈鲤鱼形状，东像鱼头，西似鱼尾，楼房建设，鳞次栉比。在风水节点处兴修三堂（东、中、西）、四阁（东、南、西、北）、五大庙（东庙、中庙、西庙、观上庙、杨岔岭庙），可谓独具匠心，别有风格。随着历史车轮的滚动，村镇建设与时俱进，古老的影子日渐消失，现代的形象毅然耸立。时年，小城镇建设刚刚拉开帷幕，中村又将展现更美的画卷。

第一节　村貌概览

20世纪50年代前，中村村建筑规模为西起西阁（即西寺大门外），东至东庙（即原水泥厂），长约500米；南起南阁（即供销社北），北至北阁（即后沟李家院后），宽约200米。村北依偎北岭，村南筑有马道，东河和南河顺堤奔西。村中自北坡有后沟，常年有溪水，逢雨季洪水便涨。所以村人在中堂儿与中庙（大庙）之间浆砌排水渠导流，人们俗称桥上或沙圪梁。自此处，向东称东街，往西叫西街。街道宽处有5米，窄处不到3米。街道两旁房屋多为门市房，供人们开店做生意。

西街有10条衚衕，即：泉沟衚衕、书房院衚衕、小衚衕、槐树衚衕、牛家衚衕、中庙衚衕、西堂儿衚衕、三家号衚衕、前园衚衕、中堂儿衚衕。

东街有7条衚衕，即：后沟衚衕、李家衚衕、谭家衚衕、杨树衚衕、东堂儿衚衕、炉园衚衕、南衚衕。

马道外是一片乱石河滩，只是东面山坡建有观上庙、魁星楼。村民出村上地只能走西阁、南阁、东阁。乔家、木凹为自然庄，下河曾有三孔窑住人。

20世纪50年代后，村镇建设步伐加快，但没有很好的保护古建，许多名胜古迹被毁。“三堂”因破旧拆除,“四阁”因不利汽车通行拆掉。东庙“大跃进”时改建酒厂,后又改水泥厂;中(大)庙80年代改建电影院;观上庙做了粮库,现在坍塌失修。唯独西寺乃中村小学校址,长期使用才得以保留。

经过半个世纪的建设,中村的镇区规模拓展较大:西起下河与北庄交界处的复昶水泥粉磨站,东至沁河能源集团的中村煤矿,长约2000米;北起北坡郑家后,南到花沟养殖场,宽约1500米。街道多次扩建,路网日趋便捷。

中村镇政府机关久驻中村,现办公大楼为中村铁厂原址,是镇域政治中心。围绕镇政府,各行政机关,企业、学校、商店等均落户中村。2010年底,东街驻:中村煤矿、中村卫生院;东外环路驻:中村派出所、中村地税所、中村邮政所、中村邮政储蓄所、中国联通中村营业所;新建南路驻:中村信用社、中村育英幼儿园、中村工商所、烟草批发站、中村小学、中村中学、中村供电所、中村兽医站、中村交警队、中村国土所;南大巷驻:中条山森林经营局中村林区派出所、中条山森林经营局中村林场;新建北路驻:新华书店、中村镇政府;南大街北头坐落着丹坪电影院,中村村委迁于影院东侧原镇政府大楼办公。

村貌局部图

商业网点分布在大街小巷,东、西街道两侧9户,南大街28户,东外环路11户,新建北路63户,新建南路55户,南大巷50户。

2006年中村被省、市、县列为新农村建设试点村、推进村。2009年县委、县政府决定把中村镇建设成为生态旅游特色镇。

第二节 基础建设

街道

古街道狭窄,街面为沙土,没有排水渠沟,晴天灰尘飞扬,雨天泥水溅淌。1958年7月,村领导组织村民用石灰搅拌铁砂铺捶街道,街面得到硬化。1980年,大队把南衚衕拓宽为南街,修建了大队办公楼、会议室,这是集体化以来第一次大的设施建设。

1981年,治理旧河道2000米,改造街道400米。1982年特大洪灾,冲毁原有基础设施,大队组织村民再次治河筑坝2760米,并在河道上筑起两座石拱桥,兴修了新建南路和新建北路两条各宽8米的主街道,街道沿河两旁安装了水泥预制栏杆,并栽植了垂柳。1983年,水泥硬化东西街道1840米;1988年,南大街、新建南路、新建北路全部用沥青铺装路面;1998年,在王寨拉回石板铺衚衕12条;2002年,挖砌沙圪梁至西街河道排污干渠、各衚衕排污支渠共计2000米,利用建材厂耐火砖铺砌部分衚衕。自此,街道、衚衕基本硬化,污水有了排泄管路。

2003年,进行新地域地名登记,在派出所统一备案,统一制作街、巷、胡同、院落门牌,把"衚衕"改为"胡同"。街有:东大街、西大街、南大街、新建北路、新建南路,东外环路。巷有:南大巷、东大巷、关底巷、南坪巷、泉沟巷、西坡巷。胡同有:西庙胡同、书房院胡同、槐树胡同、牛家胡同、中庙胡同、西堂儿胡同、前园胡同、李家胡同、杨树胡同、东堂儿胡同、东庙胡同、炉园胡同。

2004年村委又投资90余万元,用水泥硬化村里五条主干街道,硬化面积2.4万平方米,水泥硬化巷道胡同7条,钢砖铺砌胡同13条,硬化面积8500平方米,街道两旁人行道上铺装彩色方砖。

供水

中村地表水源丰富,特别是东街,掘地三尺便成水井,雨涝时屋内都可流出水。西街水位较深,泉沟有三眼水井,泉水不旺。20世纪70年代前村民以吃井水为主。随着气候变化和煤矿开采,水位逐渐下降,加之生产生活用水量越来越大,井水远远不能满足需要。1982年洪灾后,大队把吃水作为灾后重建的主要项目,倾全力投资22万元,在东河上游截潜流,铺装自来水管道5640米,建成镇区自来水供水系统,人们破天荒用上自来水。

2000年4月,生活水源又显困难,村委决定把东河潜流向南延伸,扩大截水量。2001年,在水泥厂东北坡修建高位水池,购置安装饮水净化设备,抽取煤矿坑下水净化后供镇区居民生活用水。

2005年3月,中村镇一届四次人民代表大会决定,实施"引涧(河)入中(村)"吃水工程,预算总投资450万元。工程竣工后,可日供水2000立方米,解决五村一镇(南河、白华、北庄、下峪、张马、中村镇)万余人口的生产生活用水。2006年工程竣工,中村村委投资110万元,整修配套各路管网,镇区居民吃上了干净、安全、水质达标的涧河优质泉水。

市场

1985年村集体在新建北路修建兴盛贸易中心大楼三层,占地面积1900平方米,12月竣工开业,下设旅社、饭店、商店;1992年7月,在新建南、北路之间河床上投资47万元,兴修中村集贸市场,建筑面积1700平方米,门市房114间;2003年拓宽南大街,新建二层商业用房32间;2007年在南大巷修建商业用房23间。

村集体利用黄金地段积极扩展商业市场。

供气

从古到今，中村人做饭取暖都是烧柴禾、生煤炉。2009年初，镇党委、镇政府抓住沁水煤层气开发利用的大好机遇，在县发展改革局的支持下，动工兴建中村煤层气供应站，2010年，洁净能源煤层气送入家家户户，人们的生活质量又提高到新水平。

煤层气进入农户

第三节 居民住宅

中村民宅多为明清建筑，以四大八小“四合院”为主。建筑质量较好，现在保存较完整的院落有：西头窑、上泉沟、下泉沟、里头院（东西两院）、下马家院、大院、牛家院、李家老院、李家新院、杜家院、厅房院、侯家院、乔家窑顶院等。建筑风格当属里头院，一进四院（现存三院），宅门高大，门窗精致，楼栏美观，门额雕画，儒雅意深。

20世纪70年代，村民经济条件略好，一些在中村工作的同志便开始修房建屋。1979年林场职工侯建胜、东街侯树仁首开先河，随后有条件者纷纷申请，政府规定每户占地不得超过三分。李贺相是中村第一位修水泥预制顶民宅者。根据村民需求，村委规划在花沟、南河路、观底等处分别修建。近30年来，在中村修建房屋者计431户，包括原村民、进镇务工者、经商者、迁入者、移民者。

1999年，村委规划修建木器厂小区，统一设计，统一施工，为庭院式住宅。西侧二排4座二层楼，预制结构，红砖挂瓦，每座房院占地235.8平方米，单层房建筑面积103.5平方米。东侧二排12座二层楼，每户房院占地169平方米，单层房建筑面积82平方米。

2003年，村委规划在观底巷由集体统一修建小河湾移民小区，每户房院占地面积162.5平方米，建筑面积87.5平方米。移民户每人享受国家移民补贴3000元，享受村基础设施建设补助600元，同时免交地基费，其余建设费用由住户承担。小区共建两排20户，清一色红砖、青瓦、二层预制结构，前墙白瓷砖贴面。走出大山的兄弟融入了小城镇生活圈。

小河湾移民小区

第三卷　政治

第一章　政　党

第一节　中国共产党

一、中国共产党在中村的早期活动

1937年7月7日，日军挑起卢沟桥事变，抗日战争爆发。1938年3月，中共翼城中心县委，翼城县牺盟中心区，民大四分校在沁水、翼城两县交界处曹公村联合举办“抗日救亡青年培训班”，宣传牺盟宗旨和共产党抗日救亡的主张。学习期间，中村村李广澎（江地）、北庄村王维岳、小青旺常子章等青年人由刘良（翼城中心县委工作人员）、吴云夫（教官）介绍加入了中国共产党，成为沁南第一批共产党员。江地结业后，被党组织派往延安抗大学习。6月，常子章、刘良受中共翼城中心县委委托，到中村小青旺村发展党的组织，吸收张德元、张元智等7人入党，成立了沁南境内第一个中共党支部，书记张发奇。从此，中共在中村地区有了基层组织。同年10月，中共翼城县委又在沁南历山顶上东川编村老圪塔村建立了中共老圪塔党支部，崔皓辰任党支部书记，党员有王维岳、贾清谦、刘振宏等。1939年8月，沁水县工委派江地回中村任中村区区委书记，公开身份是区基干队指导员，中村区区长王维岳（中共党员）、区牺盟会秘书赵道源，他们积极宣传群众，组织抗日活动。不到两个月，在全区发展中共党员20多名，壮大了中村区党组织。

1939年12月1日，阎锡山与日军夹击晋西的抗日决死队和八路军，爆发了“十二月事变”，意在摧毁抗日民主政府和抗日群众团体，屠杀共产党员和进步分子。12月23日，沁水县“三青团”头目吉彦珍，在国民党陈铁第十四军的支持和怂恿下，纠集驻沁南张村约300多名暴徒，连夜从张村出发赶到中村，突袭抗日区

公所和牺盟会。区长王维岳冲出包围被打伤，其他人员均遭殴打，区牺盟会秘书赵道源脱险后到县汇报情况，区委书记江地组织基干队和中村游击队奋力还击，冲出包围后到翼城中心县委汇报。至此，中村区党组织遭到严重破坏，与上级党组织失去联系，大部分党员脱党失散。中共晋豫地委根据中央“长期埋伏，隐蔽精干，积蓄力量，以待时机”的指示，要求幸存者撤离，秘密隐蔽于各地，转入地下工作。

1943初，日军侵占中村地区，在张马村设立据点，推行“强化治安”，实行“三光政策”。为了组织发动群众抗日，中共沁南县委第一区分委委派工作员张春元（上海人，曾系历山大队队员）同志到中村做地下工作，秘密发展党员，重新建立党组织。同年1月15日，张春元介绍李长青秘密加入中国共产党，成为本村第一个共产党员。6月，牛永林、乔兴才相继入党，经中共沁南县委一区区分委批准，成立了中村党小组，李长青同志任党小组长。至此，中村村有了中共基层党组织。

二、中国共产党的组织建设

（一）抗日战争时期（1937.7—1945.8）

中共中村党小组于1943年6月成立。成立之初，党组织虽然初生稚嫩，力量和经验不足，又承受着国民党反动派的打压，但在抗击日寇入侵的伟大战斗中，按照党中央指示，积极宣传抗日主张，动员广大群众采取各种方式展开对敌斗争。充分发挥了基层党组织的领导核心和战斗堡垒作用。

（二）解放战争时期（1945.8—1949.9）

1945年9月至1947年6月，随着人民解放战争的不断推进，中村的党员队伍不断壮大，到1947年已有党员29人，分别是：李长青、牛永林、乔兴才、刘富义、刘清理、刘杰国、侯树智、侯迎交、李锦章、刘相傑、李长武、刘杰法、李瑞旭、刘清政、乔兴邦、李广明、李权林、杜日其、吉保政、乔莲英（女）、刘花基、陈秀英、徐振富、王书贵、刘相仕、侯树兴、李家昌、乔生旭、刘录基。1947年7月1日，经中共沁水县委第三区委同意，成立了中村村党支部，书记牛永林。

党支部建立后，带领群众贯彻中共中央制定的《中国土地法大纲》，积极实行土地改革，废除封建半封建性剥削的土地制度，实行耕者有其田的制度；组织发动群众参军参战，支援运城战役，支援临汾战役等，为解放战争的胜利作出一定贡献。此阶段先后发展丁长茂、刘杰汉、陈明珠、侯安荣、乔瑞英（女）、杜仲富、乔执元、武桂花（女）、刘培义、刘梅英（女）、侯兰英（女）、牛锡恩、王兴年、马如祥等14人加入党组织。至此，党员人数达到40人。

(三)社会主义改造和建设初期(1949.10—1966.5)

1949年10月1日中华人民共和国宣告成立,中国人民从此当家做主,一个封建半封建的旧中国开始迈向社会主义新社会。1952年11月至1958年2月,处于第一个五年计划建设时期。1951年12月,中共中央作出《关于实行精兵简政、增产节约、反对贪污、反对浪费、反对官僚主义的决定》,在全国开展"三反"运动;1953年2月,中共中央正式通过了《关于农业生产互助合作的决议》;1953年6月,毛泽东提出过渡时期总路线,即在10至15年内完成国家工业化和对农业、手工业、资本主义工商业的社会主义改造。党支部根据上级党委的部署,带领群众参加"三反"运动,进行社会主义"一化三改造"运动,领导群众开展生产互助,先后办起了初级农业合作社、高级农业生产合作社(即光明农业社)。在农业合作化高潮中,先后吸收张翠莲(女)、王秀花(女)、霍天柱、马孝善、侯安华、乔有田等6人加入党组织。

1958年8月,中共中央政治局扩大会议通过了《关于在农村建立人民公社问题的决议》,正式发动人民公社化运动。党支部按照上级要求,贯彻"鼓足干劲,力争上游,多快好省地建设社会主义"的总路线,参加人民公社化运动。期间,党支部吸收在生产运动中涌现出的女尖兵、女模范王秀英,王翠英加入了党的组织。

1961年3月,中共中央发布试行《农村人民公社工作条例》(即六十条),党支部认真贯彻落实,确立了人民公社"三级所有,队为基础"的体制,执行了"定额管理,评工记分,按劳取酬"的原则,农业生产得以恢复。1963年2月,中共中央决定在农村开展社会主义教育运动,进行"四清",即清理账目、清理仓库、清理财务、清理工分。1964年党中央倡导"农业学大寨"运动,党支部组织社员发扬自力更生、艰苦奋斗的精神,大搞农田水利建设,发展农业生产,社会各项事业有了新的发展。党支部先后吸收牛锡宝、祁志亮、李怀玉加入了党组织。

(四)"文革"时期(1966.5—1976.10)

1966年5月16日,中共中央发出《五·一六通知》,"文化大革命"开始。党支部在政治运动中也曾紧跟形势,使生产和经济发展受到一定影响,但也利用"抓革命,促生产"及"农业学大寨"运动,带领群众大搞治滩造地、修垵垒堰、平整土地、建设大寨田,因地制宜,发展林牧副各业。同时,认真贯彻党的"老中青三结合"组织路线,积极吸收优秀分子入党,增加党的新鲜血液。先后发展王小顺、李树繁、刘培兰(女)、杨安贵、侯有山、谭兴悟、左秋苗、刘培祥、刘锦元、乔吉合、李树深、刘元基等12人加入党组织。

1972年1月马孝善任支部书记。"文化大革命"进入中后期,党中央强调抓革命促生产,特别是邓小平复出后,强调要把国民经济搞上去。党支部抓住机遇,带领广大党员、干部和群众,打河坝14 760米,修建截潜流工程3处,发展果园、经济林230亩,使农业生产条件得到提高。

(五)社会主义现代化建设新时期(1976.10—2010.12)

1976年10月,党中央粉碎了王洪文、张春桥、江青、姚文元组成的“四人帮”反党集团。1977年8月中国共产党第十一次全国代表大会召开,华国锋宣告“文化大革命”结束。1978年12月,党的十一届三中全会决定,把全党工作的重点转移到社会主义现代化建设上来。党支部带领广大党员、干部解放思想,实事求是,扎扎实实发展经济。1982年, 全村实行家庭联产承包责任制, 土地承包到户。1983年,响应县委“绿化沁水”的号召,积极试办家庭林场,绿化宜林荒山。1984年起,带领群众兴办工商业,先后建起了泰盛铁厂、机砖厂、商贸市场等。

1985年为适应改革开放的形势,加之党员队伍的扩大,经中村镇党委批准,中村村成立党总支,马孝善任书记,下设农业、工业、商业、离退休干部4个支部,党的组织建设进入新阶段。

1986年至1991年上级党组织狠抓基层组织建设,开展多项竞赛活动,村党总支积极参与。1986年全市开展创“最佳党日活动”,村党总支夺得第一名,“最佳党日活动”流动金杯首落中村。1987年大兴安岭发生火灾,全体党员支援灾区,自愿捐款1325元。1988年全体党员帮助在老山前线作战的解放军战士李元斌维修危房。这些活动受到群众好评,受到上级表彰。1988年被市委表彰为“先进党组织”,1989年被表彰为“最佳党组织”,1990年马孝善受市委、县委表彰,并出席市委一届六次党员代表大会, 当选为省党代表,1991年2月出席中共山西省第六次代表大会。1991年4月山西省体改委授予“山西省农村改革红旗单位”称号。期间,李长玉、马拉拉、刘锦娥(女)、侯玉柱、尚章章、杨国文、王志汉、乔文科、刘培祥、刘瑞平(女)、李法刚、刘培成、侯琴琴(女)、刘小瑞(女)、刘永奎、谭兴年、侯张芳等26人加入党组织。

1992年李怀玉同志接任党总支书记,当年全村社会总产值超千万元,村民人均收入达到1300元,跨入了市、县首批小康村行列。被市、县、镇评为“小康村”、“文明示范村”;省委、省政府授予“千万元村”称号。1992年邓小平南方谈话打破了国人的精神枷锁,“三个有利于”助推社会主义现代化建设突飞猛进。中村的经济和社会发展也驶上快车道。先后兴建了中冶煤矿、机砖轮窑、型煤厂、铸造厂、育英幼儿园、农民住宅小区、历山农民市场、老年活动室、图书室、歌舞厅等。党的组织建设取得新进步,党总支先后被省、市、县授予“十佳基层党组织”、“党建先进村”、“红旗党总支”等光荣称号。党总支书记李怀玉被市、县委授予“十佳思想政治工作者”、“优秀共产党员”、“劳动模范”称号,被选为市、县人大代表。一批年富力强的改革开放带头人郑芳、左忠忠、吉怀铁、席香香(女)、祁业瑞、王小花(女)、王社香(女)、赵洪理、李高海等9人加入党组织。

2002年8月以来，村党总支按照上级党委部署，先后进行了两次换届选举，郑芳同志连任党总支书记。进入新世纪以来，党总支努力践行“三个代表”重要思想，以科学发展观为统领，与时俱进谋发展，调整产业促增收，同心共建宽裕型小康村，2007年全村经济总收入达到6837万元，人均纯收入达到3700元，成为省、市、县新农村建设的试点村、推进村。2008年，党总支集中民智，争先发展，把民生工程作为重点，先后完成兴学育人工程、村镇绿化工程、农民休闲文化绿色长廊工程、环村公路及巷道硬化工程、移民住宅小区工程、街巷道亮化工程、农民洗浴健康工程、秸秆气化工程、农民医疗养老保障工程等。

2002年以来，党总支先后被省司法厅、省市精神文明委、市委、市政府、市综治委、市妇联、县委授予“文明村”、“安全文明村”、省、市“优秀人民调解委员”、“文明村标兵”、“巾帼文明示范村”、“山西省精神文明建设先进村”、“先进基层党组织”、“五个好基层党组织”等多项光荣称号。党总支书记郑芳荣获“优秀共产党员”、“优秀党务工作者”、“优秀村干部”、“优秀农村党支部书记”、“优秀人民代表”等光荣称号。

党总支在发展党员工作中，积极培养入党对象，把符合条件的同志及时吸收到组织内，先后有刘拉娥(女)、杨娜(女)、谭岩、李忠生、侯小章、李芳芳、马锁妮等17人入党。2003年撤村并组后，上凹、小河弯14名党员(上凹8人、小河弯6人)组织关系转入中村党总支，2005年涧河支部13名党员转入中村党总支，截止2010年底，有离退休干部、退任军人50多名党员的组织关系转回中村党总支，党员人数达到124名。

附1:历任支委领导成员名录

第一任支部书记:牛永林(1947.7—1952.10)
支　　　　　委:刘杰法　乔兴才　徐振富　乔兴邦
第二任支部书记:马如祥(1952.11—1958.2)
支　　　　　委:牛永林　乔兴才　刘杰法　乔莲英(女)
第三任支部书记:王兴年(1958.3—1958.9)
支　　　　　委:马如祥　牛永林　马孝善　乔兴才
　　　　　　　　陈秀英(女)　侯安荣
第四任支部书记:刘培义(1958.10—1960.1)
副　　书　　记:刘杰汉
支　　　　　委:马如祥　乔兴才　马孝善　陈秀英(女)
　　　　　　　　李家昌　乔执元

第五任支部书记：马如祥（1960.2—1961.3）
副　　书　　记：刘杰汉
支　　　　　委：乔兴才　马孝善　陈秀英（女）　李家昌　乔执元
第六任支部书记：刘培义（1961.4—1966.11）
副　　书　　记：刘杰汉
支　　　　　委：马孝善　乔执元　乔兴才　马如祥　陈秀英（女）
第七任支部书记：刘杰汉（1966.12—1970.3）
支　　　　　委：乔执元　乔兴才　侯安华　张翠莲（女）　李家昌
第八任支部书记：刘培义（1970.4—1971.12）
支　　　　　委：马孝善　刘杰汉　侯迎交　乔执元　王小顺　牛锡宝
第九任（总）支部书记：马孝善（1972.1—1992.12）
副　　书　　记：乔执元（1972—1973）
李怀玉（1974—1975）
李法刚（1976—1977）
霍明明（1978—1992.12）
支　　　　　委：刘培义（1972.1—1983）
刘杰汉（1972.1—1973）
侯迎交（1972.1—1973）
刘培兰（女，1972.1—1972.12）
王小顺（1972.1—1977）
谭兴悟（1972.1—1979）
（1984—1992）
牛锡宝（1972.1—1977）
刘培祥（1973—1992）
陈秀英（女，1973—1979）
左秋苗（1973—1973）
霍明明（1974—1977）
尚章章（1974—1974）
祁志亮（1974—1976）
乔执元（1974—1975）
杨安贵（1975—1977）
侯芳芳（1975—1975）
侯玉柱（1975—1978）
刘铭祥（1976—1976）

刘瑞平(女,1976—1976)
乔兴才(1977—1983)
李树繁(1977—1979)
李法刚(1978—1979)
杨国文(1978—1979)
侯玉柱(1980—1982)
张翠莲(女,1980—1982)
刘虎虎(1983—1992.12)

第十任(总)支部书记:李怀玉(1993.1—2002.8)
副　　书　　记:霍明明　郑　芳(2001.9—2002.8)
支　　　　　委:刘培祥　刘虎虎　马孝善　谭兴悟

第十一任(总)支部书记:郑　芳(2002.8—2010.12)
副　　书　　记:霍明明(2002.8—2005.12)
刘虎虎(2002.8—2010.12)
王本高(2002.8—2005.12)
李忠忠(2006.1—2010.12)
支　　　　　委:赵锁柱(2002.8—2005.12)
刘小瑞(女,2002.8—2010.12)
刘其锁(2006.1—2010.12)
李忠生(2009.1—2010.12)
刘玉良(2009.1—2010.12)

附录:

2010年12月30日中村村党总支党员花名表

姓　名	性　别	出生年月	文化程度	民　族	入党时间	正式和预备
郑　芳	男	1962.11.27	大专	汉	1994.05.18	正
王本高	男	1948.11.13	初中	汉	1996.07.11	正
李树奇	男	1944.08.01	初中	汉	1982.12.24	正
李建国	男	1957.04.18	高中	汉	1986.06.20	正
马锁妮	女	1962.11.20	初中	汉	2007.10.10	正
李芳芳	男	1970.04.14	初中	汉	2007.10.10	正
郭明瑞	男	1951.05.20	初中	汉	1973.11.09	正
席国兴	男	1982.04.27	大专	汉	2008.09.21	正

姓　名	性　别	出生年月	文化程度	民　族	入党时间	正式和预备
乔永隆	男	1964.07.15	高中	汉	2008.09.21	正
郭保元	男	1960.06.28	初中	汉	1999.07.01	正
郭永兵	男	1967.10.16	高中	汉	1995.07.01	正
马锁兵	男	1969.12.14	高中	汉	1991.06.25	正
张同政	男	1954.10.12	高中	汉	1974.02.05	正
张洪奎	男	1944.11.20	初中	汉	1971.07.01	正
杨　娜	女	1973.09.14	初中	汉	2002.07.10	正
张洪旗	男	1961.08.12	高中	汉	1990.07.08	正
刘玉良	男	1967.08.26	初中	汉	2000.07.10	正
侯张芳	男	1951.10.16	初中	汉	1991.11.20	正
吉怀铁	男	1962.09.07	初中	汉	1992.06.10	正
王小花	女	1955.11.22	初中	汉	1993.09.10	正
刘永奎	男	1955.03.13	小学	汉	1990.11.10	正
王封祥	男	1954.06.21	初中	汉	1976.10.10	正
席香香	女	1954.04.23	小学	汉	1995.10.20	正
刘锦娥	女	1949.10.06	初中	汉	1972.05.16	正
马拉拉	男	1949.12.26	小学	汉	1972.07.01	正
左秋苗	男	1945.10.16	小学	汉	1971.07.01	正
马秀兰	女	1944.05.24	初中	汉	1964.09.10	正
李忠忠	男	1968.03.09	高中	汉	1989.02.26	正
刘洪义	男	1952.11.16	初中	汉	1988.10.10	正
侯兰英	女	1930.08.26	小学	汉	1949.07.01	正
刘小瑞	女	1958.03.26	中专	汉	1988.10.18	正
王翠英	女	1932.05.05	小学	汉	1955.07.01	正
王秀英	女	1936.12.18	小学	汉	1955.10.01	正
王社香	女	1955.10.15	初中	汉	1955.09.10	正
谭兴年	男	1947.02.21	初中	汉	1990.11.16	正
王炳兰	女	1942.12.09	中专	汉	1993.06.03	正
王小顺	男	1945.10.25	小学	汉	1970.10.10	正
李树深	男	1934.01.02	小学	汉	1971.04.10	正
张洪华	男	1951.09.02	初中	汉	1976.07.01	正
芮树秀	男	1940.08.28	小学	汉	1971.04.10	正
芮树丰	男	1933.03.03	小学	汉	1958.10.18	正
秦永才	男	1948.10.26	小学	汉	1978.12.10	正

姓 名	性 别	出生年月	文化程度	民 族	入党时间	正式和预备
秦永贤	男	1949.09.30	高中	汉	1972.02.01	正
吕怀富	男	1951.03.30	小学	汉	1970.07.01	正
蔡义城	男	1943.11.14	初中	汉	1970.04.10	正
王秀娥	女	1937.08.12	初中	汉	1959.07.01	正
郑魁榜	男	1931.08.07	初中	汉	1948.07.01	正
侯封德	男	1941.11.03	中专	汉	1981.02.14	正
杨作银	男	1943.04.05	小学	汉	1965.11.20	正
王国龙	男	1941.05.07	初中	汉	1979.09.01	正
白连云	男	1938.09.30	初中	汉	1962.06.10	正
褚 珍	女	1938.07.22	小学	汉	1955.10.10	正
牛文章	男	1947.08.15	大专	汉	1984.04.12	正
乔克军	男	1962.10.26	高中	汉	1985.05.10	正
侯富生	男	1942.06.09	初中	汉	1974.07.01	正
秦桂英	女	1941.07.01	小学	汉	1960.11.10	正
郑洪智	男	1943.11.15	初中	汉	1969.07.01	正
郑魁炳	男	1937.05.04	中专	汉	1970.08.01	正
王世珍	男	1942.01.19	初中	汉	1985.07.01	正
韩永祥	男	1937.04.16	中专	汉	1962.04.10	正
侯雪英	女	1948.07.01	中专	汉	1984.06.10	正
刘相才	男	1938.10.04	中专	汉	1970.05.10	正
王奎杰	男	1941.06.06	中专	汉	1986.06.10	正
杨春福	男	1943.05.07	初中	汉	1965.06.10	正
李家鹤	男	1940.10.26	中专	汉	1966.02.26	正
侯芳芳	男	1949.03.21	初中	汉	1968.10.01	正
侯松林	男	1949.09.28	高中	汉	1985.07.01	正
马路生	男	1977.09.01	高中	汉	1996.07.01	正
李法刚	男	1949.05.02	初中	汉	1975.07.01	正
王永贵	男	1963.08.18	初中	汉	1995.07.10	正
刘王峰	男	1981.10.14	初中	汉	2005.10.10	正
杨志英	女	1954.10.17	高中	汉	1990.04.01	正
谭学悟	男	1944.07.22	初中	汉	1982.07.20	正
芮鹏军	男	1984.09.28	高中	汉	2007.10.16	正
蔡仁章	男	1966.03.20	高中	汉	1995.07.01	正
王建业	男	1961.08.29	初中	汉	1984.01.20	正

姓 名	性 别	出生年月	文化程度	民 族	入党时间	正式和预备
王封洪	男	1942.01.04	初中	汉	1979.07.10	正
刘锦元	男	1941.08.01	初中	汉	1971.04.03	正
乔克玉	男	1954.09.19	初中	汉	1976.03.01	正
李高海	男	1959.10.19	初中	汉	1996.11.10	正
刘雪娥	女	1960.05.06	初中	汉	1988.10.20	正
乔小亚	男	1956.04.21	高中	汉	1988.10.10	正
尚力进	男	1964.09.27	初中	汉	1987.09.10	正
侯小章	男	1976.05.03	初中	汉	2007.10.10	正
李忠生	男	1974.02.12	初中	汉	2006.04.11	正
刘二虎	男	1962.10.03	初中	汉	1986.06.20	正
赵锁柱	男	1961.06.19	初中	汉	1993.09.10	正
祁业瑞	女	1955.12.12	初中	汉	1993.09.10	正
李孔云	男	1977.02.02	初中	汉	2002.05.06	正
刘虎虎	男	1954.10.02	中专	汉	1977.07.01	正
谭 岩	男	1978.09.13	大专	汉	2005.07.13	正
霍明明	男	1949.12.05	初中	汉	1968.10.20	正
乔拽怀	男	1961.02.13	高中	汉	1986.06.20	正
侯玉忠	男	1961.10.27	初中	汉	1991.06.25	正
褚建林	男	1967.11.14	高中	汉	1990.11.26	正
侯跃芳	男	1959.10.16	高中	汉	1986.06.20	正
谭书田	男	1962.09.08	初中	汉	1985.08.10	正
左忠忠	男	1971.05.06	初中	汉	1992.06.10	正
李广政	男	1971.03.17	小学	汉	1991.12.20	正
刘其锁	男	1952.04.27	初中	汉	1973.11.16	正
牛文元	男	1945.10.23	初中	汉	1986.06.10	正
王志汉	男	1943.07.25	初中	汉	1973.06.26	正
杨国文	男	1950.05.17	初中	汉	1973.07.10	正
谭兴悟	男	1950.03.18	初中	汉	1971.04.03	正
刘拉娥	女	1968.05.20	高中	汉	2002.10.10	正
王书娥	女	1958.03.12	初中	汉	1999.10.20	正
吕锁银	男	1963.02.21	高中	汉	1983.07.01	正
吕坤银	男	1963.02.21	初中	汉	2000.07.01	正
孙孝武	男	1954.04.14	初中	汉	1990.07.10	正
陈四红	男	1964.04.14	初中	汉	2001.12.03	正

姓　名	性　别	出生年月	文化程度	民　族	入党时间	正式和预备
刘培刚	男	1955.02.07	初中	汉	1992.07.10	正
杜敬生	男	1941.10.02	初中	汉	1972.09.30	正
刘锦社	男	1955.11.24	初中	汉	1998.07.10	正
李刘怀	男	1950.12.06	初中	汉	1970.07.19	正
马　龙	男	1957.04.05	小学	汉	1978.07.10	正
王富兴	男	1944.05.06	初中	汉	1967.06.07	正
侯俊义	男	1980.05.11	初中	汉	2002.10.01	正
郭　超	男	1986.05.14	大专	汉	2008.11.10	正
侯富银	男	1949.02.06	高中	汉	1969.10.01	正
刘发旺	男	1946.12.08	初中	汉	1986.05.15	正
王冬叶	女	1972.01.01	初中	汉	2009.9.16	正
刘冬生	男	1968.12.17	初中	汉	2009.9.16	正
杨海庭	男	1986.4.26	大专	汉	2009.6.21	正
乔军科	男	1965.6.16	初中	汉	2010.10.21	预
侯安武	男	1944.01.27	初中	汉	1972.02.10	正(失踪)

2010年12月30日前去世党员花名表

姓　名	性　别	文化程度	出生年月	入党时间	逝世时间	生前担任职务
侯安荣	男	小学	1917.7	1948.2	1961	支委
杜日期	男	小学		1945	1961	
王书贵	男	小学		1947	1966	社长
李权林	男	小学		1945	1966	
牛永林	男	小学	1912	1943.3	1967	社长书记
马如祥	男	小学	1917	1950	1968	社长书记主任
李瑞旭	男	小学	1900.2	1945	1970	社长
乔有田	男	小学	1924	1960.12.19	1971	队长
刘清理	男	小学	1899	1944.2	1972	
刘富义	男	小学	1913	1944	1972	
刘花基	男	小学	1909	1946.7	1972	农会组长
李家昌	男	小学	1918	1947.7	1973	副社长支委
刘杰法	男	小学	1911	1945.5	1974	农会主任
陈明珠	男	小学	1917	1948	1975	队长
刘相杰	男	小学	1913	1945	1976	
李长武	男	小学	1912	1945	1976	

姓 名	性 别	文化程度	出生年月	入党时间	逝世时间	生前担任职务
霍天柱	男	小学	1929	1955	1978	队长
李长青	男	小学	1900.9	1943.7	1980	党小组长农会常委
侯迎交	男	小学	1915	1945	1981	农会常委支委
李锦章	男	小学	1920.6	1945.2	1981	队长
杨安贵	男	小学	1928	1971.4	1981	队长支委
侯树兴	男	小学	1927.1	1947.6	1983	队长
乔执元	男	初小	1926.12	1949.3.4	1983	副书记
乔文科	男	初小	1924.7	1974.4.7	1983	队长
王秀花	女	初小	1934.5	1955.2	1984	妇会主席团支书
刘相仕	男	初小	1917.3	1947.6	1986	
刘树棣	男	初小	1916.1	1948	1986	
王兴年	男	初小	1923.3	1950.2.13	1987	农会主任书记
牛锡宝	男	初小	1922.12	1960.4.10	1987	农会常委主任支委
杜仲富	男	初小	1917.7	1949.4	1987	
乔兴才	男	小学	1927.11	1943.3.15	1988	农会常委主任
乔莲英	女	小学	1923.3	1946.6	1989	农会常委
李长玉	男	初小	1935.6	1972.3.24	1991	队长
刘培成	男	初小	1929.8	1976.7.1	1991	队长
侯安华	男	小学	1929.5	1956.6.9	1992	支委
靳秉乾	男	初小	1913.3	1941.5	1992	
柳振邦	男	初小	1931.1	1957.2	1993	
谭效云	男	初小	1938.9	1961.5	1995	
祁志亮	男	初小	1933.5	1960.12	1997	支委
丁长茂	男	初小	1930.12	1947.7	1997	
刘杰汉	男	初小	1926.1	1949.9	1998	书记主任
张翠莲	女	小学	1933.8	1954.1	1998	妇会主任支委
乔瑞英	女	小学	1922	1948.4	1998	农会常委
刘元基	男	小学	1927.2	1971.4	1998	
刘安基	男	初小	1927.3	1948.8	1998	
丁广录	男	初小	1929.6	1950.1	2000	
牛锡恩	男	小学	1920.11	1949.6	2000	
侯树智	男	小学	1926.6	1944.6	2001	社长
李广明	男	小学	1925.4	1945.3	2001	农会主任团支书
马成虎	男	初中	1951.11	1983.7	2001	

姓　名	性　别	文化程度	出生年月	入党时间	逝世时间	生前担任职务
刘杰周	男	小学	1927.7	1947.7	2001	
刘培义	男	初小	1925.1	1949.2	2002	书记
刘录基	男	初小	1917.6	1947.1	2002	
武桂英	女	小学	1928.6	1949.3	2002	
李树繁	男	小学	1925.11	1971.7	2003	
马孝善	男	小学	1932.9	1956.9	2004	副主任主任支部书记
郑进才	男	小学	1930.3	1953.11	2004	
李怀玉	男	中专	1944.6	1966.3	2004	
乔吉合	男	小学	1939.11	1971.4	2006	队长
侯玉柱	男	小学	1937.2.8	1972.9.1	2007	队长
谭怀章	男	小学			2007	
陈秀英	女	小学	1927.5.9	1946.5	2007	妇会主任
樊清政	男	小学			2007	
郑德如	男	中专	1938.11	1984.7	2007	教员
刘培祥	男	中专	1945.10.2	1971.7.1	2008	主任
韩振伟	男	初中	1953.8	1975.4	2008	
李胜林	男	初中	1932.7.6	1960.8.1	2009	
郝来义	男	小学	1937.7	1960.6	2009	
刘梅英	女	小学	1924.3.8	1949.7.24	2009	
霍瑞英	女	初中	1934.4.5	1971.7.1	2010	

三、党的思想建设

党的思想建设是党的建设的重要组成部分，是党的各项建设的基础和保证。思想建设的实质是坚持马克思主义的思想领导，保持全党在思想上、政治上的高度一致性及党的共产主义纯洁性。自1943年7月中村党小组成立起，中村党组织在上级党委的领导下，始终坚持把党的思想建设放在首位。党组织建立初期，在沁南县委秘密领导下，组织党员积极参加培训班，提高全体党员的思想认识，树立“抗日必胜”的信心，并且发动群众、鼓舞群众、组织群众投入到抗日战争中，直到取得抗战胜利。1947年7月中村党支部成立，党组织的战斗堡垒作用和领导核心作用得到充分发挥，支部把组织党员学习作为思想建设的重要环节，按照上级部署认真执行，学习毛泽东在中共七届二中全会上的讲话，拿起批评与自我批评的武器，改掉不良作风，保持优良作风，全体党员勇敢挑起建设新中国的重任。

新中国成立后，村党支部组织党员及农、青、妇、民兵等，参加了县委举办的各类培训班，结合扫盲，学文化、学党史、上党课。1953年至1954年，开展了党在过渡时期的总路线教育和互助合作教育，学习中共中央《关于发展农业生产合作社的决议》和《党在过渡时期的总路线》；1955年，农业合作化高潮时，认真学习党的八大文件及如何解决人民内部矛盾问题；针对1957年夏季的形势，学习了有关开展反“右”斗争的文件；1958年，进行了以“鼓足干劲，力争上游，多快好省地建设社会主义” 总路线宣传教育及社会主义性质和共产主义思想教育；1959年至1961年，学习中央各项政策，反右倾，鼓干劲；1962年秋，全党学习八届十中全会公报，坚决巩固集体经济，发展农业生产，抵制单干现象；同时学习了刘少奇《论共产党员的修养》；1964年至1966年，全党全国开展大学毛主席著作运动，全大队编为10个学“毛著”小组，同时，党支部结合农村社教，进行了“清政治、清经济、清组织、清思想”运动；1966年，“文化大革命”开始，1967年党支部受到冲击，党的组织活动无法正常开展；1971年至1973年，党员教育以党的“基本路线”为纲，开展“批林整风”、“批林批孔”运动；1974年至1975年，学习“无产阶级专政下继续革命的理论”。

1979年，中共十一届三中全会后，全村党员干部都参加了县、社举办的党员培训班，参加了“实践是检验真理的唯一标准”大讨论，认真领会解放思想，实事求是，团结一致向前看的精神实质；1981年，全体党员认真学习了《关于党的若干历史问题的决议》，把思想统一到中央决议上；1986年按照县委、镇党委指示，村党总支开展了全面整党，针对党员队伍中存在的“辛辛苦苦三十年，一夜退到解放前”、“土地下了户，不要党支部”的认识分歧，认真学习中央文件，学习农村改革的一系列文件，以“一个中心，两个基本点”的基本路线和邓小平建设有中国特色社会主义理论教育党员，统一了思想，明确了方向；1987年至1989年，党的思想建设以学习十三大报告和社会主义初级阶段理论为重点，继续引深坚持四项基本原则的教育，坚持反对资产阶级自由化；1992年，中共十四大召开，开展了建设有中国特色社会主义的思想教育；2001年，全体党员开展了“三个代表”重要思想的理论学习，认真践行“三个代表”；2002年至2004年掀起了学习党的十六大热潮，开展了“三讲”（讲政治、讲学习、讲正气）“两思”（致富思源、富而思进）教育，增强了党的凝聚力和战斗力；2005年，党总支根据县委安排，在全体党员中开展了保持共产党员的先进性教育活动，使全体党员接受了一次全面的系统的党的教育，党员思想进一步统一到建设社会主义小康社会上来。

2007年，村党总支以贯彻党的十七大精神为中心，采取多种形式积极组织党员干部认真学习十七大报告，深刻领会十七大精神实质，坚持以科学发展观统领全村工作；2009年，在全体党员中组织开展了深入学习科学发展观实践活动，坚持解放思想、突出实践创新、贯彻群众路线、正面教育为主的原则，活动达到了总体要求，广大党员受到了教育，科学发展上了新水平，人民群众得到了新实惠；2010年，开展了“创先争优”和“创建学习型党组织”活动。

通过坚持不懈地加强党的思想建设，中村党总支的凝聚力、战斗力、号召力进一步增强，党员队伍整体素质不断提高，为中村的全面发展提供了坚强的组织保障。

四、组织制度建设

（一）党日活动制度

1.每月三日为党日活动日，每次活动不得少于3小时。

2.每次党日活动要坚持上党课，开好总支委员会、总支大会、支部会、党小组生活会，同时组织党员每年利用党日活动为群众办一至两件实事，好事。

3.党员必须在总支规定的时间内按时参加活动，一年中无故不到一至二次者给予批评，三次以上者取消优秀党员资格，连续三次不参加者经支部大会讨论予以除名，确实因老、弱、病、残缺勤者，由支部派专人上门补课。

4.长期在外经商务工的党员，至少每季向支部全面汇报一次，半年回支部参加一次活动，既不汇报也不参加者，按第三款处理。

5.党日活动的内容，要紧紧围绕党的中心工作和党章要求来进行，并要切合实际认真开展学雷锋树新风，干部建功立业，党员回答，双文明评比四项活动。

（二）党员议事制度

1.议事目的：主要是实现领导决策民主化、科学化，使每个党员动脑筋，献良策，把本村的各项事情办好。

2.议事方法：（1）定期不定期召开党员大会。（2）党员代表参加总支委员会和党政联席会。（3）对因多种原因未能召开党员大会的，可由总支委员会分别征求党员意见，然后召开总支委员会，再做出科学决策。

3.议事内容：（1）讨论本村落实完成上级分配给任务的具体措施和方案。（2）就党总支的建设工作提出合理化意见并形成改进的方法。（3）讨论本村经济发展长远规划和年度工作计划。（4）对土地管理、村镇规划、计划生育、资金使用、优抚扶贫等工作，通过议事得到合理解决。

（三）党内民主生活会制度

1.每月以支部或党小组进行一次民主生活会，党员领导干部要以普通党员身份参加，不准搞特殊。

2.民主生活会的内容要提前通知每个党员，使每个党员有充分的准备，会议中心议题要突出，每次会议要解决一至两个实际问题。

3.民主生活会的程序要在同志式的气氛中进行，每个党员要以党性原则为重，围绕中心议题，联系个人实际，互相交心通气，认真开展批评与自我批评，要敢于暴露自己的思想弱点和错误，批评别人要实事求是以诚相见。

4.对生活会上暴露出的问题，党支部要分清主次，找出存在问题的原因，制定出整改措施，对受到批评的党员，要做耐心的思想工作，帮助其及时改正，做个合格的共产党员。

5.党员连续三个月不参加组织生活会者，经总支大会讨论予以除名。

（四）民主评议党员制度

1.民主评议党员每半年评议一次，年终实行总评。

2.民主评议党员，由党支部统一组织实施，每次评议之前，要求每个党员演讲，个人讲大家评，填写记分，分项记分总结结果，归档存案。

3.民主评议党员要把党员目标化管理作为主要内容，党员和领导干部参加双重生活会记载，党员每月、每季的思想工作，学习情况，生活会记录都要作为评议依据。

4.民主评议党员要积极开展批评与自我批评，并保持评议严肃认真，生动活泼气氛。

5. 民主评议党员最后得分在60分以下者为不合格党员，总支给予黄牌警告，本人写出书面检查，限期改正。限期内仍不改正者，总支进行劝退和除名，必要的还要给予纪律处分。得分在60—80分为合格党员，得分在90分以上者，由总支授予优秀党员称号。

（五）党内政治生活若干准则

1.坚持党的政治路线和思想路线。

2.坚持集体领导，反对个人专断。

3.维护党的集中统一，严格遵守党的纪律。

4.坚持党性，杜绝派性。

5.发扬党内民主，正确对待不同意见。

6.保障党员的权利不受侵犯。

7.选举要充分体现选举人意志。

8.敢于同错误倾向和坏人坏事作斗争。

9.要讲真活，言行一致。

10.正确对待犯错误的同志。

11.接受党和群众的监督，不搞特权或以权谋私。

12.努力学习，提高自身素质。

(六)党员联户制度

1.党员联户的形式:(1)个体联户,党员要根据自身特点,联系一户或几户村民。(2)分组联户,文化水平低的党员可以组成联户小组,集体联系几户。

2.党员联户的内容:(1)帮贫致富。(2)遵纪守法。(3)计划生育。

3.党员联户的方法:(1)传经带路作示范,党员把自己闯市场致富经验传给联系户。(2)当家理事搞身教,党员以"主人"的身份,积极为联系户出主意想办法。(3)排忧解难办实事,党员为联系户对象解决一些实际困难,收到好的效果。

4.党员联户一般以自愿为基础,对于政治、经济或其它方面有严重问题以及老、弱、病、残的党员,不安排联户任务。

(七)党员目标管理

1.目标要求:(100 分、每条 20 分)。

(1)履行党章规定的权利和义务,不做特殊党员。

(2)积极参加"党支部建设活动日"各项活动,不迟到早退。

(3)发展商品生产有方、有效,起到带头作用。

(4)开展"五个一"活动,即:掌握一门商品生产新技术联系一个致富门路;开发一项商品生产项目;提供一项商品生产信息;帮联一户贫困户;一年内脱贫。

(5)遵纪守法,自觉参加小组生活会。

2.管理办法:

(1)成立考评领导组,实行百分考核制。

(2)采取经常性考核和阶段性考核相结合的办法,每季小评一次,半年初评一次,年终总评。

(3)建立健全各种考核登记簿,年终根据登记进行总结。

(4)年终得分在 60 分以下者,给予批评,60 至 80 分不奖不罚,80 至 90 分为二等奖,90 分以上者为一等奖,并授予"优秀党员"称号和一定物质奖励。

(八)党员目标管理考核内容

1.宣传贯彻党的路线、方针、政策(15 分)。

(1)宣传、贯彻党的各项方针、政策,在一定范围内做到家喻户晓,人人皆知(5 分)。

(2)加强政治理论和业务技术学习,并有学习笔记(4 分)。

(3)模范执行土地政策、林业政策、计划生育政策(6 分)。

2.执行党的纪律(11 分)。

(1)廉洁奉公,不谋私利,不贪集体便宜(5 分)。

(2)按时参加党日活动及党的会议,按时交纳党费(6 分)。

3.加强党的团结,维护社会治安(11 分)。

(1)维护大局,增加团结,不说不利于团结的话,不做不利于团结的事(3分)。

(2)自觉遵纪守法,不参加赌博,不搞封建迷信,不传淫秽书画(6分)。

(3)敢于同损害党和人民利益的思想和行为作斗争(2分)。

4.完成本职工作(42分)。

(1)积极开展创建文明户活动,当年被评为文明户(5分)。

(2)带头勤劳致富,家庭人均收入600元以上(6分)。

(3)带头种好责任田,产量达中上水平(6分)。

(4)带头完成农建任务和平时分配的各项任务(4分)。

(5)带头搞好科学种田,科学示范(4分)。

(6)带头完成粮食、油料定购、议购任务(4分)。

(7)带头交纳农业税、各项提留(4分)。

(8)带头参加各项公益活动(4分)。

(9)党员包户,保证当年达到一定的水平(5分)。

5.开展学雷锋办好事活动,每月不少于一次(6分)。

6.移风易俗,勤俭办事,不大办婚丧嫁娶,不过满月,祝寿(5分)。

7.领导干部做好本职工作,党员群众每月做一件好事(6分)。

8.积极参政议政,多提合理化建议(4分)。

五、驻中村上级中共党组织及领导

(一)抗日战争时期(1937年7月—1945年8月)

(1)中共沁水县第三区(中村)分委:(1939年3月—1939年12月)

书　记:待　查(1939.3—1939.8)

李唯奇(1939.9—1939.10)

江　地(1939.11—1939.12)

(2)中共沁(水)南县第一区(中村地区)分委:(1942年2月—1944年5月)

书　记:李永茂(1943.5—1945.1)

常子章(1945.1—1945.6)

杨和畅(1945.7—1945.8)

副书记:李　立(1945.6—1945.7)

王　毅(女,945.7—1945.8)

(二)解放战争时期(1945年8月—1949年9月)

(1)中共沁水(南)县第一区分委:(1945年8月—1947年7月)

书　记:杨和畅(1945.8—1947.7)

副书记:王　毅(女,1945.8—1946.1)

王朝宝(1946.1—1946.8)

(2)中共沁水县第三区分委:(1947年7月—1949年9月)

书　记:杨和畅(1947.7—1948.2)

郭世恒(1948.2—1949.1)

副书记:张法歧(1947.7—1949.3)

张得惠(代,1949.1—1949.9)

(三)基本完成社会主义改造和全面建设社会主义时期(1949年10月—1966年5月)

(1)中共沁水县第三区分委:(1949年10月—1950年2月)

书　记:(未配备)

副书记:张得惠(主持工作,1949.10—1950.2)

(2)中共沁水县第二区分委(区委)(1950年2月—1954年11月)

书　记:董恒礼(1950.2—1951.2)

裴龙德(1951.2—1952.12)

王振兴(1953.1—1953.8)

张道宏(1953.8—1954.4)

副书记:张得惠(1950.2—1950.10)

裴龙德(1950.10—1952.4)

张道宏(1952.12—1954.30

阎志宏(1953.5—1954.11)

董振义(1953.8—1954.6)

(3)中共沁水县中村区委员会(1954年11月—1956年3月)

书　记:(未配备)

副书记:阎志宏(1954.11—1956.3)

李焕文(1954.11—1956.3)

(4)中共沁水县中村乡总支委员会(党委)(1956年3月—1958年3月)

书　记:张秀龙(1956.3—1956.9)

李焕文(1957.3—1958.3)

副书记:谭智悟(1956.3—1958.3)

(5)中共沁水县中村乡委员会(1958年3月—1958年9月)

书　记:任佳才(1958.3—1958.9)

副书记:王德富(1958.3—1958.9)

谭智悟(1958.3—1958.9)

(6)中共沁水县上游人民公社委员会(1958年9月—1958年10月)

书　记:任佳才(1958.9—1958.10)
副书记:韩佩珍(1958.9—1958.10)
　　　樊仲礼(1958.9—1958.10)
(7)划归阳城县时的中共上游人民公社委员会(1958年11月—1959年9月)
书　记:任佳才(1958.11—1959.9)
副书记:樊仲礼(1958.11—1959.9)
　　　傅明太(1959.3—1959.4)
　　　刘万均(1959.4—1959.9)
(8)中共沁水县上游人民公社委员会(1959年10月—1960年8月)
书　记:任佳才(1959.10—1960.7)
　　　李歧鸣(1960.7—1960.8)
副书记:樊仲礼(1959.10—1960.4)
　　　刘万均(1959.10—1960.8)
(9)中共沁水县中村人民公社委员会(1960年8月—1966年5月)
书　记:李歧鸣(1960.8—1961.4)
　　　宋福堂(1961.4—1963.6)
　　　王廷理(1963.7—1964.11)
　　　商修德(代1964.11—1965.9)
　　　田友义(1965.9—1966.5)
副书记:韩佩珍(1960.8—1961.2)
　　　刘万均(1960.8—1962.5)
　　　席洪武(1963.2—1964.5)
(四)"文化大革命"时期(1966年5月—1976年10月)
(1)中共沁水县中村人民公社委员会(1966年5月—1967年3月)
书　记:田友义(1966.5—1967.3)
副书记:段玉山(1966.5—1967.3)
(2)中共沁水县中村人民公社核心小组(1967年3月—1971年1月)
组　长:田友义(1967.7—1969.8)
　　　窦锦深(1969.8—1971.1)
副组长:窦锦深(1967.3—1969.8)
　　　侯汝珍(1967.7—1969.7)
(3)中共沁水县中村人民公社委员会(1971年1月—1976年10月)
书　记:常振英(1971.1—1976.10)
副书记:赵纯孝(1971.1—1973.10)

陈洪斌(1973.3—1974.10)
张国忠(1973.4—1976.10)
赵纯孝(1976.2—1976.10)

(五)社会主义现代化建设新时期(1976年10月—2010.12)

(1)中共沁水县中村人民公社委员会(1976年10月—1984年5月)

书　记:常振英(1976.10—1977.4)
侯超堂(1977.4—1979.3)
郭锦元(1979.3—1982.2)
王秀章(1982.9—1984.5)

副书记:张国忠(1976.10—1977.9)
赵纯孝(1976.10—1976.12)
牛生贵(1979.9—1980.9)
王秀章(1980.11—1982.9)
王贵朝(1980.11—1982.6)
郑兴军(1982.9—1984.2)
郑　梁(1982.4—1984.2)
郑　和(1984.1—1984.5)
樊清祥(1984.2—1984.5)

(2)中共沁水县中村镇委员会(1984年5月—1987年10月)

书　记:王秀章(1984.5—1987.10)

副书记:樊清祥(1984.5—1987.3)
郑　和(1984.5—1987.10)

(3)中共沁水县中村镇委员会(1987年10月—2010年12月)

书　记:王秀章(1987.10—1989.8)
潘庆云(1989.8—1995.4)
丁李伟(1995.4—1999.1)
李二民(1999.12—002.4)
谭爱国(2002.4—2009.1)
张广建(2009.1—2010.12)

副书记:郑　和(1987.10—1989.10)
樊清祥(1987.10—1989.10)
郝国强(1989.10—1993.3)
张建国(1989.11—1992.12)
王顺歧(1989.11—2000.1)

刘修如(1992.2—1994.6)
丁李伟(1992.2—1995.4)
崔登云(1993.3—1996.4)
王建富(1993.3—1995.12)
李二民(1995.12—1999.1)
李顺国(1995.12—1998.5)
李书华(1995.12—1998.5)
张瑞忠(1995.12—1999.1)
王顺歧(1995.12—1997.10)
谭爱国(1999.1—2002.4)
李祥瑞(1999.3—2002.5)
毛兴学(1999.3—2001.5)
王凤兴(1999.3—2002.5)
裴士新(2001.5—2002.5)
武耀俊(2002.4—2004.1)
牛永强(2002.5—2004.4)
乔瑜瑞(2002.5—2009.1)
胡屹立(2002.5—2004.11)
吉张奎(2004.1—2006.6)
王新顺(2004.5—2006.6)
樊宽社(2004.5—2006.6)
苗路平(2006.6—2010.12)
崔　勇(2009.1—2010.12)

第二节　中国国民党

中村在抗日战争和解放战争时期,曾是太岳区的中心,共产党领导的牺盟会和决死队以及党的基层组织在这里活动较早,人民接受共产党的影响颇深,国民党在这里开展工作难度较大,当地人与国民党政府联系甚少,本村仅有 10 名国民党员,在外或在敌占区做事情,也只是为了生存混碗饭吃。解放后,他们返回故里,与乡亲共同劳动,一道创业,均因年老体衰先后辞世。

附录：

一、保卫团、防共保卫团

20世纪30年代，在中村各村曾组织过保卫团，中村有保卫团团员21人。其目的是防止外来侵扰，确保一方平安。到30年代中期，阎锡山为了扩充自己的实力，命令各地方在保卫团的基础上成立防共保卫团，先后有外村人自称团长来中村活动，招收团员5人。30年代后期，共产党地方党组织迅速发展，防共保卫团难有立足之地，受形势所迫自行解散。

二、主张公道团

20世纪30年代后期，防共保卫团解体溃散。阎锡山为维护在山西的统治主权，再次扩招地方散兵游勇，同时命令地方伪政府，把年满18岁以上的男性青年按排、班造册，强行编进主张公道团，并在各村隆重召开成立大会，到40年代初自行解散。中村村当时有8名青年参加主张公道团。

三、红枪会

红枪会又名“无极道”，对外称“联防自卫团”。它起源于河南，由阳城沿沁河流域传入沁水境内。它利用迷信和政治欺骗手段诱惑群众，宣传“替天行道，普救百姓”。该组织设有团长、团副等职，曾在村庙设坛进行活动，中村及乔家有10余人入会。1942年3月，红枪会在郑庄关爷岭、土门上一带，与共产党八路军发生冲突，八路军在忍无可忍的情况下奋起还击，经过20分钟的战斗，打死打伤红枪会数十人，将首恶分子当场处决。群众认清了红枪会的本质，很快解散。

四、一贯道

一贯道由晋城传入沁水城西，后成为被日军控制和利用的反动组织。在沁水城东曾受到晋北县游击大队的打击。1946年，曾一度收敛。1948年又死灰复燃，在晋城分柜领导下成立地方支柜，支柜设三六经理，三欠讲选，四八挂号，四八会计等职，各村分设上善、中善、下善坛主。解放后，道首被人民政府镇压，村一贯道自行解散，中村村曾有少数人参加。

第二章 政 权

第一节 古代村治

明代洪武十四年(1381),明政府实行里甲制度。规定:“以一百一十户为里。一里之中推丁粮多者十人为长,余百户为十甲,甲凡十人。岁役里长一人,甲首十人,管摄一里之事。城中曰坊,近城曰厢,乡都曰里。”里甲是最基层的社会组织单位,里长的职责极为广泛,大凡一里之中,一年之内,所有追征钱粮,督促生产,祭祀鬼神,接待宾旅,民间争斗等一应公事都由里长督管。

清代康熙《沁水县志》曰:“通县旧为十都,内分五十四里,后并为四十三里。……知县赵凤诏莅任后,以各里并合易相影射,又分为五十二里。”

中村村明清时期属沁西十八里的“上阁南里”管辖。与里甲同时存在的有里社、文社。中村分为三大社,即:东社、西社、中社。里社设有社首,社首由村民选举,一年一轮换。其职责是组织管理村中迎神赛会、调解民事纠纷、履行奖惩事宜等。每年又有社中三、四户为值年社首,轮流主持春祈秋报、取水进香、祈雨、看护庄稼、收发社粮、冬季巡更、护林防火、扑打蝗虫等杂事。村民有了纠纷,就到大庙打钟或敲锣,值年社首便通知当事人到庙上说理。村与村发生纠纷,由双方社首进行调处,不服的也可以上诉,也可到神前起誓。社首制从明清时期一直延续到抗战时期。

据记载,清乾隆四十一年(1776)本村社首是聂子、王元、中量、马有贵、刘士田、刘军佐、谭怀沐。乾隆四十五年(1780)社首是李中权、马有川、刘君相、乔大相、牛景贡、李稚薰。同事社首有刘起来,乔大相、李忠德、刘承杨、刘敦伦、谭开文、刘长龙、刘大政、杨全周。清嘉庆二十五年(1820)社首为刘敦文、刘扶元。

文社的由来无从考究,它是和里社并存的地方文化组织。所不同的是只有文化资历深、德高望重或有功名的人才能参加。主要职责是管理社戏、祭祀孔圣、料理婚丧嫁娶等事项。正月初一接喜神、正月十五闹元宵、四月初八和七月十五唱神戏也由文社组织料理。

第二节　民国村治

1911年辛亥革命爆发,满清王朝被推翻,中华民国建立。民国二年(1913)10月8日民国政府颁布了《各县地方行政官厅组织令》,将清代的府、道、厅、州都改为县,次年5月又公布实行省、道、县三级官制。村级仍沿用里甲制,当时中村村依韭菜园(现乡镇卫生院位置)为界分属两里,东街属蒲泓西里,西街属上阁南里,掌管村务的是乡约。东街由刘文林管,西街由马秦安管。全村东、西、中三社合为一社,由社首、十二圪瘩老汉共同管理村内经济及民事等。每年选举一次,轮流值班。

民国六年(1917)阎锡山兼任山西省长,在山西推行"村制",颁布了《各县村制简章》,在原有最基层单位——村,设立村、闾、邻三级管理梯次,即:300户左右为一编村,每一编村选一村长,超过300户的村则选一村副,并设村公所作为办事机构;每编村下设若干闾,以25户为一闾,闾设闾长;闾下设邻,以5户为一邻,邻设邻长。中村村共700户,划为24闾,计140邻,包括上沟、丹沟、上峪、下峪、南凹。村长和其他人员每年选举一次,可连选连任。

民国十一年(1922),山西省署拟定公布了《改进村制条例》,缩小编村,由原来的300户变成100户,同时在村内按事物性质设立村公所、村民会议、息讼会、村监察委员会等机构,废除昔日管理村财政的社首制。

民国二十六年(1937)抗日战争爆发后,国民政府和山西省阎锡山政权没有定制,各村为应付时势,组织了不同形式的维持组织,如"维持会"等。这一时期全村有14个自然村庄,534户,1858口人。其中男937人,女885人,商人143人。

自然村庄是:前马尾沟11户,53人;坡半岭18户,73人;后马尾沟7户,26人;白华岭3户,11人;后木凹15户,54人;前木凹12户,45人;下马沟、王家岭共3户,18人;聂家庄12户,41人;南沟7户,33人;苏家沟19户,87人;西庄13户,56人;南庄24户,86人;中村382户,1275人。

第三节　民主村治

1941年中共沁南县委成立,1942年2月17日,沁南县政府在南阳洞沟成立,中村村隶属沁南县第一区分委管辖。村设村长、财粮(秘书)、村警等职,具体办理村中有关事宜。抗日战争时期村组织的主要任务是发动和带领群众清室空野，开展对日斗争。1944 年 3 月 29 日，沁水县城光复。1946 年 1 月沁南县改为沁水县，县政府驻沁水县城。中村村属沁水县第三区管辖，区公所驻中村。解放战争时期，村组织的任务是组织群众参军参战、支援前线，优抚军烈属，配合农会搞土改，闹翻身。

1949 年 10 月中华人民共和国成立，人民真正当家做主，村政组织的主要任务是领导广大群众医治战争创伤，恢复和发展农业生产，重建家园，巩固和捍卫新生的人民政权。1949 年 10 月中村属沁水县第三区管辖，1950 年 2 月至 1954 年 11 月中村属沁水县第二区管辖，1954 年 11 月至 1956 年 3 月属沁水县中村区管辖，1956 年 3 月至 1958 年 9 月属中村乡人民委员会管辖，1958 年 9 月至 1967 年 4 月属沁水县中村人民公社管理委员会管辖，1967 年 5 月至 1980 年 11 月属中村人民公社革命委员会管辖，1980 年 11 月至 1984 年 5 月属中村人民公社管理委员会管辖。

在行政隶属关系的变化中，村级政务也应时而变。特别是随着农业合作化的兴起，政社合一、政经参合的趋势逐步形成。1951 年 9 月 9 日中共中央召开有关负责人参加的第一次农业互助合作会议，讨论起草了《中共中央关于农业生产互助合作决议(草案)》，经过试行，1953 年 2 月 15 日中共中央正式通过该决议，3 月 26 日经《人民日报》刊载，全国各地开始普遍试办初级农业生产合作社。

1952 年 11 月中村村成立光明初级社。1954 年 11 月光明社分为 4 个初级社，即：光明社、西明社、东明社、黎明社。1956 年 11 月，农业合作化进入高潮时期，中村村转为光明高级社。高级社实行政社合一，行使行政管理权。中村村在 1952 年至 1956 年期间，曾分为东村，西村两个行政村，高级社后取消了行政村。

1958 年 9 月 10 日，中共中央公布《关于在农村建立人民公社问题的决议》后，政社合一，将乡人民委员会改为人民公社管理委员会。全县成立了 14 个人民公社，公社下设管理区，中村村属中村上游人民公社中村管理区。1961 年，公社实行“三级所有，队为基础”，以生产队为核算单位，中村管理区改为中村生产大队。

1966 年“文化大革命”开始，1968 年中村大队成立了“革命委员会”。1980 年 11 月恢复人民公社管理体制，革命委员会成为历史。

第四节 村民自治

1983 年 10 月 12 日，中共中央、国务院发出《关于实行政社分开建立乡政府的通知》，要求 1984 年底完成改革，至此，人民公社制度不复存在。机构改革后，中村村属中村镇人民政府管辖。1988 年 6 月 1 日，《中华人民共和国村民委员会

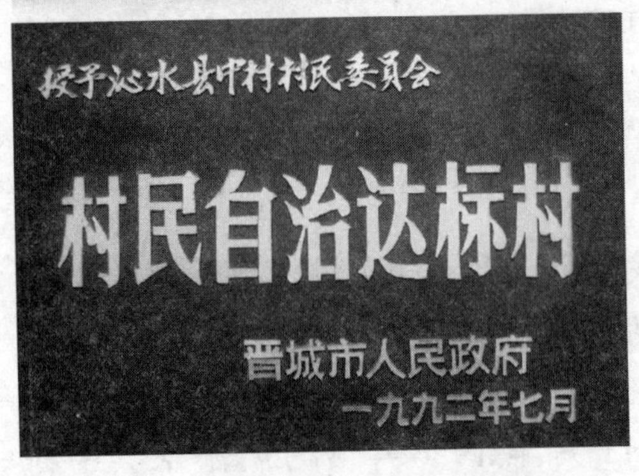

组织法(实行)》施行,对村民委员会的工作、任务、设置、机构的设立、组成、职责等,都作了明确法律规定。明确村民委员会是村民自我管理、自我教育、自我服务的基层群众性自治组织，办理本村的公共事务和公益事业,调解民间纠纷,协助维护社会治安,向人民政府反映村民的意见、要求和提出建议。自此,村级组织机构、工作有法可依。中村大队改为中村村民委员会,生产队改为村民小组。1992 年,晋城市人民政府授予中村村“村民自治达标村”称号。

中村村民委员会从 2000 年起按上级部署定期换届选举，是年为第五届，2003 年第六届,2006 年第七届,2009 年为第八届,每届任期三年。换届时,凡具有选举权的村民直接投票选举村民委员会正、副主任和委员,得票多者当选。村民委员会在村党总支领导下开展工作。两委班子制定各种议事规则,村中大事由村民大会决定。

村民自治是中国民主化进步的里程碑。

附录:

中村村历任村长、社长、副社长、主任、副主任名录(1918～2010)

姓　名	职　务	任职时间	备　注
王清选	村长	民国七年(1918)	旧政权
牛天衍	村长	民国八年(1919)	
刘相秦	村长	民国十一年(1922)	
李见善	村长	民国十三年(1924)	
李明旭	村长	1924	
李枝章	村长	1927	
刘相旭	村长	1929	
刘相治	村长	1930	
乔执礼	村长	1932	
刘相成	村长	1933	
刘文华	村长	1934	
李长珍	村长	1935	
尚光华	村长	1937	
郑育林	村长	1939—1942	抗战时期

姓 名	职 务	任职时间	备 注
刘秀基	村长		抗战时期
李树春	村长	1940—1941	抗战时期
刘普登	村长		
牛增瑞	村长		
刘清政	村长	1943—1947	
郑育林	村长	1949—1950	下沃泉
乔兴邦	村长	1951—1952	
牛永林	社长	1952—1954	光明社
刘相恒	副社长	1952—1954	光明社
侯迎交	社长	1952—1954	东明社
李树法	社长	1952—1954	东明社
李瑞旭	社长	1952—1954	黎明社
乔执才	副社长	1952—1954	黎明社
李家深	副社长	1952—1954	西明社
王书贵	社长	1952—1954	西明社
牛锡宝	社长	1952—1954	西明社
牛永林	社长	1954—1956	光明高级社
马如祥	副社长	1954—1956	光明高级社
张兴成	主任	1952—1956	东村
刘 玉	主任	1952—1956	西村
马如祥	主任	1958—1960	管理区
马孝善	主任	1960—1961	管理区
马如祥	主任	1961—1966	生产大队
乔兴才	主任	1966—1970	革委会
刘杰汉	主任	1970—1971	革委会
谭兴悟	副主任	1973—1975	革委
刘培祥	主任	1976—1984	革委
李法刚	副主任	1976—1979	
李树奇	副主任	1982—1986	
刘培祥	主任	1984—2000	村委
刘培祥	主任	2000—2002	第五届
谭兴悟	副主任	2000—2002	第五届
李建国	副主任	2000—2002	第五届
刘其锁	主任	2003—2005	第六届

姓　名	职　务	任职时间	备　注
李忠忠	副主任	2003—2005	第六届
牛国营	副主任	2003—2005	第六届
郑　芳	主任兼	2006—2008	第七届
刘其锁	副主任	2006—2008	第七届
郑　芳	主任	2009—2010	第八届
李忠忠	副主任	2009—2010	第八届

中村村委历任会计名录表（1953年～2010年）

姓　名	职　务	任职时间	备　注
刘杰升	会计	1953—1957	初、高级社
谭怀宝	会计	1958—1970	公社化
杨宏元	会计	1971—1972	
刘培祥	会计	1973	
张文焕	会计	1974~1983	生产大队
杨国琦	会计	1984~1996	村委
郑　芳	会计	1997~2000	村委
乔永隆	会计	2001~2008	村委

中村村委历任生产队长、副队长、妇女队长、村民组长名录

姓　名	职　务	任职时间	备　注
张发顺	生产队长	1957—1959	一队
马凯珍	生产队长	1957—1959	二队
李家深	生产队长	1957—1959	三队
牛锡宝	生产队长	1957—1959	四队
刘方煜	生产队长	1957—1959	五队
李登科	生产队长	1957—1959	六队
乔有田	生产队长	1957—1959	八队
杨宏元	生产队长	1957—1959	九队
陈明珠	生产队长	1959—1961	一队
马孝善	生产队长	1959—1961	二队
李家昌	生产队长	1959—1961	三队
牛锡宝	生产队长	1959—1961	四队
侯树智	生产队长	1959—1961	五队
李登科	生产队长	1959—1961	六队

姓　名	职　务	任职时间	备　注
李全章	生产队长	1959—1961	七队
乔有田	生产队长	1959—1961	八队
侯安荣	生产队长	1959—1961	九队
陈明珠	正队长	1961—1963	一队
刘培成	正队长	1961—1963	二队
李家昌	正队长	1961—1963	三队
牛锡宝	正队长	1961—1963	四队
侯树智	正队长	1961—1963	五队
谭小悟	正队长	1961—1963	六队
李锦章	正队长	1961—1963	七队
乔有田	正队长	1961—1963	八队
张明贵	正队长	1961—1963	九队
杨安贵	正队长	1961—1963	十队
侯安福	副队长	1961—1963	一队
马开祥	副队长	1961—1963	二队
原兴福	副队长	1961—1963	三队
李国有	副队长	1961—1963	四队
李树胜	副队长	1961—1963	五队
张广生	副队长	1961—1963	六队
乔吉合	副队长	1961—1963	七队
乔文科	副队长	1961—1963	八队
杨忠元	副队长	1961—1963	九队
杨云元	副队长	1961—1963	十队
刘月英	妇女队长	1961—1963	一队
王秀莲	妇女队长	1961—1963	二队
曹兰英	妇女队长	1961—1963	三队
武月英	妇女队长	1961—1963	四队
靳瑞娥	妇女队长	1961—1963	五队
武桂英	妇女队长	1961—1963	六队
侯新梅	妇女队长	1961—1963	七队
王顺娥	妇女队长	1961—1963	八队
席芝英	妇女队长	1961—1963	九队
张秀英	妇女队长	1961—1963	十队
陈明珠	队长	1963	一队

姓　名	职　务	任职时间	备　注
刘培成	队长	1963	二队
李家昌	队长	1963	三队
王书贵	队长	1963	四队
侯树智	队长	1963	五队
董夺义	队长	1963	六队
李瑞旭	队长	1963	七队
乔有田	队长	1963	八队
张明贵	队长	1963	九队
杨安贵	队长	1963	十队
陈明珠	队长	1966	
霍天柱	队长	1966	
刘杰国	队长	1966	
马孝善	队长	1966	
李加昌	队长	1966	
牛锡宝	队长	1966	
李树繁	队长	1966	
乔兴才	队长	1966	
李瑞旭	队长	1966	
李锦章	队长	1966	
侯树兴	队长	1966	
乔有田	队长	1966	
王占武	队长	1979	一队
王志汉	队长	1979	二队
刘小铁	队长	1979	三队
李国玉	队长	1979	四队
李树荣	队长	1979	五队
李登科	队长	1979	六队
乔吉合	队长	1979	七队
乔小亚	队长	1979	八队
刘元基	队长	1979	九队
杨国文	队长	1979	十队
刘正云	队长	1979	十队
王小顺	一队、组长	上世纪 80 年代	
马拉拉	一队、组长	上世纪 80 年代	

姓名	职务	任职时间	备注
王占武	一队、组长	上世纪80年代	
王志汉	二队、组长	上世纪80年代	
刘培成	二队、组长	上世纪80年代	
郑永开	三队、组长	上世纪80年代	
蔡增玉	四队、组长	上世纪80年代	
李树繁	五队、组长	上世纪80年代	
李登科	六队、组长	上世纪80年代	
谭新年	六队、组长	上世纪80年代	
乔吉河	七队、组长	上世纪80年代	
乔小亚	七队、组长	上世纪80年代	
乔文科	八队、组长	上世纪80年代	
侯玉柱	九队、组长	上世纪80年代	
刘元基	九队、组长	上世纪80年代	
杨安贵	十队、组长	上世纪80年代	
杨国文	十队、组长	上世纪80年代	
马拉拉	一组组长	90年代	村民小组
刘二虎	二组组长	90年代	
刘永奎	三组组长	90年代	
刘大锁	四组组长	90年代	
李树奇	五组组长	90年代	
谭新年	六组组长	90年代	
吉怀铁	七组组长	90年代	
乔拽怀	八组组长	90年代	
杨国斌	九组组长	90年代	
杨国文	十组组长	90年代	
刘玉良	一组组长	2000—2002	第五届
王马琳	二组组长	2000—2002	第五届
刘永奎	三组组长	2000—2002	第五届
李芳芳	四组组长	2000—2002	第五届
李高海	五组组长	2000—2002	第五届
乔瑞科	六组组长	2000—2002	第五届
李水河	七组组长	2000—2002	第五届
乔张生	八组组长	2000—2002	第五届
杨国兵	九组组长	2000—2002	第五届

姓　名	职　务	任职时间	备　注
李杜社	十组组长	2000—2002	第五届
秦永先	十一组组长	2000—2002	第五届
刘玉良	一组组长	2003—2005	第六届
王小华	二组组长	2003—2005	第六届
李忠生	三组组长	2003—2005	第六届
李芳芳	四组组长	2003—2005	第六届
李高海	五组组长	2003—2005	第六届
杨怀成	六组组长	2003—2005	第六届
尚高荣	七组组长	2003—2005	第六届
乔张生	八组组长	2003—2005	第六届
侯小章	九组组长	2003—2005	第六届
王东叶	十组组长	2003—2005	第六届
秦永先	十一组组长	2003—2005	第六届
刘玉良	一组组长	2006—2008	第七届
刘杰生	二组组长	2006—2008	第七届
李忠生	三组组长	2006—2008	第七届
李芳芳	四组组长	2006—2008	第七届
李高海	五组组长	2006—2008	第七届
杨怀成	六组组长	2006—2008	第七届
谭秋秋	七组组长	2006—2008	第七届
乔小国	八组组长	2006—2008	第七届
侯小章	九组组长	2006—2008	第七届
王东叶	十组组长	2006—2008	第七届
秦永先	十一组组长	2006—2008	第七届
张洪奎	十二组组长	2006—2008	第七届

2010 年村民小组基本情况表

组　别	现任村民组长姓名	耕地(亩)	户　数	人口
1	刘玉良	295.15	89	282
2	刘杰生	308.6	99	300
3	李忠生	274.6	88	245
4	李芳芳	294.8	102	290
5	李高海	222.15	88	277
6	杨怀成	211.5	61	180

组 别	现任村民组长姓名	耕地(亩)	户 数	人口
7	谭秋秋	212.65	71	217
8	乔小国	453.4	29	103
9	侯小章	351.8	48	178
10	王冬叶(女)	275	55	174
11	秦永贤	300	26	80
12	张洪奎	800	60	210
合计		3698.75	816	2536

第五节 驻中村上级政权组织及领导

一、基本完成社会主义改造和开始全面建设社会主义时期(1949年10月—1966年5月)

1.沁水县人民政府下辖区政权组织(1949年10月—1956年3月)

沁水县第三区公所(1949年10月—1950年2月)

区 长:靳秉乾(1949.10—1950.2)

副区长:赵世杰(1949.10—1950.2)

沁水县第二区公所(1950年2月—1954年11月)

区 长:王广积(1950.2—1950.7)

袁启升(1950.8—1952.11)

王思信(代,1952.11—1952.12)

韩佩珍(1952.12—1954.11)

副区长:赵世杰(1950.2—1950.4)

胡元麟(1950.3—1951.11)

田友仁(1951.11—1952.7)

乔秉德(代,1952.7—1952.10)

田温亮(1952.10—1953.4)

潘永禄(1953.2—1953.12)

沁水县中村区公所(1954年11月—1956年3月)

区 长:卢廷俊(1954.11—1956.3)

副区长:张秀龙(1955.2—1955.9)

2.沁水县人民委员会下辖乡(镇)政权组织(1956年3月—1958年9月)

沁水县中村乡人民委员会(1956年3月—1958年9月)

乡　长:张发贵(1956.3—1958.9)

副乡长:乔生广(1956.3—1958.3)

王德富(1956.3—1957.3)

(1958.3—1958.9)

杨日武(1956.3—1958.3)

乔瑞英(女,1956.12—1957.3)

乔生广(1958.3—1958.9)

3. 沁水县人民委员会下辖人民公社管理委员会政权组织（1958年9月—1966年5月）

沁水县上游人民公社管理委员会(1958年9月—1958年10月)

主　任:白永祥(1958.9—1958.10)

副主任:乔致勤(1958.9—1958.10)

樊仲礼(1958.9—1958.10)

张法贵(1958.9—1958.10)

划归阳城县时的上游人民公社管理委员会(1958年11月—1959年9月)

主　任:白永祥(1958.11—1959.9)

副主任:乔致勤(1958.11—1959.9)

樊仲礼(1958.11—1959.9)

张法贵(1958.11—1959.9)

沁水县上游人民公社管理委员会(1959年10月—1960年8月)

主　任:韩佩珍(1959.10—1960.8)

副主任:乔致勤(1959.10—1960.8)

樊仲礼(1959.10—1960.8)

张法贵(1959.10—1960.8)

沁水县中村人民公社管理委员会(1960年8月—1966年5月)

主　任:韩佩珍(1960.8—1961.8)

牛保贵(1961.8—1962.5)

王万杰(1962.5—1965.8)

商修德(1965.8—1966.5)

副主任:乔致勤(1960.8—1962.4)

王洪周(1962.4—1963.3)

陈洪斌(1965.9—1966.5)

张树英(1966.3—1966.5)

二、“文化大革命”时期(1966年5月—1976年10月)

1.沁水县人民委员会下辖政权组织(1966年5月—1967年4月)

沁水县中村人民公社管理委员会(1966年5月—1967年4月)

主　任:侯汝珍(代,1966.5—1967.2)

副主任:张树英(1966.5—1967.2)

2.沁水县革命委员会下辖政权组织(1967年4月—1976年10月)

沁水县中村人民公社革命委员会(1967年4月—1976年10月)

主　任:侯汝珍(1967.7—1969.7)

窦锦深(1969.7—1971.2)

于治顺(1971.2—1973.10)

赵纯孝(1973.10—1976.10)

副主任:刘茂斌(1968.10—1976.10)

常振英(1969.9—1971.2)

李洪祥(1969.10—1976.6)

王继芳(1970.2—1976.10)

吴　敏(1974.1—1976.70

三、社会主义现代化建设新时期(1976年10月—2010年12月)

1.沁水县革命委员会下辖政权组织(1976年10月—1984年5月)

沁水县中村人民公社革命委员会(1976年10月—1980年11月)

主　任:赵纯孝(1976.10—1978.10)

王秀章(1978.10—1980.11)

副主任:刘茂斌(1976.10—1977.7)

王继芳(1976.10—1980.11)

芮盟奎(1976.11—1977.10)

赵振华(1978.4—1978.11)

范天命(1978.11—1980.11)

高建忠(1980.8—1980.11)

沁水县中村人民公社管理委员会(1980年11月—1984年5月)

主　任:王秀章(1980.11—1982.9)

郑兴军(1982.9—1984.10

郑　和(1984.1—1984.5)

副主任:王继芳(1980.11—1982.4)

高建忠(1980.11—1982.2)

张建国(1984.2—1984.5)

宋志文(1984.2—1984.5)

2.沁水县人民政府下辖政权组织(1984 年 5 月—2010 年 12 月)

沁水县中村镇人民政府(1984 年 5 月—2010 年 12 月)

镇　长:郑和(1984.5—1989.11)

张建国(1989.11—1992.12)

丁李伟(1992.12—1995.12)

李二民(1995.12—1999.1)

谭爱国(1999.1—2002.4)

武耀俊(2002.4—2004.1)

吉张奎(2004.1—2006.6)

苗路平(2006.6—2010.12)

副镇长:宋志文(1984.5—1987.6)

张建国(1984.5—1989.11)

刘铭祥(1987.5—1989.12)

崔登云(1989.11—1993.3)

李洪星(1989.11—1993.3)

李二民(1993.3—1995.12)

景广新(1993.3—1995.12)

马建林(1993.3—1999.3)

谭爱国(挂职,1995.7—1995.12)

翟建云(1995.12—1997.3)

王风兴(1995.12—1999.3)

毛新学(1995.12—1999.3)

吴志明(1997.8—2004.5)

樊宽社(1999.3—2002.5)

尚凤玲(女,1999.3—2010.12)

乔瑜瑞(2001.5—2002.5)

张涛(2001.5—2009.1)

张发胜(2001.1—2007.4)

冯金忠(2001.1—2004.5)

高青田(2001.5—2010.12)

第三章　群团组织

第一节　牺牲救国同盟会

牺牲救国同盟会(简称牺盟会),是中国共产党领导的山西省抗日民族统一战线性质的群众组织。距中村六公里的翼城县曹公村,是牺盟会翼城中心区所在地。1938年2月,江地联系王维岳等完小同学,参加了在曹公村举办的抗日救亡训练班,并加入牺盟会。当时中村一带参加牺盟会的还有常子章、郑地勤、姚明魁、马如善、李培阳、马进才、刘晋玉、乔生广等10多人。1939年“十二月事变”发生,中村区党组织和牺盟会遭到了严重破坏,部分党员脱党失散,牺盟会也停止活动。

第二节　农民组织

农民抗日救国会(简称农救会)成立于1940年。在抗日战争时期,中村村农救会积极发动群众参军参战,支援前线,抢救伤员,同时,积极发展生产、抗灾自救、缴送公粮,发挥了重要的作用。

农民联合会(简称农会)成立于1948年。农会主席为李长青、李广明,农会常委有刘华基、刘清礼、刘杰法、侯迎交,武委会主任为乔兴邦、乔兴才。农会成立后,领导群众闹翻身、搞土改、抓生产。1949年,全县开始颁发土地、房产证,宣布土改工作结束,农会组织随之撤销。

贫下中农协会(简称贫协会)成立于1963年。主要任务是真心实意依靠贫下中农,倾听贫下中农的意见,监督大队管委会的工作,帮助贫下中农解决生产生活中的困难。贫协会历任主任为牛永林、吉宝让、李长玉。1964年,贫协组织参加社会主义教育运动;1966年“文革”开始,贫协会、农代会,贫宣队随着形势的变化先后成立、取消。“文革”结束,这些组织也成为历史。

第三节 青年组织

中国共产主义青年团(简称共青团),是中国共产党领导的先进青年群众组织。1922年5月成立,原名中国社会主义青年团。1925年改称中国共产主义青年团。1935年后,成立了中华民族解放先锋队、青年救国会等青年组织。1949年4月成立中国新民主主义青年团,1957年5月改称现名。

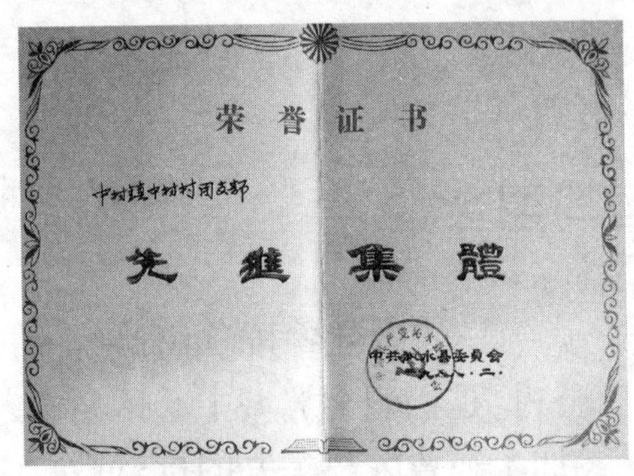

早在抗日战争时期,中村地区就有青年救国会(简称青救会)组织活动,宣传组织广大青年参加抗日,为民族战争的胜利做出了积极贡献。1948年,中村村建立了青年团组织。

新中国成立后,中村的青年团组织,带领广大青年响应中国共产党的号召,积极投身到社会主义建设的高潮中,成为中村经济建设、社会发展的主力军,充分发挥了宣传队、突击队、战斗队的作用。一大批优秀青年被吸收加入中国共产党,成为中村的中流砥柱。

附录:

中村历任团支部书记名录(1948年—2010年)

姓 名	职 务	任职时间	备 注
李广明	团支书记	1948—1949	
霍天柱	团支书记	1949—1954	
马永祥	团支书记	1955—1955	
马孝善	团支书记	1956—1959	
李 儒	团支书记	1960—1964	
李怀玉	团支书记	1964—1966	
李淑琴	团支书记	1966—1967	
李家贺	团支书记	1968—1969	
尚张章	团支书记	1970—1971	
李法刚	团支书记	1972—1974	
牛文学	团支书记	1975—1976	
李勤书	团支书记	1977—1982	
李建国	团支书记	1983—1987	

姓　名	职　务	任职时间	备　注
尚李晋	团支书记	1988—1990	
李忠忠	团支书记	1990—2009	
席国兴	团支书记	2009—2010	

第四节　妇女组织

妇女联合会(简称妇联会)。1943年,沁南县成立“抗日妇女救国会”,简称“妇救会”。抗日战争时期,妇救会的主要任务是联合妇女同胞,团结救亡。中村妇救会积极动员妇女纺花织布、制作军鞋、加工军粮、支援前线。据有关资料统计,共纺线2500斤,织布达2800丈,做军鞋1090双,袜1200多双,织裹腿带800余副,饭包670个,砍柴20余万斤,为军马割草40 000斤,担草、送草13万斤,养护伤兵18名。妇女为抗战的胜利作出了不可磨灭的贡献。

1949年4月,“中华全国民主妇女联合会”成立,1957年,改称“中华人民共和国妇女联合会”,1978年9月,改称“中华全国妇女联合会”。从中央到地方,各级都成立有妇联会,是广泛团结各界妇女的群众性组织。中村妇联会在中村党支部的领导下,带领全村妇女积极参加生产劳动,参加文化活动,参加精神文明建设,曾涌现出大寨式“铁姑娘”、“妇女标兵”等先进人物。村妇联会多次受到上级表彰,被山西省妇女联合会评为“妇女群众文化活动示范点”,被市、县评为“巾帼文明示范单位”。

附录:

妇联会任务

一、向妇女群众宣传贯彻党的路线、方针、政策,鼓励支持妇女参与民主管理和民主监督。

二、教育妇女正确处理国家、集体、个人三者利益的关系,发挥组织妇女举办各种生产、生活服务事业,搞好农业生产和各种经营,为妇女、儿童办实事、办好事。

三、教育引导妇女发扬“四身”精神，动员他们学政治、学文化、学科技。

四、认真了解党总支工作的全局，结合妇女的工作实际，创造性地完成党总支交给的任务。

五、教育妇女遵纪守法，维护妇女儿童合法权益。

六、积极配合有关部门宣传计划生育政策和妇幼卫生保健知识，教育妇女实行计划生育，做到：“要我生一个，我要生一个”。

七、开展拥军优属、拥政爱民、尊敬老人、文化娱乐等活动。争创争当“五好文明家庭”的带头人。

中村村历任妇会主任名录

姓　名	职　务	任职时间	备注
曹兰英	妇救会主任	抗日战争时期	
乔莲英	妇救会主任	抗日战争时期	
乔瑞英	妇会主任	抗日战争时期	
刘明英	妇会主任	抗日战争时期	
张翠莲	妇会主任	抗日战争时期	
郑军巧	妇会主任	1946—1947	
李小萍	妇会主任	1948—1949	
乔莲英	妇会主任	1950—1952	
张翠莲	妇会主任	1953—1958	
陈秀英	妇会主任	1960—1964	
董素萍	妇会主任	1965—1968	
侯凤娥	妇会主任	1969—1970	
陈秀英	妇会主任	1971—1973	
刘瑞萍	妇会主任	1974—1976	
侯琴琴	妇会主任	1977—1979	
张翠莲	妇会主任	1980—1980	
刘小瑞	妇会主任	1981—2010	

爱在共建和谐中升华

她是一个本本分分，朴朴实实，不善言辞，不善张扬的普通女性。

她是一个孝敬老人，家庭和谐，邻里和睦，被人们称为和谐家庭楷模的家庭妇女。

席英英，女，现年53岁，操持着七口之家，四代同堂，家庭和谐，年年被村、镇评为“五好家庭”、“文明家庭”。

人们常说“和为贵”、“和生财”、“家和万事兴”，这话一点也不假。身为家庭主妇的席英英操持着七口之家，上要侍奉83岁高龄的公爹，下要照看刚进学堂的孙子，还要处理好家庭成员之间的关系。孝为先，和为贵是她的治家之道，她用博大的爱心、孝心创建着家庭的和谐。在她身上体现的尊老爱幼的美德，令人敬佩和折服。自从她21岁嫁到刘家，单身公爹一侍候就是32年，公爹脾气暴躁，她不论受多大委屈总是深埋心底，从没与老人红过脸。老人穿的、盖的一年两换，老人的衣服经常洗得干干净净，老人吃的、住的料理的可口、舒适。操持一大家子，有时饭菜不合老人口味，英英总不嫌麻烦，宁可自己饿肚子，也要重新给老人做好细软合口味的饭食。让老人吃好每日三餐，几十年如一日，她无有半句怨言。老人逢人就说，儿子娶下贤惠媳妇是我老汉的福气。2004年腊月，老人患病卧床不起，英英在病床前侍候了3年零5个月，直到今年老人去世。3年多来，老人身上没有出现过溃烂和褥疮，她一天到晚要为老人来回翻身20多次。老人大小便在床，不论夏季冬季，她天天勤换衣被，家里没有半点异味。老人大便干结，她用手抠，刮屎倒尿从不嫌脏。俗话说：“百日床前无孝子”，席英英用自己孝敬老人的行为影响着家人，感染着邻里，“媳妇胜过亲生女”是群众对席英英的赞誉。

俗话说：“家家有本难念的经”。当老人的有气度有主见，家庭才能和谐。已过不惑之年的席英英也从媳妇过渡到婆婆，角色的转换给她带来了新的考验。她把对老人的孝心，对子女的爱心倾注在这个家庭。女儿招婿在家，她视女婿如儿子。尽管日常生活中也难免有磕磕碰碰，丈夫有埋怨，女儿好变脸，儿子闹情绪，她是不急不躁，采用冷处理的方式把家庭关系调处的恰到好处。儿女们在她的感染下学会了尊重人，学会了理解人，一大家子和谐相处，丝毫看不出儿子不是亲生的。一个锅里搅细稠。她也有烦恼，也有不顺心的时候，但她从不与之斤斤计较，以一颗博大的爱心去化解家庭成员之间出现的小摩擦、小纠纷。儿子错了她敢说，女儿不是她敢管，总是用一碗水端平去考量，母子、母女之间从未红过脸。记得儿子刚过门那阵子，年青人有爱睡懒觉的习惯，大家早起都去忙农活，儿子就是不起床。对此英英没有大吼大叫，没有撕破脸皮骂骂咧咧，而是心疼地走到儿子床前掖好被子，轻声细语地说：“你不舒服就多睡一会儿。”一句关切的话语、博大的母爱使儿子改变了习惯，从此再不睡懒觉，勤勤快快早出晚归，知道心疼老人，常常说：“妈，你歇歇，你伺候爷爷就够累的，地里活你不要去干，我多干一会啥也赶趁出来了。”寥寥数语，感动的英英好兴奋，儿子长大了，懂事了。一家人和谐相处，你敬我，我爱你，成为街坊邻居的美谈。

席英英操持七口之家，在追求和谐的同时把心思用在家庭的发展上，她靠自己的勤劳与丈夫、女儿、儿子一同规划着小家庭的未来，大家心往一处想，劲往一处使,先后获得“致富能手”、“科技致富示范户”等殊荣。2003年她一家子承包了花沟果园,丈夫懂果树管理,剪枝灭虫是他的强项。儿子职中毕业,对药材种植有爱好,在空闲地试验种当参,女儿当帮手,她全力做后勤,辛苦一年净收入3万余元。第二年便带动全村种植药材300亩。2005年她家把果园拿出来让村里搞示范园区,丈夫和儿子合计好又买回一台农用车,利用地域优势父子俩从事运输业收入颇丰，小日子过得红红火火。群众看着这一大家庭的变化赞叹:“孝心感天地,干啥啥顺心,爱心结硕果,和谐是动力”。

第五节　人民调解委员会

调解民间纠纷是保持家庭和睦、邻里和谐、社会稳定的重要方法和有效措施。历代村里都有不同的调解组织或人员,族长、老者、社首等负责村里的民事调解。民国年间,由村事负责民间纠纷调解。1948年土地改革开始,村农会组织负责民事调解。

1954年,政务院颁布《人民调解委员会暂行组织通则》,我国有了第一个关于人民调解制度的行政法规,在全国范围内统一了人民调解制度。1989年国务院根据政治经济形势的变化,总结30多年的经验教训,在《通则》的基础上修改颁布《人民调解委员会组织条例》,明确规定:人民调解委员会是村民委员会下设的调解民间纠纷的群众组织，在基层人民政府和基层人民法院的指导下进行工作。对机构设置、任务职责、调解原则有了具体要求,调解范围确定为:公民之间有关人身、财产权益和其他日常生活中发生的民间纠纷。

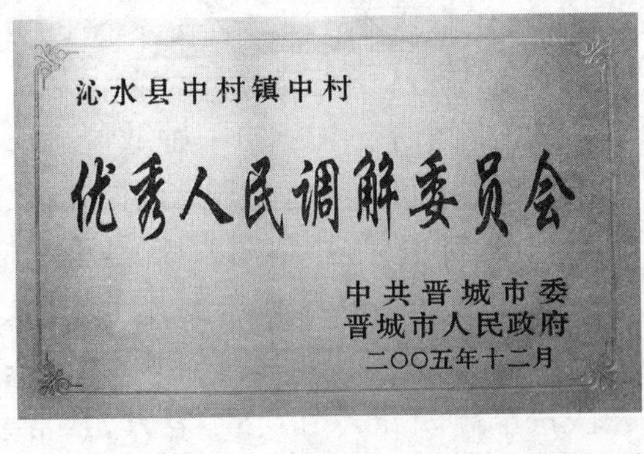

中村的民事调解工作具有优良传统,历任调解主任均由资历较老、经验丰富的村干部兼任，均能够体察民情，表达民意,化解民怨,使家庭、邻里、干群、内外关系融洽,和谐相处。中村民调工作多次受到国家司法部和省、市、县党委、政府表彰。村人民调解委员会被省、市、县授予“优秀人民调解委员会”称号,霍明明曾被国家司法部表彰为“模范人民调解员”。

附录：

人民调解委员会任务

一、调解婚姻，继承、赡养、抚养、家庭房屋、宅基地、债务、生产经营、邻里赔偿及其他民间纠纷。

二、向群众宣传法律、法规、规章和政策，教育公民自觉遵守法纪，遵守社会公德。

三、经常向村民委员会反映民间纠纷的发生和调解工作情况，定期向基层司法行政机关报告工作。

中村历任民调主任名录

王新年 1981—1989
刘培义 1990—1991
李怀玉 1992—1993
霍明明 1993—2003
牛国营 2003—2005
刘虎虎 2005—2010

坚持以人为本　搞好民调工作

——沁水县中村镇中村调解委员会

我们中村村地处历山腹部，全村 12 个村民小组，800 户，2495 口人。2005 年农村经济总收入达 6443 万元，人均纯收入 3202 元。多年来，调委会在党总支、村委会的领导下，坚持以人为本的民调工作理念，发挥调委会职能，把普法宣传与预防民间纠纷发生，调处民间矛盾有机地融合为一体，使民调工作更好地服务农村小康建设。一分耕耘，一分收获。2003 年以来，先后荣获市委、政府“晋城市优秀人民调解委员会”、省司法厅“山西省优秀人民调解委员会”等殊荣。原总支副书记兼调委会主任霍明明同志，2002 年荣获中华人民共和国司法部颁发的“模范人民调解员”证书；2003 年荣获省司法厅颁发的“山西省优秀人民调解员”证书。

农村和谐稳定是老百姓最大的企盼。民调作为农村系统组织，承担着依法维权，消除纠纷矛盾的重任。多年来，调委会成员一任传一任，从来没有受到人员调整带来的困惑。健全组织，建章立制，实施规范化带来的新变化。民调工作扎根于群众，服务于大局。小康建设，农村稳定与民调工作的开展密不可分。调委会由5人组成，总支副书记刘虎虎任调委会主任，成员由总支、村委成员双向兼任。按村民小组设立了12个纠纷排查、调处小组，各组选拔3名德高望重、有说服能力、工作认真负责的同志任义务调解员，同时按居住片全村配备56名纠纷信息员，及时将民间纠纷苗头，矛盾调处的动态信息反馈回调委会，从而形成了上有将，下有兵，左右纵横全到位，小纠纷化解不出组，大矛盾调处不过夜的调解格局。76岁村民张××家庭房产分割纠纷，本组调解小组5次登门调处无果，三个儿子成仇人，妯娌三人见面眼就红，撇下老人不赡养，气的老人要上吊。2006年6月20日晚上11点，信息员了解情况后及时电话告诉调委会主任刘虎虎，当时刘虎虎患重感冒正在输液，外面下着大雨，他获悉后不顾一切，毅然拔掉针头，冒着大雨摸黑深一脚浅一脚地步行三里地赶到木凹自然庄，配合小组调解员把其家庭成员召集在一起，晓之以理，动之以情，苦口婆心讲法理、讲人道、讲感受，终以自己的人格行动感化了他们，兄弟妯娌自觉惭愧，抛弃个人成见，纠纷得到了调处，老人的赡养事宜也妥善得到了解决。一个家庭和睦了，一条生命搭救了，而调委会主任刘虎虎回来却大病了一场，医疗费用花了他300多元，他却无怨无悔。自2000年以来，调委会调处民间纠纷矛盾12起，遏制外来民工团伙性械斗纷争2起，排查民间纠纷苗头20起，并及时予以调处，调处成功率达100%，无一起矛盾上交。

农民是新农村建设主力军，提高农民的法律意识，是我们民调组织做好民调工作的根基，不论村里工作多忙，普法工作一直与农村经济工作同步进行，民调工作与普法列入两委班子主要议事日程，“三同时三优先”为民调工作营造了氛围，定期向村委会汇报工作，接受村民监督为民调工作注入了活力。调委会坚持经常抓法律普及，发扬团队合力，入户进庄宣讲法律知识受到群众一致好评。第一村民组义务调解员王小顺，患病腿脚不灵活，但他知法懂法、处事公道博受群众尊重，常常拄着双拐进东家出西家搞普法宣讲。有好几次他为调解邻里纠纷因行走不便而摔得鼻青脸肿，身上青一块紫一块，妻子看着他的惨相心疼地说：你呀，你，连自己都料理不了，还要管那些婆婆妈妈琐碎小事，真是咸吃萝卜淡操心，不知你图个啥？王小顺听后不气不恼，坦然地说：咱一图名，二不图利，就图咱这“党员”二字，就图咱是群众信任的义务民调员。寥寥数语意深情长，妻子被他这份执著而感动，常常放下家务，搀扶着他去履行他值得骄傲的民调职责。没有报酬，没有待遇，执著的民调员们凭着对民调事业的爱，对人民、对社会的爱，长年累月颠簸在大街小巷、农家院落，成为一道亮丽的风景，让人敬慕。也正因为有了这样一支特别能战斗、特别能吃苦、特别能奉献的队伍，中村民调工作才赢得了殊荣与辉煌。

多年来,民调工作给我们的切身感受是:让百姓知法、懂法、守法,促进家庭和睦、社会和谐。少一些纠纷,多一些快乐,少一些烦愁,多一些祥和,就是民调组织对“三个代表”的最好诠释。通过我们的努力,民调工作取得了三方面成效。

一是调委会把法律知识与农村工作的实际密切结合,与百姓的日常生活融为一体,采用灵活多样的宣传形式,形成了人人遵纪守法,明荣知耻的氛围。村里“五多五少”,关爱集体人多了,损公利己人少了;遵纪守法人多了,违法犯罪人少了;诚实守信人多了,欺行霸市人少了;勤劳致富人多了,聚众赌博人少了;主动和解的人多了,上门评理的人少了。

二是民调工作为经济发展营造了和谐的投资环境。众多商家、企业家到中村办企业、搞商业,为剩余劳动力提供就业岗位500多个,间接创造经济效益和社会效益达1500余万元。

三是民调工作赋予了依法治村和以德治村新的内涵,取得了政治、精神、物质三个文明大丰收。中村连续三十年无刑事犯罪案件、无民转刑事案件、无上访告状,村风正,民心顺,干群关系融洽,各项事业健康发展。

第六节 治保委员会

治安保卫工作在革命和建设时期都具有举足轻重、不可替代的作用。解放初期中村就成立了治保委员会。半个世纪以来,在历任治保主任的带领下,治保会为维护中村安定,促进社会和谐,推动经济发展竭尽全力工作。

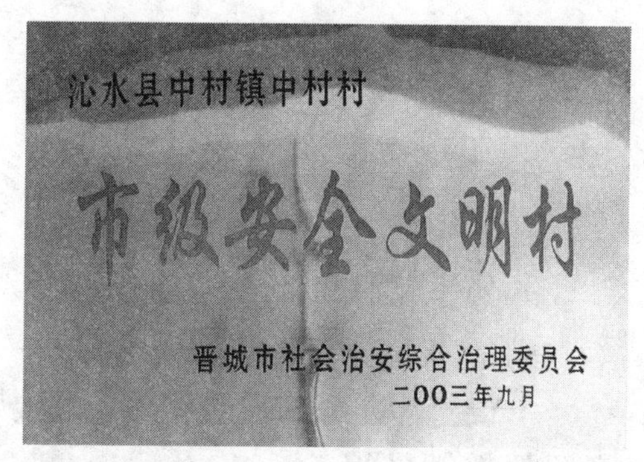

治保委员会的职责随着形势的变化及时调整。解放初以维护新生政权为主,防敌特、防颠覆;生产中防破坏、防盗窃;生活中防争斗、防滋事。建设时期,以维护正常的生产生活秩序为主,营造平安的环境。进入21世纪,法制宣传、法制教育纳入治保工作范畴,社会治安综合治理成为主要工作任务。抓治安求稳定,以稳定促发展,努力创造良好的社会秩序和社会风尚。中村是市县有名的“安全文明村”。

中村村历任治保委员会主任:李长青、乔执元、吉保让、乔兴才、刘虎虎。

附录：

治保会工作制度

1.组织村民开展“十户联防工作”，落实社会治安，综合治理各项措施。

2.协助公安机关、查破各类案件，对现行作案的犯罪分子，强行扭送公安机关，对一切危害社会治安的行为有权制止。

3.认真排查本村不稳定因素，及时把掌握的不稳定因素报告上级机关，并采取相应的稳定措施。

4.及时向当地公安派出所报告本村的社会治安情况。

5.服从政府部门领导，听从指挥，保证完成上级下达的治保工作任务。

2008 年中村村治保委员会名单

主　任：刘虎虎

副主任：侯小章　李忠忠

委　员：吉怀铁　李芳芳　李忠生

中村村综合治理领导组

组　　长：郑　芳

副 组 长：刘虎虎　李忠忠　刘其锁

办公室主任：刘虎虎（兼）

副 主 任：刘其锁（兼）

下设：流动人口领导组、治保领导组、民调领导组、矛调领导组、普法领导组、安置帮教领导组

综治领导组职责

1.研究贯彻党和国家关于社会治安综合治理的方针政策。

2.对本村一个时期的社会治安综合治理工作作出总体部署，并监督实施。

3.组织指导“两会一队”各村民小组，驻地单位村办企业落实综合治理措施。

4.总结推广典型经验，表彰先进，推进后进。

5.办理支部、村委和上级综治机构交办有关事项。

中村村禁毒领导组成员名单

组　长:郑芳

副组长:刘其锁

委　员:王本高　刘虎虎　刘小瑞

禁毒工作领导小组职责

1.认真贯彻落实上级禁毒斗争的工作方针、政策,结合辖区实际情况,研究制定禁毒工作规划方针。

2.组织协调辖区性禁毒规划方案实施,及时督促,检查,指导禁毒工作各项措施落实。

3.组织发动居民群众,充分认识毒品危害性,严重性,提高全民禁毒意识,敢于同毒品犯罪斗争。

4.全面地把握辖区毒情,摸清吸毒人员底数,组织人员对每位吸毒人员进行帮教,定期召开分析会,检查帮教工作,及时掌握被帮教人员戒毒动态。

5.组织协调派出所做好定期检工作,督促吸毒人员按时参加尿检。

6.努力达到新滋生吸毒人员逐步减少,复吸人员逐年减少,贩毒犯罪逐年减少。基本有效地遏止毒品蔓延势头。

普法教育制度

1.普法教育在村党支部、村委会领导下,由村普法依法治理领导组具体组织实施;

2.设立普法学校,坚持每月组织村民进行一次法律知识培训;

3.党、团员、村干部要带头学法、知法、懂法、守法、记好笔记;

4.采取报刊、专栏、座谈会、文艺表演、法律知识竞赛等形式进行普法宣传教育;

5.每年年终对党、团员、村委干部进行一次普法考试,并将结果存档。

第七节　老龄委员会

中村村老龄委员会成立于1992年,按照上级党委和政府的要求组成。马孝善为第一任主任,副主任郑吉祥,委员李家贺、乔吉合、王秀英。老龄委成立以来,自上而下形成领导重视、多方配合、资金倾斜的运行机制。老龄工作有部署,有检查、有考核,有评比,制度健全,活动经常。

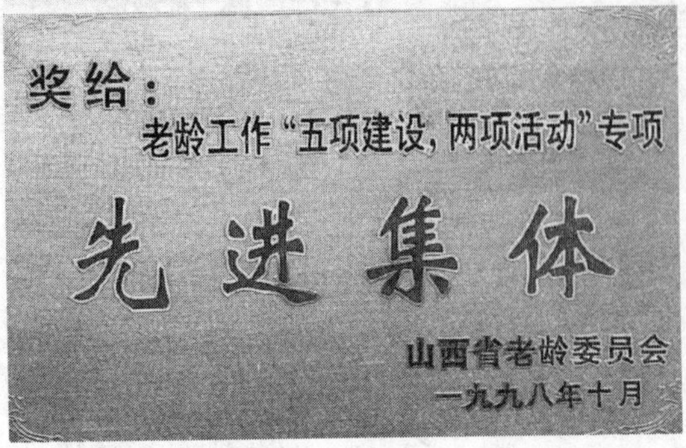

奖给：
老龄工作“五项建设，两项活动”专项
先进集体
山西省老龄委员会
一九九八年十月

村党总支、村委会十分重视老龄委工作，关心老年人生活，在财力、物力上给予了大力支持。

一是投资10万余元扩建改造了老年活动中心，购置了健身器材，娱乐用品，订阅《中国老年报》、《中国老年》等报刊，杂志40份。活动中心成为老年人学习、娱乐、健身的乐园。

二是1996年把“八·二五”矿洞确定为老年人创收基地，安排5名老年人负责矿管工作，按矿洞利润5%提取养老基金，累计12万元。

三是60岁以上老年人社会负担全减免。每年给老年人发补助金60元，春节发大米、食油等福利品。

四是老年人过生日、有疾病，村干部携带礼品登门慰问。对孤寡老人，村里实行“五保”。

五是老年人去世，丧事由红白理事会操办。

六是每年重阳节，村里组织座谈会，并发放毛巾被、床罩、衣料等实用性纪念品。

七是聘请名医为老年人免费检查身体。

八是村委小轿车为老年人外出看病免费服务。

九是组织老年人开展文体健身活动。

坚持为老年人办实事，体现了社会主义的优越性。中村被全国老龄委员会评为“全国敬老模范村”，被市、县评为“老龄工作达标先进村”。

附录：

尊老敬老文明村标准

1.村委有尊老敬老条文和制度；

2.制定并实施高龄养老补贴，优惠、优待制度；

3.定期组织老龄人体检，并建有老年健康档案；

4.建有老年人活动场所，内容丰富多彩；

5.每年老年节、春节等节日，组织老年人举办庆祝活动，并对老年人慰问。

6.对老年人“老有所为”，进行有效的组织，提供适当条件，能充分发挥老年人的作用。

7.没有不尊重、不敬老或被家庭子女侮辱虐待、歧视、遗弃老年人的现象。

尊老敬老文明户标准

1.家庭和睦,子女对老人做到“五不”,即不生气,不推诿,不打骂,不虐待,不干预正常交往。

2.老年人居室清洁,衣被干净,穿戴做到冬有棉,夏有单,里有衬,外有罩。

3.春节、老年节及老人生日,子女要向老人祝贺庆寿。

4.老年人不断零花钱。

5.老年人有病能得到及时治疗,不因任何原因拖延病期。

6.家庭敬老气氛和睦融洽,家庭成员无违法乱纪行为。

7.老年人关心教育下一代,并在身体许可的条件下承担一些家务事。

尊老敬老文明人标准

1.能自觉带头尊老敬老,并教育子女和身边人尊老敬老,事迹突出。

2.热心主动为老年人排忧解难办实事,成绩突出,事迹感人,群众公认。

3.勇于向侮辱虐待、歧视老人行为作斗争,积极维护老年人的合法权益。

4.有开拓精神和奉献精神,在发展老年事业和为老年人服务方面有突出贡献。

老年人活动制度

一、老年人活动在村老龄委的领导下开展。

二、每月十日为活动日,主要内容:学政策,思想上跟上形势;学技术,开拓老有所为途径;学法律,依法维护自身权益;学保健,提高健康水平;开展文体活动,丰富精神文化生活;发扬革命传统,关心教育下一代;提合理化建议,发挥自身参谋作用。

三、坚持月有小活动,季有小竞赛,年有小联欢,积极参与,老有所乐。

尊敬老人十标准

逢年过节有慰问,老年节日有庆祝,
侵犯权益有人管,孝敬老人有表彰,
老人生日有祝贺,社会敬老有公约,
养老状况有检查,敬老新事有宣传,
身体状况有档案,贫困特困有人包。

坚持以人为本 老龄工作注重实效

——沁水县中村镇中村村

我们中村村地处沁水西南35公里处的历山腹部，全村12个村民小组,800户,2495口人,现有老龄人口199人,占总人口数的8%。

近年来,面对人口迅速老龄化的现实,我村党总支、村委会坚持以人为本的理念,立足村情,面向未来,把老龄工作贯穿小康建设始终。坚持“围绕小康抓老龄,抓好老龄促小康”的指导思想,以“老龄人的今天就是我们的明天”为鞭策,把老龄工作作为农村一项重要事业,紧紧放在心上,抓在手上,高点推进,全方位启动,实现了“老有所养、老有所医、老有所为、老有所学”,有力地加快了小康建设进程。2005年农村经济总收入达644.3万元,人均纯收入3202元。先后被省委、省政府命名为“精神文明建设先进村”,被市老龄委授予“尊老敬老文明村”,“老龄工作先进村”等殊荣。我们的具体做法是:

一、加强领导,议事日程有位置

尊老敬老是中华民族的传统美德，在市场经济的大潮中，能否发扬这种传统,弘扬这一美德,是对农村干部自身素质的一大考验。我们村多年形成一种好的风气,不论班子如何调整,老龄工作规划蓝图始终不变。我们坚持把老龄工作列入两委班子主要议事日程,纳入目标管理,做到了“三同时三优先”,即在研究经济工作的同时,优先研究老龄工作的开展;在安排重点工程资金投入的同时,优先安排老龄工作所需资金的投入;在检查经济工作运行动态的同时,优先检查老龄工作运行现状,总结表彰同步进行。村里成立了老龄工作组,总支书记任组长,“一把手”负责亲自抓。1992年村成立了老龄委、成员由5人组成,老龄委主任由德高望重的村离职干部或离退休回村的老干部、老教师担任。15年间,老龄委主任因病去世3人,而老龄工作延续从不间断,做到了思想上有位置,组织上有保证,日程上有安排,工作上有部署,定期研究,定期检查,定期考核,使老龄工作步入目标化、规范化健康发展的轨道。

二、重办实事,敬老活动有特色

家家有老人,人人都活老,关爱、关心老龄人是村级干部的神圣职责。介于此,我们开展了多种多样的敬老活动。一是投资10余万元,扩建改造了老年人活动中心,活动室面积120余平方米,购置了健身车、跑步机、按摩椅等8套健身设施,添置了象棋、乒乓球、台球、麻将等娱乐器材,订阅了《中华老年报》、《中国老年》等各种报刊、杂志40余份,制定了切实可靠的管理制度并硬化上墙。日常事务由老龄委安置专人逐月轮流管理,坚持常年组织活动,使老年人活动中心成为老龄人学习、娱乐、健身活动的乐园。二是创建老龄人创收基地。1996年将村矿洞作为基地,安置5名老龄人从事矿山管理工作。矿洞枯竭后,2002年村里又将中冶煤矿型煤厂做了创收基地, 按上交村利润5%利润比例提取养老专项基金,累计提取专项基金达20余万元。所提基金、设立专账、专款专用,为发展老龄事业奠定了坚实的物质基础。三是60岁以上老龄人减免电费、闭路收视费、生活用煤费,每月给老龄人发放生活补助金20元,年关发放大米、食油等生活福利品。三是老年人过生日,村干部上门祝贺,老年人生病或逢年过节,村干部携带鸡蛋、白糖、饮料登门慰问已成惯例。对于无儿无女孤寡老人,村里实行五保供养,使他们安度晚年。四是老年人去世,丧事由村红白理事会操办,集体送花圈举行追悼会。五保老人刘福田、谭相悟、刘录基去世后,村干部亲自坐镇安排丧事,一组一个花圈,村民组长、党员组成送葬队伍,没儿没女比有儿女老人的丧事办的还隆重。五是每年的九九重阳节,村里都要把老龄人组织在一起座谈庆贺,发放毛巾被、电热褥、床罩、衣料等实用物品,十五年间,累计发放物品款额达10万余元。六是每年聘请外地和本县名医为老年人进行健康检查。2006年村里为老年人提供资金全部加入新型合作医疗保障体系。七是村集体小轿车为老年人外出治病、检查,免费提供服务,随叫随到。八是坚持经常组织老年人开展文体、健身活动,发挥老年人余热,成立了老年人体操队、文艺宣传队,自编自演在方圆里近造成了轰动效应。九是弘扬尊老养老新风,对一年一度评选出的"五好家庭"举行隆重挂匾表彰仪式,给好儿媳披红戴花,营造尊老敬老氛围,全村涌现了"五好家庭"63个,文明户占全村总户数的96%。十是依法保护老年人权益,及时为他们排忧解难。近年来,调解2起家庭房产继承涉及养老纠纷,帮助3对老年人结成了合法夫妻,安置16名老年人从事力所能及的街道(自然庄)卫生管护工作。

三、高点推进,老龄工作有成效

坚持为老年人办实事,体现了社会主义优越性,是"三个代表"和"保持共产党员先进性"的内涵。在抓老龄工作的同时,我们因势利导高点推进,发挥老年余热,发挥各自特长,积极投身新农村建设,成为农村一道亮丽的风景线。老年禁赌协会,老年民事义务调解小组、老年义务卫生监督组、老年道德评议组、老年科普宣教组等组织相继产生,坚持常年活动,不要分文报酬,深受群众赞扬。72岁老年人王秀英,组织妇女卫生督查组,不分白天黑夜巡视在大街小巷,抓卫生工作从不间断。66岁老年人李家贺组织离退休的教师组成科技宣教组,深入农户、自然庄宣传科技法律知识,不论刮风下雨,田间地头、家庭院落总有他(她)们的身影在闪动……老龄工作健康有序的开展,不仅维护了农村稳定,有力地促进了精神文明建设的开展，而且为新农村建设营造了宽松的发展环境。我村坚持20年无上访告状，无重大刑事案件、无超计划生育、无虐待老人、轻视妇女儿童现象，实现了“小有教、老有养、病有医、乐有场”，到处呈现一派文明、富裕、祥和的景象。

中村村党总支历年荣获县级以上表彰奖励统计表

时　间	表彰单位	表彰内容
1986	沁水县委	党员教育先进集体
1986	晋城市委	先进集体
1986	晋城市委	农村先进基层党支部
1986	晋城市委组织部	党日活动流动金杯
1987	沁水县委、政府	党建先进集体
1987	晋城市委组织部	党日活动流动金杯二连冠
1988	晋城市委组织部	党日活动流动金杯三连冠
1988	沁水县委	先进集体
1989	晋城市委	先进集体
1990	沁水县委	党建工作先进集体
1991	沁水县委	红旗党支部
1992	晋城市委	先进党总支
1993	晋城市委	先进基层党组织
1993	沁水县委	红旗党总支
1995	沁水县委	红旗党总支
1995	晋城市委	先进基层党组织
1996	晋城市委	党建先进村
1997	晋城市委	党建红旗单位
1997	晋城市委	党建红旗党支部
1997	沁水县委、政府	党建先进集体
1997	沁水县委、政府	红旗党总支
1998	山西省委组织部	农村基层高标准建设红旗党总支
1998	晋城市委	先进党总支
1998	沁水县委	先进集体
1999	晋城市委	先进基层党组织
2000	沁水县委、政府	党建工作先进单位
2001	沁水县委	红旗党总支
2001	晋城市委	先进基层党组织

时　间	表彰单位	表彰内容
2002	晋城市委	“三个代表”学教活动先进集体
2002	沁水县委	先进党组织
2002	沁水县委	学教工作先进集体
2003	沁水县委	2002 年度党建工作先进集体
2003	晋城市委	先进基层党组织
2004	沁水县委	先进基层党组织
2004	沁水县委、政府	2003 年度党建工作先进集体
2006	沁水县委、政府	先进基层党组织
2007	沁水县委、政府	先进基层党组织
2008	沁水县委	五个好基层党组织
2009	沁水县委	先进基层党组织
2009	晋城市农村党员干部远程教育领导协调小组	四星级终端站点
2010	团县委	五四红旗团支部
2010	沁水县委	先进基层党组织
2010	县妇联	先进基层妇女组织

中村村历年荣获县级以上表彰奖励统计表

时　间	受表彰单位	表彰单位	表彰内容
1984	业余剧团	晋东南地区行政公署文化局	荣获 1984 年全区文化艺术振兴奖
1990	中村村	晋城市委、政府	贯彻中共中央《公开信》先进集体
1991	中村村	山西省体改委	农村改革红旗单位
1992	中村村	晋城市政府	村民自治达标村
1993	中村村	晋城市工商行政管理局	1992-1993 市级文明集贸市场
1994	中村村	山西省体改委	深化农村改革红旗单位
1995	中村村	晋城市委、政府	模范集体
1995	中村村	山西省委、政府	千万元村
1996	联运公司	晋城市工商行政管理局	捐款救灾献爱心
1996	中村村	晋城市委、政法委	晋城市政法基层工作先进单位
1996	中村村	山西省委、政府	精神文明建设先进村
1996	中村村	晋城市委、政府	清理整顿农村财务先进村
1996	中村村	晋城市委、政府	老龄工作先进单位
1997	中村村	晋城市委、政府	文明村标兵
1997	中村村	晋城市政府	集资办学捐资助教先进集体
1997	中村村	沁水县委、政府	社会治安交通安全文明示范村

时　间	受表彰单位	表彰单位	表彰内容
1997	调委会	沁水县委、政府	先进集体
1997	中村村	晋城市委、政府	文明村标兵
1997	中村村	晋城市老龄委	老龄工作达标村
1998	中村村	晋城市政府	电话村
1998	中村村	沁水县委、政府	先进集体
1998	中村村	沁水县委、政府	中下公路建设先进单位
1998	中村村	晋城市老龄委	尊老敬老文明村
1999	调委会	晋城市政府	先进集体
1999	中村村	沁水县委、政府	人均纯收入先进集体
1999	中村村	沁水县委、政府	安全文明创建活动先进集体
2001	中村村	市依法治市领导组	1996-2000 普法依法治理先进集体
2001	中村村	山西省计划生育协会	获山西省计划生育协会第四次 全省会员代表大会文艺演出优秀奖
2001	中村村	沁水县科协	2000 年科技工作先进单位
2002	中村村	沁水县委、政府	老龄工作先进集体
2002	中村村	沁水县委、政府	人均纯收入先进集体
2003	中村村	市精神文明建设指导委员会	2002-2003 文明村
2003	调委会	沁水县司法局	先进集体
2003	中村村	市综治委	市级安全文明村
2003	调委会	市司法局	高标准调委会
2003	民兵营	市政府、军分区	2002 年度先进民兵营
2003	中村村	沁水县委、政府	2002 年度先进集体
2003	调委会	市委、政府	晋城市优秀人民调解委员会
2003	调委会	山西省司法厅	山西省优秀人民调解委员会
2004	民兵营	市政府、军分区	2003 年度先进基层民兵营
2004	中村村	沁水县委、政府	2004 年两节文化活动 广场故事优秀演出奖
2004	中村村	沁水县委、政府	2003 年度村村通工程建设先进集体
2005	中村村	沁水县司法局	2004 年度民主法制 示范村创建先进集体
2005	中村村	沁水县委	2004 年度精神文明建设先进集体
2005	中村村	市教育局	2004 年度农村寄宿制 学校建设工作先进集体
2005	中村村	市文明办	2004-2005 文明村标兵
2006	中村村	县委、政府	2001-2005 普法依法治理先进集体

时间	受表彰单位	表彰单位	表彰内容
2006	中村村	市教育局	农村寄宿制学校建设工作先进集体
2006	中村村	市教育局	农村中小学危房改造工程先进集体
2006	中村村	全国老龄工作委员会办公室	全国敬老模范
2007	中村村	晋城市精神文明建设指导委员会	2006-2007 文明和谐村
2007	中村村	沁水县委办公室 沁水县政府办公室	2007 年春节元宵 文化活动展演一等奖
2007	调委会	山西省司法厅	山西省优秀人民调解委员会
2007	中村村	沁水县司法局	2006 年度司法行政工作先进集体
2007	中村村	晋城市妇女联合会	巾帼文明示范村
2007	中村村	沁水县纪律检查 委员会、县委宣传部	清风之声、文明之歌、沁水县 第七届消夏晚会优秀节目奖
2008	中村村	沁水县妇女联合会	和谐家庭创建活动先进集体
2008	中村村	晋城市精神文明建设指导委员会	2006-2007 文明和谐村标兵
2008	中村村	沁水县精神文明建设指导委员会	2006-2008 年度文明和谐村
2008	中村村	沁水县委防范和 处理邪教问题领导小组	2007 年度无邪教创建活动达标村
2008	中村村	晋城市委、政府	和谐村
2008	中村村	县委办、政府办	2008 年“两节”文化活动 传统民间文艺展演二等奖
2008	民兵营	晋城市政府、军分区	2007 年度先进民兵营
2008	中村村	沁水县委、政府	2007 年度新农村建设先进集体
2009	中村村	沁水县老体协	第三届中老年人运动会 健身球比赛优秀奖
2009	中村村	沁水县文体局	第三届赵树理文化艺术节 健身球项目展示优秀奖
2010	中村村	沁水县委	先进集体
2010	中村村	沁水县老体协	先进单位
2010	中村村	沁水县防范和 处理邪教问题领导小组	防范和处理邪教问题工作先进集体

中村村个人历年荣获县级以上表彰奖励统计表

时间	姓名	职务	表彰单位	表彰内容
1973	马孝善	书记	沁水县委、革委	劳动模范
1974	马孝善	书记	沁水县委、革委	先进工作者
1983	马孝善	书记	沁水县委、政府	劳动模范
1986	马孝善	总支书记	晋城市委、政府	优秀党务工作者
1986	马孝善	总支书记	沁水县委	先进工作者

时　间	姓　名	职　务	表彰单位	表彰内容
1989	马孝善	总支书记	沁水县委	劳动模范
1990	马孝善	总支书记	沁水县委	优秀党务工作者
1992	李怀玉	总支书记	沁水县委	优秀党务工作者
1993	李怀玉	总支书记	沁水县委、政府	劳动模范
1993	李怀玉	总支书记	晋城市委	优秀党务工作者
1994	李怀玉	总支书记	沁水县委、政府	劳动模范
1994	李怀玉	总支书记	沁水县人大常委会	优秀人民代表
1995	李怀玉	总支书记	晋城市委	优秀党务工作者
2000	李怀玉	总支书记	晋城市委、政府	全市“十佳”思想政治工作者
2003	郑　芳	总支书记	沁水县委	优秀共产党员
2004	郑　芳	总支书记	沁水县委	优秀党务工作者
2005	郑　芳	总支书记	沁水县委、政府	优秀村干部
2006	郑　芳	总支书记	沁水县人大常委会	优秀人民代表
2006	郑　芳	总支书记	晋城市委、政府	优秀农村党支部书记
2006	郑　芳	总支书记	晋城市委	优秀共产党员
2006	郑　芳	总支书记	沁水县委、政府	优秀村干部
2007	郑　芳	总支书记	沁水县委、政府	优秀村干部
2002	霍明明	副书记	中华人民共和国司法部	模范人民调解员
2003	霍明明	副书记	山西省司法厅	山西省优秀调解员
1994	李忠忠	副书记	共青团山西省委员会	“三项建设活动”优秀青年突击手
1994	李忠忠	副书记	共青团晋城市委	“三项建设活动”优秀青年突击手

中村村县以上党代表、人大代表、政协委员名录

姓　名	职　务	出席时间	备　注
马孝善	党总支书记	1989年	省党代会代表
李怀玉	党总支书记	县十一届、十二届人大代表	市四届人大代表
郑　芳	党总支书记	县十三届、十四届人大代表	市五届人大代表
李国宏	教　员	县第五、六、七届	政协委员

第四卷 文化体育

第一章 文 艺

文化是人类在社会历史过程中所创造的物质财富和精神财富的总和，它是经济、政治、社会发展水平的综合体现。中村长期以来是沁水县西部地区经济、政治中心，因而也是文化中心。有史以来，中村的传统文化底蕴深厚，文化体育生活丰富，文艺活动形式多样，群众参与积极广泛。清代鼓书、秧歌、八音会流行乡里，民国初年村人李明旭创办“宝戏楼”，举办“娃娃班”，有了文艺团体。村民对文化生活的渴求也与日俱增，每年的庙会都要聘请戏班演出，既能欣赏东戏（上党梆子），也能欣赏西戏（蒲剧），更爱看豫剧。在一个时期，一届庙会竟要聘请两个戏班，分东庙、西庙两处唱对台戏。

解放后，党和政府更加关心群众的精神文化生活，群众性文化活动更加丰富多彩，同时政治宣传和娱乐形式有机结合，实现了寓教育于娱乐之中。多年来，中村村的剧团、宣传队活跃在邻县、乡里、民间，并多次参加省、市、县、镇的各类文体比赛，受到群众和领导的好评，多次获得奖励。1971 年、1978 年参加晋东南文艺汇演均获得一等奖，当时名扬晋东南；历年参加“元宵节”文艺竞赛，必然捧金而归；2001 年山西省文化厅授予“文化工作示范村”称号。中村的文化工作一直位居于全县前列。

第一节 文艺组织

一、蒲剧团

蒲剧又称“蒲州梆子”，俗称“乱弹戏”。因起源于蒲州（今永济市）而得名，长期流传于秦、晋一带。解放前，中村每逢庙会，必然请外地戏班子到中村演出，以

蒲剧和眉户剧团为多。

20 世纪 20 年代，本村人士李明旭先后在绛县、翼城创办了蒲剧“娃娃班”，1935 年正式办起专业蒲剧团，称“宝楼戏”蒲剧团。因吸收晋南杨虎山（二净）、张开怀（二净，艺名“山上红”）、曹福海（须生，洪洞人）、闺女（武生，翼城人）、安娃（正旦）、福龙（小旦）等蒲剧名艺人，成为当时颇有名气的戏班。演唱的传统剧目有《六月雪》、《假金牌》、《玉虎坠》等。1938 年，日军侵占中村一带，剧团解散。

本村李树富、李树昌、韩殿魁、杜仲源、谭怀金等很多年轻人就在“宝楼戏”班学艺，并登台演出。

建国初期，村人张耀庭等自发组织，在晋南聘请艺人恢复了蒲剧团，称“黎明剧团”；1953 年，中村初级农业社吸收张马剧团的名演员成立业余蒲剧团，后改名为“沁水县光明蒲剧团”。光明蒲剧团为提高戏剧质量，先后选送樊瑞秀、丁虎、张平、乔执兰等人到临汾戏校学习深造。这批演员经过多年的磨砺，成为剧团的台柱子，曾多次参加山西省、晋东南地区的观摩演出，荣获一、二等奖。

1961 年，光明蒲剧团收归县管。

1982 年，在大队文艺宣传队的基础上重新组建“沁中蒲剧团”，演职人员达 60 余人。剧团由李树锁任团长兼业务，聘请运城市蒲剧团周怀喜、高雨雷，绛县王二漫临时作导演，村中蒲剧老艺人谭怀银、刘锦怀作指导，先后排演古装及现代剧目十七本。主要有：蒲剧《海瑞罢官》、《生死牌》、《长坂坡》、《港口驿》、《升官记》、《落阳桥》、《雁塔寺》、《算粮登殿》、《文武魁》、《金水桥》等；现代剧《沙家浜》、《红灯记》；眉户剧《亲山探亲》、《买奶牛》、《车轮飞转》、《青山站》、《送礼》、《打扁担》、《一颗红心》、《抬花轿》等；道情剧《一块磨石》、《选女婿》、《半个脑袋》、《一粒米》等。剧团活跃在晋城、高平、长治、绛县、垣曲、翼城、浮山、陵川、阳城等 10 多个市、县，演出上千场次，受到当地群众的好评。1983 年后，剧团受市场影响而解体。

二、文艺宣传队

20世纪60年代后，中村大队民兵营在全村男女青年中挑选优秀文艺爱好者组建了文艺宣传队。宣传队在党支部的领导下，配合中心工作，积极宣传党的方针政策，宣传本村的先进事迹。排演有革命样板戏《红灯记》、《沙家浜》、《白毛女》等，自编自演的《六个大嫂去治滩》、《四个老头学大寨》、《看看中村新变化》等节目为群众喜闻乐见。1971年，由李勤书、李树锁、刘铭祥、刘瑞萍、李秀兰等主演的晋南道情《一粒米》，参加晋东南地区文艺汇演，获得一等奖，受到领导和观众一致好评。

1978年，由李树锁、马凤、侯法法、刘铭祥主演的《半个脑袋》，参加晋东南地区文艺汇演，再次获得一等奖。

1982年，文艺宣传队正式改为“沁中蒲剧团”。

三、八音会

旧时，八音会是农村和城镇文艺爱好者的业余活动组织，因以古代“金、石、丝、竹、匏、土、革、木”制成的乐器叫做“八音”而得名。20世纪40年代，本村村民自筹资金、自愿组织八音会，分东街、西街两个队。主要成员有谭先悟、乔兴邦、李有章、李树兴、李苗林、李家常等人，李有章掌鼓板，李家常掌锣，赵转正撞钹，左引旺、乔兴邦吹唢呐。演奏的曲牌有：《长皮》、《四股头》、《小十番》、《大十番》、《节节高》、《流水》等。八音会服务于节日喜庆、婚丧嫁娶，活跃在村里民间。

四、民乐队

20世纪90年代，为活跃农村文化生活，村民刘二虎、郭建云和翼城人曹琦合作集资创办了民乐队，聘有演职员16人。配置西洋乐器小号、长号、巴黎顿、架子鼓、洋鼓、电子琴、电吉他、大锣、小锣、音响等。主要服务于周边地区开业大典、喜迁新居、庙会助兴、生日寿庆、婚丧嫁娶、周年祭祀等活动。演出节目有蒲剧、眉户、道情、小品、歌舞等，形式多样，有偿服务。

五、威风锣鼓队

2002年,中村村委投资6万元,购置大鼓4面,小鼓16面,中鼓4面,大钹36对,小钹16对,锣30面,成立了女子威风锣鼓队,共有队员80人。

威风锣鼓队员身穿古装戏剧衣服,表演队列整齐,锣、鼓、钹穿插有序,一名领队手举红、白两色小旗指挥全体队员表演。演奏锣鼓节奏分明,变化多样,阵容强大,气势恢宏。

六、腰鼓队

腰鼓队成立于2002年,聘请陕西师傅传教。中村的腰鼓把“路鼓”和“场地鼓”结合起来,表演时由伞舞领头指挥,众演员随之翩翩起舞。表演节奏有快有慢,动作幅度有大有小,队形变换多而有序,鼓箭挥舞,彩绸翻飞,极富艺术感染力。

第二节　文艺活动

中村村的文艺活动时间集中在正月十五元宵节和四月初八、七月十五等两次庙会,尤以“闹元宵”为全年高潮。庙会以邀请剧团唱戏为主,清(朝)末民(国)初每年起会,东庙、大庙同时请戏班竞唱。七月十五庙会规模大、时间长,人员也多,远至河南洛阳、晋南运城、临汾都来赶会。在“文革”时期,中村庙会也未曾中断。现时,中村仍继承庙会这个传统,每次庙会都请两个剧团,唱戏十天,方圆数十里的群众都来观看。

“闹元宵”活动形式和内容比较丰富,但大体可分为两类:闹社火,耍故事。

一、社火

(一)挂彩灯

正月十四日晚,村里家家户户门前悬挂彩灯,同时东社在侯家胡同,中社在南胡同,西社在大槐树胡同,各集中挂灯。解放后,东西大街、新建东西街两旁成为集中挂花灯的地方。花灯式样琳琅满目、五彩缤纷,有老汉灯,媳妇灯,西瓜灯,白菜灯,四角灯,八角灯,大龙灯,行马灯……,应有尽有,各具特色。

(二)盘狮火

正月十三左右,街道两旁有各社按划分地点用砖块盘砌狮子形象的生炭炉火,一是传说可以驱魔镇邪;二是正月中村气候寒冷,供观看元宵之人烤火取暖。

这一习俗，一直延续到21世纪初。

（三）点老杆

“老杆”即在村中央竖起的3根10多米高的粗木杆，从上到下挂满鞭炮。正月十四日晚，村里社首老汉们在搭好的“老杆”棚前烧香上供、三叩九拜，礼毕开始点“老杆”（即点燃三根老杆上的鞭炮）。此活动以祈祷来年五谷丰登，六畜兴旺。

（四）打铁花

正月十五夜晚，在各社耍故事的同时，村人在观上庙前支风箱、土坩埚将生铁化为液体，用勺子取铁水抛向空中，再用木板打散。夜空铁花飞溅、火星四射，加之一人在旁边燃放自做的烟花，元宵烟火成为一道最靓丽的风景。

（五）荡秋千

中村村每年腊月开始搭秋千，二月二卸秋千。秋千地址先后在西阁马道外、西庙后操场、沙圪梁、前河场地、林场球场、农贸市场等处。每逢元宵节，村中男女老幼走出家门，争相荡摆，有单人蹬、双人蹬、带人蹬，看谁蹬得高，花样多，姿势美。荡秋千是胆量、智慧、艺术的集中统一。

二、耍故事

耍故事从正月十四开始，村中三大社的文武故事班、抬阁队、鼓乐队等走街穿巷，进庙入院表演节目。解放后，城西下川乡、土沃乡及附近各村正月十五曾组织队伍到中村汇演。

传统故事主要有：

（一）扛桩

由表演者将桩架固定在腰间，架上扛有一个或两个少年男女扮作戏剧里的人物，随音乐、鼓点扛桩者与扮演者协调表演。最流行的节目是《大闹天宫》、《白蛇传》、《三国演义》等。

（二）踩高跷

跷有高跷、二跷之分，形状相同，高低不等。高跷一般距地3尺，二跷一般距地尺余。跷棍上装有脚蹬，表演者两腿与跷棍捆绑在一起，再套上特制的宽腿裤子。表演时文武高跷混踩，弦乐伴奏，边走边舞，技艺高的演员还能空翻、跌叉等。表演内容有《穆桂英挂帅》、《十二寡妇征西》等。

（三）打花棍

花棍由两公分粗细、一米五左右的木棍或竹棍为器械，用彩绸或彩纸装饰，两头配有团花和铃铛。表演者多为青年，人数不等。表演时每人可手持单棍或双棍，随着音乐节奏，整齐地击打。其动作有：打平棍、打左肘、打右肘、打肩、转棍。

该节目粗犷豪放，热烈矫建，充满激情。

（四）耍火龙

“闹元宵”耍龙为重要传统节目。龙用竹篾编制而成，分龙头、龙身、龙尾三部分，表面罩以画有龙鳞的彩带、彩布，内装蜡烛灯。龙的长度不等，分段安装着舞把，表演者每人持一把，随领舞者挥耍。舞法有老龙漫游、蛇蜕皮、大翻身、盘龙戏珠等。夜晚表演叫“耍火龙”，龙嘴里安装有专门的烟火，不时喷火吐星，犹如翻江倒海。

（五）跑旱船

旱船用条木制成船形，装有桅杆和花灯，“船舨”上饰有假腿假脚，盘座于上。“船内”留 1—4 个演员位置。表演时，由一名“艄公”划桨行船，跑船者用搭在肩上的带子将“船”拖起，在悠扬的乐曲声中碎步行走。表演要求步履轻盈，“船”身平稳，恰似行云流水、帆船游荡。

（六）舞狮子

狮子舞在城西一带广为流行。“狮子”用竹签条扎成，皮毛用麻皮染色。做“狮子”的工艺重在“狮子头”，村人曾用簸箕巧装而成，也显得活灵活现。20 世纪 90 年代后，村委从外地购回大、小狮子道具 60 套，并从外地请师传艺，成立了舞狮队。狮子舞每只狮子有二人表演，前边一人舞头，后边一人耍尾。无论单狮舞或群狮舞，前面都有一人手举红色绣球引逗。“狮子滚绣球”是优秀的传统节目。

（七）圪栏棒

俗称“连枷拐”，旧时在中村一带流行。道具有九节鞭、三节棍、矛、盾、刀、剑等。表演时两人对打，有一定的武术套路，混战声噼啪叮咣惊心动魄。表演最多的节目乃水浒故事《三打祝家庄》，令人百看不厌。

（八）花鼓

流传于中村的花鼓有文花鼓和武花鼓。文花鼓演员扮相文雅，有风趣幽默之感，以优美的串场变化，配合音乐细演细唱；武花鼓扮演者头扎英雄人物结，威武豪爽、气宇轩昂，在场内边打、边舞、边唱。花鼓曲牌有老长皮、单进门、双进门、一窝蜂等，演员踩着乐器节奏载歌载舞。

（九）秧歌舞

民间流行的一种集体舞，舞蹈者手持锣、鼓、钹，边敲边舞。演员可多可少，队形整齐多变。其特点是形式灵活，动作简单，适于群众性的大型表演活动。

（十）二鬼扳跌

又称木偶摔跤。该节目由一个表演者背上再饰绑一个假人，酷似两个“鬼”互相拥抱在一起。广场表演时，表演者手、脚四肢着地，背部摇晃，两个“鬼”翻滚跳跃，磨爬扭打，表演妙趣横生，故称“二鬼扳跌”。

（十一）中村评书

中村评书全用中村方言，节目均为小段无长篇，只有村民李树德一人会表演，而且表演得幽默风趣，引人发笑。如他表演的《下沁水》，以交通道路为内容叙述六七十年代群众行路的艰难，《计划生育好》生动地讲述了多生孩子的困难等。但是，由于中村方言只有中村地区和晋南人能听懂，加之没有接班人，李树德逝世后，中村评书也在舞台上消失。

第三节 文艺场所

戏台：中村大庙、东庙、西庙修建时都建有戏台，均为南台。旧时赶庙会、唱神戏都在庙里。西庙改为学校后再没唱戏，东庙失修后也再没唱戏，大庙唱戏时间长、演出多，戏台一直保留到20世纪70年代末。

舞台：创修于1984年，占地面积5000平方米，可容纳观众1500余人。改革开放以来，群众文化活动日益繁荣，舞台成为主要场所。每年农历四月初八日、七月十五日两次传统物资交流大会期间的剧团演出，以及重大节日庆贺晚会均在舞台演出，年演出30多场次。

俱乐部：1980年，中村大队兴建农民俱乐部10间，建筑面积640平方米，可容纳观众300多人，既可召开一定规模会议，也能排练文艺节目，同时供村民唱歌、练舞、娱乐。

影剧院：1984年，中村镇人民政府为满足群众看电影的需要和提高放映质量，在大庙原址兴建电影院，可容纳观众800多人。随着电视的兴起普及，电影业市场弱化，影剧院改作他用。

文化长廊：随着社会的进步，时代的发展，村民物质生活极大提高，同时文化生活需求越来越迫切。村委为满足大家需要，结合新农村建设，拆除原河道上的商贸房，新建了文化长廊。早晨妇女街舞欢跳，白天老人逍遥戏聊，晚间青年轻歌曼舞，文化生活丰富多彩。

赵锁柱文化大院：村民赵锁柱组建，主要项目有民间吹打乐、眉户小戏、威风锣鼓等，年演出80余场。

第二章　传　媒

第一节　广　播

20世纪50年代，为适应宣传总路线，大跃进、人民公社的需要，在大庙戏台西跨后沟河修建了五层高的广播台，配有几只用铁皮制作的长喇叭，每次安排几个人登上广播台，一个人念报纸、消息或编写的稿子，几个人分别在四面窗口用喇叭向外传播。李元埠、李淑芝等曾担任广播员。随后学校也安排学生轮流广播宣传。

20世纪60年代，县里建立起有线广播站，组织各公社在农村安上广播喇叭，统一由公社转播站转播。中村在1961年实现院院喇叭化，早午晚能听到新闻广播、文艺节目。70年代公社办起放大站，广播喇叭普及到农户。同时村里又购置了100瓦扩音器和高音喇叭，用以通知开会、传达文件、预报天气、播放戏曲，丰富了村民文化生活。80年代后，半导体收音机逐渐普及，收录机、功放机、VCD进入村民家庭。

第二节　电　影

中村村首次放电影是在1952年。当时山西省“电影工作教育队”在全县各村巡回放映。1956年，省八一放映队固定在沁水县放映，先后使用苏式“乌克兰”放映机、捷克放映机，用13/2型四型四冲程发电机、1101型发电机。1958年提倡社办电影队，沁水电影二队下放中村。1971年沁水县发展公社电影队，使用8·75毫米放映机。中村公社于1976年成立电影队，1984年在大庙原址拆除舞台新修“丹坪电影院”，可容纳观众800多人，配有35毫米放映机一部，不仅黑夜放映，白天也可以放映。中共十一届三中全会后，村民刘二虎等人购置16毫米、8.75毫米放映机，在村里服务群众婚丧嫁娶、迁居新屋、生日做寿等。

电影作品:20世纪50年代末和60年代初以放映革命战斗故事片为主,如《平原游击队》、《智取华山》、《地道战》、《地雷战》、《上甘岭》、《铁道游击队》等;“文化大革命”时期以放映样板戏为主,如《红灯记》、《沙家浜》、《智取威虎山》《红色娘子军》等;粉碎“四人帮”后以伤痕反思片为主,如《泪痕》、《牧马人》等。电影一度是群众最受欢迎的文艺形式。

第三节 电 视

1982年,村民李加强购买了一台14英寸黑白电视机,成为中村村第一台电视机。1984年,村党支部和村委会为活跃农村文化,集体购买电视机76台,每台村民出半价200元,差额部分由村集体补贴。20世纪90年代,村民购买电视机数量陡增,以19英寸、21英寸彩色电视机为多。为提高收视效果,沁水县钢铁厂在中村西岭上兴建电视差转台,信号覆盖率达到100%。

2002年,全村安装闭路电视,收看节目由原来的两三套增加为20余套。2008年底,全村有彩色电视机约900多台,多为21英寸至42英寸不等,很多家庭购有音响、录像机和家庭影院。

第四节 摄 影

解放初期有河南人在中村开有照相馆。20世纪50年代,村民刘杰云、乔克科开办了照相馆。改革开放后,村里一些青年人购置照相机,自娱自乐。

1984年,村民乔瑞龙自筹资金2万元,购置了摄影机、灯光机、放大器等摄影冲洗设备,服务于村民及周边地区。开展新婚当日照、学生毕业照、全家照等业务。之后,村民王马林,购置了更为先进的摄影机、影室造型、冲洗设备,开展婚丧录像、新闻摄影、旅游观光、广告画板等业务。影像记录珍存了历史瞬间。

第三章　图书发行

第一节　新华书店

新华书店一直是图书发行的主渠道。1958年中村公社成立新华书店，尚日旭曾负责经营，后因形势变化停业。

1983年，沁水县新华书店为扩大发行网点，方便群众购书，在中村新建北街兴修“沁水县新华书店中村门市部”，主要发行学校课本、学生读物、大众书籍等，年发行量可达10余万册，销售额约30万元左右。

第二节　图书室

中村农家书屋：1992年，村集体投资7000元创办书屋。目前，书屋使用面积60平方米，书架8个，阅读席位20个，总藏书2万余册，价码6万余元，藏书有经典著作及文学、历史、科技、农业、医卫、报刊、杂志等10余类。

中村小学图书室：使用面积56平方米，室藏图书19类14 802册，图书价码20余万元，生均22册。

育英幼儿园图书室：使用面积20平方米，藏书500余册，价码3000余元，幼儿人均2册。

中村初级中学图书室：建立于2001年，使用面积20平方米，有图书架11个，书柜2个，室藏图书2.4万余册，生均12册。

第四章 体 育

第一节 体育活动

中村村传统体育活动有：踢毽子、跳绳、拍皮球、掰手腕、抓石子、打蹦蛋、顶拐拐、摆秋千等；后来摔跤、拔河、赛跑等兴起。20世纪60年代中村林校、中村林场等单位成立后，篮球在中村兴盛，在工间和下午还不定时举行竞赛。学校体育课教授广播体操、单杠、双杠、跳远等项目。90年代，台球风靡，台球案在街旁、院落随处可见。21世纪，体育活动更加多样化，羽毛球、乒乓球、太极拳、健身舞等全民健身活动方兴未艾。

第二节 体育场所

专用体育场所在20世纪50年代只有小学有一块不标准的操场。60年代后，驻镇机关也先后建了操场，如中村公社、中村林场、中村中学、中村铁厂等。随着时代进步，群众体育活动兴起，村集体投资建成了休闲文化活动场所，占地面积1680平方米，安装各种健身器材50余件套。

育英幼儿园投资3万元，购置了体育器材蹦蹦床、滑梯、秋千、杠杆、旋转椅、摇栏及小型玩具2000余件，以培养幼儿体育锻炼习惯。

中村小学建成400米标准跑道，中村中学操场也达到标准，中村林场建成灯光篮球场，各单位健身房正在建设。

第五卷 教育卫生

第一章 教 育

教育乃千秋大业,教学育人是国家民族发展之根本。教育兴国家兴,教育衰国家亡。当今,国家与国家的竞争看似经济技术的竞争,实则是人才教育的竞争。一个地方的发展,首先要抓教育的发展,再穷也不能穷教育,再忙也不能丢教育,再失误也不能失误教育。中村近百年的发展离不开教育的发展,它使村人脱离愚昧,它使村人走向文明,它使村人幸福快乐。未来,人们会更加尊重知识,尊重人才,尊重教育。

第一节 旧时教育

中村的教育起源较早,具体时间无据考证。在村档案土改时所发房产证存根中,产邻四至栏记载有“书房院”三处,即:西街书房院巷(现侯园生宅院处)、大槐树巷(现刘虎虎宅院处)、大庙东北角(杜家院外)。村里年长者均不记得书房院巷、大槐树巷的书房。侯淑英老人回忆她在大庙东北角书房念过书,并在西街里头院(后院)念过书。推测明清时代私塾最为兴盛,中村略为殷实之家也极为重视后代文化学习,故设有“书房”。教材应以《大学》、《中庸》、《论语》、《礼义》等为主要内容。清末到民国初年,《三字经》、《百家姓》、《千字文》已列入学生的基本教材。

1922 年,沁水县第三高小在中村西寺创办,也称中村高小,学制为三年。开始有一个班,后发展为两个班,并附设初级部,是一所完全小学。学校开设国语、数学、历史、地理、经学、音体美等 11 门课程。1931 年后,改为新时代课程。1935 年,学校招收侯淑英、李玉贞两个女子入学,开创了沁水城西女子上学的先例。

1937 年,抗日战争爆发后,中村高小更名为民族革命第三高小。1939 年,中村被日军飞机轰炸，第三高小先后迁至南河村老君庙、涧河村大庙、南阳村庙。1942年2月，沁南抗日县政府成立后，中村高小改为抗日高小，搬往蒲泓村福胜寺。1946年，改为沁水一高。1947年秋，又从蒲泓搬回西寺。

中村高小从1922年到1947年共招收12个班，毕业11个班，毕业生约500人。中村高小是沁西地区的文化摇篮，为革命培养了很多骨干，张克、江地、王少亭、王维岳、李易书、高鸿基、程志远、靳秉诚、刘建基等都毕业于中村高小。中村高小对山区文化教育的发展做出了积极贡献。

中村高小首任校长是柴升秀，以后是韩凤鸣、柳松年、常焕彩、崔毓砚、刘杰科。教师有李伟、张学易、张学谦、柴宗绍、高富昌（慎之）等。1925年，因校长柳松年克扣学生津贴，引起了学生不满，加之在太原上大学的席天录、刘杰科等青年学生假期回家，曾到校作新文化运动的宣传，号召并组织学生起来要求罢免柳松年的校长职务，柳松年闻风而走。新校长常焕彩到校后，敢于革新，对师生要求严格，经常检查教师备课和学生自习。到期末要求教师加强复习指导，对成绩优秀的学生实行奖励，还组织学生搞短期旅行，极大地调动了教师和学生的积极性，教学工作取得了较好成绩。1936年教师秦冠军上国语只念不讲，学生很不满意。九班优秀学生靳文政、王朝山等发动学生签名要求更换国语教师，但校长常焕彩和部分教师压制学生，主张开除靳、王两位同学，后经学生家长和部分教师请求，二同学免去处分，不久秦冠军也被调离。

附录：

三十年代中村的教育事业

中村1920年前，没有学校，仅有的是一些私塾教育。辛亥革命后，随着清王朝的覆灭，科举制度的废除，新文化运动的不断深入和发展，到1920年左右，才开始办学校。先是中村小学，一开始校址设在村西头，一个叫“里头院”后边的小院里。开始时学生只有男生，后来才慢慢有了女生，但还带有一些封建色彩，同校不同班。所以，教员也有男、女之分。记得最先有城里来的姓张的一对夫妇分别教男、女生。后来灵娥、王敏玉和中村的侯淑英、李玉珍，都先后任过教。男教员也先后有中村的刘杰深、马得信、侯镇河、马如善等任过教。虽说当时教学内容和教学水平有限，可是它为中村新文化运动的发展和深入作出了一定的贡献。后来村里人出资在大庙的东北角修了一所北房上下16间，东西各上下6间的一院房子做校舍，一直用到1958年前后。

1920年前后，木凹也办了一所小学校，校址在杨家庄，由庄上一个只能认得几个字的老先生任教，教材是老一套的“三字经”、“百家姓”，教法仍是死记硬背。可是，它毕竟为木凹培养出了像刘展镖、杨占元这样一些在木凹有史以来第一代有文化有影响的人。

随着新文化运动的深入和发展，1922 年，中村又办起了一所高级小学校，命名“沁水县第三高小”，简称“三高”。校址设在中村西寺里。从建校到 1937 年，先后招过 12 个班，学制 3 年，学校开设课程有国文、算术、历史、地理、自然常识、英语、音乐、美工等。1937 年前共毕业 9 个班。不但为中村地区培养了一大批文化素质比较高的知名人士，也为中村地区 20 世纪初期的文化教育和经济发展，做出了很大的贡献。特别是后来在抗日战争和解放战争中像三班的王维岳、八班的张克等都成为抗日的中坚力量。而且还为当时民主革命中打倒封建势力，解放妇女，做出了表率，在九班率先招收了女学生，首批入学的有侯淑英（来凤）、李玉珍（三菊）、马引苗、张翠兰（海棠）、杨兰芬等五人。但只有侯淑英和李玉珍二人完成了学业，参加了县级汇考毕了业，且先后在中村小学担任过教员。后来在十、十一班也陆续招收了一些女生，如中村的刘英、三迷等，但因战乱大多数都没有念到底。

日本帝国主义发动的侵华战争给中华民族带来莫大的灾难，中村这一小小的山镇也打破了往昔的宁静。1939 年 3 月间的一次空袭，使村里的人们携儿带女，拖家带口到附近小村庄躲避轰炸。此时，学校初、高合一，由西寺迁往南河的大庙里。在此期间，发生过“十二事变”，曾有人到学校闹事，有一位姓段的被打跑了。还有一位姓李的教师不久也走了。这时由刘存到校代课，不久刘存也离去，由当时在小学任教的侯淑英代课。1940 年，日本人驻扎张马中村一带后，经常出来扫荡，无奈，学校又搬迁到了涧河。侯淑英也随校到涧河至 1942 年初。

中村高小从建校到 1942 年，校长先后由柴升秀、常焕彩、崔玉砚、刘杰科等担任。任教时间较长的老师有秦冠军、王家连、李长旭、李伟、高慎之、靳觉民、席占元等。能记得的学生，三班有王维岳、尚广华、侯镇河(洛书)、刘展镖（虎卿）、王芳林（兰亭）；八班有李广澎（江地）、李景洛（易书）；九班有王朝山、靳文政、王喜瑞、张战斌（克）、侯淑英（贞如）、李玉珍等。1936 年左右，因秦冠军上课不力，王朝山、靳文政领头罢过课。

据侯淑英（时年 86 岁）口述，刘天云整理。

二〇〇八年十月

第二节 学前教育

新中国成立后，党和政府非常重视教育，并从娃娃开始抓起。中村的幼儿教育得到了各级教育部门的重视。1954 年成立初级社时，中村分为 4 个社，各社选拔 2–3 名有初小文化程度和一定管理能力的青年妇女组成管幼儿小组，教习幼儿学儿歌、做游戏、识字和学算术。

1958 年公社化时，由 4 个幼儿组合成一个幼儿班，正式组建了中村幼儿园，园址设在牛家巷来福院。有教师 2 人，保育员 2 人，实行了包班制，并增添了读物、活动器械、玩具等，经费从管理区公益金中列支。

1967 年幼儿园迁至中庙院北房，联区派王茹芝、李英等人任教，开设了语言、计算、唱歌、体操等课程。

20 世纪 80 年代，全村学龄儿童增多，幼儿园再次迁往大队办公楼，联区派民办教师郑玉萍、高雪英、段元花任教，在原基础上又开设了常识、图画等课程。

1986 年，村两委在小学校址(西寺)上新建了幼儿园教室，幼儿增加到 120 余名，分大、中、小三个班级。教师高雪英、刘银花、牛玉兰等一心扑在幼儿教学上，探索幼儿智力开发方式，为小学教育奠定了良好基础，多次被评为“晋城市先进幼儿园”、“县幼教先进单位”。教师郑玉萍被评为市劳模，1988 年转为公办教师。

1995 年，为彻底改变幼儿园的面貌，发展幼儿教育事业，村“两委”多次研究，决定兴修一所幼儿园。是年 5 月 2 日“中村育英幼儿园”在新建南路原外贸站旧址奠基新建，占地面积 2800 平方米，建筑面积 2153 平方米，活动场地 647 平方米，总投资 120 余万元。次年 6 月，一座集教室、休息室、保健室、厨房、餐厅、会议室、教师用房等功能齐备的幼儿园竣工并交付使用。2010 年全园共有大、中、小三个年级 9 个班，22 名教职工，278 名幼儿，是沁水县较大、较先进的幼儿园之一。

附录：

中村育英幼儿园碑记

百年大计重在教育，幼儿教育尤为教育之基础。然数十年来，中村幼儿园设在村西陈旧简陋之古庙，不仅影响着少儿的成长与学业，且与日新月异的村镇建设不能俎比。故修幼儿园乃为党总支村委会多年之夙愿，亦为村民众望所归。党委、政府积极倡导，总支、村委竭力实施，广大干部群策群力，众多村民踊跃赞助，社会各界鼎力而为，仁人志士慷慨解囊，上下同心，和衷共济，于一九九五年五月二日奠基，至次年六月竣工，营建幼儿园一座，总占地面积二千八百平方米，建筑面积二千一百五十三平方米，总投资一百二十余万元。此实为功在当下、泽被后代之壮举。此校犹如镶在深山都市之一灿烂明珠，必将为培育祖国一代新人做出光辉业绩。为启迪未来、激励后代，并缅怀有识之士建造此校之艰辛，特刻石铭记，以示纪念。

撰　　文　王顺祺
丹书篆刻　荆石杰
工程设计　沁水县建筑设计室
工程监造　李怀玉　刘培祥　刘虎虎
施　　工　沁水县嘉峰兴沁建筑有限公司
负 责 人　吴胜文

中村党总支
中村村委会仝立
公元一九九六年六月吉旦

为建造中村育英幼儿园义捐名录

单位：

沁水钢铁厂　80 000 元
沁水县中村煤矿　35 000 元
中条林局中村林场　30 000 元
沁水县七一水泥厂　26 000 元
中村供销社　8000 元
沁水交警四中队　5000 元

中村卫生院　4500 元
中村石油站　4000 元
中村邮电支局　3600 元
中村信用社　3500 元
国税局中村所　3500 元
工行中村办事处　3000 元
建行中村办事处　3000 元
农行中村办事处　3000 元
中村工商所　3000 元
中村交管所　3000 元
中村供电所　3000 元
中村保险所　3000 元
中村汽车站　3000 元
中村粮站　3000 元
沁水县煤运公司　3000 元
中村药材站　2600 元
地税局中村所　2000 元
中村烟草站　2000 元
中村派出所　2000 元
中村食品站　2000 元
中村农修厂　2000 元
综合加工厂　2000 元
中村矿管所　1600 元
中村农机供应站　1500 元
中村交安委　1000 元

个人：
中村籍在外工作人员：
捐款 3000 元：翟建云
捐款 1000 元：张国忠　谭怀鸿　乔执荣　马拉锁　刘太生
捐款 500 元：王秀章　郑天禄　刘杰义　刘建基　刘杰宽　马刘勤
刘铭祥　王树德　尚张章　刘培兰　谭爱国　侯树敏
李　敏　乔克信　马　龙　王秀田　唐富红　唐新胜
王国峰　王克勤　王小随　杨守峰　郑树亮　马刘孔

刘洪勤　韩振邦　李锦奎　马四孔
侯建胜　李明山　侯宽云
捐款400元:刘锦秀　刘正社
捐款300元:杨卫锋　韩国良　李庆林　马花英　谭学悟　常高奎
侯建跃　李　宏　郑　义　侯玉章　郑　和　乔执军
赵国根　杨卫星　李明孝　郑吉祥　李海良　郑茹军
李海田　王闯闯　徐孔云　张平兰　高良良　高鹏云
王封兴　闫学臣　武金保　郑德儒　郭其章　李家鹤
王奎俭　刘铭书　闫何仙　马小栓　王洪庭　刘天合
侯松林　刘相彩　郑世秀　王　伟　申贵锁　高文杰
李广瑞　尚封玲　尚其军　乔执金　张兴龙　郑跃生
苏国锋　张琴琴　王树生　王云海　张学良　刘永鑫
王国旗　王小牛　刘锦书　刘锦花　刘瑞萍　刘永芳
谭　磊　侯富民　乔克军　刘杰元　李广龙　王勤书
李书玉　李元斌　刘铁闯　李生虎　谭效琴　王社虎
乔执银　王中社　侯风德
捐款200元:韩永祥　侯安武
捐款100元:刘凤雷　李国合　高希圣　侯其礼　刘杰周　乔执富
尚秋根　李法刚　杨小社　乔小旦　宋保柱　张圣金
刘培云　郑体文　芮树生　郑士强　邢茂盛　郑允法
李慧玲　赵林虎　刘晓明　孙玉花　王炳兰　侯有财
牛锡青　侯吉智　王培善　阎卫东　张红云　郑世伟
乔红星　杨书同　李建芳　李　文　白连云　侯雪英
刘培思　李建国　郑洪智　马李斌　王彦章　杨春富
侯小云　郭朝阳　郑慧春　王封兵　邢润栓　徐拽锁
王庭录　祁业岗　侯树金　丁瑞明　李树红
捐款50元:侯其章　王爱荣　徐拉锁　刘锦旗　董公如　董学德　侯芳芳
王国龙　关拥军　李国红　侯跃跃　李建明　郑建设　杨国珍
靳天合　官日章　左秀英　谭春悟　张爱琴　乔执勤　李盛林
柳春贵　郑　芸　牛文章　刘明伟　孙启义　刘　艳　张淑莲
王花娥　陈秀玲　郭金贵　刘杰强　史建军　马永伟　郝来义
姚红巧　王雪琴　靳春莲　宋文琴　乔生全　郑红霞　李玉明
姚红霞　杨桂英　官东棉　李刘勤　刘　峰　李国珠　祁雪琴
张随明　阎水学　侯星星　张联苏

捐款40元:关永信

捐款30元:王万廷 谭高旺 刘开义 郑美荣

捐款20元:靳 元 王凤花

社会各界人士:

捐款1000元:乔炳旭

捐款500元:丁李伟 王建文 薛栓润 张永雷 刘 煊 刘腾朝 王顺祺 孙如金 史金水 王社康

捐款350元:常李林

捐款300元:王建富 王张社 曹茂林 王玉山 王文武 官永明 徐臣根 王如意 周 霞 姚爱义 柳 赟 刘良友 王登亮 张元强 官樊林 王世珍 侯来文 崔虎太 王跃明 任旭进 张元奎

捐款100元:郑风云 王孟春 刘培斌 曹 军 李政霞 张元贵 李 琦 王进瑞 贾国林 尚慧明 于道刚 吉建华 宋中海 高日礼 李德杰 李二民 景广兴 马建林 崔登云 樊清祥 李书华 郑地跃 丁文蚕 尚保华 刘光荣 任玉嘉 侯银锁

捐款50元:李 跃 郑 俊 杨 伟 白正才 崔俊达 王仁杰 孙有成 朱志常 梁秋平 张兴龙 樊雪梅 石 明 官芝兰 史江水 彭世银 姚爱林 王雷刚 张志年 高 锋 王军立 杨广业 张曙光 聂雪巧 贾革胜 聂均兵 葛 霞 郭旭苗 郭跃云 尚祥华 杨书明 刘天富 李明定 王炳芳 侯有天 何海龙 郑军明 王拴林 董存文

捐款30元:康兴芳 官学琴 席瑞俊 牛治勤 高雪英 郑秀琴 王红霞 李德生

捐款20元:郑拽孔 侯有富 郑义华 侯有生 张三才 郑生文 侯政兵 王万林 王 云 赵玉青 马小飞 侯中文 王登丰 侯政丰 周永明 侯高峰 官元增 官元兵 王红旗

捐款10元:韩风义 杨明明 侯吉祥 刘小社 王德生 王德瑞 王德勤 王小未 王银财 郑会芳 郑志锋 杨生生 郑润锋 张清政 王小海 李 锋 王富强 蔡武宪 王随明 王邓文 王卫星 郭来虎 裴 生

本村村民：

捐款 10 000 元：刘其锁

捐款 3000 元：刘锦社　杜金生

捐款 1000 元：李怀玉　马孝善　蔡日红　赵锁柱　郑志奎　郭王奎

捐款 500 元：刘培祥　霍明明　谭兴悟　刘虎虎　李建国　杨国琦　郑　芳　李忠忠　刘大锁　吉怀铁　乔小亚　刘天川　刘雪娥　刘培刚　高文榜　刘锦会　尚瑞兵　牛锡斌　郭建军　牛文学　官日志　谭书田　李广虎　原小孔　刘保勤　牛根娃　侯洪基　郑　军　张联奎　李随兵　刘小林

捐款 300 元：左忠忠　尚李晋　刘锦娥　杨国斌　刘小瑞　毛焕公　侯兰英　李高年　刘国关　李　儒　侯建丽　车志锋　乔吉合　刘二虎　乔瑞明　郑国强　张天云　徐清臣　宋保保　赵秋刚　李树锁　谭效斌　李水合　乔永科　刘书义　王占武　郑小红　刘锦瑞　刘锡书　吉瑞跃　席雄兵　谭王书　刘培庭　何永军　马　虎　牛国营　李红兵　王志汉　李广珍　杨国武　张卫东　李刘怀　张文焕　刘冬冬　侯跃芳　李国瑞

捐款 200 元：刘锦元　李树深

捐款 150 元：刘杰刚

捐款 100 元：刘永奎　乔克玉　马成虎　王秀英　左秋苗　刘培义　王富兴　丁广录　王小顺　张爱琴　马拉拉　王小花　祁业瑞　马秀兰　卢团员　刘培学　杨文广　祁志亮　乔小瑞　原林虎　侯章芳　李晓忠　马海勤　侯元生　韩振伟　刘小瑞　姚吉平　侯玉文　张贵兰　马斌善　席香香　霍铁蛋　李树奇　杨国文　王社香　马生勤　宋其云　李树英　刘培林　刘学义　马　文　马忠勤　宋应征　白军民　郑小未　张瑞平　谭兴年　刘元基　杨书芳　王马林　段元花　马锁勤　马明芳　刘培强　王虎奎　乔克锁　张清富　尚志华　乔书云　侯春生　郑巧娥　李旦娃　王明生　李芳芳

捐款 80 元：刘小随

捐款 60 元：王供乐

捐款 50 元：牛锡恩　郑进财　牛公社　郑小雪　李淑花　李梦娜　李叶叶

马尽忠 郑建莲 席书林 郑小琴 官日富 刘正云 张高忠
蔡拽兰 侯拽学 牛德祥 李国玉 牛四娃 刘海旦 牛锡文
牛锡英 刘洪斌 陈社红 尚日旭 郑允丰 李小铁 张小平
张灵兰 马金良 李 霞 王少奇 李广跃 郑雪亮 郑雪奎
王刚明 张国庆 崔秀花 王风祥 杨国保 侯拴虎 侯玉柱
刘瑞娥 王素琴 李四虎 刘拉润 刘培宏 侯小润 刘杰兴
董龙平 高艾艾 刘铁道 冯许娃 姚殿富 李林忠 王丑锁
邓李梅 王桂琴 马尚义 马尚雄 李生龙 牛文生 牛狗狗
刘洪勤 李政良 原祥贞 李锁柱 乔王兵 李联合 侯小五
宋红兵 白爱民 杨花赛 王小妮 刘锦红 樊书锋 张瑞兵
刘玉良 王国旗 马永忠 马小民 张小国 张保国 杨国银
王茂汗 杨国亮 侯有林 侯有芳 王茂良 郑张兰 杨拉娥
丁夺兵 乔小拽 侯雪琴 马发奎 杨国忠 宋桂花 侯洪瑞
张锦华 张金亮 郑慧欣 侯安兵 侯风良 杨国义 侯亮亮
田锁龙 张发义 杨国礼 侯建兴 王书年 杨国江 张建设
杨云虎 张居生 乔旦娃 张迎来 乔永隆 乔永恩 常雪琴
曹学龙 张连祥 祁芝花 乔小润 刘培花 乔瑞科 闫书园
苏汉玉 侯芳芳 乔小锁 李晓明 侯树凡 侯明芳 刘杰合
谭秋秋 王社琴 杨怀成 马瑞瑞 张平安 刘杨芳 张永政
张三虎 刘锦玉 王茂红 刘杨忠 王 伟 王占瑞 尚林忠
宋月朝 刘杰宽 刘杨珍 王 明 张红学 刘小孔 董未祥
王龙奎 张林林 张广华 刘三虎 李慧沙 李如芳 李天怀
谭四清 王瑞香 蔡清玉 尚艳平 原 瑞 李广海 谭跃琴
王高富 王根和 王中其 王存焕 李建有 刘培生 尚封书
刘保保 牛小怀 赵书娥 刘拉勤 刘金良 刘杰汉 李洪章
乔拴马 卢 兵 樊清娥 李春庆 刘月英 乔高怀 乔玲玲
王建业 侯联合 李高海 张铁娃 尚成军 刘培刚 王拽良
刘培龙 郑金合 李小红 李小合 刘林林 李小来 李书文
谭社悟 乔云社 侯玉龙 乔东林 乔瑞兵 王小五 王金合
王进社 侯有山 高廷社 侯新明 王爱爱 郑小忠 李锁勤
聂花巧 郭兴伟 姚爱国 席政龙 苏廷梅 郑琴琴 蔡清武
刘铭兴 王茂林 侯宪元 李怀宝 侯宪军 李张平

捐款30元：刘云社 陈秀英 武桂英 刘梅英 李金雷 王社花 刘铭禄
刘其顺 王香平 杨国贵 王翠英 王明琴 高玉洪 乔瑞花

刘春生　刘杰生　王勤琴　柴天龙　杨合英　乔花平　董夺义
王银合　乔协庭　柴红吉　乔小年　乔小国　王东生　乔有明
帅凤琴　王明锁　王进武　李元法　乔翠平　李家富　谭小云
张胡琴　李淑娥　刘丑娃　牛大爱

捐款 20 元:王书娥　乔执贵　乔克杰　刘杰瑞　侯玉虎　左冬苗　刘杰芳
李　东　乔贵元　乔常锁　王国珍　李月花　贾秀英

捐款 15 元:安玉兰

捐款 10 元:宋常根　王秀英　常桂花　乔榜锁

第三节　初级教育

新中国成立后,中村教育事业得到了快速发展。原中村高小改为中村初级小学,开始传授新的教材内容。

20 世纪 50 年代初借鉴苏联的教学经验,采取"讲读、讲述、谈话、演示、实验"等方法,综合运用启发式教学、组织观摩教学、相互听讲、专题研究等教学方式,极大地提高了教学质量。学校由原来的一个班,增为三个班,生源除中村周边的村庄外,还辐射到土沃、杏峪等乡镇。

从 1957 年开始,学校把政治思想教育放到首位,克服单纯的教学观点,提倡"又红又专"。学生半天课堂学习,半天参加集体劳动,教师参加大炼钢铁。直到 1960 年,教学工作才恢复正常。

"文革"期间,中村小学由县政府公办下放到大队办,贫下中农参与管理,先后改为五年制、七年制、九年制学校。中共十一届三中全会后,教育系统全面整顿,教学才走向正规化。

1983 年,掀起群众集资办学热潮,村领导根据当时实际,经过讨论决定在西庙东修建教学楼。是年,小学教室搬出庙堂搬进楼房。自此,中村小学达到"一无两有"的标准要求。1985 年 6 周岁儿童入学率达 98.8%,学龄儿童入学率达 99.6%,小学毕业率达 96%,少年儿童普及率达 99.7%。

2004 年,随着经济形势的好转,彻底改变中村小学办学条件又一次被提到议事日程上来。在县、镇政府的指导、支持、协调下,中村、南河、北庄、上峪、下峪、白华六村领导及驻镇单位一致同意,新选校址、科学规划、新建中村小学。新校园

定于南坪巷，总占地面积12000平方米，建筑面积3980平方米，其中教学楼3024平方米，教师办公室810平方米，生活区360平方米。建筑包括会议室、多媒体教室、图书室、教研室、卫星接收室、微机室、篮球场、400余米跑道等多项功能设施，可保证24个班级、1000余名师生的生活和教学。建设总投资580余万元，各办学单位分摊：中村291.9万元，南河92.45万元，北庄81.2万元，上峪51.1万元，下峪78.05万元，白华65.1万元，中村煤矿24.15万元，中村林场16.45万元。2005年9月中村小学乔迁新址。

2008年，中村小学已发展成为三轨制完全小学，有教学班19个，学生652名，寄宿生48人，专职教师41人。近年先后荣获晋城市"和谐校园"、"远程教育先进学校"、"创建文明和谐校园先进单位"和"平安校园"等荣誉称号。

附录：

中村小学历任校长名录

柴升秀、柴宗绍、崔皓晨、周林富、高慎之、李景洛(李易书)、靳觉民、尚明善、柳松年、史学章、王华甫、王银山、郑汉林、杨学智、牛治忠、王美玲、王奎俭、侯凤德、聂均斌、李德杰、董存文、李增学、苏富林、

中村幼儿园园长名录

马花英、刘艳、李勤书、李国宏

中村小学历任教师名录

柴宗绍、崔皓晨、周林富、高慎之、李易书、靳觉民、尚明善、柳松年、田文高、蔡永芝、李志修、李景浩、张允娴、李培旭、刘杰科、李焕章、马如善、上官日耀、张之儒、王建民、史学章、王华甫、李文彬、姚金山、王银山、赵华、谭喜贤、田培顺、侯炳森、赵洪儒、杜逢春、杜忠信、郑永智、杜永成、侯淑英、郑汉林、樊思秀、柳茂华、

侯凤德、聂翠娥、李瑞福、常凤岐、陈文宝、张彤、靳翠莲、郑拴巧、韩永德、杨学智、杨学斌、牛治忠、王美林、侯凤娥、祁志高、杨桂英、程秀玲、郭明选、刘明伟、郑秀花、王雪琴、左秀英、王治金、牛治勤、胡秀兰、樊玉琴、宋文琴、牛文章、王奎俭、靳春莲、尉国太、郑伟、安国瑞、田学信、吉瑞兴、侯封江、刘锦花、王炳兰、尚桂花、陈学智、张世斌、丁瑞兰、聂雪巧、聂雪花、郑云、尚克忠、李国宏、侯翠英、张联苏、苏富林、王芳霞、张建朝、郑静、李香叶、郭林丽、郑美荣、王良良、吉林林、吉鸿青、吕金华、侯国香、李超峰、王金华、王丽、马雪琴、张慧晶、吴永琴、杨汉娥、聂郑学、李海叶、高雪瑞、李瑞瑞、李铭芝、葛霞、侯玉菲、郑秀琴、王娜娜、姚红巧、姚红霞、郑红霞、董存文、李增学、席瑞军、刘金花、樊书瑞、安永波、王典秀、樊玉琴、张郑霞、李书学、郑常学、李德杰、柴高明、王花娥、丁怀忠、徐小文、郑天联、侯翠英、王和平、郑宋琴、高雪英、侯霞霞、郑晓晓、李娅枫、乔丽、王红霞、张文丽、王波、王乐乐、李民生、靳会丽、郑怀叶、席所棉、丁叶、黄刘叶、王霞、刘花娆、陈雪英、张庆云、杨霞、刘李明、黄刘娅、李永霞、王乐乐、刘娅丽、尚姗姗、董娅娅、王晓晓、乔飞、乔俊丽、张彤。

第四节 中学教育

中村初级中学是沁水县教育史上创建较早的初中之一。1957 年创建时没有校舍，借用西头窑、泉沟民房办学，同时在东阁外修建校园。1958 年中村高校曾附设两个初中班。1961 年中村初中三年级 3 个班曾并入土沃中学，土沃中学的一、二年级两个班又并到中村初中。1966 年“文化大革命”开始，1968 年中村小学与中村初中合称为“中村七年制学校”，小学五年制在西寺，初中二年制仍在原校址，两址统筹管理。1972 年七年制又改为“中村九年制学校”，开始招收高中生。1981 年九年制停止招生，恢复中村小学和中村初中建制。因原初中校址离原水泥厂太近，噪声、粉尘直接影响教学，经县、镇、村协商统一，1985 年将校址迁至新建南路。中村初中，校园占地 12 800 平方米，建筑面积 5200 平方米。2010 年学校有 12 个教学班，572 名学生，70 名教职工，教学质量连年名列全县前茅。

第五节 业余教育

一、冬学

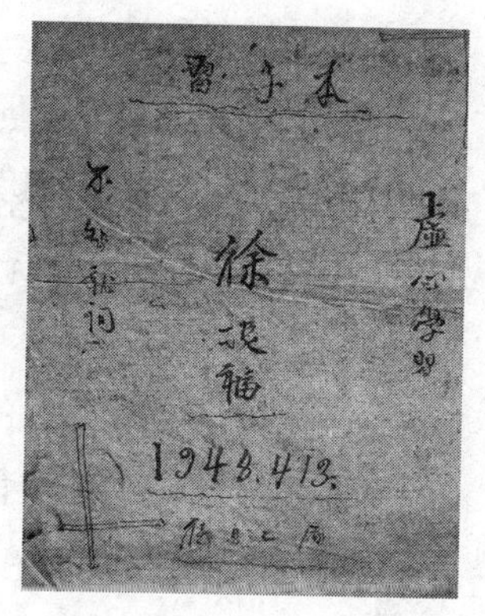

抗日战争时期，为加强对农民抗日救亡运动的宣传教育，提高根据地人民的文化素质，1941 年中条战役后，中村村响应沁南抗日县政府的号召，办起了冬学，选派思想进步，热心农民教育的有文化青年张兴诚、杜若林任冬学教员。冬学主要组织贫雇农读书识字，教唱抗日歌曲，宣传减租减息，启发农民觉悟，发动男青年参军参战，动员妇女做军鞋，支前线。同时，冬学教员还以村名、地名、农具名、农活名、庄稼名等自编教材，多方教习农民识字。

二、民校

新中国建立后，冬学改为民校。民校利用晚上组织村民学习文化，根据各人基础分扫盲班和初小班，使用速成识字课本和县编地理教材。许多村民通过上民校学会了记工、算账、看报纸。

1958 年后，中村村响应上级号召，开展青壮年扫除文盲运动。民校在教学组织上广泛开展“包教、包学、包扫、包毕业”的四包活动。民校教师李树春，在负责搞好民校工作的同时，还创办了红专夜校，使中村扫盲工作取得了显著成效。1959 年李树春出席沁水县工农业余教师及农民业余教育工作积极分子大会，受到了县政府的表彰。

1964 年后，大队党支部责成专人负责，专教专帮扫除壮年文盲。具体采取街道路口设立识字岗，家庭实物上贴字，街头巷尾、饭场挂识字牌等方法，由民校教师、学校老师，学生帮助农民识字，提高村民的文化水平。

三、夜校

20 世纪 60 年代，中村村开办了农民夜校，主要是组织农民大学毛主席著作。读《毛泽东选集》、背毛主席语录、唱革命歌曲，突出政治，活学活用。也兼学文化、学机械、学农业技术，民兵结合学习军事。

四、技术教育

改革开放以来，为适应农村经济发展，培养一支有文化、懂技术、会管理的农民队伍成为迫切需要，中村村及时成立了农民业余联合学校。学员共有 582 人，开设课程有初、高中文化课、果林、烟草、机电、农科、煤炭等专业技术课。联校先后培养出一批农业技术员、蚕桑技术员、林果技术员、机械技术员，成为中村经济建设和社会发展的领头人。

五、远程教育

2006年以来，按照省、市、县委统一部署，在农村推广现代化远程教育。中村党总支购设备、定制度，采取"因需放教，因人施教，因地施教"的教学方式，有针对性地开展培训，充分发挥远程教育的综合效益，为建设新农村提供了强大的智力支持。

现将中村村大专院校毕业生名录于后，由于时间仓促，又无毕业生档案资料查询，表中名录遗漏在所难免，敬请读者见谅。

附录：

中村村大专院校毕业生名录表

姓　名	性　别	毕业学校	学　历	毕业时间
侯宽云	男	北京医科大学(留学生)	研究生	1970
尚张章	男	山西农学院	大专	1976
刘天创	男	长治财会学校	中专	1978
谭明悟	男	长治师范专科学校函授	本科	1980
刘云芳	男	山西省中药材学校	中专	1981
李国庆	男	长治师范专科学校函授	本科	1985
乔执民	男	长治师范专科学校函授	本科	1985
刘锦龙	男	长治医学院函授	本科	1985
李慧玲	女	晋城师范学校	中专	1986
李建国	男	北京钢铁学院	大专	1986
李国会	男	晋城师范学校函授	大专	1988
常　伟	男	阜新煤校	大专	1996
刘保忠	男	长治煤炭学校	中专	1996
刘永鑫	男	函授	本科	
祁　鹰	女	函授	本科	
祁兵兵	男	函授	本科	
刘　海	男	函授	本科	
李惠江	男	山西师范大学	本科	1997

姓名	性别	毕业学校	学历	毕业时间
李国洪	男	晋城职业学院	中专	1998
刘丽霞	女	太原企业管理学院	中专	1998
谭慧峰	男	山西农业大学	本科	1999
乔凌波	男	长治卫校	中专	1999
李　珍	女	山西交通学校	中专	2000
席国兴	男	晋东南财会学校	中专	2000
李惠娟	女	山西司法学校	中专	2000
韩哲芳	女	长治卫校	中专	2000
刘李霞	女	太原新华艺术学校	大专	2000
郑海军	男	山西电大	大专	2000
刘小东	男	长治农业学校	中专	2000
马　丽	女	山西大学本科、北京大学研究生、多伦多大学留学生	硕士	山大1998、北大2001、多大2008
马　波	女	山西财经大学本科、中国政法大学研究生	硕士	财大2002、法大2009
乔亚丽	女	晋城师范学校	大专	2002
孙大军	男	河南商丘师范学校	本科	2003
张　雷	男	中央党校	本科	2004
高　亮	男	山西财经大学	本科	2004
马春波	男	山西省高等警察本科学校	大专	2004
刘慧峰	男	山西建筑工程学校	大专	2005
孙小军	男	山西医科大学	大专	2005
李　鹏	男	山西林业学校	大专	2005
乔　鹏	男	山西大学	大专	2005
马春霞	女	太原幼儿师范学校	中专	2005
侯　琦	男	山西师范大学	本科	2006
牛林斐	女	山西中医学校	大专	2006
谭慧慧	女	长治职业技术学校	中专	2006
刘俊芬	女	长治医学院	中专	2006
张锦荣	女	大同大学	本科	2007
牛　峰	男	长治学院	本科	2007
乔肖肖	女	晋东南幼儿师范学校	中专	2007
李　娜	女	晋东南幼儿师范学校	中专	2007
侯亚晓	男	山西大学商务学院	大专	2007
乔慧慧	女	临汾师范学校	大专	2007

姓　名	性　别	毕业学校	学　历	毕业时间
乔霞霞	女	中央广播电视大学	大专	2007
郑康乐	男	晋城市职业技术学校	大专	2007
侯亚玲	女	山西师范大学	本科	2008
刘姗姗	女	河北科技大学	本科	2008
乔俊霞	女	临汾幼儿师范学校	中专	2008
乔　莉	女	临汾幼儿师范学校	中专	2008
刘鹏风	女	太原幼儿师范学校	中专	2008
尚亮亮	男	内蒙古大学	大专	2008
刘娅芳	女	张家口职业技术学院	大专	2008
乔　峰	男	张家口职业技术学院	大专	2008
郑忠峰	男	张家界航空工业职业学校	大专	2008
郭　超	男	山西农业大学园艺学院	大专	2008
卢磊波	男	重庆信息工程专修学院	大专	2008
刘　欣	女	湖北职业技术学院	大专	2008
李慧玲	女	晋城市职业技术学校	中专	2008
李兴雷	男	长治机电学院	大专	2008
刘慧玲	女	晋东南会计学校	中专	2008
常　倩	女	中国传媒大学	本科	2009
李娟娟	女	长春师范学院	本科	2009
侯霞霞	女	山西中医学院	本科	2009
李芳芳	男	山西师范大学	本科	2009
李　倩	女	山西大学	本科	2009
赵飞龙	男	山西农业大学商务学院	本科	2009
上官元帅	男	晋中学院	本科	2009
马春丽	女	山西省财经学院	本科	2009
刘莎莎	女	山西农业大学	本科	2009
刘锦锋	男	长治医学院	本科	2009
牛小霞	女	山西建筑工程学校	中专	2010
侯小珍	女	晋城职业技术学校	大专	2010
王　莉	女	山西师范大学	大专	2002 年在校
杜　娟	女	山西大学商务学院	本科	2006 年入学在校
郑康泰	男	海军航空工程学院	本科	2007 年入学在校
谭　雷	男	海军航空工程学院	本科	2007 年入学在校
李婵娟	女	太原师范学院	本科	2007 年入学在校

姓 名	性 别	毕业学校	学 历	毕业时间
席慧慧	女	山西大学	本科	2007 年入学在校
谭静波	男	长治学院	本科	2007 年入学在校
刘娅丽	女	长治学院	本科	2007 年入学在校
张 静	女	运城幼儿师范高等学校	本科	2007 年入学在校
王晨伟	男	太原理工大学	本科	2008 年入学在校
上官菲菲	女	南京航空航天大学	本科	2008 年入学在校
刘灵军	男	中北大学	本科	2008 年入学在校
杨 波	男	长治学院	本科	2008 年入学在校
李 莉	女	山西大同大学	本科	2008 年入学在校
谭璐叶	女	山西师范大学	大专	2008 年入学在校
李笑笑	女	山西大同大学	本科	2008 年在校
谭爱国	男	中国政法大学	研究生	结业 2006 年
车玲娟	女	郑州大学	研究生	在校

第二章　医疗卫生

第一节　疾病医疗

解放前，中村村缺医少药。有民间老中医李德修、刘相秦用民间偏方为群众医治常见病。民间医生张自金、马居成（原籍河南人），在中村开药铺，主治伤寒病，为百姓割疙瘩、看脓疮、医治皮肤病等。1943 年，沁南县抗日政府在中村兴办了医院，院长王炳全，医生苏中义等人。医护人员既忙于支前工作，又积极为当地百姓医治疾病。

一、村级卫生所

解放后，农村医疗有了极大改善，中村村成立了保健站，马如善、李元阜等人从事医疗工作，以预防多发病和中西医治疗常见病相结合。1964 年，保健站改为卫生所。1969 年实行农村合作医疗，由大队集体出资 2400 元，社员人均出资 0.5 元，实行医疗四免费：药品半免费，注射免费，挂号免费，输液免费。1970 年，中国人民解放军第八医疗队深入中村为群众治病送药，药品 70%免费，并且培养李树深、李高年、刘虎虎等多名“赤脚医生”，充分发挥了村合作医疗卫生所的作用。

1982 年，村卫生所由李树深承包经营，医护人员有何来义、刘雪娥，司药刘锦元。进入 20 世纪 90 年代，村卫生所达到了设施、人员、资金、管理、任务、报酬六配套，实现了初级卫生达标。2006 年村卫生所由医生李广虎承包，投资 8 万余元，扩建医药房 60 余平方米，拥有中、西药品 400 多种，配备病床 7 支、X 光放射器、治疗车、消毒器材等医疗器械设施。被晋城市卫生局评为“村级卫生达标单位”。

2006年,中村村实行农村新型合作医疗制度。全村2437人全部参保,村委为每人每年补贴10元合作医疗费;2007年,每人交合作医疗费20元,村委补贴10元,个人出资10元,参合率达100%。

自农村新型合作医疗制度开始实行,农民医疗补偿标准逐年提高,农民看病难、看病贵日趋缓解。政府和社会各界还开展了多种大病救助形式,公共医疗服务正在农村普及。

二、中心卫生院

中村镇中心卫生院,系全民所有制单位,在历山风景区设有下川分院。该院占地面积3039平方米,业务用房面积1700平方米。开设床位30支,设有内、外、妇、儿、中医、放射、化验、口腔、心电、B超等10个医疗、医技科室。全院职工34名,其中4人有中级以上职称。

中村中心卫生院始建于1958年,原址在西街张广华宅院,1967年迁于原中村铁厂职工生活区,后于1969年搬回原址,1972年在现址修建。该院是晋城市首批评审通过的一级甲等综合性卫生院,是晋城市人民医院支农定点对口支援单位。

历任院长有韩国安、王炳全、潘乃庚、马鑫政、李汝恭、王国英、阎云、崔东生、王本森、李斌、李廷水等。

第二节　妇幼保健

解放前,农村妇幼保健工作不被人们所重视,尤其是对新生儿接产缺乏科学认识,加之医疗技术落后,孕妇产期得不到很好的调养护理,经常造成妇女产后“月者病”、“产后风”等,新生婴儿多“疯病”,俗称“四六风”,妇儿疾病频频发生。本村唯有医生丁夺一和一些有经验的老妪可以医治妇科病与接生婴儿。

解放后, 党和政府十分重视妇幼保健工作,20世纪50年代推行新法接产。公社化后,中村卫生院董雪娥、王芝莲做妇幼保健工作,大力推行常规消毒、一次性产包、无菌操作、平睡接产新法等。婴儿降生后,清理口腔,随时洗澡,并鼓励产妇多吃肉蛋增加营养。同时,十分注重婴幼儿的疫苗接种,分不同年龄段注射乙肝疫苗、卡介苗、髓灰质疫苗、百、白、破三联疫苗、乙脑疫苗、流脑疫苗等。通过一系列预防措施，有效地控制了传染病的发病率。

跨入21世纪以来，中村镇、村医疗卫生服务工作，在市、县部门的指导下，先后开展了妇女健康试验检查、更年期妇女生理与心理保健检查、婚龄、育龄期适应性避孕方法检查。同时，开展了青春期保健咨询、新生婴儿保健和护理、常见疾病的预防、妇女怀孕期保健与健康等科学知识的学习宣传活动，提高了新一代女性的健康水平。

第三节　传染病防治

新中国成立后，党和政府狠抓传染病防治工作。20世纪50年代在中村流行的天花、麻疹、伤寒、布氏、炭疽、破伤风、结核、疟疾等传染病，得到了有效的控制。20世纪70年代流行的流感、风疹、水豆、腮腺炎、百日咳、痢疾等传染病，经过免疫、预防、结合临床治疗，基本能够治愈。20世纪80年代流行的甲肝、淋病、副伤寒等基本达到控制。

2003年“非典型肺炎”发生后，村党总支、村委会立即精心组织、加强宣传，做好预防和环境卫生治理工作。成立了“中村村防治非典领导组”，总支副书记刘虎虎担任组长，妇会主任刘小瑞担任副组长。成立了防治“非典”护村队，队长刘玉良，队员18名，加强昼夜值班，流动巡逻。全村实行“封锁”、“隔离”，对出进人员进行严密控制和检查。同时，全村掀起以治理“脏、乱、差”为主要内容的爱国卫生运动，认真对居民住舍、畜禽圈舍，垃圾堆放点等进行消毒。历时3个多月，“非典”防控期安全度过。

第三章 计划生育

实行计划生育是我国的一项基本国策。20 世纪 70 年代，中村党总支，革委会就积极响应党的号召，开展了计划生育宣传咨询活动。通过会议、广播、报纸、黑板等形式，大张旗鼓地宣传计划生育工作的重要性，使广大群众受到了教育，提高了认识，全村党员、团员、妇联、大小队干部，自觉带头执行计划生育政策。1979 年大队第一次做绝育手术，先后 10 天时间共做结扎术 80 多例。

村两委积极鼓励育龄妇女结扎绝育，凡做手术者，生产队奖励 7 个义务工、3 斤鸡蛋、2 斤红糖。1983 年，改为大队奖励 14 个义务工、5 斤鸡蛋。进入 20 世纪 90 年代，计划生育蔚然成风，少生优生深入人心，育龄夫妇自觉做到“一胎化”。据 2007 年统计，全村办独生子女证 67 个。中村村人口出生率和自然增长率大大下降，是沁水县“计生工作先进单位”。

第四章 爱国卫生

新中国成立前，中村环境卫生极其恶劣，因人畜共聚村里，垃圾遍地，粪便成堆，污水横流，臭气熏天，苍蝇、蚊子随处滋生，各种疾病难以防治，村民健康水平极其低下。

新中国成立后，20 世纪 50 年代党中央号召“大搞爱国卫生运动”，毛主席指示“动员起来，讲究卫生，减少疾病，提高健康水平”。中村村掀起爱国卫生运动，提出“远学稷山太阳村，近学巴公东四义”的目标。1952 年开展了家净、院净、街净、人净和灭鼠、灭蝇、灭蚊、灭虱、灭蚤的“四净五灭”爱国卫生运动。1957 年，开展了“三清除，十改良”活动，清除了村中垃圾死角，疏通了污水沟渠、清理了大量粪便污物，初步改良了厕所、畜圈。1958 年，开展了全民性的“除四害、讲卫生”的运动。

中共十一届三中全会后，结合精神文明建设，村两委狠抓治理“脏、乱、差”，村中大街小巷基本用水泥、砖块、石板硬化。1987 年村委制定出台爱国卫生制度，规划垃圾固定堆放点，加强卫生工作监督，使全村卫生工作经常化、制度化、规范化。

进入 21 世纪，随着社会主义新农村建设的不断推进，中村村紧紧围绕“四化四改”，大力实施环境卫生清洁工程，并建立卫生工作长效机制，配备了卫生巡查员、清洁员、垃圾清运工。与此同时，加大环境整治投入力度，基本实现街道硬化，路旁绿化，空中亮化，墙壁美化；加大改水、改厕、改灶、改圈力度，推广沼气、秸秆气、煤层气工程，村内禽畜圈舍全部搬迁村外，厕所加顶加盖，自来水净化入户，大幅度提高了卫生安全饮用水率和卫生厕所使用率。中村爱国卫生工作跃上了新台阶，村民健康水平和生活质量又有了新提高。

第五章 药 品

药品经营业在中村历史悠久，清末民初就有“富和成”、“新义成”、“马居成”、“原兴常”等药铺、药店。“原兴常”(是店主常兴原名字的倒写)药店开业于民国七年(1918年)，位于中村西街，临街有门市药房3间，后院有库房5间，账房、宿舍2间，有资金(银元)1300余元。经营药品自采中草药200余种，私担(药贩)调剂100余种。药店雇用伙计12人，其中4人常年采药。所采药材除本店销售外，其余和私担以货易货，药店买卖兴隆。药店自制的丸散(秘方不外传)治疗疥疮、梅毒在当地享有盛誉，同时自制其他中药丸散。1938年10月日寇扫荡，药店破产停业，全家人逃离出走。

中村药材站

1968年，沁水县药材公司根据国务院“把医疗卫生工作的重点放到农村去”的通知精神，为方便中村、土沃、下川3个乡镇的卫生院、保健站及厂矿医疗所购药，投资新建“中村药材站”，位于中村东街原镇政府斜对面。1983年因村镇规划迁之新南街，1986年为便利群众又修临街门市药房。至此，中村药材站集收购、批发、零售为一体。尽管市场经济越来越活跃，药材站一直发挥着主渠道的作用。

中村军支制药厂

1969年秋冬，中国人民解放军第八医疗队送医送药下乡。到中村后，支援中村人民公社兴办了“中村军支制药厂”。地址借用永兴李(李天怀院)宅院，后搬迁东街镇政府斜对面。当时有职工20余人，生产中成药20余种：山楂丸、银翘解毒丸、健脾丸等。特别是“壮筋活络丸”畅销全国20多个省市，最远销往西藏自治区，多为邮购。也有患者专程到中村求购此药。药厂每年销售收入可达30余万元。杜金生为药厂厂长，“壮筋活络丸”乃祖传秘方。1978年国家整顿医药市场，县以下药厂关闭。自此，药厂改为综合食品厂。

瑞康大药房

中村村郭瑞花1980年至1983年在中村卫生院从事医务工作。她勤奋学习，深钻细研，掌握了一定医疗卫生知识和临床经验。1985年经全省赤脚医生统一考核，取得乡村医生合格证。1995年她自办诊所，2003年为扩大业务又投资5万元，租赁房屋140平方米，创办了瑞康大药房，并购置射频治疗仪、臭氧治疗仪、产床、冰箱等各种医疗器械。

瑞康大药房集售药与看病为一体，销售药品有中药饮品、中成药、化学药剂、抗生素等上百种。医疗特长为痔瘘专科，主治内外痔疮、肛瘘、肛裂、脱肛、肛肠息肉、痔疮出血、直肠脱垂等。瑞康大药房真诚经营，服务大众，受到村民好评。

第六卷 文物 宗教

第一章 名胜古迹

沁水境内的名胜古迹多为自然景观和佛寺神庙,特别是寺庙遍布沁域东西。如:嵬山普安寺、榼山大云寺、东峪丈八寺、石楼山石楼寺、蒲泓福胜寺、碧峰东岳庙、郭必崔府君庙、西文兴关帝庙、柳沟老君庙、孔必元真观等。

中村周边乡村以舜帝庙为多。古有舜耕历山之传说,舜帝亲耕教民以稼穑,人们为赞扬舜的天赋孝顺,供其为崇拜偶像。所以,大建舜庙祈求舜帝庇护百姓丰衣足食。历山周围几乎村村庄庄建有舜帝庙,也可佐证舜耕历山的史实。

沁水也多佛院道宫,百姓拜佛求道也是为了衣食平安。究其信仰何佛何道谁也指不清,道不明。故邑人宗教意识淡薄,历史上少有名僧名道。古代沁水寺庙道观的创建或重修,主要靠当地民众的虔诚捐助和信徒居士的布施,有钱出钱,有物施物,众人合力,方成一方名胜。

第一节 名 胜

一、历山舜王坪

地处中条山之巅，海拔 2358 米,面积约 5400 亩,景色奇特,四季迥异。春景百花,万紫千红;夏草如茵,天山一色;秋果累累,香气醉人;冬雪皑皑,银装素裹。坪中有一壕沟寸草不生,传说为舜耕“犁沟”。另一奇景即:坪未有峭壁之处,所有树木、枝杆只与坪面长齐,不敢漏出。传说，一日舜在坪上耕作，这里荆棘丛生，阻耕碍作，舜便用手一抹，从此这里再不生长荆棘杂木，只能生长庄稼和花草。

舜王坪是国家级自然保护区、国家森林公园，保存有我国华北地区面积最大的原始森林，有独具风情的亚高山草甸，钟灵毓秀的峡谷风光，美妙奇幻的溶洞乳石。

舜王坪气候变化莫测，一日之间可历春、夏、秋、冬，一时之间可经风、雨、晴、电。每一处山水都独具神奇魅力，每一片风光都使人留恋忘还。

二、丹坪砦

丹坪砦位于涧河村南，突兀于历山群峰之中，海拔约2200米，有上、中、下三叠，四围壁立，绝顶平坦，面积近百亩。据《沁水县志(光绪)》录明代邑人张道濬“游丹评山记”曰：“丹坪者，盖万山之特也。左右闼峙，水下绕，广十余武。相传宋岳忠武进次朱仙镇，河北所结义寨三十有七之一，今废城尚在。”丹坪寨下叠壁立如城，中叠土石参半，上叠石镵削五六丈，巅上地坦可耕者百余亩。不时有阜，阜即有林，花木掩映。西来山峻而若断蜂丝，蜓步可数里，突起似孑似附；东南下瞰，人如蚁。俄云雾滃茫，举山麓失之。张公道濬叹曰：“想昔人避世于此，枕漱耒耜之乐，亦山中万户侯也。”

忠义社寨后人尊称“岳将军寨”，寨上居民繁衍数代，建有石室砖屋，宋时所筑防御工事遗迹犹存。古杨巨松，美丽传说，实为人文与生态相得益彰的仙境圣地。

三、七星潭洞

也叫五龙宫洞或唐尧洞，位于涧河村东南。该潭洞系天然溶洞，内有清泉流动，洞后水深莫测。洞口建有五龙庙，供有龙王神像。传自舜耕历山以来，百姓为求风调雨顺，年年春祈秋报。特别是每遇旱情，乡民必然来此打潭祈雨。有故事传说：明代吏部尚书王国光从阳城到七星潭祈雨，潭内顿发大水。王国光乘轿而走，大水跟在轿后缓缓而流。王国光到村前便停步说：“大水前边走吧。”瞬间，洪流滚滚，奔腾而下。随着王国光话音落地，两扇石门也随声而落。事后人们把此地称为“石门口”。

王国光祈雨成功之后，中村一带百姓每年四月初八都到七星潭上供取水。取水量一般为四瓶，一曰水官，一曰顺

序，一曰润泽，一曰甘霖。取到水，用神架抬着神像返回各村神庙。中村则是返回大庙，奉四瓶水于正殿神像前，跪拜焚香，敬献供品（猪、牛、羊等），并许愿唱戏，求上天保佑，适时降甘霖，逢旱润稼禾。

2000年至2007年，为开发七星潭生态旅游区，涧河村原任支部书记张洪奎协中条林局中村林场跑项目、筹资金，投资数十万元，修通了七星潭简易公路，林间石梯拾阶而上。

四、玄真洞

又名黄道士洞，亦称丹阳山玄真洞、丹阳山朝阳洞。光绪《沁水县志》记："黄道士洞，历山西涧，洞极幽峻，攀援而上，有丹灶、石床。世传有真人修炼其中。"明代吏部尚书王国光曾游历此处，并有赋诗。黄道士即云水道人黄崇贤；丹阳山乃历山西北部山脉，原属涧河行政村丹沟自然庄地域。

玄真洞石碑现存完好，记录了该洞修缮历史和道徒修炼史话。

五、马鞍桥

位于小河湾西南角，有一条人行道直通历山舜王坪，途中有一段路前后高中间低，呈马鞍形状，人们称之为马鞍桥。据传说，古时有一将军骑马路过，马困人乏。将军发现有一水洼，前去饮马，马喝足后直通鲜红坪而走，留下马鞍桥，成为小河湾一景。

六、冬梁背

中村一带历史上有"四十里寒冰地带"之称，气候较寒，春来较晚，多高山大谷、山风阴冷的小河湾。在舜王坪北部小河湾南面，有一块一米见方的地块，夏日积雪不融，四季冰雪不融化，人们叫"冬梁背"。

七、鸡冠山

小河湾西部，山势地形前高后低，中间有一个洞约长30米，高15米，象鸡卧于地面，人们称此山为"鸡冠山"。

第二节　古　迹

古代中村经济较为繁盛，按照村民信仰和有识之士的筹划，对全村建筑作出了合理的布局，特别令人赞叹是“三堂四阁五大庙”。

一、三堂

即东堂耳、中堂耳、西堂耳。所谓堂耳，即耳房、偏房、偏殿。正房两边的小房称耳房。堂是供奉宗祖、宗氏的祠堂。东堂耳位于东庙西南，敬奉关公，两边为周仓、关平；中堂耳位于中庙西南，敬奉观音菩萨；西堂耳位于西庙东，敬奉财神及福、禄、寿三星。

三堂内四壁建有琉璃神龛，神龛内供有佛像、宗氏牌位等。20世纪60年代，堂儿失修，内存物什在“破四旧”时被损坏遗弃。

二、四阁

即东阁、西阁、南阁、北阁。阁即旧时村边村头建筑的阁楼、卷洞、过道，用于村里安全防御。东阁遗址位于现水泥厂西南，二楼敬奉坤星神；西阁遗址位于西庙大门外东南，二楼供奉药王爷；南阁遗址位于大庙正南，在现南大街供销社大门处，二楼供奉菩萨；北阁遗址位于大庙后边，现在李生龙房后，二楼供奉祖师爷真武大帝。中村东西南北四座对称的楼阁，颇似古城的四座城门。登上楼阁，可从窗口瞭望四周。阁楼一层门洞可通行牛马车辆，门洞装有两扇高大宽厚的结实木门。深夜关闭阁门，全村严实安全。在东阁及西阁内侧，还建有一排坐南朝北的神庵，里边不大，光线较暗，塑有神像，设有供桌，门口有花墙保护。随着阁楼失修拆除，神庵也被损毁。

三、五大庙

中村古代建筑五座庙宇：东庙、中庙、西庙、观上庙、杨岔岭庙。中村东西大街把东、中、西三座庙宇连贯一体，使中村变得富丽、巍峨、神秘且蕴藏较深的文化内涵。

东庙：位于村东头，遗址即水泥厂处。庙宇坐北朝南，构造布局和西庙一样，北为神殿，南为戏台，大门在戏台两侧，庙内有东西厢房，有正殿、配殿、亭台、楼阁、斗拱、飞檐等。村里老人说东庙也称“三官庙”，源于以下两个传说。

传说一：古时候村里有兄弟三人，为了生计他们离乡背井出外经商，但数十年杳无音信，双亲倚门凭望，奴家昼夜不眠。父母双亡，仍不见兄弟回还，村人都以为他们逝于外乡。不料三人做了高官,八抬大轿,衣锦还乡。村人想:他们位居显爵,一旦有失犯罪,岂不株连九族,举家灭门?故不敢相认。三官无奈,只好将所带认亲银两在村里修下庙宇,塑下三人原像,以表思念家乡之意,故后人称其庙为“三官庙”。

传说二:兄弟三人千里迢迢出外经商,凭信奉“三官”(天官、地官、水官)神灵保佑而发大财。为报“三官”之恩,则选好地址,鸠工庀材,修下庙宇,塑以“三官”金身,以表对“三官”神灵的敬仰之情。

中庙:村民习称大庙,遗址即现在的电影院。据记载,大庙为元代重修,历史悠久,是祭祀舜帝的庙堂。大庙规模宏伟,坐北朝南,正殿塑有舜帝及娥皇、女英三尊泥像;正殿两侧有配殿,殿内塑有女性神像;东西两廊各有一排两层厢房,居住着和尚、道士,中村人称“小元”。起庙会、唱大戏时这里也是社首和有关人员议事及剧团食宿的场所;南边是戏台,高两米多,面积五六十平方米。戏台两侧为庙宇东西大门,门楼与戏台连接,唱戏时辟为演员放置行头道具、更换衣服及休息的地方;戏台下边也有大门,但平时当作铺面不通行,只有在天旱时从七星潭祈雨归来,求雨队伍由此进庙烧香敬神;庙院中间竖立有碑碣及牌坊。据推算大庙已历经六百多年风雨沧桑,1939年,日寇轰炸中村,北殿、东西厢房被炸毁;1980年,戏台被拆,改建为舞台;1984年,又改建为电影院。原大庙中碑刻颇多,其中有明崇祯十五年的《中村庙兵荒碑记》,清光绪四年的《荒政碑记》,对研究明末、清末兵燹、旱荒灾害有着十分重要的史料价值,可惜这些碑碣都损毁无存,幸有遗文。

西庙:县文物保护记载为“西寺”,位于中村西头,是保留较完整的古迹。西庙依山而建,分上中下三院,上下落差较大,构造气势雄伟。庙宇有正殿、配殿、献殿、看台、两廊、戏台、钟楼、鼓楼等。正殿、献殿面阔均为3间,进深均为2间,平面方形。正殿悬山顶,献殿卷棚顶。献殿斗拱栏额雕刻精细,钟鼓楼飞檐挑角玲珑美观。

西寺献殿花梁记载:上大梁显上花梁大吉大利是年(后梁记载),前梁记载:“大清嘉庆十四年十二月十六日辛丑吉日时立柱上花梁主木系丙子相三柱同心建造建三门自造来保全镇人等吉祥是为志耳”。可见西寺创建于清代嘉庆十四年(1810年)至嘉庆十六年(1812年),距今约200年。寺里供奉何位佛祖无人记忆清楚。1922年西庙改为沁水第三高小,历经办学80年得以保护。

观上庙:村人叫“观上”或南庙,乃道观。观上庙位于村东南山坡上,现在庙宇仍存,只是建筑失修破败。庙内现存碑刻两通,对道观的历史沿革概略记载。观上庙始建年代不详,明代、清代曾重修两次。

第一次:灵虚观重修碑记载:灵虚观原属白云观院,明万历二十四年二月十五日适当圣诞期，本村善士郑尚志、刘世朝、刘世荣触目动心，起工于万历二十四年(1596年)，历经十四个年头，完工于万历三十五年(1609年)。

第二次：三清观重修碑记载：灵虚观在大明万历二十四年重修，万历三十五年完工后，历经166年，大清乾隆三十八年(1773年)四月，由本年社首聂王元、李中量、马有贵、刘大田谋于村众择良工及村中善士布施，本村社首布施集用银一千零六十六两八分三钱重修，经三年于四十一年(1776年)竣工。

观上庙构造布局是：北大殿3间为正殿，供奉三清尊祖，殿后墙绘有壁画；东北偏殿3间乃关公殿，塑关帝读春秋坐像，左立关平手捧印玺，右站周仓执掌宝刀。东、西、北墙壁上彩绘《三国演义》故事；西北偏殿三间乃财神殿和蚕姑殿，供奉赵公元帅和嫘祖圣母。东庑殿小3间是五道爷殿(疙瘩老爷)，大3间是和尚宿舍，依次厦棚、厨房、东大门；西庑殿西小三间为娘娘殿，大3间为和尚宿舍，依次为厦棚、西大门；南大殿3间为地藏殿，是道教阎罗掌管人生死，管领亡魂之神。南大殿背后墙壁上镶嵌有琉璃麒麟，溢光流彩分外耀眼。

白云观、灵虚观、三清观均为观上庙不同时期的称谓，道教圣地从没改变。但道佛长期共存也是事实，后期庙内法事由和尚主持。在中村一带各庙都注重祭祀太上老君，原因在于其被尊为冶炼业的祖师爷。

观上庙每年农历四月初八日香火最旺，村人为小于12岁的孩童带枷，都要到娘娘殿进香、叩头、焚烧花枷。同时，有子者祈祷平安，无子者求赐贵子。

解放后，观上庙改做国家粮库，直至20世纪80年代。后因保护维修不及时，现在破败不堪。

杨岔岭庙：杨岔岭位于中村东方，是乌岭山南延之脉，也是县城西域主要分水岭。岭东水向东流，岭西水向西流。在岭巅建有巍峨之关帝庙，庙东配有山神殿、土地殿。庙宇建于何时无考，在废墟中细心寻找到几块残碑，拼而偶见民国元年(1912)曾有四社耆宾见神庙残破，倡导募捐维修。在捐募者中木凹杨氏兄弟凤林、凤金、凤成名字清晰可见。老人口传，中村七月十五庙会原先就在杨岔岭唱戏赶会，后来庙宇破败，庙会便移至中村。今杨岔岭庙宇遗迹尚存。

魁星楼：中村镇左东南隅建有“魁星楼”一栋，楼内供奉着一位青面獠牙、赤发怒目的神仙，站在鳌头之上，一手捧斗，一手执笔，一只脚向后高高翘起，形如踢斗之势，后人称之为“踢斗魁星”，是执掌文运之神。古代实行科举考试制度，能够金榜题名，成为读书人的理想。因此众多读书人将魁星视为守护神，对其顶礼膜拜，以保佑自己科考顺利，成就功名。

魁星楼今有石碑两通，铭刻着建楼伊始村人、乡贤、商贾慷慨解囊、鼎力捐助之功德，从此碑可见人们对文化的崇仰及渴望。

四、牌楼

除五大庙外，西寺东竖立着一座巍峨的石牌坊，雄伟壮观。牌坊自底到顶全为砂石，石柱、石鼓、石额、石梁、石瓦、石脊。据光绪《沁水县志》记载，此乃贞节牌坊，是奉旨为刘敦申之妻张氏孀居近60年而建，并雕石匾“天鉴幽贞”旌表。20世纪70年代初，因影响汽车通行而被拆除。

五、舜帝庙

位于涧河村中，创建年代不详。该庙历史上多次维修，现在保留较为完整，庙门上木雕匾额“重华□□”，北正殿，南戏台，东西厢房。在抗日战争时期，中村高小曾一度迁于此办学，抗日武装也曾在此处办公。解放后，这里是村集体办公场所和小学校室。

六、山神庙

位于小河湾自然村。相传光绪三年大旱，饿殍遍野，尸骨成山。阳城县水村百姓，为逃荒来到深山小河湾定居。当时，此地山大沟深，森林茂密，人烟稀少，每至夜晚虎狼出没，野兽成群。人们为了安定地生存下去，在村边山坡上修起“山神庙”，村民们烧香叩头，求神保佑。随之，虎狼众兽销声匿迹。山神庙便成为镇山之宝。

第三节 碑 刻

在我国，无论是风景名胜之中，寺观庙庵之间，还是在墓陵窟崖之侧，都屹立着各式碑碣。这些碑碣记录了本地的历史沿革，向人们讲述着曾经发生的故事，蕴藏着深厚的历史内涵。它已成为艺术家探求艺术源流、史家考订史实典籍的珍贵文献，是世人旅游观光寻求文化熏陶的瑰宝。

碑碣，一般指各种各样的刻石，是一切刻有文字的石刻的总称。碑碣除了拥有极高的艺术鉴赏价值以外，更拥有极大的历史价值，许多碑刻都记有当时的大事及重要人物，反映出当时社会生活的真实情况，称得上是石质书库。

中村的碑碣多立于庙宇、陵墓。在三堂四阁五大庙中处处有碑碣，在各家族祖坟之地墓碑林立。例如李家坟、谭家坟、刘家坟、牛家坟墓碑不可计数。老人相传在北庄口立有一块记事碑“落马碑”。许多碑碣在“文革”期间遭到极大破坏，大批墓碑在“学大寨”时被用作垒砌地堎、水池，庙碑浆砌河坝、桥梁，以致现在保留无几。能够把所留文字收入村志，实乃幸事。

一、庙观碑记

灵虚观重修碑记

邑庠廪生云衢王梦鲤撰

动宇王梦震书

弼台王家相篆

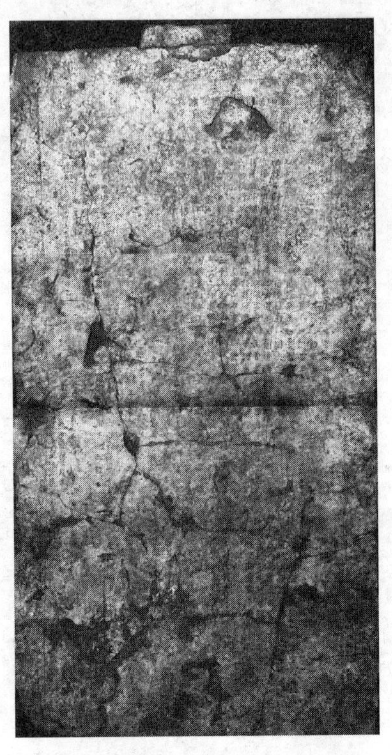

盖观有□，固建之中村庄丘陵，去县六十余里，原属白云观□院也。正殿三间，三清圣神□焉。南殿三间，救□圣神居焉。东侧关圣贤殿一间，西侧灵官土地殿二间，西北子孙殿一间，蚕姑殿一间，东道房六间，西道房四间，西南房三间。又平通禄建西北角房二间，西房三间。又□芮通□□南角房二间。门外龙王、马明王、五道、牛王圈神各殿，前有钟楼一座，三门一所，殿宇辉煌，人物萃聚。粤厥创建，其来□曰矣。奈历□□风雨摧折，多毁不堪，曾无一人动兴举志。

适万历二十四年二月十五日当圣诞期，本村善士郑尚志、刘世朝、刘世荣触目动心，属□耆老而告之曰：徒行敝盖，人不让路；毁冠囚首，人不让席。今殿宇萧条，圣神寂寞，人岂起敬乎？遂与众倡率议修，即推道人平通禄号□西侧，募缘四方若人任，不敢辞劳，尽竭心力，昼夜席饔不□。今正殿复新，三清重□。起工于二十四年，完工于三十五年，庙殿森严，神众罗丽西土第一观也。工甫成，印经金□署印三载，凡道俗俱无一人訾议之者。

噫嘻！世之塌茸惰窳者无论已，间有一二有志者。耳目眕于乐好，心思蛊于□贿，精神疲于晏安，求其有始有终，亦□矣哉。今□□□□□诚不易得也。施主刘廷祥、郑□忠、马尚先、刘兴汉请记，以为众道风。于是工毕勒碑，名与天壤，俱敝功垂，永世不朽矣。是为记。

大明万历三十五年岁次丁未十月吉旦建。

□□会司署印募缘道人：

芮德坤门徒：谢通祾、马□□。

徒　　孙：芮玄祥、常玄□……

平通禄门徒：乔玄峒、李通峙、平玄真、平玄位。

徒　　孙：□□、静松、平静宫、张静□、高静□。

芮通仕门徒：常玄□、□玄徵、郑玄峻。

徒　　孙:□□金……

本　　院:王通科、李通晋、申□全、乔通选、张玄□、刘玄峰、□玄贵、申玄岳、卫玄峰、□□□、王玄□。

上　　院:李德□、刘通福、韩通祯、李玄岱、王玄岐、侯玄□、郑□□、王静东、续玄鳳、韩玄□、□玄□。

计开本观山场地土于后:上地共壹拾六亩九分二厘,中地壹拾六亩六分,下地壹拾五亩二分六厘,□地上、中、下……。东至风水岭以下郑守旺,南至观沟,西至古道,□□□北至沟,西至观角下地二段。又□翼城县□□里□元洞系本观下院□□王德明,……下院龙泉洞道士安通官,灵虚观署道会司印刘通□,门徒:李玄明,孙:刘净已。

绛邑丹青:王登弟　吴朝相　王登远　本邑　刘□□男:郭喜

塑　　匠:黄真

造龙头匠:张崇仁

玉　　工:张汝庆　男:张进才

（此碑现存于中村村观上庙）

永垂千秋

从来干蛊济美事,则支分而派别,理实共贯而同条。盖成败利钝,难以逆睹,而修圮补漏,功绩互呈,修圮者著美于前补漏者。干蛊于后,然干一时之蛊,永济无穷之美。《易》曰:“先甲三日,后甲三日”,良有以也。

本镇三清观，于乾隆三十八年夏四月重为修理，至四十一年春三月功程告竣,固焕然维新,美盛可观矣。胡为今岁又复整修乎?询及其故,盖因前涂瓦之日,时值季秋,瓦泥未干而即冻覆焉,周围殿宇无不渗漏之甚,损坏神灵金身也。

本年,社首聂子讳王元、李子讳中量、马子讳有贵、刘子讳大田、刘子讳君佐、谭子讳愫,目击心伤,爰谋于村众,择良工匠重为涂瓦。工匠饭食,俱属村中善士布施。工匠功资,以及砖石材料,悉属社首经理集用所入。遂将漏庙殿宇,以及山门、禅房,悉为整瓦。又于庙院周围,用砖石铺砌焉。凡前之阙而未周者,无不为之整修。沿修之功虽曰小补,而干蛊济美,后先相望,不分优劣。故刻铭于石,以永垂于不朽。是为记。

邑庠增广生员:宗铭张师载薰沐谨撰,

同庠窗友:杜式魁、郑有成、李文魁、李际丰参阅。

本镇庠友:马怀谨、刘敦刚敬校,

后学弟子:李光理沐手书丹,

今将使费开列于左：

社首经理集用，除大庙费用，净入银六十六两零二分，使银二十二两九钱七分付匠工资，使银一两一钱三分七厘买黑矾，使银八两七钱五分买瓦，使银一两零五分买头发，使银八两八钱买石灰，使银三两五钱买酒，使银六两买砖，使银一两零七分八厘买烟，使银四两五钱买石条，使银一两买脊，使银一两五钱五分买钉子，使银五两五钱杂用，使银一两四钱补修神像，使银五两一钱二分五厘付先修观银匠工资，使银九两零一分立碑谢神并修醮盆。以上共使银八十一两三钱七分，除入净短银一十五两三钱五分，系新社首集用。

经理督工社首：李中量、刘君佐、聂旺元、刘大田、马有贵、谭憷。

经管排饭人：张存本、刘承义、乔敦荣、马有道、乔贞元、刘敦化、牛景贤、郑有权、刘奇祥、李坤池、刘大醇、李中时、马全仁、李惟馥、谭开哲、刘敦恒。

新社首：李中权、马有川、刘君相、乔大相、牛景贤、李惟薰。

主持僧：能恒。侄徒：具正、具亮。徒孙：演义、演文。

泥水匠：王之性偕侄王大伦。

玉工：王瑞年。

大清乾隆四十五年岁次庚子暑月念日三社同立

（此碑现存于中村村观上庙南殿）

重修三清观碑志

且夫天下事，有创焉者，有因焉者，有因中之创，有创中之因，是何也。盖功程有大小，费用有多寡，历时有远近，诚非可以迹泥也。镇之左丘陵，旧有三清观，元始、王宸、混元居其北，地藏、十王位其南。创始莫考，而碑志所载，已重修于万历年间矣。乃风雨飘零，忽于乾隆辛卯壁崩而瓦解，一切神像倾圮，颓废无复，遗存荒凉寂寞之状，行道亦为目恻。

嗟乎！前代之经营缔造者，为何顾忍令其荡然扫地耶？爰是镇人同发善念，公举老社刘公讳敏章、马公讳有汉、李公讳浩生经理其事。老社又与镇人同举刘公讳敦唐为总理。诸公同心共济，婺不恤纬，鸠工庀材，不遗余力。而镇人左袒效力，食工翕然，浮图合尖。故殿宇则依其基址，而巍峨大越乎畴曩。然缺而未备，终属美中之足之憾。复于北之两旁，创修关帝、玄坛诸神二殿，东加伯王群圣祠，西增后土圣母宫。廊房周建门垣，挺起殿宇神像，靡不焕然维新，耸峙人云。仿佛太微盛境，壮严映汉，依稀玉局。美观迥异邯郸之故步，岂同依样之葫芦。但功程浩大，费用烦多，伐木变金，既罄囊以勷事，纂缘募化，复集腋以成裘。又自乾隆癸巳，以迄丁西，越五载,而绩始告竣。其历时久远有□可以岁月计者,谓为创中之因,可谓为因中之创亦可。是岁之春花月下浣,领袖诸公群思,磨石镌名以志。某也捐囊而施财,某也食工而效力,属余为文。余鲜识寡闻,愧无司空之见,怀空抱虚,有似蜀人之瓠,安能为文?不过朔其由来,录其实迹,以昭示来兹,使有所感发而兴起云。是为序。

邑庠生:子元李文魁薰沐谨撰。

同庠窗友:杜式魁、郑有成、张师载参阅。

郡庠门生:马怀瑾、同庠门生刘敦刚敬校。

同庠从学弟:李际丰沐手书丹。

今将始终费用列于左:

外路并本村布施集用共银一千零六十六两八钱三厘。

砍伐松树卖银九百五十七两五钱。

石匠共费银二百二十五两四钱二分。

泥水匠共费银二百二十六两零九分四厘。

木匠共费银二百四十四两五钱六分二厘。

砖瓦共费银三百四十两零六钱二分五厘。

画匠共费银二百九十二两六钱三分一厘。

塑匠共费银三十七两六钱四分二厘。

石灰、石炭共费银三十九两二钱四分一厘。

买被盖使银一十五两五钱。

买席使银七两九钱五分。

琉璃匠共费银八十八两八钱五分。

解板并抬木石费银一百五十两四分五厘。

修桥并买绳使银三十四两一钱二分五厘。

做布棚使银二十两零六钱二分五厘。

补修书房并平观院共费银十两四钱六分三厘。

修土地庙费银六两二钱五分。

铁匠并买铁钉子共费银八十四两三钱七分五厘。

上各殿并禅房梁费银四十七两五钱。

买烟共使银二十一两九钱五分。

做桌椅并油漆费银六十两。

抬碑并磨碑共费银一十一两六钱五分。

开光谢客共费银八十一两。

杂项使银七十七两八钱零五厘。

凡修工管饭并施树木俱在布施之内。

立碑费银九两五钱,本年社首集用

总理督工募缘人:刘敦唐。

承首经理募缘人:马有汉、敏章、李浩生。

同事社首:刘起来、乔大相、刘君宠、李中德、刘承杨、刘大政、刘敦伦、谭开文、马全周。

分理各项头:马建秀、谭开贵、乔□贤、牛尚贤、李惟馥、郑金贵、刘承孔、李延文、监生刘大量、刘汉宁、刘起亨、乔知元、张周、乔居堂、刘光前、马有宠、谭开山、刘敦宜、李坤池、乔居仁、李中量、刘大知、乔大理、郑有成、马有川、刘敦化、张存忠、刘大龙、刘大进、张存诚、刘敦俭、张存本、谭开哲、刘承义、李际丰。

本年社首:李中量、刘君佐、聂旺元、刘大田、马有贵、谭愫。

大庙主持僧:能恒。侄徒:具正、具亮。徒孙:演义、演文。

玉帝庙主持:仇殿禄。

大清乾隆四十五年岁次庚子花月廿八日三社仝立。

(此碑现存于观上庙南殿东墙)

中村村观上庙碑文

尝论箕好风而毕好雨,天道也;同心断而同舟济,人道也。天道之难,不若人道之为易也。本镇南固观有高禖尊神,自创修以来,邻里士人,实式凭之,靡不遂感而斯应。间有苏子绍先,刘子永庆,郑子可明,苏子承先,刘子敦先、敦杰、永恒、永顺、君天,同心聚会,广生其名也。指日捐施,因月而异。数年间,有如细流之成海,壤土之成山也。爰是会众建修暖阁,重妆金像,为匾与幛,举皆周详。事恐久而湮灭,刻著于石,以志永远。后之复起者,览其功而振兴之,亦将有感于补葺之谋也。

邑庠生:起泰刘君统撰书。

同庠增广生:刘敦本参阅。

修功各样工匠共化费钱陆拾伍仟柒百捌拾文。

总　理:刘永恒、刘敦杰。

住持僧:能恒。

玉　工:郭金和。

嘉庆拾有贰年岁次丁卯仲冬吉立。

(此碑原在观上庙现存中村村)

重修伯王殿并高禖圣母殿黑虎元坛殿序

夫圣王之制祭祀也，法施于民，则祀之；能御大灾，则祀之；能捍大患，则祀之。如伯王神圣并高禖圣母、黑虎元坛，何一非御大灾、捍大患，而法施于民也哉。前贤创建殿宇，良有以也。但历年久远，风雨飘洒，每多倾漏。余等值本年社首，累积官金三十四千三百八十九文，同议修理，将伯王殿内神圣新为金妆，并高禖圣神、黑虎元坛殿宇，重为瓦修。不意工程费多，而资财不足。告竣之时，余等捐资钱九千文整，以完厥事。由是圣像辉煌，瓦檐整，以视向之飘洒倾漏者，别有一境矣。是为序。

客星乔玉斗书丹

本年社首：刘敦都施钱二千文。

刘扶元施钱一千文。

刘君招施钱一千五百文。

乔玉统施钱一千五百文。

李嗣伋施钱一千五百文。

马永泰施钱一千五百文总理。

本庙住持僧：具全。徒：演廷、演章。

玉工：李福。

大清嘉庆二十五年岁次庚辰仲冬縠旦

（此碑现存于中村村观上庙碑）

建文昌宫奎光楼　蓬莱阁碑记

昔人谓天作地生之状求之成，无得味其言，非为不得言也。益言不易得而得之者，仅耳披阅时已信为然。今观于邑之西南乡中村镇，创建文昌宫、奎光楼、蓬莱阁而益信。村周围环以山，山多松，松苍翠古，茂绮绾绣，错不可腾状。更有哗然，起于村之北者，其峰直耸，天柱相似；其崖层叠；天际相以。其形势缭曲而往复，又泰阶相似，因名曰三台。《三星经》云："三台属太微垣西北星，三公之象。"而村之北山，上有此象。盖天钟秀于斯地，为效其灵，而人将杰出者也。尝考《天官书》："斗魁戴匡六星曰文昌宫。"《星经》云："近二台者为文昌星，其形如筐，在北斗魁前。"又云："魁属北斗，方形为魁。"《天历理》云："魁中有细星四五相聚，曰大理，乃天之元气，造化万物之理也。"以故，庙祀文星之必兼祀魁星楼也。而或立庙，或建阁，无不位于东西者。又以宜于西北之三台星相向云："若是□文昌、斗魁皆星也。庙祀可，具像则不可，而世之具像以祀者，义自有。"《说签》谓："文昌帝君，世固有之，不然何以传有功过，格阴阳文，诸书知兴，则魁星。"可知说非无论，各不一样之，不□乎？《星经》所云者近是。

庚寅岁，中村镇创建文昌宫、奎光楼于村之东南山间，而庙之坐位面向，遥望西北之三台山相对，已□《星经》之说相合。是诚所谓天生之状求之而不易得者，而中村镇竟得之，岂偶然哉？时復于其间建蓬莱阁，又何以故□宫祖，谓举进士以不第，遇正阳人得道，受天仙剑法，得几几之求。□纯阳子称曰："道人似与文星不类，然自五季及宋，时化□最著。"至今文人学士求功名者，多祈指示时运。文昌、奎星并祀，所以复有□宫祖阁创建庙□成有以北观瞻□者，有以补□脉，言余曰："非也，星观天士文相也，之势为久远计也。天益钟其秀，地益效其灵，人才辈出，文运大振，此举矣。故创建之初始，而董事诸公，□经□□处无不言是□□□□□□，药王、财神居，两耳殿奎光楼，右蓬莱阁。门墙周围，苍松环绕，与三台山对照，而居□中村村。名中村，山名三台，□□□□天乙而地生之者，□二西村之来读曰，愿有记。余询厥由深嘉焉，故不辞而为之记云。

徵仕郎吏部拣铨直隶州州判己酉科拔贡生王汲谨撰。

邑庠生生员：李光仪参阅。

邑庠增广生员：刘向荣谨书。

总理□二人：李除可、刘君□。

募化布施人：刘敦省、李嗣皇、乔玉统、刘向辰、刘启昌、李建新、谭□虎、刘君治、刘永珠、刘君发、刘清泉、刘清川、牛金华、齐玉斗、李光仪、刘镇雍、刘登亮。

经营□张银钱人：乔玉佩、刘清铭、李嗣□。

大清道光十年岁次庚寅十月吉日中村镇合社仝。

邻村社诸公施财姓名开列于后：

上峪村施钱拾二千文。

张马张户施钱十二千文。

北庄社施钱二十千文。

五柳庄施钱十千文。

圪塔社施钱十千文。

孝廉方正柳茂源施钱十千文。

白化社施钱十千文。

上北庄社施钱十千文。

下峪社施钱八千文。

张马尚户永思堂施钱六千文。

涧河社施钱五千文。

上沟社盐大使李初昶、郑景端，各施钱四千文。

李万有施钱三千五百文。

生员陈国恩、□□王三畏、郑逢春、徐延儒、郑儒相，各施钱三千文。

郑文相、郑逢顺、国学王近河、靳钺，各施钱三千文。

张马王户、靳有学，各施钱二千五百文。

布政经历裴二雅、监生谭汝听、监生谭汝楷、盐运司张启□、监生张占吉、国学柳茂法、杜遇明、郭青山、监生王朋瑾、薛广才、郑秉俊、武生郑登第，各施钱二千文。

典史杜如檀、生员赵冀炳，各施钱一千六百文。

侯全宪、杨怀型、王金梁、郑交杰、生员李培□、郑秉海，各施钱一千五百文。

张生荣施钱一千二百文。

拔贡王汲、柳珗、武生张衍乐、生员张家鳌、武生李卓之、武生李登第、监生卫承基、廪生王自奋、监生李尚文、侯广宋、王应元、姚万田、郑克宰，各施钱一千文。

国学韩希愈、监生王德沛、崔永吉、监生赵贞吉、生员王价人、尚文光、郑儒通、席家余庆堂、宣化坊光前堂、郑儒廷、郑喜顺、郑儒兴、安绍东、郑秉智、张学福、卫廷盛、郑友林、郑秉清、郑逢亮、杨维善，各施钱一千文。

郑逢兴、郑逢意、郑观成、郑德有、郑观杰、郑德锦、王有融、薛杞、郑景旺、王惟亮、薛广生、李有湘、薛广发、王德银、安存林、李天明、阳邑杜岐、张儒、杨万仓，各施钱一千文。

张旭、栗世顺、陈□利、杨景□、郭顺、延万盛、焦国万、郭应春、石金玉、常金法、甄九州、成赐、白顺太、冯瑞、兼太、范贵宝、赵有才，各施钱一千文。

王怀瑾、侯赴花、王瑞玉，各施钱八百文。……

本镇施钱者公开列于左：

大社捐钱七十千文。

中社捐钱五十千文。

东社捐钱五十千文。

西社捐钱五十千文。

乔乡荣捐钱二十千文。

乔王瑎捐钱十千文。

李除显、李景阳、刘君仁，各捐二千文。

刘良、谭□、于金花、谭□、刘昌元、乔玉斗、李嗣皋、乔杰元、马永太、刘永珠以上各捐钱四千文，马之□、刘镇雍，各捐三千一百文。

耆民刘敦民、耆民杨怀尚、耆民李除万、刘扶燕、谭情、刘君阁、谭王印、刘清民、杜兴林、刘镇太、刘君万、李太平、刘玉玺、李光甲，各捐二千文。

李光单、刘登广，各捐二千伍百文。

乔学勤捐钱二千二百文。

谭倮、刘君茂、刘荣、乔学耕，各捐钱二千文。

刘君治、郑安旺、刘珠、乔学冉、李福平、刘芳、李嗣伋、李光前、郑安顺、马怀玉、李汝扬、刘才、乔恒平、杨廷宗、杜子惠，各捐钱二千文。

李汝平捐钱一千文、又施树一棵。

乔玉林、张圣谕、牛金怀、刘敦省、□金锦、刘永盛、刘君招，各捐钱一千一百文。

刘镇美、乔学俭、刘镇远、刘珮、李祥平、刘镇凌、张致芳、郑安申、刘宝、郑安义、李榜秀、杨文魁、马炳秀，各捐钱一千五百文。

耆民刘君武、刘君良、刘君徐、马云纯、乔玉佩、郑国秀、李景椿、马云纲、刘效珍，各捐一千文。

侯怀珠、刘敦敏、刘美、李际厚、耆民李光□、李鹏年、聂怀温、李光辅、郑安明、马怀琳、马云福、谭玉帛、聂怀敬、刘敦耕、马怀壁、刘敦志、李景章、刘高、张永仓、聂怀正、李光□、刘敦瑄、乔本镜、刘君明、刘镇客，以上各捐钱一千文。

李有平、刘镇赵、杨廷耀、刘镇山、李光统、李嗣敬、刘镇部、刘镇英、武生刘清川、李嗣赛、李汝栋、刘登亮、刘广周、郑可法、徐魁元、乔太平、李汝桂、刘清泉、张清田、马怀清、谭希亮、刘镇成、郑□□、刘君思、刘王瑾，以上各捐钱一千文。

张丕伦、刘镇□、乔耀年、乔登年、马怀德、聂真、刘玉琢，以上各施钱一千文。

李秉伦、李士杰、郑仕圣、李际盛、刘君巧、刘镇鲁、李嗣荣、张心田、刘镇全、张盛田、郑仕清、乔学魁以上各捐钱八百文，刘君宽、乔世重、乔文省各捐钱六百文。

刘承位、马全惠、李锡书、刘扶川、刘敦礼、刘君产、乔学福、李应禄、刘敦威、李际山、郑国太、刘镇韩、牛金重、郑安营、刘清廉、李际陶、郑国柱、姚临登、刘湖、郑国福、刘敦锋、刘君武、刘镇行，以上各捐钱五百文。

刘敦杨、刘君利、刘君耀、刘君成、刘君才、刘镇兴、王瑞林、乔烟教、李广美、马怀东、刘镇刚、刘君瑞、乔长平、刘君榜、王成元、刘登秀、马怀琢、刘镇顺、刘镇印、刘清录、刘君月、苏魁法，以上各捐钱五百文。

刘君亮、刘镇魁、刘镇方、郑佑唐、谭宽、李嗣颜、张贵正、谭志、乔学炎、刘扶月、刘扶元、刘永和、郑汝禄、刘永海、乔学法、刘登魁、乔彭年、苏魁仪、马君赐、徐青茂、刘清□、牛广才，以上各施钱五百文。

张福田、刘奇福、刘官榜、刘朝宗、李仕宁、侯心福、谭法虎、刘玉陶、苏魁恒、□成福、刘清顺、陈福亮、马之福、谭广大、乔瑞生、史李娃、侯香娃、刘登科、刘清亮、苏魁亭、刘清世、刘□娃、马思荣，以上各捐钱五百文。

□太平、谭广福、牛旺旺、李榜娃、李光忠、刘朝柱、刘牛娃、刘来顺、王羊娃、郑佑法、李兴旺、李嗣贞各捐五百文，李应田、李汝秀，各捐钱三百文，谭魁亮、李少统，各捐钱二百文。

费合盐捐钱四十五千文。

人和典捐钱二十六千文。

协和典捐钱二十三千文。

王成号捐钱二十千文。

新□益捐钱十五千文。

兴酒号、永顺号、遇顺号、遇顺元，各捐十千文。

天合兴捐钱八千文。

成成典捐七千五百文。

万全号、统发号、愚顺号、瑞兴号、兴隆号、□兴号，各捐钱七十文。

兴盛号捐钱六十文。

泰盛享、信诚公，各捐六十文。

盛顺旺捐三千文。

天长号、万兴店、茂泰店、合成号、新兴号、和盛号、荣成号、通益□，各捐玖拾千文。

源通号、通益店、大顺号、□昌号、和顺号、协盛号、公义店、公盛号、和□号、益聚号，以上各捐四千文。

顺泰□、广源号、茂成号、从盛号、永和公、三和号、侯玖兴、万镒号、新兴铧炉、守德义各捐钱四千文，七宾、阳邑启盛典、永盛典、协泰典、和盛典、全庆号、□□兴、□兴号、增□盛、□□合、合泰炉、正太海、正惠，各捐三千文。

六合窑、侯百林，各捐三千文。

万家店、曹琛，各捐三千文，

通益号二千文。

宋福二千五百文。

永聚典、丰□典、协成衣店、浮邑享茂衣店、广聚店、万和钱店、泰成钱店、□惠璇、赵居店、鹿邑卫晋赤、胡□□，共捐钱二千文。

义兴典、建□典、应赤典、泰隆典、瑞□□，共捐钱二千文。

永兴典、泰昌典、广聚号、同泰号、万吉恒、永和号、张马复合兴、张马同心德、祥赤号、义昌永、南河新兴合、翼邑合盛元、南河□□中、盐平合□店、扬□宾、张鹏、□福荣、赵贤、□班、快班、皂班、捕班，各捐钱两千文。

同寿协、商丘功集成、顺兴和、权盛馆、张万通、南永兴、延启昌、守丰泰、李满顺、任会、卫四娃、成德成、张□田，各捐五百文。

沁邑大有号、曲沃义盛元。各捐一千三百文，

商丘关永茂盐店、曲沃庆余□盐店，捐银一两。

义兴祥、凤邑祥泰□店、合心麻店、四全号，各捐一千文。

冶内永□号、心合益、锦成号、张马忠德和号、翼邑正太号、涧河□太号、聚源号、□□□……

（此碑现存于中村村魁光楼遗址）

重修涧河村舜帝庙碑记序

盖尝论之，天地之间有神焉，福善祸恶，幽明必鉴者也。有庙焉，山节藻税，神之所安者也。兹惟县治西南邑曰涧河村者，有舜帝庙，东近聚仙石，堂内隐龙潭龙洞通透庙。凡遇天旱，时击潭者，朝雾而必雨。南临西坪丹坪寨，涧下涌出胜水一派，下流其门，而过西镇石窑。北有石门庙者焉，创之于古。盖于年大向，复今成化年矣，中间补葺有人，其人不可得而知矣。

于今万历元年仲秋，吏部尚书阳城王国光游西坪到其本社，庶民目视脊瓦之破坏，栋宇之朽腐，墙垣之倾颓，不遑寝且食者，非一日矣。思欲补葺修饰，况无头而者圣功而难成，遂选举本社公而直勤而能干者六人：马玄、郭希之、马尚忠、郭天赐、马仕威、郭孟春，率本社捐舍资材，并工协力，重修正殿、东西两廊、左右耳殿、舞亭、门楼，栋梁通换。圣功而浩大，人民力微，于万历十一年秋八月初四日通立。主木人马尚忠，甫数月，圣功告成焉。斯时也，神安人悦，惟贺社头并合众姓人民，诸于邻方，乞敛其心。公于无私也，以为日之光阴有限，岁月有摧迁无穷。自今以后，历时之久，风雨摧折，或有破坏之倾颓，得无有似今者乎？使不建碑刻文，其何以为后人之视效乎？是以社头请文，非媚神以激福也，良以古今之人物，不同古今之人心一也。碑文之序，使后人感激思奋，莫不曰：前辈固能修饰，庙愈新而神愈宁，风调其雨顺乎？五谷其丰登乎？人物其康泰乎？功之垂于后者，欣然而退，予遂书之。余刻文于石，以为赞助神庙之记。

时万历十二年月日

社头：马玄、郭希之、马尚忠、郭天赐、马仕威、郭孟春。

（捐资者名略）

（此碑现存于涧河村虞帝庙）

丹坪寨“万善同归”碑

且夫创之于前虽善弗侈，述之于后虽美弗彰。而丹寨山野古有神庙，俱系小样，豁然重举善念重修，庙宇宽大，金妆塑神三尊。有马子金铎、冯子金来、席子建端、霍子金城而四人总理，工成高峻，庙貌维新。余学疏才浅何能为文。撮其要、□其事，有诸公施财姓名一一开例于左。

后学弟子乔居仁沐手撰书

共总费钱三十千零二百一十五文。

并做工价布施钱二十七千零八百元。

高廷梧钱六百文，曹西侯钱七百八十，高足忠钱三百十，李君俊钱二百七十，马金□钱二千四百五十，李兴玉钱二百文，苏进宝钱五百文，张立全钱乙百八十，宋文香钱乙百五十，李春法钱一百五十，王继成钱一百五十，李近钱一百五十，霍金栋钱三千六百，霍金城钱三千乙百，霍学方钱二千六百，马良钱二百五十，冯金来钱二千乙百，郭修功钱二千乙百，乔学有钱二千乙百，席建端钱一千八百，李福义钱一千一百，霍丙乾钱一千一百，郭修明钱七百一十，霍学曾钱五百八十，霍学晏钱五百，李全顺钱三百八十，杨振先钱二百，马良福钱二百。

乾隆五十三年葭月合社仝立

（此碑现存于丹坪寨山神庙）

涧河村庙门对面东侧墙上碑

虞帝庙之南，有古树一株焉。村众每逢拜谒时，即于此贡献五道尊神。所以然者谓夫意举神知，随在皆有神，即随在皆可敬也。戊申岁，清善郭公、清泉马公，二公维首，村众相聚而言曰："缘树敬神，既无以肃观瞻，且无以妥神灵。不若建修小庙，以安神栖，可乎？"二公慨然应允，遂鸠工修造，不数日而以已告竣。局势虽云渺小，聊足以妥神栖。神栖妥，而人心亦安。较从前之缘树敬神者，不大相径庭。或至于厩房为牲口喂宿之所，亦演剧时所不可少者。二公创造马房三间，戏房三间，以及琉璃照屏，并石槽等物，无不一时而俱成焉。工程虽然微小，而劳心劳力非一朝夕，是不可不志之，以为后之有志兴二者勉。

共木石、砖瓦工钱共化钱玖拾陆仟柒佰柒拾文，社众照以神分管饭做工是照。

玉工：郭允升。

木工：高魁娃。

住持：马振赵。

大清道光戊申年二月吉旦。

（此碑现存于涧河村虞帝庙）

涧河村庙门对面西侧墙上碑

从来疏财者仗义，好善者乐施，如振□马公者，非即所谓其人哉。村中大庙，局势狭隘。每逢演剧，牲口无喂宿之所。社众久欲修理，无奈地基不便，是以有志未逮耳。戊申岁,社众商议,邀请马公,意欲奉价以求凑地。不意公之胸襟浩大,不乐受价,慷慨施地基三间,以便马房之修。为此仗义好施是诚,社众之所感念难忘者。于是议定,嗣后演剧所蓄粪土,惟公担取是用,众等无与焉。恐久弗传,故勒石援笔,以志其善之不没云。

邑庠生贾万选谨撰。

童生郭彦瑜沐手敬书。

首事人:马清泉、郭清善。

大清道光戊申年二月吉旦。

(此碑现存于涧河村舜帝庙)

涧河村大庙碑文

且天下事创者难,而因者亦不易。创者经营于前,制作固欲其尽美;因者图维于后,修饰更欲其尽善。涧河村与历山密迩,古有虞帝庙一所。其创建未详始于何代,而增修者屡有碑志。因历年已久,风雨漂摇,而东禅房将有倾圮之虑。同治五年,郭公丰年、马公殿元等,欲更旧易新,重为整理。谋及于众,咸无异言,于此见好善有同心也。遂按以社之神分,共捐赀若干,大兴土木之功,村之人莫不踊跃争先,以趋其事。未数月,美轮美奂。竹苞松茂之盛,于焉可歌;鸟革翚飞之观,于焉可庆矣。功既竣,征序于余,俾勒之贞珉,以彰厥事。余因即其实,以为之志,以永垂不朽云。

邑庠生员靳存珍薰沐谨撰书。

(捐资者名略)

总理人:马立域、郭清泰、马殿元、郭丰年、马振镒、马得禄、马宝泉、张万成、郭清春、马清泉、张万合、郭彩云、马得山、马锐元。

共捐钱壹佰伍拾贰千伍佰伍拾伍文。

共费钱壹佰肆拾玖仟玖佰贰拾文。

除化过下余钱贰仟陆佰叁拾伍文。

修工管饭合社按神分均摊。

勒碑共化钱壹拾仟零叁佰陆拾伍文。

督工社首:马培英、刘兴宝。

玉　　工:郭兆锦。

梓　　工:贾正高。

画　　工:白广发。

阴　　阳:靳柏林。

主　　持:王之璞

时大清同治十二年岁次癸酉孟冬穀旦合社仝立。

(此碑现存于涧河村虞帝庙)

涧河村大庙碑文(残碑)

……涧河村居诸山之中,望之而林壑尤美。郡之坎方,层峦对峙,石壁峥嵘,形如画屏。旧为……君。道德同乎天地,经纶弥诸宇庙,岂恃于此地而发见昭著乎?盖神无常,飨飨于克诚……馨也。近年来,四方之齐明盛服,祷于斯者,洋洋乎如在其土,靡不求之应而叩之灵。顾神……而人尽蒙其庇护,受恩必报。因之,近悦远来,施财者纷纭,捐赀者络绎。未经年,而布施之积……建庙塑像,以肃观瞻,俾神之栖止者妥,而人之享祀者久。并塑文昌神像与药主神像,……治元年,公举首事,诸公鸠工庀材,共勷其事。更将村之离方山神祠,重为修葺,油画兼金妆……告竣矣。竣工之后,勒石以纪其事,嘱余为叙。余非能文,聊掇其实,以为之记。

邑庠生员靳存珍薰沐谨撰书。

(捐资者名略)

管钱粮:郭丰年、马殿元、马清泉。

总理人:郭清春、马立督、郭清泰、马得泉、张万成、马立域、马得山。

值年社首:郭清泰、马得禄。

共捐钱肆拾壹仟叁佰文。

共化钱肆拾叁仟壹佰文。

除布施钱,下长化钱壹仟捌佰文。此项系合社均摊,修工、管饭合社均摊。

合社公议:石门口崖上,不许砍伐树木枝梢,永远禁止。违者罚钱壹仟文。

玉　　工:郭兆锦。

梓　　工:贾正高。

画　　工:白广发。

阴　　阳:靳柏林。

……冬穀旦合社仝立。

(此碑现存于涧河村虞帝庙)

重修河神庙碑记序

且天下创者难,而因者亦不难者也?邑之西南乡,环绕皆山也,涧河村居诸山之中，望之，而林有历山，脚趾涌出胜水一派，下流其门而过，疏瀹决排江淮河汉，福善祸恶也，河凭降鉴。海不扬波幽明必鉴者乎？从来仗义好善者，众人捐资财，并以重修河神庙宇。无奈地基不便，非即所谓其人哉？仗义好善乐施者郭公凌云，是以有志未逮耳。会众人等商议，邀请郭公地基亿欲举价以来凑地。郭公胸襟浩大，不乐受价，慷慨施地基二间，以修理河神庙宇，会众人之所感念难忘者。□光绪乙亥年间，欲建庙塑像，以肃观瞻。忽然天遭荒年，将工停，至丁亥年间，油画庙宇，金妆神像，而功告竣。虽然工程小会众人微，而劳心劳力，非一朝夕者，不可不知，以彰厥事。余因即其实以为之志，永垂不朽云。

沁邑儒学□生王明德薰沐谨撰书。

耆宾刘启舞施钱壹千文，郭海云、马先元、王启朝、郭文魁、马玉林、王启申、张敦铭、王寿德、程增林各施钱五百文。

合会总理人：马文盛、马得位、张赖娃、从九马士英、郭凌云、马得禄、郭丰恒、郭丰吉、马本林各施钱贰千捌百文。

玉　工：吴恒隆施钱壹千文。

以应杂使共费钱捌拾玖千贰百二十四文。

会中屡年捐存钱陆拾肆千三百二十文。

除会中捐存下短钱二十四千九百文。

小工管饭合会均摊。

石　工：王成兴。

木　工：帅开元。

画　工：燕开轩。

阴　阳：杨魁榜。

时大清光绪拾捌年岁次壬辰又六月二十四日合会仝立。

丹沟神仙洞碑文

建殿宇以栖神，祈人物而阜安。老幼拜祷，本有祠宇，以壮观瞻也。如丹阳庄，古有药王、龙王、仙姑神祠。咸丰年间，创修正殿三间，迨于光绪二十七年补修。于是神灵有感，邻村见知，达之远近，朝来暮归，近悦远来，有禳灾求药者用之，病症不时而自愈，人益信其灵验，异常神明，真莫测也。建庙于庄之南崖底神仙洞殿宇一所，金妆、油画一并修葺。斯诚山不在高，有仙则鸣也。

阴阳生靳文元沐手敬撰并书。

丹坪寨施钱贰仟文。

蔡忠温施钱五佰文。

张喜乱施钱三佰文。
王张明施钱伍千文。
蔡忠杰施钱伍佰文。
张天泰施钱三佰文。
张敦铭施钱一千文。
王作金施钱伍佰文。
蔡小喜施钱三佰文。
蔡忠有、蔡忠富、蔡忠波、王武德施钱伍佰文。
霍长敏施钱三佰文。
杨清林施钱伍佰文。
霍旺元施钱三佰文。
蔡忠雄施钱伍佰文。
侯芳庭施钱三佰文。
杨进山施钱伍佰文。
陈永仓施钱三佰文。
张方娃施钱三佰文。
宋德福施钱三佰文。
王羊娃施钱三佰文。
蔡忠贵施钱三佰文。
蔡忠云施钱三佰文。
蔡成娃施钱三佰文。

总理募化人:张敦铭、蔡忠杰、王长明。
督　工　人:王全德、张天泰、蔡忠富、蔡忠贵、蔡忠满、刘红牛、蔡忠云
玉　　　工:蔡忠富、张启泰、蔡忠有。
光绪三十三年岁次丁未孟秋榖旦丹阳庄合社仝立。

（此碑现存于涧河村丹沟）

聚仙潭创建龙王庙宇碑记

盖闻观音居于紫竹,王母降自瑶池。大抵深潭函洞,皆神圣仙灵之所聚也。涧之巽峰,古有聚仙洞者,窑谷函立,龙脊显豁,俨然天生地成,固于今为烈矣。凡附近取水者,恒于斯焉。第有潭洞而无殿宇,在神无以为安栖之所,在人无以致如在之诚,此实焚祷者之所心恻也。适有王子汉福、郭子成侯等,素存善念,欲救潭外创建一殿,

以栖神灵。乃社小人寡，频年积粟仅数石耳，安敢以微力而荷重任乎。爰募四方善人信士，随愿捐输，共襄盛事。兹值功程告竣，勒名金石，索文于余。余愧谫陋，何能为文，不过即其事之始末而直叙之，以俾后之览者，或亦有所观感而兴起云。是为志。

邑庠生连坡刘天章谨撰。

及门庠生子元李文魁书。

（捐资者名略）

首事人：王汉福、郭成侯经理。

玉　工：郭玉安、王相刊。

大清乾隆三十二年岁次丁亥瓜月吉旦合社同立。

（此碑现存于涧河村七涧潭洞口）

唐尧龙庙内左边碑文

尚考商时，汤有天下，大旱七年，汤乃祷于桑林，以六事自责，而天遂感而降雨，迄今人胥效其风焉。即如此地有七涧潭者，盖因地势宽大，其中有盘龙洞，洞内有盘龙潭，即所谓七涧潭也。龙灵照照，传闻远近。东至本县县南，西至翼城县东，凡大小村庄一逢天旱，咸来取水而祈祷焉，此亦人所共见闻者也。然而，其地属白化、涧河、西沟所管，起初先修龙王殿宇一座，后殿宇毁坏。今岁，公夅劝省六人，重修五龙神殿三间，禅居、门楼俱全。由此而后来祈祷者，谒神焚香皆得其便，岂不可致神人之胥悦乎，此为序。

泽郡府庠弟子卜年王肇祚沐手撰书。

（捐资者名略）

大清嘉庆五年岁次寅申仲吕之吉，白化、涧河、西沟三社仝立。

石匠、先生、谢神，一应共费钱八千九佰一十七文。

一应共收布施钱二佰一十七千一佰零二文。

（此碑现存于涧河村七涧潭洞口）

重修五龙庙碑记

洞名盘龙，五龙神之所居也，每逢大旱祷雨辄应。自乾隆三十二年修庙宇、塑神像，凡四方之祈祷而来者，莫不推美诵勤焉。至嘉庆五年，瓦木有破坏者，郭、马、王公等，聚材积玉，又改而新之，迄于今又数十余年矣。夫礼有必隆，不得而杀；事有必举，不得而废。五龙之庙，历年久远，多损折其大半。因欲重为修理，以光神事。乃社小力微，不能遽就其功，而众人施财，咸乐以成其美。于是揆时庀徒，以参以筑，以绳以削，不督不期，役者自至。自壬辰六月丁巳始事，至八月丁亥卒功。彩色俊明，殿宇辉煌，神灵于是而妥，观瞻于是而肃矣。

邑庠生王价人沐手撰。

邑庠生王室蕃沐手书。

中村社施钱拾千文。

翼邑画坡湾施钱二仟文。

聚源号施钱一千文。

三太号施钱一千文。

王近祥施钱五千二佰文。

王之英施钱三千二佰文。

郭青山施钱二千二佰文。

乡饮马怀治施钱一千六佰文。

王维兰施钱一千五佰六。

霍学文施钱一千伍佰文。

王维成施钱一千三佰文，又施钱五百四十文。

马天元施钱一千二佰六。

马锡元施钱一千二百六。

王启昌施钱一千零五十。

王近淮施钱九百九十文。

马振江施钱九百文。

马青泉施钱九百六十文。

马振海施钱九百文。

马龙泉施钱八百七十文。

王启盛施钱九百文

王之伦、陈吉彦、郭彦珠、郭彦瑜、郭青太，各施钱八百一十文。

马立国、王郑元、陈吉文、王瑞英，各施钱七百八十文。

王维敬、王维勤、王维宝、王尧德、王之杰，各施钱六百六十文。

郭彦湖、王之任、郭彦珩、马立清、郭青善、王尧贵、王存瑞、王之宰、王维科，各施钱六百文。

王近旺、陈庭仁、王维□、王维洛、张兴宠、王近汉、王之惋，各施钱五百四十文。

王鐈英施钱五百七十文。

王维和、王维动、王之佳、郭青镳，各施钱五百一十文。

马立侯、王旺元、王维池、王秉礼、王来锁，各施钱四百八十文。

王金有施钱四百五十文。

王狗娃施钱四百卅五文。

马振昶、高永升、王维新、马怀省、马怀礼、王应选、刘春花、刘春发、刘春枝、马立督,各施钱四百二十文。

马立河施钱四百五十文。

王元河、王维恭各施钱四百文。

马振彪、马乾元、王之万、王近江、王秉仁各施钱三百九十文。

王之仪、王近藩、王存宝、郭彦会、王琬英、王学当、王成羔,各施钱三佰六十文。

王才娃施钱三佰三十文。

郭彦良、郭青洪、郭青英、赵杰、张全有、席建尧、刘应西、郭彦璞、郭青王、丁永财、马振美、马喜泉,各施钱三百文。

马怀信、韩全生、马立太、李成信、王国宾、田瑞、王海娃、王克仁、王启鉴、王之代、王学广、王存会、支张成、王摔娃、王启法、王之仙、王维宗、王维宁、王朋英、王都宁、王维庆、王维珠、马浑元、马体元、马温元,各施钱三佰文。

王学宠、王学厚、李有福、桑应福、高柏林、王□□、桑应太、杜法满、张永读、崔万年、张居仁,各捐钱三佰文。

王虎英施钱一佰文。

阴　　阳:靳天培。
木　　匠:杜亨通。
石　　匠:郭元升。
画　　匠:牛自斗。
白华庙住持:元顺。
涧河庙住持:霍典。
总 理 社 首:王之英、马振奠、马龙泉、监生王近河、马振江、王维科、郭彦瑜、王维成、霍学文、郭庆云,又共施钱叁千文。

合社严禁洞顶上山坡,不许采樵伐薪,纵放牛羊。违者罚钱五千文,拿获者得钱一半,其余入三社公用。

大清道光十三年岁次癸巳孟秋之月,白华、涧河、西沟三社仝立。

(此碑现存于涧河村七涧潭洞口)

五龙宫唐尧洞碑文

山不在高,有仙则名;水不在深,有龙则灵。邑南涧河盘龙洞。是观乎其外,山峰嵯峨,涧水清涟,桃李春艳,松柏冬荣;察乎其内,潭分七涧,湍水幽深,天生石脊,鳞荧照然,参差盘环,惟龙之似奇形异状不可尽述。言乎其神,甘霖将降,浓雾必生,旱魃为虐,祝祷告处,责言未已,云雨油沛,灵爽不昧,□在左右。亘古以来,不纪年朔,东西府邑,远近居民,节届春赛,取水祈霖,时遇亢旱,行祷祝雨,德泽海深,曷可负哉。欲酬昊天思之无,由先哲良谋建庙于斯。乾隆三十二年始经创修,嘉庆之五,道光十三,补修两次,仍旧颇易。乞至于今,瓦木损伤,折其大半,功之毁坏,至此为极。可幸者,有好善之士马、王等公,概然有志,欲为更修,钱粮不足,人人怀忧,公等同谋皆谓无妨。龙王德泽,溢乎四海,雨露沾濡,无物不被,捐赀于众,必有相助。众等欣然,从议无违好善,同情捐纳甚众,内外积财三百余千,诸公协力,共成盛事。斯功之就,马公任重,鸠工庀材,不惜劳瘁,重建榱椽,补塑神象,丹桷刻楹,雕梁画栋,焕然一新,郁郁改观。神享其安,人尽其诚。功既告成,勒石志美。余此时,舌耕故里,亲见公等辛勤之苦,与众善士乐输之诚,不忍灭没彼之懿德,忘其固陋,作序以铭云。

邑庠生员王崇德沐手撰书。

中村社施钱十五千文。北庄社、蒲泓社、石雾社各施钱五千文。

沙腰社、柳沟社、东沃泉、芦苇社、冯村社、张村社、杏则社、席家社、上川社、冶内社、褚家社、南阳社、下峪社、上峪社,各施钱三千文。

夹齿社、丹阳社、丹坪社、帅家社、萧庄社、下川社、独台渠、肖河湾、中村财神会、侯家坡,各施钱二千文。

台亭社、□□社、大南坡、遇顺合、王社、安社、后西沟,各施钱一千五百文。

羊辿社、庄火腰、绛邑南阳坂、垣邑前蚊堂、马马渠、后五里坡、青皮掌、马河社、梨树庄、前五里坡、奉□堂,典籍军功大品刘庆□、耆民李榜□、六品蓝翎刘炽昌、永思堂、军功九品刘□昌、王显然、席秀升、武生杨庭魁、德和兴,各施钱一千文。

世兴诚、卫坐□、□□□、□□太、□兴德,各施钱□千文。

湾里社施钱三千文。

圪瘩社施钱二千文。

(以下捐资名单略)

总　理:马德位、王启泮。

募化人:王明德、郭京钊、马先元、王者政、王怀德、霍万盛。

催工头:王和兴、马滋林、王兴德、郭逢吉。

砖瓦头:王近海、马士英、王全德。

木石头:王世铭、郭文魁。

管　帐:郭凌云、王懋德。

督　工:张万合、王相英。

四处共入布施钱壹百陆拾贰千四百文。

三社共捐布施钱陆拾贰千柒佰零九文。

入社坡板钱柒拾柒千伍佰文。

三宗共入钱叁佰零贰千陆佰零九文。

石匠化钱贰拾伍千文。

木匠化钱叁拾伍千文。

画匠化钱叁拾伍千文。

小工、砖瓦脚钱一应共化钱六十二千七佰文。

买木石、砖瓦共化钱六十二千六佰四十六文。

开光化钱叁拾三千九佰壹十四文。

一应杂项共化钱四十八千三佰四十文。

以上共化钱叁佰零贰千六佰零九文。

玉　工:王成兴。

木　工:李家善。

画　匠:燕温城。

阴　阳:靳长林。

大清光绪拾叁年季冬叁社仝立。

（此碑现存于涧河村七涧潭洞口）

创建丹阳山玄真洞记

大明龙集正德十三年戊寅岁,□□阳云水道人黄崇贤,游心物外,志尚清虚。历览中州之境,饱玩名山□□也。寻幽择僻结庵,可以修心养性。

□□西南八十余里有山,名曰丹阳。崖峨高峻,崒嵂巅峰,绝壁悬崖内有石窟者,曰玄真洞府。渺然显于崖伞之□□,目视易而既登难也。《诗》云:"节彼南山,维石崖崖",此之谓乎?道人斩荆蓁,梯径而代。异□洞绝壁万仞,射□梯,牵萝萝,穿石凿孔下橛,铺柏枝,攀绿而出,进之洞门,果有异奇,诚天造而地设,实仙人所居之处,总蓬莱三岛弗是过也。其石床炉鼎,遗迹存焉。道人总葺,忻然兴□,朝暮焦劳汗,首□足以力,先之铁铸□太上道德天尊一堂,仍铸巨钟悬于洞左。晨夕每击,声腾霄汉,□沉空各。闻者无不惊叹,见者莫不奇翼哉。斯遭仙而何□,因山不在高,有仙则名。云封雾锁,威震镇必灵。清泉飞流,猿啼鹤泪,山中之□,减人开灾。未几,道人复□率门徒李教永生、教福、张教山□□,命善塑绘者,铁像加以素质,饰以五丝,金□煌其光耀□焚修恳辟乎?载荒凉之地,立万世无穷之境,道德洪敷祈邦几之巩固忘情沟□祝天运之隆昌。或曰:洞窟始末□识其岁月,兹者乎予为志。予未得亲造,其恐异境灵奇而不尽载其□也。噫!皇明嘉靖八年春正月吉立翼城县崔庄里杏林处士崔壁撰。

曲沃县金水镇后学许天民拙书并校正。

河津县白堤里隽字匠黄福。

沁水县上各南里：王家谷、郑家村、郑□□、□□敖。

郑哲□、郑□胜等原分到丹阳山郑□弯祖业地□耶舍，与黄宗贤门徒绳绳耕种，辈辈承业。

其本山东至小寨道，南至大沟中，西至清崖头，北至大颠峰，四至分明，土木相连，永无争碍，此碑为昭。

白云观刘海仙造钟一颗，□一石。

阳城县俊井里周壁村造像工德施主。

造洞命圣像□□工德施主。

曲沃县北王村赵瑜、马氏男赵孝、女果子、小果一两。

□绛县岭东庄刘得才、□氏男刘□六两五钱。

沁水县□郭祥□、棉氏、郭文秀、刘氏男郭世全、刘氏郭世完、霍氏二两。

郑嵩、王氏男郑孟经、张氏郑孟书、崔氏郑孟思、董氏郑孟、白平二两。

郑文有、马氏男郑圪棒一两

郑福经、马氏二两。

郑杰一钱。

郑进朝一钱。

郑喜一两。

郑克己、李氏男郑福荣、李氏郑福来四钱。

郑智、张氏男郑彦奉，王氏男郑彦达、王氏郑金良一两。

王二强、王三强、王四强，女：银铃、赖小果施银九两。先母杨氏、王仕达、李氏、田氏男王邦庆、闫氏王邦泰、王小舍、王小赵、王春芳施银九两。

玄门宗派：

丘：道德通玄静，真常守太清。一阳徽复□，合教□□明。

刘：思道明仁德，崇真性复常。景高□礼义，惟信守中良。

谭：道本崇真理，玄微至妙仙。立志云霄上，功成必无名。

马：自元末谥志，冲寿成仙丹。中聊德礼理，了然定朝天。

郝：至一无上道，崇教演全真。冲和德静本，仁义礼知玄。

王：靖净无为道，志诚有惟铭。金玉工知巧，真知豪帝先。

孙：全真通玄理，久道德无为。本□如灰□，知立乃功夫。

王道成徒：黄崇德、黄崇贤、黄崇寿徒张教成徒崔演铜，侯教福、□演库，李教□、□演仓、王演敖，王教□、王教□、张教□徒□厂、侯教林。

白云观：刘海仙。徒：续道信、郑道□、郑道云。孙：郑□□。

郑迎仙。徒：李道明、马□有。

（此碑文刻于涧河村黄道士洞石壁上，抄录不完整，仅供参考）

重修丹阳山玄真洞石碑为记

先于万历十六年六月吉日，金妆道德监斋真人玉女一堂。

万历十七年、十八年，陆续修里石门楼，剪砌打石道。三十五年，打石共桌。

万历三十八年二月初八日，平治地基。闰三月十六日起工，因石控一座。

保安焚修弟子马通禬徒：崔玄来、崔玄柱、常玄德。

白云观徒侄王玄岐，徒王净弟。

侯玄岭徒侯小旦。

孙武净枢。

师叔李德明，徒韩通祯，孙韩玄仑、续云□。

兄刘通福，孙王净重，重孙申真修、王真德。

侄：李玄岱。

时万历三十八年岁次庚戌闰三月十六日立。

石匠：张汝进。

男：张高才。

顾工人：王春娃。

（此碑现存于涧河村黄道士洞）

朝阳洞碑

尝闻庙貌隆盛，乃足以彰神威；神像辉煌斯，可以见神德。丹阳山朝阳洞，古有老君神像一堂，创建久远，而风雨飘摇，神像黯淡，不惟无以爰神灵，岂何以壮威严而肃观瞻乎。幸有首事郑广宗、郑玉秀、郑文兰等诸君子者，立志修葺，念切维新，席不暇煖之劳，而募化四方。同志者善念相感，量力施财。庶几乎积少成多，众毛攒毡，则钱粮有出，而神功可臻其休美矣。忝愧不文，聊以为序。

（捐资者名略）

大清乾隆柒年岁次壬戌孟冬吉日立。

（此碑现存于涧河黄道士洞）

重修神像修造碑记

且自大道开而教术兴,教术兴而善人多。古今来庙食千百世,而使人焄蒿凄怆,若或见之者,道虽体天明道教,思无穷之,孔夫子孔夫子而外,岂曰无人□?理五行赞天地之化育而号道教者,则有太上老君也。余因老君之道教,而想见其为人。应历生于周世,修祠表于汉时,特追传至唐。高祖武德三年,晋州人吉善行于羊角山,见白衣老父,呼谓曰:“为吾语唐天子,吾是老君,即汝祖也。今年无贼,天下太平。”

高祖即遣使致祭立庙于其地。乾封元年,老君庙追号曰:“太上玄元皇帝。”开元二十九年,帝梦老子云:“吾像在京城西南百余里。”遣使求之,得于盩厔楼观三间,迎置兴庆宫,并命画真容,分置诸州。由是天下之人,莫不信之,深思之至,焄蒿凄怆,而若或见之也。每余邑西南丹阳山仙丹峰,有玄真古洞一座,内多神像,而太上老君居尊。明记正德年间,邑民为之补修于前,上峪村人等后因其旧制建立山门,修造暖阁,金妆神像,但蓑不楹。庄居民鲜少,钱粮艰难,以成神之功也。因而修此,缘薄募化布施,愿四方善士长者结为良缘,乐输囊赀,以共襄厥事。古语有云:“人有善念,天必从之。”吾等同心同善,神自御灾捍患,而赐福祉于人间矣。迨功告竣之日,则将施财姓名,一一书刊于石,永垂不朽云。

中村邑庠增张存信谨撰。

上峪村郑克谦、郑克信谨书。

上峪村社首:郑存良。

承首督工:郑尚德、张瑞、郑学成。

主持潞安府庠元□监南峨村郭云海承首。

画　　匠:王本兆。

木　　匠:郭宁或上士二十个。

画　　匠:董祥和。

石　　匠:未法有、杨金玉。

大清乾隆三十三年岁次三月初二吉日立。

(此碑现存于涧河村黄道士洞)

重修丹阳山朝阳洞碑记

太上老君生长于周,固周人也。迨得道后,著《道德》等经,而居则择其静矣。再至历代,应见以广德化,而地又取其胜矣。则其所在之处,岂可拘尼于周乎?

沁西丹阳山朝阳洞内,供太上老君神像,其所由来固不可知也。苐迹其洞,居绝巅,出自天成,壁立千寻,不假人力。仰观则耸出云霄,仿乎天府;登眺则可视群岫,宛然岳宗。宫后出泉,在昔曾盈甘醴。门前迎旭,至今常悬清辉。景乐一,足气含万有。□不之麓，咸悦宝藏广舆，环拱诸峰，共乐货财永世。则是洞也，诚胜地而至静者也。或即为太上神术所设，以为莲化所居，犹巨灵劈山达河之说，是亦未可知也。至于旧传为黄道士洞，特因其焚修于斯，而名之耳，岂且创之哉。

神仙径其附近之地也，炉厂窑洞诸信士郑元贵、张思惠、刘敦杰等，久沐恩德，诣山叩梦，仰见□□。□□久摧残，众人之心，莫不伤之。因于嘉庆元年夏，联会蓄金，择于嘉庆二年夏，重为补修。将太上等像方臒，阁山门增倍，金妆非同，依样各处采绘金无陋容，复敬悬匾额，以彰圣德。再创修槛墙，以利人行，庶□金碧交映，清雅可观，而栖圣于至妥者，亦即可沐圣化于无疆也，钦是为记。

邑庠生中村镇东圃李际丰薰沐撰。

阳邑润城镇韩光泰薰书。

梓　匠：刘贵。

油画匠：张于魁。

玉　工：王容。

以上共划费钱叁拾伍千文，俱系会中所出。并无募化一丝一□。

刻字人：原世福。

嘉庆贰年岁次丁巳署月吉旦阖会仝立石。

（此碑现存于涧河村丹沟黄道士洞）

二、大事碑记

中村庙兵荒碑记

崇祯四年，流寇作乱。其首曰王加印者，自秦入境，统领五百余贼。夏六月，来中村，居民尽被抢掠，然其时受害犹小。其首号曰紫金梁，各党与复自相名目。次年秋，大营贼过，有老回回、八金刚、八大王、埽地王、闯王、闯将、闯塌天、破甲锥、邢红狼、乱世王、混天王、显道神、乡里人、活地草等，大约三十六头目，分营三十六哨，贼众约百万有奇。经过七日，所在焚烧劫杀，抢夺财物，掳掠男女，其余骡、马、牛、羊、鸡、犬，罄尽靡遗。哀哉难民！遭此凶毒！间有逃匿山隅，或深藏窑洞者，贼率其党，搜山熏穴，死于贼变者，又不可胜计。逮六年八月十一日，遂破我县城，城内外父老子弟，受其屠戮，骨肉分离惊散，实难言状。厥后，贼众去河南，余党、土贼尚群聚千余人，盘据兹土凡五载。境内人民尽逃奔他方，城池故土，竟为贼之营垒战场矣。十年，贼方招安，里民稍稍复业，则岁歉薄收。十一年，蝗蝻食我田苗，民复困于食。明年，幸黍麦告丰。又明年，闰五月，自夏徂秋，赤地千里，岁复大饥，闾阎惟藉草根木屑为饼啖。甚至无所得食，则杀人以食，往往父食其子，夫食其妇，亲属相残，苟延旦夕。真令人目不忍视，耳不忍闻。屈指兵荒以来，所在丧亡，户口十去其九矣。十四年春，斗米两银，斗麦千钱，油一斤值钱三百，豆一升八十钱，至于柿、枣、梨、桃，每个钱二文。客至则不能供酒肉。凡猪肉钱二百五十文，羊肉百二十文，牛肉钱一百文。有一鸡而得千钱者，有一犬而索两银者，猪一口则一二十金不等。食物之贵，一至于此。尺布值钱七十，棉花一斤值钱五百。故兵乱年荒，不惟食不充饥，布衣温暖亦不可得。大兵之后必有凶年，似此哀惨情形，使人胆丧心裂。爰刻石为记其事如此。

崇祯十五年四月八日邑庠生王梦震记。

荒政碑记

窃思《周官》："荒政以十二聚万民"，条理分析。是知圣王御世，预防民瘼，未有贻谋不臧也，诚能遵耕九余三之训，虽遇艰境，亦安足虑！

然自国朝开鸿基以来，迄今二百余载，由嘉庆以前屡逢饥馑之岁，皆成传言。惟及道光中年，冰雹殒坏田禾，五谷将有未半之获。粮食昂贵，强横聚诸境，家户受饥而受惊。越一旬之后，廿七年加之一次较前相似。至咸丰初年，逆匪由垣曲以入平、潞，往返扰乱绛州、曲沃。人民杀伤无数，逃兵趋避此方，未尝不担惊耳。越至九年，旱魃为虐，米每市升曾粜百卅之价，亦不可谓之不凶矣。越数年，同治改元，即遭飞蝗入境，来时遮天盖地，落时田禾一空。勤力而打者，微获若干；惰而待走者，食之罄尽。及秋，蝗种生蝻，黑小盈野，或留之草，彼又伤之。幸得天意殄灭交冬皆无。此又前之未开者口。至六年由春及夏，未落雨点，粪土成堆，祈祷不应，于五月始获甘霖，种之皆获。斯年粮食价昂，较前愈甚。于秋后冬末矣，流贼又发，履冰越河，吉州山入界，近及大交镇。住札□□，公派民团防卫，犹有失，黑虎口之兵二三十名，闻风躲逃。殆天意耳。此数事，诚前辈之所未入耳者，兹皆触目亲睹矣。岂非惊异可骇欤？焉知前有甚于此者也？

光绪改元，初次两年，四邻被灾，因其地势沃厚，不显形迹。孰料三年非常之灾，轮流于此地。斯年三春雨旸时若，播种苗出，未尝少生。在昔父老传言：此处乃"四十里寒冰之地，见苗可望三分收成"。众依古言，视为可据。讵知昔之可据，今难据矣。自季春落籽苗生，及初夏中旬天降一雨，苗发穗莠，一望如云。因而失防，凡□微有积蓄者，尽行出粜。徒至秋成，万宝虚告一空，秀而不实。今诚然也，向之遇灾，邻封足恃。兹四境皆同，无所凭依。当此际之大祲，诚千万年未逢之劫也。斯岁冬，开仓放赈，分户曰三：极贫，次贫，小康。越明年，人死将半之数，凡前年列册之小康者，俱成室如悬罄矣。由春及夏，金贱粟贵，业产地土，器皿家俱，皆作无用守物，而饿毙者不胜枚指。

粮食日夜增价，较常一倍、十倍。玉麦每市斗价钱二千八百文，米每市斗价钱三千六百文，豆每市斗价钱三千三百文。每□斗价九百五文，每□斗价钱一千二百文，每□斗价亦一千一百文。面每斤价昂百半之数，一切稗谷、醋糟、荞糠，尽居奇而过称斗出卖，玉麦棒每斤亦售钱六文，惟银子每两价钱不上串。童男并女，找主无着，弃毙盈郊。人之脑卤，刳剔煎煮，骨遗遍野。红颜佳人，自求匹无主收留。父子不相顾，兄弟妻子离散。苟有荫庇得生半命者，观其形容之枯槁，未有甚于此时者也。

曾蒙天恩宠渥，移漕粮救，多方赈济，越一日即殒无数之命，救之亦枉徒劳。彼时阅户此方，十去七八。因前有恤怜免征碑记，始杵之呈请，非图他求，诚恐拖累。兹将其异常拮据，略志大概，砌贞珉于要衢。不可不使后世知之，愈不可不令后世人防之，是为记耳。

刘镇府、刘谦林、王履朝、尚处忠、张圣诘、郑其祥、马贞秀、王秀成、马得榜、李荣科、王元正、郑兆麟。

（此碑原在中村舜庙）

感谢中村全体人民碑

余生四十二岁矣，回想四十一年之中所作所为，扪心自问，无可对人言者。初因余兄自命学识过人，行为放肆，包办学校，恶名外露。于是引起村人恶感，聚众图凶致命亡。余虽自幼顽皮，未习诗书，一字不识，八窍皆通，常抱为兄复仇之志，时怀继兄而霸之。乃贿通官厅，无理强词，使无数善良抱屈获罪。由此，野心渐逞，蛮横猖獗，把持村政，而恶霸一方，以便鱼肉人民，剥削群众之心渐渐而生矣。旋即焦思深虑，□自欲置运用其灵活乎！赂行大小机关，收买土棍，□并乡愚，费法若大心思，消耗无数钱财，村长一职从而得乎。以之为所欲为，作所愿作，欺压民众，擅自拷打，籍公肥私，广置田陇。鲸吞差款壹百五十元，仓谷三十石，保卫团米拾石，修筑学校实花八百元，私吃三百元，四五年之中零星贪污五百元。一切恶劣事迹，贪污行为，在实行民主大会，群众斗争之下，坦白承认，将洋扣米，总共贪污小米四百九十三石。嗣经群众宽大原谅，减除小米壹百八十石。海量大德感激不尽，自愿演戏三日，聊表片忱，并竖石以志不忘。经此一番群众教训，始知现在青天白日，实与昔时不同。虽也曾施行诈术，卖弄旧套，渲染工作同志之耳目，假作进步之人士。究竟鱼目难以混珠，碱砆不能乱玉。过去已矣，夫复何言！今后余其自敬、自勉、自惕、自励也欤！自为序。

感谢人李长轸鞠躬

中华民国三十四年二月十三日立

（此碑原立于西庙大门外）

三、宗族碑记

皇清处士显考刘府君大宝字九五配妣王郭孺人合葬之墓

尝谓天下事，不溯其源，不知其本也，不睹其流，不知其分也。源流析而支派明，亲亲之际，杀可即此而彰著矣。曾祖讳之隆，配妣下峪村□王孺人，葬于北庄腰坟岗。生子二。大祖讳云章，祖讳勤章，元配下峪王孺人，生子二。继配北庄村王孺人，生子一，合葬于褚卧坪坟内。大伯父讳大醇，二伯父讳大田，三曰讳大宝，即余父也。时际，堂祖讳敏章，乏嗣，择二伯父入继。庶几宗绪无缺，承祧有人。虽百世溯源，睹流脉络分明，而不至错综其庠也。是为志。

邑庠生族孙起泰刘君统拜撰。

男敦琢、敦志，孙君陶仝立。

时大清嘉庆贰拾壹年岁次丙子清明之吉。

清处士刘公讳敦志心一暨德配谭孺人之墓

盖□者悲也，以悲往事也。墓者慕也，以慕前人也。如余表叔刘公者，讳敦志，字心一。平生为人，赋质淳厚，农商并营。性和平，有孝友声，芳名籍籍，应传不朽，墓碑顾不重与。按公兄弟六：公居长，次敦瑄，名敦，犹□敦琢，俱笃于天显，以克共营。公配谭氏本村乡饮耆宾谭公□之妹，福尧兄之姑母也，内治称贤助。子四人：长均和，原名君陶，娶高氏下峪京魁高公女；次均泰，娶张氏西闫衍庆张公女；三均晋，娶张氏冶内万义张公女；四演顺，尊佛教，游法门。□女一人，适西闫张全子。孙男五人，孙女一人。丁巳春，为公修坟树碑，均和兄至余家塾以碑文问，且语余曰："谭氏亲属有厚德，待余弟兄若同胞。然且前余父母之葬具，及今之碑石匠资尤多助□。"余与谭姓亦属至亲，知福尧兄悉深信之，更喜均和之□□亦下□人善之意，故因书之，以不忘云。

邑庠生员愚表侄李登甲顿首拜撰。

邑庠武生愚内孙谭广治顿首拜书。

男均和、均泰、均晋，孙镇庠、镇国、镇定、镇守、镇京奉祀，侄均□、均辅、均兴，孙镇序。

时大清咸丰七年岁次丁巳清明吉日。

皇清处士刘府君讳敦印字应铨配王孺人合葬之墓

公字应铨，□希林太老大人之三子也，自幼家景淡泊，升合难求，每日佣工糊口。及弱冠后，德配王氏，克勤克俭。公白昼与人佣工，夜间起有月明。同王氏在北坡挖垦荒凹，如是劳瘁，并非一朝一夕之故，王氏不辞勤苦，亦且毫无怨言，诚女中英贤，自古稀见而罕闻焉。公由是得内助之力，口食虽不充足□食菜羹亦可以不必求人。迨后，公在本村开设生理，稍得微利，除日用家费，间有余，陆续添置田房若干。公身在贸易，而庄农之事终不懈怠，所种地土虽簿。公勤力专务，每到秋获之时，较上地收籽尤多。因此家道日盛，渐有兴起之势。因而公常训其子侄曰："若要不荒，半农半商。"公性刚直，凡族党中稍有口角，公从□和处总不致与起讼端。公之德行，能悦服于众者可知矣。公子二，长均万系胞兄敦居之子承继，配侯氏，十字河怀□侯公之女；继配李氏，古桃园廷荣李公之妹。次子均斌，应乡饮耆宾，配王氏，西北庄村正魁王公之妹。女一适本村东街学勤乔公之子。继配张氏，又继配董氏。公之辞世迄今六十余年。乡党中每思念间犹啧啧不忘云。

例授文林郎奎文阁典籍军功六品顶戴族孙刘庆昌谨撰。

邑庠儒学生员族曾孙琦圃刘锦堂谨书。

男均万、均斌，孙镇镐、镇信、镇州、镇东、镇忠、镇南，曾孙清秋、清冬、清海、清夏、清鱼、清池、清□、清廉、清洁、清正、清直、清和，元孙仁林、义林、礼林、斗林、小林奉祀。

时大清光绪十一年岁次乙酉花月吉榖旦。

皇清阴阳训术乔公墓志铭

丙子九月，乔君玉佩衔涕以状来问铭，曰：玉佩不文，未能阐先严生平之行事，恐时久湮没不彰，祈兄秉笔述之。按状乔氏上世阳城人，自明迁居沁邑中村镇，数世以后，人丁骎骎乎，盛焉。公讳敦操，字子持，号松峰，泗英公之长子也。自少受读念亲老以弃儒业，理家政，而学曲艺，精阴阳之理，通业辰之术，远近请谒者，户外屦满矣，由是藉藉声称。邑侯郑公闻之，举为阴阳训术，公虽欲辞之，不可得已。公为人孝友，守正不阿，出言服众，息事宁人。经营庙宇，竭心思焉。没世而乡人皆津津乐道不置公生于乾隆十三年五月二十二日子时，卒于嘉庆二十一年二月十六日辰时，享寿六旬有九，葬于东门外大节祖茔之侧。公少委禽谭氏，勤俭淑慎。产三男而逝。再醮李氏，姚氏，思勤鬻子不啻如所出焉。长子玉佩，生男丰年。次子玉斗，继子秀公祧，生有年、庆年。三子玉镜，生同年。诸君后先济美，非公之积厚流光，不及此然。则公之生平懿行，可见其梗概矣。斯宜铭，铭曰：稽兹大节，近幢之冈。瞻彼分水，绕茔之傍。峦峙松翳，宅兆中央。钟灵毓秀，长发其祥。哲人既萎，品行端方。昭兹来许，终焉允臧。

郡廪生眷晚梁正谊顿首拜撰。

邑庠生表侄张敏捷顿首拜书。

大清嘉庆二十一年十月十五日男玉佩、玉镜仝勒石。

乡饮耆宾乔公墓志铭

公讳敦儒，字子秀，号青选。公幼读书，不数年，务农茀丰草殖嘉禾若老农焉。及壮年公事父泗英公，母刘孺人，冬温夏清，恪尽子职。予兄敦操公同居数载，克宽克忍，无介毫嫌疑。待侄玉佩公、玉镜公抚育犹子教子玉斗公颇有义方，后丁繁分爨，公仍亲稼穑。公配刘孺人，操井臼馌南亩，夫倡妇随，有古梁孟风。由是家境富有，创建房室十数间，置买田产数十亩，而公之当此若固有之，并不自知其富。更可羡者，公年近六旬，快乐自足，总不以家务系怀，所有财产托子玉斗着管，日以看书静养，为功虽学问未得深醇，而喜闻上谕十六条，亦可以谓之耄而好学者矣，居乡饮耆宾之列，悬荣分豆笾匾式岂过誉哉。公生于乾隆十八年八月三十日戌时，卒于道光元年正月十六日亥时，享寿六旬有九岁。所谓多福多寿，诚宜为公颂之。公子玉斗，元配谭氏，开明公之长女；继娶王氏，忠思公之次女。孟孙有年，元配李氏，际亨公之长女；仲孙庆年，娶谭氏搋公之季女；季孙余年，定际祥李公之女。孙女景娃，许之玠马公之次子。曾孙清和。子子孙孙，绳绳振振，发富发贵，可预卜也。今安厝于村东大节祖茔之傍，玉斗公嘱予作铭，以颂公功。予学疏才浅，笔墨久荒，聊循公之名，以道公之实而已矣，敢曰铭乎哉。

翼邑增广生员眷晚石玉成顿首拜撰。

邑庠生员眷晚刘向荣顿首拜书。

皇清显考国子监太学生乔公讳玉　字秉玑配妣刘陈张氏孺人合葬之墓

公字秉玑，敦印公之次子也。自幼读书，怀抱五经之典，胸通六艺之文。造之数年，郡县应试未得入泮。公追□□训知礼义之可守，廉耻之常存，不作非为。联亲疏通，缓急赡贫，乏亲邻面，谕乡里咸，杨为公捐监乡试，可望□□之素行然也。公元配刘氏，系本镇南街刘公之女，次配陈氏系河南陈公之女，此二者未生一男。继任子鹤年，元配本镇东街李际显之女。公又配张氏，系绛邑张公之女，生子二，长子配年，定婚于郑家圪塔郑景密之妹，次子遐年，选配北庄王万福之女，斯此，各各善终，葬于祖茔之旁。岁逢庚午夏四月，孙立极欲立碑石，永垂不朽。□□序其大略，且作歌以记。其胜曰：马□成封兮，山水环拱。牛眠吉地兮，丁财兴隆。忆公在日兮，年高德邵。今公虽□兮，姓杨名标。永为志耳。

邑庠生员同族孙宝书刘玉堂撰并书。

男鹤年、配年、遐年，孙立恺、立学、立校、立极，曾孙奇珪、奇璠、奇珍、奇珠、奇玙、奇琛，元孙兴齐、兴楚、兴江、兴淮、兴燕、兴卫、兴赵、兴浦、兴□、兴□、兴□，玄孙执乾、执元奉祀。

时中华民国拾有九年岁次庚午清明吉立。

清故伯父马公讳登第配曹氏合葬之墓

由来旧夫支分，派别所在，□□□□流传。先世绛邑留门人也，厥后，徙居本邑之中村镇，遭明季兵焚，家乘失传。所谓别子为祖继子宗继□者，为小宗，考□年由□之后□□之痛恨焉，而无可如何也。虽然无□不可诬者，有徽宁忍听其湮没，而名不彰乎。二十年前，曾命□氏创庠□怀瑾作谱以记之，奈□其算□年而之，欲董其韦究有志焉，而未建也。兹余小子，年近古稀焉，虽从事艺苑，迄无所成，然区区□□□念，至为之炯□者。父子□来，子姓蕃衍世数。虽且铭心，苟因其故，将愿□不明，鲜有不视同姓为路人者。爰是，谋诸族人，以所得□间之者，镌之名庶，思明谊美。得祖荣□宗，而亲□之道，于是乎立石。

裔孙雨□谨记。

上阁南里七里马氏合户祖墓合户同立石。

大清嘉庆四年岁次已未三月清明谷旦。

清乾隆壬戌清明之吉。

侄马拟蛟率男建府、建瑞、建猷、建秀，孙有青、有道、有士、有政……

皇清处士马公讳建秀号升台配妣张、李氏合葬之墓

窍思功德之涉，于□□□徵，而功德之据诸实者，可考其身虽亡而功之，昭于奕祀者，不与身而俱亡其容已渺，而德之加于乡曲者，不因容而更渺。如马公者，讳建秀，号升台，及拟蛟公之四子也。耕读传家，勤俭持身。乾隆四十年间，营□□室，先北房，而后西，不日□轮而□□其功昭垂于不朽。而且义乎闾里，乡人之慕其道范者敬悬其匾，题之曰："德寿双辉"，其德又流芳乎百世。功德兼优，庶无愧乎为人之道焉。公配孺人张氏，系张马村张元亨之姑，生男四。继配李氏，系贺家村李天运之姑，生女一，适于河注村吉元德为妻。孙男四，孙女六。子□绳绳之诗□为公永焉耳，兹谨叙其事，以勒诸贞珉。是为序。

眷晚刘清铭拜撰书。

男有余、有图、有相，有品，孙之驷、之纲，之鉴、之常，曾孙怀潞、怀琛、怀瑄，怀恭奉祀。

大清道光三年季夏之月初五日吉立。

皇清处士马公讳有余号裕如配孺人王氏合葬之墓

公讳有余，号裕如，乃建秀公之长子也。配孺人王氏，系北庄村王兴盘之妹。生子一，讳之纲，娶妻张氏，系西闫村张云和之女；继娶张氏，系小青凹村张九伦之女，乏嗣。抚河注村伊表兄吉纯士之子武娃为己子，不啻己出。兹特勒诸贞珉，以昌厥后云尔。

男之纲,孙怀恭奉祀。

时大清道光五年岁次乙酉孟夏之月吉日立。

皇清显考生员马公讳怀融字克让号性善配妣刘孺人合葬之墓

盖闻维木有本,维水有源,水源木本,承延绵绵。马氏系南里十甲,后有杨姓,系亲□□眷入甲,每年挪贴□需费。予始祖葬于下马沟,后宗守如攀,文有□□数字之派,迁葬于西岭,全周七世祖也。长子怀融,幼敏捷,读书辄记不忘。稍长,灼见圣贤之大旨,郡县应试才学出众,考取生员,以舌耕为业,毕竟终身。凡四方来学者,均沾其化。其素行,于义礼之可守,廉耻之当存。公元配本镇刘氏,子男三:长永泰,配柳氏;次恒泰,配刘氏;三美泰,配董氏,各成家有室。选葬南坪坤山艮向,永居左,恒居右,惟美另葬于南坪之上。于是人丁寥寥,知迈早亡。孙:得名、得禄、得年,协办相助。共体祖宗慈爱之心,常切水木本源之念,是为曾祖之行谊,谨表以闻。

邑庠生员宝书刘玉堂薰沐谨撰并书。

男永泰、恒泰、美泰,孙思荣、思隆、思华、思富、思贵,重孙得金、得榜、得题、得名、得禄、得年,元孙世忠、世良、世英、世雄、世元、世恺祀奉。

大清光绪三十四年岁次戊申三月清明吉日立。

皇清处士马公讳永泰字丰豫配妣柳氏合葬之墓

公字丰豫, 怀融之长子,□□幼年本力□□□□□□□为之事不□□□,不作非为,□□继祖宗之传,下□子孙之□。公同胞三人,和睦谦让,友于兄弟,同心协力,半农半商。自此家道渐裕,诸务称心。□□□□□如□择配柳氏,二男一女:长思隆,娶李氏;次思贵,初配秦氏,继配谭氏;女择堡之村王思□之子金起为□□□朝□身入□□。于是各各□□,卜葬南坪八世祖茔,血脉相通,延绵后世。孙得禄、得年,出于心之自诚,谒其力之当尽,为大祖父行□,立之于石□□□□□□□不忘□□云尔。

邑庠生员宝书刘玉堂谨撰并书。

男思隆、思贵,孙得禄、得年,重孙世元、世恺祀奉。

大清光绪三十四年岁次戊申三月清明吉立。

皇清处士马公讳恒泰字峥嵘配妣刘氏合葬之墓

公行二,讳恒泰,长兄永,三弟美,皆泰名也。自幼勤苦务农,营谋生涯,不贪意外之财,不做非为之事。和睦谦让,友于兄弟,同心协力,农商为本。□□直之长,才效端木之遗风焉。公娶本镇刘氏,生子三:长子思荣,择配张氏;次子思华,选圪塔郑氏；三子思富，承祧于三弟美泰。相亲相睦孝弟，因此而益敦族宗因此而益笃□。蔼然有恩，秩然有义，□为亲睦之俗矣。孙得金、得题，幸有一子□世忠，皆无实行可考。□□岁逢戊申暮春，垂立碑石，永远为志。

邑庠生员宝书刘玉堂顿首撰并书。

男思荣、思华，孙得金、得题，重孙世忠祀奉。

大清光绪三十四年岁次戊申三月清明吉日立。

明处士始祖谭公讳尚科号联登配王孺人合葬墓

北王东里中村镇□□□联登先生墓铭。□□夫水始于源泉，而百川众激兢其流，木始于沟萌，而千条万□挺□□□□□□始也而树其在人乎。北王东里前十甲谭氏，原籍五柳庄。自联登先祖占籍中村镇，迄今历有年所□□公讳尚科，配王孺人，生子惟贤、惟能，生克勤、克俭。由是以来□□□昌。曾孙男四；元孙男十；来孙二十□麟趾振□螽斯华□亦若水以一源而发为众派，木以一本而畅众枝也。谭公之积厚流芳亦可想见矣，仅叙其略，以昭来者。

邑庠增生眷晚□□刘敦本顿首撰。

国子监生眷晚秉玑乔玉璿顿首书。

男惟贤、惟能，孙克勤、克俭，曾孙梅、松、桐、梓，元孙廷玉、廷秀、廷佐、廷瑞、廷栋、廷辅、廷兰、廷元、廷芳、廷□奉祀。

七世孙悦、□、慄。

八世孙遇顺总理。

大清嘉庆十有六年岁次辛未仲春榖旦。

李氏宗派图记碑

今夫墓碣之所关重矣哉！□先人云遥不可得见，则睹兹冢墓，不啻亲见先人矣。是□先世之冢墓，固继世者所宜知，而亦论世者之所欲知也。盖木本水源，感发甚切，孰是子孙而忍于忘亲者，第先冢之传实，由石碣□，未闻以口授受而可以永识其冢者也。即如北庄之侍郎冢，本村之境坪墓，何尝不知为吾李氏茔□域至问为何代之祖，某门之宗，则范乎莫辨此犹曰世远年烟无可考据耳。至如本茔有贵祖墓碣，所载公之伯父孟春、叔父孟言，暨言子有林，俱葬境坪老坟内。而今坟丘漫平，莫可指数，竟亦难悉其冢墓，岂非无碑之遗憾实甚也哉又载贵祖先配柴氏，生子二，长曰之上，次曰之顺，今葬贵祖之侧者仅一冢，以为之上似不应居右，以为之顺而之上焉。往嗟嗟锡类之谓何乃于先人而莫知所在耶言及此真有不胜□痛哭而流涕者矣。况夫垂后之要务又有赖乎谱牒焉。昔天从祖重订家谱，特自鸿胪寺序班让祖始，言先谱失于兵燹流离之际。今由乡之老茔历县之南北坟遍抄碑记纂辑成谱,惜让祖以前不可考矣。噫嘻!非有碑可抄,则不可考者,宁独让祖以前与洵矣哉。石碣所关之重也。□诸王父早及比每谋诸子侄辈曰:贵祖而下,墓皆有碑,贵祖之父若兄弟顾可迷其冢也哉。其及可知,而速立之石,柰未遑暇举相继而没悲夫兹与诸叔昆弟谨体遗意,树石于孟夏祖冢,附记本茔诸冢于其上,庶使后之视今不至如今之视昔也,且以见今之望后亦犹夫昔之望今云。

七世孙杏谷、杏岩稽首谨志。

八世孙际乾谨书。

宗派图记

永登祖为本支之宗,故绘图自登祖始。然孙于此□此盛衰之感焉。……祖奎祖分支,奎祖济有多人,而昌祖亦未后或衰也。独我登祖,寥寥二子,次九贞因授学太平,占籍府西,虽称巨族,终作他乡之客,是孤雁之。然益祖有面之世……春祖无传五世则四门三泯,六世则三门二殄。至之焕祖诞有二子,庶几哉主□或可分司与,乃以长子出继武安,承祧赵氏。则七世犹是单传耳。唯孙……辈兄弟九人,□辈兄弟二十人。以□前之累叶单传者□差云胜乎。然非先人遗泽之远,何克至此故谨图今日之系序,以志不忘且视后嗣之绵之面。是为记。

十世孙杏谷、杏岩谨志。

清处士李公讳景先号继祖配妣祁孺人合葬之墓

今夫家运之兴,赖有善述者,以承于后也,尤赖有善作者以启于先盖守业固难,而创业为尤难耳。

景先李公者,固陇西之苗裔,而沁南之望族也。公伯仲二人雁行居次,当髫龄时,家境淡泊,功名有志而未逮,及弱冠时,亿则屡中便有经营……亲老不克,远游他方。遂于本镇之南,开创事业,尔时冒雨冲风,带月披星,艰难辛苦,无不备尝。由是历年久,则家业渐隆,用力深,则蓄积□多……而壮心未已,犹不肯一日而或辍也,公之勤为何如者。公又乐善好施,重义轻财,每遇贫乏,辄加拯济。至于兴□用人出纳□无所吝闵□日……不肯妄用半丝,浪费一粟也,公之俭又何如者。公娶妻祁氏,贤而有德,生六子,长嗣皋,次耀宗,次嗣伋,次资霖,次嗣骞,次嗣轲,虽□公之……继公之志,而全孝友之义。故当公西归之后,二子四子犹克叠邀恩宠,丕振家声者,固皆公之积德一致而实。长子嗣皋之力……有余庆。书曰:作善降之百祥若公之生平可谓始终一善人也宜乎广锡胤介以□福也。兹当勒石之期,故举其事而略为之序。云尔。

增广生员马世显拜撰

邑庠生员李联桂拜书

清处士李公讳景先号继祖配妣祁孺人合葬之墓

男从九品嗣皋、郡庠生耀宗、耆民嗣伋、邑庠生资霖、嗣骞、嗣轲，孙建元、会元、美元、泰元、乾元、统元、德元、恒元、鼎元，曾……

大清道光二十六年孟夏之月

皇清显考郡庠生李府君讳耀宗号法天配妣刘孺人合葬之墓

大清咸丰六年岁次丙辰二月清明吉立

皇清显考郡庠生李府君讳耀宗号法天配妣刘孺人合葬之墓

男银元、泰元、出继统元，孙兴仁、兴义、出继兴礼、兴智勒石

皇清侍赠　封登仕佐郎李公讳嗣皋字鹤鸣暨配谭、王、王、栗孺人合葬墓

□之为言悲也何悲乎尔念先人之音容已渺而遗择难忘，故树之石，以表其概，令后人一望而生悲也。咸丰□年冬季□□德元等，有母□即合葬立石，浼余为文，余以年邵辞否获按公赋性品诣诿唾为文。公昆仲六人，公居长，奉亲有孝行，待□多友爱，天性本然胥非牵强。凡内营屋宇，外置田产，皆系公一人领袖，而家业渐兴，诚为善举，公非有干□之才亦何□臻此哉。至于培植子侄，延师饬书，至老不倦，慈幼之心未能自己耳。公生于乾隆卅八年三月初二日午时，卒于道光二十六年三月三十日未时。公之元配谭氏，生男一、女一，男居长，配史氏，俱早亡。继配王氏，生女一。又配王氏，亦生女一。终配李氏，生男二、女三，次子配姚氏，生女二，长女妖亡，次女尚幼。三子元配郑氏，未育，继配谭氏，生男一，稺幼未学。余忝属姻亲，不敢为溢美之辞，且具实以表其概，永垂奕世，志之不忘。云耳。

皇恩钦赐恩进士例授文林郎忝眷姻弟聂会川拜撰

皇清侍赠敕封登仕佐郎李公讳嗣皋字鹤鸣暨配谭、王、王、栗孺人合葬墓

男建元、奎文阁典籍德元、掄元，孙金旺仝勒石

大清咸丰九年三月清明重刻碑序吉立

皇清处士杨公永财号生殖配妣高氏合葬之墓

尝思惟水有源，惟木有本，人孰可忘其从来哉？朔厥杨公，讳永财，实系翼邑民籍杨家村有祖居焉。自公迁居于此，务农为业，出作入息，不辞田家之勤劳。布衣疏食，宛有上古之俭风。秉性诚实，不涉轻儇，与人忠厚，不尚虚诈。公配高氏，系绛邑陈家坡高公之女。狷洁为心，幽闲宜室，纺线以勤，女红乐馈，是式雍睦，以修妇道，内助堪型。公与氏内外肃正，所以积厚流光，螽斯赋其揖揖，瓜瓞咏其绵绵也。公生三子：长子万狼，娶妻本村马公之女；次子万虎，娶曹公侯公之女；三子万仓，出继于南坂村本家为嗣。生女一，适下峪王公之子产。孙三：长怀正、次怀

尚、三怀明。孙女一；曾孙九，曾孙女七；元孙十二。自公以下，云礽迭传，于今已五世矣。特恐世远年湮，并失享祀之所，故立碑碣，以图永远。乃为之请叙于余，余不得辞，爰举其大概，以志不朽云尔。

邑庠生员李联桂拜撰。

本邑儒童刘清铭拜书。

男万狼、虎、出继仓，孙怀正、尚、明，曾孙廷儒、重、蘭、信、顺、顕、禄、耀、琮，元孙文焕、林、光、升、主、傑、奎、章、善、宽、亮、斗仝奉祀。

大清道光二十七年岁次丁未季冬吉日勒石。

第四节 文 档

一、户部执照

户部为筹饷事，御史何其仁奏请，将部监空名印照，颁发各省收捐，并酌减银数。本部酌议，颁发部照、监照数目，并酌减银一百零八两之数，每名减银二十两，上交银八十八两。其向来每百两加平余银四两，免其交纳。由顺天府暨各藩司将照均发后，听州县协同绅士劝谕收捐。该捐生一面交银，立即将部照并监照各一张，填名给颁，准其一体乡试，并报捐官职。至应交解部饭银，每百两交饭银一两五钱。每捐监一名，交部照费二钱，监照费一钱五分，均较前酌减，以示鼓励等因。于咸丰三年八月十七具奏。奉旨依议，钦此。

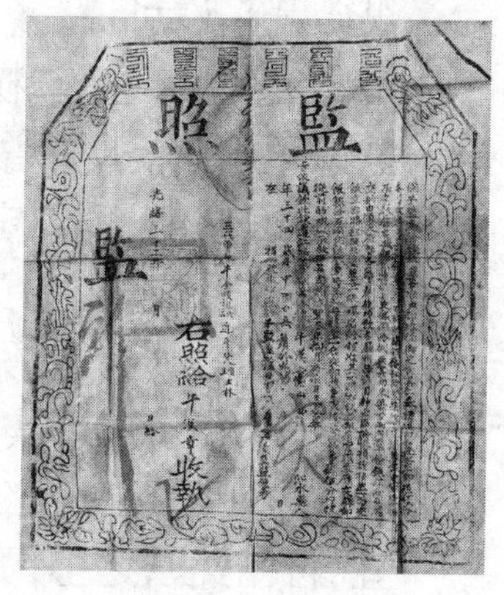

钦遵行知各省在案。今据 ，年三十四岁，身中面白无鬚，于光绪 年 月 日，藩库捐监生，交正项 ，饭银 两 钱，交部照费银 钱、监照费银 钱，交库平邑 两 钱 分，以上共交银 两 钱 分。履历三代邻甘各结，须至执照者。

曾祖牛全顺祖六品近斗父贡生士林。

右照给牛汉章收执。

光绪三十二年 月 日给照。

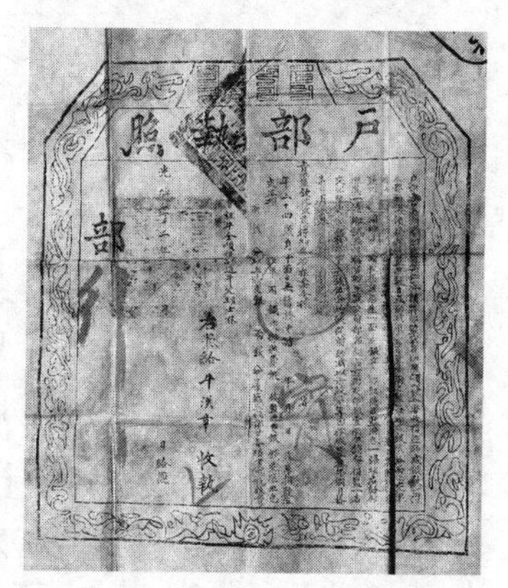

二、监照

国子监为给发执照事，准户部奏称，御史何其仁奏请，将部、监空名印照，颁发各省收捐，并酌减银数一折。本部酌议颁发部照、监照数目，并将监银一百零八两之数，每名减银二十两，上交银八十八两。其向来每百两加平余银四两,免其交纳。由顺天府暨各藩司将照均散后,听州县协同绅士劝谕收捐。该捐生一面交银,立即将部照并监照各一张,填名给领,准其一体乡试,并报捐官职。至应交解部饭银,每百两交饭银一两五钱。每捐监一名交部照费二钱,监照费一钱五分,均较前酌减,以示鼓励。等因。于咸丰三年八月十七日具奏。奉旨依议。钦此。

钦遵行知各省在案。今据牛汉章系山西省沁水县人,年三十四岁,身中面白无须。于光绪　年　月,在　捐纳监生,相应给予监照,以杜假冒顶替等弊,须至监照者。

三代曾祖牛全顺祖六品近斗父贡生士林。

右照给　。

光绪三十二年　月　日给照。

三、采矿证

煤矿开采许可证

沁水县人民政府矿权管理开采办法

兹许可郑玉宽、牛增华在中村后沟经营五顺煤窑,开采后沟东山中的煤炭。开采中必须遵守左列规定:

一、不许采取煤道中的煤壁柱角,必须到正式窝内采煤。

二、各窑必须建立一定的正式窑规和开采经营组织。

三、煤炭售价应以实物(小米)计算,标准不得任意提高。

四、通煤窑上的道路经常负责妥修,使牲口车辆通行勿阻。

五、自己经营之窑,如停止一年以上不经营开采,以致窑道损坏者,即丧失所有权,他人重新修理经营开采者不得干涉。

六、此证不得遗失或转让他人,倘若半途停止经营开采者,务将此证交回县府。

七、此证系县府规定,倘上级政府另有规定时按上级规定执行,此证宣告无效。

县　长:裴芳庭

副县长:靳秉诚

一九五零年二月九日

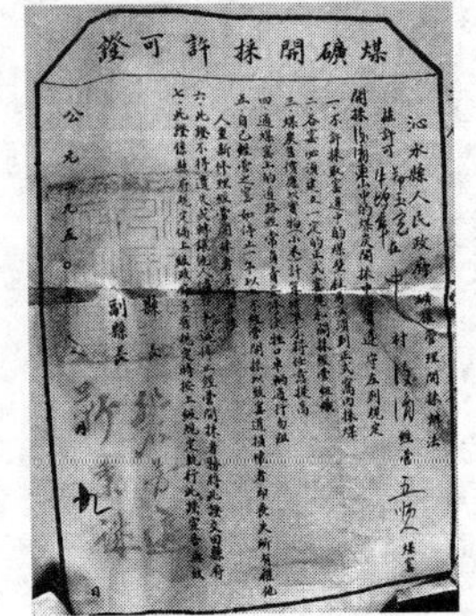
煤礦開採許可證

四、房产证

中村村在"土改"时期,对土地和财产进行了再分配,按照《土地法大纲》,于 1949 年 11 月向全体村民颁发了土地房产所有证,使农民真正达到耕有其田,居有其所。

中村村民土地房产所有证

1950年11月

序号	户主	人口	村名	房产院落
1	陈得福	6	中村	新房院西房(瓦房,上下六间) 又北房楼未上瓦(东间半) 里头院大门外西房(上下六间)
2	陈得盛	3	中村	新房南地棚(石,上下五间)
3	丁鸿瑞	5	木凹	本院西房(楼房,五间) 地棚(二间)
4	杜日星	6	中村	杜家院北房(六间) 小当铺院北房(四间) 李得荣院东南地基两间(小厦一间)
5	杜若芳	4	中村	杜家院东房(瓦房,四间) 西北角屋\小厦(瓦房,三间) 桥上路北市房(瓦房,东一间)
6	杜若林	7	中村	本院西房(瓦房,三间) 书房院西北角房(二间)
7	郭生金	3	中村	东街路南房(瓦房,三间)
8	郭文智	3	中村	桥西路南坐南向北市房一座(楼房,上下三间)
9	韩殿魁	2	中村	天顺成院西房\小厦(瓦房,四间) 本院北房地基(三间)
10	侯安宝	4	中村	下院北土窑(土房,一孔) 外院北窑(土房,一孔)
11	侯安臣	6	中村	下院南地棚(平房,三间) 东院北窑(土房,一眼) 下院西南地基(二间)
12	侯安红	6	中村	本院东地棚(四间) 南地棚(一间半)
13	侯安兴	6	中村	
14	侯安秀	3	中村	下院西北窑(土房,一眼) 后庄新房院西北地基(三间)
15	侯安月	4	中村	下院西地棚(平房,三间) 西地棚后土窑(土房,一眼)
16	侯崇山	3	中村	南衕衕油房院西南角屋(瓦房,一间) 南衕衕东市房(瓦房,南二间)
17	侯汉明	6	木凹	本院西地棚(五间) 南地棚(二间) 北窑(二孔)
18	侯树仁	5	中村	庭房院后院北房(瓦房,三间) 后院小南房(瓦房,一间) 东院南房(瓦房,东一间半)

序 号	户 主	人 口	村 名	房产院落
19	侯万林	4	中村	侯家院东北角房/小厦(三间) 侯家院西地基北(一间) 东街路南市房(前,间半) 东街路南东市房(后,一间)
20	侯宪斌	3	中村	侯家院北房东(瓦房,间半) 东街路南市房(三间)
21	侯宪福	5	中村	下院东地棚(平房,三间) 外院北窑(土房,一眼)
22	侯宪文	4	中村	侯家院北房东(瓦房,间半) 后头院西地基(中一) 东街路南市房(前,间半) 东街路南东市房(后,间半)
23	侯宪武	3	中村	侯家院北房西(瓦房,间半) 前头院北房西角房(瓦房,一间半) 侯家后头院西地基南 东街路南市房(前, 东街路南东市房(后,
24	侯宪章	3	中村	侯家院北房西(瓦房,一间半) 东街路南市房(三间) 东街路南西市房(二间)
25	侯宪芝	4	中村	下院北土窑(土房,一眼) 院外东地基(二间)
26	侯迎交		中村	高家院东房(瓦房,三间) 小楼底下房(瓦房,二间) 本院南房西房地基(六间)
27	侯元宝	6		底下院东房(瓦房,上下六间) 南房地基(五间)
28	侯元才	3	木凹	本院西地棚(四间) 南地棚(一间半) 外院东地棚(三间)
29	侯镇汉	3	中村	永兴利院北房\东角房\小厦(瓦房,上下十一间) 街东路南市房(瓦房,上下四间)
30	侯镇贤	6	中村	庭房院西房\西北角房(五间) 东院东房地基(三间) 东街市房(十间)
31	侯镇许	5	中村	侯家院东北角房(瓦房,一间) 侯家院西北角房(瓦房,一间) 前院西房(瓦房,三间) 东街路南市房(前后,二间半) 前院南房地基 后院东北小厦(瓦房,一间)

序 号	户 主	人 口	村 名	房产院落
32	侯镇洋	3	中村	东房(瓦房,三间) 本院西北角房(瓦房,二间) 北坡地基
33	侯镇恒	3	中村	东院东南角房(上下三间) 东街路北市房(平房,一间) 东街市房(平房,一间)
34	侯镇燕	3	中村	本院东房北(上下三间) 本院东北角房(上下四间)
35	侯镇岳	4	中村	本院西房(上下六间) 西北角房地基(二间) 东街市房(上下四间)
36	侯天堂	5	中村	东院东北角房(上下四间) 槐树底院东房就南(上下三间) 南衚衕市房(上下二间)
37	侯镇齐	3	中村	本院南房(上下六间)
38	侯镇河	4	中村	堂院东房北边(上下三间) 本院西北角房连小厦(上下三间) 大店后院西房(上下六间)
39	侯镇淮	2	中村	堂院西房(上下五间) 本院东(平房,二间)
40	侯镇鲁	7	中村	本院北房(上下六间) 后院西北小屋(上下四间) 庙门口南衚衕路东(前后二间,十二股之一)
41	侯树礼	3	中村	东院南房(上下三间) 平房圪廊
42	侯树信	6	中村	东院西南房(上下四间) 区东就北市房(上下二间)
43	侯树义	3	中村	侯家院东房(上下六间) 堂底下院北(破房,三间)
44	侯树弟	3	中村	堂院东房南边(上下三间) 本院南房(上下四间) 高碾上东房南边(上下三间) 东街路北市房(上下二间)
45	霍明礼	4	中村	下马家院西房(瓦房,上下六间) 西泉内北房(瓦房,上下八间) 厦棚(瓦房,三间)
46	霍明义	1	中村	南当铺(瓦房,上下四间半)
47	吉保财	5	木凹	本院西地棚(四间) 东地棚(一间)
48	吉保让	4	木凹	本院北地棚(东间半) 东地棚(二间半)

序　号	户　主	人　口	村　名	房产院落
49	吉元盛	2	木凹	本院南地棚(平房,四间) 本院北地棚(平房,西间半) 后院北地棚(平房,地基三间)
50	李榜章	3	中村	大店(前后上下四间)
51	李菜茂	2	中村	后沟院西北角房\北房西\小厦(四间半) 前街院东房南(间半)
52	李长春	5	中村	桥西街北上头院南房一座(瓦房,上下六间) 本院西北角房一座(瓦房,上下六间)
53	李长德	3	中村	桥西街南新房院西北角房带小厦(瓦房,上下五间)
54	李长发	2	中村	桥西街南东房南间半(瓦房,上下三间) 桥西街南底下院东南角带宅门楼(上下二间)
55	李长峰	2	中村	新房院南房一座(瓦房,上下六间) 新房院大宅门楼(上下一间)
56	李长岐	1	中村	李家庄北地棚(五间) 南衚衕路东市房(南一间)
57	李长青	6	中村	街南新房院西房一座(瓦房,上下六间) 外头院南房就东间半(瓦房,上下三间) 外头院南房地基(二间) 南当铺院南房东一间(瓦房,一间)
58	李长武	3	中村	新房院北房就西(瓦房,上下三间) 外头院南房(瓦房,上下三间)
59	李长有	2	中村	新房院东房就南间半(瓦房,上下二间) 外头院东房一座(瓦房,上下四间) 外头院南房地基(二间)
60	李成儒	1	中村	南当铺西房中(一间)
61	李得林	6	中村	桥东庙后后头院西房一座西北角小窑一孔小厦一个(瓦房,上下九间) 桥东庙后东地基(一间半) 桥东庙后南地基一个(三间)
62	李德荣	5	中村	桥西街北上头院东房一座(瓦房,上下六间) 本院西房地基(三间) 桥西街北市房就东(瓦房,前后上下五间)
63	李殿章	4	中村	后沟院东平房\东角房(五间) 东街路南市房(间半)
64	李风岐	3	中村	桥西街北染坊院北房一座带东小厦一个(瓦房,上下七间)
65	李广财	6	中村	桥西街南东院东房一座(瓦房,上下六间) 本院外头院南房一座(瓦房,上下六间) 桥西街北市房(瓦房,上下六间) 南古洞油房六股之四(瓦房,上下六间)

序号	户主	人口	村名	房产院落
66	李广道	2	中村	桥西街南上头院西房一座带西南角房带小厦（瓦房,上下十间） 本院外东房地基(四间) 桥西街南下院南房地基(三间)
67	李广福	4	中村	桥西街南上头院西北角房一座(瓦房,上下四间) 桥西街南市房一座带小厦(瓦房,上下五间)
68	李广明	4	中村	桥西街南上头院北房一座(瓦房,上下六间) 本院东房地基带南街门楼带厦棚(四间半) 院外道北小窑一孔(石,一间) 沙圪埌道西地基(三间)
69	李广彭	6	中村	桥西街北上头院东房一座(瓦房,上下六间) 本院东南角房一座(二间)
70	李广文	11	中村	桥西街南底下院南房一座(瓦房,上下六间) 本院东北角房带小厦(瓦房,上下六间)
71	李广义	4	中村	桥西街南下头院北房带东北角房二座东北角房地基半间(地棚,五间) 本院西北角房带小厦二座(瓦房,上下五间) 桥西街南市房(瓦房,上下三间)
72	李广周	4	中村	桥西街北市房(瓦房,上下二间)
73	李国新	4	中村	桥西街南东院西房一座南房一座(瓦房,上下八间) 桥西街南南房地基(二间)
74	李翰林	4	中村	永姓李东房南(瓦房,间半) 书房院北地基(间半) 桥西市房(前后三间)
75	李焕章	5	中村	后头院东房(三间) 西北角房(一间) 东街路北市房西(一间) 南房地基东街门楼(二间)
76	李吉金	5	木凹	本院北地棚(六间) 本院南地棚(五间) 本院东地界(三间)
77	李计财	4	中村	桥西前街李家院西房壹座代小厦(瓦房,上下共九间)
78	李家昌	2	中村	桥西街北上头院东房一座(地棚,三间) 桥西街南市房就西(瓦房,上下二间)
79	李家丰	3	中村	桥西街北上头院西地棚(三间) 桥西街北上头院东南地基(二间)
80	李建章	4	中村	后沟院西房(瓦房,一间半) 底下院西房(瓦房,二间半) 南当铺市房(瓦房,平房二间)
81	李奎章	2	中村	后头院西房\西北小厦\西南地基(六间) 前头院角房\南房\门楼(五间) 西地基(三间) 东街路北市房东(二间)

序号	户主	人口	村名	房产院落
82	李兰林	3	中村	永姓李西北角房\小厦(三间) 书房院北房(间半) 圪垯铺市房(一间)
83	李茂林	6		东街乔家古洞(石,上下六间)
84	李苗林	2	中村	西院北房(三间) 本院南厦棚(一间) 本院东地基北(间半)
85	李盘章	1	中村	前头院东北角房(瓦房,一间) 天顺成院西北角房(破房,二间)
86	李庆林	3	中村	桥西街北后头院北房一座西北角房一座带小厦一座(瓦房,上下九间) 北坡大槐树底北房就东地基间半(一间半)
87	李全林	3	中村	桥上院东房一座(瓦房,上下七间) 小窑一孔(石,一间) 古洞口路南市房(瓦房,一间)
88	李儒林	4	中村	桥西街北上头院北房一座(瓦房,上下六间) 北坡大槐树底北房地基就西间半(一间半)
89	李润秀	1	中村	桥西沙圪埌西新房院大门内东房一座(瓦房,上下四间)
90	李森禄	3	中村	桥西街北上头院东北角房带小厦(瓦房,上下七间)
91	李世华	4	中村	新房院西南角房(瓦房,上下四间) 新房院西南小厦(瓦房,上下二间) 桥西街南市房二间(上下四间)
92	李世林	4	中村	新房院东房就北间半(瓦房,上下三间) 新房院东北小厦(瓦房,上下一间) 新房院东北角房(瓦房,上下四间)
93	李树昌	3	中村	前头院东房(瓦房,三间) 本院西角房(瓦房,一间) 挂面铺西(瓦房,间半)
94	李树春	6	中村	高家院北房(瓦房,三间) 乔家院东房(瓦房,三间) 乔家院西北角房(二间)
95	李树发	3	中村	后头院北房(瓦房,上下九间)
96	李树繁	7	中村	庭房院东房(三间) 后院西地棚(三间) 后院西南角房(二间) 南当铺市房(一间)
97	李树棠	2	中村	小院南房(瓦房,三间) 本院东房(瓦房,三间)
98	李树兴	3	中村	小院北房(瓦房,三间) 本院西厦棚(瓦房,二间)
99	李兴旭	4	中村	东街大店东房南(瓦房,二间)

序号	户主	人口	村名	房产院落
100	李学升	4	中村	新房院北房(瓦房,上下四间半) 西北角房(瓦房,上下四间) 区门口街南市房(瓦房,上下二间)
101	李艺林	3	中村	桥西街北前头院西房一座(地棚,三间) 桥西街北下头院东北角房(瓦房,上下四间) 桥西街北市房就西(瓦房,前后、上下五间)
102	李有章	5	中村	后沟院西房北(间半) 底下院西房北(间半) 东街路南市房(间半)
103	李元阜	4	中村	炉院北房(三间)
104	李元章	3	中村	后沟北房东(瓦房,间半) 前街院东房北(瓦房,间半) 南当铺市房(瓦房,平房二间)
105	李苑林	4	中村	永姓李东房北(瓦房,间半) 书房院北地基(间半) 桥西市房(前后三间)
106	李兆福	1	中村	桥西街北药铺后院东房一座(瓦房,上下五间)
107	李枝全	5	中村	桥西街北底下院东房一座(瓦房,上下六间) 桥西街北底下院南房一座(瓦房,上下四间) 桥西街南市房一座(瓦房,前后、上下四间) 桥西街北市房就西(瓦房,前后、上下五间)
108	李天章	6	中村	东院东房(上下六间) 本院大门楼连山厦(上下五间) 西房(地基三间)
109	李锦章	5	中村	本院北房(上下六间) 本院大门(门楼一间)
110	李鸿章	4	中村	本院北房东(上下三间) 本院西(平房,三间) 市房一股
111	李树勲	4	中村	西院西北(平房二间) 西南角房(上下四间) 前街院破房东(一间半)
112	李瑞旭	5	中村	东院北房(上下三间) 槐树底西房(上下六间) 南小厦(一间) 槐树底小厦棚(半间)
113	刘法勲	3	木凹	后院北地棚(三间半)
114	刘来勲	4	木凹	后院西(地棚) 后院东(地基四间) 大庙东院北房(上下五间)
115	刘日勲	6	木凹	木凹新房院南房(上下六间) 木凹新房院西南(地基三间)

序号	户主	人口	村名	房产院落
116	刘奇荣	3	中村	本院北房(上下六间) 街门根(一间半)
117	刘奇福	5	中村	本院南房(上下五间) 街门根平房(一间半)
118	刘展镖	5	中村	窑顶上东房(上下六间) 西北角房(上下四间)
119	刘臣建	3	中村	西窑(土房,一眼) 小门地棚(平房,二间)
120	刘成基	3	中村	泉沟下院东房(瓦房,上下六间) 泉沟东南角房连小厦(瓦房,上下五间) 牛家古洞口市房(瓦房,上下六间)
121	刘德海	4	中村	桥西街南老西院东房一座(瓦房,上下六间) 桥西街南南园后东房地基(三间) 桥西街南老西院东北角房(一间半) 桥西街南市房就东间半(瓦房,上下三间)
122	刘德汉	3	中村	桥西街南老西院西北角房楼底(地棚,二间) 本院东北小厦楼上(瓦房,一间) 老西院外西南小厦一座(瓦房,上下二间)
123	刘甫林	5	中村	南衙衕房(瓦房,四间) 底下院东北角房
124	刘恭基	4	中村	兴院东房带东北角房带小平房(瓦房,上下十二间) 本院西南角房一座(瓦房,上下五间)
125	刘国勳	2	中村	泉沟院北房西(瓦房,上下三间)
126	刘吉祥	3	中村	桥西街南老西院南房东间半(瓦房,上下三间) 本院外南房东间半(瓦房,上下三间) 本院东北角房东一间(瓦房,一间) 桥西街南南园后西南角房地基(二间)
127	刘杰法	3	中村	本院东房(瓦房,上下六间) 东北角房(瓦房,上下四间) 西庙根南房地基(三间) 古洞口街北市房(上下四间) 堂儿西街北市房(瓦房,上下七间)
128	刘杰公	2	中村	桥西大院西头院南房(瓦房,上下八间) 本院西南角房楼上(瓦房,楼上间半) 本院北房地基
129	刘杰功	5	中村	里头院前院东房(瓦房,上下六间) 东南角房(上下四间)
130	刘杰贵	3	中村	本院东房一座(瓦房,上下五间) 大厦院南房东间半(破,上下三间)
131	刘杰汗	4	中村	大院上头东院南房一座(瓦房,上下十间) 本院东北角房一座(瓦房,上下二间) 书房院南房地基(二间)

序号	户主	人口	村名	房产院落
132	刘杰俊	5	中村	老盐店西房一座(瓦房,上下六间) 老盐店院西南小厦一座(瓦房,上下一间)
133	刘杰科	5	中村	老后院东房(瓦房,上下六间)
134	刘杰良	4	中村	大院西头院东房一座(瓦房,上下六间) 大院南角房一座(瓦房,上下五间) 书房院北房地基(一间半) 本院西北角房地基(二间)
135	刘杰民	2	中村	窑后头上头院西房一座(瓦房,上下六间)
136	刘杰荣	3	中村	里头院北房带西北角房(瓦房,上下六间)
137	刘杰如	2	中村	大院本院东北角房一座(瓦房,上下二间) 本院东房地基(三间)
138	刘杰三	4	中村	东北角房(上下六间) 北房(上下三间) 小厦(一间) 底下院北房地基(二间半)
139	刘杰昇	5	中村	桥西街北药铺后院北房就东间半(瓦房,上下三间) 桥西街北药铺后院西窑一孔(瓦房,上下五间) 自强院外碾道后地基(三间) 大院宅门外道北地基(一间)
140	刘杰士	3	中村	桥东街南西楼园西北角房(瓦房,上下四间)
141	刘杰硕	3	中村	大院上头院东房二座(瓦房,上下六间) 大院上头东院西房二座(瓦房,上下三间) 后古洞北地基(一间)
142	刘杰温	7	中村	桥西茂盛号院房五座(瓦房,上下二十二间)
143	刘杰性	4	中村	里头院南房(瓦房,上下十一间)
144	刘杰勳	5	中村	里头院西北角房带小厦(瓦房,上下四间) 后院门楼(瓦房,一间)
145	刘杰义	3	中村	大院北房一座(瓦房,上下六间) 书房院大东屋地基(三间) 北房地基(一间半)
146	刘杰英	2	中村	书房院东地棚一座(三间) 本院西房地基三间(三间) 桥西路南市房(瓦房,上下二间)
147	刘杰智	2	中村	里头院北房(瓦房,上下六间)
148	刘杰忠	5	中村	大院后头院南房一座(瓦房,上下六间) 本院西房一座(平房,一间) 西院东北角房地基(二间) 北房地基(一间)
149	刘金基	4	中村	小古洞东院东房一座(瓦房,上下六间) 本院西地基(一间)
150	刘锦祥	5	中村	桥西街北小古洞院一院(瓦房,上下十二间)

序号	户主	人口	村名	房产院落
151	刘进奎	7	木凹	北平房(平房,五间)
152	刘景煜	3	中村	底下院北房(瓦房,二间) 上头院北房地基西间半西北角房二间(三间半) 上头院东北角房地基(二间)
153	刘堪勳	4	中村	西头窑北房东(瓦房,三间) 本院路南窑(一孔) 禄聚恒西地棚(石,二间) 禄聚恒市房(瓦房,前后、上下三间)
154	刘来用	4	木凹	本院北地棚(平房,七间) 本院西地棚(平房,三间) 上院西北角房(瓦房,上下五间)
155	刘録基	1	中村	桥东街北市房上二间下一间(瓦房,上下三间)
156	刘门杨氏	1	中村	大院南房带角房(瓦房,上下五间) 本院上院北房地基(一间半) 上院西房南(一间半) 大槐树底西角房地基(二间)
157	刘梦勳	9	中村	里头院南房(瓦房,上下十二间) 西头窑东房北头(瓦房,上下三间) 西头窑院西北角房楼上(瓦房,三间) 底下窑一眼
158	刘明基	2	中村	小古洞东院东北角房带小厦(瓦房,上下三间) 本院北地基带西地基二间(六间) 桥东路北市房
159	刘明日	3	中村	桥西街南老西院西南角房(瓦房,上下四间) 桥西街南市房平一间(瓦房,一间)
160	刘铭岗	5	中村	西头窑东房南(瓦房,三间) 东北角房楼下带小厦(二间半) 大门外破地棚(二间) 禄聚恒市房(瓦房,前后、上下三间) 永基院东北角楼上市房(瓦房,一间) 桥西瑞兴同(上下二间)
161	刘培栋	3	中村	上头院北房地基(三间) 底下院东房(瓦房,三间) 本院东南角房(瓦房,一间)
162	刘培经	3	中村	里头院北房(瓦房,上下六间) 底下院南房(瓦房,上下五间) 东窑楼房(瓦房,二间) 西窑楼房(二间)
163	刘培义	5	中村	西头窑北房西(瓦房,上下三间) 西南角小厦(平瓦房,一间) 坡窑一眼 区门口路南市房(瓦房,上下二间)

序 号	户 主	人 口	村 名	房产院落
164	刘培银	1	中村	里头院东房(瓦房,上下六间)
165	刘培珠	6	中村	下泉沟西北角房带小厦(二间半) 泉沟柳树底房(三间)
166	刘普煜	5	中村	底下院南房四间(瓦房,上下八间)
167	刘奇华	6	中村	永兴李院西房(瓦房,四间)
168	刘清夺	6	中村	大院上头西院北房一座(瓦房,上下六间) 本院东房地基一个(二间) 当中院南角房一座(瓦房,上下四间) 当中院西北角地基带西地基(五间)
169	刘清礼	5	中村	三台号院东东房(瓦房,上下六间) 窑后院前北房(瓦房,上下六间) 桥西永号院西房(瓦房,上下六间)
170	刘清璞	6	中村	本院南房一座(瓦房,上下六间) 北角房一座(瓦房,上下二间) 区门口路南市房(瓦房,上下二间)
171	刘清玉	1	中村	大厦上头院西南角房一座(瓦房,上下四间) 本院西南厦一座(瓦房,半间)
172	刘清贞	3	中村	大院西房就南间半(瓦房,一间半) 本院北房地基(三间) 桥东街南市房(上下二间)
173	刘全林		中村	大院西房一座(瓦房,上下六间) 大院东厦一座(瓦房,上下二间)
174	刘泉基	8	中村	泉沟东房(上下六间) 南房东(上下三间) 南房底西(五间) 大庙东门外街南市房(前后、上下四间)
175	刘仁基	4	中村	底下院北房东(瓦房,上下六间) 本院东房北(瓦房,上下三间)
176	刘日元	4	中村	街口西院西房(瓦房,上下六间) 本院南房(瓦房,上下三间) 大庙东门外街南市房(瓦房,前后、上下四间)
177	刘荣基	8	中村	下泉沟南房(瓦房,六间) 上院南房西(瓦房,三间) 下泉沟平房一座(五间)、窑二眼(二眼) 堂儿街西路南市房(平房三间)
178	刘瑞祥	2	中村	桥西街南老西院南房西间半(瓦房,上下三间) 本院东北小厦楼底(瓦房,一间) 本院外小东房一座(瓦房,上下四间)
179	刘善基	5	中村	底下院北房西(瓦房,上下四间) 本院东房南间半(瓦房,上下三间) 本院西小厦(一间)
180	刘尚基	4	中村	泉沟院西房、西北角屋(瓦房,上下十一间)

序号	户主	人口	村名	房产院落
181	刘昇基	3	中村	窑后头院西房一座(瓦房,上下六间) 本院东房(瓦房,一间半)
182	刘昇煜	6	中村	桥西街北前头院东房四间(破,四间) 桥西街北下头院西房南间半(瓦房,一间半) 桥西街北市房就东间半(瓦房,上下三间)
183	刘盛基	6	中村	上泉沟北房(瓦房,上下六间) 上泉沟西北角房(瓦房,上下五间) 桥上北房东间半、东房二间(上下七间) 南古洞路东(市房一间、背后一间)
184	刘书基		中村	兴院北房、西北角房(上下十间) 堂儿后北房(上下六间) 南房地基(三间)
185	刘添仁	10	中村	上泉沟北、西房(瓦房,十间)南、东地基(八间)
186	刘温基	5	中村	西头窑西房北(瓦房,上下三间) 西头窑西北角房楼下(瓦房,二间半) 大门外地棚(石,东间半) 西泉内路南市房(瓦房,上下六间)
187	刘文成	5	中村	福和店北面(四间) 前街院北房西\小窑\小厦(三间半) 前街院南地基(二间)
188	刘文德	4	中村	杜家院南房\角房\小厦(六间) 西街路南市房(前后四间)
189	刘文勳	4	中村	西头窑西房南(瓦房,上下三间) 西头窑西北角房楼上带小厦(瓦房,二间半) 西头窑门外地棚(西间半) 永号市房(瓦房,上下四间)
190	刘午基	5	中村	古洞口西院北房(瓦房,上下六间) 本院南房(瓦房,上下三间)
191	刘相傑	2	中村	大院上头西院西房(瓦房,上下六间) 后古洞东地基(三间) 当中院北地基(五间) 本院南墙
192	刘相金		中村	大厦西头院西房一座(瓦房,上下六间) 本院西北角房一座(平房,二间)
193	刘相恺	5	中村	大院后头院北房一座(瓦房,上下六间) 院外西北角房一座(瓦房,上下二间) 堂儿根街北市房一座(瓦房,上下六间)
194	刘相秦	3	中村	前街院东角房\小厦(三间)
195	刘相润		中村	桥西街北窑后头上院东房一座(瓦房,上下六间)
196	刘相仕	3	中村	本院北房地基西间带西北角房带小厦三座(瓦房,上下六间半) 桥西路北市房(瓦房,上下二间)

序号	户主	人口	村名	房产院落
197	刘相伟	5	中村	本院北房带西北角房二座又带小厦(瓦房,上下八间) 本院东南角房地基(三间) 当中院南房地基(三间) 当中院东房地基(三间) 桥东街南市房(瓦房,上下二间)
198	刘相燕	2	中村	底下院东窑(一眼) 南古洞后院地基(三间) 永号路南市房(上下六间半) 南古洞路东市房(下一间) 堂儿西街北市房(瓦房,上下七间)
199	刘相赵	1	中村	里头院西房(瓦房,上下六间半) 东北角房(下二间)
200	刘相贞	5	中村	本院西房一座(瓦房,上下六间) 本院东南地基(一间) 院外西房地基(七间)
201	刘相佐	2	中村	牛家后头院北房带东北角房(瓦房,上下六间) 院外东地基(三间)
202	刘用林	3	中村	大厦西头院西南角房楼下(瓦房,二间) 窑后头院北角房带小厦二座(瓦房,上下五间) 房后地基(三间)
203	刘玉祥	6	中村	桥西街南老西院北房东间半(瓦房,上下三间) 本院西北角房(瓦房,上下四间) 桥西街西北小厦楼底(一间) 桥西街南房西间半(瓦房,上下三间)
204	刘运基	3	中村	桥西街南前院北房(瓦房,上下七间) 西房地基(四间)
205	刘增林	4	中村	窑楼头院外西房一座(瓦房,上下六间) 磨坊院地基(二间) 本院东厦一座(二间)
206	刘增勳	5	中村	底下园西房(瓦房,上下六间) 西北角房(瓦房,上下二间) 本院南房地基(三间) 牌楼根路北市房(上下八间) 堂儿西街北市房(瓦房,上下七间)
207	刘照煜	2	中村	桥西街北上头院东北角房带小厦地基(瓦房,上下四间)
208	刘枝旭	9	中村	本院一院东北南三座(瓦房,上下十七间) 老西院碾道东南房二座(瓦房,上下六间) 桥西街南市房一座(瓦房,二间)
209	刘枝元	3	中村	桥西街南老西院北房西间半(瓦房,上下三间) 本院东南角房带大门楼上(瓦房,上下三间) 本院东北角房楼底(瓦房,一间)
210	刘自强	3	中村	大厦上头北房一座(瓦房,上下六间) 东院地基二座(四间)

序号	户主	人口	村名	房产院落
211	马得长	2	中村	街口西院东房(瓦房,上下六间) 街口西院东北小厦(瓦房,下一间) 古洞口街北市房(上下四间)
212	马得富	4	中村	马家院西房(瓦房,上下三间)
213	马得恭	3	中村	马家院东北角房(瓦房,上下六间) 下院西北角房(破,上下六间)
214	马得洪	3	中村	马家院西北角房(瓦房,上下六间)
215	马得虎	2	中村	马家院北房(瓦房,上下三间) 下院东房南(上下三间)
216	马得花	5	中村	马家后头院西房一座(瓦房,上下六间) 西庙后院东北角房一座(瓦房,上下四间) 本院西北西南角地(五间)
217	马得金	3	中村	下院南房(瓦房,上下六间) 永号市房(瓦房,上下四间)
218	马得珍	2	中村	上马家院北房(瓦房,上下三间) 下院东房(瓦房,上下三间)
219	马得智	5	中村	马家院南房(瓦房,上下六间) 西南角房(瓦房,上下四间半)
220	马家善	2	中村	马家院西房(瓦房,上下三间) 前院南房地基(一间半)
221	马恺荣	4	中村	三台号北房西间半(瓦房,上下三间) 后院西地基北间半 窑后头院东房地基(三间) 本院东北房(瓦房,上下二间半)
222	马恺珍	4	中村	三台号本院东房一座(瓦房,上下六间) 后院东房地基北间半(一间半) 堂儿古洞南角房西一间(瓦房,上下二间) 西泉内市房(瓦房,上下七间) 北坡后松坡
223	马来顺	3	中村	三台号院西房东(瓦房,上下六间) 后院西地基间半(一间半) 后院南地基间半(一间半) 木凹庄土窑(二孔) 三台号院西房南间半(瓦房,上下三间) 本院西北角房连小厦(瓦房,上下五间)
224	马如骥	4	中村	马家院北房(瓦房,上下十间) 东房北东北小厦(瓦房,上下五间) 上马家院地棚(三间)
225	马如良	4	中村	下马家西南角房(瓦房,上下五间) 本院南房(瓦房,二间) 西泉内街北市房平房(瓦房,三间)

序号	户主	人口	村名	房产院落
226	马如善	3	中村	下马家南房(瓦房,上下四间) 西北角房(瓦房,上下五间)
227	马世傑	2	中村	三太号院西房间半(瓦房,上下三间) 本院北房(瓦房,上下三间) 堂儿古洞南角房(瓦房,上下二间) 后院东地基(一间半) 南地基(一间半) 西街市房一座(瓦房,上下七间)
228	马永祥	3	中村	三台号东院北房(瓦房,上下六间) 窑后头东房北(上下三间) 桥东街南市房(上下二间)
229	买喜春 &闪文义			
230	苗发长	1	中村	
231	牛金山	5	中村	牛家前院东房(瓦房,上下六间) 前园西地基(三间)
232	牛锡保	4	中村	牛家东院西北角房带小厦(瓦房,上下三间) 桥西路北市房(瓦房,上下三间)
233	牛锡栋	5	中村	牛家西院北房就西间半(瓦房,上下三间) 牛家后头院南房地基东一间(一间)
234	牛锡民	1	中村	牛家西院北房就间半(瓦房,上下三间) 小古洞前院北房地基西间半(一间半)
235	牛锡珍	4	中村	牛家东院北房东间半(瓦房,上下三间) 牛家前院西房地基一座(瓦房,三间) 牛家西院东房南间半(一间半) 桥西街北市房(瓦房)
236	牛永林	5	中村	桥西街南地下院南房东间半(瓦房,上下三间) 本院西房地基北间半(一间半) 桥西街南市房一座(瓦房,上下四间) 桥西街南后院西房就北间半(间半)
237	牛增光	5	中村	牛家西院东北角房带东房小厦(瓦房,上下八间) 本院南房地基带东南角房(五间)
238	牛增贵	8	中村	牛家西院西房带西北角房带小厦(瓦房,上下十一间) 南当铺院后头南房就西间(瓦房,上下二间) 小古洞前院北房地基带东地基(四间半) 牛家后头院南地基就西间(一间) 南园北房地基一座(三间)
239	牛增华	3	中村	牛家院东房带东角房小厦(瓦房,上下九间)
240	牛增铭	2	中村	牛家院北房西间半(瓦房,上下三间)
241	牛增瑞	3	中村	牛家院西房一座(瓦房,上下六间) 牛家西院南小厦一座(瓦房,上下一间) 牛家前院西北小厦连夹道口口地基(破,一间)

序号	户主	人口	村名	房产院落
242	乔执权	4	中村	乔家院东北角房(上下四间) 小西房(上下三间) 南衚衕油房(上下十二间)
243	乔执义	5	中村	前院西房(上下六间) 上头院北(地基六间) 南衚衕油房(上下十二间)
244	乔银斗	1	中村	前院北房(上下六间)
245	乔执中	5	中村	东角房(上下四间) 大门口(地基二间) 上院西房(地基三间)
246	乔兴安	4	中村	本院北房连西北角房(上下十间) 西北小厦(一间)
247	乔兴普	4	中村	东北角房(上下四间) 庙门口市房(上下四间)
248	乔执和	3	中村	本院西房(上下六间) 本院东北角房西(上下二间) 东北小厦院(一间)
249	乔兴邦	4	中村	本院北房(上下六间) 东街市房(前后上下九间) 西北厦棚(地基一半)
250	乔兴顺	4	中村	本院北房(上下十间) 本院东房(上下六间)
251	乔兴位	4	中村	本院西房(上下六间) 西北角房(上下四间)
252	乔兴燕	2	中村	大院东房(上下六间) 东北角房(上下二间) 东街李家衚衕口市房(地基一间)
253	乔奇德	6	中村	本院北房(上下十间) 窑顶上(一间半) 窑一孔
254	乔养性	5	中村	本院北房(上下六间) 北平房圪嵴(一间半) 东街路南市房(上下四间)
255	乔兴淮	6	中村	本院东房(上下六间)
256	乔养德	5	中村	本院东北角房(上下四间) 本院西北角房(上下六间) 院外北房(地基一间半)
257	乔奇珍	5	中村	窑顶后院北房(上下十间) 厦棚(一间)
258	乔执才	3	中村	槐树院北房一连(上下十间) 东北小厦(上下二间)
259	乔执政	3	中村	乔家院北房(上下六间) 桥东路北(市房二间)

序号	户主	人口	村名	房产院落
260	乔兴才	5	中村	本院东房(上下六间) 东南角房(上下四间) 南圪浪(地基三间) 小地基一分
261	乔执华	5	中村	李院北房(上下六间) 西北小屋(上下二间) 本院南房(上下三间) 本院西房楼下(上下三间)
262	乔奇瑞	4	中村	高碾上本院西房(上下六间) 小厦地基半间 乔兴顺宅门外粪古坨
263	乔兴文	4	中村	槐树院东房(上下六间) 南房地基(上下三间) 东地基背后地基(半间)
264	乔得梁	3	乔家庄	本院东房壹座(石房,三间) 西北角房壹座(石房,三间) 院前东地间(五间) 本院南地基(一间半) 南地基壹连
265	乔德恭	5	乔家庄	本院西房(石房,三间) 本院西南角房(石房,三间) 本院南房地基(一间半)
266	乔德红	5	乔家庄	本院东北角房(石房,三间) 南头北房(石房,三间)
267	乔德旺	3	乔家庄	本院西角房(石房,三间) 本院西房地基(一间半) 院外西房地基(一间)
268	乔东科	2	乔家庄	本院东房(石房,三间) 本院东南地基
269	乔贵元	2	乔家庄	本院北房东(土房,一间半) 西南角房(石房,三间) 中村路北街房(砖房,半间) 南地基壹连
270	乔金科	3	乔家庄	圪坨地东房(石房,三间半) 本院西南小屋(地基,二间半) 本院东南小屋(地基,二间半) 本院外西石窑壹座(石窑,二间) 本院外西房(地基,七间)
271	乔生财	7	乔家庄	本院北房(石房,五间) 本院西房(石房,四间)
272	乔生广	4	乔家庄	河南北房(石房,五间半) 本院南小东房(石房,二间)

序　号	户　主	人　口	村　名	房产院落
273	乔生贵	5	乔家庄	本院南房(石房,三间) 本院北房(石房,一间半) 本院西北角房(石房,三间)
274	乔生林	5	乔家庄	本院东房(石房,三间) 本院南角房\门楼(二间)
275	乔生茂	6	乔家庄	本院南房(土房,三间) 东北角房壹座(石房,三间) 西南小厦(土房,一间) 中村街北市房壹座(砖房,一间)
276	乔生义	3	中村	东街路南市房(二间)
277	乔兴国	5	中村	前头院北房(三间) 庭房院东北角房(一间)
278	乔忠科	5	乔家庄	圪坨地北房(石房,五间) 本院南房地基(三间) 院外北房地基(三间) 南房地基
279	宋成福	3	中村	永姓李东北角房\小厦(三间) 东街路南市房(前后两间半)
280	宋春喜	8	中村	里头院后院西房(瓦房,上下六间) 本院东房(瓦房,上下六间)
281	宋兴文	2	中村	里头院后院西北角房(瓦房,上下六间) 后院小厦(瓦房,上下二间)
282	苏忠义		中村	南衖衕东房(瓦房,三间)
283	谭家泰	6	中村	店院西房(上下十间) 小西房(上下四间) 新房院东房(上下六间) 旧房院东房(上下六间)
284	谭怀珍	10	中村	新房院北房(上下十间) 本院东北小厦(上下二间) 旧房院北房(上下八间) 旧房院东房(上下六间)
285	谭怀德	3	中村	底下院西房(上下六间) 旧房院西北角房(上下二间) 南衖衕油房(上下十二间)
286	谭智悟	3	中村	本院北房(上下三间) 本院东房(上下六间)
287	谭敏悟	3	中村	高碾上东房(上下八间) 本院西北角房(上下四间) 石窑一孔 谭家院西南角房(地基二间)
288	谭怀儒	3	中村	新房院西房(上下六间) 新屋东房北边(上下三间)

序号	户主	人口	村名	房产院落
289	谭效武	1	中村	旧院南房地基(一间半) 新屋东房南边(上下三间)
290	谭怀明	5	中村	南当铺院西房北边(上下四间)
291	谭文文	1	中村	南平房(二间) 新屋西房(上下六间)
292	谭怀宏	3	中村	天顺成院东房\东角房(四间)
293	谭吉太	8	中村	店院北房(二间) 旧房院西房(三间)
294	谭利太	4	中村	店院南房\小厦(瓦房,四间) 东衕衕口地基(三间)
295	谭盛太	4	中村	店院北房西(一间) 庭房院后院西房(二间) 南衕衕东市房(一间)
296	谭先悟	4	中村	楼院北房(瓦房,七间) 东西地基(六间) 区门口路南市房(一间)
297	谭劾文	4	中村	旧房院地基 张兴诚院南地基 南当铺东房(二间半) 旧房院东北角房(二间)
298	王大德	4	木凹	本院北地棚(二间) 上院北地棚(三间)
299	王得富	6	木凹	本院北地棚(六间) 本院西南圪埌(二间)
300	王得洲	5		里头院后院北房(瓦房,上下六间) 桥西街北市房(瓦房,上下五间)
301	王福朝	5	木凹	本院西地棚(五间)
302	王贵福	1		南当铺后院西房(瓦房,上下二间)
303	王进得	4	木凹	本院北房(东二间) 上院西房南地界(二间)
304	王水鱼	4	中村	窑后头院北房一座(瓦房,上下六间) 口口院道南小窑(一孔) 窑楼上东房(瓦房,一间半)
305	王顺宝	2	木凹	本院西地棚(四间) 上院西地棚(北二间)
306	王廷东	3		桥西街北下头院西房南间半(瓦房,上下三间)
307	王万林	5	中村	后院南房(上下六间) 后院东角房(上下四间) 南当铺后院南房(上下二间) 窑地基(一间半) 东街路南市房(上下四间)

序号	户主	人口	村名	房产院落
308	王文玉	4	中村	本院东房(上下八间) 窑东边地基(间半) 南衕衕就堂市房上下(前后四间,十二股之一)
309	王兴家	4	木凹	本院西地棚(三间) 本院北地棚(三间) 西院东地基(二间)
310	王兴思	3	木凹	本院北地基(二间) 南地基(三间)
311	王英石	6	木凹	本院西房\东南角房(平房,五间) 东房(平房,一间半)
312	王占魁	2	木凹	本院东房\东北角房(平房,三间半)
313	王智惠	2	中村	街口道西南角房(瓦房,上下四间) 永号市房(瓦房,上下四间)
314	卫二祥	5	中村	前街新房院北房东(间半)
315	徐仁山	4	中村	马家院东房(瓦房,上下三间)
316	徐振福	2	中村	桥西街北底下院西房一座(瓦房,上下六间) 本院西北小厦一座(上下二间)
317	徐振华	3	中村	桥西街北底下院北房西间半(瓦房,上下三间) 本院东北角房一座(瓦房,上下四间)
318	杨耀元	2	木凹	后院北房西(上下三间) 小猪圈(平房一间)
319	杨和尚	4	木凹	下院南(地基三间) 前院东南(地基二间) 下院东(地基三间)
320	杨占义	4	木凹	下院西地棚(平房三间) 东南角地棚(平房二间) 厕所后北地棚(平房二间)
321	杨安贵	3	木凹	本院南地棚(五间) 本院东北基(二间)
322	杨斌元	2	木凹	窑楼上东(瓦房,二间)
323	杨登元	4	中村	里头院西房(瓦房,上下六间)
324	杨凤贤	5	木凹	上院东北地棚(平房,二间) 后院西地基(三间)
325	杨凤洲	4	木凹	上院西地棚(五间半) 后院东南角房(上下五间)
326	杨宏元	2	木凹	后院东房北(瓦房,上下三间) 上院东地棚北(平房,一间半) 小西屋地棚北(平房,半间)
327	杨伦元	4	木凹	本院东房南间(瓦房,上下两间半) 上院东地棚南间(平房,一间半) 小西地棚南(平房,半间)

序号	户主	人口	村名	房产院落
328	杨明元	3	木凹	本院东北房(瓦房,上下五间) 东街就南骡马大店内西厦棚南(上下二间) 东街就南骡马大店内东厦棚南(上下二间)
329	杨鸣县	4	木凹	前院北房(瓦房,上下七间) 前院南地棚(平房,上下三间) 前院东地基(三间) 前院西地基(三间)
330	杨荣元	4	木凹	后院东北房(瓦房,上下四间) 小东屋房(瓦房,二间)
331	杨瑞元	4	木凹	下院北房(瓦房,上下六间) 上院北地棚(平房,三间)
332	杨树勳	2	中村	庙门口路南市房(间半)
333	杨兴元	3	木凹	东窑前后(砖房,二眼) 窑楼上西(瓦房,一间)
334	杨占魁	1	木凹	大庙门口东山墙(二间半)
335	杨占仁	4	木凹	马尾沟后院北房(瓦房,三间)
336	杨珠元	3	木凹	后院北房东(瓦房,上下三间) 下院西南地棚(平房,二间) 小窑(一眼)
337	原海水	5	中村	下泉沟西房南(间半) 西南角房(二间)
338	原祥顺	5	中村	桥西街南底下院南房西间半(瓦房,上下三间) 本院西房就南间半(一间半) 院外东房地基(三间) 桥西街北药铺后院就西北房(瓦房,上下六间)
339	张安顺	2	中村	张家院北房(三间) 庙门口路南市房(十二股之三) 后头院北房楼上(西间半)
340	张宝泉	3	中村	张家院南房一座(瓦房,上下九间) 本院东厦一座(三间) 本院东厦一座(下一间) 桥东路南市房(瓦房,上下两间)
341	张保元		中村	本院北西房两座角房三座(瓦房,上下二十间) 外院西房地基(三间) 桥西牌楼根街南市房(上下五间)
342	张贵花	1	中村	泉沟东北角屋(瓦房,上下五间)
343	张鸿儒	3	中村	张家院西房(二间) 后头院北房地基(二间)
344	张金鸿	4	木凹	上院北土窑(土房,二眼) 上院西地基(三间) 上院东地间南(一间半)

序号	户主	人口	村名	房产院落
345	张进财	4	乔家庄	破房(石房,一间半) 本院破北房(石房,一间半) 乔家南头破房(土房,二间)
346	张俊成	6	中村	张家后北房(上下六间) 张家后东房(上下六间) 西房(三间)
347	张明长	3	木凹	本院北土窑(土房,一孔)
348	张明贵	4	木凹	本院地棚(平房,四间) 本院东地基北(一间半)
349	张兴炎	5	中村	牛家后头院东房一座(瓦房,上下六间) 桥西路北市房(瓦房,上下六间)
350	张兴成	7	中村	本院北房(上下六间) 桥东路北市房(上下二间) 南当铺市房(上下四间)
351	赵金良	3	中村	西街街北窑楼上(瓦房,一间半)
352	赵全福		中村	桥西街北小当铺院东房一座(瓦房,二间)
353	郑德海	6	木凹	本院北地棚(三间) 东地棚(三间) 当中院地棚(二间)
354	郑德河	5	木凹	本院西地棚二座(八间) 北圪落地界
355	郑进财	3	木凹	北地棚(七间) 东地棚圪垴(三间) 北圪垴(二间)
356	郑体谦	3	木凹	南铺院北房(西间半)
357	郑天金	2	中村	桥西街南市房一院大小三座(瓦房,上下拾三间)
358	郑玉林	4	中村	街口西院东北角房(瓦房,上下四间)
359	郑育彪	3	中村	桥西街北下头院东房一座(瓦房,上下六间)
360	郑育宽	4	中村	桥西街北郑家院南房就西二间半(瓦房,上下五间) 桥西街北郑家院西地基(三间) 桥西街北郑家院东地基(三间)
361	郑育良	2	中村	桥西街北底下院北房东间半东北厦房(上下四间) 桥西街北底下院北角房一座(上下四间) 郑育彪院北角房地棚(二间)
362	郑育仁	6	中村	桥西街北郑家院南房就东二间半(瓦房,上下五间) 桥西街北底下院北房一座(瓦房,上下六间) 桥西街北郑家院北房地基(五间)
363	左许生	5	中村	桥西街南南房一座(瓦房,上下六间)

第二章 文物保护

历代相传，我国的文物保护工作居于世界领先地位。从北京猿人化石的发现，到西安的秦兵马俑的开发，至郑州商城遗址以及各地汉墓等文物保护、开发、利用数不胜数。这是五千年文明古国的珍贵文化遗产。我国历来重视文物保护工作，在国务院《文物保护法》颁布之后，各级政府对文物保护工作倍加重视，保护文物是每个公民的神圣职责。

文物是不可再生的。原汁原味的保护，是做好文物工作需要遵循的准则。在古建维修与保护工作中，要注重资料的收集与研究，搞清文物的历史沿革与来龙去脉，提升保护水平，壮大文物事业，积极推进文物保护工作，确保文物保护事业健康发展。要积极探索文物保护工作的新路子，提高文物保护水平，真正把祖先留下来的珍贵遗产保护好，管理好，利用好，传承好，促进文化遗产保护工作能够再上一个新的台阶。

中村历代建有庙观寺阁，村老贤士多倡导修缮保护，村人皆乐施善助，各庙宇刻石铭记者多见。可知，保护文物是村之传统。

中村村观上庙（也称南庙），创修年代不详。据记载，本村善士郑尚志、刘世朝、刘世荣等，曾于大明万历二十四年重修，历经十一年工程竣工。恢复往日殿宇辉煌，人物萃聚。又于清乾隆三十八年夏四月至四十一年春三月重修，由本年社首聂王元、李中量、马有贵、刘大田及村民同心协力，共费银八十一两三钱七分，使庙宇重新焕然一新。

1938 年 3 月，日军侵占沁水县城。1939 年农历 2 月 14 日，日寇飞机轰炸中村。顷刻中村大地震动，天地摇晃，股股黑烟腾飞，房屋倒塌，居民伤亡，地面一片火海。大庙被炸成废墟，三堂四阁五大庙相继受损，损坏甚重。历经外患和内战，再加上“大破四旧，大立四新”的“文革”时期，中村古建筑破坏更加惨重。碑碣、雕塑、壁画、诗符、楹联多数被毁。尽管当时群众和村中老者多次善言相劝，尽量采取各种保护措施，也无法留存这些文物的本来面貌。

西寺，不仅是古老的佛教名胜，而且是培育革命人才的摇篮。20世纪30年代，西寺办起了沁水县第三高小，1937年更名为民族革命第三高小，1942年成为沁南抗日高小。中村高小是沁西地区文化的中心，为抗日战争、解放战争培养了很多骨干，如张克、江地、王少亭、王维岳、李易书、高鸿基、程志远、靳秉诚、刘建基等同志都是从这儿走上革命道路的。中村高小学生对山区文化教育的发展，对中村革命和建设做出了很大的贡献，有的甚至献出了年轻宝贵的生命。现今居住在各地的中村籍老干部对培育他们成长的地方十分怀念，有的专程回来，故地重游，留恋不舍，深深嘱托："切要修缮保护好西寺。"

1982年7月1日，沁水县人民政府将中村西寺确定为县级文物保护单位，并立保护标志。

2008年6月6日，西寺在中村籍时任沁水县政协主席马刘勤的大力倡导下，村两委班子领导郑芳、刘其锁、刘虎虎、李忠忠、刘小瑞等积极筹划，制定出保护西寺的修复规划，同时邀请中村周边地区企业矿长、经理及各邻村领导座谈，共商维修西寺大计，各位有识之士纷纷慷慨解囊，踊跃捐资。五台山住持临济宗释一青监理施工，重新对时隔196年的西寺进行了全面维修。当时已成"残垣断壁，房漏屋塌，墙壁脱落，瓦碎椽折"的西庙的修复工作，也是全村百姓十分关心的一件大事。在维修过程中，村两委班子坚定不移地执行文物保护法，始终把文物本体及其原生环境的保护和保存放在首位，充分认识到，保护文物就是保护生产力，就是弘扬先进文化、维护人民的根本利益。文物是先人所创，属于先人，也属于今人，更属于后人，保护文化遗产是我们全体村民的共同责任。这一历史赋予我们的使命，是光荣的，也同样是神圣的。

西寺重修后，改称"西祥寺"。雄伟壮观，分外妖娆，建筑面积286平方米，一进三院，从下院到上院有1米高的台阶，沿十五阶而上是二院。再十阶而上是第三院。捅瓦脊兽，斗拱密布，猫头滴水，飞檐挑角，蔚为壮观。钟楼上由沁水县丰源煤业有限公司全体员工捐赠，于2008年8月(佛历2552年)铸造的生铁大钟1座，约重1吨。鼓楼上由中村村委安放大鼓1面，直径1米多，并塑有神像12尊。正殿塑观音菩萨，西殿塑地藏王，东殿塑舜王，两边塑仆人。重修后的西寺必将带来佛光普照、法轮常转、普度众生、利落有情，使一座荒弃了百余年之久的佛寺薪火相传，荫及后代。西寺一派富丽堂皇的景象，增添了中村的历史文化底蕴。即将计划维修的观上庙，在不远的未来，将会展现在世人面前。观上庙山清水秀，树木郁郁葱葱，树绿花红，风景独特，在观庙可以春看繁花、夏观云海、秋眺日出、冬赏雪景。

中村按地理条件依山而建，颇合风水。人们称其形胜："支分太行之秀，气联王屋之奇，龟蛇呈形，金水结聚，群山环拱，众壑潆回。地险出于天成，胜概收其精气。"中村深山斗城，世外桃源，天洁地净，环境优美，有着得天独厚的旅游资源，是人们旅游观光的理想之地，令人陶醉无限。

第三章 宗 教

第一节 道 教

道教亦谓国教，传入中村区域年代久矣。据创建丹阳山玄真洞记，明代龙集正德十三年(1518)，云水道人黄崇贤游心物外，志尚清虚。历览中州之境，饱玩名山之秀。寻幽择僻结庵，可以修心养性。沁邑西南八十余里，有山丹阳，崖峨高峻，崒嵂巅峰，绝壁悬崖内有石窟者，曰玄真洞府。道人进之洞门，惊叹不已："实乃仙人所居之处，总蓬莱三岛弗是过也。"遂率门徒齐力修葺，先铸道尊，又铸巨钟，闻者无不惊叹，见者莫不称奇。自此道教传颂。明嘉靖八年(1529)信众磨玄真洞石壁，镌刻碑文铭记史实。所载名录涉及翼城、曲沃、河津、阳城、绛县各地施财善士，尤以王家谷(下峪)、郑家村(上峪)子民为多。

中村东南坡上有一座庙宇，村人叫"观上"。观上庙创建年代不详，明、清曾有两次重修。据重修碑记载，观上庙原名白云观，明万历二十四年(1596)二月二十五日至明万历三十五(1607)年十月重修后，更名为灵虚观。清乾隆三十八年(1773)四月至四十一(1776)年四月重修后，更名为三清观。当时本观场地已有近50余亩，足见规模之大。中村"观上"道士何时兴起，参看玄真洞碑记，当时已刊有白云观，推测至今约有500多年的历史。道教在中村地区最兴盛期当属清雍正年间，当时铁产开采，炉行渐兴，业人供奉太上老君为祖师爷，故各村、各庄修建庙堂，塑造神像。中村三清观自然香火旺盛。

道家出家改名不改姓，按"百字"排辈。出家当道士者，一不结婚，二必须留长发，三必须穿长领道服，四是人身由道方处置。旧时富裕大户筹办殡葬丧事，邀请道士八到十人做道场，在"取水"、"行香"、"扬幡"、"过桥"等过场中，使用粗、细乐器，如铙、钟、鼓、磬、笙、萧、笛、管、叮当、十不闲等，唱出许多曲牌，如《老八板》、《节节高》等，特别是"过桥"最后一场乐器合奏，情绪激昂，是特丰富的道教庙堂音乐。

第二节 佛 教

中村佛教兴起年代不详。据西寺碑记载,西寺庙创建于清代嘉庆十四年至嘉庆十六年,距今近二百年。

旧时,佛教活动寺僧除在乡间为某些死者举行“超度”外,还通过“化缘”来维持众僧生活和寺庙维修。有的僧人博通经史,常游览名山古刹,讲经说法。僧人社会地位相当优越。他们都有不同的文化和历史知识,与封建士大夫交接往来,享有种种特权。

寺庙大都拥有地产,租佃于周围村庄,僧人亦种部分土地以供自身食用。租谷变为现金,放高利贷。既不纳赋税,又不应差。

佛家讲“慈、悲、喜、舍”四大境界。慈无量心,能与乐之心也,就是能给人以快乐之心。悲无量心,能拔苦之心也,就是能除人之痛苦之心。喜之量心,见人离苦得乐生庆悦之心也。舍无量心,对众生无憎无爱,一视同仁,平等对待之心。此四心普缘无量从生,引无量之福,故名无量心。

佛教传入中村后,设置佛寺道场,讲经说法,佛教徒日渐增多,乾嘉时期,寺庙盛况空前,民国年间,佛教较前大为衰落,寺庙多处荒废。日军侵华,许多寺庙被毁,僧人被迫还俗。中村西寺改作学校,再无僧人活动。

2008 年 6 月,在党的宗教政策鼓舞下,中村村两委班子为保护文物古迹,弘扬历史文化,在驻村企业、单位和周边邻村支持下,特别是沁和能源集团和市、县政府大力资助下,对县级文物保护单位西寺进行了逐步复修,荒圮多年的西寺将重现古寺辉煌。

佛教的信仰者由两部分构成:一是出家弟子,二是在家弟子。在家弟子就是居士与信士。居士在中国原指隐士,在印度原指有德有势的大富长者。后来佛教借以指在家的佛教信徒。今日佛教居士有广狭两种意义,广义指一切坚信、敬重佛教,到寺院来参礼的人都可尊称为居士;狭义指已经拜过师,皈依了佛法僧三宝的在家信众。居士修学佛法虽然不像出家弟子那般严格,但也要有一个基本信念和很好的人生规范,这样才能保证学佛道路的正确性与实践的可落实性。

在家弟子学佛的基本信念是“以人为本,立足人间”。具体涵盖三个层面的内容。一是“以人为本,立足人间”就是说成佛在人间;二是“以人为本,立足人间”就是说学佛在人间;三是“以人为本”就是所从所学,要以现实生命的收获为主要宗旨。

第三节　基督教

20世纪80年代后，基督教由村民刘云英从运城传入中村。当时只有五六个人参加祷告念经，后来逐年增加。1989年，信奉者正式在刘云英三子家聚会，开始经常活动。通过聚会，演节目搞宣传，颂扬耶稣精神。县委统战部长亲临聚会点视察指导，初步确定活动场所，规范教会行为。信徒一度达到500多人。信徒家中遇有红白大事，教会都组织信徒前去义务帮忙、助势。凡入教之人，不论年龄长幼，均以兄弟姐妹相称，互敬互助，团结友爱。不少信徒，还走村串乡，发展教民，名曰“为主做工”。信教之人家有灾难，信徒前去祈祷，求主祛病消灾，保佑平安顺利。1996年至2002年期间，由于信徒增多，聚会地点狭窄，在运城、太原、晋城等教会组织的资助下，教会筹资7万余元，在中村购置民房一大院14间，约260平方米，作为基督教聚会活动固定场所。2008年，经省、市、县三级宗教部门检查验收，颁发了“中村镇基督教聚会点”证照。同时，有5人组成义工组，负责教会工作。教会制定了规章制度，依法开展正当的宗教活动。

基督教宗旨：爱国爱教，荣神益人，以善为乐，祈福求安。主要活动内容是：唱诗、祷告、查经。

进入21世纪，政府积极扶持和鼓励宗教人士，为发展市场经济服务。在宗教界开展了“执行党的方针政策好；维护团结稳定好；坚持‘三自’发展经济好；民主办教好；参加公益社会服务好”的五好活动。要求各宗教活动场所的信教群众，既做好公民，又做好信徒，为建设具有中国特色的社会主义作贡献。

附录：

基督教教会各项制度

教会学习制度

一、每星期六、日为信徒聚会时间，其他时间一律不予接待。

二、上述两时间定于每日下午二至三时，过期不予接待。

三、参加人员：凡受过洗礼和要求加入教会的人员。

四、聚会时间不允许其他不信者干涉。

五、凡主持学习的人须经过“三自”小组同意和经县宗教科审查方可。

爱国公约

一、全体信教徒须持有爱国爱教的思想，做到和社会相一致，与政府相联系。

二、按自治、自养、自传原则办教会。

三、对当地政府的管理和政府的政策遵守执行。

四、讲经须是正式教务人员，经教会培训认可的义工担任，防止有散布邪教异端、分离教会或进行违法活动危害事件。

五、维护教会的自治、自传，抵制来自国内外个人或团体对“三自”原则的各种破坏和干扰。

教会财物管理制度

一、应由堂主组织负责保管，制定切实可行的管理办法，明确专人和小组负责。

二、成立财物组，严格按制度开销，记账，出具收据，现金储蓄。教务人员原则不任会计、出纳职务。

三、凡乐意奉献钱财、物品等，全归教会所有，任何人不得擅自取拿。

四、鼓励信徒乐意奉献，教会组织有权审查账目。

五、确定审批制，开支应商讨决定。

六、年终要向信徒公开收支简况。

礼拜堂规则

一、礼拜堂是神的圣殿，凡前来的人都当肃敬静默。

二、进入礼拜堂后，自动找好座位，按席就位。

三、礼拜的一些活动由教会主持人统一安排，任何人不得随意活动，应保持优良秩序。

四、不得随地吐痰，保持会场清洁卫生。

五、聚会的主领人由爱国会统一安排，任何人未经同意不得随意讲学。

六、不接待没有组织介绍信的外来传道人。

七、凡到会堂参加聚会者都要爱护公共财物。

八、本会堂严格遵守当地政府对教会的管理。

吸收新徒须知

一、必须是年满 18 岁以上的公民。

二、非正式党员、团员及国家干部方可吸收入教。

三、凡是归入基督的须遵守教会的规则。

四、认真执行中国共产党的方针、政策。

五、执行“三自”原则，按“三自”原则办事。

六、热心教会事业。

中村村基督教会

第七卷　军事

第一章　战　事

第一节　梁兴抗金丹坪砦

北宋末年，太行山一代活跃着许多农民义军，本为反抗宋朝而聚义。北宋灭亡后，他们改换旗号，称忠义军，八字军，据险筑砦，转而抗金兵，呼应岳飞以期收复中原。《续资治通鉴》记："自两河陷落来，两河之民不从金者，皆于太行山堡聚。"《宋史·岳飞传》记：绍兴六年(1136)"太行忠义社梁兴等百余人，慕岳正义，率众来归。"绍兴十一年(1141)，"宋岳飞遣梁兴渡河，纠合忠义，取河东北州县。(梁)兴会太行忠义及两河豪杰赵云、李晋、董荣、牛显、张裕等，破金人于垣曲，又捷沁水，追至孟州，取怀卫二州，大破兀术军。"光绪《沁水县志》记：忠义社砦子凡七处。宋绍兴(南宋高宗)年间，金欠犯顺，士人筑砦之，且以待岳飞之兵，故又称岳将军砦。一即丹坪砦，在白华村东，四围壁之，绝顶平也。明代乡人张道濬《游丹坪山记》称："丹坪者，盖万山之特也，左右岡峙，水下绕，广废城尚在。"

梁兴等忠义军在沁水抗击金兵取得大捷，就发生在历山之麓中村涧河丹坪砦不远处的南阳村附近，史称南阳之战。明代弘治年间高平知县杨子器《岳将军砦》诗云：

"太行忠义奋如云，人血淋漓染战裙。一战南阳余孽归，梁兴本是岳将军。"

杨子器所写，即指南阳之战。《光绪〈山西通志〉》、《宋史·牛皋传》也有类似记载。梁兴等太行忠义之士及两河豪杰，在垣曲、沁水大败金兵，又取得河南大捷，是宋金对峙之际一场令人备受鼓舞的战役。梁兴南阳大捷，成为古代沁水的重要事件，丹坪砦也因此而闻名，成为古代沁水诗文中一个非常重要的题材。清代雍正年间，钱塘朱樟出任泽州知府，专程到南阳河畔，凭吊丹坪砦。

第二节 将军腰遭遇战

1938年3月3日，侵华日军第十四师团石黑支队侵占了沁水县城。中共沁水工委、沁水县政府、牺盟会沁水分会，以及各种抗日救亡团体，转移到沁水西南的上沃泉、下沃泉等村。

当时活动于王寨一带的山西省青年抗敌决死三纵队第七纵队，也随即移驻上沃泉，相机歼灭日军。

15日凌晨，盘踞在沁水的日军石黑支队百余人取道将军腰向上沃泉进犯，偷袭沁水县党、政、军机关。

与此同时，决死三纵队第七纵队第一支队，在大队长卢正维，指导员刘炎的率领下也取道将军腰到城关去袭击日军。

上午八时，两军在将军腰相遇，沁南历史上第一次抗日战斗在此打响。卢正维和刘炎发现敌军后，指挥部队抢占到制高点，向日军猛烈开火。

刘炎率部分战士向敌军阵地冲击，在敌人迫击炮、三八式步枪的猛烈还击下，刘炎、刘书香等六位指战员不幸壮烈牺牲，还有随军的五个民夫也遭不幸。

经过激烈战斗，日军窜回沁水，第一支队重返上沃泉一带。

当日下午，沁水县抗日政府在上沃泉河滩召开追悼大会，党、政、军及各机关团体的全体干部和广大群众，怀着沉痛的心情哀悼在将军腰战斗中牺牲的6名决死队队员和5位民工，并把烈士们的遗体安葬于上沃泉的瓦窑沟。烈士的英名同将军腰战斗永存史册。

第三节 中条山战役

1941年5月7日，日本侵略军经过长期周密部署，由东西北三面“以钳形并配以中央突破之方式”进犯中条山，企图扫清黄河以北的国民党军队，然后调动该地日军专门对付八路军。华北日军纠集10多万兵力，飞机200余架，向中条山发动“闪电歼灭战”，国民党驻防军20余万人奋起抗战，中条山战役爆发。

这次战役，国民党军队在黄河以北共计11个军，其中4个军配置在太行山南端和太岳山南部，7个军配置在中条山。第一战区司令长官兼第二战区(山西)副司令长官卫立煌，指挥黄河以北中央军防守中条山等地，坚持团结抗战，与八路军建立了较好的合作关系。蒋介石发动第二次反共高潮，“皖南事变”后，指责卫立煌反共不力，要撤销卫立煌河南省主席之职。卫立煌一气之下，请假去峨嵋山休养。蒋介石派参谋总长何应钦到前线巡视，战役打响后，何应钦坐镇洛阳指挥作战。由于何应钦根本不熟悉战况，指挥多有失利，使中条山战略要地完全失守。但国民党军队许多仁人志士，在战斗中，顽强坚持，英勇不屈，洒热血于疆场，仍然谱写了一曲曲爱国主义的壮丽史歌。新编27师师长王峻、参谋长陈文杞在指挥战斗中，冲锋在前，壮烈牺牲。副师长梁希贤指挥掩护80军残部渡河，部队伤亡殆尽，梁希贤宁死不屈，投入黄河，壮烈殉国。第三军军长唐淮源在夏县东北角的见山指挥35团作战，弹尽粮绝，自杀殉国。

武士敏98军在条东英勇抵抗，使日军侵略者没有从条东攻入中条山。

该军驻防垣曲西哄哄、阳城东哄哄、沁水南渠、山辿岩、北石窑、虎疙瘩、峪南渠、龙王庙、下川各村。日军出动数千兵力，从张马东出到交口，夜袭虎疙瘩武部某团。因部队麻痹大意，警惕性不高，敌人到漆树沟摸了岗哨，将熟睡的一个排战士全部杀死，虽有两个排硬拼，但寡不敌众，除连长跑到南渠村团部报告外，全连战士壮烈殉国。

中条山战役后，武军调往岳北，在东峪一带遭日军围击，激战两天，全军覆没，军长武士敏光荣战死。

中条山战役结束。据日方资料称，“国民党军队被俘35 000名，遗弃尸体42 000具，伤亡超过8万，有10余万人失踪。日军损失计战死670名，负伤2292名。”在国民政府公布的材料中，“综合会战，计毙伤敌官兵9900名”，我军“共伤亡、中毒、失踪官兵达13 751名”。

第四节　铲除石槽岭据点

石槽岭是中村东部山脉诸峰中的最高峰，往东可达柳沟、冶内，往西可至中村、张马，往南可通白华、上川。站立其上，四周方圆20余里山峰沟壑、村庄道路尽收眼底。1939年日寇侵占沁水城，并在沁南张马村设立了据点。这样，石槽岭就成为沁水城通往张马据点要道上的重要关隘。加之，1941年12月太岳南下支队17团深入中条山，开辟沁南县，在白华和日寇打了一仗，而后进驻下川一带。王维岳率领的沁南抗日一大队经常活动在中村、下川、南阳、沁翼边界一带，这也使孤守在张马据点的敌人日夜恐慌，坐卧不安。于是，就密谋在石槽岭修筑碉堡，以推行强化治安、割裂和缩小抗日根据地，控制沁南于股掌之中。

当时，沁南县抗日政府驻在南阳张沟，距石槽岭20余里，晋豫区党委机关驻在阳城横河和暖辿村，距石槽岭30余里。石槽岭据点直接威胁着抗日机关的安全。晋豫党委识破了敌人的阴谋，司令员刘忠命令沁南抗日县长兼一大队队长王维岳，坚决阻止敌人修筑石槽岭据点，决不能让敌人的阴谋得逞！

石槽岭据点修建初期，敌人早上从张马出发到石槽岭督建，晚上再返回张马据点休息。与时，敌人白天修，我方晚上拆，一直相持了两三个月之久，石槽岭碉堡未能修起。敌人见状十分恼火，便派了一个30多人的分队，驻扎到中村观上，保卫和监督石槽岭碉堡的修建。

1942年7月的某天，17团团长尤太忠与王维岳、曲高游击队领导宋敬先共同研究了作战方案，决定17团作为主攻部队直取石槽岭；一大队埋伏于木凹、下峪口一带，准备截击由张马增援之敌和观上西逃之敌；曲高游击队作为第三梯队，居于石槽岭的后方——柳沟，三部共同配合，完全消灭中村观上之敌，彻底拔除石槽岭据点。当天各自回到部队作了战斗动员。次日傍晚，各部都赶到了白华村。晚饭后，17团战士向石槽岭方向运动，一大队由教导员王兴复带领于晚上12点进入木凹、下峪口指定地点。尤太忠和王维岳共同赶往石槽岭，突然发现据点方向火光闪烁，两位指挥员怀疑是否敌人发现了我方的行动。为了摸清情况，指挥员决定一方面派出一个排，先行向石槽岭侦查消息，另一方面要求战士做好战斗准备。先遣排到达石槽岭时，发现是原先布置配合作战的民兵正在拆烧据点。消息传回，尤太忠和王维岳率领部队登上了石槽岭。

石槽岭的东北处有一座魁星楼，南下方就是日寇的驻地——中村观上。我方指挥所设在魁星楼的左上方，观上在正下方。在离敌人500米的地方布置了一个机枪排，机枪排前边是监视哨，指挥所前边放了一个营的兵力，打击目标对准观上；另外有一个营的兵力，用来监视魁星楼，防止敌人迂回上来。

第二天早晨，敌人正在吃早饭。我方指挥所把敌人的锅碗都看得一清二楚。尤太忠同志风趣地说："老子今天是居高临下，要好好整治一下小鬼子，让你知道知道我17团的厉害！"接着我军发起攻击，一颗颗手榴弹在观上爆炸，机关枪爆豆似的响个不停。敌人顿时乱作一团，几个日本兵抬着一挺重机枪，企图由观上向魁星楼运动。王维岳立即命令部队以猛烈的火力将敌人顶了回去。敌人正面冲不上，魁星楼绕上不去，急忙撤退向西往张马逃窜。刚到下峪口伏击圈，我一大队战士发起突击，敌人见势不妙，拼命突围。上午10点多钟战斗结束。

这次战斗，石槽岭碉堡拔除，共打死打伤日军10余人，沉重打击了日寇的嚣张气焰，威慑张马据点里的敌人不敢轻举妄动。同时对缩小敌占区，扩大游击区，巩固解放区，逼走张马之敌，解放全沁南，起到了重要的作用。

尤太忠团长率17团在沁南转战4年之久和沁南人民结下了深厚的战斗友谊，谱写了一曲曲军民团结战斗的篇章。

第二章 兵 役

第一节 招募制

民国初军队实行招募制。招募时,中村村大社在大庙门前插起招兵旗,应募者多为家境贫寒,衣食无有着落者和无业游民。战时,招募困难,便不分青红皂白随意抓人当兵。即:"抓壮丁"。1933年(民国22年),国民政府虽公布《兵役法》,实行征兵制,但顶替、贩兵图领军饷者大有人在。常有人半路逃遁,富家子弟则用金钱买通官场,便可免征。实际上征兵制仍是招募制。在旧社会大部分青年都遭遇过当兵的厄运。

第二节 志愿兵役制

抗日战争爆发后,为领导全县民众抗日,沁水县成立了中共沁水县临时工作委员会和牺盟沁水分会,积极宣传抗日救亡,动员参军参战,全县志愿参军者纷纷踊跃报名,络绎不绝。中村村刘杰如、刘培金、董殿科、牛义德、侯树金等16位热血男儿踊跃参加八路军。

解放战争时期,志愿参军者更为踊跃。涌现出了"父送子、妻送郎,兄弟争相上战场"的感人场面,在全县掀起的保卫抗日战争胜利果实的参军运动中,中村村侯安红、谭相悟、乔执元等15名青年相争奔赴前线参加战斗。

抗美援朝战争时期,侯安华、王成义、赵转年等参加志愿军赴朝作战,保家卫国,保卫和平。

第三节 义务兵役制

新中国成立后，1955年颁布了《兵役法》，实行义务兵役制。国家用法律形式规定服兵役为每个适龄青年应尽的义务，鼓舞广大青年积极踊跃报名参军。1955年以来，中村村先后有70多名青年积极响应祖国召唤，应征参加中国人民解放军。

特别是20世纪60年代末和70年代，中村村青年参军入伍争先恐后，一个家庭兄弟几人先后入伍或同时入伍。刘培义长子刘锦书、次子刘铭书1968年同时入伍，三子刘银书次年又光荣入伍；原海水三子原金和、四子原铁锁1968年同时入伍；李长禄次子李元成、三子李明山、四子李元斌先后入伍。中村村青年奔向保卫祖国的第一线，许多战士在部队立功获奖，被提拔晋升，为家庭、为中村带来无限的荣耀。

附录：

中村村英烈名录

姓　名	生卒时间	政治面貌	职　务	牺牲地点
张安顺	1930–1948	党员	22旅班长	安徽
董同科	–1941	党员	抗日一大队班长	沁水
李云章	1905–1944	党员	抗日一大队战士	绛县
刘江淮	–1946	党员	抗日一大队战士	绛县
谭小才	–1943	党员	抗日一大队战士	阳城
李和尚	–1943	党员	抗日一大队战士	沁水
李闺女	1929–1944	党员	八路军兵工厂战士	沁水
李世明	–1943	党员	八路军兵工厂战士	沁水
李洪章	–1948	党员	71团战士	临汾
刘良基	–1948	党员	13旅战士	孝义
王廷山	–1947	党员	12旅战士	山阴
刘顺元	–1949	党员	12旅战士	（失踪）
徐胜娃	–1947	党员	12旅战士	（失踪）
杨张元	–1947	党员	12旅战士	（失踪）
刘德林	–1947	党员	支前民工	临汾

中村村复员、退伍、转业军人登记表

姓　名	性　别	入伍时间	复员时间	姓　名	性　别	入伍时间	复员时间
刘培金	男	1940	1947	李元斌	男	1973	
董殿科	男	1942	1953	李怀宝	男	1974	1980
牛义德	男	1944	1952	刘虎虎	男	1974	1980
张明长	男	1944	1948	李广龙	男	1975	1989
侯安红	男	1945	1946	马　龙	男	1976	1979
谭相悟	男	1945	1950	侯有权	男	1976	1979
乔执元	男	1945	1949	乔克军	男	1980	2002
马开祥	男	1945	1949	谭书田	男	1980	1985
杜中富	男	1945	1949	刘小正	男	1978	1983
刘红章	男	1945	1949	侯建云	男	1979	1982
董夺义	男	1945	1955	尚李晋	男	1984	1987
刘杰汉	男	1945	1955	刘玉良	男	1985	1989
牛锡恩	男	1945	1952	牛大林	男	1985	1989
师其斗	男	1945	1950	李忠忠	男	1986	1990
李长悟	男	1946	1950	原孔虎	男	1986	1990
刘相仕	男	1946	1954	刘保成	男	1986	1990
刘开元	男	1946	1949	谭　岩	男	1995	1999
侯安保	男	1946	1949	侯　军	男	1998	2000
刘喜田	男	1946	1949	侯军义	男	1998	2000
刘杰如	男	1943		张庆隆	男	1998	2000
侯安华	男	1953	1957	刘铭书	男	1968	1975
王成义	男	1953	1957	刘银书	男		1976
刘红兵	男	1955	1958	李金科	男		
刘锦怀	男	1959	1961	李明山	男	1968	
马　炎	男	1963	1969	侯星星	男		1969
刘铭祥	男	1965	1969	王乐顺	男		1969
侯芳芳	男	1968	1973	赵榜元	男		1974
霍明明	男	1968	1973	李有福	男	1969	1975
乔昌科	男	1968	1973	李广政	男		
李树红	男	1969	1973	李小红	男		
侯富银	男	1969	1973				
李刘怀	男	1969	1973				
王勤书	男	1969	1973				

姓 名	性 别	入伍时间	复员时间	姓 名	性 别	入伍时间	复员时间
王创创	男	1969	1973				
刘其锁	男	1970	1974				
郑明锁	男	1970	1974				
杨国文	男	1971	1977				
张天河	男	1973	1975				
乔克飞	男	1973	1978				

注:资料不详、漏登、错登者请予谅解。

第四节 拥军优属

建国后,按照中央《关于革命烈士家属、革命军人家属优待暂行条例》和县政府的指示精神,中村村大力开展拥军优属、优待抚恤工作。先后采取了一系列优待抚恤办法,开展了一系列拥军优属活动,取得了明显成效,这些保障了他们的生活,调动了他们生产生活的积极性,真正形成了"拥军优属,拥政爱民"的良好氛围。对耕种无劳力、生活困难的烈属、军属及残废军人户实行以户代耕,一包到底的优先办法;对劳力不充足者实施包工、帮工、落实责任,因地制宜按地土质好坏,包粮食产量的补充办法。同时,组织青年男女成立拥军优属小组,并责成专人对无依无靠、年老体弱的烈军属,残废军人的日常生活给予全面照顾。村里还利用年关、端午、中秋节、建军节等重大节日,对烈军属、残废军人进行慰问。各机关、厂矿、学校到军属家中挑水、扫院,帮助做各种农活、家务等,真正体现了军民鱼水情。

农业合作化后,对贫困烈军属、残废军人、荣复军人实行优待劳动日、评议发放定期定量补助款、帮助耕种自留地、生产队采取定工定人的办法进行解决。改革开放以来,中村村把无劳力或缺劳力的烈士家属、失踪军人家属、士兵家属、生活有困难的残废军人和带病回家长期不能参加劳动的复员军人、义务兵家属和人民武装警察部队战士家属,明确列入优待对象。每年开展四次(春节、端阳、八一、国庆)拥军优属活动。对孤老烈军属、残废、复员、退伍军人存在的担水、备燃取暖、种植自留地等困难,主动给予帮助解决。

第三章 驻 军

第一节 沁水抗日一大队

为反击日本侵略者，在中国共产党的领导下，各地先后建立了许多抗日武装。1941年,沁水地下党员王维岳、常子章组建了沁水抗日一大队,在沁南一带打击日寇、消灭土匪,开辟了沁南抗日根据地,为抗战胜利做出了积极贡献。1941年5月,山西第五专署决定在翼城、沁水接壤处组建以原翼城县第三区区长马统山为支队长的专署保安第三支队。

中共晋豫区党委指示中共翼城路北地下县委组织部长孙志先，立即掌握这支武装。孙志先指派沁水地下党员常子章、王维岳和翼城地下党员孙鼎三人先打入第三支队,开展工作。王维岳、常子章在沁南动员一批党员和进步青年组建起一大队,王维岳任一大队大队长,常子章为副大队长,并把沁南来的进步青年和共产党员吸收到一大队任职，使该队完全被共产党所掌握，很快发展成三个中队。一中队姚俊祥任中队长,二中队杨忠秀任队长,张相府为指导员,三中队由郑虹任中队长,刘德华任指导员。孙鼎三在翼城组建了二大队,任大队长。1941年10月间,阎锡山发现三支队被共产党掌握,极力改编三支队为保卫第九团。太岳区党委立即派212旅54团团长王墉带领一个侦察排20多人，急行军到三支队驻地柴沟村,协助常子章、王维岳进行反整编斗争。在王墉的协助下,王维岳、常子章、孙鼎三带领一、二大队400多人连夜转移到沁水中村松峪村进行整编,公开宣称:第一、二大队已置于共产党领导下进行抗日活动。一大队称沁水抗日一大队,由王维岳带领开往南阳、前岭一带进行抗日,第二大队由孙鼎三领导,称翼城抗日二大队,活动于翼城境内。

1942年春,上级派王福兴任沁水抗日一大队教导员,荀心田任一大队副队长,进一步加强了全大队的领导,1943年春,抗日一大队编入基干二团,由一支地方抗日武装成长为人民正规军。

第二节　国民党驻军

1938年春，日军第一次侵入沁水，国民党中央军第33军团进驻中村，军团长李默庵，辖14军、93军。同年川军李家钰的47军，万福林的53军驻杏峪、中村张马一带，因军纪极坏，老百姓叫“筐筐队伍”。

1939年，33军团撤销，14军调离沁水，由93军接防。93军军长刘戡，辖第十师、新八师和166师，分驻县城一带。武士敏率领的98军，原属杨虎城将军西北军，1938年春划属第二战区东路军，归朱德总指挥，1939年下半年转进中条山，先驻中村、下川一带，后率部进驻沁水东西峪一带。

1940年，阎军43军（由197旅改编）来沁水，军长赵世铃、参谋长王益轩，驻王必、樊村、中村一带。

第三节　条东修械所

抗日战争时，华北军区曾在涧河创办抗日军队的秘密工厂，称“条东修械所”。条东修械所最先于1944年春在上峪大庙及村南头成立，制造步枪和手榴弹。1945年秋迁往涧河村，1947年，又部分迁回下峪庙。规模在300人左右。修械所制造手榴弹，维修步枪，生产一种叫“中条式”的小型步枪，所用的生铁由上峪铁炉供铁，用涧河的水打磨进行碾药，生产弹药，制成成品、半成品的武器都储存在山洞里。涧河兵工厂生产的手榴弹大小不一，品种多样，但爆炸性强，杀伤力大。抗战中活动在中条山下沁南一带的八路军17团、57团、曲高游击队、决死三纵队、沁南王维岳的抗日一大队，大部分武器都来自涧河兵工厂。

抗日战争胜利后，太岳军区解放晋南临汾、运城等地时，多用涧河兵工厂生产的武器。

第四章　地方武装

第一节　自卫队

1937年抗战爆发后，沁水县各区、村相继组建了不脱产的人民武装抗日自卫队，即初期的民兵组织。1941年4月，为适应抗战形势的需要，太岳军区武装部颁布了《人民武装抗日自卫队条例》，规定凡16岁以上，50岁以下（妇女45岁以下）的男女公民，均须编入人民抗日武装自卫队。其基本任务是：进行群众游击战争，配合抗日军队作战，维持地方治安，担负抗战、后勤任务。16岁至24岁的男青年被编为抗日青年先锋队，25岁至50岁的青年被编为基干自卫队，后改为武委会，组织领导民兵。

第二节　民　兵

抗战时期，中村民兵配合抗日部队，开展反扫荡斗争，打击日寇。同时，积极开荒种地，开展生产自救，为确保沁南抗日胜利做出了积极贡献。

解放战争时期，中村民兵积极响应党的号召，支前参战。1946年7月，沁水县中村村公所带领全村民兵、民夫约300余人到翼城县吴村往后方抢运公粮20万斤。

1947年3月，中村民兵随太岳部队赴晋南参战。同年8月，中村镇政府组织一个连民兵，过黄河参战，中村村有30多人参加豫西战斗，历时4个多月。

1948年3月，临汾战役开始后，中村村民兵、民夫100多人由武委会主任乔兴邦带队，赴临汾参战。全村村民捐口袋、献门板，送往临汾前线。中村民兵在解放临汾战役中修筑地道工事，冲过敌人一条条封锁线，扒铁轨、运木料、搭门板、装麻袋，按时完成了攻城的准备任务，历经数月，临汾解放返回。

1948年，实行土改时，为使土地改革运动顺利进行，中村民兵在土改中发挥了积极作用，保卫了新生的人民政权和翻身果实。

1949 年 3 月，为响应党中央、毛主席“打过长江去，解放全中国”的伟大号召，中村村张惠明、刘建义、王有本等党员和进步青年告别了家乡，南下福建省福清县。在抗日战争和解放战争中，中村村有 15 名青壮年献出了宝贵的生命。

1958 年，毛泽东主席发出了“全民皆兵，大办民兵师”的伟大号召，中村村各生产队迅速建立起民兵组织，大队建立了民兵营。民兵营长乔兴才带领民兵组成一个战斗连，到下峪参加大炼钢铁，个个鼓干劲、多炼铁，积极支援国家建设，受到县钢铁指挥部表彰。

1959 年，中村村民兵营，认真执行《民兵工作条例》，凡是 16 岁至 45 岁的男性公民和 16 岁至 25 岁的女性青年皆编入基干民兵队伍，其中 16 岁—30 岁的男性青年民兵，要求做到：招之即来，来之能战，战之能胜。

20 世纪 60 年代，民兵工作认真贯彻“人的因素第一，思想工作第一，政治工作第一，活的思想第一”。广大基干民兵和普通民兵参加了以公社组织的正规军事训练；开展了“三·八”作风学习教育以及学雷锋活动和学习“浪井民兵”活动，充分发挥了民兵的宣传队、突击队、战斗队作用。在中村公社举行的军事大比武中，中村民兵营经过战地实地演习，苦练杀敌本领，夺得“红旗单位”。民兵营坚持农忙搞生产，农闲抓训练，广大民兵先后参加了深翻土地、水利工程和义务修路，圆满地完成了任务，真正做到了劳动生产建家园，学文练武保国防。

20 世纪 70 年代，民兵工作做到了组织、政治、军事三落实。坚持每年冬季进行集中训练，配备有半自动步枪 20 多支，轻机枪 3 挺，手榴弹数枚，以临战姿态组织民兵刺杀、射击、爆破等真枪实弹的训练，全副武装，身背行李、枪支开展拉练演习。同时还担负夜间巡逻、护秋、查户口等任务。

进入 20 世纪 80 年代，民兵担负护秋护夏，重大节日轮流值班等任务，维护社会秩序，确保一方平安。

20 世纪 90 年代，开展了整组点验工作。按照基干民兵标准：全村年满 18 岁至 28 岁的退伍军人，经过训练，编入基干民兵，共有 56 人；年满 18 岁至 35 岁，符合服兵役条件而未被编入基干民兵的其他男性公民编入普通民兵，共有156人。经过整组点验工作，中村民兵营1995年度被晋城市军分区评为“民兵整组先进单位”。

1999年中村村成立民兵应急分队，有森林防火分队37人，护林防火扑火队52人。

2000年春，我县龙港境内发生一起森林火灾，凌晨1时接到镇党委、政府调集民兵赶赴龙港救火的命令。中村民兵营在营长刘虎虎的带领下，300余人的救火应急分队分乘七辆大卡车准时赶到目的地，参加灭火抢险，有10名女民兵自告奋勇，把连夜煮熟的鸡蛋和苹果等500多斤食品，硬靠人抬肩扛送到火场，发到了每个救火民兵手中，经过15个小时的奋战，民兵营圆满完成了指挥部交给的灭火任务。这是有史以来，路线最长，人员最多的一次灭火抢险救灾行动。

截止2010年，中村民兵营共有民兵200名，其中基干民兵38名，排干4名，班干10名；普通民兵162名，普通5班。中村民兵营是新世纪维护社会治安、抢险救灾和农村小康建设中的一支主力军，是维护社会稳定的一支重要力量，2008年被市政府、市军分区授予“先进民兵营”光荣称号。

附录：

中村村民兵组织领导人名录

姓　名	性　别	起止时间
刘喜田	男	1950—1955
乔兴才	男	1956—1964
侯安华	男	1965—1968
谭兴悟	男	1969—1972
霍明明	男	1973—1975
刘铭祥	男	1976—1977
霍明明	男	1978—1980
刘虎虎	男	1981—2008
刘玉良	男	2009—2010

第五章 日寇罪行

1937年7月7日，日本帝国主义制造了卢沟桥事变，中日战争爆发，战火迅速蔓延华北大地。1938年农历2月1日，日寇第一次侵占沁水县城，2月14日扫荡土沃时，在将军腰被我决死七纵队和县一大队设伏打击。1938年6月9日，日寇由翼城到沁水，接应晋城、阳城西进之日军，第二次侵占县城。7月29日八路军和国民党友军在东乌岭设伏，激战三天全歼日军1000余人，炸毁汽车200余部。1939年5月9日，日寇第三次犯沁，并在王寨黄罗山、青龙南山、夫妻岭修筑碉堡，设立据点。

1939年农历2月14日早晨，日寇对中村进行了疯狂的空袭，炸弹投向庙宇、住宅，顿时中村陷入一片火海烽烟之中。惊慌的村民不知所措，躲避不急，炸死者有，炸伤者有。此次轰炸，中村大庙北殿、东西侧殿全毁，戏台侥幸保留。郑家后上头院、底下院、杜家院、槐树大院、房屋倒塌，家什被焚。

1939年5月，日寇驻扎进张马村，从此中村人民倍遭蹂躏。村政被维持，行动被管制。1939年至1942年，日寇在中村北岭上、观上设立据点，并在石槽岭修筑碉堡。因上山道路难走，驻守石槽岭的日寇长官“毛太君”，每次上山都要抓村民将其背驮送上。村里的青年妇女不敢出门，并且要用锅底黑把脸抹黑，以防被日寇施暴蹂躏。男村民经常被抓去支差，修据点、修碉堡、扛粮食。日寇经常到村里查户口、搜食物，发现可疑人员便毒打或者带走。有时他们故意污辱人格，逗乐取笑，不是扒衣服，就是脱裤子。村民刘相金满脸络腮胡子，日寇偶遇，竟用洋火点燃其胡须，烧得他面目全非。

一次，日寇得到情报，知道中村有八路军和游击队，就到中村扫荡搜查。他们把全村百姓集中于沙圪梁，架起机枪，审问谁是八路军。当时担任维持村长的是郑育让，他实际知道八路军已经埋伏在观上树林中，但向日寇谎称“中村根本没有八路军”。鬼子不信，便用火柱使劲打他，他宁死不说。鬼子想出一个绝招，把郑育让关在一个屋里，叫村民一个一个经过，每人在窗外说句话，让其断定是谁。郑育让一个不错地辨认通过。鬼子阴谋落空，使出最恶毒的手段，把张兴炎拉出来要活埋。张兴炎苦苦哀求，说是家中还有病着的80多岁老娘，不能让他死。鬼子不许。当时在沙圪梁挑埋人坑的是谭敏悟，他拿一把破锨，慢慢腾腾磨洋工。在张兴炎被推进土坑，沙土埋过一半的时候，埋伏在观上的八路军忍无可忍，顿时枪声齐聚，向日寇猛烈射击。鬼子被突如其来的打击闹懵，顾不了其他，收起机枪仓皇逃窜。中村人民在八路军的急救下，避免了灭顶之灾。

1943年农历5月23日，日寇从张马撤离，1944年3月29日沁水县城光复。日本侵略者在沁水、在中村犯下的罪行罄竹难书。这段悲惨的历史，中村人民永远铭记。

第一节　人口伤亡情况

一、直接死亡人员情况

高六娃	男	25岁	侯其旭	男	40岁
李其章	男	30岁	李小拉	女	16岁
李玉林	男	30岁	刘榜喜	男	40岁
马兴业	男	42岁	杨革菊	女	32岁
李长红	男	30岁	杨凤池	男	42岁
李长林	男	30岁	刘建德	男	43岁
刘祥武	男	70岁	乔老四	男	40岁
王本宽	男	45岁	王发跃	男	56岁
杨顺娃	男	50岁	张高成	男	31岁
侯宪武妻子	女	39岁	侯功武	男	28岁
王奋兴奶奶	女	36岁			

以上21人均被日军无辜杀害。

二、直接受伤人员

谭怀宝，男，18岁，被日军在下川逮捕严刑拷打致重伤。

张学忠，男，45岁，被日军把腿打折致残。

张兴炎，男，38岁，被日军活埋侥幸免难致重伤。

三、间接伤亡人员

李德秀,男,52岁,被日军从药房逮捕生死不明。

第二节 个人财产损失情况

一、个人房屋损坏情况

1939年至1940年间,日军飞机轰炸中村村,25户村民受害严重,共计炸毁房屋292间。(详情见附表)

二、生活用品、粮食、畜禽损害情况:

粮食损失:玉米6250公斤,谷子7500公斤,豆子2500公斤

牲畜损失:鸡1500只,牛500头,羊300只,猪200头,驴8头

生活用品损失:柜25组,桌25张,箱25个,床50张,缸60个,锅40个,碗500个,衣服20件。

第三节 集体财产损失情况

一、文物受损情况:2座

1939年农历2月14日,日军对中村实施空袭,日制炸弹投向村中的大庙(舜帝庙),庙里的西楼、北殿被炸毁。同年还炸毁上沟村的大庙及庙里的东西道房、大殿。两座殿宇已无法修复,损失无法估价。

二、树木损失情况:600棵

1941年,日军在中村北岭山顶设据点,建围栏所用立柱均系从本村山上所砍伐,计有松树100余棵。1942年,日军在石槽岭修筑碉堡所用木料均系本村树木,砍伐松树500余棵。

附录：

中村村被日寇损毁房屋统计表

姓　名	损毁房屋	间　数	备　注
李枝章	北、西房	6	
刘榜狗	东、西房	10	
王玉英	东房	2	
杜文武	西房	2	
李品山	东、南、西、北房	30	
李德云	东、西房	12	
李家峰	南、北房	18	
刘培祥	东、西、北房	13	
乔凤英	北房	10	
杨忠元	东、南、西、北房	28	
靳兰英	南房	1	
刘杰河	北房	10	
刘铁道	北房	10	
刘杰义	东、西房	5	
刘杰儒	西房	6	
刘明基	西房	6	
侯兰英	南房	8	
聂均平	东、北房	16	
王茂洪	东房	6	
刘高孔	东房	3	
刘相金	西房	3	
刘学义	西房	3	
杨国宝	北、西房	14	
涧河庄		50	
李元江	北房	10	
张廷凤	西房	10	
合　计		292	

中村村被日寇残害遇难人员名单

序号	姓名	性别	年龄	职业	死难时间	死难地点	死难经过
1	李其章	男	30	教师	1940.4	学校	日军用枪打死
2	杨革菊	女	32	务农	1940.4	南岭后	围在窑洞被炸死
3	李小拉	女	16	务农	1940.4	南岭后	围在窑洞被炸死
4	侯其旭	男	40	务农	1940.4	南岭后	围在窑洞被炸死
5	李长林	男	30	务农	1942	北岭	被日军抓到北岭杀死
6	刘榜喜	男	40	务农	1940.4	村东头	飞机炸死
7	李德秀	男	52	医生	1940.4	药房	在药房被日军逮捕
8	刘祥武	男	70	务农	1942	在家中	在家中被日军枪杀
9	刘建德	男	43	务农	1942	北庄	在北庄被日军烧死
10	李长红	男	30	务农	1942	北岭	被日军抓到北岭杀死
11	侯万瑞母亲	女	39	务农	1943.1	中村村	被日军杀死
12	侯功武	男	28	务农	1943	涧河寨上	带路时被日军刺死
13	高六娃	男	25	务农	1940	白华	挖煤时被日军杀死
14	王发跃	男	57	务农	1943	乔家庄	躲日军时被杀死
15	李玉林	男	30	务农	1940	中村村	飞机炸死
16	张高成	男	31	务农	1942	上凹庄	躲日军时被杀死
17	杨顺娃	男	50	务农	1942	上凹庄	躲日军时被杀死
18	乔老四	男	40	务农	1942	中村村	日军扫荡时被日军逮捕
19	杨凤池	男	42	务农	1941	木凹庄	躲日军时被杀死
20	王奋兴奶奶	女	36	务农	1942	上沟村	躲日军时被杀死
21	王本宽	男	45	务农	1942	上沟村	拔谷子时被日军刺死
22	马兴业	男	42	务农	1940	南河苏家	被日军拿枪打死

第八卷　姓氏人口

第一章　氏族概览

中村村是个多氏族杂居的集镇，哪个氏祖开中村先河实在无据可查，凭借现存的庙碑和墓碑，以及收集到的家谱，综合分析，大概情况如是：

刘姓：据老人口口相传，始祖由湖北省巴东县迁来，年代不详。现存大明万历三十五年(1607)《灵虚观重修碑》，记有刘世朝、刘世荣、刘兴汉、刘建祥之名，并由其率众维修观庙。因此推断当时刘氏家族在村里已是大户望族。中村泉沟应是刘氏最早居住区，刘天仁生于1916年，与现在的天字辈相差近百岁。中村一带的南河、下马沟、松峪刘姓均为一族。中村魁星楼上的碑文，记载着修建该楼时乐施善助的各家户主姓名，仅刘氏就有100余户之多，人口少计也有400余名。刘氏家族人才辈出，沁水县志(嘉庆)记有耆宾刘礼章、刘敦孟；村里数百年传颂着刘大量的故事；当代在山西省曾任民政厅副厅长的刘建基、在福建省平潭县任政协主席的刘杰义、在北京医科大学第三医院任院长、党委书记的侯宽永(刘展镖之子)均为刘门骄子。

郑姓：《灵虚观重修碑》铭记善士郑尚志、郑九忠，说明当时郑氏已有名望。据郑挺奇记述："郑姓是由晋南郑氏迁徙而来。中村一带上峪、郑家圪塔和南马邑沟等地的郑姓，老根都属洪洞大槐树，大约在清朝嘉庆年间，由翼城迁居马邑沟。马邑沟的郑姓，依山而住，靠山吃山。大概到了清朝道光年间，郑氏才繁延扩大，散居生活。先由一家到了南岭后开矿为生，再由一家到中村安家立业。在清朝嘉庆、道光、咸丰年代，冶炼业很发达，开矿很快让人致富。南河先由郑安旺富了起来，盖房买地，修路搭桥。到了清末民初，中村只有郑育东做了生意，其余都是以农为计。据有文字记载，自郑安旺、郑安顺这辈起，二代郑宝仁、郑宝义等，三代郑启丙、郑启义、郑文华等，四代郑育东、郑育俊、郑育兰、郑育让等，五代郑允治、郑允谐、郑允昌、郑允庆等，六代郑廷选、郑廷玺、郑廷骥、郑廷骐(挺奇)等等。人口众多，散布在祖国各地，从事着各种职业”。

中村的郑姓与马邑沟同为一宗，哪一代哪个人从马邑沟迁来无考。中村郑姓居住于郑家后上下两院。现今有文可查的各代传人有郑育仁、郑育宽、郑育标、郑育让、郑育忠等，二代郑允位、郑允凯、郑允福等，三代郑天禄、郑天宇等。郑育让后来参加了县邮政工作，80多岁作古。该老乐于助人，为人和善，加之抗日时期保护了全村百姓，备受群众爱戴。今在贵州省贵阳市定居的郑挺奇，年逾古稀，情怀乡里，很是关心家乡经济文化发展。他善用笔墨，文采横溢，可称为沁水在外工作人员的“大秀才”。

马姓：在残存的马氏家谱中，开篇曰：“马氏由绛邑西田门迁来，前十世不记流年，记不得名讳”。《灵虚观重修碑》铭记马上(尚)先，此公乃家谱记二世祖。由此向前推算时代约200年，那么马家迁至中村应在1400年左右，也就是明朝建文年间。马氏聚居在上、下马家院、三泰号院。上马家院建于乾隆己巳年(1749)间，为六世祖马建府、马建瑞、马建猷、马建秀兄弟4人共建。自此以后，马家人丁兴旺。据现存墓碑可见，中村马氏同为一宗，三泰号分支于八世，下马家院分支于十世。从有家谱记录，依次为府、尚、守、登、拟、建、有、之、怀、其(泰)、兴(思)、得、善(世)、勤(凯)计14代。之后，名字混乱。马门名人盛事不见文传。

牛姓：原系沁城西关宣化坊大八甲民籍，明朝末年徙居中村，始祖牛复旺。牛氏累代勤俭立业，耕读传家，名人盛事多有传闻。七世孙士林乃清同治己巳贡(1869年)，牛家院竖立旗杆，村人赞称“旗杆院”。牛门文人辈出，可谓书香门第，清末民初中村税务、诉讼、写约多有牛氏族人代理。十一世孙锡文保存清代多件文约草根，文墨洒脱，艺术精湛，文化底蕴可窥一斑。

李姓：“自高祖以来，户族繁盛，人物英伟，营居沁邑西关，书香继世，与宣化坊张族，两相颉颃，世为姻娅，故土人有‘北张南李’之称，洵一巨族也。”李氏家谱由八世孙李烇撰书于清乾隆四十五(1780)年清明，始祖自李让记起，六世李孟夏移居中村，时应在清康熙初年，历经16世，约300余年。李氏因为名门后裔，读书、经商、做官人才辈出，家谱、墓碑记有概略。这宗李氏世居东街李家胡同。

李长青全家照

中村前街李氏与东街李氏不为同宗。由何地迁徙而至待考。近代李长庚(江地之父)、李长轸兄弟名震乡里；抗战时期，李广澎(江地)为沁西最早中国共产党党员，李长青为中村第一个共产党员，其子李怀玉为村党总支第九任书记。

中村后街居住的李氏与东街李氏也不为同宗。据碑记：本宗由陇西移居而来。这支李氏人丁兴旺，清末民初在中村声势显赫。20世纪30年代李枝章（永兴李东家）富压群雄，是村里农、商大户；解放后，李品山（家成）曾任沁水县人民法院院长。

谭姓：有幸在编中村志书时，谭氏十五世孙春悟、兴悟等在破旧杂物中寻觅到残不经风的古家谱，悉心对接、裱糊、重誊，使之面世。清雍正五年（1727）二月二十八日谱序载：谭氏先祖曾居翼城之感军邨，迁于洛。南宋自洛北渡家于沁，始祖谭清，居邑西里许，……今以文字辈考之，文通无传，文会、文表分两支，文表二子仁、义，居沁五柳庄。文会子伦，生二子尚科、尚利，迁沁西中庄（后改中村）。自文会始，谭氏在中村繁衍17世。从谭家祖茔“花墙坟”和居住院落之建筑规模和格局推测，清朝和民初其家族在中村较为鼎盛和富庶。

乔姓：2010年中村煤矿建设挖出乔公敦操墓志铭，文记：“乔氏上世阳城人，自明迁居中村镇”。乔敦操生于乾隆十三（1748）年，想来至早他爷爷那代到中村，始祖名讳不详，二代有泗英，三代以后排序为敦、玉、年、元、奇、兴、执、科，之后用字乱矣。所存碑文可见，乔氏敦操、敦印、敦儒、玉佩、玉斗、玉瓒诸公名闻乡里，草文舞墨，乐施善助。乔氏祖茔小东坟留有墓碑可证。

乔家庄乔氏与中村乔氏应是同宗，乔生全（时年76岁）回忆少年时曾到小东坟祭祖，何时安居乔家庄无考。但在魁星楼碑文中看到的乔氏名讳计24人之多，除去可能是中村乔氏一支外，还有乔本镜、乔王瑁、乔乡荣、乔文省、乔杰元、乔瑞生、乔世重、乔烟教、乔长平、乔恒平、乔太平、乔学法、乔学福、乔学耕、乔学俭、乔学魁、乔学勤、乔学冉。他们辈分谁先谁后无考，现在可见文记的乔家庄后代辈分依次为德、生、科，其后名讳乱。

侯姓：据传清朝光绪年间，中村谭家一女嫁于翼城县西阎镇十字河村侯氏，并陪送一院房子和几亩地，因此女婿干脆到中村安家。侯氏到寿字辈的上代已有五大门头，但现今没传家谱。能准确记载的辈分排序为寿、镇、树，之后名讳随意。在名录中，侯建功为寿字辈，宪与镇同辈，万、学与树同辈。侯氏世居侯家院和东堂耳底。此族人等聪慧精明，从业广泛，教书、兽医、做豆腐、纺绳、唱戏各行兼有。

杨姓：聚居于木凹。杨公永财墓碑记载本族由翼城县杨家村迁至，现今已繁衍十一代。九世孙国政在编辑村志期，认真收集资料，比较完整的整理了杨氏谱系，自此认祖归宗易矣。

王姓：分居在木凹、乔家庄、上凹等自然村。上凹的时旺岭王姓与北庄、下峪同宗。其他王姓宗族历史沿革无考。

中村兼并的小河湾村有秦姓9户，刘姓8户，吕姓5户，均为清光绪三年(1878)逃荒徙居于此,2006年全自然村整体搬迁至中村。

中村兼并的涧河村有马姓17户,郭姓13户,张姓5户。各氏族没有追本溯源,当不妄述。

其他较少户数的氏族可在2010年底人口统计表中详细查看。

第二章　人口变化

中村村的人口随着经济社会的不断发展而不断变化。明朝末年和清朝初年是中村第一次人口增长期，那时中村农耕条件较好，旱涝兼有收成，易于养家糊口。当时李家、谭家、牛家先后由县城迁徙而至。清雍正年间中村采矿冶炼渐渐兴起，早期工业使人们看到致富的曙光，慕名集居中村镇务工经商成必然趋势。解放前人口减少的原因多为自然灾害和战乱，据《中村庙兵荒碑记》：明朝崇祯四年(1631)流寇作乱，盘踞兹土凡五载，境内人民尽逃他方。十一年(1638)，蝗喃食我田苗，民复困于食。十三年(1640)，闰五月，自夏徂秋，赤地千里，岁复大饥，往往父食其子，夫食其妇，所在丧亡，户口十去其九矣。崇祯十五年(1642)邑庠生王梦震记录了此段历史的哀惨情形。当时中村人口锐减无疑。《荒政碑记》：光绪三年(1877)非常之灾，诚千万年未逢之劫也。越明年，人死将半之数，饿毙者不胜枚指。越一日即殒无数之命。彼时阅户此方，十去七八。村贤为使后世不忘史事，砌贞珉于要衢。

解放后，中村村几次大的人口变化主要是行政区划的原因。1950 年土改结束时，中村村包括中村、南河、上沟等村庄；农业合作化时期，农村体制频繁调整，60 年代中村只保留了乔家庄和木凹各庄，南河、上沟均独立为行政村；2001 年进行撤乡并村，先是上沟村划归中村村，继而小河湾村划归中村村，2005 年涧河村也并与中村村。2010 年中村村人口任居沁西第一。

各次全国人口普查结果列后：

1953 年第一次普查，本村 8 个间，14 个自然庄，534 户，1858 口人。

1964 年第二次普查，全村有 1384 人。

1982 年第三次普查，全村有 652 户，2440 口人。

1989 年第四次普查，全村有 690 户，2437 口人。

2000 年第五次普查，全村有 665 户，2274 口人。

2010 年第六次普查，全村 12 个村民小组，858 户，2570 余口人。

各次普查数字均为农户人口。

中村村驻镇人口在20世纪七、八十年代达到高峰,当时中村工业经济发展较快,钢铁厂、水泥厂、木器厂、林场生产热火朝天,运输车水马龙,商贸繁荣昌盛,进镇从业人员较多,随工作人员到此安家落户的家属随即增加。此间段非农业人口和流动人口超过5000多人,近万人的集镇紫气环绕,人财俱旺。

附录:

1964年中村村第二次全国人口普查登记簿

第一生产队:

与户主关系	姓　名	出生年月
户主	马　洪	1937年7月24日
妻子	王巧娃	1940年7月15日
儿子	马广文	1964年10月23日
女儿	马跃文	1960年8月29日
户主	马如其	1936年9月30日
妻子	王进梅	1939年1月19日
儿子	马明明	1960年9月26日
女儿	马明花	1962年2月28日
户主	李雪娥	1938年1月28日
儿子	马　力	1963年12月29日
女儿	马李珍	1962年5月2日
户主	马家善	1912年12月4日
妻子	刘金枝	1916年5月20日
孙子	马跃跃	1957年9月19日
户主	马得功	1901年10月31日
儿媳	刘月英	1939年9月19日
户主	马得虎	1917年5月12日
妻子	刘　萍	1918年3月2日
女儿	马雪花	1950年3月10日

户主	马得珍	1911年8月6日
妻子	王芝英	1921年6月4日
长子	马民善	1950年1月12日
次子	马兵善	1954年1月14日
户主	马如基	1931年7月7日
妻子	聂均萍	1933年1月24日
儿子	马生勤	1954年1月4日
女儿	马雪花	1951年11月30日
户主	马如善	1913年3月15日
妻子	杨淑连	1928年9月20日
长女	马　云	1951年5月31日
次女	马　明	1955年9月11日
户主	马如良	1910年4月22日
妻子	王贵娥	1912年4月27日
儿子	马　腾	1953年2月16日
户主	刘凯元	1929年6月26日
父亲	刘培珠	1912年11月30日
妻子	刘国林	1930年1月6日
儿子	刘跃进	1958年2月22日
长女	刘小丑	1954年12月12日
次女	刘跃云	1963年10月25日
户主	刘狗娃	1949年2月24日
户主	刘培义	1925年1月1日
妻子	蔡兰英	1925年4月8日
长子	刘锦书	1946年5月20日
次子	刘明书	1950年3月24日
三子	刘银书	1951年1月6日

女儿 刘金花 1956年6月6日

户主 陈明珠 1918年1月18日
妻子 李桂英 1920年12月20日
儿子 陈万有 1946年2月12日
女儿 陈平娥 1954年2月25日
户主 刘杰法 1910年8月25日
妻子 马家凤 1904年3月6日
孙女 刘月琴 1950年10月31日

户主 李红兴 1934年6月26日
妻子 牛锡英 1932年8月6日
母亲 伴金凤 1913年8月27日
儿子 李勤书 1951年2月20日
女儿 李勤娥 1955年12月24日

户主 霍天柱 1930年7月4日
妻子 王翠英 1932年6月9日
女儿 霍书琴 1951年6月10日

户主 张法顺 1931年2月16日
母亲 何雪花 1894年11月24日
女儿 张巧云 1955年6月21日
儿子 张其云 1961年12月30日

户主 王小顺 1945年11月24日
母亲 郭小英 1915年6月27日
弟弟 王闯闯 1951年4月16日
长妹 王爱爱 1948年4月29日
次妹 王晚爱 1954年4月27日

户主 杨秀英 1925年6月5日
长子 霍明明 1950年1月22日
次子 霍天锁 1958年3月28日

三子	霍铁蛋	1963年8月20日
女儿	霍淑英	1954年1月21日
户主	侯安福	1930年8月23日
妻子	郑风英	1935年10月6日
长子	侯光瑞	1955年3月5日
次子	侯光生	1957年2月5日
三子	侯元生	1960年7月12日
四子	侯春生	1963年7月29日
户主	刘明禄	1938年7月10日
母亲	侯玉娥	1914年7月11日
妻子	蔡小平	1946年7月3日
户主	刘培敏	1940年10月5日
母亲	尚月英	1918年10月25日
妻子	白小乱	1941年11月28日
妹妹	刘小三	1954年2月2日
女儿	刘珍珠	1963年2月26日
户主	刘杰荣	1927年1月25日
妻子	李榜菊	1927年9月22日
儿子	刘成顺	1952年10月29日
长女	刘素琴	1947年11月16日
次女	刘李明	1963年1月23日
户主	刘福义	1913年8月9日
父亲	刘盛基	1890年1月12日
母亲	丁学梅	1895年3月24日
妻子	郭云芝	1919年7月21日
长子	刘天桥	1945年7月20日
次子	刘天学	1959年5月10日
户主	刘梅英	1924年4月11日

母亲	祁常枝	1885年4月25日
女儿	刘瑞萍	1946年3月4日
户主	刘凯升	1931年10月28日
户主	刘祥基	1920年3月15日
妻子	王本芝	1922年1月22日
儿子	刘锦瑞	1953年6月13日
长女	刘锦娥	1949年11月25日
次女	刘锦花	1958年11月21日
户主	刘凯春	1918年6月25日
妻子	王建英	1923年11月15日
儿子	刘天川	1952年12月16日
户主	刘化基	1909年6月22日
妻子	李乱凤	1913年1月22日
女婿	陈明玉	1934年12月11日
长女	刘管连	1941年9月9日
次女	刘拉连	1951年9月1日
户主	董风英	1933年3月25日
儿子	刘爱明	1958年8月6日
女儿	刘香琴	1963年7月29日
户主	张军成	1920年5月13日
母亲	马得英	不详
妻子	谭治娥	1919年4月8日
儿子	张文焕	1942年10月28日
儿媳	王敏琴	1945年5月1日
户主	刘天仁	1916年8月6日
妻子	蔡文菊	1916年3月17日
儿子	刘合元	1945年7月23日

女儿	刘雪梅	1959年3月16日
户主	宋春喜	1909年3月11日
妻子	杨凤英	1909年9月1日
弟弟	宋来文	1921年12月8日
长子	宋贵成	1944年5月1日
长媳	张瑞芝	1945年1月23日
次子	宋保保	1948年6月7日
三子	宋应征	1955年10月10日
户主	宋兴文	1918年2月4日
妻子	张兰英	1916年2月24日
女儿	宋留业	1946年10月6日
户主	秦凤娥	1915年5月1日
长子	王清瑞	1945年6月20日
长媳	王引娥	1944年9月17日
次子	王占武	1952年12月12日
户主	刘培经	1926年12月9日
妻子	乔希英	不详
女儿	刘巧巧	1948年4月20日
儿子	刘锦会	1962年5月18日
户主	刘杰勲	1918年4月13日
妻子	侯瑞贞	1923年1月13日
长媳	席兰英	1942年5月7日
次子	刘姚顺	1958年1月27日
长女	刘顺文	1955年4月10日
次女	刘晚文	1962年9月22日

第二生产队：

户主	马得金	1913年12月4日
妻子	张润英	1920年5月20日

儿子	马玉善	1938年8月12日
儿媳	郑明花	1943年7月21日
户主	马开英	1936年11月26日
长子	赵云岗	1958年7月6日
次子	赵秋岗	1962年11月6日
户主	董殿科	1925年6月23日
妻子	李芝英	1922年9月4日
户主	上官平	1914年2月26日
儿子	刘杰广	1926年11月28日
儿媳	刘小英	1934年10月8日
长孙	刘虎虎	1954年10月27日
次孙	刘虎成	1962年5月4日
孙女	刘瑞花	1957年12月1日
户主	刘杰士	1940年1月18日
母亲	李素琴	1916年2月28日
户主	马开祥	1924年6月11日
母亲	侯郑秀	1905年6月8日
妻子	王兰英	1936年7月13日
儿子	马明发	1956年1月26日
户主	刘相信	1934年11月18日
妻子	乔协英	1937年9月18日
长子	刘瑞瑞	1954年12月20日
次子	刘宽宽	1957年11月9日
三子	刘小社	1961年10月18日
女儿	刘娥娥	1963年1月19日
户主	刘吾基	1918年2月26日
妻子	张玉桃	1912年7月19日

儿子	刘锦奎	1941年7月10日
儿媳	王芝萍	1945年9月6日
孙子	刘春生	1964年4月12日
户主	刘白枝	1917年4月5日
户主	侯安华	1929年5月19日
妻子	刘芝娥	1926年8月21日
户主	原海水	1892年10月2日
妻子	宋小能	1906年12月1日
长子	原金和	1946年4月17日
次子	原铁锁	1949年5月18日
户主	刘清政	1904年10月6日
妻子	董巧英	1916年12月14日
儿子	刘相田	1941年10月25日
儿媳	李爱勤	1943年11月19日
孙女	刘国娥	1960年5月27日
户主	刘杰行	1920年1月31日
妻子	郑贵英	1927年5月10日
长女	郑　娥	1948年7月29日
次女	刘金娥	1951年3月18日
三女	刘普娥	1957年12月17日
四女	刘雪娥	1960年7月19日
儿子	刘丑锁	1963年12月28日
户主	侯英娥	1920年1月17日
长媳	马巧英	1947年1月3日
次子	郑高强	1950年10月19日
户主	张宝全	1904年7月2日
妻子	王翠英	1905年6月23日

户主	左旭生	1904年9月22日
长子	左东苗	1942年1月12日
长媳	王小兰	1947年6月24日
次子	左秋苗	1945年12月20日
孙子	左福兴	1959年7月29日
女儿	左秋娥	1948年9月6日
户主	张清福	1942年8月22日
妻子	刘春英	1946年4月25日
儿子	张兴火	1964年9月20日
户主	张清政	1930年11月29日
母亲	卫　常	1905年12月27日
户主	刘相凯	1897年12月31日
户主	刘杰治	1922年12月16日
妻子	王贵花	1930年5月12日
长女	刘培连	1954年9月27日
儿子	刘石头	1962年3月22日
户主	马孝善	1932年9月13日
妻子	刘雪梅	1933年2月17日
父亲	马得常	1897年11月13日
岳母	张奎凤	1905年7月12日
儿子	马刘勤	1953年3月29日
女儿	马刘花	1959年10月2日
户主	王启先	1925年10月30日
妻子	杨月英	1925年10月28日
长子	王志汗	1942年7月24日
儿媳	乔翠萍	1945年4月12日
次子	王勤书	1949年6月16日

户主 刘升基 1907年9月23日
妻子 李兰英 1909年9月7日
儿子 刘开明 1943年6月3日

户主 刘培银 1930年5月16日
妻子 王玉连 1935年5月11日
长子 刘小随 1954年11月25日
次子 刘小社 1957年11月19日

户主 刘相润 1910年6月24日
妻子 董风英 1924年5月5日
长子 刘杰红 1946年6月1日
次子 刘杰平 1954年9月29日
三子 刘秋秋 1964年10月2日

户主 郭金风 1902年7月26日
儿子 刘培成 1929年8月27日
儿媳 李贵英 1926年3月15日
孙子 刘狗狗 1955年5月16日
孙女 刘巧巧 1960年5月11日

户主 苏廷美 1944年10月1日
弟弟 杨小锁 1949年11月2日

户主 高炳亮 1934年9月19日
妻子 王有能 1929年6月7日

户主 刘杰明 1928年1月26日
妻子 上官月英 1930年3月12日
儿子 刘培文 1952年3月6日
女儿 刘强花 1955年3月21日

户主 刘书基 1905年9月26日
妻子 王秀英 1915年9月21日

女儿	刘小荣	1955年9月22日
户主	李　英	1905年8月25日
儿子	刘锦怀	1936年8月28日
孙子	刘明位	1956年1月31日
户主	刘永基	1906年1月27日
儿子	刘锦元	1941年8月21日
儿媳	杨华琴	1944年9月16日
孙子	刘杨芳	1964年3月15日
户主	刘日元	1916年9月25日
妻子	霍苗娃	1926年8月22日
长女	刘兰党	1953年4月8日
次女	刘榜兰	1962年12月1日
户主	李茂林	1901年1月12日
妻子	郑永清	1899年3月19日
儿媳	王秀连	1936年9月30日
长孙女	李雪瑞	1951年2月2日
次孙女	李雪琴	1955年8月27日
孙子	李　瑞	1962年9月10日
户主	祁志亮	1934年5月10日
妻子	杨月娥	1941年10月6日
长女	祁学琴	1958年10月2日
次女	祁学花	1962年4月20日
户主	刘杰成	1935年5月24日
妻子	王红美	1942年6月25日
女儿	刘书华	1962年9月26日
户主	赵启美	1897年10月7日
儿子	马如祥	1918年2月10日

儿媳	李凤英	1925年12月30日
孙子	马锁勤	1953年12月30日
长孙女	马琴兰	1949年7月24日
次孙女	马锁女	1962年11月16日
户主	马忠善	1921年1月13日
妻子	李凤苗	1927年7月27日
长女	马润润	1952年12月17日
次女	马社社	1955年4月22日
户主	刘清礼	1900年5月28日
儿子	刘相和	1928年12月7日
儿媳	乔风英	1929年5月11日
长孙女	刘瑞平	1954年8月24日
次孙女	刘小女	1963年3月27日
户主	王成义	1932年7月10日
妻子	靳红英	1926年12月10日
女儿	王花琴	1957年6月18日
儿子	王奎奎	1962年9月18日
户主	张清华	1920年12月18日
妻子	王炳爱	1927年1月21日
儿子	张　义	1955年7月24日
女儿	张　梅	1962年8月25日
户主	马世界	1906年3月27日
户主	马开珍	1933年11月24日
妻子	刘玉英	1935年4月20日
母亲	郑东英	1899年3月19日
长子	马铁甫	1957年4月9日
次子	马铁捆	1963年8月24日
女儿	马甫娥	1961年3月15日

户主	刘恭基	1921年12月4日
父亲	刘瑞勳	1902年10月31日
妻子	李启英	1927年7月10日
儿子	刘明祥	1945年10月24日
儿媳	乔瑞花	1947年8月22日
女儿	刘沙平	1957年3月2日

第三生产队：

户主	原新富	1931年3月25日
妻子	席秀娥	1937年11月18日
长子	原小林	1957年1月24日
次子	原林虎	1962年6月21日
女儿	原小花	1958年4月19日
户主	李执秉	1916年11月3日
妻子	刘云英	1925年7月23日
女儿	李雪兰	1945年3月4日
长子	李国元	1951年4月11日
次子	李国勤	1955年9月8日
三子	李国瑞	1959年8月7日
四子	李国保	1963年8月20日
户主	李家深	1914年9月26日
妻子	霍义梅	1922年2月24日
长子	刘金良	1949年1月6日
次子	李解放	1957年4月12日
户主	刘相恒	1909年8月16日
父亲	刘清夺	1881年12月8日
妻子	杨日花	1916年3月5日
长子	刘杰秀	1938年1月7日
次子	刘杰生	1946年3月29日
孙子	刘瑞虎	1959年2月6日

户主	李德荣	1897年2月11日
妻子	李元芝	1909年4月9日
儿子	李家福	1947年11月20日
女儿	李月兰	1945年11月16日
户主	李家昌	1921年11月15日
妻子	席兰英	1919年8月1日
儿子	李　毅	1952年8月30日
女儿	李花琴	1955年4月25日
户主	刘杰国	1920年7月11日
妻子	张玉兰	1921年5月3日
儿子	刘培廷	1947年5月13日
户主	刘兆玉	1913年5月11日
妻子	侯桂连	1921年4月18日
女儿	刘培琴	1953年10月17日
户主	刘杰元	1945年9月21日
母亲	杨金连	1923年2月4日
户主	刘相旭	1906年3月27日
户主	刘培栋	1931年9月21日
女儿	刘娥娥	1953年9月22日
户主	李兆福	1894年11月9日
户主	王进科	1935年4月18日
妻子	王瑞花	1935年11月11日
儿子	王明锁	1963年6月9日
户主	刘培祥	1945年11月2日
母亲	刘桂莲	1926年9月11日

户主	谭相悟	1919年11月1日
妻子	杜树荣	1927年9月10日
长子	徐小锁	1951年1月11日
次子	谭小随	1954年10月4日
三子	谭高锁	1963年4月6日
户主	李艺林	1912年11月21日
妻子	刘何莲	1914年4月7日
户主	赵转政	1930年2月20日
父亲	赵全富	1903年7月29日
母亲	张小玉	1903年4月10日
户主	刘杰升	1914年10月3日
妻子	谭先凤	1920年2月8日
女儿	刘拉拉	1949年12月4日
儿子	刘拉海	1957年3月23日
户主	刘杰斌	1936年2月4日
妻子	张芝琴	1937年9月17日
长女	刘海叶	1955年10月1日
次女	刘海平	1958年5月7日
三女	刘海芳	1963年8月30日
户主	郑育仁	1898年1月17日
妻子	李文秀	1902年7月13日
户主	刘升玉	1917年10月21日
妻子	裴秀英	1925年10月14日
女儿	刘培娥	1947年2月年5日
户主	刘培芳	1923年10月11日
父亲	刘杰温	1897年1月26日
母亲	刘有娃	1902年7月7日

妻子	谭桂莲	1927年5月24日
长女	刘锦花	1950年12月11日
次女	刘琴花	1953年7月24日
三女	刘秋花	1960年10月17日
儿子	刘锦歧	1957年1月9日
户主	侯其英	1919年11月25日
儿子	郑国华	1955年9月15日
户主	牛锡恩	1919年10月29日
母亲	杨香娃	1896年3月14日
妻子	杨雪英	1921年2月21日
长女	牛跃琴	1950年10月11日
次女	牛跃平	1956年2月2日
三女	牛书琴	1961年11月21日
长子	牛跃明	1953年8月10日
次子	牛公社	1958年12月7日
户主	王雪英	1930年4月22日
长女	刘月娥	1949年5月21日
次女	刘月兰	1952年12月28日
三女	刘月花	1961年1月28日
长子	刘培民	1955年2月1日
次子	刘培生	1963年4月16日
户主	李德林	1896年3月24日
妻子	牛春芝	1896年1月25日
孙女	李秀芳	1953年2月23日
户主	刘锦祥	1918年2月6日
母亲	马得英	1896年1月13日
妻子	王润英	1918年8月7日
儿子	刘铁道	1954年4月4日
女儿	刘瑞香	1957年8月30日

户主	李家丰	1925年3月6日
妻子	侯桂英	1928年2月26日
儿子	李洪章	1949年2月20日
女儿	李雪琴	1957年5月5日
户主	杨洪英	1909年1月3日
孙女	刘花琴	1954年1月26日
户主	李成如	1914年12月12日
户主	常桂花	1930年12月29日
长女	郑花花	1950年8月1日
次女	郑琴琴	1956年2月15日
三女	郑槐琴	1960年4月9日
儿子	郑锁锁	1953年4月3日
户主	刘相杰	1914年9月28日
妻子	曹兰英	1921年3月28日
儿子	刘杰兴	1950年5月12日
女儿	刘荣花	1953年8月20日
户主	刘福田	1934年10月2日
妻子	李翠兰	1941年12月7日
女儿	刘李梅	1963年9月10日
户主	王进贤	1928年1月24日
妻子	杨文英	1926年12月11日
长女	刘培娥	1945年1月7日
次女	刘拉平	1960年10月2日
儿子	刘拉勤	1964年3月16日
户主	苏芝花	1917年9月2日
女儿	刘银芝	1951年11月23日
儿子	刘银锁	1956年9月20日

户主	杨兰英	1931年5月18日
女儿	徐小文	1954年11月5日
儿子	徐拉锁	1959年5月30日
户主	李如林	1929年6月27日
户主	张润英	1903年3月30日
儿媳	席风英	1940年2月11日
户主	刘杰如	1919年10月8日
妻子	王桂英	1927年8月9日
女儿	刘培兰	1951年2月19日
户主	刘普玉	1912年4月30日
妻子	王风英	1920年1月27日
儿子	刘培珍	1936年6月26日
儿媳	王瑞英	1937年3月2日
长孙	刘保保	1957年2月
次孙	刘保勤	1962年1月11日
户主	郑允凯	1939年3月22日
妻子	高风娥	1937年3月11日
户主	王翠花	1935年4月18日
儿子	李虎虎	1959年10月6日
户主	郑育宽	1903年11月7日
妻子	李文兰	1912年4月22日
女儿	郑之英	1938年2月5日
户主	刘杰汗	1926年10月15日
母亲	马小令	1894年12月22日
妻子	王玉英	1927年7月14日
长子	刘培文	1947年11月1日

次子	刘培刚	1955年2月28日
三子	刘培专	1960年6月25日
户主	郑育标	1909年12月23日
妻子	李秀琴	1910年3月19日
女儿	郑金娥	1947年4月17日
儿子	郑允福	1951年4月25日
户主	刘昌玉	1930年7月13日
妻子	杨兰英	1933年3月17日
儿子	刘培斌	1949年8月7日
户主	刘杰文	1932年2月26日
祖母	王连英	1893年4月23日
妻子	王瑞英	1936年3月25日
长女	刘进娥	1959年5月6日
次女	刘润娥	1963年2月16日
户主	尚封书	1937年11月8日
妻子	李桂平	1943年8月6日
女儿	尚来荣	1963年3月11日
户主	刘杰忠	1911年1月16日
妻子	李风英	1912年5月28日
儿子	刘培荣	1948年11月28日
女儿	刘培花	1953年11月2日
户主	刘录基	1917年6月23日
嫂嫂	杨枝梅	1909年1月2日
儿子	刘进俊	1942年8月25日
女儿	刘瑞香	1947年7月4日
户主	刘相仕	1917年2月3日
妻子	王雪英	1923年7月19日

孙子　　刘过关　　1959年10月4日
孙女　　刘过度　　1954年9月8日

第四生产队:

户主　　刘枝盛　　1902年7月12日
妻子　　侯交永　　1905年7月8日
儿子　　刘洪章　　1928年6月23日
儿媳　　杨雪梅　　1930年11月29日
女儿　　李国连　　1948年11月18日
长孙女　　刘小合　　1948年12月23日
次孙女　　刘小香　　1954年12月23日
长孙　　刘铁闯　　1957年2月1日
次孙　　刘铁成　　1961年10月23日

户主　　张占华　　1931年1月1日
母亲　　佘金花　　1904年6月27日
妻子　　萧月娥　　1933年9月5日
长女　　张锁平　　1950年8月26日
次女　　张昌平　　1953年1月15日
儿子　　张昌顺　　1957年9月10日

户主　　赵培智　　1928年2月11日
妻子　　唐润华　　1927年12月8日
长子　　赵来法　　1947年1月13日
次子　　赵跃进　　1958年6月21日
女儿　　赵兰兰　　1960年5月23日

户主　　徐金花　　1932年2月12日
长子　　李有富　　1950年10月17日
次子　　李忠富　　1954年10月13日
长女　　李文英　　1956年9月17日
次女　　李桃英　　1962年12月25日

户主　　王进风　　1923年3月6日

女儿	樊富娥	1958 年 1 月 4 日
儿子	樊芝胜	1964 年 6 月 7 日
户主	侯兰英	1930 年 10 月 17 日
女儿	牛李琴	1957 年 8 月 26 日
儿子	牛东生	1961 年 11 月 17 日
户主	谭宪娥	1915 年 3 月 17 日
儿子	董汪德	1947 年 6 月 25 日
户主	牛增光	1911 年 12 月 8 日
儿子	牛金昌	1948 年 6 月 1 日
女儿	牛锡兰	1952 年 3 月 6 日
孙子	牛四清	1964 年 5 月 20 日
户主	牛义德	1922 年 10 月 3 日
户主	牛锡东	1915 年 12 月 16 日
妻子	刘枝英	1909 年 6 月 3 日
女儿	牛文娥	1948 年 6 月 30 日
儿子	牛文学	1955 年 6 月 2 日
户主	牛金山	1927 年 8 月 19 日
妻子	侯桂连	1929 年 6 月 17 日
长子	牛文元	1946 年 12 月 16 日
女儿	牛春娥	1952 年 3 月 9 日
次子	牛锁元	1956 年 5 月 30 日
三子	牛国营	1958 年 3 月 20 日
户主	刘明基	1922 年 6 月 13 日
妻子	王秀英	1934 年 6 月 29 日
儿子	刘勤英	1954 年 12 月 2 日
长女	刘花琴	1959 年 2 月 18 日
次女	刘雪花	1964 年 4 月 0 日

户主	牛增化	1893年2月18日
妻子	王启凤	1903年8月28日
户主	牛增明	1894年5月22日
妻子	李常芝	1905年2月16日
户主	牛锡保	1922年1月2日
妻子	李玉英	1923年1月1日
长子	牛文章	1947年10月9日
次子	牛闯闯	1953年5月28日
长女	牛栓琴	1958年9月5日
次女	牛格琴	1962年9月25日
户主	牛锡文	1943年8月7日
母亲	董作珍	1918年9月2日
户主	李全林	1914年5月1日
妻子	马月英	1915年5月28日
孙子	李四清	1963年9月29日
户主	李广武	1911年12月10日
妻子	武月英	1919年12月29日
女儿	李来娥	1951年10月4日
孙子	李洪儒	1958年4月20日
户主	李广明	1926年10月21日
父亲	李长瑞	1895年2月17日
妻子	董凤英	1927年10月27日
长子	李小锁	1952年5月11日
女儿	李锁连	1954年11月6日
次子	李锁拄	1958年7月11日
户主	牛德义	1932年4月27日
父亲	牛永林	1900年2月8日

母亲	刘大菊	1904年12月11日
妻子	刘翠英	1934年2月19日
弟弟	牛德祥	1946年4月13日
长子	牛书勤	1952年7月5日
次子	牛小狗	1957年3月16日
三子	牛根勤	1959年9月6日
四子	牛四勤	1961年2月20日

户主	李国兴	1921年4月25日
妻子	郑桂英	1921年8月22日
儿子	李洪进	1949年11月3日

户主	李国有	1924年12月19日
妻子	李月娥	1925年8月14日
长子	李洪卫	1943年1月14日
长媳	张月花	1946年5月7日
女儿	李小花	1958年3月7日
次子	李其娃	1962年2月10日

户主	李广存	1914年2月7日
妻子	贾秀英	1919年4月16日
儿媳	张九英	1945年1月3日

户主	刘枝元	1930年10月28日
妻子	王风英	1933年1月26日
儿子	刘王锁	1953年8月25日
长女	刘小花	1957年12月17日
次女	刘丑花	1961年4月5日

户主	刘明文	1932年4月27日
妻子	侯其梅	1934年6月5日
长女	刘小丑	1957年5月23日
次女	刘雪琴	1959年2月13日
三女	刘秋琴	1962年9月30日

户主	刘枝怀	1931年7月29日
妻子	郑风梅	1933年7月22日
女儿	刘小瑞	1955年7月22日
儿子	刘锁拄	1961年8月10日
户主	刘玉祥	1903年4月14日
妻子	张思英	1908年10月27日
孙子	刘大锁	1952年12月4日
户主	刘吉祥	1906年10月26日
儿子	刘银怀	1942年4月27日
户主	王书贵	1912年12月19日
妻子	黄书秀	1918年9月20日
长子	王乐顺	1945年2月20日
次子	王公乐	1947年12月27日
女儿	王公琴	1962年8月16日
户主	蔡义虎	1922年11月3日
妻子	马四娥	1926年5月17日
儿子	蔡清玉	1945年11月26日
户主	李广义	1909年5月29日
母亲	卫青娥	1884年5月5日
妻子	宋风英	1923年7月31日
长子	李国银	1941年11月2日
长媳	李得巧	1945年7月18日
次子	李兴乱	1953年4月14日
三子	李入社	1955年12月23日
户主	原相政	1933年12月2日
妻子	王瑞芝	1938年12月27日
长女	原勤琴	1956年10月17日
次女	原荣琴	1959年3月8日

儿子	原孔勤	1962年12月6日
户主	刘鸿斌	1934年10月30日
妻子	王奎英	1935年7月6日
女儿	刘亥女	1957年2月28日
儿子	刘亥旦	1962年7月31日
户主	刘鸿政	1937年3月21日
妻子	杨合英	1941年11月27日
儿子	刘跃进	1958年11月16日
女儿	刘永女	1963年2月12日
户主	刘枝旭	1914年2月16日
妻子	原月风	1914年10月6日
三子	刘鸿勤	1944年10月4日
四子	刘鸿旗	1948年10月7日
五子	刘鸿宝	1951年5月10日
户主	李长青	1909年1月31日
岳母	苏红义	1901年7月6日
长子	李怀玉	1944年11月21日
次子	李怀宝	1952年9月1日
女儿	李怀香	1948年4月15日
户主	李润秀(男)	1889年6月14日
户主	李长德	1917年5月3日
妻子	薛兰英	1918年8月24日
女儿	李来香	1954年5月28日
户主	李广玉	1937年12月26日
妻子	郑长娥	1940年11月16日
女儿	李小荣	1962年9月26日

户主	李长玉	1936年12月4日
父亲	李世华	1902年7月2日
妻子	祁芝娥	1936年10月5日
长子	李广龙	1955年10月5日
次子	李公社	1960年3月14日

户主	李长武	1913年9月24日
妻子	杨学玉	1914年1月14日
儿子	李广财	1947年2月15日

第五生产队：

户主	李长录	1908年3月4日
妻子	张占梅	1917年5月6日
长子	李元法	1938年3月9日
长媳	董学娥	1943年1月26日
三子	李明山	1948年6月22日
四子	李明全	1954年11月11日
女儿	李秀兰	1951年3月13日

户主	杜日林	1909年4月9日
妻子	宋英学	1915年11月18日
儿子	杜中兵	1940年4月9日
女儿	杜小花	1945年5月13日

户主	李焕章	1918年12月18日
儿子	李树旗	1944年9月17日
女儿	李淑平	1950年6月12日

户主	郑允位	1923年6月4日
父亲	郑玉忠	1899年1月29日
妻子	李家平	1919年5月5日
长女	郑天琴	1947年10月31日
次女	郑爱琴	1952年9月3日

户主	李元章	1902年1月24日
妻子	王琴连	1905年7月30日
户主	李兰林	1920年3月17日
儿子	李天怀	1945年8月6日
户主	李苗林	1915年7月29日
妻子	乔瑞英	1923年6月3日
儿子	李生龙	1953年10月20日
户主	李元林	1908年12月10日
妻子	郭小苗	1924年10月29日
长女	李雪平	1947年10月24日
次女	李雪琴	1953年4月9日
儿子	李天镇	1963年6月27日
户主	杜日其	1903年2月12日
妻子	刘日英	1906年3月8日
户主	李树繁	1928年11月26日
妻子	王风英	1929年4月24日
女儿	李润润	1955年3月17日
户主	李树法	1918年11月14日
妻子	郑香兰	1922年3月27日
儿媳	李雪琴	1940年10月13日
女儿	李英英	1951年4月21日
孙子	李小毛	1963年3月17日
户主	左银旺	1914年2月22日
妻子	祁桃桂	1928年12月27日
女儿	左秀英	1955年12月18日
户主	李树荣	1935年6月5日

妻子	杨香芝	1937年8月11日
长子	李小合	1955年2月13日
次子	李小娃	1964年1月10日
户主	杜中福	1915年6月15日
妻子	刘进英	1913年5月12日
户主	王子珍(女)	1908年2月18日
户主	王雪英	1931年7月24日
儿子	侯杰社	1954年6月13日
户主	李树胜	1934年4月18日
妻子	王雪娥	1935年11月13日
儿子	李小田	1957年1月8日
女儿	李小朋	1963年10月7日
户主	刘喜田	1925年3月12日
妻子	杨秀英	1926年8月30日
儿子	刘忠兴	1957年9月9日
户主	谭行武	1922年2月13日
妻子	陈秀英	1928年6月22日
女儿	谭效花	1956年2月22日
儿子	谭元珍	1962年11月3日
户主	李　儒	1939年3月9日
母亲	杨少梅	1916年1月5日
妻子	柴月英	1941年11月19日
妹妹	李书琴	1945年10月9日
儿子	李惠龙	1962年3月4日
女儿	李惠叶	1964年7月1日
户主	杨占义	1917年11月24日

儿子	杨小锁	1946年12月13日
户主	唐春德	1934年2月18日
妻子	谭芝花	1936年12月10日
儿子	唐秋虎	1956年10月18日
长女	唐秋燕	1961年10月31日
次女	唐小女	1964年5月22日
户主	张风英	1910年7月6日
孙子	侯小茧	1958年11月4日
户主	乔克科	1937年2月17日
户主	李汉章	1916年8月27日
妻子	郑桂英	1924年9月15日
女儿	李风平	1945年5月27日
儿子	李　进	1957年3月25日
户主	谭玉悟	1915年8月23日
妻子	郑地英	1917年3月14日
儿媳	靳瑞娥	1941年7月10日
女儿	谭效琴	1949年12月13日
次子	谭许珍	1960年2月13日
户主	王秀英	1937年1月30日
户主	董共梅	1885年4月29日
孙媳	李梨花	1941年4月15日
户主	张风英	1909年6月28日
儿媳	李其花	1945年10月3日
女儿	原银花	1850年9月17日
户主	尚日旭	1929年12月11日

妻子	张翠花	1929年3月30日
儿子	尚张章	1947年12月24日
户主	宋小宝	1938年1月8日
母亲	张秀荣	1907年12月16日
哥哥	吕小枝	1924年2月25日
户主	李高年	1948年2月20日
大弟	李高魁	1955年4月25日
二弟	李高海	1959年11月19日
户主	李有章	1915年10月16日
妻子	乔有连	1920年8月29日
长子	李树德	1942年4月12日
长媳	王治琴	1946年11月16日
次子	李茂瑞	1947年11月22日
户主	李殿章	1920年3月5日
妻子	马玉娥	1920年3月1日
长女	李月花	1942年7月14日
次女	李月琴	1945年8月23日
户主	刘方玉	1920年1月23日
妻子	马月芝	1920年11月16日
长子	刘培良	1943年11月7日
长媳	史翠英	1946年2月22日
次子	刘培虎	1951年12月31日
户主	李树兴	1917年9月25日
妻子	乔生兰	1926年3月8日
儿子	李进科	1947年9月27日
户主	侯树仁	1917年11月28日
妻子	郑杨苗	1919年10月29日

弟弟	侯树智	1926 年 5 月 6 日
弟媳	张秀英	1932 年 7 月 2 日
长子	侯张芳	1951 年 11 月 14 日
次子	侯跃芳	1959 年 11 月 10 日
长女	侯小燕	1957 年 2 月 5 日
次女	侯小永	1962 年 10 月 20 日

户主	王秀花	1934 年 5 月 2 日
女儿	侯建丽	1956 年 2 月 18 日
长子	侯建跃	1958 年 5 月 15 日
次子	侯建荣	1962 年 1 月 22 日

第六生产队：

户主	侯万枝	1930 年 8 月 27 日
母亲	杨风柱	1895 年 12 月 12 日
妻子	武桂英	1928 年 6 月 23 日
长女	侯业琴	1954 年 3 月 28 日
次女	侯爱琴	1964 年 2 月 1 日

户主	张进才	1903 年 9 月 6 日
妻子	赵枝月	1905 年 2 月 13 日
儿子	张广生	1934 年 2 月 9 日

户主	李树昌	1929 年 3 月 24 日
妻子	靳翠英	1929 年 4 月 4 日
父亲	李盘章	1906 年 12 月 1 日
母亲	丁学文	1910 年 11 月 30 日
儿子	李丑合	1957 年 8 月 17 日

户主	谭胜悟	1930 年 10 月 7 日
妻子	王桂芝	1935 年 5 月 26 日
长子	谭王书	1954 年 6 月 29 日
次子	谭书田	1962 年 10 月 6 日

户主	乔兴炎	1909年8月7日
妻子	王玉连	1918年1月18日
女儿	乔花平	1947年12月25日
户主	李登科	1935年6月6日
妻子	郑　英	1934年12月8日
长子	李建国	1958年1月3日
次子	李四清	1963年12月29日
女儿	李娇娥	1954年10月6日
户主	乔执珍	1918年6月24日
母亲	郭迎还	1894年3月25日
妻子	王梅英	1928年3月23日
女儿	乔克连	1950年11月22日
户主	侯镇洋	1911年4月13日
妻子	杨春连	1917年4月5日
儿子	侯拽学	1952年3月31日
户主	武银兆	1910年6月11日
妻子	刘杰英	1916年4月5日
儿子	武汉珠	1941年6月22日
儿媳	张胡琴	1942年1月31日
女儿	武金巧	1951年1月9日
孙女	武林霞	1964年1月14日
户主	谭吉太	1894年2月21日
户主	刘枝梅	1914年2月26日
户主	李建章	1913年3月8日
妻子	王翠英	1918年11月30日
长子	李树洪	1949年11月29日
次子	李树锁	1951年5月26日

户主	张润英	1928 年 6 月 13 日
女儿	侯荣花	1951 年 8 月 11 日
户主	董夺义	1927 年 6 月 11 日
妻子	刘月娥	1925 年 9 月 4 日
户主	谭怀宝	1918 年 8 月 1 日
妻子	裴廷凤	1927 年 11 月 12 日
女儿	谭国琴	1960 年 2 月 7 日
儿子	谭登塔	1962 年 12 月 23 日
户主	阎菊先	1934 年 12 月 7 日
儿媳	傅业花	1945 年 10 月 27 日
女儿	秦书琴	1957 年 9 月 17 日
户主	谭怀银	1929 年 7 月 15 日
妻子	郑凤英	1934 年 10 月 16 日
女儿	谭雪琴	1951 年 12 月 12 日
长子	谭社悟	1955 年 9 月 6 日
次子	谭普查	1964 年 6 月 30 日
户主	谭怀金	1922 年 7 月 30 日
妻子	刘凤英	1927 年 3 月 13 日
儿子	谭新悟	1947 年 3 月 13 日
户主	马月凤	1917 年 5 月 16 日
儿子	谭拽马	1952 年 6 月 2 日
户主	张土才	1929 年 11 月 12 日
儿子	张社怀	1954 年 10 月 10 日
户主	谭先悟	1917 年 7 月 19 日
妻子	祁凤英	1921 年 1 月 21 日

户主 杨雪芝 1913年12月18日
儿子 李银科 1949年12月1日

户主 侯迎交 1916年9月2日
妻子 赵秀英 1925年6月15日
父亲 侯天明 1887年11月8日
次子 侯富银 1949年3月4日
长媳 王桂琴 1945年5月30日

户主 王树堂 1922年1月24日
妻子 张润连 1931年2月3日
儿子 王忠社 1957年7月15日

户主 乔执红 1926年1月31日
妻子 尚风英 1928年11月21日
弟弟 乔石头 1931年11月26日
儿子 乔克锁 1951年5月11日
女儿 张肉儿 1958年12月29日

户主 乔克俭 1938年9月28日
妻子 刘锦菊 1941年8月28日
长子 乔林瑞 1959年3月21日
次子 乔随瑞 1963年9月3日

户主 侯宪章 1918年11月21日
儿子 侯林学 1947年6月11日

户主 乔兴财 1927年11月8日
妻子 李铭英 1930年10月29日
女儿 乔执学 1949年7月3日
长子 乔执芳 1952年9月13日
次子 乔跃芳 1960年8月15日
三子 乔小末 1962年11月24日

户主	乔兴安	1910 年 1 月 15 日
妻子	王雪平	1926 年 7 月 15 日
女儿	乔文花	1948 年 11 月 11 日
长子	乔执行	1951 年 12 月 6 日
次子	乔高社	1956 年 2 月 3 日
户主	张洪斌	1931 年 3 月 16 日
母亲	姚奇花	1888 年 10 月 16 日
妻子	张桂连	1928 年 10 月 18 日
女儿	张琴琴	1952 年 12 月 11 日
户主	张九海	1931 年 8 月 26 日
妻子	乔有娥	1934 年 8 月 13 日
长女	张琴琴	1955 年 2 月 5 日
次女	张爱琴	1962 年 8 月 30 日
儿子	张国勤	1957 年 10 月 29 日
户主	崔兰英	1932 年 11 月 22 日
长女	赵交娥	1952 年 7 月 15 日
次女	赵交平	1961 年 6 月 9 日
长子	赵忠生	1955 年 9 月 4 日
次子	赵四清	1964 年 3 月 23 日
户主	刘枝梅	1928 年 4 月 12 日
母亲	刘清莲	1889 年 2 月 23 日
长子	谭新悟	1950 年 5 月 14 日
次子	谭三丁	1955 年 6 月 8 日
三子	谭四清	1964 年 1 月 14 日
户主	张洪儒	1929 年 6 月 17 日
妻子	张翠莲	1933 年 10 月 28 日
女儿	张官琴	1955 年 6 月 26 日
儿子	张高中	1958 年 9 月 7 日

户主	郭生金	1906年10月26日
妻子	席桂珍	1914年5月25日
长女	郭雪英	1948年1月19日
次女	郭洪英	1953年8月28日
户主	邓李梅	1940年9月25日
长女	谭跃琴	1960年12月5日
次女	谭荣琴	1963年10月2日
户主	刘培兰	1921年4月4日
户主	侯镇炎	1918年12月5日
户主	乔克生	1939年7月28日
母亲	杨春兰	1920年11月7日
户主	侯宪斌	1915年11月6日
妻子	王瑞英	1924年12月21日
女儿	侯桂英	1947年7月12日
户主	乔执和	1910年10月18日
妻子	李秀英	1918年5月26日
儿子	乔克玉	1954年10月15日

第七生产队：

户主	乔羊德	1915年2月5日
母亲	乔旭家	1890年8月29日
妻子	王万菊	1921年11月18日
长子	乔怀珠	1943年4月7日
次子	乔作亚	1956年9月5日
三子	乔拽拽	1959年3月2日
四子	乔润润	1963年4月11日
户主	张九云	1928年11月7日

妻子	李春美	1926年9月21日
侄子	乔高怀	1931年11月21日
侄女	乔银巧	1954年6月4日
长子	张胆娃	1959年3月26日
次子	张忠忠	1963年2月6日
户主	李锦章	1920年6月20日
妻子	郭云兰	1920年2月28日
长女	李娥娃	1946年1月14日
次女	李爱琴	1958年10月26日
长子	李树峰	1947年11月1日
次子	李刘怀	1950年1月23日
三子	李兴怀	1953年3月27日
户主	侯树德	1925年11月19日
妻子	王兰英	1931年4月23日
长女	侯香香	1952年10月16日
儿子	侯法法	1954年8月26日
次女	侯敏香	1958年10月23日
三女	侯国香	1960年6月15日
户主	侯树兴	1927年1月10日
妻子	陈风娥	1930年8月12日
女儿	侯梅梅	1954年6月7日
长子	侯跃跃	1958年7月9日
次子	侯跃明	1962年9月27日
户主	李树深	1934年2月14日
妻子	侯建英	1933年3月13日
女儿	李雪琴	1952年2月7日
长子	李水河	1957年7月26日
次子	李国河	1961年3月19日
户主	李瑞旭	1909年11月1日

妻子	牛恒女	1914年11月2日
长女	李平娃	1952年12月11日
次女	李小平	1956年6月12日
户主	侯镇钢	1905年11月11日
妻子	乔长芝	1904年3月17日
儿子	侯树礼	1924年1月22日
女儿	侯树梅	1940年12月5日
户主	王德兰	1920年11月26日
儿子	侯树繁	1941年8月4日
儿媳	靳瑞兰	1943年9月20日
孙女	侯腊梅	1964年1月22日
户主	乔执焕	1930年1月7日
妻子	杨风英	1925年3月5日
女儿	乔雪琴	1961年8月12日
户主	谭敏悟	1907年3月15日
妻子	杜日芝	1906年6月13日
儿媳	刘洪琴	1938年9月18日
孙子	谭秋生	1962年10月29日
户主	侯树孝	1917年5月28日
父亲	侯镇月	1896年2月6日
儿媳	乔执琴	1947年10月19日
户主	乔执广	1941年8月6日
祖母	靳德行	1895年12月8日
弟媳	侯风娥	1945年10月24日
户主	乔兴科	1928年9月28日
妻子	王进梅	1930年5月2日
儿子	乔锁虎	1962年2月4日

户主	乔兴鲁	1916年7月28日
妻子	王月娥	1918年11月27日
女儿	乔雪平	1947年6月23日
儿子	乔润锁	1955年4月7日
户主	乔兴邦	1915年5月17日
妻子	李月英	1915年10月2日
长子	乔执祥	1942年5月16日
长媳	席如英	1946年8月19日
次子	乔仓狗	1949年11月8日
户主	王润英	1929年11月25日
长女	乔雪雪	1949年11月11日
次女	乔国学	1962年1月26日
户主	杨润英	1919年7月3日
女儿	乔执兰	1955年5月16日
户主	刘相芝	1907年1月10日
孙子	侯彦明	1959年1月23日
户主	侯正华	1924年4月4日
儿子	侯中彦	1951年5月22日
户主	王文玉	1907年8月26日
孙女	王瑞学	1955年8月1日
户主	李魁章	1907年11月26日
妻子	刘杰英	1906年2月8日
户主	李天章	1901年2月23日
女儿	李雪娥	1951年7月6日
户主	乔兴怀	1905年5月20日

妻子	郭义娥	1915年7月17日
户主	乔执英	1929年5月26日
儿子	王 鹏	1957年2月2日
户主	乔执元	1926年12月9日
妻子	靳兰英	1933年4月15日
长女	乔克琴	1952年4月16日
次女	乔国春	1955年1月28日
三女	乔国英	1957年9月4日
儿子	乔金龙	1963年11月8日
户主	乔兴位	1915年1月31日
女儿	乔执琴	1949年5月21日
儿子	乔执胜	1951年3月31日
户主	李翠英	1934年2月9日
女儿	曹小明	1957年1月20日
儿子	曹金忠	1964年2月18日
户主	乔兴甫	1913年7月9日
妻子	张金梅	1914年6月20日
儿子	乔执贵	1939年11月18日
儿媳	乔执花	1945年11月12日
女儿	乔秋文	1954年10月2日
户主	李树录	1930年4月19日
妻子	姚风娥	1927年10月13日
母亲	刘培英	1908年5月28日
儿子	李银河	1953年11月19日
户主	李广芝	1897年12月19日
孙媳	李 颖	1942年8月19日
孙女	刘明永	1948年10月8日

户主	董作祥	1925 年 3 月 22 日
户主	乔执勤	1939 年 1 月 20 日
妻子	董夺梅	1942 年 6 月 30 日
儿子	乔银拽	1962 年 12 月 22 日
户主	侯树义	1920 年 4 月 14 日
妻子	刘洪梅	1924 年 10 月 12 日
长子	侯芳芳	1950 年 8 月 27 日
次子	侯明芳	1957 年 10 月 17 日
户主	乔吉河	1940 年 10 月 20 日
母亲	杨翠莲	1907 年 5 月 7 日
妻子	常风娥	1946 年 9 月 22 日
女儿	乔执兰	1951 年 3 月 13 日
户主	王兴年	1923 年 3 月 21 日
妻子	乔连英	1923 年 3 月 10 日
女儿	王和平	1950 年 10 月 28 日

第八生产队：

户主	王居昌	1902 年 7 月 7 日
妻子	李存英	1918 年 8 月 28 日
长子	王邦洪	1941 年 2 月 19 日
长媳	高书瑞	1946 年 6 月 1 日
次子	王胶鸿	1944 年 5 月 24 日
长女	王玉平	1946 年 10 月 30 日
三子	王榜河	1949 年 9 月 3 日
次女	王瑞瑞	1952 年 1 月 12 日
四子	王银河	1955 年 1 月 26 日
五子	王金河	1958 年 5 月 11 日
户主	乔金科	1915 年 4 月 16 日
妻子	郑秀英	1928 年 10 月 5 日

长女	乔雪雪	1954年7月12日
次女	乔雪琴	1956年1月1日
三女	乔华琴	1960年6月21日
户主	王廷忠	1910年2月24日
妻子	席枝英	1914年11月21日
长子	王乱年	1943年5月24日
长女	王小润	1949年3月26日
次女	王小华	1951年10月16日
次子	王小社	1957年1月22日
户主	王华廷	1925年1月30日
妻子	李红秀	1930年5月9日
长子	王茂林	1962年2月27日
次子	王铁杰	1963年4月18日
表弟	任小锁	1941年6月30日
户主	王清元	1934年12月18日
妻子	蔡小润	1936年9月2日
长女	王琴琴	1956年8月27日
儿子	王永勤	1960年9月7日
次女	王拉琴	1964年1月30日
户主	王进法	1928年12月26日
妻子	董雪瑞	1943年5月13日
长子	王小合	1956年2月26日
次子	王合勤	1961年10月26日
户主	王廷其	1916年7月25日
母亲	王兰兰	1882年9月24日
妻子	王枝英	1928年12月9日
长女	王小拉	1952年12月29日
次女	王小内	1955年7月31日
三女	王华平	1958年9月9日

户主	王廷林	1916年1月4日
妻子	苏枝英	1913年2月20日
长子	王进文	1947年6月29日
次子	王三奎	1949年3月31日
三子	王进奎	1952年3月27日
户主	刘开英	1914年5月4日
儿子	乔闯闯	1954年10月21日
户主	乔兴其	1895年7月27日
户主	乔生顺	1889年4月12日
儿子	乔有邦	1945年9月11日
户主	王进兴	1933年8月19日
户主	王廷洪	1903年2月21日
母亲	郑枝英	1884年7月3日
妻子	杨月英	1906年2月7日
儿子	王进宽	1945年10月24日
户主	张财用	1908年9月11日
妻子	王小藕	1914年12月24日
孙子	乔书瑞	1960年1月22日
孙女	乔琴琴	1957年2月7日
户主	乔协政	1942年5月19日
户主	乔有盛	1914年3月2日
妻子	张月英	1922年6月28日
儿子	乔瑞娃	1948年12月27日
户主	乔有田	1925年1月21日
妻子	马风英	1932年1月22日

儿子	乔小红	1955年3月3日
户主	乔生旭	1923年7月19日
妻子	聂风英	1922年10月23日
女儿	乔拽平	1947年5月17日
户主	刘藕娃(女)	1907年3月4日
母亲	刘月菊	1890年1月27日
户主	王文章	1910年3月6日
妻子	苏忠梅	1916年12月16日
孙子	王明明	1960年4月22日
户主	乔生全	1935年5月14日
妻子	刘枝英	1930年4月4日
女儿	乔书琴	1949年9月19日
儿子	乔闯闯	1961年6月22日
户主	王贵洪	1935年4月16日
妻子	王玉娥	1936年11月1日
长子	王冬冬	1955年11月14日
次子	王明芳	1957年12月22日
女儿	王胡交	1961年9月24日
户主	乔小锁	1946年4月5日
户主	乔忠科	1910年12月12日
妻子	杨桂香	1912年12月30日
长子	乔锁润	1946年7月14日
次子	乔协玉	1949年1月18日
三子	乔协兵	1955年3月2日
户主	乔文科	1924年8月25日
母亲	刘迷娃	1901年12月31日

妻子	李桂花	1926年11月2日
儿子	乔榜锁	1951年10月25日
户主	乔喜科	1926年11月19日
母亲	王菊娃	1894年7月14日
妻子	杨秀英	1924年12月7日
女儿	乔月琴	1949年7月14日
长子	乔瑞瑞	1956年1月14日
次子	乔瑞斌	1959年7月9日
三子	乔小斌	1963年12月1日
户主	乔贵元	1941年11月11日
母亲	刘青英	1905年5月2日
妻子	王风莲	1945年7月17日
户主	乔德洪	1909年10月20日
妻子	苏如英	1919年2月20日
儿子	乔天合	1957年8月13日
户主	乔生贵	1928年5月25日
母亲	刘合英	1904年3月18日
儿子	乔栓马	1953年12月18日
户主	乔东科	1918年8月9日
母亲	靳玉娥	1901年7月10日
户主	乔生亮	1920年12月10日
父亲	乔德恭	1886年9月17日
妻子	刘月英	1928年2月15日
儿子	乔昌科	1947年2月1日
长女	乔丑丑	1954年4月1日
次女	乔小丑	1960年4月26日
户主	乔生木	1903年2月10日

妻子	李小琴	1917年5月5日
长子	乔李怀	1935年2月20日
次子	乔四怀	1962年3月18日

第九生产队：

户主	杨中元	1928年4月4日
妻子	王桂连	1930年10月23日
长女	杨小花	1952年4月17日
次女	杨雪花	1963年4月9日
长子	杨拽狗	1955年3月12日
次子	杨铁拽	1959年5月25日
户主	张明长	1929年2月9日
妻子	席月英	1933年月21日
长女	张水合	1950年12月29日
次女	张拉合	1958年1月12日
三女	张花平	1964年5月20日
长子	张铁合	1952年10月24日
次子	张小锁	1955年11月20日
三子	张三锁	1960年5月4日
户主	侯安明	1909年10月26日
妻子	鱼史正	1914年4月2日
长子	侯榜锁	1943年3月14日
次子	侯锁珠	1950年6月14日
三子	侯末柱	1953年1月3日
户主	刘法勲	1911年11月13日
妻子	王玉英	1917年11月17日
女儿	刘其英	1953年10月9日
儿子	刘铁铁	1957年10月23日
户主	侯安文	1935年5月15日
妻子	刘小乱	1937年5月9日

儿子	侯亮亮	1962年4月10日
户主	侯宪芝	1905年2月10日
妻子	蔡石榴	1913年7月25日
长子	侯安斌	1937年5月13日
长媳	侯小狗	1946年9月9日
女儿	侯花娥	1949年8月23日
外甥	马瑞瑞	1958年1月2日
户主	席金魁	1903年11月23日
妻子	杨芝风	1907年2月23日
儿子	席正龙	1947年10月19日
户主	杨小喜	1941年3月10日
祖母	侯女娃	1897年10月14日
户主	杨瑞元	1922年6月26日
妻子	张秀梅	1925年4月13日
长子	杨国福	1944年11月30日
次子	杨锁拽	1952年6月23日
三子	杨末拽	1964年6月23日
长媳	侯雪琴	1945年11月13日
女儿	杨小雪	1955年3月6日
户主	杨明元	1919年10月7日
妻子	郑贵英	1928年11月21日
长女	杨巧娃	1950年6月26日
次女	杨小牛	1961年1月5日
户主	刘元基	1927年2月5日
父亲	刘来用	1899年11月12日
妻子	席芝英	1932年2月27日
儿子	刘小奎	1950年12月14日
女儿	刘金娥	1956年8月27日

户主	王福朝	1901年8月26日
妻子	蔡娥娃	1907年6月26日
长子	王兴顺	1936年5月3日
长媳	史仇仇	1944年1月18日
次子	王小元	1953年8月13日
户主	张金洪	1910年8月24日
妻子	郑风娥	1918年6月20日
儿子	张发义	1947年9月29日
户主	张明贵	1923年4月5日
母亲	刘桃娃	1899年9月20日
妻子	杨贵芝	1931年7月17日
长女	张大合	1949年4月9日
次女	张小花	1957年8月10日
儿子	张金亮	1955年9月1日
户主	侯安宝	1925年11月10日
母亲	李小梅	1885年2月28日
妻子	刘兰英	1924年1月13日
长子	侯小怀	1942年12月2日
次子	侯跃进	1957年12月20日
三子	侯建信	1962年9月15日
女儿	侯榜合	1953年1月16日
户主	李格娃(女)	1887年7月16日
户主	侯安月	1907年10月24日
妻子	王银海	1908年5月4日
儿子	侯宝柱	1938年3月20日
儿媳	刘兰平	1938年6月22日
孙子	侯拴虎	1960年5月27日
孙女	侯虎虎	1963年1月7日

第十生产队：

户主	吉宝让	1913年7月13日
妻子	武风连	1925年7月11日
长子	吉小榜	1955年9月11日
次子	吉榜柱	1958年9月2日
女儿	吉小元	1963年2月1日
户主	吉瑞合	1931年5月6日
妻子	刘圪计	1942年11月17日
长子	吉乱乱	1958年11月14日
次子	吉补乱	1962年10月5日
户主	刘成建	1900年8月28日
妻子	张菊娃	1902年1月21日
孙子	杨狗娃	1950年4月2日
户主	杨风堂	1891年3月28日
妻子	蔡小完	1895年6月20日
户主	杨跃元	1930年1月12日
妻子	王贵英	1935年6月20日
长子	杨文魁	1955年11月2日
次子	杨铁魁	1960年7月19日
三子	杨三魁	1963年7月3日
户主	杨珠元	1924年6月30日
妻子	武秀兰	1925年5月7日
儿子	杨小孔	1960年7月24日
长女	杨水扣	1948年5月14日
次女	杨花娥	1953年6月15日
三女	杨桂花	1955年7月26日
四女	杨孔娥	1964年3月29日
户主	杨洪元	1928年6月23日

妻子	张秀英	1932 年 11 月 29 日
儿子	杨国宝	1950 年 6 月 8 日
女儿	杨拉娥	1955 年 12 月 15 日
户主	刘其虎	1926 年 11 月 27 日
妻子	郑平娃	1928 年 10 月 1 日
长子	刘郑荣	1952 年 7 月 5 日
次子	刘郑雪	1960 年 4 月 2 日
三子	刘郑元	1964 年 3 月 29 日
女儿	刘珍珠	1956 年 2 月 27 日
户主	刘日勲	1906 年 4 月 4 日
妻子	刘阳成	1909 年 12 月 28 日
儿子	刘其顺	1955 年 11 月 28 日
女儿	刘顺英	1948 年 6 月 11 日
户主	杨荣元	1926 年 9 月 30 日
妻子	王梅英	1926 年 1 月 1 日
长子	杨昌闯	1949 年 12 月 26 日
次子	杨登闯	1951 年 1 月 15 日
三子	杨铁闯	1955 年 1 月 3 日
四子	杨小闯	1964 年 3 月 19 日
长女	杨花琴	1947 年 4 月 30 日
次女	杨小琴	1960 年 11 月 26 日
户主	杨兴合	1916 年 3 月 6 日
妻子	席风娥	1925 年 8 月 3 日
长子	杨书琴	1950 年 6 月 1 日
次子	杨计娃	1952 年 12 月 3 日
长女	杨小丑	1955 年 9 月 9 日
次女	杨春花	1963 年 5 月 28 日
户主	王占明	1923 年 10 月 11 日
妻子	王小蚕	1926 年 9 月 13 日

长子	王小板	1947 年 4 月 3 日
次子	王毛良	1951 年 11 月 6 日
三子	王毛闯	1955 年 7 月 30 日
四子	王整社	1958 年 11 月 17 日
女儿	王金娥	1963 年 1 月 20 日
户主	王占魁	1915 年 2 月 20 日
户主	刘来勲	1910 年 12 月 11 日
妻子	李雪娥	1919 年 6 月 25 日
长子	王占瑞	1946 年 9 月 26 日
次子	刘其锁	1952 年 12 月 3 日
户主	侯安洪	1923 年 11 月 1 日
妻子	郑书英	1925 年 9 月 18 日
长子	侯有山	1946 年 5 月 21 日
次子	侯拉它	1956 年 10 月 27 日
三子	侯小米	1963 年 7 月 22 日
长女	侯肉娃	1949 年 6 月 18 日
次女	侯拉娥	1959 年 11 月 29 日
户主	侯安兴	1916 年 8 月 30 日
母亲	张小几	1891 年 2 月 17 日
妻子	郭兰英	1924 年 1 月 28 日
长子	侯有德	1936 年 11 月 4 日
次子	侯榜拽	1962 年 12 月 24 日
长女	侯月娥	1949 年 9 月 19 日
次女	侯三娥	1955 年 2 月 16 日
户主	杨兴元	1921 年 7 月 24 日
妻子	王占梅	1927 年 7 月 18 日
儿子	侯拉社	1956 年 10 月 29 日
户主	丁长茂	1929 年 12 月 9 日

妻子	梁花平	1933年6月28日
长子	丁福锁	1948年1月11日
次子	丁小双	1952年11月2日
三子	丁小三	1955年5月30日
户主	陈福元	1910年3月6日
户主	杨安贵	1930年8月12日
妻子	杨秀英	1934年6月23日
母亲	董牡丹	1906年7月30日
儿子	杨高社	1955年1月8日
户主	刘锦魁	1917年12月18日
妻子	王风英	1920年1月29日
儿子	刘丑娃	1959年7月11日
女儿	刘社平	1958年11月30日
户主	吉瑞跃	1951年1月6日
母亲	刘海棠	1910年7月25日

河南人登记户：

曹广太	1921年9月16日
赵金善	1938年2月6日
李如岗	1942年11月4日
李如松	1941年6月25日
朱喜怀	1934年1月6日
卫秀清(女)	1932年7月12日
朱桂风(女)	1953年11月21日
朱　国	1961年6月17日
朱国安	1964年5月18日
姚艾艾	1942年1月8日

2010年底合作医疗保险花名表

序　号	户　主	姓　名	与户主关系	性　别	出生年月	村民小组
1	刘书义			男	1962.5	第一小组
2		刘　丰	儿子	男	1986.5	第一小组
3	王占武			男	1952.11	第一小组
4		武雪花	妻	女	1953.8	第一小组
5		王　强	儿子	男	1974.1	第一小组
6		候红霞	儿媳	女	1974.7	第一小组
7		王　甜	孙女	女	1996.12	第一小组
8		王美甜	孙女	女	2005.10	第一小组
9	刘青锁			男	1971.9	第一小组
10		武四梅	妻	女	1973.1	第一小组
11		刘丽霞	女儿	女	1997.9	第一小组
12		刘宝霞	女儿	女	2006.8	第一小组
13	郑丰锁			男	1974.7	第一小组
14		邓玲叶	妻	女	1973.8	第一小组
15		郑丽君	女儿	女	1995.10	第一小组
16		郑丽娟	女儿	女	2001.1	第一小组
17		郑小红	父亲	男	1951.6	第一小组
18	刘锦社			男	1955.11	第一小组
19		吴月娥	母亲	女	1935.2	第一小组
20	刘锦瑞			男	1953.5	第一小组
21		王高平	妻	女	1955.3	第一小组
22		刘文辉	儿子	男	1980.11	第一小组
23	张文焕			男	1941.6	第一小组
24		张宝国	儿子	男	1973.6	第一小组
25		段海叶	儿媳	女	1973.7	第一小组
26		张天才	孙子	男	1995.2	第一小组
27	张卫东			男	1967.4	第一小组
28		席新叶	妻	女	1967.6	第一小组
29		张　慧	女儿	女	1996.9	第一小组
30	张卫国			男	1969.10	第一小组
31		侯春梅	妻	女	1968.3	第一小组
32		张　锦	儿子	女	1993.2	第一小组
33	杨花赛			女	1948.3	第一小组
34		樊桃梅	儿媳	女	1973.10	第一小组

序　号	户　主	姓　名	与户主关系	性　别	出生年月	村民小组
35		王雅宁	孙女	女	1996.5	第一小组
36		王　鑫	孙子	男	1999.3	第一小组
37	刘培林			男	1952.9	第一小组
38		席英英	妻	女	1955.7	第一小组
39		刘金刚	女婿	男	1971.6	第一小组
40		刘锦秀	女儿	女	1974.3	第一小组
41		刘梦娇	孙女	女	1996.6	第一小组
42		刘梦婷	孙女	女	1999.5	第一小组
43	刘锦辉			男	1962.4	第一小组
44	侯广瑞			男	1955.2	第一小组
45		侯竹叶	女儿	女	1987.1	第一小组
46	侯春生			男	1963.4	第一小组
47		樊虎秀	妻	女	1963.4	第一小组
48		侯廷廷	儿子	男	1989.12	第一小组
49		侯林庭	儿子	男	1993.4	第一小组
50		郑凤英	母亲	女	1935.5	第一小组
51	王小顺			男	1945.10	第一小组
52		李怀香	妻	女	1948.3	第一小组
53		王　瑶	孙女	女	1995.8	第一小组
54	马铭善			男	1949.12	第一小组
55		刘培兰	妻	女	1952.11	第一小组
56		马生龙	儿子	男	1977.12	第一小组
57		王明丽	儿媳	女	1981.12	第一小组
58		马婧尧	孙女	女	2004.9	第一小组
59	马忠勤			男	1963.3	第一小组
60		董杨玲	妻	女	1963.3	第一小组
61		马健康	儿子	男	1988.11	第一小组
62		马宝康	儿子	男	1991.6	第一小组
63		李月英	母亲	女	1937.3	第一小组
64	刘明录			男	1938.3	第一小组
65		刘忠良	儿子	男	1974.7	第一小组
66	刘玉良			男	1967.8	第一小组
67		王明荣	妻	女	1967.3	第一小组
68		刘彦龙	儿子	男	1990.7	第一小组
69		刘　威	儿子	男	1998.5	第一小组

序号	户主	姓名	与户主关系	性别	出生年月	村民小组
70	刘明星			男	1949.1	第一小组
71		马雪琴	妻	女	1951.4	第一小组
72		刘林芳	儿子	男	1974.7	第一小组
73		杨　娜	儿媳	女	1973.9	第一小组
74		刘　浩	孙子	男	1995.8	第一小组
75	刘锡书			男	1958.6	第一小组
76		王东琴	妻	女	1968.8	第一小组
77		刘　滨	儿子	男	1990.2	第一小组
78		蔡兰英	母亲	女	1925.3	第一小组
79	刘会琴			女	1948.3	第一小组
80		王国旗	儿子	男	1970.8	第一小组
81		李玲叶	儿媳	女	1970.7	第一小组
82		王　倩	孙女	女	1997.9	第一小组
83		王　超	孙子	男	1999.11	第一小组
84	李树英			女	1946.2	第一小组
85		郑　帅	孙子	男	1994.10	第一小组
86	郑志奎			男	1953.3	第一小组
87		陈双平	妻	女	1954.1	第一小组
88	郑巧娥			女	1946.1	第一小组
89	刘雪琴			女	1953.11	第一小组
90		侯官军	儿子	男	1980.10	第一小组
91		侯东芳	孙女	女	2008.11	第一小组
92	郑爱琴			女	1952.7	第一小组
93		李亚军	儿子	男	1982.2	第一小组
94	刘天祥			男	1974.3	第一小组
95		刘月琴	母亲	女	1950.9	第一小组
96		尚凌燕	妻	女	1975.8	第一小组
97		刘晨钊	儿子	男	1996.10	第一小组
98		刘均格	女儿	女	2005.2	第一小组
99	马生勤			男	1953.11	第一小组
100		聂均平	母亲	女	1932.12	第一小组
101		马刚刚	儿子	男	1981.12	第一小组
102		侯娜娜	儿媳	女	1985.6	第一小组
103		马国超	孙子	男	2007.11	第一小组

序号	户主	姓名	与户主关系	性别	出生年月	村民小组
104	马永忠			男	1968.6	第一小组
105		柴爱琴	妻	女	1970.9	第一小组
106		马凤凤	女儿	女	1993.3	第一小组
107		马　雷	儿子	男	1997.7	第一小组
108	马金忠			男	1970.7	第一小组
109		白振琴	妻	女	1970.2	第一小组
110		马森洁	女儿	女	1993.10	第一小组
111		马森坤	女儿	女	1998.4	第一小组
112	王翠英			女	1932.5	第一小组
113		霍香云	女儿	女	1952.7	第一小组
114		霍　峰	孙子	男	1980.6	第一小组
115		霍灵珊	外孙女	女	2006.1	第一小组
116	马　文			男	1953.5	第一小组
117		闫小瑞	妻	女	1954.5	第一小组
118		马小忠	儿子	男	1979.1	第一小组
119	霍铁旦			男	1962.5	第一小组
120		尚书萍	妻	女	1962.9	第一小组
121		霍海林	儿子	男	1987.2	第一小组
122		霍海霞	女儿	女	1990.5	第一小组
123	霍明明			男	1949.12	第一小组
124	李锁琴			女	1960.5	第一小组
125		王　丽	儿媳	女	1986.4	第一小组
126		霍义欣	孙女	女	2008.9	第一小组
127	马兵善			男	1953.12	第一小组
128		王小文	妻	女	1955.12	第一小组
129		马根龙	儿子	男	1989.1	第一小组
130	李　斌			男	1966.3	第一小组
131		柳云霞	妻	女	1968.3	第一小组
132		李夏慧	女儿	女	1991.6	第一小组
133		李敏慧	女儿	女	1997.8	第一小组
134		李爱琴	母亲	女	1943.5	第一小组
135	李随兵			男	1968.3	第一小组
136		王艾平	妻	女	1968.5	第一小组
137		李慧玲	女儿	女	1991.10	第一小组

序 号	户 主	姓 名	与户主关系	性 别	出生年月	村民小组
138		李慧丽	女儿	女	1995.11	第一小组
139	侯月娥			女	1949.8	第一小组
140		张小忠	儿子	男	1972.9	第一小组
141	马小明			男	1961.8	第一小组
142		何桂娥	妻	女	1961.10	第一小组
143		马永刚	儿子	男	1988.1	第一小组
144		马如其	父亲	男	1936.7	第一小组
145	宋其云			男	1961.11	第一小组
146		侯小花	妻	女	1962.11	第一小组
147		张娜娜	女儿	女	1983.4	第一小组
148		张兰兰	女儿	女	1993.3	第一小组
149		倪晟皓	外孙子	男	2005.6	第一小组
150	白军民			男	1968.8	第一小组
151		刘牡丹	妻	女	1968.9	第一小组
152		白刘娜	女儿	女	1993.2	第一小组
153		白刘姗	女儿	女	1998.11	第一小组
154		丁秀娥	母亲	女	1939.7	第一小组
155	王艾艾			女	1948.3	第一小组
156	侯海鹰			男	1973.6	第一小组
157		殷芝娥	母亲	女	1941.8	第一小组
158		侯玲珑	女儿	女	2007.10	第一小组
159	侯瑞庭			男	1967.4	第一小组
160		王海梅	妻	女	1969.5	第一小组
161		侯 熠	儿子	男	1992.9	第一小组
162		侯伶俐	女儿	女	1998.9	第一小组
163	李艳艳			女	1963.7	第一小组
164		杨李杰	儿子	男	1991.7	第一小组
165		董新兵	丈夫	男	1961.5	第一小组
166		杨日升	父亲	男	1933.1	第一小组
167		郑焦英	母亲	女	1935.8	第一小组
168	聂花琴			女	1955.8	第一小组
169	郑末祥			男	1966.7	第一小组
170		张雪花	妻	女	1968.6	第一小组
171		郑聪浩	儿子	男	1990.12	第一小组

序号	户主	姓名	与户主关系	性别	出生年月	村民小组
172		郑晓莹	女儿	女	1997.11	第一小组
173	侯洪基			男	1965.5	第一小组
174		樊瑞琴	妻	女	1964.11	第一小组
175		侯 浩	儿子	男	1989.3	第一小组
176		侯 杰	儿子	男	1993.5	第一小组
177	毛公善			男	1964.2	第一小组
178		秦广英	妻	女	1964.1	第一小组
179		毛晓红	女儿	女	1998.12	第一小组
180		毛乾安	儿子	男	2002.4	第一小组
181	官日志			男	1955.12	第一小组
182		邓占英	妻	女	1955.4	第一小组
183	王明生			男	1965.12	第一小组
184		侯文文	妻	女	1967.8	第一小组
185		王 婧	女儿	女	1994.7	第一小组
186	樊书峰			男	1971.4	第一小组
187		尚李叶	妻	女	1970.4	第一小组
188		樊雅婷	女儿	女	1996.6	第一小组
189		樊钰婷	女儿	女	2000.10	第一小组
190		樊轶廷	儿子	男	2005.10	第一小组
191	席书林			男	1959.8	第一小组
192		刘培琴	妻	女	1961.11	第一小组
193	郑奎智			男	1968.9	第一小组
194		尚润玲	妻	女	1968.9	第一小组
195		郑 娇	女儿	女	1995.4	第一小组
196		郑 泽	女儿	女	2000.10	第一小组
197	席东霞			女	1966.10	第一小组
198	张瑞平			女	1955.4	第一小组
199	侯宪秀			男	1970.2	第一小组
200		刘霞霞	妻	女	1972.11	第一小组
201		侯慧敏	儿子	男	1995.11	第一小组
202		王凤平	母亲	女	1936.11	第一小组
203		侯慧婧	女儿	女	2002.1	第一小组
204	侯宪军			男	1968.7	第一小组
205		李琴琴	妻	女	1969.4	第一小组

序号	户主	姓名	与户主关系	性别	出生年月	村民小组
206		侯慧慧	女儿	女	1994.9	第一小组
207		侯慧宁	女儿	女	1997.12	第一小组
208	李长喜			男	1933.6	第一小组
209		李艾璐	孙子	男	1983.6	第一小组
210		王丽丽	孙妻	女	1986.5	第一小组
211		李梦绮	曾孙女	女	2008.6	第一小组
212		李璐雪	孙女	女	1987.5	第一小组
213		马海青	女婿	男	1958.3	第一小组
214		李瑞琴	女儿	女	1960.7	第一小组
215	郭建军			男	1956.7	第一小组
216		蔡高英	妻	女	1958.1	第一小组
217		郭玲康	儿子	男	1990.12	第一小组
218	王本荣			男	1954.1	第一小组
219		谭 丽	妻	女	1954.2	第一小组
220		王 霄	儿子	男	1981.1	第一小组
221	石得水			男	1949.12	第一小组
222		张吉平	妻	女	1951.11	第一小组
223	尚叶叶			女	1976.12	第一小组
224		姚钱娟	女儿	女	1998.11	第一小组
225	董存武			男	1962.2	第一小组
226		芮秋叶	妻	女	1966.5	第一小组
227		董超鹏	儿子	男	1994.5	第一小组
228		董芮燕	女儿	女	1999.4	第一小组
229	王进社			男	1957.5	第一小组
230		张雪琴	妻	女	1961.2	第一小组
231		王克克	女儿	女	1989.1	第一小组
232	芮海云			男	1971.6	第一小组
233		侯艳艳	妻	女	1970.2	第一小组
234		芮小波	儿子	男	1996.11	第一小组
235	李德慧			男	1981.1	第一小组
236		李翠英	母亲	女	1941.2	第一小组
237		李天昊	儿子	男	2003.7	第一小组
238	姚文太			男	1955.1	第一小组
239		董小花	妻	女	1957.8	第一小组

序　号	户　主	姓　名	与户主关系	性　别	出生年月	村民小组
240		姚书庭	儿子	男	1980.3	第一小组
241		张普霞	儿媳	女	1982.4	第一小组
242		姚钦杰	孙子	男	2006.7	第一小组
243	董锋刚			男	1979.2	第一小组
244		张灵霞	妻	女	1977.4	第一小组
245		董哲帆	女儿	女	2002.9	第一小组
246	高治国			男	1977.7	第一小组
247	樊书龙			男	1974.6	第一小组
248		刘锦美	妻	女	1976.8	第一小组
249		樊　伟	儿子	男	2001.7	第一小组
250	侯　丽			女	1966.7	第一小组
251	李卫国			男	1972.1	第一小组
252		杨春艳	妻	女	1972.8	第一小组
253		李杨婷	女儿	女	1997.3	第一小组
254		李娅婷	女儿	女	2008.7	第一小组
255	张荷梅			女	1952.5	第一小组
256	张卫卫			男	1973.11	第一小组
257		白书霞	妻	女	1974.7	第一小组
258		卫月娥	母亲	女	1955.2	第一小组
259		张倩倩	女儿	女	1997.11	第一小组
260		张乾莉	女儿	女	2004.7	第一小组
261	霍小娥			女	1954.5	第一小组
262		宋玲祥	儿子	男	1974.12	第一小组
263		裴慧阳	孙女	女	2007.3	第一小组
264	宋红兵			男	1975.4	第一小组
265	王　鹏			男	1977.11	第一小组
266		侯霞霞	妻	女	1981.6	第一小组
267		王钌源	儿子	男	2006.3	第一小组
268	郑书亮			男	1965.5	第一小组
269	马彩霞			女	1982.4	第一小组
270		刘雨涵	女儿	女	2006.3	第一小组
271	马龙龙			男	1975.1	第一小组
272		王爱霞	妻	女	1977.4	第一小组
273		马帅帅	儿子	男	1998.9	第一小组

序号	户主	姓名	与户主关系	性别	出生年月	村民小组
274	郑会欣			男	1954.3	第一小组
275	徐永霞			女	1975.3	第一小组
276		崔靖阳	儿子	男	2003.10	第一小组
277	徐永霞			男	1984.6	第一小组
278	席跃军			男	1969.11	第一小组
279		王梅梅	妻	女	1972.4	第一小组
280		席森浩	儿子	男	2001.7	第一小组
281		席娅冉	女儿	女	1995.2	第一小组
282	高永政			男	1969.3	第二小组
283		步桂英	母亲	女	1934.3	第二小组
284		高燕婷	女儿	女	2001.3	第二小组
285	侯翠英			女	1943.9	第二小组
286	马荣花			女	1964.10	第二小组
287		马海峰	儿子	男	1984.9	第二小组
288		马海娟	女儿	女	1989.10	第二小组
289	王龙奎			男	1964.11	第二小组
290		宋雪雪	妻	女	1964.9	第二小组
291		王娅静	女儿	女	1991.4	第二小组
292	杨娅丽			女	1981.5	第二小组
293		杨娅鹏	弟弟	男	1987.7	第二小组
294		王景轩	儿子	男	2005.6	第二小组
295	刘培学			男	1962.2	第二小组
296		张文娥	妻	女	1963.9	第二小组
297		刘锦卡	儿子	男	1986.7	第二小组
298	樊虎娥			女	1966.2	第二小组
299		刘锦璐	女儿	女	1994.4	第二小组
300	刘小孔			男	1965.2	第二小组
301		王桂花	母亲	女	1936.7	第二小组
302		刘锦星	女儿	女	1989.1	第二小组
303	刘锦玉			男	1955.3	第二小组
304		王雪平	妻	女	1961.3	第二小组
305		刘治国	儿子	男	1986.11	第二小组
306		刘娅丽	女儿	女	1995.6	第二小组
307	刘小随			男	1954.11	第二小组

序　号	户　主	姓　名	与户主关系	性　别	出生年月	村民小组
308		王荣荣	妻	女	1957.2	第二小组
309		刘培良	父亲	男	1930.1	第二小组
310	刘培刚			男	1963.11	第二小组
311		杨雪英	妻	女	1966.4	第二小组
312	刘培强			男	1966.6	第二小组
313		王书平	妻	女	1968.7	第二小组
314		刘秀惠	女儿	女	1995.5	第二小组
315		刘秀芳	女儿	女	1997.4	第二小组
316	张广华			男	1946.11	第二小组
317		张其源	儿子	男	1975.10	第二小组
318		行国瑞	儿媳	女	1979.2	第二小组
319		张海涛	孙子	男	2003.8	第二小组
320	刘二虎			男	1962.10	第二小组
321		高瑞花	妻	女	1964.6	第二小组
322		刘俊丽	女儿	女	1995.3	第二小组
323	刘三虎			男	1966.6	第二小组
324		王珍珠	妻	女	1966.9	第二小组
325		刘帅帅	儿子	男	1991.10	第二小组
326	刘虎虎			男	1954.10	第二小组
327		张洪兰	妻	女	1954.9	第二小组
328		刘锦军	儿子	男	1981.10	第二小组
329		刘俊霞	女儿	女	1990.9	第二小组
330		刘昕玥	孙女	女	2005.8	第二小组
331	王爱叶			女	1941.2	第二小组
332	王志汉			男	1943.7	第二小组
333		刘培娥	妻	女	1947.1	第二小组
334	李如芳			男	1969.9	第二小组
335		马秀兰	母亲	女	1944.5	第二小组
336		马书琴	妻	女	1972.9	第二小组
337		李　婷	女儿	女	1993.10	第二小组
338		李世博	儿子	男	1999.2	第二小组
339	张学义			男	1955.6	第二小组
340		王小花	妻	女	1955.11	第二小组
341		张　雷	儿子	男	1990.7	第二小组

序号	户主	姓名	与户主关系	性别	出生年月	村民小组
342	侯元生			男	1960.6	第二小组
343		王会莲	妻	女	1961.3	第二小组
344		侯二琦	儿子	男	1990.5	第二小组
345	刘秋生			男	1973.9	第二小组
346		靳俊霞	妻	女	1975.4	第二小组
347		刘梦桃	女儿	女	1996.7	第二小组
348		刘梦杰	儿子	男	2004.4	第二小组
349	王志平			女	1945.8	第二小组
350	刘冬生			男	1968.12	第二小组
351		樊书霞	妻	女	1970.1	第二小组
352		刘　娜	女儿	女	1995.6	第二小组
353	刘春生			男	1964.3	第二小组
354		张雪琴	妻	女	1966.10	第二小组
355		刘　伟	儿子	男	1987.6	第二小组
356		刘　朦	女儿	女	1996.3	第二小组
357	张香平			女	1958.7	第二小组
358		刘宝康	儿子	男	1989.6	第二小组
359	刘雪梅			女	1933.1	第二小组
360	张平原			男	1972.9	第二小组
361		尚高英	妻	女	1973.8	第二小组
362		张　帅	儿子	男	1996.5	第二小组
363	张平安			男	1967.2	第二小组
364		樊春娥	妻	女	1966.1	第二小组
365		张　景	儿子	男	1989.12	第二小组
366		张　姗	女儿	女	1994.9	第二小组
367	左秋苗			男	1945.10	第二小组
368		郑平平	妻	女	1946.8	第二小组
369		左忠忠	儿子	男	1971.5	第二小组
370		程海绵	儿媳	女	1972.4	第二小组
371		左程斐	孙女	女	1995.3	第二小组
372		左赟泽	孙子	男	1998.1	第二小组
373	左海叶			女	1975.8	第二小组
374		郑梦娜	女儿	女	2002.9	第二小组
375	刘其锁			男	1952.4	第二小组

序 号	户 主	姓 名	与户主关系	性 别	出生年月	村民小组
376		刘拉娥	妻	女	1953.9	第二小组
377		许春波	妹夫	男	1955.5	第二小组
378	刘锦元			男	1941.8	第二小组
379		杨花琴	妻	女	1944.7	第二小组
380	刘扬珍			男	1971.1	第二小组
381		韩连连	妻	女	1971.6	第二小组
382		刘娅楠	女儿	女	1993.10	第二小组
383	刘扬芳			男	1964.2	第二小组
384		杨拽娥	妻	女	1966.4	第二小组
385		刘楠楠	女儿	女	1987.10	第二小组
386	刘杨忠			男	1966.3	第二小组
387		官叶儿	妻	女	1966.9	第二小组
388		刘晓慧	女儿	女	1991.10	第二小组
389		刘晓璐	女儿	女	2001.9	第二小组
390	马锁勤			男	1953.11	第二小组
391		李艮瑞	妻	女	1953.5	第二小组
392		马李云	儿子	男	1975.6	第二小组
393		尚海霞	儿媳	女	1975.11	第二小组
394		马金莉	孙女	女	2002.1	第二小组
395	刘建勤			女	1967.12	第二小组
396	赵秋刚			男	1962.9	第二小组
397		郑小霞	妻	女	1982.3	第二小组
398		赵 锋	儿子	男	1986.1	第二小组
399		赵 鹏	儿子	男	1990.5	第二小组
400		赵鑫雯	女儿	女	2007.5	第二小组
401	刘杰宽			男	1957.9	第二小组
402		乔协英	母亲	女	1936.4	第二小组
403		席拴琴	妻	女	1957.9	第二小组
404		刘 鹏	儿子	男	1989.5	第二小组
405	刘杰生			男	1965.7	第二小组
406		张秋叶	妻	女	1967.10	第二小组
407		刘 岩	儿子	男	1994.12	第二小组
408		刘 莎	女儿	女	1989.7	第二小组
409	刘杰芳			男	1970.6	第二小组

序　号	户　主	姓　名	与户主关系	性　别	出生年月	村民小组
410		乔凤英	母亲	女	1929.4	第二小组
411		张学梅	妻	女	1974.10	第二小组
412		刘　涛	儿子	男	1996.10	第二小组
413	杜玉琴			女	1946.2	第二小组
414	郑吾琴			女	1937.1	第二小组
415	王占瑞			男	1947.8	第二小组
416		马玉花	妻	女	1950.2	第二小组
417	王春林			男	1973.3	第二小组
418		刘娜娜	妻	女	1978.12	第二小组
419		王鹏慧	儿子	男	2001.5	第二小组
420		王静雯	女儿	女	2006.4	第二小组
421	王茂林			男	1970.12	第二小组
422		杨海荣	妻	女	1970.8	第二小组
423		王鹏飞	儿子	男	1993.8	第二小组
424		王杨阳	女儿	女	1996.6	第二小组
425	王马林			男	1968.10	第二小组
426		王小霞	妻	女	1969.8	第二小组
427		王大鹏	儿子	男	1991.6	第二小组
428		王　晶	女儿	女	2007.12	第二小组
429	马　虎			男	1963.7	第二小组
430		刘玉英	母亲	女	1936.4	第二小组
431		杨雪连	妻	女	1965.8	第二小组
432	董存兰			女	1970.11	第二小组
433	董杨平			女	1959.7	第二小组
434	刘锦怀			男	1935.5	第二小组
435		侯大芝	儿媳	女	1959.3	第二小组
436		刘亚凤	孙女	女	1987.9	第二小组
437		张庆玲	孙媳	女	1980.11	第二小组
438	靳玉平			女	1959.2	第二小组
439		原黎锋	儿子	男	1983.2	第二小组
440		高　丽	儿媳	女	1987.5	第二小组
441		原潇沁	孙子	男	2006.7	第二小组
442	原林虎			男	1962.5	第二小组
443		谭润琴	妻	女	1963.8	第二小组

序 号	户 主	姓 名	与户主关系	性 别	出生年月	村民小组
444		原丽鹏	儿子	男	1990.7	第二小组
445		原丽波	儿子	男	1985.11	第二小组
446		王海芳	儿媳	女	1988.9	第二小组
447		原嘉怡	女	女	2009.7	第二小组
448	刘锦娥			女	1949.10	第二小组
449	张三虎			男	1968.1	第二小组
450		侯 珍	妻	女	1969.4	第二小组
451		张 聪	女儿	女	1994.2	第二小组
452		张 波	儿子	男	1996.6	第二小组
453	杨国琦			男	1949.9	第二小组
454		马润润	妻	女	1952.11	第二小组
455		杨 君	儿子	男	1979.8	第二小组
456		董小霞	儿媳	女	1982.1	第二小组
457		杨 飞	儿子	男	1990.8	第二小组
458		杨森集	孙子	男	2004.11	第二小组
459	侯 娥			女	1965.9	第二小组
460		王娅凤	女儿	女	1989.9	第二小组
461		王娅男	女儿	女	1995.4	第二小组
462		李亚泽	儿子	男	2000.11	第二小组
463		李兵兵	丈夫	男	1970.9	第二小组
464	王虎奎			男	1962.10	第二小组
465	马明芳			男	1955.12	第二小组
466		董姣平	妻	女	1956.12	第二小组
467		马海波	儿子	男	1982.12	第二小组
468		卢娅芳	儿媳	女	1987.6	第二小组
469		马海晓	女儿	女	1994.12	第二小组
470		马婧泽	孙女	女	2009.3	第二小组
471	刘杰瑞			男	1955.11	第二小组
472		郑玉平	妻	女	1953.7	第二小组
473		刘小国	儿子	男	1981.11	第二小组
474		姚佳佳	儿媳	女	1985.1	第二小组
475		刘怡彤	孙女	女	2004.12	第二小组
476	王芝琴			女	1949.5	第二小组
477		王 海	儿子	男	1974.5	第二小组

序号	户主	姓名	与户主关系	性别	出生年月	村民小组
478		侯海霞	儿媳	女	1979.8	第二小组
479		王钰婷	孙女	女	2004.2	第二小组
480	王　伟			男	1968.12	第二小组
481		刘梅梅	妻	女	1969.4	第二小组
482		王慧芳	女儿	女	1992.10	第二小组
483		王玉芳	女儿	女	1996.4	第二小组
484	王四秀			女	1971.9	第二小组
485		王亚鑫	儿子	男	1995.8	第二小组
486	宋援朝			男	1954.1	第二小组
487		郑花平	妻	女	1956.5	第二小组
488		宋郑龙	儿子	男	1981.7	第二小组
489		司亚平	儿媳	女	1978.9	第二小组
490		宋炳瑞	孙子	男	2004.7	第二小组
491	卢　军			男	1959.6	第二小组
492		崔雪荣	妻	女	1960.12	第二小组
493		卢伟伟	儿子	男	1983.12	第二小组
494		陈艳妮	儿媳	女	1986.3	第二小组
495		卢金钰	孙女	女	2007.12	第二小组
496	尚其雷			男	1956.10	第二小组
497	段元花			女	1942.11	第二小组
498		樊红波	儿子	男	1974.2	第二小组
499		樊茜茜	孙女	女	1997.7	第二小组
500	郑　芳			男	1962.11	第二小组
501		马　凤	妻	女	1961.2	第二小组
502	祁业花			女	1942.3	第二小组
503		乔永芳	儿媳	女	1966.11	第二小组
504		官日章	丈夫	男	1940.1	第二小组
505	官元兵			男	1975.6	第二小组
506	刘富才			男	1995.10	第二小组
507	张林林			男	1963.7	第二小组
508	王勤勤			女	1951.5	第二小组
509	董末祥			男	1971.2	第二小组
510		侯秋文	妻	女	1970.8	第二小组
511		董　晓	女儿	女	1993.9	第二小组

序　号	户　主	姓　名	与户主关系	性　别	出生年月	村民小组
512		董泽新	儿子	男	1998.6	第二小组
513	何永军			男	1956.8	第二小组
514		樊粉荣	妻	女	1963.2	第二小组
515		何海功	儿子	男	1984.10	第二小组
516		何向前	女儿	女	1989.6	第二小组
517	郭建云			男	1954.1	第二小组
518		刘秀花	妻	女	1957.10	第二小组
519		郭　炜	儿子	男	1983.4	第二小组
520		郭　利	女儿	女	1990.10	第二小组
521	张品兰			男	1952.5	第二小组
522		李　琴	妻	女	1955.11	第二小组
523		张　波	儿子	男	1982.5	第二小组
524		张慧倩	儿媳	女	1986.11	第二小组
525		张傲晨	孙子	男	2008.2	第二小组
526	张红学			男	1958.6	第二小组
527		王婵花	妻	女	1960.3	第二小组
528		张晓娟	女儿	女	1983.3	第二小组
529		张晓凯	儿子	男	1989.4	第二小组
530	柴天龙			男	1958.6	第二小组
531		杨连连	妻	女	1960.9	第二小组
532		柴美丽	女儿	女	1984.10	第二小组
533		柴丽遥	儿子	男	1992.2	第二小组
534	王茂红			男	1959.11	第二小组
535		陈小娇	妻	女	1964.7	第二小组
536		王会丰	儿子	男	1986.6	第二小组
537		王亚会	女儿	女	1993.10	第二小组
538	杨代平			女	1958.12	第二小组
539		李　波	儿子	男	1983.10	第二小组
540		李　凯	儿子	男	1988.3	第二小组
541	郑苏锋			男	1977.4	第二小组
542		郑　鑫	妻	女	1978.3	第二小组
543		郑尔涛	儿子	男	2009.2	第二小组
544		郑生尧	儿子	男	2001.4	第二小组
545	王星成			男	1971.11	第二小组

序号	户主	姓名	与户主关系	性别	出生年月	村民小组
546	马龙			男	1957.4	第二小组
547	张丽霞			女	1976.8	第二小组
548		郑超晨	儿子	男	2001.5	第二小组
549	侯国锋			男	1976.10	第二小组
550		张霞霞	妻	女	1978.11	第二小组
551		侯甜	女儿	女	2002.10	第二小组
552		侯浩然	儿子	男	2006.2	第二小组
553	尚治华			男	1961.6	第二小组
554		刘金华	妻	女	1960.4	第二小组
555		尚刘鹏	儿子	男	1989.6	第二小组
556	席拴兴			男	1966.9	第二小组
557		王亚勤	妻	女	1969.4	第二小组
558		席王彪	儿子	男	2003.1	第二小组
559		席王超	儿子	男	1993.5	第二小组
560	杨胜锋			男	1979.10	第二小组
561		郑苏叶	妻	女	1980.8	第二小组
562		杨春灵	女儿	女	2003.2	第二小组
563	张清富			男	1942.7	第二小组
564		程琴琴	儿媳	女	1965.9	第二小组
565		张莉	孙女	女	1987.9	第二小组
566		张晶	孙女	女	1993.9	第二小组
567		任莹鑫	孙女	女	2008.11	第二小组
568		张拽年	儿子	男	1967.1	第二小组
569	杨霞霞			女	1974.7	第二小组
570		扬龙庆	女婿	男	1970.1	第二小组
571		杨轲	儿子	男	1999.11	第二小组
572		杨冉骞	女儿	女	2004.5	第二小组
573	杨海霞			女	1971.1	第二小组
574		王泽宁	儿子	男	1998.5	第二小组
575	董永艳			女	1983.5	第二小组
576		上官俊哲	儿子	男	2007.2	第二小组
577		上官忠忠	丈夫	男	1985.6	第二小组
578	董灵虎			男	1976.8	第二小组
579		宋郑亚	妻	女	1982.4	第二小组

序　号	户　主	姓　名	与户主关系	性　别	出生年月	村民小组
580		董凡伟	儿子	男	2005.5	第二小组
581	李来军			男	1979.6	第二小组
582		张海叶	妻	女	1972.6	第二小组
583		李子晨	儿子	男	2001.7	第二小组
584	刘金霞			女	1980.10	第二小组
585	刘丽娜			女	1981.7	第二小组
586	柴书英			女	1958.7	第三小组
587		刘锦波	儿子	男	1981.12	第三小组
588		刘锦芳	女儿	女	1989.7	第三小组
589		张尼尼	儿媳	女	1983.6	第三小组
590		刘咨夷	孙女	女	2006.10	第三小组
591	刘杰兴			男	1950.3	第三小组
592		王秀琴	妻	女	1953.9	第三小组
593		刘金龙	儿子	男	1976.2	第三小组
594		武东霞	儿媳	女	1982.6	第三小组
595		刘伟泽	孙子	男	2004.10	第三小组
596	刘金霞			女	1980.9	第三小组
597		杨伟涛	女儿	女	2003.9	第三小组
598		杨末拽	丈夫	男	1979.11	第三小组
599	刘培龙			男	1972.2	第三小组
600		马林霞	妻	女	1973.6	第三小组
601		刘　垠	女儿	女	1995.11	第三小组
602		刘　梅	女儿	女	1999.12	第三小组
603	侯小叶			女	1957.1	第三小组
604	刘拉润			男	1970.5	第三小组
605		杨文英	母亲	女	1926.11	第三小组
606		王迎弟	妻	女	1971.9	第三小组
607		刘　浩	儿子	男	1998.12	第三小组
608	刘拉勤			男	1964.12	第三小组
609		王小花	妻	女	1963.1	第三小组
610		刘　凯	儿子	男	1993.5	第三小组
611	李张平			女	1954.12	第三小组
612	赵淑娥			女	1956.7	第三小组
613	王社花			女	1958.2	第三小组

序 号	户 主	姓 名	与户主关系	性 别	出生年月	村民小组
614	刘培刚			男	1955.2	第三小组
615		侯合勤	妻	女	1959.2	第三小组
616		刘 凤	女儿	女	1992.8	第三小组
617		王玉英	母亲	女	1927.6	第三小组
618	刘杰河			男	1934.12	第三小组
619		李素琴	妻	女	1941.9	第三小组
620	尚云霞			女	1976.3	第三小组
621		原 晨	儿子	男	1999.10	第三小组
622	刘铁道			男	1954.3	第三小组
623		王天平	妻	女	1956.4	第三小组
624	牛怀怀			男	1953.7	第三小组
625	牛公社			男	1960.10	第三小组
626		刘叶叶	妻	女	1971.11	第三小组
627		牛杰俊	儿子	男	1993.11	第三小组
628	李洪义			男	1952.7	第三小组
629		刘迎花	妻	女	1953.6	第三小组
630		李慧波	儿子	男	1980.2	第三小组
631		蔡东娅	儿媳	女	1985.11	第三小组
632		李若琨	孙女	女	2006.7	第三小组
633	刘瑞娥			女	1960.10	第三小组
634	李忠生			男	1974.2	第三小组
635		陈拴苗	母亲	女	1950.12	第三小组
636		张瑞瑞	妻	女	1972.4	第三小组
637		李 源	女儿	女	2000.4	第三小组
638		李源博	儿子	男	2002.4	第三小组
639	李红章			男	1949.1	第三小组
640		陈王平	妻	女	1950.12	第三小组
641		李 东	儿子	男	1980.12	第三小组
642		石慧莉	儿媳	女	1985.11	第三小组
643		李欣怡	孙女	女	2006.3	第三小组
644		李 娅	女儿	女	1976.1	第三小组
645	刘金良			男	1948.12	第三小组
646		郭娥娃	妻	女	1949.7	第三小组
647		刘丽军	儿子	男	1985.1	第三小组

序 号	户 主	姓 名	与户主关系	性 别	出生年月	村民小组
648	高文榜			男	1948.4	第三小组
649		刘雪琴	妻	女	1952.5	第三小组
650		高林芳	儿子	男	1974.3	第三小组
651		樊书娟	儿媳	女	1974.6	第三小组
652		高 泽	孙子	男	2002.10	第三小组
653	郑允开			男	1939.2	第三小组
654		高凤娥	妻	女	1937.1	第三小组
655		郑国强	儿子	男	1966.8	第三小组
656		郑 洁	孙女	女	1990.8	第三小组
657	郑怀叶			女	1969.10	第三小组
658		侯 越	女儿	女	1998.11	第三小组
659	王润娥			女	1954.11	第三小组
660	王新锋			男	1979.3	第三小组
661	赵锁柱			男	1961.6	第三小组
662		赵飞艳	女儿	女	1992.2	第三小组
663	郑林林			女	1962.5	第三小组
664		扬兰英	母亲	女	1931.4	第三小组
665	张瑞琴			女	1960.1	第三小组
666		王翠花	母亲	女	1934.3	第三小组
667	席雄兵			男	1964.8	第三小组
668		杨红叶	妻	女	1965.10	第三小组
669		席珍珍	女儿	女	1999.1	第三小组
670	杨文广			男	1953.2	第三小组
671		樊清香	妻	女	1955.7	第三小组
672	李秋蝉			女	1953.5	第三小组
673		刘锦磊	儿子	男	1981.10	第三小组
674	董启林			男	1974.4	第三小组
675		刘锦艳	妻	女	1978.4	第三小组
676		董刘涛	儿子	男	2001.4	第三小组
677	尚封书			男	1937.10	第三小组
678		李桂平	妻	女	1943.7	第三小组
679		尚李红	儿子	男	1972.11	第三小组
680		马董叶	儿媳	女	1975.4	第三小组
681		尚仪彬	孙子	男	1997.9	第三小组

序号	户主	姓名	与户主关系	性别	出生年月	村民小组
682		尚沁彬	孙子	男	2005.1	第三小组
683	尚力进			男	1964.9	第三小组
684		李爱琴	妻	女	1967.3	第三小组
685		尚仪鑫	女儿	女	1993.7	第三小组
686		范芳芳	儿媳	女	1987.11	第三小组
687		尚钰博	孙子	男	2009.3	第三小组
688	刘培生			男	1963.6	第三小组
689		陈花花	妻	女	1966.3	第三小组
690		刘锦霞	女儿	女	1989.8	第三小组
691	刘培宏			男	1957.2	第三小组
692		刘王锋	儿子	男	1981.10	第三小组
693		李月英	岳母	女	1938.1	第三小组
694		刘彬渤	孙子	男	2007.11	第三小组
695	李国瑞			男	1960.6	第三小组
696		王荣棉	妻	女	1963.3	第三小组
697		李　锋	儿子	男	1984.4	第三小组
698		李　娜	女儿	女	1992.10	第三小组
699	刘　锋			男	1957.1	第三小组
700		尚　园	儿媳	女	1982.5	第三小组
701		刘汶佳	孙女	女	2009.4	第三小组
702	刘　锐			男	1961.12	第三小组
703		刘　波	儿子	男	1984.10	第三小组
704		刘静渊	孙女	女	2009.4	第三小组
705		刘　浩	儿子	男	1991.7	第三小组
706	安淑娟			女	1973.6	第三小组
707		王雪勤	母亲	女	1941.3	第三小组
708		侯玉章	父亲	男	1938.7	第三小组
709	董龙平			女	1949.11	第三小组
710		李海刚	儿子	男	1977.10	第三小组
711		张润勤	儿媳	女	1978.8	第三小组
712		李欣奕	孙女	女	2007.10	第三小组
713		李顺志	孙子	男	2008.7	第三小组
714	姚吉平			女	1956.12	第三小组
715	高　雷			男	1967.3	第三小组

序号	户主	姓名	与户主关系	性别	出生年月	村民小组
716	安玉兰			女	1932.9	第三小组
717	刘小瑞			女	1953.6	第三小组
718		马晓芳	女儿	女	1981.11	第三小组
719		马慧珍	外孙女	女	2003.12	第三小组
720	郑江波			男	1980.3	第三小组
721		魏莹	妻	女	1982.8	第三小组
722		郑钰格	女儿	女	2002.12	第三小组
723	郑雪亮			男	1967.6	第三小组
724		闫海兰	妻	女	1968.2	第三小组
725		郑玲玲	女儿	女	1991.4	第三小组
726		郑浩浩	儿子	男	1993.12	第三小组
727	郑雪奎			男	1965.7	第三小组
728		徐彩娥	妻	女	1969.1	第三小组
729		郑雷	儿子	男	1991.10	第三小组
730		郑晓	女儿	女	1998.7	第三小组
731	孙宝女			女	1946.10	第三小组
732		赵忠	儿子	男	1979.3	第三小组
733	姚辉云			女	1971.5	第三小组
734		刘玲玲	妹妹	女	1986.4	第三小组
735	祁志花			女	1947.3	第三小组
736	杨雪花			女	1956.3	第三小组
737	宗粉菊			女	1946.10	第三小组
738		徐晋生	儿子	男	1973.4	第三小组
739		徐喜梅	女儿	女	1975.10	第三小组
740	张春兰			女	1957.3	第三小组
741		刘建军	儿子	男	1981.9	第三小组
742		刘建霞	女儿	女	1978.1	第三小组
743		刘秀丽	孙女	女	2003.11	第三小组
744		刘雨馨	孙女	女	2008.8	第三小组
745	尉彩霞			女	1974.2	第三小组
746	王拽良			男	1970.8	第三小组
747		牛雪荣	妻	女	1970.4	第三小组
748		王芳	女儿	女	1993.4	第三小组
749		王成	儿子	男	1999.6	第三小组

序 号	户 主	姓 名	与户主关系	性 别	出生年月	村民小组
750	侯宪云			男	1954.2	第三小组
751		侯雪琴	妻	女	1962.5	第三小组
752	刘书生			男	1971.1	第三小组
753		高林亚	妻	女	1971.12	第三小组
754		刘俊莹	女儿	女	1994.2	第三小组
755		刘俊显	儿子	男	2001.10	第三小组
756	韩爱琴			女	1962.1	第三小组
757		卢磊波	儿子	男	1985.8	第三小组
758		卢 斌	丈夫	男	1962.5	第三小组
759	侯 林			男	1964.3	第三小组
760		李梅叶	妻	女	1967.5	第三小组
761		侯 宝	儿子	男	1986.11	第三小组
762		侯娟娟	女儿	女	1993.9	第三小组
763	郑永锋			男	1971.10	第三小组
764		靳 环	妻	女	1971.11	第三小组
765		郑晓泓	女儿	女	1994.11	第三小组
766		郑晓玉	儿子	男	2003.6	第三小组
767	祁业梅			女	1948.9	第三小组
768		祁兵兵	儿子	男	1977.3	第三小组
769		姚合凤	儿媳	女	1981.12	第三小组
770		祁浩男	孙子	男	2002.11	第三小组
771	刘国关			男	1959.9	第三小组
772		牛林霞	妻	女	1969.7	第三小组
773		刘亚亚	女儿	女	1995.11	第三小组
774	焦赵龙			男	1963.9	第三小组
775		赵荣花	母亲	女	1945.9	第三小组
776	刘拉娥			女	1968.8	第三小组
777		李 娜	女儿	女	1990.10	第三小组
778	王张社			男	1971.4	第三小组
779		王 洁	儿子	男	1998.12	第三小组
780		张凤梅	母亲	女	1950.12	第三小组
781	王封云			男	1958.8	第三小组
782		牛书勤	妻	女	1961.9	第三小组
783		王 浩	儿子	男	1998.4	第三小组

序 号	户 主	姓 名	与户主关系	性 别	出生年月	村民小组
784		王 克	儿子	男	1993.11	第三小组
785	苏汉玉			男	1961.5	第三小组
786		刘爱琴	妻	女	1962.8	第三小组
787		苏 杰	儿子	男	1989.2	第三小组
788	侯小宝			男	1968.11	第三小组
789		王兴霞	妻	女	1975.5	第三小组
790		侯思洁	女儿	女	2007.1	第三小组
791	王建龙			男	1976.2	第三小组
792		李 霞	妻	女	1978.8	第三小组
793		王亚菲	女儿	女	2002.3	第三小组
794	樊朝棋			男	1981.3	第三小组
795		侯张丽	妻	女	1984.12	第三小组
796		樊鉥晖	儿子	男	2007.3	第三小组
797	郑云岗			男	1973.10	第三小组
798		王张叶	妻	女	1974.9	第三小组
799		郑梓豪	儿子	男	1998.1	第三小组
800	官琴花			女	1965.6	第三小组
801		杨金凤	女儿	女	1998.12	第三小组
802	侯飞龙			男	1973.3	第三小组
803		侯 甜	女儿	女	1995.7	第三小组
804		侯昊楠	儿子	男	2008.1	第三小组
805	高鹏云			男	1940.5	第三小组
806	李末平			女	1967.3	第三小组
807	杜菊霞			女	1977.7	第三小组
808		刘怡泽	女儿	女	1998.4	第三小组
809		刘书林	丈夫	男	1974.8	第三小组
810	刘书兵			男	1981.4	第三小组
811	王海鹏			男	1973.3	第三小组
812	韩俊霞			女	1980.3	第三小组
813	王秋连			女	1971.9	第三小组
814		刘 洋	儿子	男	1994.2	第三小组
815		刘慧禎	女儿	女	2005.1	第三小组
816	刘永奎			男	1955.3	第三小组
817		刘培花	妻	女	1959.3	第三小组

序号	户主	姓名	与户主关系	性别	出生年月	村民小组
818		王瑞英	母亲	女	1936.9	第三小组
819		刘宝福	儿子	男	1983.1	第三小组
820		刘轩境	孙女	女	2007.6	第三小组
821		侯晓鹏	儿媳	女	1984.2	第三小组
822	靳建国			男	1975.3	第三小组
823		刘宝丽	妻	女	1981.3	第三小组
824		靳升蓉	女儿	女	2003.11	第三小组
825	靳海霞			女	1983.9	第三小组
826		郑彬如	女儿	女	2006.9	第三小组
827	王锁会			男	1964.12	第三小组
828		王　鹏	儿子	男	1995.6	第三小组
829	蔡卫锋			男	1977.2	第三小组
830	王锦忠			男	1980.10	第三小组
831		裴瑞瑞	妻	女	1983.1	第三小组
832		王馨冉	女儿	女	2008.3	第三小组
833	刘玲波			男	1984.8	第三小组
834	刘国庆			男	1966.11	第四小组
835	刘锦奎			男	1973.7	第四小组
836		柳锁花	妻	女	1960.4	第四小组
837		刘　杰	儿子	男	1994.5	第四小组
838	牛国营			男	1958.12	第四小组
839		杨雪文	妻	女	1960.4	第四小组
840		牛林霄	儿子	男	1985.1	第四小组
841		牛林乾	儿子	男	1990.10	第四小组
842	牛文兵			男	1967.5	第四小组
843		张小爱	妻	女	1968.2	第四小组
844		牛林智	儿子	男	1990.10	第四小组
845	牛锡文			男	1943.7	第四小组
846		李秀英	妻	女	1945.6	第四小组
847	牛文生			男	1953.4	第四小组
848		牛玲霞	女儿	女	1973.12	第四小组
849		牛杨帅	孙子	男	1994.4	第四小组
850	牛文彦			男	1961.12	第四小组
851		郭瑞花	妻	女	1960.6	第四小组

序　号	户　主	姓　名	与户主关系	性　别	出生年月	村民小组
852		牛慧斐	女儿	女	1992.2	第四小组
853		侯兰英	母亲	女	1930.8	第四小组
854	张昌顺			男	1956.8	第四小组
855		张楠楠	女儿	女	1992.3	第四小组
856	张昌云			男	1969.4	第四小组
857		杨波波	儿子	男	1993.1	第四小组
858		张　科	儿子	男	1996.5	第四小组
859		霍冬梅	妻	女	1971.9	第四小组
860	姚爱国			男	1971.5	第四小组
861		牛叶娃	妻	女	1969.6	第四小组
862		姚凯鹏	儿子	男	1992.8	第四小组
863	李小勇			男	1959.9	第四小组
864		牛大爱	妻	女	1966.5	第四小组
865		李　鹏	儿子	男	1994.11	第四小组
866		李　娜	女儿	女	1998.6	第四小组
867	牛洪旗			男	1963.4	第四小组
868		王未赛	妻	女	1966.10	第四小组
869		牛王芳	女儿	女	1993.4	第四小组
870	牛洪跃			男	1957.2	第四小组
871		乔社琴	妻	女	1960.5	第四小组
872		牛晓波	女儿	女	1990.3	第四小组
873	徐金花			女	1932.1	第四小组
874	王供乐			男	1947.11	第四小组
875	刘大锁			男	1952.11	第四小组
876		刘东东	儿子	男	1973.11	第四小组
877		姚苏琴	儿媳	女	1981.9	第四小组
878	李洪斌			男	1962.1	第四小组
879		刘瑞香	妻	女	1965.7	第四小组
880		李忠海	儿子	男	1990.3	第四小组
881	陈社红			男	1960.4	第四小组
882		张相珍	妻	女	1962.11	第四小组
883		陈　丽	女儿	女	1992.8	第四小组
884	刘红建			男	1972.5	第四小组
885		董　丽	妻	女	1974.8	第四小组

序号	户主	姓名	与户主关系	性别	出生年月	村民小组
886		刘亚楠	女儿	女	1997.9	第四小组
887		刘文韬	儿子	男	2008.12	第四小组
888		刘文豪	儿子	男	2008.12	第四小组
889	刘海云			男	1971.1	第四小组
890		尚玲霞	妻	女	1974.11	第四小组
891		刘重阳	儿子	男	1995.11	第四小组
892		刘洪斌	父亲	男	1934.9	第四小组
893		王奎英	母亲	女	1935.6	第四小组
894	刘海旦			男	1962.7	第四小组
895		张书琴	妻	女	1964.7	第四小组
896		刘张锋	儿子	男	1993.3	第四小组
897	扬玉秀			男	1950.7	第四小组
898		刘云社	儿子	男	1972.9	第四小组
899		刘鑫玉	孙女	女	1998.11	第四小组
900	李广虎			男	1960.2	第四小组
901		刘雪娥	妻	女	1960.5	第四小组
902		李 娜	女儿	女	1993.3	第四小组
903		祁志娥	母亲	女	1935.10	第四小组
904	李政良			男	1968.9	第四小组
905		郑云莲	妻	女	1968.6	第四小组
906		李柯柯	儿子	男	1993.6	第四小组
907		李 哲	儿子	男	2000.7	第四小组
908		李广玉	父亲	男	1937.11	第四小组
909	李怀宝			男	1954.7	第四小组
910	李广政			男	1971.3	第四小组
911		姚晓霞	妻	女	1971.10	第四小组
912		李欣雨	女儿	女	2002.7	第四小组
913		李炫铭	儿子	男	2003.11	第四小组
914	李广跃			男	1963.8	第四小组
915		陈国琴	妻	女	1966.11	第四小组
916		李陈敏	儿子	男	1990.3	第四小组
917		李 毅	儿子	男	1997.10	第四小组
918	李晓忠			男	1966.6	第四小组
919		李俊巧	妻	女	1967.1	第四小组

序　号	户　主	姓　名	与户主关系	性　别	出生年月	村民小组
920		李玉凤	女儿	女	1990.5	第四小组
921		李玉杰	儿子	男	1996.2	第四小组
922	李　杏			女	1949.5	第四小组
923	李国钰			男	1953.3	第四小组
924		王小胖	妻	女	1953.5	第四小组
925		李　慧	儿子	男	1990.3	第四小组
926	李锁柱			男	1958.5	第四小组
927		柳香花	妻	女	1959.11	第四小组
928	李联合			男	1967.10	第四小组
929		刘巧云	妻	女	1969.7	第四小组
930		李　策	儿子	男	1991.7	第四小组
931	郑春珍			女	1968.1	第四小组
932		李　豪	儿子	男	1994.9	第四小组
933	牛文元			男	1945.10	第四小组
934		靳书琴	妻	女	1946.12	第四小组
935		牛林刚	儿子	男	1977.6	第四小组
936		都冬霞	儿媳	女	1979.12	第四小组
937		牛辉锋	孙子	男	1999.12	第四小组
938	牛大林			男	1967.12	第四小组
939	刘随成			男	1965.1	第四小组
940		杨雪梅	母亲	女	1930.10	第四小组
941		刘宝宝	弟弟	男	1968.4	第四小组
942	刘铁成			男	1962.9	第四小组
943		马末琴	妻	女	1963.6	第四小组
944		刘　健	儿子	男	1989.1	第四小组
945		刘笑笑	女儿	女	1994.7	第四小组
946	杨合英			女	1941.10	第四小组
947	原管红			男	1946.2	第四小组
948		刘瑞琴	妻	女	1949.10	第四小组
949	原刘叶			女	1968.10	第四小组
950		原若楠	女儿	女	1998.3	第四小组
951		原超楠	儿子	男	1989.4	第四小组
952	杨国保			男	1950.5	第四小组
953		张水合	妻	女	1950.11	第四小组

序号	户主	姓名	与户主关系	性别	出生年月	村民小组
954	张东娅			女	1979.10	第四小组
955		杨泽璐	女儿	女	2002.9	第四小组
956	席振龙			男	1947.9	第四小组
957		吉雪英	妻	女	1946.1	第四小组
958		陈建梅	儿媳	女	1986.5	第四小组
959		席俊瑶	孙女	女	2007.8	第四小组
960	丁文雪			女	1956.10	第四小组
961		王永海	丈夫	男	1955.1	第四小组
962	官日福			男	1953.6	第四小组
963		侯雪花	妻	女	1955.11	第四小组
964		官忠义	儿子	男	1981.4	第四小组
965		王文艳	儿媳	女	1982.4	第四小组
966		官玲慧	孙女	女	2007.7	第四小组
967	李玉兰			女	1981.1	第四小组
968	王瑞香			女	1957.12	第四小组
969	李淑娥			女	1955.3	第四小组
970	霍伟琴			女	1959.10	第四小组
971		韩哲昊	儿子	男	1991.11	第四小组
972	蔡日红			男	1953.1	第四小组
973		马虎妮	妻	女	1953.5	第四小组
974	郑翠琴			女	1955.1	第四小组
975		李天榜	丈夫	男	1955.1	第四小组
976	牛洪文			男	1952.5	第四小组
977		祁业瑞	妻	女	1955.12	第四小组
978		牛刚刚	儿子	男	1978.5	第四小组
979		贺　玲	儿媳	女	1980.2	第四小组
980		牛　浩	孙子	男	2002.5	第四小组
981	牛洪兵			男	1959.5	第四小组
982		马锁妮	妻	女	1962.11	第四小组
983		牛　伟	儿子	男	1990.12	第四小组
984	李宏伟			男	1943.12	第四小组
985		李庭庭	儿子	男	1972.6	第四小组
986		郑　忠	儿媳	女	1976.5	第四小组
987		李　萌	孙女	女	1999.8	第四小组

序　号	户　主	姓　名	与户主关系	性　别	出生年月	村民小组
988		李浩然	孙子	男	2007.1	第四小组
989	李忠忠			男	1968.3	第四小组
990		李雪梅	妻	女	1971.5	第四小组
991		李昊洲	儿子	男	1994.10	第四小组
992		李鑫颖	女儿	女	1999.4	第四小组
993	李芳芳			男	1970.4	第四小组
994		原刘霞	妻	女	1971.4	第四小组
995		李原凯	儿子	男	1994.9	第四小组
996	李广海			男	1956.5	第四小组
997		李素荣	妻	女	1959.10	第四小组
998		李国胜	儿子	男	1982.1	第四小组
999		李秀如	女儿	女	1992.9	第四小组
1000		李沁阳	孙女	女	2007.8	第四小组
1001	郭兴伟			男	1963.2	第四小组
1002		刘小荣	妻	女	1968.6	第四小组
1003		郭兰兰	女儿	女	1993.3	第四小组
1004	郭王奎			男	1960.9	第四小组
1005		马小花	妻	女	1962.11	第四小组
1006		郭　越	女儿	女	1989.4	第四小组
1007	高郑风			女	1957.10	第四小组
1008	李国银			男	1941.9	第四小组
1009		李德巧	妻	女	1945.6	第四小组
1010	刘石锁			男	1964.3	第四小组
1011		李金书	妻	女	1966.3	第四小组
1012		刘海娟	女儿	女	1988.1	第四小组
1013		刘　鹏	儿子	男	1990.4	第四小组
1014	牛小爱			女	1966.12	第四小组
1015	郑　军			男	1971.5	第四小组
1016	乔王兵			男	1967.11	第四小组
1017		侯　朋	妻	女	1970.1	第四小组
1018		乔晓东	儿子	男	1995.8	第四小组
1019	侯玉文			男	1956.11	第四小组
1020		杨苗赛	妻	女	1959.6	第四小组
1021		侯晓东	儿子	男	1985.7	第四小组

序号	户主	姓名	与户主关系	性别	出生年月	村民小组
1022	刘培斌			男	1955.5	第四小组
1023		霍花平	妻	女	1958.11	第四小组
1024	王小莉			女	1965.4	第四小组
1025	李增富			男	1970.12	第四小组
1026		郑连霞	妻	女	1972.8	第四小组
1027		李亚芳	女儿	女	1993.4	第四小组
1028		李姣姣	女儿	女	1999.7	第四小组
1029	王仁杰			男	1969.7	第四小组
1030		郝棉棉	妻	女	1971.10	第四小组
1031		王熙文	儿子	男	1994.8	第四小组
1032		王熙凤	女儿	女	1996.7	第四小组
1033	胡铁娃			男	1976.2	第四小组
1034		吴春霞	妻	女	1980.1	第四小组
1035		胡浩浩	儿子	男	2003.3	第四小组
1036	朱小兴			男	1973.10	第四小组
1037		郝丑棉	妻	女	1974.12	第四小组
1038		郝浩祯	儿子	男	1997.1	第四小组
1039		郝亚珍	女儿	女	2001.4	第四小组
1040	靳小军			女	1970.5	第四小组
1041		高钰艳	女儿	女	1994.3	第四小组
1042		高钰桔	儿子	男	1998.3	第四小组
1043	祁业海			男	1957.6	第四小组
1044		王瑞平	妻	女	1959.5	第四小组
1045		祁　棋	儿子	男	1995.8	第四小组
1046	王英英			女	1962.2	第四小组
1047		杨　凯	儿子	男	1985.5	第四小组
1048		杨慧慧	女儿	女	1987.4	第四小组
1049	王菊香			女	1969.3	第四小组
1050		杨　阳	儿子	男	1995.2	第四小组
1051	姚瑞林			男	1970.11	第四小组
1052		王琴霞	妻	女	1969.11	第四小组
1053		姚慧军	儿子	男	1992.5	第四小组
1054		姚慧丽	女儿	女	1995.4	第四小组
1055	霍仕礼			男	1966.7	第四小组

序号	户主	姓名	与户主关系	性别	出生年月	村民小组
1056		霍哲通	儿子	男	2002.2	第四小组
1057	张敬亮			男	1964.11	第四小组
1058		郑忠琴	妻	女	1967.12	第四小组
1059		张炜炜	儿子	男	1993.6	第四小组
1060		张玮艳	女儿	女	2000.7	第四小组
1061	高孔明			男	1973.12	第四小组
1062		席香霞	妻	女	1974.11	第四小组
1063		高　倩	女儿	女	1996.8	第四小组
1064		高　雷	儿子	男	1999.11	第四小组
1065	李刘荣			男	1965.9	第四小组
1066		李晨阳	儿子	男	1997.10	第四小组
1067	田强社			男	1970.12	第四小组
1068		杨琴琴	妻	女	1970.5	第四小组
1069		田　芳	女儿	女	1995.8	第四小组
1070	原小孔			男	1962.11	第四小组
1071		王瑞芝	母亲	女	1937.11	第四小组
1072	刘洪勤			男	1944.8	第四小组
1073		马翠娥	妻	女	1947.3	第四小组
1074		刘云云	儿子	男	1972.11	第四小组
1075		郭叶儿	儿媳	女	1972.8	第四小组
1076		刘　窈	孙子	男	1998.4	第四小组
1077	郑地跃			男	1974.1	第四小组
1078		谭　琴	妻	女	1973.1	第四小组
1079		郑钰婷	女儿	女	2000.7	第四小组
1080		郑凯彭	儿子	男	2005.5	第四小组
1081	牛锡英			女	1936.7	第四小组
1082		郑荣勤	女儿	女	1970.3	第四小组
1083	牛洪亮			男	1972.12	第四小组
1084		原刘亚	妻	女	1974.5	第四小组
1085		刘小平	母亲	女	1946.10	第四小组
1086		牛原洁	女儿	女	1998.9	第四小组
1087		牛荧洁	女儿	女	2000.7	第四小组
1088	刘军民			男	1972.2	第四小组
1089		徐建平	妻	女	1977.10	第四小组

序 号	户 主	姓 名	与户主关系	性 别	出生年月	村民小组
1090		刘陶陶	儿子	男	1998.10	第四小组
1091	王奎娥			女	1948.6	第四小组
1092		刘军军	儿子	男	1970.2	第四小组
1093		刘军政	儿子	男	1973.9	第四小组
1094		孙焕英	儿媳	女	1971.5	第四小组
1095		刘思宇	孙子	男	2009.3	第四小组
1096	张 超			男	1989.9	第四小组
1097	蔡李杰			男	1972.7	第四小组
1098		张瑞琴	妻	女	1971.8	第四小组
1099		张王花	母亲	女	1949.10	第四小组
1100		蔡雅敏	女儿	女	1995.9	第四小组
1101		蔡泽潮	儿子	男	2001.9	第四小组
1102	姚娅芬			女	1977.9	第四小组
1103		牛 轲	儿子	男	1998.2	第四小组
1104	郭 慧			女	1974.3	第四小组
1105		牛小忠	丈夫	男	1970.10	第四小组
1106		牛 涛	儿子	男	1995.10	第四小组
1107	卫雪琴			女	1957.12	第四小组
1108		牛雷芳	儿子	男	1980.5	第四小组
1109	原晚琴			女	1966.2	第四小组
1110		杨泽钦	儿子	男	1994.9	第四小组
1111	刘红星			男	1967.11	第四小组
1112	徐成根			男	1957.5	第四小组
1113		樊爱爱	妻	女	1959.2	第四小组
1114	马勤勤			女	1966.6	第四小组
1115		郑忠耀	儿子	男	1992.11	第四小组
1116	王雪奎			男	1971.11	第四小组
1117		王玉珍	女儿	女	2004.3	第四小组
1118		董玉娇	侄女	女	2005.10	第四小组
1119		王忠生	次子	男	1996.5	第四小组
1120		王玉生	长子	男	1994.5	第四小组
1121	石兵龙			男	1965.9	第四小组
1122	丁建云			男	1978.3	第四小组
1123	王云廷			男	1979.1	第四小组

序号	户主	姓名	与户主关系	性别	出生年月	村民小组
1124		柴云叶	妻	女	1981.10	第四小组
1125		王垚楠	女儿	女	2005.9	第四小组
1126		王封章	父亲	男	1952.8	第四小组
1127		丁小平	母亲	女	1956.7	第四小组
1128	侯跃芳			男	1959.10	第五小组
1129		王瑞香	妻	女	1961.12	第五小组
1130		侯亚芬	女儿	女	1982.8	第五小组
1131	侯建随			男	1969.6	第五小组
1132	侯芳芳			男	1966.3	第五小组
1133		侯　静	女儿	女	1993.9	第五小组
1134		侯　庭	儿子	男	1997.2	第五小组
1135	侯建设			男	1954.2	第五小组
1136		刘小瑞	妻	女	1958.3	第五小组
1137		侯　鑫	儿子	男	1992.3	第五小组
1138	李郭娥			女	1962.11	第五小组
1139		侯　俊	儿子	男	1980.12	第五小组
1140	李小来			男	1953.11	第五小组
1141		李梅荣	妻	女	1954.2	第五小组
1142		李东锋	儿子	男	1975.6	第五小组
1143		李娅丽	孙女	女	1999.8	第五小组
1144		李沁钇	孙子	男	2009.2	第五小组
1145	李　儒			男	1939.1	第五小组
1146		董晓霞	儿媳	女	1974.7	第五小组
1147		李维维	孙女	女	1994.4	第五小组
1148		李茂凯	孙子	男	1999.6	第五小组
1149	李慧波			女	1967.3	第五小组
1150	李　东			男	1974.12	第五小组
1151		杜建平	妻	女	1973.7	第五小组
1152		李静静	女儿	女	1998.2	第五小组
1153		李彤彤	儿子	男	2003.4	第五小组
1154	王秀英			女	1936.12	第五小组
1155		张洪洪	儿子	男	1970.7	第五小组
1156		杨红霞	儿媳	女	1974.7	第五小组
1157		张　波	孙子	男	1997.7	第五小组

序 号	户 主	姓 名	与户主关系	性 别	出生年月	村民小组
1158	尚日旭			男	1931.11	第五小组
1159	李小铁			男	1956.9	第五小组
1160		杨李花	妻	女	1957.5	第五小组
1161		李海虎	儿子	男	1989.7	第五小组
1162		李树胜	父亲	男	1934.4	第五小组
1163	李树山			男	1955.3	第五小组
1164		王香香	妻	女	1957.2	第五小组
1165		李小莉	女儿	女	1982.3	第五小组
1166		李忠锋	儿子	男	1980.3	第五小组
1167	侯联合			男	1955.8	第五小组
1168		乔雪荣	妻	女	1962.12	第五小组
1169		侯宝良	儿子	男	1982.5	第五小组
1170		侯鑫媛	孙女	妇	2008.8	第五小组
1171	李生龙			男	1953.9	第五小组
1172		王格娥	妻	女	1955.6	第五小组
1173		李爱乐	女儿	女	1989.2	第五小组
1174		张李娅	儿媳	女	1983.10	第五小组
1175		李健豪	孙子	男	2003.11	第五小组
1176	李忠忠			男	1976.5	第五小组
1177		郭彩霞	妻	女	1975.7	第五小组
1178		李蓝宁	女儿	女	1997.1	第五小组
1179	李生文			男	1945.6	第五小组
1180		李改平	妻	女	1949.10	第五小组
1181	刘林林			男	1967.10	第五小组
1182		李交琴	妻	女	1969.12	第五小组
1183		刘 凯	儿子	男	1993.12	第五小组
1184		李星星	女儿	女	1997.12	第五小组
1185		张贵兰	父亲	男	1943.5	第五小组
1186		史翠英	母亲	女	1946.1	第五小组
1187	张志勇			男	1973.10	第五小组
1188		侯海霞	妻	女	1974.4	第五小组
1189		张 凯	儿子	男	1996.7	第五小组
1190		张昱秀	女儿	女	2003.7	第五小组
1191	谭效许			男	1960.1	第五小组

序　号	户　主	姓　名	与户主关系	性　别	出生年月	村民小组
1192		王雪花	妻	女	1963.9	第五小组
1193		谭王锋	儿子	男	1984.7	第五小组
1194		谭娅玲	女儿	女	1993.8	第五小组
1195		程志琴	儿媳	女	1986.5	第五小组
1196	谭效云			男	1962.11	第五小组
1197		李帅琴	妻	女	1965.11	第五小组
1198		谭雷波	儿子	男	1986.9	第五小组
1199		谭林波	儿子	男	1992.3	第五小组
1200	聂拉琴			女	1959.8	第五小组
1201	李树奇			男	1944.8	第五小组
1202		王润娥	妻	女	1949.5	第五小组
1203		李东明	儿子	男	1969.5	第五小组
1204	李东亮			男	1975.2	第五小组
1205		张海霞	妻	女	1979.7	第五小组
1206		李贺庭	儿子	男	2001.7	第五小组
1207		李贺俊	儿子	男	2009.6	第五小组
1208	侯建莉			女	1956.1	第五小组
1209	李高奎			男	1955.3	第五小组
1210	侯章芳			男	1951.10	第五小组
1211		董党瑞	妻	女	1957.7	第五小组
1212		侯东峰	儿子	男	1974.9	第五小组
1213		武彩霞	儿媳	女	1974.12	第五小组
1214		侯佳鑫	孙子	男	1995.12	第五小组
1215		侯佳霄	孙女	女	20201.4	第五小组
1216	李毛瑞			男	1949.11	第五小组
1217		杨李平	妻	女	1952.5	第五小组
1218	郭忠生			男	1978.8	第五小组
1219		李　娜	妻	女	1982.7	第五小组
1220		郭鑫楠	女儿	女	2005.11	第五小组
1221	董小强			男	1975.12	第五小组
1222		张彩叶	妻	女	1979.1	第五小组
1223		董松浩	儿子	男	1999.1	第五小组
1224	李小合			男	1955.1	第五小组
1225		刘梅琴	妻	女	1955.4	第五小组

序 号	户 主	姓 名	与户主关系	性 别	出生年月	村民小组
1226		李 杰	儿子	男	1989.8	第五小组
1227	侯彩琴			女	1965.9	第五小组
1228		扬 骏	儿子	男	1993.5	第五小组
1229	李永刚			男	1974.11	第五小组
1230		曲秀丽	妻	女	1978.3	第五小组
1231		李月花	母亲	女	1942.6	第五小组
1232		李航宇	儿子	男	1999.11	第五小组
1233	乔瑞龙			男	1965.3	第五小组
1234		王爱花	妻	女	1966.1	第五小组
1235		李月兰	母亲	女	1945.10	第五小组
1236		乔菲菲	女儿	女	1988.11	第五小组
1237		乔国良	儿子	男	1992.8	第五小组
1238	乔瑞香			女	1969.8	第五小组
1239		王泰鑫	儿子	男	2007.8	第五小组
1240	张淑兰			女	1964.9	第五小组
1241	张小平			女	1952.1	第五小组
1242		张现伟	儿子	男	1975.9	第五小组
1243		席春叶	儿媳	女	1975.1	第五小组
1244		张鑫鑫	孙女	女	1999.1	第五小组
1245		张丽娟	孙女	女	2004.3	第五小组
1246	李宝忠			男	1974.9	第五小组
1247		高云云	妻	女	1973.6	第五小组
1248		李亚凯	儿子	男	1996.3	第五小组
1249		李旋凯	儿子	男	2003.12	第五小组
1250	李林忠			男	1972.8	第五小组
1251		刘丽琴	妻	女	1972.5	第五小组
1252		李娅静	女儿	女	1994.3	第五小组
1253		李娅宁	女儿	女	2000.11	第五小组
1254	王香平			女	1949.10	第五小组
1255		扬志燕	儿媳	女	1984.4	第五小组
1256		李思静	孙女	女	2006.4	第五小组
1257	杨国忠			男	1947.1	第五小组
1258		翟玉娥	妻	女	1950.1	第五小组
1259		杨春霞	女儿	女	1978.2	第五小组

序　号	户　主	姓　名	与户主关系	性　别	出生年月	村民小组
1260		杨春花	女儿	女	1971.3	第五小组
1261		杨　婷	外孙女	女	1996.7	第五小组
1262		张杨莉	外孙女	女	2001.10	第五小组
1263	李斌科			男	1963.10	第五小组
1264		蔡拽兰	妻	女	1963.10	第五小组
1265		李慧慧	女儿	女	1990.8	第五小组
1266	李忠文			男	1948.1	第五小组
1267		张书琴	妻	女	1951.6	第五小组
1268		李春雷	儿子	男	1976.2	第五小组
1269		王银莉	儿媳	女	1976.11	第五小组
1270		李世豪	孙子	男	1999.12	第五小组
1271	李金雷			男	1970.8	第五小组
1272		王艳霞	妻	女	1970.7	第五小组
1273		李世杰	儿子	男	1993.7	第五小组
1274	李高海			男	1959.10	第五小组
1275		刘拉平	妻	女	1960.7	第五小组
1276		李振雷	儿子	男	1982.7	第五小组
1277		李兴雷	儿子	男	1986.5	第五小组
1278		石杰霞	儿媳	女	1987.2	第五小组
1279		李世慧	孙女	女	2008.11	第五小组
1280	马桂芳			女	1955.12	第五小组
1281		郑永霞	儿媳	女	1976.2	第五小组
1282		王江平	孙女	女	1998.8	第五小组
1283		王培延	孙子	男	2005.7	第五小组
1284	刘龙龙			男	1972.11	第五小组
1285		郭艳霞	妻	女	1972.11	第五小组
1286		王书娥	母亲	女	1951.6	第五小组
1287		刘　洁	女儿	女	1998.1	第五小组
1288		刘珊莹	女儿	女	2003.1	第五小组
1289	李春清			男	1966.3	第五小组
1290	马金良			男	1957.3	第五小组
1291		李慧芍	妻	女	1957.3	第五小组
1292		马玺彦	女儿	女	1982.9	第五小组
1293		马彦君	儿子	男	1985.10	第五小组

序 号	户 主	姓 名	与户主关系	性 别	出生年月	村民小组
1294		马单媛	外孙女	女	2005.11	第五小组
1295	车志锋			男	1956.1	第五小组
1296		谭效花	妻	女	1956.1	第五小组
1297	王建业			男	1961.8	第五小组
1298		李爱琴	妻	女	1958.9	第五小组
1299		王 婷	女儿	女	1999.8	第五小组
1300	左清军			男	1974.2	第五小组
1301		王小平	母亲	女	1946.7	第五小组
1302		左 森	儿子	男	1995.1	第五小组
1303	左清霞			女	1968.11	第五小组
1304		王登辉	儿子	男	1990.7	第五小组
1305		王慧娟	女儿	女	1995.6	第五小组
1306	谭清义			男	1961.11	第五小组
1307	王卫东			男	1967.6	第五小组
1308		马润英	母亲	女	1947.10	第五小组
1309		郑跃琴	妻	女	1968.2	第五小组
1310		王媛媛	女儿	女	1992.10	第五小组
1311		王 甜	女儿	女	1994.5	第五小组
1312	马尚义			男	1961.8	第五小组
1313		王桂英	妻	女	1963.4	第五小组
1314		马小霞	女儿	女	1986.7	第五小组
1315		马王霞	女儿	女	1990.2	第五小组
1316	漆淑珍			女	1966.2	第五小组
1317		马玲霞	女儿	女	1991.11	第五小组
1318		马多玲	女儿	女	1996.5	第五小组
1319		马秀英	母亲	女	1934.10	第五小组
1320		马唤龙	丈夫	男	1962.4	第五小组
1321		马慧霞	女儿	女	1993.11	第五小组
1322	马永雷			男	1974.12	第五小组
1323		蔡风平	母亲	女	1950.4	第五小组
1324		马 鑫	儿子	男	1998.12	第五小组
1325	杜文武			男	1966.7	第五小组
1326		王苏丽	妻	女	1966.8	第五小组
1327		杜鹏飞	儿子	男	1993.4	第五小组

序　号	户　主	姓　名	与户主关系	性　别	出生年月	村民小组
1328		杜龙飞	儿子	男	1997.11	第五小组
1329	张香平			女	1958.12	第五小组
1330	郭国太			男	1975.11	第五小组
1331		王丽红	妻	女	1980.2	第五小组
1332		郭世伟	儿子	男	2000.11	第五小组
1333	乔书云			男	1961.5	第五小组
1334		李雪琴	妻	女	1963.4	第五小组
1335		乔亚芬	女儿	女	1990.4	第五小组
1336		刘芝英	母亲	女	1930.2	第五小组
1337	郑　晓			女	1974.10	第五小组
1338		贾明明	丈夫	男	1973.10	第五小组
1339		贾超聪	儿子	男	1996.11	第五小组
1340	张红云			男	1965.10	第五小组
1341		侯琴琴	妻	女	1965.3	第五小组
1342		张伟伟	儿子	男	1989.6	第五小组
1343		张富富	儿子	男	1995.1	第五小组
1344	李慧莎			女	1969.6	第五小组
1345		柳倩倩	女儿	女	1999.1	第五小组
1346	马飞龙			男	1974.3	第五小组
1347		王　丽	妻	女	1975.9	第五小组
1348		马雅倩	女儿	女	1998.7	第五小组
1349		马震东	儿子	男	2007.9	第五小组
1350	郑爱萍			女	1945.6	第五小组
1351		张拴香	儿媳	女	1975.6	第五小组
1352	王封义			男	1954.2	第五小组
1353		刘德平	妻	女	1957.8	第五小组
1354		王杨杨	儿子	男	1989.2	第五小组
1355	郑风云			男	1966.5	第五小组
1356	王行文			男	1966.12	第五小组
1357		周爱珍	妻	女	1970.3	第五小组
1358		王泽林	儿子	男	1998.11	第五小组
1359		王鹏林	儿子	男	2004.11	第五小组
1360	霍忠林			男	1977.8	第五小组
1361		师卫霞	妻	女	1976.12	第五小组

序号	户主	姓名	与户主关系	性别	出生年月	村民小组
1362		霍江涛	儿子	男	1998.10	第五小组
1363	席东生			男	1968.11	第五小组
1364		王翠连	妻	女	1969.5	第五小组
1365		王聪聪	儿子	男	1995.9	第五小组
1366		王南南	女儿	女	1991.12	第五小组
1367	蔡小驴			男	1974.11	第五小组
1368		王叶叶	妻	女	1976.6	第五小组
1369		蔡清茹	女儿	女	2002.1	第五小组
1370	马海生			男	1978.4	第五小组
1371		杨美艳	女儿	女	1979.7	第五小组
1372		马晨媛	女儿	女	2003.5	第五小组
1373	王红卫			男	1974.8	第五小组
1374		张书叶	妻	女	1975.10	第五小组
1375		王　雄	儿子	男	1998.11	第五小组
1376	霍龙庭			男	1976.5	第五小组
1377		马春叶	妻	女	1979.10	第五小组
1378		霍佳俊	儿子	男	2001.12	第五小组
1379	王书年			男	1968.10	第五小组
1380		郑海花	妻	女	1968.10	第五小组
1381		王凌鹏	儿子	男	1992.7	第五小组
1382		王　程	儿子	男	1995.1	第五小组
1383	郑爱国			男	1978.2	第五小组
1384		樊小丽	妻	女	1982.8	第五小组
1385		郑志成	儿子	男	2005.9	第五小组
1386	武生生			男	1963.6	第五小组
1387		刘四勤	妻	女	1965.4	第五小组
1388		武亚楠	女儿	女	1993.2	第五小组
1389	杨国琴			女	1955.8	第五小组
1390		高海生	儿子	男	1977.3	第五小组
1391		高娜娜	女儿	女	1994.7	第五小组
1392		续国霞	儿媳	女	1980.4	第五小组
1393		高悦惠	孙女	女	2005.4	第五小组
1394	李荣荣			女	1965.6	第五小组
1395	郑梅英			女	1932.10	第五小组

序　号	户　主	姓　名	与户主关系	性　别	出生年月	村民小组
1396	李秀花			女	1941.12	第五小组
1397	扬　伟			男	1986.10	第五小组
1398	杨玉良			男	1970.6	第五小组
1399		王拥霞	妻	女	1973.6	第五小组
1400		杨　浩	儿子	男	1994.11	第五小组
1401		杨　娜	女儿	女	1996.5	第五小组
1402	石徐庆			男	1953.10	第五小组
1403		燕侯赛	妻	女	1956.12	第五小组
1404	席书芳			男	1974.4	第五小组
1405	李海龙			男	1981.3	第五小组
1406		丁景娅	妻	女	1985.4	第五小组
1407		李静怡	女儿	女	2008.4	第五小组
1408	董治德			男	1957.3	第五小组
1409		丁拉平	妻	女	1962.10	第五小组
1410		董引霞	女儿	女	1990.6	第五小组
1411		董亲亲	女儿	女	1991.4	第五小组
1412	乔华平			女	1947.11	第六小组
1413	乔合云			男	1973.1	第六小组
1414		郑李荣	妻	女	1972.8	第六小组
1415		乔佳楠	女儿	女	1997.1	第六小组
1416		师佳怡	女儿	女	2001.4	第六小组
1417	乔海云			男	1969.10	第六小组
1418		张雪琴	妻	女	1969.7	第六小组
1419		乔　鑫	儿子	男	1995.1	第六小组
1420		乔　泽	儿子	男	1997.9	第六小组
1421	侯拽学			男	1952.3	第六小组
1422		郑花平	妻	女	1955.5	第六小组
1423		侯军义	儿子	男	1980.5	第六小组
1424	赵小花			女	1953.4	第六小组
1425		乔慧锋	儿子	男	1990.1	第六小组
1426	乔克莲			女	1951.10	第六小组
1427	王雪儿			女	1963.3	第六小组
1428		乔　菲	女儿	女	1989.4	第六小组
1429	乔永社			男	1971.2	第六小组

序 号	户 主	姓 名	与户主关系	性 别	出生年月	村民小组
1430		闫春花	妻	女	1974.4	第六小组
1431		乔 凯	儿子	男	2001.11	第六小组
1432	王秀玲			女	1975.1	第六小组
1433		侯钦沛	儿子	男	1997.12	第六小组
1434	谭效斌			男	1952.5	第六小组
1435	张东生			男	1981.12	第六小组
1436	张高忠			男	1959.8	第六小组
1437		乔锁琴	妻	女	1959.12	第六小组
1438		张普俊	儿子	男	1987.12	第六小组
1439	邓李梅			女	1940.7	第六小组
1440	谭兴年			男	1947.2	第六小组
1441		张锁平	妻	女	1950.7	第六小组
1442		谭医军	儿子	男	1971.12	第六小组
1443		段春棉	儿媳	女	1973.3	第六小组
1444		谭 斐	孙子	男	1994.2	第六小组
1445		董泽芳	孙女	女	1994.4	第六小组
1446	谭叶叶			女	1973.9	第六小组
1447		帅晨坤	儿子	男	2004.11	第六小组
1448	张胡琴			女	1942.12	第六小组
1449		李陈云	妻	女	1975.3	第六小组
1450		武畅厚	孙子	男	1998.3	第六小组
1451	李树锁			男	1951.4	第六小组
1452		王小婵	妻	女	1953.7	第六小组
1453		李 艳	女儿	女	1983.9	第六小组
1454		李 娜	女儿	女	1990.7	第六小组
1455		马铭泽	外孙	男	2006.7	第六小组
1456	杜发展			男	1963.2	第六小组
1457	杜敬生			男	1941.10	第六小组
1458	谭书田			男	1962.9	第六小组
1459		杨汉娥	妻	女	1962.6	第六小组
1460		王桂芝	母亲	女	1935.5	第六小组
1461		谭静云	女儿	女	1995.2	第六小组
1462	谭清悟			男	1963.11	第六小组
1463		王琴琴	妻	女	1964.5	第六小组

序号	户主	姓名	与户主关系	性别	出生年月	村民小组
1464	谭兴悟			男	1950.3	第六小组
1465		李翠平	妻	女	1952.11	第六小组
1466		谭卫军	儿子	男	1975.12	第六小组
1467		高永霞	儿媳	女	1979.6	第六小组
1468		谭靖琛	孙子	男	2000.11	第六小组
1469		谭靖钰	孙女	女	2003.11	第六小组
1470	谭军军			男	1972.2	第六小组
1471		郑　爱	妻	女	1971.6	第六小组
1472		谭　娜	女儿	女	1995.8	第六小组
1473		谭　洁	女儿	女	2001.5	第六小组
1474	谭学悟			男	1944.7	第六小组
1475		刘锦文	妻	女	1952.5	第六小组
1476		张廷凤	母亲	女	1927.10	第六小组
1477		谭　岩	儿子	男	1978.9	第六小组
1478		侯秀丽	儿媳	女	1980.6	第六小组
1479		谭凯迪	孙女	女	2002.9	第六小组
1480	李女娃			女	1946.4	第六小组
1481		石铁梅	儿媳	女	1970.12	第六小组
1482		柳坤坤	孙子	男	1993.3	第六小组
1483	刘培花			女	1953.9	第六小组
1484		乔海力	儿子	男	1977.8	第六小组
1485		王小杰	儿媳	女	1976.9	第六小组
1486		乔玉佳	孙女	女	2003.1	第六小组
1487	谭社悟			男	1955.7	第六小组
1488		廉清娥	妻	女	1955.5	第六小组
1489		谭亚俊	儿子	男	1989.7	第六小组
1490	谭瑞社			男	1964.5	第六小组
1491		郑凤英	母亲	女	1935.9	第六小组
1492		陈海平	妻	女	1968.11	第六小组
1493		谭丽娟	女儿	女	1992.6	第六小组
1494		谭　潟	儿子	男	1999.4	第六小组
1495	王高富			男	1936.6	第六小组
1496		王秀英	妻	女	1938.3	第六小组
1497	王朋花			女	1954.6	第六小组

序号	户主	姓名	与户主关系	性别	出生年月	村民小组
1498	谭王书			男	1954.5	第六小组
1499		王红莲	妻	女	1955.3	第六小组
1500		谭慧慧	女儿	女	1989.5	第六小组
1501	李建国			男	1957.4	第六小组
1502		柳社花	妻	女	1959.1	第六小组
1503		李登科	父亲	男	1933.5	第六小组
1504	王桂琴			女	1945.4	第六小组
1505	闫书元			女	1968.5	第六小组
1506	王敏勤			女	1945.9	第六小组
1507		谭卫荣	女儿	女	1968.7	第六小组
1508		谭小荣	女儿	女	1971.8	第六小组
1509		谭舒诩	孙女	女	1997.10	第六小组
1510		官雅雯	外孙女	女	2002.12	第六小组
1511	张国庆			男	1958.9	第六小组
1512		裴东棉	妻	女	1958.12	第六小组
1513		乔有娥	母亲	女	1938.8	第六小组
1514	吉小乱			男	1959.10	第六小组
1515		谭跃琴	妻	女	1961.10	第六小组
1516		吉忠健	儿子	男	1993.1	第六小组
1517	李国娥			女	1960.4	第六小组
1518		尚　晶	女儿	女	1990.11	第六小组
1519	王社琴			女	1955.4	第六小组
1520	杨怀成			男	1959.5	第六小组
1521		李小朋	妻	女	1961.8	第六小组
1522		杨关霞	女儿	女	1985.5	第六小组
1523		徐建明	女婿	男	1982.6	第六小组
1524		杨帅帅	孙子	男	2008.9	第六小组
1525		杨怀义	兄	男	1949.1	第六小组
1526	马发奎			男	1952.5	第六小组
1527		马李娥	妻	女	1958.1	第六小组
1528		马　飞	女儿	女	1985.5	第六小组
1529		尉王锋	女婿	男	1980.11	第六小组
1530		马佳玉	孙女	女	2006.7	第六小组
1531	乔瑞科			男	1965.5	第六小组

序　号	户　主	姓　名	与户主关系	性　别	出生年月	村民小组
1532		卫雪梅	妻	女	1967.1	第六小组
1533		乔　晶	女儿	女	1997.10	第六小组
1534	王风祥			男	1954.6	第六小组
1535		王　姣	女儿	女	1988.10	第六小组
1536	董兴合			男	1971.6	第六小组
1537		李小玲	妻	女	1972.1	第六小组
1538		董　莉	女儿	女	1997.6	第六小组
1539		董　莹	女儿	女	2001.9	第六小组
1540	李建有			男	1970.9	第六小组
1541		杨荣荣	妻	女	1977.7	第六小组
1542		杨李晶	女儿	女	1994.12	第六小组
1543		杨红婴	女儿	女	2000.5	第六小组
1544	刘明芳			男	1957.12	第六小组
1545		吴巧花	妻	女	1960.3	第六小组
1546		刘巍巍	儿子	男	1985.9	第六小组
1547	白振财			男	1967.6	第六小组
1548		郝爱萍	妻	女	1967.4	第六小组
1549		白亚楠	儿子	男	1992.10	第六小组
1550		白亚茜	女儿	女	1997.2	第六小组
1551	张玲霞			女	1979.1	第六小组
1552		李国强	丈夫	男	1979.9	第六小组
1553		李宇飞	儿子	男	2007.7	第六小组
1554	焦新民			男	1975.2	第六小组
1555		杨永叶	妻	女	1978.4	第六小组
1556		焦钰瑶	女儿	女	2003.1	第六小组
1557		王张霞	姐姐	女	1970.7	第六小组
1558		郑　洁	外甥女	女	2000.1	第六小组
1559	王锁勤			男	1965.12	第六小组
1560		霍花琴	妻	女	1964.2	第六小组
1561		王娟娟	女儿	女	1990.3	第六小组
1562		王晶晶	女儿	女	1988.2	第六小组
1563	侯桂花			女	1938.8	第六小组
1564	聂海燕			女	1977.3	第六小组
1565	靳振芳			男	1979.6	第六小组

序 号	户 主	姓 名	与户主关系	性 别	出生年月	村民小组
1566		靳鹏锴	儿子	男	2002.12	第六小组
1567	席娅男			女	1994.11	第六小组
1568	李铭孝			男	1954.3	第六小组
1569		杨锁妮	妻	女	1955.3	第六小组
1570	姚水云			男	1975.4	第六小组
1571		官日花	母亲	女	1952.10	第六小组
1572		姚 乐	儿子	男	1996.8	第六小组
1573	王雷雷			男	1975.3	第六小组
1574		王小霞	妻	女	1975.1	第六小组
1575		王腾斌	儿子	男	1998.8	第六小组
1576		王小拽	母亲	女	1951.9	第六小组
1577	丁王峰			男	1972.9	第六小组
1578		刘爱叶	妻	女	1972.2	第六小组
1579		丁 希	女儿	女	1999.4	第六小组
1580		丁伟烜	儿子	男	2000.11	第六小组
1581	李书花			女	1964.3	第六小组
1582		侯娟娟	女儿	女	1988.3	第六小组
1583		侯晋峰	儿子	男	1995.6	第六小组
1584	杨建杏			女	1960.1	第六小组
1585		程凤娥	母亲	女	1930.7	第六小组
1586		侯雷霆	儿子	男	1985.8	第六小组
1587		侯亚慧	女儿	女	1990.5	第六小组
1588	郭红旗			男	1979.1	第六小组
1589		王海连	妻	女	1974.2	第六小组
1590		郭玉秀	女儿	女	1999.3	第六小组
1591		郭宝玉	儿子	男	2006.9	第六小组
1592	董存龙			男	1969.4	第六小组
1593		郝小荣	妻	女	1968.3	第六小组
1594		董 涛	儿子	男	1991.1	第六小组
1595		董 杭	女儿	女	1994.11	第六小组
1596		董明德	父亲	男	1947.3	第六小组
1597		王炳娥	母亲	女	1951.8	第六小组
1598	董海庭			男	1974.5	第六小组
1599		董 腾	儿子	男	2000.11	第六小组

序 号	户 主	姓 名	与户主关系	性 别	出生年月	村民小组
1600		丁书琴	母亲	女	1949.5	第六小组
1601	乔永隆			男	1964.7	第七小组
1602		吉小迷	妻	女	1967.10	第七小组
1603		乔 洁	女儿	女	1990.12	第七小组
1604		乔 哲	女儿	女	2000.1	第七小组
1605	刘锦菊			女	1941.7	第七小组
1606	乔永恩			男	1959.2	第七小组
1607		张海叶	妻	女	1961.11	第七小组
1608		乔 峰	儿子	男	1987.6	第七小组
1609		乔 潇	女儿	女	1995.1	第七小组
1610	乔克玉			男	1954.9	第七小组
1611		郑牡丹	女儿	女	1984.6	第七小组
1612		刘汇佳	孙子	男	2007.6	第七小组
1613	靳兰英			女	1933.3	第七小组
1614	乔执祥			男	1942.4	第七小组
1615		王芝兰	妻	女	1946.12	第七小组
1616		乔三东	儿子	男	1973.10	第七小组
1617		景春英	儿媳	女	1977.3	第七小组
1618		丁卿卿	孙女	女	1999.2	第七小组
1619	乔林林			男	1968.1	第七小组
1620		王小叶	妻	女	1968.11	第七小组
1621		乔王波	儿子	男	1991.9	第七小组
1622	乔东林			男	1970.10	第七小组
1623		郑书霞	妻	女	1971.1	第七小组
1624		乔郑娜	女儿	女	1995.1	第七小组
1625		乔郑楠	儿子	女	1997.6	第七小组
1626	王瑞娥			女	1949.10	第七小组
1627	乔爱军			男	1972.7	第七小组
1628		王艳鹏	妻	女	1976.4	第七小组
1629		乔王浩	儿子	男	1997.10	第七小组
1630		乔王洁	女儿	女	2002.10	第七小组
1631	乔执贵			男	1939.4	第七小组
1632		乔治花	妻	女	1944.11	第七小组
1633		乔铁忠	儿子	男	1971.9	第七小组

序号	户主	姓名	与户主关系	性别	出生年月	村民小组
1634	张迎来			男	1947.9	第七小组
1635		高永平	妻	女	1952.3	第七小组
1636		周会丽	儿媳	女	1983.6	第七小组
1637		张拴祥	儿子	女	1980.3	第七小组
1638		张沁玲	孙女	女	2004.7	第七小组
1639	张联祥			男	1968.2	第七小组
1640		乔芝琴	妻	女	1970.3	第七小组
1641		张　娟	女儿	女	1991.4	第七小组
1642		张　涛	儿子	男	2001.2	第七小组
1643	王雪琴			女	1963.10	第七小组
1644	刘洪琴			女	1938.1	第七小组
1645		谭三三	儿子	男	1972.12	第七小组
1646		杨春霞	儿媳	女	1977.3	第七小组
1647		谭　超	孙子	男	1999.5	第七小组
1648	谭秋秋			男	1962.9	第七小组
1649		董银环	妻	女	1965.11	第七小组
1650		谭亚鹏	儿子	男	1997.7	第七小组
1651	侯治祥			男	1954.7	第七小组
1652		王社香	妻	女	1955.10	第七小组
1653		侯雷雷	儿子	男	1979.10	第七小组
1654		侯宁娅	女儿	女	1986.5	第七小组
1655	李树深			男	1934.1	第七小组
1656		侯建英	妻	女	1932.2	第七小组
1657	李水合			男	1957.6	第七小组
1658		郑小雪	妻	女	1961.10	第七小组
1659		李　伟	儿子	男	1989.5	第七小组
1660		李　娜	女儿	女	1982.4	第七小组
1661		史梓诺	外孙女	女	2009.6	第七小组
1662	李刘怀			男	1950.12	第七小组
1663		闫金环	妻	女	1951.10	第七小组
1664		李　鹏	儿子	男	1977.7	第七小组
1665		李　娅	女儿	女	1979.11	第七小组
1666		李沨錡	孙女	女	2008.7	第七小组
1667	李　军			男	1974.12	第七小组

序 号	户 主	姓 名	与户主关系	性 别	出生年月	村民小组
1668		柴叶梅	妻	女	1973.1	第七小组
1669		李凯莹	女儿	女	1998.8	第七小组
1670		李凯乐	女儿	女	2002.7	第七小组
1671	牛锡兰			女	1952.2	第七小组
1672		李树民	儿子	男	1971.2	第七小组
1673		李 庆	孙子	男	1995.12	第七小组
1674	乔小合			男	1967.4	第七小组
1675		郑李荣	妻	女	1968.8	第七小组
1676	侯明芳			男	1958.9	第七小组
1677		朱平平	妻	女	1962.5	第七小组
1678		侯庆峰	儿子	男	1983.8	第七小组
1679	王万艾			女	1954.5	第七小组
1680		侯王霞	女儿	女	1980.5	第七小组
1681	侯树繁			男	1941.7	第七小组
1682		靳瑞兰	妻	女	1943.8	第七小组
1683	王花娥			女	1961.12	第七小组
1684		乔宝峰	儿子	男	1984.4	第七小组
1685		乔慧峰	儿子	男	1990.4	第七小组
1686		王灵晶	儿媳	女	1987.1	第七小组
1687	王刚明			男	1957.12	第七小组
1688		赵玉珍	妻	女	1961.3	第七小组
1689		王沁芳	女儿	女	1985.5	第七小组
1690	高廷社			男	1965.8	第七小组
1691		刘海英	妻	女	1968.6	第七小组
1692		高玉英	母亲	女	1943.7	第七小组
1693	乔王进			男	1979.1	第七小组
1694		刘娅丽	妻	女	1981.12	第七小组
1695		乔佩珍	女儿	女	2005.9	第七小组
1696		王芝平	母亲	女	1951.6	第七小组
1697	乔王军			男	1976.10	第七小组
1698		王海霞	妻	女	1978.1	第七小组
1699		乔 政	儿子	男	2000.12	第七小组
1700	王瑞香			女	1955.8	第七小组
1701	杨润英			女	1919.6	第七小组

序　号	户　主	姓　名	与户主关系	性　别	出生年月	村民小组
1702	乔小亚			男	1956.4	第七小组
1703		刘小瑞	妻	女	1957.5	第七小组
1704		乔俊霞	女儿	女	1990.4	第七小组
1705	乔俊峰			男	1981.3	第七小组
1706		王义霞	妻	女	1981.12	第七小组
1707		乔凌芸	女儿	女	2003.9	第七小组
1708		乔凌昊	儿子	男	2007.10	第七小组
1709	常雪琴			女	1961.4	第七小组
1710		侯慧鹏	儿子	男	1993.6	第七小组
1711	乔小润			男	1963.3	第七小组
1712		刘海英	妻	女	1966.9	第七小组
1713		乔　盼	儿子	男	1989.4	第七小组
1714		乔　洁	女儿	女	1997.7	第七小组
1715	乔小拽			男	1960.2	第七小组
1716		侯花叶	妻	女	1963.9	第七小组
1717		乔　莉	女儿	女	1989.9	第七小组
1718		乔菲菲	女儿	女	1985.12	第七小组
1719	关建军			男	1974.4	第七小组
1720		柳书琴	母亲	女	1944.12	第七小组
1721		李　娅	妻	女	1973.10	第七小组
1722		关　棋	儿子	男	1996.7	第七小组
1723		关朝棋	儿子	男	2005.1	第七小组
1724	关军芝			女	1969.12	第七小组
1725		褚建林	丈夫	男	1967.11	第七小组
1726		褚少鹏	儿子	男	1994.1	第七小组
1727	聂玉珍			女	1969.5	第七小组
1728	闫米荣			女	1962.3	第七小组
1729	吉怀铁			男	1962.9	第七小组
1730		陈海英	妻	女	1966.5	第七小组
1731		吉陈莉	女儿	女	1989.5	第七小组
1732		吉陈卫	儿子	男	1995.8	第七小组
1733	吉瑞跃			男	1951.12	第七小组
1734		刘忠丽	儿媳	女	1974.2	第七小组
1735		吉　玲	孙女	女	1996.8	第七小组

序号	户主	姓名	与户主关系	性别	出生年月	村民小组
1736	杨永虎			男	1962.1	第七小组
1737		尚李荣	妻	女	1963.2	第七小组
1738		杨　栋	儿子	男	1985.1	第七小组
1739		张娜丽	儿媳	女	1984.10	第七小组
1740		杨　潇	女儿	女	1991.3	第七小组
1741		杨智超	孙子	男	2008.10	第七小组
1742	焦玲霞			女	1966.7	第七小组
1743		董夺梅	母亲	女	1942.5	第七小组
1744		王江丽	女儿	女	1998.6	第七小组
1745	张居生			男	1952.10	第七小组
1746		安润喜	妻	女	1954.1	第七小组
1747		张永强	儿子	男	1981.6	第七小组
1748		张永斌	儿子	男	1984.9	第七小组
1749		张永林	儿子	男	1986.6	第七小组
1750	王锁花			女	1966.1	第七小组
1751		王炳省	父亲	男	1930.7	第七小组
1752		姚殿梅	母亲	女	1934.10	第七小组
1753	杨文雷			男	1954.11	第七小组
1754		董瑞兰	妻	女	1955.11	第七小组
1755		杨　军	儿子	男	1974.11	第七小组
1756		李丰霞	儿媳	女	1973.2	第七小组
1757		杨　杨	孙子	男	1998.1	第七小组
1758	姚小爱			女	1963.1	第七小组
1759		蔡李丽	女儿	女	1996.9	第七小组
1760		蔡增贤	丈夫	男	1957.5	第七小组
1761	王瑞瑞			女	1952.12	第七小组
1762		张花英	儿媳	女	1979.4	第七小组
1763	李秀芝			女	1949.11	第七小组
1764		韩兵兵	儿子	男	1971.9	第七小组
1765		郝　霞	儿媳	女	1974.9	第七小组
1766		韩杰洋	孙子	男	1997.7	第七小组
1767	陈香菊			女	1961.3	第七小组
1768		宋小叶	女儿	女	1994.6	第七小组
1769	杨米田			女	1957.5	第七小组

序号	户主	姓名	与户主关系	性别	出生年月	村民小组
1770		王小霞	儿媳	女	1983.4	第七小组
1771		马婧雯	孙女	女	2005.7	第七小组
1772		马小栓	丈夫	男	1956.11	第七小组
1773	王丽亚			女	1990.10	第七小组
1774	曹学龙			男	1952.1	第七小组
1775		李合英	妻	女	1959.8	第七小组
1776		曹丽娜	女儿	女	1988.9	第七小组
1777		曹凯凯	儿子	男	1991.4	第七小组
1778	张金斌			男	1966.4	第七小组
1779		乔爱花	妻	女	1967.5	第七小组
1780		张鹏飞	女儿	女	1990.1	第七小组
1781		张鹏程	儿子	男	1995.4	第七小组
1782	郭霞霞			女	1973.7	第七小组
1783		王红梅	母亲	女	1943.5	第七小组
1784		王湘孟	儿子	男	2007.5	第七小组
1785	刘德生			男	1959.8	第七小组
1786		张社荣	妻	女	1961.10	第七小组
1787		刘　静	女儿	女	1991.11	第七小组
1788	杨双明			男	1965.6	第七小组
1789		杨　静	儿子	男	1991.1	第七小组
1790		杨　洁	女儿	女	1995.7	第七小组
1791	曹清波			男	1989.6	第七小组
1792		侯春春	母亲	女	1962.12	第七小组
1793	柳专社			男	1956.12	第七小组
1794		常瑞平	妻	女	1957.9	第七小组
1795		柳耕耕	儿子	男	1984.1	第七小组
1796	马小云			男	1969.5	第七小组
1797		苏全瑞	妻	女	1972.4	第七小组
1798		马涛涛	儿子	男	2001.4	第七小组
1799		马惠惠	女儿	女	1998.5	第七小组
1800	张小婵			女	1971.11	第七小组
1801	孙明芳			男	1978.7	第七小组
1802		李淑艳	妻	女	1979.7	第七小组
1803		孙荟婷	女儿	女	2003.4	第七小组

序号	户主	姓名	与户主关系	性别	出生年月	村民小组
1804		孙煜忻	儿子	男	2007.4	第七小组
1805	王庭杰			男	1952.8	第七小组
1806		张万娥	妻	女	1954.4	第七小组
1807		王海峰	儿子	男	1979.3	第七小组
1808		赵卓婷	孙女	女	2003.9	第七小组
1809	张连荣			女	1974.8	第七小组
1810	谭小四			男	1977.9	第七小组
1811	牛小林			女	1983.10	第七小组
1812		张媛婷	女儿	女	2006.1	第七小组
1813	王彩霞			女	1972.3	第七小组
1814		吕姗鸿	女儿	女	2004.6	第七小组
1815	霍林峰			男	1979.6	第七小组
1816		董艳霞	妻	女	1979.9	第七小组
1817		霍嘉铭	儿子	男	2006.11	第七小组
1818	乔海忠			男	1969.1	第七小组
1819		郭保莲	妻	女	1968.1	第七小组
1820		郭娇娇	女儿	女	1997.5	第七小组
1821		乔梅梅	女儿	女	2002.6	第七小组
1822	王秀峰			男	1982.11	第七小组
1823		王莉娜	妻	女	1983.5	第七小组
1824		王淑娟	女儿	女	2008.11	第七小组
1825	乔永科			男	1961.2	第八小组
1826		王锁瑞	妻	女	1962.3	第八小组
1827		乔忠秋	儿子	男	1989.8	第八小组
1828		乔李怀	兄父	男	1934.7	第八小组
1829	乔贵元			男	1941.10	第八小组
1830		王凤莲	妻	女	1945.6	第八小组
1831		乔瑞琴	女儿	女	1972.9	第八小组
1832		乔　震	外甥	男	1996.7	第八小组
1833	乔协军			男	1963.10	第八小组
1834		侯随玲	妻	女	1968.4	第八小组
1835		乔帅帅	儿子	男	1990.7	第八小组
1836		乔善善	女儿	女	1997.2	第八小组
1837	乔拴马			男	1953.11	第八小组

序 号	户 主	姓 名	与户主关系	性 别	出生年月	村民小组
1838		杨小雪	妻	女	1956.7	第八小组
1839		乔杨霞	女儿	女	1976.11	第八小组
1840		乔金宝	孙子	男	1999.11	第八小组
1841		乔金涛	孙子	男	2003.2	第八小组
1842		闫军利	女婿	男	1977.3	第八小组
1843	陈虎平			女	1954.6	第八小组
1844	帅风琴			女	1954.12	第八小组
1845		侯娅娅	儿媳	女	1980.1	第八小组
1846	乔书强			男	1964.9	第八小组
1847		柴瑞英	母亲	女	1942.4	第八小组
1848		乔东年	兄	男	1973.1	第八小组
1849	李香琴			女	1970.6	第八小组
1850		乔娅娅	女儿	女	1990.8	第八小组
1851		乔倩倩	女儿	女	1996.6	第八小组
1852	靳莎玲			女	1972.3	第八小组
1853		乔靳彪	儿子	男	1996.8	第八小组
1854	乔军科	、		男	1965.6	第八小组
1855		关军林	妻	女	1965.4	第八小组
1856		乔慧峰	儿子	男	1996.9	第八小组
1857	王东生			男	1955.10	第八小组
1858		张瑞琴	妻	女	1957.8	第八小组
1859		王雪刚	儿子	男	1989.10	第八小组
1860		王玉娥	母亲	女	1936.7	第八小组
1861	乔榜锁			男	1951.9	第八小组
1862		席香香	妻	女	1954.4	第八小组
1863		乔高峰	儿子	男	1972.9	第八小组
1864		王春霞	儿媳	女	1973.5	第八小组
1865		乔 锴	孙子	男	1996.8	第八小组
1866		姚 娜	孙女	女	2000.3	第八小组
1867	王权珠			男	1953.4	第八小组
1868		乔花琴	妻	女	1960.5	第八小组
1869		乔军海	儿子	男	1984.5	第八小组
1870		王二军	儿子	男	1989.12	第八小组
1871	王小吾			男	1970.1	第八小组

序　号	户　主	姓　名	与户主关系	性　别	出生年月	村民小组
1872		靳香叶	妻	女	1974.4	第八小组
1873		王　鹏	儿子	男	1995.6	第八小组
1874		王婧婧	女儿	女	2006.9	第八小组
1875	王民锁			男	1963.4	第八小组
1876		刘怀勤	妻	女	1965.10	第八小组
1877		王刘云	儿子	男	1990.6	第八小组
1878		王　潇	女儿	女	2000.5	第八小组
1879	姚爱国			男	1973.9	第八小组
1880		仝树欣	父亲	男	44.3	第八小组
1881	乔瑞明			男	1948.11	第八小组
1882		乔张叶	女儿	女	1964.7	第八小组
1883		乔　捷	儿子	男	1975.11	第八小组
1884		王真真	孙女	女	1994.1	第八小组
1885	乔张生			男	1972.11	第八小组
1886		乔　梦	女儿	女	1999.7	第八小组
1887		郭玲霞	妻	女	1972.1	第八小组
1888		乔　莉	女儿	女	1996.5	第八小组
1889	席俊杰			男	1966.12	第八小组
1890		乔李琴	妻	女	1966.11	第八小组
1891		席乔凌	女儿	女	1988.12	第八小组
1892		乔有明	父亲	男	1939.10	第八小组
1893		乔执花	母亲	女	1947.4	第八小组
1894		乔李霞	妹妹	女	1971.1	第八小组
1895	王海波			男	1994.12	第八小组
1896	王银河			男	1954.12	第八小组
1897		王海军	儿子	男	1980.10	第八小组
1898		王泽贤	孙子	男	2008.1	第八小组
1899	王炳花			女	1938.7	第八小组
1900		刘海马	儿子	男	1970.9	第八小组
1901	刘军马			男	1973.7	第八小组
1902		宋东棉	妻	女	1975.11	第八小组
1903		刘娜娜	女儿	女	1998.1	第八小组
1904		刘状状	儿子	男	1999.7	第八小组
1905	王进武			男	1949.2	第八小组

序　号	户　主	姓　名	与户主关系	性　别	出生年月	村民小组
1906		王小军	儿子	男	1976.11	第八小组
1907		郑海叶	儿媳	女	1979.2	第八小组
1908		王钰佳	孙女	女	2003.4	第八小组
1909		王钰炜	孙女	女	2006.12	第八小组
1910	王小孔			男	1973.12	第八小组
1911		王跃琴	妻	女	1974.4	第八小组
1912		王丽丽	女儿	女	1998.6	第八小组
1913		王烩莉	女儿	女	2007.2	第八小组
1914	柴红基			男	1948.10	第八小组
1915		王来娥	妻	女	1949.8	第八小组
1916		柴东东	儿子	男	1969.1	第八小组
1917		高香勤	儿媳	女	1970.5	第八小组
1918		柴娅莉	孙女	女	1992.11	第八小组
1919		柴岳莉	孙女	女	2001.11	第八小组
1920	赵雪梅			女	1951.3	第八小组
1921		席海军	儿子	男	1982.2	第八小组
1922	王　浩			男	1997.1	第八小组
1923		蔡浩雄	弟弟	男	1999.6	第八小组
1924	乔忠海			男	1983.9	第八小组
1925		杨关英	妻	女	1983.4	第八小组
1926		乔思卓	儿子	男	2006.11	第八小组
1927	牛双娥			女	1961.7	第八小组
1928	杨国礼			男	1966.2	第九小组
1929		蔡巧巧	妻	女	1969.10	第九小组
1930		杨宝娟	女儿	女	1998.2	第九小组
1931	杨国义			男	1951.12	第九小组
1932		王炳连	妻	女	1955.5	第九小组
1933		杨叶鹏	女儿	女	1992.9	第九小组
1934	杨国兵			男	1959.8	第九小组
1935		侯芝琴	妻	女	1962.12	第九小组
1936		杨海廷	儿子	男	1986.4	第九小组
1937		杨露露	女儿	女	1991.4	第九小组
1938	杨国江			男	1955.2	第九小组
1939		席梅花	妻	女	1957.7	第九小组

序号	户主	姓名	与户主关系	性别	出生年月	村民小组
1940		杨雷	儿子	男	1985.2	第九小组
1941		杨谦	儿子	男	1991.12	第九小组
1942		杨乐	儿子	男	1991.12	第九小组
1943	杨国贵			男	1952.5	第九小组
1944		刘春梅	妻	女	1957.6	第九小组
1945		杨小爱	女儿	女	1979.11	第九小组
1946		杨爱叶	女儿	女	1990.6	第九小组
1947		张秀梅	母亲	女	1926.3	第九小组
1948	杨小牛			女	1961.11	第九小组
1949		杨灵霞	女儿	女	1982.7	第九小组
1950		杨慧霞	女儿	女	1989.8	第九小组
1951		郑桂英	母亲	女	1928.10	第九小组
1952	张雪瑞			女	1960.10	第九小组
1953	张金华			男	1953.9	第九小组
1954		刘月琴	妻	女	1955.3	第九小组
1955		张高峰	儿子	男	1981.5	第九小组
1956		张钰娟	女儿	女	1990.4	第九小组
1957		米娅芬	儿媳	女	1986.5	第九小组
1958		张泽颖	孙女	女	2005.7	第九小组
1959	王公社			女	1958.7	第九小组
1960		张慧霞	女儿	女	1984.6	第九小组
1961		张慧军	儿子	男	1990.4	第九小组
1962		宋佩玲	外孙女	女	2006.8	第九小组
1963		宋李军	女婿	男	1980.8	第九小组
1964	刘丑娃			男	1959.6	第九小组
1965		李香茹	妻	女	1964.11	第九小组
1966		刘李军	儿子	男	1986.4	第九小组
1967		刘李聪	女儿	女	1990.9	第九小组
1968	侯洪水			男	1957.10	第九小组
1969		郑建连	妻	女	1958.2	第九小组
1970		侯郑锋	儿子	男	1981.10	第九小组
1971		侯郑霞	女儿	女	1989.6	第九小组
1972		王丽波	儿媳	女	1979.6	第九小组
1973		侯宣竹	孙女	女	2009.2	第九小组

序 号	户 主	姓 名	与户主关系	性 别	出生年月	村民小组
1974	张如府			男	1965.9	第九小组
1975		王玉连	妻	女	1971.9	第九小组
1976		王张芳	儿子	男	1990.6	第九小组
1977		张王芬	女儿	女	1992.11	第九小组
1978		王兴顺	岳父	男	1936.3	第九小组
1979	侯党党			男	1971.4	第九小组
1980		张秋叶	妻	女	1972.7	第九小组
1981		侯善善	儿子	男	1993.8	第九小组
1982		侯 玉	女儿	女	1999.5	第九小组
1983	侯拴虎			男	1960.5	第九小组
1984		王书花	妻	女	1960.5	第九小组
1985		侯 飞	女儿	女	1989.12	第九小组
1986	侯小怀			男	1942.10	第九小组
1987	侯洪瑞			男	1943.2	第九小组
1988		侯小章	儿子	男	1976.5	第九小组
1989		祁书艳	儿媳	女	1974.9	第九小组
1990		侯 涛	孙子	男	2001.3	第九小组
1991	张秋生			男	1972.7	第九小组
1992		王吉女	妻	女	1970.1	第九小组
1993		张 鼎	女儿	女	1993.7	第九小组
1994		张康晟	儿子	男	2006.5	第九小组
1995	张秋刚			男	1975.7	第九小组
1996		王雪琴	妻	女	1976.6	第九小组
1997		张康雄	儿子	男	2005.2	第九小组
1998	侯风良			男	1964.10	第九小组
1999		杨社花	妻	女	1968.9	第九小组
2000		侯杨莉	女儿	女	1991.11	第九小组
2001		侯杨婷	女儿	女	1994.10	第九小组
2002	侯安斌			男	1937.3	第九小组
2003		侯小狗	妻	女	1946.8	第九小组
2004		侯金良	儿子	男	1972.3	第九小组
2005		王霞霞	儿媳	女	1972.10	第九小组
2006		侯 轲	孙子	男	2001.4	第九小组
2007	侯建兴			男	1962.8	第九小组

序　号	户　主	姓　名	与户主关系	性　别	出生年月	村民小组
2008		杨春花	妻	女	1963.4	第九小组
2009		侯　波	儿子	男	1988.4	第九小组
2010		侯丽丽	女儿	女	1999.3	第九小组
2011	刘慧刚			男	1975.3	第九小组
2012		郑军霞	妻	女	1973.7	第九小组
2013		刘郑楠	女儿	女	1999.4	第九小组
2014		刘郑佳	女儿	女	2006.5	第九小组
2015	王书年			男	1957.9	第九小组
2016		杨高琴	妻	女	1960.3	第九小组
2017		王珍珍	女儿	女	1984.7	第九小组
2018		王晶晶	女儿	女	1989.5	第九小组
2019		马王雷	女婿	男	1980.6	第九小组
2020		王富生	孙子	男	2006.6	第九小组
2021		王富文	孙子	男	2009.1	第九小组
2022	田锁龙			男	1966.2	第九小组
2023		霍秋梅	妻	女	1968.8	第九小组
2024		田帅帅	儿子	男	1990.9	第九小组
2025		田霞霞	女儿	女	1993.2	第九小组
2026	杨国洪			男	1940.2	第九小组
2027	侯亮亮			男	1962.6	第九小组
2028		郑拽香	妻	女	1964.6	第九小组
2029		侯凯凯	儿子	男	1990.12	第九小组
2030		侯娇娇	女儿	女	1997.12	第九小组
2031	侯东东			男	1967.12	第九小组
2032		刘小乱	母亲	女	1937.10	第九小组
2033		刘小玲	妻	女	1966.2	第九小组
2034		侯春生	儿子	男	1989.1	第九小组
2035	霍东林			男	1973.9	第九小组
2036		姚忠勤	妻	女	1976.4	第九小组
2037		霍杨娟	女儿	女	2001.6	第九小组
2038		霍淑兰	女儿	女	2008.10	第九小组
2039		常小令	母亲	女	1948.11	第九小组
2040		杨秋叶	妹妹	女	1985.6	第九小组
2041	丁夺斌			男	1952.10	第九小组

序号	户主	姓名	与户主关系	性别	出生年月	村民小组
2042		杨国花	妻	女	1955.8	第九小组
2043		丁忠爱	儿子	男	1983.3	第九小组
2044	丁忠忠			男	1977.5	第九小组
2045		任棉棉	妻	女	1977.10	第九小组
2046		丁泉生	儿子	男	1999.4	第九小组
2047		丁倩茹	女儿	女	2007.6	第九小组
2048	侯有山			男	1946.4	第九小组
2049		杨桂花	妻	女	1955.6	第九小组
2050		侯青叶	女儿	女	1975.10	第九小组
2051		刘小军	女婿	男	1975.8	第九小组
2052		侯刚刚	孙子	男	1997.10	第九小组
2053		侯明明	孙子	男	2001.12	第九小组
2054	侯有林			男	1971.6	第九小组
2055		樊三巧	妻	女	1971.8	第九小组
2056		侯晓健	儿子	男	1995.3	第九小组
2057		侯晓茜	女儿	女	2000.5	第九小组
2058		侯有德	兄	男	1935.10	第九小组
2059	侯有芳			男	1956.9	第九小组
2060		陈海琴	妻	女	1960.4	第九小组
2061		侯　峰	儿子	男	1983.4	第九小组
2062		侯　雷	儿子	男	1989.7	第九小组
2063		侯或诺	孙女	女	2007.3	第九小组
2064	王茂汉			男	1955.6	第九小组
2065		樊龙巧	妻	女	1963.12	第九小组
2066		王刚峰	儿子	男	1990.2	第九小组
2067	郑云云			男	1967.5	第九小组
2068	杨国亮			男	1960.6	第九小组
2069		刘润娥	妻	女	1963.1	第九小组
2070		杨玲丽	女儿	女	1983.12	第九小组
2071		杨玲慧	女儿	女	1988.9	第九小组
2072		郭卫杰	女婿	男	1980.11	第九小组
2073		杨洪淼	孙子	男	2009.8	第九小组
2074	刘振元			男	1964.2	第九小组
2075		郑书娟	妻	女	1967.6	第九小组

序　号	户　主	姓　名	与户主关系	性　别	出生年月	村民小组
2076		刘林伟	女儿	女	1993.1	第九小组
2077	杨国文			男	1950.5	第九小组
2078		席瑞娃	妻	女	1951.12	第九小组
2079		杨小霞	女儿	女	1974.11	第九小组
2080		曹三军	女婿	男	1972.7	第九小组
2081		杨媛婷	孙女	女	2002.1	第九小组
2082		杨金豫	孙子	男	2008.12	第九小组
2083	杨国银			男	1960.6	第九小组
2084		杨拽娥	妻	女	1961.12	第九小组
2085	刘元元			男	1978.12	第九小组
2086		王叶叶	妻	女	1980.6	第九小组
2087		刘载铭	儿子	男	2004.12	第九小组
2088	刘社平			女	1956.10	第九小组
2089		杨刘强	儿子	男	1985.10	第九小组
2090		吉彩霞	儿媳	女	1985.10	第九小组
2091		杨智涵	孙子	男	2006.9	第九小组
2092	刘振云			男	1952.6	第九小组
2093		李小花	妻	女	1954.5	第九小组
2094	刘春生			男	1974.3	第九小组
2095		王国霞	妻	女	1977.2	第九小组
2096		刘　卓	女儿	女	2001.12	第九小组
2097	姚秋峰			男	1986.8	第九小组
2098	杨建兵			男	1980.6	第九小组
2099		姚燕琴	妻	女	1980.10	第九小组
2100		杨旭滕	儿子	男	2005.8	第九小组
2101	李建丰			男	1976.10	第九小组
2102	高春龙			男	1972.11	第九小组
2103		祁书霞	妻	女	1971.8	第九小组
2104		祁浩杰	儿子	男	1997.5	第九小组
2105	郑志琴			女	1963.2	第九小组
2106		侯石浩	儿子	男	1994.12	第九小组
2107	王封洪			男	1947.1	第十小组
2108		席如平	妻	女	1951.1	第十小组
2109		王永兵	儿子	男	1971.1	第十小组

序　号	户　主	姓　名	与户主关系	性　别	出生年月	村民小组
2110	郑卫兵			男	1956.9	第十小组
2111		郑　国	儿子	男	1989.2	第十小组
2112	董李鹏			男	1986.1	第十小组
2113		董医鹏	弟弟	男	1989.7	第十小组
2114	董夺奎			男	1953.3	第十小组
2115		芮瑞瑞	妻	女	1954.7	第十小组
2116	王书庭			男	1955.7	第十小组
2117		李小肉	妻	女	1959.12	第十小组
2118	李德林			男	1943.7	第十小组
2119		李文娥	妻	女	1951.1	第十小组
2120	李小社			男	1960.6	第十小组
2121		高娥娥	妻	女	1964.3	第十小组
2122		李娜娜	女儿	女	1984.12	第十小组
2123		李哲哲	女儿	女	1992.3	第十小组
2124	李德元			男	1958.10	第十小组
2125		柳社瑞	妻	女	1962.8	第十小组
2126		李鸿燕	儿子	男	1990.8	第十小组
2127	李德榜			男	1949.2	第十小组
2128		刘拉莲	妻	女	1951.8	第十小组
2129		李兵兵	儿子	男	1974.11	第十小组
2130		李亚龙	孙子	男	2000.10	第十小组
2131	李小杰			男	1986.9	第十小组
2132	芮青云			男	1963.3	第十小组
2133		侯　丽	妻	女	1964.4	第十小组
2134		芮建军	儿子	男	1987.7	第十小组
2135	张随法			男	1949.7	第十小组
2136		王秀英	妻	女	1954.2	第十小组
2137		张国合	儿子	男	1973.9	第十小组
2138	芮树秀			男	1940.8	第十小组
2139		侯瑞芝	妻	女	1940.11	第十小组
2140		芮萌洪	儿子	男	1964.11	第十小组
2141		王雪芝	儿媳	女	1965.5	第十小组
2142		芮风风	孙女	女	1988.6	第十小组
2143		芮沙沙	孙女	女	1992.2	第十小组

序号	户主	姓名	与户主关系	性别	出生年月	村民小组
2144	王炳洪			男	1935.12	第十小组
2145		李玉娥	妻	女	1938.5	第十小组
2146	张　合			男	1965.12	第十小组
2147		武社社	妻	女	1967.11	第十小组
2148		张楠楠	女儿	女	1991.4	第十小组
2149		张江江	儿子	男	1992.12	第十小组
2150	芮云社			男	1960.9	第十小组
2151		苏雪雪	妻	女	1962.11	第十小组
2152		芮鹏军	儿子	男	1984.9	第十小组
2153		芮树峰	父亲	男	1933.3	第十小组
2154	芮云云			男	1952.2	第十小组
2155		宋金香	妻	女	1954.5	第十小组
2156	李厚珍			男	1954.4	第十小组
2157		王小平	妻	女	1956.7	第十小组
2158		李香叶	女儿	女	1991.1	第十小组
2159		李德玉	父亲	男	1930.1	第十小组
2160		蔡桂连	母亲	女	1932.9	第十小组
2161	杨春学			男	1965.4	第十小组
2162		刘加文	妻	女	1968.6	第十小组
2163		杨娇娇	女儿	女	1996.6	第十小组
2164		杨　波	儿子	男	1999.5	第十小组
2165	王本高			男	1948.11	第十小组
2166		李莲莲	妻	女	1945.11	第十小组
2167	姚春娥			女	1966.3	第十小组
2168		李阳阳	儿子	男	1991.11	第十小组
2169		李瑶瑶	儿子	男	1993.3	第十小组
2170	李小芳			男	1964.5	第十小组
2171		张荣荣	妻	女	1964.11	第十小组
2172		李小珍	女儿	女	1989.4	第十小组
2173		李　玮	女儿	女	1992.6	第十小组
2174	张洪祥			男	1953.2	第十小组
2175	李德军			男	1955.4	第十小组
2176		李周丰	儿子	男	1986.6	第十小组
2177	李杜社			男	1963.1	第十小组

序号	户主	姓名	与户主关系	性别	出生年月	村民小组
2178		杨雪荣	妻	女	1963.12	第十小组
2179		李志鹏	儿子	男	1987.6	第十小组
2180		李志程	儿子	男	1991.1	第十小组
2181	张红兵			男	1969.10	第十小组
2182		张文品	父亲	男	1930.10	第十小组
2183		李翠英	母亲	女	1937.7	第十小组
2184	李德智			男	1952.11	第十小组
2185		李艳飞	儿子	男	1988.5	第十小组
2186	张书儿			男	1966.7	第十小组
2187		张　霞	妻	女	1970.3	第十小组
2188		张露露	儿子	男	1998.5	第十小组
2189		张露遥	女儿	女	2004.8	第十小组
2190	张洪日			男	1957.1	第十小组
2191		王书娥	妻	女	1958.3	第十小组
2192		张丽卡	儿子	男	1987.8	第十小组
2193	张洪月			男	1962.3	第十小组
2194		王秀秀	妻	女	1966.3	第十小组
2195		张晶晶	女儿	女	1989.4	第十小组
2196		张丽丽	女儿	女	1994.4	第十小组
2197		张瑶洁	儿子	男	2004.2	第十小组
2198	武金花			女	1948.1	第十小组
2199		芮云刚	儿子	男	1974.3	第十小组
2200		刘玲叶	儿媳	女	1973.8	第十小组
2201		芮芝怡	孙女	女	2000.3	第十小组
2202	芮云芳			男	1976.9	第十小组
2203		李撰花	妻	女	1972.8	第十小组
2204		芮佳诚	儿子	男	2007.8	第十小组
2205		芮佳怡	女儿	女	2000.10	第十小组
2206	李四孔			男	1967.5	第十小组
2207		柳爱瑞	妻	女	1970.4	第十小组
2208		李　敏	儿子	男	1992.1	第十小组
2209		李超超	儿子	男	2003.7	第十小组
2210	李小孟			男	1970.3	第十小组
2211	李云旗			男	1967.3	第十小组

序号	户主	姓名	与户主关系	性别	出生年月	村民小组
2212		蔡风香	母亲	女	1941.10	第十小组
2213		芮青叶	妻	女	1968.9	第十小组
2214		李倩倩	女儿	女	1992.2	第十小组
2215		李康康	儿子	男	1993.2	第十小组
2216	李三孔			男	1958.5	第十小组
2217		王小平	妻	女	1964.4	第十小组
2218		李云虎	儿子	男	1986.1	第十小组
2219		王二虎	儿子	男	1988.5	第十小组
2220	张洪华			男	1951.9	第十小组
2221		王雪平	妻	女	1957.5	第十小组
2222		张海林	儿子	男	1972.3	第十小组
2223		王东叶	儿媳	女	1972.1	第十小组
2224		张浩浩	孙子	男	1997.2	第十小组
2225		张　迪	孙女	女	1999.10	第十小组
2226	张洪旗			男	1961.8	第十小组
2227		李孔巧	妻	女	1966.12	第十小组
2228		张海燕	女儿	女	1988.8	第十小组
2229		张海鹏	儿子	男	1990.3	第十小组
2230	张江龙			男	1976.2	第十小组
2231		王桂英	母亲	女	1951.2	第十小组
2232	张杨峰			男	1980.8	第十小组
2233		姚随霞	妻	女	1981.3	第十小组
2234		张纾妍	女儿	女	2005.4	第十小组
2235	张香琴			女	1957.8	第十小组
2236	张启明			男	1938.4	第十小组
2237	张洪礼			男	1961.10	第十小组
2238		柳金花	妻	女	1962.5	第十小组
2239		张路路	儿子	男	1995.4	第十小组
2240					?	第十小组
2241	李孔社			男	1969.9	第十小组
2242		李孔住	哥哥	男	1958.12	第十小组
2243	侯联社			男	1973.7	第十小组
2244		董珠叶	妻	女	1984.7	第十小组
2245		侯董涛	儿子	男	2005.11	第十小组

序 号	户 主	姓 名	与户主关系	性 别	出生年月	村民小组
2246	杨春华			男	1951.11	第十小组
2247		王三秀	妻	女	1953.6	第十小组
2248		杨永琴	女儿	女	1973.12	第十小组
2249		王合合	女婿	男	1974.4	第十小组
2250		杨 悦	孙女	女	2002.3	第十小组
2251		杨锦怡	孙女	女	2005.4	第十小组
2252	王雪刚			男	1975.5	第十小组
2253	王秀兰			女	1951.4	第十小组
2254		芮学军	儿子	男	1971.11	第十小组
2255		贾梅梅	儿媳	女	1973.5	第十小组
2256		芮胜东	孙子	男	1994.3	第十小组
2257	李孔云			男	1977.2	第十小组
2258		柳娅娅	儿媳	女	1981.8	第十小组
2259		李 轲	儿子	男	2004.5	第十小组
2260	张海河			男	1975.8	第十小组
2261		王海云	妻	女	1974.11	第十小组
2262		张 婕	女儿	女	2001.1	第十小组
2263		张炜晨	儿子	男	2006.3	第十小组
2264	李永芳			男	1972.10	第十小组
2265	秦华荣			女	1962.2	第十一小组
2266		卢 霞	女儿	女	1981.11	第十一小组
2267		尚诚君	女婿	男	1977.5	第十一小组
2268		卢娅楠	孙女	女	2002.7	第十一小组
2269	刘发令			男	1945.8	第十一小组
2270		赵玉苗	妻	女	1946.3	第十一小组
2271	全国英			女	1970.8	第十一小组
2272		刘志伟	儿子	男	1993.8	第十一小组
2273		刘志兰	女儿	女	1998.1	第十一小组
2274	史怀富			男	1951.3	第十一小组
2275		陈勤赛	妻	女	1952.8	第十一小组
2276		史秋娥	女儿	女	1976.9	第十一小组
2277		史花娥	女儿	女	1980.8	第十一小组
2278		史二女	孙女	女	2000.1	第十一小组
2279	秦永才			男	1948.10	第十一小组

序号	户主	姓名	与户主关系	性别	出生年月	村民小组
2280		秦李社	儿子	男	1967.3	第十一小组
2281		原美堂	儿媳	女	1965.3	第十一小组
2282	秦永贤			男	1946.10	第十一小组
2283		卢风兰	妻	女	1948.10	第十一小组
2284		秦建新	儿子	男	1974.4	第十一小组
2285	吕怀富			男	1942.1	第十一小组
2286	吕金龙			男	1967.3	第十一小组
2287		吕全娜	女儿	女	1988.9	第十一小组
2288	史宝贵			男	1967.4	第十一小组
2289		王花琴	妻	女	1968.6	第十一小组
2290		闫米怀	母亲	女	1936.5	第十一小组
2291		史金梁	儿子	男	1992.6	第十一小组
2292		史金柱	儿子	男	1994.11	第十一小组
2293	刘国庆			男	1966.10	第十一小组
2294		崔麦荣	妻	女	1965.11	第十一小组
2295		刘　瑜	女儿	女	1992.6	第十一小组
2296		刘　伟	儿子	男	1995.1	第十一小组
2297					?	第十一小组
2298	仝景明			男	1965.6	第十一小组
2299		秦海英	妻	女	1967.3	第十一小组
2300		仝浩东	儿子	男	1995.4	第十一小组
2301		仝笑笑	女儿	女	1992.2	第十一小组
2302	吕锁良			男	1960.11	第十一小组
2303		史香兰	妻	女	1962.5	第十一小组
2304		吕保忠	儿子	男	1987.2	第十一小组
2305	吕坤良			男	1963.2	第十一小组
2306		吕书鹏	儿子	男	1995.1	第十一小组
2307		秦小英	妻	女	1964.2	第十一小组
2308		卫雪英	丈母娘	女	1933.2	第十一小组
2309	吕梅荣			女	1949.10	第十一小组
2310	石改荣			女	1946.12	第十一小组
2311		杜红社	儿子	男	1970.5	第十一小组
2312		杨艳琴	儿媳	女	1978.11	第十一小组
2313		吕家乐	孙子	男	1904.3	第十一小组

序号	户主	姓名	与户主关系	性别	出生年月	村民小组
2314					?	第十一小组
2315	刘发兴			男	1943.9	第十一小组
2316		卢凤娥	妻	女	1945.8	第十一小组
2317		刘海龙	儿子	男	1969.5	第十一小组
2318		李鲜琴	儿媳	女	1971.4	第十一小组
2319		刘莉莉	孙女	女	1996.1	第十一小组
2320		刘浩浩	孙子	男	1997.10	第十一小组
2321	刘发波			男	1954.2	第十一小组
2322		秦巧巧	妻	女	1955.10	第十一小组
2323		刘建琴	女儿	女	1975.8	第十一小组
2324	刘发军			男	1950.11	第十一小组
2325	秦国社			男	1966.10	第十一小组
2326		秦国龙	弟弟	男	1972.11	第十一小组
2327		闫 菁	外甥女	女	1990.2	第十一小组
2328	史荣花			女	1947.3	第十一小组
2329	秦永贵			男	1958.6	第十一小组
2330		张锁荣	妻	女	1961.9	第十一小组
2331		秦建婷	儿子	男	1983.8	第十一小组
2332		秦建行	儿子	男	1987.7	第十一小组
2333	秦永江			男	1952.7	第十一小组
2334		贾香赛	妻	女	1954.5	第十一小组
2335		秦军军	儿子	男	1975.2	第十一小组
2336		仝书霞	儿媳	女	1977.5	第十一小组
2337		秦雨鑫	孙女	女	2003.1	第十一小组
2338		秦圳鑫	孙子	男	2009.7	第十一小组
2339	徐永琴			女	1972.11	第十一小组
2340		刘锦燕	女儿	女	2002.1	第十一小组
2341	刘金仓			男	1981.1	第十一小组
2342	马玉凤			女	1971.12	第十一小组
2343	李晚平			女	1966.2	第十一小组
2344		李花娥	姐姐	女	1949.6	第十一小组
2345	刘瑞花			女	1964.11	第十一小组
2346		王芳芳	女儿	女	1991.4	第十一小组
2347	乔立琴			女	1959.4	第十一小组

序号	户主	姓名	与户主关系	性别	出生年月	村民小组
2348	陈德红			男	1954.2	第十二小组
2349		杨兰挡	妻	女	1958.10	第十二小组
2350		陈书叶	女儿	女	1982.3	第十二小组
2351		陈艳艳	女儿	女	1987.10	第十二小组
2352		郑军峰	女婿	男	1979.4	第十二小组
2353		郑美慧	孙女	女	2003.9	第十二小组
2354		郑众慧	孙子	男	2007.1	第十二小组
2355	陈四红			男	1964.4	第十二小组
2356		蔡小保	妻	女	1967.6	第十二小组
2357		陈　鹏	儿子	男	1988.5	第十二小组
2358		陈　芳	女儿	女	1990.4	第十二小组
2359	张同政			男	1954.10	第十二小组
2360		王合合	妻	女	1955.1	第十二小组
2361		张晓锋	儿子	男	1978.10	第十二小组
2362		张晓娇	女儿	女	1987.6	第十二小组
2363		殷利纳	儿媳	女	1981.9	第十二小组
2364		张育铭	孙子	男	2003.10	第十二小组
2365	马志良			男	1950.11	第十二小组
2366		张卫花	妻	女	1952.11	第十二小组
2367		马张雷	儿子	男	1971.8	第十二小组
2368		闫鹤娉	儿媳	女	1974.9	第十二小组
2369		马　源	孙女	女	1997.11	第十二小组
2370		马媚枫	孙女	女	2004.5	第十二小组
2371	马志军			男	1949.2	第十二小组
2372		杨娥赛	妻	女	1951.12	第十二小组
2373		马学良	儿子	男	1972.7	第十二小组
2374		马学斌	儿子	男	1981.11	第十二小组
2375		石彩霞	儿媳	女	1974.9	第十二小组
2376		马煜佳	孙女	女	2005.10	第十二小组
2377	马志华			男	1949.10	第十二小组
2378		马玉娥	妻	女	1953.9	第十二小组
2379		马社雷	女婿	男	1967.6	第十二小组
2380		马玛瑙	女儿	女	1975.3	第十二小组
2381		马　超	孙子	男	1996.11	第十二小组

序号	户主	姓名	与户主关系	性别	出生年月	村民小组
2382		马　腾	孙子	男	1999.6	第十二小组
2383	张洪奎			男	1944.11	第十二小组
2384		张秀琴	妻	女	1947.8	第十二小组
2385		张卫刚	儿子	男	1973.4	第十二小组
2386		冯彩霞	儿媳	女	1972.3	第十二小组
2387		张　靖	孙女	女	1994.2	第十二小组
2388		张　婷	孙女	女	1996.7	第十二小组
2389	李秀英			女	1940.10	第十二小组
2390		霍李孔	儿子	男	1965.7	第十二小组
2391		霍李红	儿子	男	1973.1	第十二小组
2392		王海霞	儿媳	女	1974.8	第十二小组
2393		霍璐瑶	孙女	女	1998.9	第十二小组
2394		霍思霖	孙子	男	2002.4	第十二小组
2395	张护城			男	1958.8	第十二小组
2396		郭锁琴	妻	女	1960.1	第十二小组
2397		张　波	儿子	男	1981.6	第十二小组
2398		张　衡	儿子	男	1992.2	第十二小组
2399		张　千	女儿	女	1995.12	第十二小组
2400	马万良			男	1964.6	第十二小组
2401		韩秋琴	妻	女	1965.10	第十二小组
2402		马棉棉	女儿	女	1987.5	第十二小组
2403		马建云	儿子	男	1990.5	第十二小组
2404		史风英	母亲	女	1933.5	第十二小组
2405	马玉良			男	1950.8	第十二小组
2406		乔书琴	妻	女	1951.1	第十二小组
2407	马日兴			男	1937.8	第十二小组
2408		董雪英	妻	女	1939.12	第十二小组
2409		马玉龙	儿子	男	1968.6	第十二小组
2410		王阿眉	儿媳	女	1978.7	第十二小组
2411		马娅婷	孙女	女	2004.6	第十二小组
2412	马志文			男	1950.11	第十二小组
2413		郑莲莲	妻	女	1951.2	第十二小组
2414		马海峰	儿子	男	1982.6	第十二小组
2415		侯娟娟	儿媳	女	1981.8	第十二小组

序号	户主	姓名	与户主关系	性别	出生年月	村民小组
2416		马玉龙	孙子	男	2005.11	第十二小组
2417		马雪凤	孙女	女	2005.11	第十二小组
2418	马海彪			男	1973.2	第十二小组
2419		王海连	妻	女	1974.5	第十二小组
2420		马瑾瑛	女儿	女	1999.4	第十二小组
2421	郭建忠			男	1970.6	第十二小组
2422		侯　丽	妻	女	1970.3	第十二小组
2423		郭　康	儿子	男	1994.2	第十二小组
2424		郭康静	女儿	女	1996.4	第十二小组
2425	马小锁			男	1939.10	第十二小组
2426	马明文			男	1935.4	第十二小组
2427		马锁兵	儿子	男	1969.12	第十二小组
2428	马爱锁			男	1973.12	第十二小组
2429		刘书瑞	妻	女	1972.6	第十二小组
2430		马　慧	女儿	女	1996.3	第十二小组
2431	郭四锁			男	1970.10	第十二小组
2432	马秀花			女	1949.2	第十二小组
2433		郭马成	儿子	男	1968.9	第十二小组
2434	郭福成			男	1966.12	第十二小组
2435		袁　琴	妻	女	1968.5	第十二小组
2436		郭如磐	女儿	女	2001.3	第十二小组
2437	郭书平			女	1948.4	第十二小组
2438		郭文旭	儿子	男	1971.7	第十二小组
2439		刘　云	儿媳	女	1972.7	第十二小组
2440		郭　茜	孙女	女	1997.4	第十二小组
2441		郭　澳	孙女	女	2000.1	第十二小组
2442	郭董勤			男	1962.11	第十二小组
2443		刘雪平	妻	女	1962.5	第十二小组
2444		郭　柯	儿子	男	1991.4	第十二小组
2445	吴广福			男	1945.7	第十二小组
2446		张桂花	妻	女	1948.1	第十二小组
2447		吴张云	儿子	男	1971.10	第十二小组
2448	吴广存			男	1955.6	第十二小组
2449		苏三平	妻	女	1959.12	第十二小组

序号	户主	姓名	与户主关系	性别	出生年月	村民小组
2450		吴秋玲	儿子	男	1982.7	第十二小组
2451		吴素莉	女儿	女	1986.9	第十二小组
2452	马志明			男	1961.7	第十二小组
2453		张花花	妻	女	1964.11	第十二小组
2454		马玲丽	女儿	女	1986.8	第十二小组
2455		马玲可	女儿	女	1994.10	第十二小组
2456	杨海军			男	1974.6	第十二小组
2457		崔国棉	妻	女	1974.7	第十二小组
2458		杨敏杰	儿子	男	1997.9	第十二小组
2459		杨敏丽	女儿	女	2002.10	第十二小组
2460	杨军虎			男	1980.1	第十二小组
2461		郑艳丽	妻	女	1981.10	第十二小组
2462		郑普方	儿子	男	2005.10	第十二小组
2463	郭永兵			男	1967.10	第十二小组
2464		郭玲艳	妻	女	1970.5	第十二小组
2465		郭梦莹	女儿	女	1996.9	第十二小组
2466		郭梦泽	儿子	男	2001.3	第十二小组
2467	郭茂义			男	1960.6	第十二小组
2468		郭杰菲	女儿	女	1989.7	第十二小组
2469	郭明瑞			男	1951.5	第十二小组
2470		马风兰	妻	女	1951.8	第十二小组
2471		郭林刚	儿子	男	1977.12	第十二小组
2472		郭林峰	儿子	男	1975.2	第十二小组
2473		郭文娅	儿媳	女	1974.9	第十二小组
2474		郭乃菠	孙女	女	1997.12	第十二小组
2475		郭莎莎	孙女	女	2002.5	第十二小组
2476	吴雪英			女	1934.7	第十二小组
2477	马小同			男	1951.2	第十二小组
2478		马董雷	儿子	男	1979.2	第十二小组
2479		侯璐霞	儿媳	女	1988.1	第十二小组
2480	侯玉龙			男	1969.2	第十二小组
2481		马玉娥	母亲	女	1940.2	第十二小组
2482	郭书桥			男	1951.1	第十二小组
2483		郭雪瑞	妻	女	1953.2	第十二小组

序　号	户　主	姓　名	与户主关系	性　别	出生年月	村民小组
2484		郭伟宏	儿子	男	1985.6	第十二小组
2485	郭董银			男	1970.11	第十二小组
2486		董书英	母亲	女	1952.1	第十二小组
2487		张书琴	妻	女	1972.1	第十二小组
2488		郭　宪	女儿	女	1995.7	第十二小组
2489		郭旭章	儿子	男	2002.5	第十二小组
2490	王汉文			男	1936.12	第十二小组
2491	吴榜元			男	1963.3	第十二小组
2492		马雪娥	母亲	女	1944.12	第十二小组
2493	马席红			男	1963.7	第十二小组
2494		郑文花	妻	女	1966.11	第十二小组
2495		马浩浩	儿子	男	1992.7	第十二小组
2496		马涛涛	儿子	男	1996.10	第十二小组
2497		席秀平	母亲	女	1942.10	第十二小组
2498	王社康			男	1963.1	第十二小组
2499		侯社琴	妻	女	1962.6	第十二小组
2500		王　峰	儿子	男	1987.9	第十二小组
2501		王　艳	女儿	女	1990.5	第十二小组
2502	马成杰			男	1948.11	第十二小组
2503		蔡秀平	妻	女	1953.10	第十二小组
2504		马路生	儿子	男	1977.9	第十二小组
2505		马润泽	孙子	男	2001.8	第十二小组
2506	马路军			男	1971.7	第十二小组
2507		侯红霞	妻	女	1972.1	第十二小组
2508		马佩瑶	女儿	女	1998.8	第十二小组
2509		马添财	儿子	男	2004.9	第十二小组
2510	侯玉忠			男	1961.10	第十二小组
2511		张瑞莲	妻	女	1963.11	第十二小组
2512	蔡岐奎			男	1959.8	第十二小组
2513		霍社花	妻	女	1959.6	第十二小组
2514		蔡丽鹏	女儿	女	1989.6	第十二小组
2515		蔡玲丽	女儿	女	1986.4	第十二小组
2516		杨玉泽	外孙子	男	2005.11	第十二小组
2517	蔡仁章			男	1966.3	第十二小组

序 号	户 主	姓 名	与户主关系	性 别	出生年月	村民小组
2518		张敏艳	妻	女	1967.12	第十二小组
2519		蔡晓楠	女儿	女	1991.10	第十二小组
2520		蔡晓江	儿子	男	1993.7	第十二小组
2521	蔡义城			男	1943.11	第十二小组
2522	张书听			男	1974.3	第十二小组
2523		杨鲜叶	妻	女	1975.2	第十二小组
2524		张宝华	女儿	女	2000.11	第十二小组
2525		张扬鑫	儿子	男	2003.6	第十二小组
2526		蔡瑞芝	母亲	女	1950.12	第十二小组
2527	蔡书奎			男	1963.4	第十二小组
2528		侯巧娥	妻	女	1961.6	第十二小组
2529		蔡娟娟	女儿	女	1989.6	第十二小组
2530	王贵兰			男	1940.10	第十二小组
2531		孟雪英	妻	女	1946.1	第十二小组
2532	霍顺平			女	1949.10	第十二小组
2533		霍海叶	女儿	女	1981.6	第十二小组
2534		霍金东	孙子	男	2006.1	第十二小组
2535	郑秀花			女	1947.9	第十二小组
2536	马广英			女	1927.10	第十二小组
2537	王秀娥			女	1937.8	第十二小组
2538		刘洪俭	儿子	男	1957.2	第十二小组
2539	张 英			男	1944.8	第十二小组
2540	马治秀			男	1944.7	第十二小组
2541		帅风娥	妻	女	1950.6	第十二小组
2542	郭小飞			女	1975.5	第十二小组
2543	郭永刚			男	1977.8	第十二小组
2544		郭永峰	弟弟	男	1979.9	第十二小组
2545	王卫东			男	1983.4	第十二小组
2546		张娜娜	妻	女	1984.2	第十二小组
2547		王泽盛	儿子	男	2005.7	第十二小组
2548	郑明生			男	1955.11	第十二小组
2549		郑书珍	妻	女	1960.3	第十二小组
2550	董五霞			女	1974.11	第十二小组
2551	王贵花			女	1926.9	第十二小组

第三章 家 谱

家谱是一个家族记载本族的渊源、繁衍、发展、世系,及主要人物和重大活动的有价值的史料,涉及政治、经济、文化、历史、地理、社会学、民族学、人才学、人口学、遗传学等诸多领域。

宋代苏洵作《苏氏族谱引》曰:“观吾之谱者,孝悌之心可以油然而生矣。情见于亲,亲见于服,服始于衰,而至于缌蔴,而至于无服。无服则亲尽,亲尽则情尽,情尽则喜不庆,忧不吊;喜不庆,忧不吊,则涂人也。”

中村村各氏族对家谱的修编不甚一致,很多氏族不写家谱,有谱者也多代不续。在辑本志期,编者倾心竭力搜寻故本。首先,感谢李氏后人李法刚,妥存祖谱。因之,李氏家族谱系清楚。借此修志,法刚撰文,将中村东街李氏七世之后各代谨录明细。再者,感谢谭氏后人春悟,在陈年故纸中寻觅到残不经风的老家谱,费心熬夜,粘接裱糊,终使谭氏祖谱重现。他们也把13世之后谱系详列。第三,感谢牛氏后人小忠,他细心保管父亲牛锡斌传承之祖谱,致修志时牛家历史明白,为本氏族续写谱系奠定基石。其他氏族谱系,借善本,查墓碑,抄花梁,能辨析清晰者列系,不能归祖者分代,真辨分难归者,按姓名录之。兹将所收集到的几部家谱,收于村志,以承前启后。

一、中村东街李氏家谱

序一

弁言

余夙罹闵凶,遭家不造,流离异邦,殚疲经营四十余年矣。今以晚节还乡,而宗党族人散处凋零,视向之衰残者更甚。因忆昔侍慈帏侧,闻我李氏自高祖以来,户族繁盛,人物英伟,营居沁邑西关,书香继世,与宣化坊张族,两相颉颃,世为姻娅,故土人有“北张南李”之称,洵一巨族也。一旦兵火奇荒,晨星错处,支源失次,系序莫明。又其间情义寡薄,心怀浇漓,同室之戈,旋转互掺,何以凄怆伤心者矣。

夫在我族人，虽有亲疏，自我祖宗视之，均是子孙。今日如是，何以教后人而见我先祖于地下邪？适小子纂集家谱，不禁欣然，略为弁言以志。倘吾族人能观本思源，世世亲睦，式好无尤，庶几生繁叶于枯荑，育丰肌于朽骨，安在积衰不可以复盛也哉？

祖考有灵，当无怨恫而……

时大清康熙四十五年清明之吉。

八世孙烇撰。

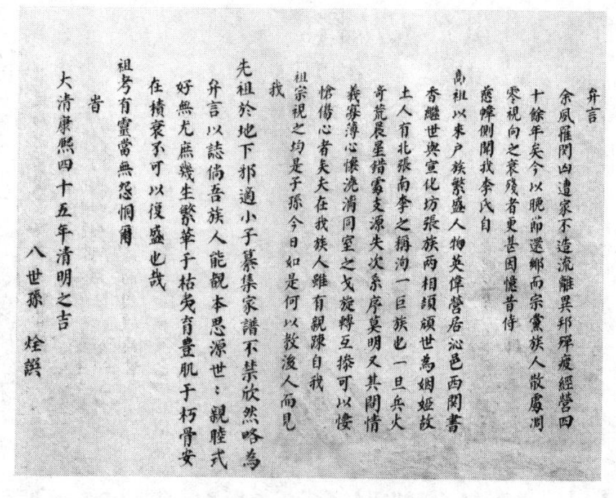
弁言
余夙罹閔凶遭家不造流離異邦殫瘁經營四
十餘年矣今以晚節還鄉而宗黨族人散處凋
零視向之衰殘者更甚因憶昔侍
慈幃側聞我李氏自
高祖以來户族繁盛人物英偉營居沁邑西関書
香繼世與宣化坊張族兩相頡頏世為姻婭故
土人有北張南李之稱洵一巨族也一旦兵火
奇荒晨星錯落支源失次系序莫明又其間情
義寡薄心懷澆漓同室之戈旋轉互操可以悽
愴傷心者矣夫在我族人雖有親疎自我
祖宗視之均是子孫今日如是何以教後人而見
我
先祖於地下邪適小子纂集家譜不禁欣然略為
弁言以誌倘吾族人能觀本思源世世親睦式
好無尤庶幾生繁華于枯荑育豐肌于朽骨安
在積衰不可以復盛也哉
祖考有靈當無怨恫爾
皆
大清康熙四十五年清明之吉
八世孫 烇譔

李氏家谱影印件

序二

从生也晚，不获及见先辈盛事，中心实用自伤矣。且弱龄失慈，随父就食红亭，零丁辛苦，命也。何如迨年，值志学返辕旋里，每于灯夜读书，考古老泉《苏氏族谱引》云："情见于亲，亲始于服，服始于衰，而至于缌麻，而至于无服。无服则亲尽，亲尽则情尽，情尽则喜不庆，忧不吊；喜不庆，忧不吊，则等于途人也。是吾今所与相视如途人者，其初兄弟也。兄弟其初一人之身也，夫一人之身分而至于途人，良可悲夫！"

因思我李氏自始祖至今，不知历几世，而已有若途人视之者，安知不流于不庆不吊乎？甚至子孙不知祖称之为谁同族，罔别支脉之何，自可胜浩欢。及是岁拜扫之期，合祖必集，乃从请于尊长佥曰："吾族家谱载之最详，当兵燹流离之后，遂皆失之，迄今止传。始祖李公鸿胪第讳让有五子：三曰聪，礼部儒士，迁居于县；五曰光，任睢宁县，仍居于乡，其长次及四，则未之知也。并聪祖以后，讳号系序，亦不尽悉焉。又有老茔在中村镇之西曰北庄，传云侍郎冢，虽每岁公祭，而无碑记可考。盖在让祖之前，与嗟嗟庐陵云，问其遗事，故老皆无存者，最是恨事。今系序不明，宜吾族之途人相视也，安得合集一谱，以彰前人，而垂后世乎？"

悬悬久之，忽于故纸丛中，搜得长伯手集一薄，而虫蛀缺破不全。爰因是继襄厥事，由乡之老茔，历县之南北坟，编抄碑志。又搜访各门支源名字配亭，参酌胪序知之。真者录之，疑者阙之。始于己卯，迄于丙戌，阅八载而纂集成谱，以存什一于千百。荐之祖考，陈之族人，使子子孙孙履谱而知不有，以动其尽诚享亲，敦一本睦九族之心也哉，即流离散处，亦不失宗支之源，非敢贤知先人，实体苏公懿怀，不忍以途人视我祖宗并族人也。僭妄之罪，抑又何辞？若夫愈众超识者，续而增之，传之万世，从将扶额以望焉，是为序。

康熙岁次丙戌桃月谷旦。

九世孙天从撰。

例言

一是谱值先哲沦没之后，流离散处之时，多不寻其实，止据碑文记载者而传之，其遗□之罪，不能免也。

一祖先族人名次长幼皆不可考，今第以三世祖门脉之长幼，为历世之次序。虽不免紊乱，然亦大宗小宗之说焉。以先人之门脉论，不以后人之年庚论也。

一例序之中，或间有支系不清者，不敢混混。但取本名之同于某世者，序于某世之末，以俟知者填之。

一各门支脉多不知之，若胪名而序，终无以别。今以支脉细绘一图，俾人一览了然，而穷源探本，所以联亲定分也。

一例序必于名氏之下空一方，凡吾祖考母氏有懿行者细载之，以示劝善后人之意也。

一谱以备考垂示久远，凡名字一入则不可易。兹约吾族子孙，必年逾十二或十六者，于清明拜扫之时，同合族人，入其官名配氏，庶不致错误犯上也。

一此集成，有念先人者，抄录一本，指示子弟熟记。所以报本追源，孝莫大焉，即遇离变，亦不至泯泯无传。

一是谱之集，上继祖先，下启后人，诚绝续之。

一会也虽其间不无差谬，然吾族之可以联属者，尚赖此耳。若并此而□之，将心目懵然，即岁有牲牷之献，而子孙不知祖宗为谁，祖宗又乌知若等为子孙哉？是并祖宗而亦无属矣。故几竭心力，纂集此谱，而我李氏历世离散，忽集一谱，祖宗子孙，俨然一堂，没者以安，生者以和，致足乐矣。倘何不鉴此心，而哂我鄙我者，我亦弗恤也，唯祖宗实式凭之。

李氏祖茔记：西石堂村中脚沟口弱杨树坡是老坟。其先石堂村人，河南有老坟，聪祖乡中往来，经过必下马，望南而拜。

一徙北庄南坡有老坟，茂林郁葱，人不敢近。传云侍郎冢，世远年堙，无碑可考，每岁合族献猪拜扫。

再徙阱坪一所，亦无碑记，每岁合族备献拜扫。又阱坪道西亦有老茔，今竖碑志，以垂永远。

三徙冶内村有碑载，始祖鸿胪寺序班李公讳让，每岁合族献猪拜扫。

又有小老坟一所，合族献猪拜扫，在县城西南坡。分迁县城西南坡石楼山之侧，有碑载：高祖讳聪公，老茔一所，松柏秩核，树林荫翳，御屏锺灵，杏水凝秀，洵佳城也。每岁合族献猪拜扫。

又有城北玉岭山之下小老坟一所，天坛小老坟一所，每岁合族轮流献猪拜扫。

其余各门所卜茔墓，不胜记载，俟后增之录誊。

序言

旧存宗谱，族人传抄，遂之迷归。绪恐祖父殚精竭虑序列世系之心化为乌有，而后世子孙罔知祖功宗德，顿忘木本水源，或相视如秦越焉。关诚钜矣，爰取族人抄本，更为誊写。其间支分脉衍，益加缕详，俾览者披图觅源，油然而孝敬生，霭然而礼让，敦重本，笃亲端，在是矣。

乾隆九年二月清明日。

十世孙延绪叩识。

序言

余《李氏族谱》，相传同著三册，分存三门，昌、登、奎诸祖之后裔，各执其一。乃历年久远，余支所存之谱，遗失无踪。方欲取族人存本，重新抄录，适杏子(杏谷)村耀先兄，持一薄，来命余誊写，余欣然允诺。及至翻阅，虫蛀破缺，字迹不全，不禁悚然叹息，曰："先人所传之谱，若分存于城里者也如是焉，则我李氏之支脉，必然混乱，一本九族之亲，未有不以途人相视者，前人纂集之苦心几乎息矣，何以联亲定分，而见我先祖于地下耶？"因入城遍访，搜得老谱，虽亦残旧，犹无缺略，与杏子村存薄两相对阅，知无差谬。盖信先人同著分存之意，所以为子孙虑者至深且远也。于是沐手敬书，复为增绘图考，以垂永远。后有识者，庶劝示族人熟记于心，且令善书子弟勤于誊写，勿俟如今日之残缺而始抄录焉，则又第之所厚望也夫。

同治十三年岁次甲戌瓜月谷旦。

十四世孙光第痒名登甲重誊，时年五十有八。

右三图分为三老门，俱在十甲里排轮，应故土人有十甲李家、二甲李家之传云。

右自始祖统绘一图，原其本也。其下分绘五图，又多有重书者。盖日芳祖、本润祖之三子也出嗣于湜祖，珮乃日充祖之次子，出嗣于日升祖，元丙乃名芳祖之次子，出嗣于桂芳祖。故通为列序为论世者，示之祖茔碑亦然。

余绘图告成，反复久之，不禁悚然叹息曰：何其盛衰之非常耶？盖自始祖发迹丰裕，诞育五子，克振家声，殆有燕山之风，何盛如斯也。然而不传者有三幸：聪祖子孙昌隆，而后嗣不至决绝矣。至永昌祖亦颇称盛，而永登祖则落落数人也。虽以永奎祖极盛，而其子之乏嗣者亦三。故至五世而一十七人，今止传有五门。此五门中，若邦仙、孟夏、锺锵诸祖，后裔虽繁盛，而书香亦几欲坠地。迨我镗祖为子者四，为孙者六，为曾孙者七，亦未可遽谓之衰也。延及元孙仅五六人，承先世之一枝，且微亡离离，先人不绝如线，其为盛衰何如哉？《语》云："积善者昌，积恶者亡。"使前人而积恶也，何前人盛于后人耶？使后人而积善也，何后人衰于前人也。《诗》曰："昭事上帝，聿怀多福。"又曰："孝思不匮，永锡尔类。"其在今日乎？其在今日乎？

天从稽首在识。

余书谱告成，反复久之，想曾祖广生及杏谷、杏岩祖并堂伯文魁，书香继世家谱所阙钜矣，诸祖父应有存者，又于残书故纸中细为搜寻得，魁伯重订系谱序一稿，所订之谱应亦族人传抄，迷所归与因录于后，以示不忘云。

夫人欲明谱牒以宗法为先，宗有大小枝分脉别，大宗者百世不迁之宗也，小宗者五世则迁之宗也，有大宗以统之则人同知尊祖，有小宗以统之则人各知敬宗，此谱牒之不可不制也。如余李氏系谱一订，于烇祖继成，于从祖详抄编记几费心力，故宗支之大小较如日星，所以使我族人睹谱而各相亲睦者，皆烇祖于从祖功也。魁之生也材同螟蚁，识等管孔，常思接乎其踵每愧南风不竞，初何敢妄参其列慢蹈制锦之诮哉？虽然于李氏自高曾以来户口繁衍，人物丛生，其枝分脉别者，今又星散错处，而难考脱。弗踵事而增穷，恐后之视今将不如今之视昔矣，然持此意也。余二祖广生及谷、岩诸叔父悬悬久之，惜天不假年，有志未逮，则当日之苦志劳形欲垂不朽者几几坠地矣，如之何其科坐视耶？余故不揣鄙陋依图而增益之，亦犹依样画葫芦耳，至族人之行谊字号配氏嗣女，则又即所见知者一一详书焉。其序次亦以五世为断，盖本五世则迁之说也，庶几哉子子孙孙履谱而识本源，览牒而明支流，敦本睦族义若唐竹，或不至以涂人相视矣，是岂敢以贤智先人哉，实体前人之懿怀也，若夫后有旷相感复者，复续而增之，传之世世。不惟魁扶额以望，即从祖等亦含笑地下矣。

是为序。

十三世孙际乾庠名文魁遗稿。

十四世孙光第庠名登甲录。

重续李氏谱系记

我们中村李氏家族，自高祖以来，户族繁盛，人物英伟，营居沁邑西关，书香继世。大清康熙四十五年，八世孙李烇编撰家谱；康熙岁次丙戌桃月谷日，九世孙李天从撰编谱；乾隆九年二月清明日，十世孙李延绪叩诚；同治三年岁次甲戌瓜

李法刚与村志编写人员

月谷日，十四世孙李光弟庠名登甲重誊，时至今日已有一百四十五年矣。

日月如梭，世事变迁，时代进入二十一世纪，新中国也跨越六十年。时逢国家繁荣昌盛，人民幸福安康，公粮不缴，农税全免，病有所医，老有所养，真乃和谐盛世。盛世修志正当其时。我自2003年开始，与李树深、李儒、李建国等人翻阅族谱，细究其意，查找墓碑，抄录花梁，考证史据，衔接古人，登清后人，最大限度避免疏漏，确保续谱质量。历时七年，承继十五世之后的《李氏族谱》，终于在2009年国庆60周年时收笔，我辈甚感荣幸。

为了孝敬祖先，垂裕后人，承前启后，规范我族名字，从四老门开始，以下列各字为辈份排序，延至二十世：标、云、生、惟、际、光、汝、善、旭、章、树、科、峰、德、悟、校、华、林、执、喜。敬请后辈取名冠字，皆以此执行，便于宗族认同，亲情联系，构建和谐家族，创建和谐社会，为社会做出应有贡献。

公元二零零九年九月二十九日。

十八世孙李法刚(伟章)续补，时年62岁。

中村李氏(东街)历世系谱

始祖李让

二世：

李聪——子永昌、永登、永奎

李光——

三世：

李永昌——子世明、世道

李永登——子九益、九贞

李永奎——子九德、九畴、九经、九韶、九峰

四世：

李世道——子邦仙、邦畿

李九益——子邦友

李九贞——子邦厚、邦成、邦原、邦兴

李九德——子李锺、李铜、李铀
李九韶——子李镗、李锵
李九峰——子李铣
五世：
李邦畿——子孟元、孟书
李邦仙——子孟阳、孟珠
李邦友——子孟春、孟夏、孟秋、孟言
李邦成——子孟耀、孟库
李　锺——子淮、注、泽、河
李　镗——子泮、洛、湜、涵
李　锵——子润、漕、深
六世：
李孟书——子日正、
李孟阳——子日裕、日荣
李孟珠——子养志、养民、养性
李孟春——子友林、
李孟夏——子友桂
李　淮——子日强、日成、日贵
李　注——子日富
李　泽——子日明
李　河——子日卿、日刚、日相
李　泮——子日充、尚贤
李　洛——子日高、日直
李　湜——子日芳、日升
李　润——子名芳、联芳、日芳、腾芳、桂芳
李　漕——子友松、友柏
李　深——子芬芳、正芳、继芳、时芳、馨芳
七世：
李日裕——子主一、还一
李养民——子致一、秉一、兴一
李养志——子纯一、贞一、宁一
李养性——子同一、辰一、完一
李友桂——子之焕、之尚、之顺
李日强——子李讲、李广

李日贵——子玉祥
李日刚——子玉林
李日充——子琦、珮
李尚贤——子瑋
李日升——子珮、辅
李日芳——子煌、煋、烇
李名芳——子元徵、元炳
李联芳——子元琮
李腾芳——子元琨
李桂芳——子炳
李友松——子之馨
李友柏——子之香、之美
李芬芳——子元亨
李时芳——子元弼、元奇、元英
八世：
李主一——子武
李纯一——子森、才
李致一——子福
李秉一——子有
李之焕——子标
李　讲——子承统
李玉祥——子凤舞
李玉林——子凤伯、凤仲、凤季
李　珮——子宗皋、宗陶
李元炳——子作舟、作栋、作梅
李元宗——子唐杰、唐佐
李　煌，字心如——子恺孚、坤孚
李　烇，字文宇——子天从、天宁、天佑
李元弼——子凤鸣
李元奇——子凤喈、凤翔、
李元英——子凤仪、凤皋、凤叶
李之美——子兴宝、兴才
九世：
李　森——子成言官、成谓

李　标——子云凤、云鹏、云龙、云蛟
李宗皋——子继先
李　福——子成论、成诰、成议
李作栋——子云瑞
李唐佐——子云锦
李恺孚——子均先
李宗陶——子绘先、维先
李凤伯——子成先、光先、绪先
李作梅——子云章
李承统——子振先
李凤仲——子开先
李凤鸣——子舒容
李凤喈——子舒仓、舒林
李兴才——子锁先
李凤仪——子舒泰、舒彦
李凤皋——子舒锦、舒玉
李天从——子觉先、延绪、延统
李凤叶——子舒成
李凤翔——子舒长、舒生
李天宁——子绳先、羽先、经先
李天佑——子纶先

十世：

李成誼——子斌
李成谓——子
李云凤——子淮生、广生、挺生
李云鹏——子海生
李成玉——子
李云瑞——子克俭
李继先——子殿蛟、亦蛟
李云锦——子克忍
李成论——子林生、茂生、斗生
李均先——
李成诰——子恒生
李云龙——子荣生、沧生、浩生

李云章——子克慈、克敏
李绪先——子生金、生宝
李开先——子广成
李振先——子
李云蛟——子蓄生、蒲生
李成议——子增生、昌生、孟生、瑞生、闵生、宁生
李成先——子
李光先——子
李锁先——子和成、和春、和清、和惠
李舒容——子思恭、思杰、思梅
李绘先——子长春、长对
李舒泰——子思忠、思哲
李觉先——子
李舒锦——子思儒
李舒仓——子
李维先——子得蛟、长兴
李舒彦——子思齐、思政、思德
李舒玉——子思信、思儒
李舒成——子思政
李舒林——子思升、思琏
李舒长——子思问、思义
李延绪——子绵、颖、颉
李延统——子颣、颙、颋
李绳先——子颟
李纶先——子顼、颚、颢
李舒生——子思善、思唐、思明
李经先——子颢
李翃先——子
十一世：
李林生——子惟汉、惟彦
李茂生——子惟一、惟敬、惟美、惟芝、惟哲
李斗生——子
李恒生——子惟仁、惟善、惟昇
李惠生——子惟德、惟有

李增生——子惟勤、惟籣、惟田

李昌生——子惟秀、惟统

李孟生——子惟和、惟顺

李瑞生——子惟良、惟兴

李闵生——子惟宽、惟贤

李宁生——子惟醇、惟全

李淮生——子惟恭

李广生——子惟香

李挺生——子惟正、惟端、惟淳、惟通

李海生——子惟学、惟信、惟寅、惟清

李荣生——子杏岩、惟孝、惟明

李沦生——子惟谦、惟廉

李浩生——子惟裕

李蕃生——子惟良、惟馥

李蒲生——子惟馨、惟熏

李广成——子清泉、清菊

李顗、颟、颉、绵、颒、颙、颋、项、颚、颢,殿蛟、亦蛟、得蛟,长春、长对、长兴,和成、和春、和清、和惠、

李克忍——子玠池、培池

李克俭——子坤池、垣池、增池

李克敏——子茔池、在池

李克慈

李思问——子大庄

李思义

李思琏——子大用

李思昇——子大枝

李思梅

李思杰——子大源

李思恭——子李豫、大年

李思信——子大鹏

李思儒——子大和

李思茂——子大勋、大观、大海

李思忠——子大勤

李思德——子大有

李思齐——子大经、大奎
李思政——子大本
李思善、思唐、思明、生金、生宝
十二世：
李惟汉——子魁元
李惟彦——子明元
李惟一——子廷元、中元、登元
李惟敬——子秋元、鉴元
李惟美——子三元、联元、隽元、昆元
李惟芝——子殿元
李惟哲——子恺元、旺元
李惟仁、李惟善
李惟昇——子文元、学元、抡元、选元
李惟德
李惟有——子捷元、振元
李惟宽——子清元
李惟贤——子秉元
李惟和——子法元
李惟顺——子八元
李惟秀——子坤元、开元
李惟统——子世元、保元、根元
李惟勤——子乾元、连元
李惟籣、惟田
李惟良——子启元
李惟兴——子鳌元
李惟淳——子祥元
李惟全——子恩元、士元
李惟恭——子际乾、际泰
李惟香——子际会
李惟正——子际有
李惟端——子际余
李惟淳——子际晚
李惟通
李杏谷——子际辰、际遇

李惟信——子际遇、际林
李惟寅——子际运
李惟清——子际山、际林、际有、际陶
李杏岩——子际斗、际昌、际丰
李惟孝——子际庆、际雍、际盛
李惟明——子际亨、际隆、际康
李惟谦、惟廉
李惟裕——子际盛
李惟良——子际可、际厚
李惟馥——子际万、际厚
李惟馨——子际时
李惟熏——子际颢、际可、际会、际祥
李清泉、清菊、玠池、培池、丙吉、
李坤池——子应醇
李恒池
李增池——子应进
李堃池——子应田
李在池、大庄、大用、大枝、大源、李豫、大年、大鹏、大和、大勳、大观、大海、大勤、大有、大经、大奎、大本

十三世：
李魁元——子耀川、耀观、耀先
李明元——子耀春、耀华、耀宗、耀白
李挺元——
李中元——子耀性、耀山
李登元——子耀考、耀香
李秋元——
李鉴元——子耀武
李殿元——子耀彩、耀章
李三元、联元、隽元
李昆元——子耀功、耀本
李恺元——子耀考、耀珠
李旺元——
李文元——子耀河
李学元——

李抡元——子耀圣
李选元——子耀贤
李捷元——子耀都、耀京
李振元、清元
李秉元——子耀南、耀发、耀甲
李法元——子耀湖
李八元——子耀锦、耀绣
李坤元、开元、世元、保元
李根元——子耀支、耀祖
李乾元——子耀普
李启元、连元
李鳌元——子耀旭、耀泰
李祥元——子耀时、耀年
李思元——子耀海
李士元——
李文魁——子光殿、光陛、光园
李际泰——子光园、光林、际有、际余、际晚、际辰、际遇
李际林——子光忠、光朝、光邑
李际运——子光治
李际山——子光京、光都、光峰
李际陶——子光川、光国、光廷
李际斗——子光选、光谱、光圣、光葆
李际昌——子光远
李际丰——子光倬、光仪
李际庆——子光绍
李际雍——子光朋
李际亨——子光经、光纶、光统
李际隆——子光绪、光绍、光纬
李际康——子光美
李际盛——子光岳、光儒
李际元——
李际时——子光德、光前
李际万——子光谟、光猷
李际顕——子光彩

李际可——子光贤
李际厚——子光猷
李际会——子光甲、登甲
李际祥——子光彩、光天、光日
十四世：
李耀川——子丕荣、丕基、丕址
李耀观——子丕承、丕业
李耀先——子丕颢
李耀春——子丕江
李耀华——子丕潮
李耀宗——子丕旺
李耀白——子丕潭、丕河
李耀性、耀山、耀考、耀香
李耀武——子丕泽
李耀功——
李耀本——子丕恩
李耀彩——子丕成
李耀章、耀芳
李耀珠——子丕德、丕通
李耀河、耀圣、耀贤、耀都、耀京、耀南、耀发、耀甲
李耀湖——子丕清、丕明、
李耀锦、耀绣
李耀普——子丕志
李耀支——子丕量、丕度、丕洪
李耀祖——子丕书
李耀旭——子丕锺
李耀泰——子丕福、丕禄、丕祯
李耀时——
李耀年——子丕谟、丕烈、丕勋、丕弼
李耀海——子丕长、丕久、丕永、丕远
李光殿——子汝桐、汝梓、汝檀
李光陛——子汝梓
李光园——子汝桂
李光林——

李光甲——子汝朴、汝梅、汝相、汝杰
李登甲——子汝懋
李光理——子汝阳
李光化——子汝霖
李光辅——子
李光治——子汝权
李光京、光都、光峰
李光忠——子汝椿
李光朝、光邑、光川、光国
李光廷——子汝义
李光葆——子汝璋、汝珽
李光谱——子汝琪
李光选——子汝琮、汝璟
李光圣——子汝玳、汝璠
李光远——子汝琇
李光倬——子汝言、汝为
李光仪——子汝和、汝顺
李光朋——
李光绪——子汝玫
李光绍——子汝瑚、汝琏
李光纬——子汝旺
李光经——子汝琳
李光纶——子汝鳌、汝兴、汝发
李光统——子汝珠、汝玉、汝藏
李光美——子汝瑄、汝琚
李光岳——
李光儒——子汝海、汝宽
李光德——子汝栋、汝梁、汝桢、汝干
李光前——子汝楫、汝舟
李光谟——子汝楠、汝槟
李光猷——子汝楷
李光贤——子汝材
李光彩、光天
李光日——子汝植

十五世:
李丕荣——子之善
李丕基——子庆善、有善、积善
李丕址——子家善
李丕承——
李丕业——子复善
李丕顕、丕江、丕潮、丕旺
李丕潭——子崇善、尊善
李丕河、丕泽、丕恩
李丕成——子徐善
李丕德——子仰善、亲善、止善
李丕通、丕清、丕明
李丕志——子齐善、见善
李丕量、丕度、丕洪、丕书、丕锺、丕福、丕禄、丕祯、丕谟、丕烈、丕勋、丕弼
李丕长——子向善、扬善、启善
李丕久、丕永、丕远、
李汝桐——子一善
李汝梓——子乐善、好善
李汝檀——
李汝桂——子敦善、仁善
李汝朴、汝梅、汝相、汝杰
李汝懋——子传善、条善
李丕兴——
李汝阳——子择善、处善、三善
李汝霖——
李汝权——子永善、同善
李汝形、汝椿、汝明、汝义、汝璋
李汝斑——子初善
李汝琪——子元善、常善、敦善
李汝琮——子情善、达善
李汝璟——子枝善
李汝玳、汝璠
李汝琇——子福善、禄善、祯善
李汝言——子万善

李汝为——子更善
李汝和、汝顺、汝玫
李汝瑚——子贵善
李汝琏——
李汝旺——子友善
李汝琳——
李汝鳌——子春华
李汝兴、汝发
李汝珠——子本善、树善
李汝玉、汝藏
李汝瑄——子交善、友善
李汝琚、汝雷
李汝海——子教善
李汝宽——子通善、明善
李汝栋——子庚善
李汝檪——
李汝桢——子秉善、天善、性善
李汝干、汝楫
李汝舟——子景山、富善
李汝楠——子长善、迁善
李汝槟——子金善
李汝楷——子怀善、德善
李汝材——
李汝植——子见善、闻善

中村李氏家谱(此二门一支分为四老门)

此二门一支宗脉图,今住中村镇东街,登祖后裔
一世:李孟夏——子友桂
二世:李友桂——子之焕、之尚、之顺
三世:李之焕——子李标
四世:
李标(以下分为四门)——子云凤、云鹏、云龙、云蛟
五世:
李云凤——子淮生、广生、挺生

李云鹏——子海生

李云龙——子沦生、荣生、浩生

李云蛟——子蕃生、蒲生

老长门：

一世：李云凤

二世：

李淮生——子惟恭

李广生——子惟香

李挺生——子惟正、惟端、惟淳、惟通

三世：

李惟恭——子际乾、际泰

李惟香——子际会

李惟正——子际有

李惟端——子际

李惟淳——子晚

四世：

李际乾——子光陛、光殿、光园

李际泰——子光林

李际会——子光甲、登甲

李际有——子登甲

五世：

李光陛——子汝梓

李光殿——子汝桐、汝檀

李光园——子汝桂

李光甲——子汝朴、汝梅、汝相、汝杰

李登甲——子汝懋

六世：

李汝梓——子乐善、好善

李汝桐——子一善

李汝桂——子敦善、仁善

李汝懋——子传善、学善

七世：

李传善——子跃旭、照旭

李学善——子扬旭

八世:
李跃旭——子魁章、文章、汗章
李照旭——子焕章
九世:
李文章——子李儒
李焕章——子李树奇
十世:
李儒——子惠峰
李树奇——子东明、东亮
十一世:
李惠峰——子茂凯、女茂纬
李东亮——子贺廷、贺俊
老二门:
一世:李云鹏
二世:李海生——子惟学、惟信、惟寅、惟清
三世:
李惟学——子际辰、际遇
李惟信——子际遇、际林
李惟寅——子际运
李惟清——子际山、际林、际有、际陶
四世:
李际辰——子光化、光理、光辅
李际林——子光忠、光朝、光邑
李际运——子光治
李际山——子光都、光峰、光京
李际陶——子光川、光国、光廷
五世:
李光化——子汝霖
李光理——子汝阳
李光忠——子汝椿
李光治——子汝权
李光川——子汝明
李光廷——子汝义
六世:

李汝阳——子择善、处善、三善
李汝权——子永善、同善
七世：
李择善——子初旭、晴旭
李永善——子斗旭
八世：
李斗旭——子成章
九世：
李成章——子树法
十世：
李树法——子洪科(外甥)
十一世：
李洪科——子李军、李栋
十二世：
李栋——子桐桐、女静静
老三门：
一世：李云龙——子荣生、沦生、浩生
二世：
李荣生——子杏岩、惟孝、惟明、
李沦生——子惟谦、惟廉
李浩生——子惟裕
三世：
李杏岩——子际斗、际昌、际丰
李惟孝——际庆、际盛、际雍
李惟明——子际亨、际隆、际康
李惟谦——子际元
李惟裕——子际盛(惟孝次子出嗣)
四世：
李际斗——子光选、光谱、光葆、光圣
李际昌——子光远
李际丰——子光倬、光仪
李际庆——子光绍(际隆次子出嗣)
李际雍——子光朋
李际亨——子光经、光纶、光统

李际隆——子光绪、光绍、光纬
李际康——子光美
李际盛——子光岳、光儒
五世：
李光选——子汝琮、汝璟、
李光谱——子汝琪
李光圣——子汝玳、汝璠
李光葆——子汝璋、如廷
李光远——子汝琇
李光倬——子汝言、如为
李光仪——子汝和、汝顺
李光绍——子汝瑚、汝连
李光经——子汝琳
李光纶——子汝鳌、汝兴、汝发
李光统——子汝珠、汝玉、汝藏
李光绪——汝玖
李光纬——子汝旺
李光美——子汝瑄、汝琚
李光岳——子汝雷
李光儒——子汝海、汝宽
六世：
李汝琮——子情善、达善(福元、福乐)
李汝璟——子枝善
李汝琪——子元善、常善、敦善(元娃、常娃、冻疙瘩)
李汝璠——子初乐
李汝琇——子福善、禄善、贞善
李汝言——子万善
李汝为——子更善(更乐、高乐)
李汝瑚——子贵善
李汝鳌——子春华
李汝珠——子本善、双乐
李汝瑄——子交善、友善(迷虎、太娃)
李汝海——子教善(王里)
李汝宽——子通善、明善(霍里、小里)

七世：
李达善(福乐)——子金旭
李常善(常娃)——子木旭、水旭
李元善(元娃)——子火旭
李贞善——子土旭
李万善——子夺旭
李春华——子文旭、青娃
李本善——子东旭、生升、三旦
李明善(小里)——子王旭
八世：
李土旭——子玉章
李夺旭——子日章、天章
李文旭——子红章
李瑞旭——子法刚、女雪平、贵平、翠平、小平
九世：
李玉章——子树勋、树深
李日章——子树茂、树芳
李红章——子刘怀
李法刚(伟章)——女淑霞、婿树明
十世：
李树勲——子银河、女淑珍、淑芬、淑艳
李树深——子水河、国河、女雪芹
李树芳——子栋风、女栋叶、栋梅
李刘怀——子小军、小鹏
李树明——子李庆、女亚娃、亚南
十一世：
李银河——子修悟
李水河——子李伟、女李娜
李国河——子李欣、女李倩
李小军——女凯莹、凯乐
李小鹏——女溳錡

老四门

一世：
李云蛟

二世：

李蓄生——子惟良、惟馥

李蒲生——子惟馨、惟薰

三世：

李惟良——子际可、际厚

李惟馥——子际万

李惟馨——子际时

李惟薰——子际显、际会、际祥

四世：

李际可——子光贤

李际厚——子光猷

李际万——子光漠

李际时——子光德、光前

李际显——子光彩

李际会——子光甲、登甲

李际祥——子光天、光日

五世：

李光贤——子汝材

李光猷——子汝楷

李光谟——子汝楠、汝槟

李光德——子汝栋、汝梁、汝桢、汝干

李光前——子汝楫、汝舟

李光甲——子汝梅、汝相、汝朴、汝杰

李登甲——子汝懋、

李光日——子汝植

六世：

李汝楷——子怀善、得善

李汝楠——子长善、迁善

李汝槟——子金善

李汝桢——子天善、秉善、性善

李汝栋——子庚善

李汝舟——子景善、富善

李汝懋——子传善、学善

李汝植——子见善、闻善

七世：

李见善——子长旭、兴旭（王吕）、佩旭

李庚善——子设卢

李天善——子日旭

李秉善——子□旭

李得善——子明旭

李怀善——子□旭

李长善——子□旭

李迁善——子吉旭

八世：

李长旭——子辉章、进奎、跃章

李日旭——子元章、琪章、建章、有章

李设卢——子殿章

李明旭——子护章、榜章

李□旭——子洪章

李□旭——子大章、会章

李□旭——子盘章、继成

李吉旭——子印章、玉章、金章

九世：

李辉章——子立新

李跃章——子李瑞

李齐章——子树荣

李元章——子树盛

李有章——子树德（毛红）、毛瑞、树山（小红）

李建章——子树红、树锁、来福

李殿章——女葡萄

李洪章——子树森

李榜章——子树富

李大章——子树春

李会章——子树兴

李金章——子树昌

十世：

李立新——子李可

李葡萄——子永拽、永刚、女永霞

李树荣——子小河(文科)、长彪、拽拽(斌科)、
李树盛——子小铁(武科)
李树德——子李忠
李毛瑞——子林忠、宝忠
李树山——子中丰、小丽
李树春——子登科、银科
李树兴——子金科
李树昌——子兆科
李树红——子侯东东、小波
李树锁——女李艳、李娜
王来福——子王军、女王柳柳
李树森——子四清
十一世：
李登科——子建国、国庆
李银科——子忠庆、法庆
李金科——子照辉、照峰
李文科——子李杰、女娜娜
李斌科——子芳芳、女慧慧、荣荣
李武科——子龙龙、虎虎
李　忠——女思静
李林忠——女亚静、亚宁
李宝忠——子亚凯、旋凯
李中丰——女小丽
李永刚——子航宇
侯东东——子钦贝
李小波——女皓月
李艳(女婿马跃飞)——子泽铭
十二世：
李建国——女娟娟、婵娟
李国庆——女李昂、李扬
李忠庆——子康康、
李法庆——子小马
李照辉——女佳田
李照峰——子浩林

李龙龙——女静怡

以下两户李氏因衔接不上先祖,无法考证,将后代录载于后:

(一)

十世:

李锦章——子树秀、树峰、兴怀、九怀,女秀梅、爱琴

十一世:

李树秀——子朝阳、向阳、女朝霞

李树峰——女大叶、小叶

李兴怀——子李佳、女李娜

(二)

十世:

李方章——子树繁、树录、树祥

十一世:

李树繁——女美荣、婿小来

十二世:

李小来——子东锋、女喜凤

十三世:

李东锋——子沁义、女亚丽

二、中村谭氏家谱

雍正谱序言

牒尚存,报本追源,知所从来,序昭序穆,合族而食,不失先王之制,示明伦亲亲子。祖训:清明祖茔前示明,李自成闯王之乱,崇祯之死,兵燹之后,谱牒散佚,清之前后俱不可考。犹幸八世祖文字辈,又崇尚能,记述谭氏家族始末。

北宋,谭氏先祖曾居翼城之感军邨,迁于洛。南宋自洛北渡家于沁,为沁始祖者讳清,距邑西五里许,有阁宇,集收族之遗意,不而人可快也哉。今以文字辈考之,文通无传,文会、文表分两支,文表二子仁、义,居沁五柳庄;文会子伦,生二子尚科、尚利,迁沁西中庄(中村)。

为传承家族后嗣,计具其相投者,无论与其最相善者,或结盟或联宗,岂不背哉。结盟连宗,尤为近礼,或儿志亲宗尚能结婚为氏,世祖人强子健,不附会其近远,而目不识丁,近亲支系不能结亲。

七世谭子祖先知多少,或流落它处无以追考,岂不能载入家谱史册。痛惜哉,谁之过?今翼城谭氏,南宋之后途经翼城。今翼城感军谭氏,便是和沁水谭氏同系

一脉。

大清雍正五年二月十八日
翠峰庭杰重书

光绪谱序言

余生也晚，未护颡先辈之，毋忘根，毋忘祖，亦未奋志芸窗。及长没而货殖几何。谭门伯叔父大人言及谭氏系谱，失落无存而一本，九族之亲俱无可考。止知县西五柳庄有合里谭氏祖茔，亦不知何时迁居于沁，立祖者为谁，分脉者几支，而木本水源之流良可悲矣。陡于光绪二年二月初二，绍伯故纸中，搜出一卷残破《谭氏家谱》，不禁欣然而曰："谭氏家门幸，事俱可考，亦斯谱也。"乃余八世祖文字辈可考，细阅余谭氏，原籍翼城，谭氏俱系一脉。谭氏宗族南宋自洛北渡，家于沁之时，途经翼城。今翼城感军谭氏，便是和沁水中村谭氏同系一脉。

一、以前所序，俱系先祖书谱时所述老谱之序言。

二、谨复原以核实一、二、三世远不可稽，即四、五世值明季寇乱之时，配氏生子亦多无据，或子孙流寓他处不可知，止书失考二字宁阙无滥，以传疑也。

三、家之有乘，犹国之史，历年久远，自应重订。几行述大略，以表异示劝，已经注定者，不得以其私意忘妄为增删，其或更有美行后应续入者，亦仅遵祖训，据实或近为摭拾，恐失实也。

四、以后所序系，考某祖生某子，某子生某孙，明明白白，以示后世，子孙各知其本也。

五、后之序谱，必须年长十岁，至清明，期同合族，书其官讳，以免户众名讳，而不欲其同也。

六、重订家乘事关重大，非人品端方，心地明白，为合族敬服者，不得秉笔。即填写字号、职衔、生忌、年寿、配氏、生子，五官行略，亦择书者为之重其人，即可择书也。

光绪三年岁次丁丑二月初一日十二世孙广化重录。

光绪三年岁次丁丑二月二十二日清明记书。

十二世孙雨亭广化谨识。

凡例

一、讳旁挨次书字号、职衔、生忌、年寿、配某氏、生几子，及行述大略，以核实也。

二、凡过继子侄者，须直书第几子某过继某房，第几子某系某房过继，以示知本,亦以示不紊也。

三、流寓他方者,必明书讳旁,占籍某处,以示不忘,亦以便考也。

四、凡配氏贤德,或青年守志,或治家勤俭,孝道公婆,其人配氏之旁所以表录。

中村谭氏。久居中村东街。

始祖:自此以下庚年皆不可考,各门宗脉相继而记之。

谭文通——失考

谭文会——子伦

谭文表——子仁、义

此一老门占籍县西五柳庄

二世:

谭　倫——子尚科、尚利

谭　仁——子

谭　义——子尚诗、尚谟、尚评、尚谕、尚证、尚谏

三世:

谭尚科——字联登,葬于蛇儿凹立祖花墙坟后,有松山一处。子惟贤、惟能

谭尚利——子惟顺、惟臣

谭尚诗——子国兴、国旺

谭尚谟——子惟恭、惟精、惟隽

谭尚评——子惟邦、兴邦、成邦

谭尚谕——乡饮耆宾。子国安、国政、国泰、国祥

谭尚证——子惟新

谭尚谏——子惟强

四世:

谭惟贤——

谭惟能——字法廉。子克勤、克俭

谭惟顺——子克明、克柳

谭惟臣——子

谭国兴——占籍河南府新乡小吉村。子崇富、崇贵

谭国旺——号文山,有隐德,居谭家山,俭朴自持,不事浮华明季,寇乱之时,差徭繁重,开春既输,每隔年备之其急,公又如此。子养敬、养奉

谭惟恭——子养正

谭惟精——子养蒙

谭惟僔——失考

谭惟邦——子养志

谭国安——失考

谭国政——失考

谭国泰——失考

谭国祥——子养性、养气、养道、养德

谭兴邦——失考

谭惟新——失考

谭惟强——子养启

五世：

谭克勤——子梅

谭克俭——子松、桐、梓

谭克明——子鼎

谭克柳——子

谭养正——生员

谭养奉——子标

谭养敬——子五相、章、其余失考

谭崇富——子宗

谭崇贵——子林

谭养启——

谭养蒙——

谭养志——

谭养性——子琮、琪

谭养气——子珮、琳、璧、玹

谭养道——子瑄

谭养德——子玑、玺

六世：

谭　梅——字静庵，葬于桑柏节。子廷秀、廷玉、廷瑞、廷佐

谭　松——子廷杰、廷栋

谭　桐——葬于小东河北坡，有碑可考。子廷辅、廷阑、廷元

谭　梓——葬于东古垛，有碑可考。子廷芳

谭　鼎——号美之，生于顺治九年六月十六日，卒于雍正十年正月四日。子廷揖、廷扬

谭　相——公兄弟五人，长曰相，三曰章，其余无考

谭　章——子廷擢

谭　标、宗、林、琮、琪、珮、琳、璧、玹、瑄、玑、玺

此梓祖一老门宗脉图

梓——廷芳——大有(其下部分遗失无补)

七世：

谭廷秀——号正峰，公是公非不避嫌怨。子大威、大荣、大奎、大生、大忠、大起

谭廷玉——字国宝，子大训

谭廷瑞——字魁峰，子大经

谭廷佐——子大功、大任

谭廷杰——子大鹏、大齐、大承

谭廷栋——子大秦、大晋

谭廷辅——子大宰、大宁、大林

谭廷阑——子大智

谭廷元——子大良

谭廷芳——子大有

谭廷揖——子遵化

谭廷扬——号显亭，生四子遵法、遵则，其余失考

谭廷擢——子遵宪

谭廷捷——子遵化

八世：

谭大威——子开基、开昌

谭大荣——子开善、开人

谭大奎——子

谭大生——子开来

谭大忠——子开统、开绪、开纪

谭大起——子开存

谭大训——子开文

谭大经——子开哲、开名、开业

谭大功——子开穆

谭大任——子

谭大鹏——子开洪

谭大齐——子开舜

谭大承——子开生、开先
谭大秦——子开武、开山、开宜、开立
谭大晋——子开导、开得
谭大宰——子开随、开醇
谭大宁——子开福、开禄
谭大智——子开敬
九世:
谭开基——子恬
谭开昌——
谭开善——子惇
谭开仁——
谭开统——生员庠名懋修。子惺、惇、愊
谭开绪——子奎、蕙、
谭开纪——子懿、思、恔、蕙
谭开存——子
谭开来——子富
谭开文——子愫、愔、懋
谭开哲——子恃、怆、惰、慎
谭开名——子慌
谭开业——子倮
谭开穆——子忮、情、德
谭开洪——子憬、恺、恬
谭开舜——子
谭开先——子恒、慧、忻、怀
谭开武——子亨
谭开生——子怿、恮
谭开山——子悦
谭开宜——子憘
谭开立——本秦祖四子,因晋祖乏嗣故出继之。子怡
谭开导——子
谭开得——子
谭开随——子
谭开醇——子愢、宽、亮
谭开福——子憕、快

谭开禄——子志、恭
谭开敬——子
十世：
谭　惇——子崇尧、恒尧
谭　富——本统祖之子，出继与东祖名下
谭　惺——子成尧、重尧、顺尧
谭　奎——少年外出，不知所往
谭　蕙——子赓尧
谭　懿——子行尧
谭　思——子
谭　佼——子逢尧
谭　恬——子
谭　愫——子绅尧、还尧、近尧
谭　愔——子庆尧、愧尧
谭　懋——子法尧
谭　鹿——子绍尧（鹿祖太学士、荣字逸如）
谭　果——子福尧（果祖乡饮耆宾，字敢云，生于乾隆三十六年十月初六日，卒于道光十六年十月十六日，葬于北垴祖茔。）
谭　产——子启尧、向尧、秉尧
谭　胥——子宗尧
谭　慎——子向尧（慎祖子系产祖次子过继之）
谭　支——子章尧
谭　情——子保尧
谭　德——子显尧
谭　憬——子
十一世：
长门（续补按长门、二门、三门、四门宗脉图排列）
谭重尧——子
谭成尧——子广舟
谭顺尧——子
谭行尧——子广安
谭逢尧——子广里
谭赓尧——子广仁、广义
谭崇尧——子广兴、广名、广顺、广月

谭恒尧——子

二门：

谭庆尧——子广士

谭愧尧——子广才

谭述尧——子广富

谭绅尧——子广居

谭近尧——子

谭希尧——子广和、广道、广东

三门：

谭法尧——子广通

谭启尧——子广逵

谭宗尧——子广遴、广选

谭秉尧——子

谭向尧——子广达、广造

谭绍尧——子广运

谭富尧——子广治、广化

四门：

谭保尧——本系支祖之子，出继于情祖。子广发

谭章尧——子广住

谭颢尧——本系支祖之子，出继于德祖。子广盛

谭玉卯——本系僖祖三子出继于悦祖。子广孝、广林、广仁、广新

谭玉帛——子广忠、广全

谭玉堂——子广德、广完

谭玉荣——子

谭玉瑞、玉金、玉银、玉高、玉春、玉兴、玉魁、玉顺

十二世：

长门：

谭广仁——子法泰

谭广义——子凝泰、瑞泰

谭广里——子

谭广安——子

谭广舟——子丰泰、森泰、垒泰

谭广明——子清泰、长泰

谭广顺——子君泰、贵泰

谭广兴——子富泰

谭广月——子昌泰

二门：

谭广居——子藏泰

谭广富——子丙泰

谭广士——子安泰

谭广才——子世泰

谭广东——子顺泰、世泰

谭广和——子成泰

谭广道——子谦泰、受泰、益泰

三门：

谭广通——(通祖生五子,次子乾泰、三子利泰、四子亨泰,二子失考)

谭广逵——(逵祖生六子,二子家泰、三子融泰、六子禄泰,其余三子失考)

谭广选——子履泰、恒泰

谭广遴——子豫泰

谭广达——子吉泰、盛泰、昌泰

谭广造——子

谭广运——子荣泰、际泰

谭广治——子交泰

谭广化——(字雨亭,重续家谱出于此祖之手笔)子天泰

四门：

谭广住——子春泰

谭广发——子夏泰

谭广盛——子金泰

谭广孝——子庆泰

谭广林——子起泰、祥泰

谭广仁——子冠泰

谭广新、广忠、广全、广德、广完、广石、广红、广昌、广礼、广重、广厚、广鶩、广太

十三世：

长门：

谭森泰——子玉贵

谭丰泰——子

谭垒泰——子怀德

谭法泰——子(诸公后代无考)

二门:

谭安泰——子(诸公后代无考)

三门:

谭乾泰——女拉梅

谭亨泰——子怀鸿

谭利泰——子怀玺

谭家泰——子

谭融泰——子怀宝

谭禄泰——女大反、小反、玲娥

谭履泰——子

谭恒泰——子

谭吉泰——子怀金、怀银、怀章

谭盛泰——女怀凤、怀娥(怀娥招婿怀成)

谭昌泰——子

谭荣泰——子壬午、怀先

谭际泰——子怀儒

谭交泰——女刘枝、淑英、子怀珠

谭天泰——子怀珍

谭夏泰——子

谭春泰——子

谭金泰——子

谭庆泰、起泰、祥泰、冠泰、

谭双泰——子怀仁

十四世:

谭玉贵——子智悟、女智花

谭怀德——女智娥(嫁村西张俊臣,子张文焕)

谭怀鸿——子云山、孙谭静;女云芳、云霞

谭怀玺——子春悟、女月娥(后改名芝琴)

谭怀宝——子学悟、卫国、女素琴、社琴、国琴

谭怀金——子新悟、女润琴

谭怀银——子社悟、瑞悟、女雪琴、瑞琴

谭怀章——子春年、女跃琴、润琴(过继怀金)

谭怀成——子利儿(早亡)、云儿、琴儿

谭壬午——原谭怀先之兄，早亡，失考（有谭怀珠名，又书称际泰为胞叔）
谭怀先——子胜悟
谭怀儒——子兴悟、明悟、清悟、女霞霞
谭怀珠——子春悟（养）、行悟（侄儿过继）
谭怀珍——子玉悟、行悟、修悟、女芝花（过继）
谭怀民——子善悟
谭怀行——子先悟、有悟
谭怀亮——子
谭怀仁——子敏悟、相悟
十五世：
谭智悟——女芝兰、子效斌
谭云山——子谭静
谭春悟——子晓生、晓兵、女晓叶
谭学悟——子谭垒、谭岩、女娅娅
谭卫国——子康乐、康泰
谭新悟——医军、女军霞
谭社悟——子亚俊、女冬娅
谭瑞悟——子谭渴、女丽娟
谭春年——子谭菁
谭云儿——
谭胜悟——子王书、书田、女红叶
谭东明——
谭兴悟——子效军、效卫、女军花
谭明悟——子欢欢、女谭璐
谭清悟——女璐叶
谭行悟——子效云、女小花
谭玉悟——子效义（过继）、效许、女效琴
谭修悟——子沁翼
谭善悟——女纪莲
谭先悟——子效华
谭敏悟——效云
十六世：
谭效斌——子会峰、女会玲
谭芝兰——子谭爱国

谭效文——女小梅
谭效武——
谭晓生——女庆林
谭晓兵——子浩男
谭 垒——子凯宇
谭 岩——女凯迪
谭医军——子谭斐、女沙沙
谭云儿——
谭王书——女慧娟、慧慧
谭书田——子静波、女静云
谭效军——女谭娜、谭洁
谭效卫——子靖琛、女靖玉
谭欢欢——
谭小云——雷波、林波
谭效义——
谭效许——子王峰、女娅玲
谭沁翼——
谭效华——女卫荣、海荣、小荣
谭效云——子秋秋、冬冬、小三、小四
十七世：
谭会峰——子谭健
谭爱国——子夏冰、女夏颖
谭王峰——
谭小荣——子谭舒翔、女上官智雯
谭秋秋——子亚鹏、女娅丽
谭冬冬——子宝安
谭小三——子谭超
谭小四——

三、中村牛氏家谱

中村村牛氏家族为村之旺族。近代，在文字记载中偶有发现，如牛仕林。收集村志资料时，在牛锡文家发现保存有清代的纳税契约存根，并且有户部颁发的营业执照。从契约书写字迹看，牛氏家族代有文人，可谓耕读世家，村人称牛家院为“旗杆院”也可佐证。后，牛小中又提供了牛氏家谱，实乃家族幸事。原族谱序言原文刊印，后代子孙安世系续继。

序言

且人之有祖，犹木之有本，水之有源也。在先人垂裕后，昆既已诒，厥孙谋斯后人，丕乘前业，自宜绳其祖武，余族自始祖讳复旺者，系沁城西关宣化坊大八甲民籍，至明末徙居中村镇，于此已七世矣。累代传闻，惟是勤俭立业，耕读传家。至询其在城之祖茔何所在，城之支脉孰近，则未之前闻。惟相传，自余曾祖讳福山者，曾在五柳庄每年清明拜扫，继因代远年湮，竟至迷其所在，迄今无迹可考，余恐奕禩之后，愈至荒渺无稽也，因本所传闻载在谱系，俾后之有志源流者，或能广询博访，穷本溯源，则余言虽荒唐，庶乎无少补云。

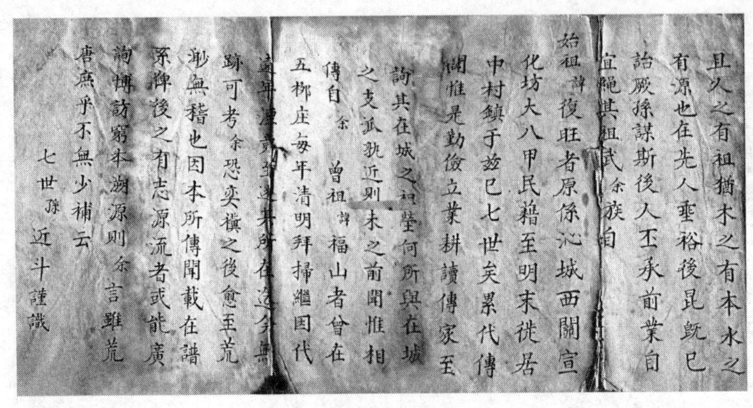
且人之有祖猶木之有本水之
有源也在先人垂裕後昆既已
詒厥孫謀斯後人丕承前業自
宜繩其祖武余族自
始祖諱復旺者原係沁城西關宣
化坊大八甲民籍至明末徙居
中村鎮于茲已七世矣累代傳
聞惟是勤儉立業耕讀傳家至
詢其在城之祖塋何所與在城
之支脈孰近則未之前聞惟相
傳自余 曾祖諱福山者曾在
五柳庄每年清明拜掃繼因代
遠年湮竟至迷其所在迄今無
跡可考余恐奕禩之後愈至荒
渺無稽也因本所傳聞載在譜
系俾後之有志源流者或能廣
詢博訪窮本溯源則余言雖荒
唐庶乎不無少補云
七世孫近斗謹識

牛氏家谱影印件

七世孙近斗谨识

始祖：复旺，号中兴——子之祥，孙起蛟、起鹏

二世：之祥，号少吾，配刘氏——子起蛟、起鹏，孙喜山、福山

三世：

起蛟，号潜龙——子喜山（弟之长子继来）

起鹏，号万程，配刘氏——子喜山（出继起蛟）、福山，孙尚贤、景贤（出继）、寅贤、希贤

四世：

喜山，号得仁——子景贤

福山，号连川，配刘氏——子尚贤、景贤、寅贤、希贤，孙全美、全贵、全善、全良、全恭、全荣、全让、全华、全重、全顺

五世：

尚贤，号知人，配张氏——子全贵、全荣，孙广怀

景贤，号行止，配谭、侯氏——子全善（寅次子继来）、全重，孙广杰、广田

寅贤，号严畏，配刘氏——子全美、全善（出继），孙广新、广周、广杰（出继）、广玉

希贤，号仰圣，配刘氏（系本镇刘大宾之妹）——子全良、全恭、全让、全华、全顺，孙广彦、广成（出继）、广魁（考名光斗，出继）、广发、广田（出继）、广秀（考名近斗）、广元

六世：

长门：

全贵，号大德，配王、乔氏——子广怀

全荣，号权显，配侯氏

二门：

全善，号乐取，配李氏——子广杰（三门美之五子继来）

全重，号审固，配陕、侯氏——子广田（四门让之三子继来），孙艺林

三门：

全美，号大醇，配刘、郑氏——子广询、广周、广兴、广玉、广杰（出继），孙汝林

四门：

全良，号易直，配侯氏——子广彦、广魁（出继），孙晓林

全恭，号庄敬，配刘氏——子广成（三弟次子继来），孙芝林

全让，号谦逊，配王氏——子广成（出继）广发、广田（出继），孙茂林

全华，号典雅，配李、席氏——子广魁（长兄次子继来）、广元，孙荫林

全顺，号则裕，配王（系下峪村王洞先之妹）、王（系北庄村王朋元之女）——子广秀（考名近斗），孙士林

以下为今人后续

七世：

广杰——子汝林

广田——子艺林

广彦——子晓林

广成——子芝林

广发——子茂林

广元——子荫林

广秀——子士林

八世：

晓林——子天章（长门）

芝林——子天枢（乏嗣），湛浪继（二门）

茂林——子（三门）

福林——乏嗣，继孙长江（三门）

荫林——广元亡子，续天卫继（四门）

士林——子天衢、映奎(汉章)、天卫、天衍(五门)

九世:

天衢——子增权

映奎——子增华

天卫——子增权(过继天衢)、增录、增明、增云

天衍——子增华(过继映奎)、增祥、增瑞、增光

十世:

增权——子锡珍,孙文彩

增华——子锡旗、富昌,孙文彦

增录——子转善、义德、金山,孙文元、锁元、国营

增明——子富昌(增华次子继来)

增云——子锡宝,孙文章、文生、文斌

增祥——子锡奎

增瑞——子锡文,孙李峰

增光——子锡斌,孙小忠、忠强

增贵——子锡恩、锡清,孙小怀、公社、园园

增富——子锡东、锡良,孙文学

十一世:

锡奇——子冬生,孙女灵斐、慧斐

锡奎——子

锡文——子李峰,孙牛凯

锡斌——子小忠、忠强,孙牛涛、牛轲

锡珍——子文彩

金山——子文元、国营

锡宝——子文章、文生、文斌

锡恩——子小怀、公社

锡清——子园园

锡栋——子文学,孙雷雷

锡樑——无子

十二世:

文元——子大林、林刚

国营——子林霄、林倩

文章——子灵芳

文生——子小云

牛文章与牛小忠观看家谱

文斌——子灵智
文才——出继徐门
文学——子雷雷
小忠——子牛涛
忠强——子牛轲
小怀——子
公社——子
园园——子

四、中村马氏家谱

中村马姓不算大族,据记载,没有学富八斗的才子,也无出仕入相的俊贤,人口繁衍不甚兴旺。多年来没有续修族谱,在编写村志间,闻知十四世孙马润勤、马生勤各收存有一家族简谱,后将近几代子孙安世系续接,但有几户祖辈传承不清,只好空缺下移,待考清再补。

马家由绛县西田门迁来,前十世不记流年,记不得名讳。

始祖:马府文,配张氏,葬老湾。
二世:马尚先,配王氏,葬老湾。
三世:马守信,配刘氏,葬桑柏节——子登元、登第
四世:
马登元,配郑氏,张氏,葬北庄——子拟蛟
马登第,配曹氏,李氏
五世:
马擬蛟,配张氏,葬北庄腰——子建府、建瑞、建猷、建秀
六世:
马建府,配王氏,葬墓凹——子有春、有道(过继二门)
马建瑞——子有道
马建猷,配王氏,祁氏,葬北庄腰——子有贵
马建秀,配张氏、李氏——子有余、有图、有相、有品
七世:
马有春——子马之来
马有道,配王氏,葬井坪——子之驷、之祥、之纯
马有余,配王氏,葬井坪——子之纲
马有贵,配裴、牛氏,葬井坪——子之贤、之忠、之离

马有图,配王氏,葬井坪——子之常
马有相——子之驷
马有品,配王、靳、尚氏——子之鉴
八世:
马之来——子怀德、怀亮
马之祥,配李氏,葬墓凹——子怀玉
马之离,配王氏——子怀东(两门一子)
马之驷,配王氏——子怀东(两门一子)
马之忠,配裴氏——子怀清
马之纯,配乔氏,葬井坪——子怀廷
马之贤,
马之鉴,配王氏,葬井坪——子怀辰
马之纲,配张氏——子怀恭
马之常,配张氏——子怀瑄
九世:
马怀德,死存阳邑——子其鲁
马怀亮,配程、张氏——子其秦
马怀玉——子其衍、其皋(出继三门)
马怀东,配郭、李氏——子其洛
马怀清,配程氏——子其威
马怀廷,配王氏——子其皋
马怀辰,配刘、史氏——子其威、其嬴
马怀瑄,配乔氏——子其泰
马怀恭,配刘氏——子其明
十世:
马其秦
马其衍
马其皋——子兴田
马其洛,配阎氏——子兴元
马其泰,配乔氏——子马兴旺
马其威,配上官氏,葬中井坪——子马兴盛、兴业
马其明,配侯氏,葬北庄腰
马其嬴——子马兴和
十一世:

马兴田,配杨氏,葬上井坪
马兴元,(亡在涧河)
马兴旺,配乔氏,葬高崖
马兴盛,配王氏,葬井坪——子得仁
马兴业——子马得义、得礼、得信
马兴和,配乔氏,葬井坪——子马得智
十二世:
马得仁——子如良、如善
马得智——子如玉
马得信——子如基、如奇
马得福——子忠善
马得长——子孝善
马得功——子吉善
马得珍——子铭善、斌善
马得金——子玉善
马得虎——女玉花
马得洪——子武善
马 得——子马善(怀成父亲)、家善、文善(南京)
马得华——子马如祥
十三世:
马如良(配王贵娥,下峪郑家疙瘩)——子润勤、武勤
马如善(配杨淑莲,中村蒲泓)——女雪勤. 爱勤
马如基(配聂俊萍,中村南河)——子生勤,女花花、花勤、爱花
马如奇(王进梅,中村乔家)——子小明
马如玉(配李双双,土沃西阳沚)——子忠勤、女芝勤、瑞勤
马如祥(配李凤英,土沃西阳沚)——子锁勤、女勤乱、锁妮、琴勤
马忠善(配李凤苗,杏峪可陶河)——女润润、社社、润花
马孝善(配刘雪梅,中村西头窑)——子刘勤,女刘花(嫁疙瘩郑门)
马吉善(配刘月英,中村下马沟)——子马鑫
马玉善(引子,返河南,配郑明花上峪)
马铭善(配刘小胖,中村南河)——子龙龙、生龙,女亚娅
马斌善(配王小文,中村下峪)——子书龙、根龙
十四世:
马润勤(马炎),配李小梅,中村李门——子金忠、永忠

马武勤(配小瑞,中村白华)——子银忠
马爱勤(女,婿李长武)——女马莉
马生勤(配霍树花,中村霍门)——子刚刚、亮亮
马刘勤(配徐晓文)——女马莉、马波
马润花(女)——子马海峰,女娟娟
马生龙——女婧尧
马龙龙——子马帅
马书龙——子泽雨
马锁勤——子李云
马忠勤——子宝康、健康
马　鑫——子林晖、林木
马小明——子永刚
十五世:
马金忠——女森洁
马永忠——子马雷
马银忠——女子涵
马刚刚——子国超
马亮亮——子国芮
马李云——女金莉

马刘勤全家合影

三家号马氏谱系

三家号马氏,应与上述马氏为同宗,据碑记,七世马全周另立宗支,现存墓碑记载不全。家谱续接略有困难,故仅录入碑文,供后人考究。

五、中村刘氏家谱

刘姓家族乃中村村大家,历代人丁兴旺,生活殷实,居住也较为集中,有西头窑,上下泉沟两院、里头院东西上下四院,大院东西上下四院,还有底下园、窑楼上、大槐树上头院等。刘姓名字是按火、土、金、水、木偏旁汉字排列而取,五个字一轮,看到姓名就知道辈分。刘姓家族何时徙居中村,因为坟茔碑石俱毁,家谱记载无片,所以追宗寻源已难。里头院有“本支宗脉图”碑刻,大院有北坡“刘敦印”墓碑佐证。

西头窑刘姓因刘培义在世时,每到清明祭拜先祖便口述族史,口口相传至今。经过刘建基审阅,列出西头窑刘氏世系。

西头窑刘氏谱系：

一世：刘燉华——子均晋、均爱

二世：

刘均晋——子镇治

刘均爱——子镇典

三世：

刘镇治——子清湖、清洲

刘镇典——子清荣、清海

四世：

刘清湖——子松林

刘清荣——子成林

刘清海——子柏林

五世：

刘松林——子瑞爋、孟爋

刘成林——子占爋、贵爋

刘柏林——子盛爋、文爋

六世：

刘瑞爋——子培基

刘孟爋——子双会、秀基、富会

刘占爋——子培仁、培义（过继贵熏）、女桂英

刘贵爋——子培义，女雪梅（嫁中村马门）

刘盛爋——子温基、良基、恭基、建基

七世：

刘培基——子铭文、铭武、铭岗，女秀娃

刘双会（配土沃尖山席氏）——子云贵，女桂秀（嫁武家庄武门）、女小秘（嫁北庄王门）

刘秀基（配中村侯氏）——子刘铭录、铭政，女月英（嫁西阎张门）

刘培仁（配孙兰兰——嘉峰尉迟）——女刘小琴（嫁曲沃杨谈安门）

刘培义（配蔡兰英，中村下峪）——子锦书、铭书、银书、候安书、锡书，女刘锦花（嫁土沃交口张门）

刘培义全家照

刘温基——子刘铭新

刘良基——子刘铭新(承继两门)

刘恭基(配李凤英,中村柳沟)——子刘铭祥

刘建基(配靳馥英,中村沙腰)——子刘伟,女刘英、沙萍、沙丽、沙琴、沙灵

刘建基与族亲合影

八世:

刘铭武(妻中村前街李氏)——女刘凤娥(嫁中村东沟董门)

刘铭录(妻蔡小萍,涧河丹沟)——子刘玉良、二良,女玉琴(嫁下峪武家庄)

刘铭政(妻)——子刘清忠、海忠、女刘霞

刘锦书(妻席启梅,土沃上沃泉)——女刘涛、刘涌

刘铭书(妻李雪芹,中村李门)——子刘波、刘澎

刘银书(妻郭英,张村郭家庄)——子刘浩,女刘沙

侯安书(妻王金莲,中村下峪)——子侯凯、王挺

刘锡书(妻王冬青,中村乔家)——子刘滨,女刘汾

刘铭新(妻马雪勤,中村马门)——子林军、林芳,女小霞

刘铭祥(妻乔瑞花,中村乔家)——刘峰、刘江、刘海

刘　伟(妻董瑞萍,中村东沟)——子栾杉

九世:

刘玉良(妻王明荣,中村白华)——子刘谦、刘威

刘　峰(妻李琴琴,中村后街)——子刘清泉、女刘绢

刘　江(妻张云珍,张马村)——子刘磊、女刘甜

刘　海(妻杨棉霞)——子刘泽祎

刘林军(妻王娜)——子

刘林芳(妻杨娜)——子刘浩

刘清忠——子刘伟

附录:

神助大量

刘家的第三世长子叫刘大量,父母去世后,家境贫寒,食无下顿,身无分文,

住着二间小破屋,每天靠给别人打短工维持生计,二十好几了还未娶妻生子。

由于大量长得又高又大,吃的也多,给别人干活基本不要工钱,只要吃饱肚子就行,日子过得实在不景气,农闲时吃饭都要靠别人接济。而他却心平气和、悠然自得,从不妒忌别人、加害别人,对谁都是一面笑脸,很少言语。

夏日的一天,他给别人干活回来,手里拿着两个玉米面馍,这是他第二天的早饭,如果没活干就是他一天的伙食。回来后又累又热,和衣躺下就睡着了,睡梦中觉得有人在推他,当他睁开疲乏的眼时,大吃一惊,一个衣衫褴褛、蓬头垢面的老人巍巍颤颤地站在他的炕前。大量一躬身坐起,直视着这位"叫花子",一手拄根长棍子,一手拿着破饭碗,哀求大量,他几天没吃东西了,乞求点吃的。看着眼前的一幕,大量毫不犹豫地拿出他带回的两个玉米面馍,并到邻居家打上一碗开水,扶老人坐下慢慢地吃喝完毕,还一再叮嘱老人没处去就住在这里。老人执意要走,他只好送老人离开自己家门。

又过了很长时间,一个深夜,大量早已进入梦乡,隐约中仿佛听到有人叫他的名,而且一声比一声响亮,当大量睁开眼时,屋里空荡荡的,他以为是在做梦正想入睡,外面的叫声更加清晰了。于是他便穿衣走出了家门,月光下他隐约看到前面的人好像是前些日子来家讨饭的老人,只是肩上背了一个袋子,走路比上次稳健多了。老者一边叫一边往前走,大量紧跟在后。一直走到街道的岔路口,大量环视四周却不见一人。正觉迷惑时,脚下被什么东西绊了一下,定神一看正是老者身上背的钱褡,提了提非常重,打开一看里面全是元宝。大量看着这一褡子元宝,心里似乎明白了这是老仙人在帮他。于是大量朝仙人离去的方向三跪九叩方才回家。

回家后,大量拿这些元宝,修房置田,建造炉号,并娶妻生子,刘家从此发迹起来。刘家为了感激恩人,便在放钱褡的地方修建庙宇,按照大量的记忆塑了神像供奉起来。"文革"时小庙被毁,现原址还有一个小石狮子蹲在那里。

竖牌问贞

据传清顺治年间,中村刘家生有五子。次子敦申,少年聪颖,很有头脑,但却体弱多病,家人寻遍了附近的大夫,吃尽了各种偏方始终不见好转,病情日益加重,眼看已十七八岁了还未成家。按中村旧时的说法,当病者已无可救药时,给病者办一场喜事冲一冲可去病免灾。刘家为了给儿子治病也顾不上多虑,赶紧打发人到邻村张家说合一位貌美贤惠的女子,并择日送去彩礼,定好了日子准备迎娶。但老天往往不遂人愿,就在结婚喜日的前一天,敦申不幸离开了人世。家人悲痛欲绝,无奈只好停尸在床匿丧不报,让其弟替哥把嫂子张氏迎娶进家。张氏进门后知道了实情，含泪拜见了自己的公婆，并把婚堂变灵堂，穿白戴孝地安葬了自己的丈夫。在封建社会"三纲五常"，嫁鸡随鸡，嫁狗随狗的思想约束下，张氏听从了父母之命，情愿为夫守节到死。

张氏独自在刘家生活多年后，正遇清廷下令在全国荐举节妇予以表彰，够多少年的一律在当地竖贞节牌坊。村民为张氏奏请皇上，下谕竖立牌坊，以示表彰。

竖牌那天，村里的绅士与头面人物，都来到村西头街口举行了隆重的仪式。当牌楼竖完还未放正时，有人提出了个要求，询问一下张氏是否有染，以证实一下贞女是否属实，其他人一同响应。于是他们商量了一个计策，说牌楼竖上后一直放不正，如果想放正必须由张氏说破自己有缺的实情，否则功亏一篑。这本是绅士们的计策，却难住了张氏，她思来想去也想不出自己的不贞之处，问者又迟迟不走，竖牌坊的人也在催促。正在这时，墙外担水的雇汉正通过院外墙上的水槽往里倒水，听到哗哗的水声，张氏突然想起了一件事：去年的一天，雇汉倒水时，她正在水槽边舀水，正好一滴水从水槽里溅落到她的绣花鞋上，当时忍不住笑出了声，墙外的雇汉似乎也觉出了什么相互应笑。听完此事后，来者又再三询问却毫无结果，只好如实禀报头人。绅士们自觉没趣，但又怕伤了贞妇之心，于是又令张氏穿戴一新，到牌坊前敬三炷香顶礼叩拜后招呼匠人们重新扶牌，稳稳正正地竖在了西街头。后来，人们只知道竖牌中是妇人说破了自己不贞之后牌楼才竖正的，但很少有人知道其中的蹊跷。贞节牌坊在村西街口，上刻四个大字"天鉴幽贞"，直到20世纪"文革"后期被毁。

六、木凹杨氏谱系

木凹杨氏由翼城县杨家村迁徙自此。

先祖：杨永财，配高氏——子万狼、万虎、万仓

二世：

杨万狼，配马氏——子怀尚、怀明

杨万虎，配侯氏——子怀正

杨万仓，出继

三世：

杨怀正——子廷顺、廷儒、廷禄

杨怀尚——子廷重、廷信、廷耀

杨怀明——子廷籣、廷颢、廷琮

四世：

杨廷儒——子文焕、文主

杨廷重——子文林

杨廷籣——子文光、文章

杨廷信——子文升

杨廷顺——子文亮、文斗

杨廷顕——子文杰

杨廷禄——子文奎

杨廷耀——子文善

杨廷琮——子文宽

五世：

文焕、文林、文光、文升、文主、文杰、文奎、文章、文善、文宽

文亮——子法贵、法

文斗——子法春、法旺

六世：

法贵——子凤金、凤银、凤周、凤格

法□——子凤瑛

法春——子凤贤、凤池、凤堂、凤祥，女大凤（嫁上峪）、二凤（嫁前马邑沟）、家凤（嫁中村侯家）、小凤（嫁曹公村）

法旺——女（失考）

七世：

凤林——子登元、明元、张元

凤成——子占仁、占义（出继）

凤乾——子占义

凤金——失考

凤银——失考

凤周——子旭娃，女树英、花美，桂芝、凤莲

凤格——失考

凤瑛——子瑞元（引）

凤贤——子占元。女肉娃（嫁中村李家）、乱萍（嫁乔家庄）

凤池——子龙元、瑞元（出继）、宏元，女莲娃（嫁武家庄）

小莲（嫁后马邑沟）、小管（嫁北山）

凤堂——子珍元、珠元、荣元、耀元、九怀。女小苗（嫁张马尚家）

凤祥——子兴元、忠元、炳元。女刘梅（嫁中村乔家）、姣梅（嫁十字河）、三梅（嫁中村王家）

八世

登元——女月娥(小红,嫁中村祁志亮)

明元——女巧娃(嫁松峪)、小牛

张元——参军失踪

占仁——子国秀、国文、国武,女雪英(嫁翼城关)、雪萍(嫁南坂)、兰兰(嫁白华)

占义——子国忠

明宪——子国庆,女乱梅(嫁中村李家)

明府——女榜梅(嫁十字河)、强梅(嫁北庄)、晚妮(嫁中村徐家)

旭娃——早年去世,妻苗娃引子国洪,后招婿来枝生国文,来枝去世,招兴林生国武。女小丑(嫁本庄)、小春(嫁大青旺)、春花(嫁木凹前庄)

占元——子国政、国琦,女月娥(小胖,嫁曹公村)

龙元——国宝(出继宏元)、书勤、铁锁,女英娃(嫁中村)、端花(嫁下峪)

兴元——子国海

忠元——子国江、国斌,女小花(嫁二曲)、雪花(嫁十字河)

丙元——卒于 1930 年

九世:

国庆——妻郑平娃,女石头、杨琴

月娥——夫祁志亮,子业刚、女琴琴、花花、雪艳

小牛——夫蔡春武,女海霞、玲霞

国秀——妻高爱叶,女红莲

国文(引欢)——妻王英,子杨凯、女杨慧

国武(小双)——妻刘雪琳,子刘锋、女丽丽

国忠——妻翟王娥,女春花、春梅、春霞

杨国洪——

国文——妻席瑞娃,女小霞、小东

国武——妻刘杜萍,子刘强、女刘霞

国政——妻苏廷梅,女海霞、霞霞

国琦——妻马润润,子诚君、杨君、杨飞

国宝——妻张水合,子海峰、海刚、女海荣、海霞

铁锁——妻狄葡萄,子明芳、明利

书勤——妻阎李平,子建芳、建林、女小霞

国富——妻郭国红,子杨军、女杨芳

国贵——妻刘春梅,女小爱、爱叶

国亮——妻刘润娥,女玲丽、玲慧

国仁——妻常小会,子东林、女秋梅、冬梅
国义——妻王炳莲,女海叶、叶鹏
锁勤——给中村马家
铁闯——妻王周花,子王鹏、年年
金闯——妻郑社平,子郑娃
闯娃——
国礼——妻蔡巧巧,女保艳
国金——妻王升花,子长青、女长秀
国银——妻杨拽娥,子海军、女海丽
国洲——妻小荣,子海龙、海青
国城——妻何金环,子正华、女杨敏
拴权——妻红梅,子凯凯
勤书——妻郑小琴,子亚军、女娅静、娅贞
国海——生于1950年,卒于1974年
国江——妻席梅花,子雷雷、杨青、杨乐
国斌——妻侯芝琴,子海庭、女璐璐
十世
业刚——妻谭俊丽,女祁悦
诚君——妻芦大霞,女慧慧
刘强——妻郑菲菲,子波冉
霞霞——夫龙庆,子杨轲、女冉骞
杨君——妻董小霞,子森集
海峰——妻杨建芳,女泽韬
海刚——妻张东娅,女泽璐
建芳——妻平小霞,子刘涛、女玉婷
建林——妻阎李娅,子博鑫
杨军——(秋秋)妻李海霞,女雅菲
小爱——夫张春玉,女雅芬、雅菁
琳慧——夫郭伟杰,子洪炎
东林——妻姚中琴,女杨娟、二姚
李云——妻尚海霞,女金莉、金钰
长青——妻张婷,女彤彤
亚军——妻芮小霞,子浩玉
雷雷——妻李燕,子杨浩

七、中村乔氏谱系

据皇清阴阳训术乔(敦操)公墓志铭记载:乔氏上世阳城人,自明迁居中村镇。

一、乔敦操墓志铭记

乔泗英——子敦操、敦儒

乔敦操——字子持,号松峰,生于乾隆十三(1748)年五月二十三,卒于嘉庆二十一(1816)年二月十六日,享寿69岁,葬于东门外大节。子玉佩、玉斗、玉镜。

乔敦儒——字子秀,号青选,生于乾隆十八(1753)年八月三十日,卒于道光元年　月十六日。子玉斗。

乔玉佩——子丰年

乔玉斗——出继秀公,子有年、庆年、余年,孙清和

乔玉镜——子同年

二、乔明禄墓碑记

乔如德——子国廷、孙明禄、曾孙大方

乔锡元——子明禄

乔明禄——子大方、孙□□、曾孙玉麟

三、国子监大学生乔公讳玉□墓碑记

乔敦印——长子□□、次子玉瓆

乔玉瓆——子鹤年(侄子继来)、配年、遐年

孙立恺、立学、立校、立极

曾孙奇珪、奇璠、奇珍、奇珠、奇玓、奇琛

元孙兴齐、兴楚、兴江、兴淮、兴燕、兴卫、兴赵、兴浦、兴鲁、兴□、兴□

玄孙执乾、执元

四、回忆记述

(一)

乔奇德——子兴同、兴林、兴财

乔奇斌——子兴治、兴安、兴邦

乔奇□——子兴国

乔奇□——子兴淮、兴浦

乔奇□——子兴鲁、兴文□

（二）

乔兴同——子执光、执荣，女执兰

乔兴林——子国生

乔兴财——子执芳、杨书芳、执金、执民，女执学

乔兴科——子执虎、

乔兴燕——女花萍（婿史学龙）

乔兴□——子执政、

乔兴□——子仁有

乔兴治——子□□

乔兴国——子执勤、花狗、执富、

乔兴安——子高社、狗狗，女文化、晚花

乔兴邦——子执祥

乔兴淮——子执乾，女执英、执莲

乔兴浦——子执贵，女执花、秋文

乔兴鲁——子执军

乔兴□——子执元

乔兴顺——子吉合

乔兴□——子执□、执义、执忠、执和、执全、执秉

乔兴卫——子执银

（三）

乔执义——子克温、克科

乔执忠——子克（小虎）

乔执和——子克俭、克玉

乔执全——子（哑巴）

李执秉——（过继李门）

乔执荣——子红星、红卫、红波，女红霞

乔执乾——女雪雪

乔执元——子金龙，女春春、国春、国英、铁英

乔执勤——子克军、克学，女克瑞

乔执富 ——子王军、王进

乔执祥——子林林、冬林、小冬

乔执虎——子鹏飞，女乔燕

乔执军——子凌云、凌波

师学龙——子乔海云、合云，女海英

乔执银——女叶慧(婿薛军)、叶云
乔执贵——子海忠、铁忠,女海琴、妮娃
乔执政——女克娥、克莲
乔吉合——子爱军,女小媛
乔执红——子克锁
乔执芳——子海力
乔执金——子乔鹏、乔飞
乔执民——女丽媛
(四)
乔金龙——子乔洁
乔红星——子乔皓
乔红卫——女乔璐
乔红波——女义瑄
乔海忠——女郭娇娇、乔梅梅
乔海云——子乔鑫、乔泽
乔合云——女佳楠、佳怡
乔海力——子永豪,女王佳
乔克军——子刘杰,女刘倩
乔克学——子江将,女江丽
乔王军——子乔政
乔王进——女佩珍
乔林林——子王波
乔冬林——女郑娜、郑楠
乔小冬——子景风、女丁卯卯
乔凌云——女雨欣、
乔凌波——女乔羽、
乔克俭——子永恩、永隆,女小霞
乔克玉——子郑豆豆,女郑牡丹
乔克科——子瑞龙、瑞庭,女瑞香
乔克森——子永社,女永霞
乔克锁——子慧峰
乔高怀——子小合,女冬梅、冬霞
薛　军——子乔梓同
乔爱军——子王浩、王洁

（五）

乔瑞龙——子国梁，女菲菲

乔永恩——子乔峰，女乔萧

乔永隆——子乔哲，女乔洁

乔永社——子乔凯

乔小合——子伟龙，女伟楠

五、其他

中村魁星楼碑记（道光十年——1830）：

乔本镜、乔长平、乔恒平、乔太平、乔杰元、乔瑞生、乔世重、乔王瑨、乔文省、乔乡荣、乔学法、乔学福、乔学耕、乔学俭、乔学魁、乔学勤、乔学冉、乔烟教、乔玉斗、乔玉佩、乔彭年、乔登年、乔耀年（共24人）

中村观上碑记（乾隆四十五年——1780）：

乔敦荣、乔贞元、乔大相、乔□贤、乔知元、乔居堂、乔居仁、乔大理

第九卷 村风民俗

第一章 村情习俗

中村人承袭中华民族传统美德，发扬地方传统文化，孝敬父母，尊师敬老；热情好客，友爱互助；谦恭礼让，讲究诚信；勤劳勇敢，奉公守法；坚守气节，励志图强；勤俭办事，节约爱物；开拓进取，和谐为美。中村历来以礼仪之乡、文明之村著称于沁水县城西一带，名扬周边区域。

在有文字可查的史料记载中，孝友、耆宾、节妇均有实录。光绪《沁水县志》中记有乐施善助的刘均阁、千里寻父的刘礼章、节妇刘敦申之妻、李惟馨之妻等。在现存的庙碑、墓碑等石刻中，字里行间也显露出村人慈善、乐助、和谐的淳厚风俗。

改革开放以来，随着经济、文化、社会的发展进步，中村村风民俗也在潜移默化，民风更加淳朴，习俗愈重礼仪，现代文明深入家庭生活、社会生活各个方面。文明单位、文明户、五好媳妇、五好家庭不断涌现，封建的陈规陋习日渐清除，崭新的社会主义风尚蔚然形成。1996 年，山西省精神文明建设指导委员会授予中村村“精神文明建设先进村”荣誉称号，2008 年晋城市精神文明指导委员会授予中村村“2006－2007 文明和谐村标兵”称号。

第一节 旧时习俗

旧时,中村村民处于自然农业时代,以农耕求生存,完全是靠天吃饭。为求一年风调雨顺,村民们非常重视祭祀活动,虔诚的祈祷神灵保佑。"春祈秋报"是约定俗成的规矩。春季播种前后,社首村老带领村人在神灵像前烧香跪拜,祈祷上天保佑是年五谷丰登。秋季收获以后,蒸炸油食祭品,并请艺人说书或者请戏班子唱戏,以报答神功。若遇天旱,还要组织"求雨活动",青壮村民到涧河七星潭打潭取水,将水带回中村大庙,围着神像走道场、施大礼,以感动神灵普降甘露。打场时还要祭祀场神和风神,真是神仙无处不有。新中国成立后,随着科学文化的发展,许多旧俗逐渐淡化。科技的进步使人们对自然的认识越来越清楚,愚昧的东西渐渐退出生活。

牛是农家宝,是农户半份家产。凡养牛者必十分精心,添草加料呵护备至。过年时要为牛煮料熬汤,牛老了谁也不忍心屠宰,直到它老死后,抬到野外掩埋。马、骡、驴等大牲畜,也是农民的重要家产,除了耕田种地之外,还要用来拉车搞运输。因此骡马的鞍辔和脑缨的配戴也很讲究,以示主家的富贵和对牲口的爱护。骡马的脖颈上习惯配戴一串响铃,额头还要装饰脑缨,打扮得华丽威风。过年时各个车辕上都贴着"日行千里路,夜走八百程"、"出车大吉"等红纸标语。

养猪、养羊、养鸡是村民的传统副业,也是农民现金收入的主要来源。逢年过节,杀猪宰羊,既敬献神仙,又改善生活。20世纪90年代以后,农村出现了养猪、养牛、养羊、养鸡专业户,人们靠科学发展养殖业,办起了较大的养殖场,农户散养日渐减少。随着生活水平的提高,肉食成为必备品,吃肉也习以为常。

第二节 岁时习俗

春节:是中华民族最大的传统节日;广义上的春节,是指从进入腊月到元宵节这段时间,持续时间长,各种活动多,也叫过大年。

每年进入腊月,农家便为过年作准备,磨面碾米,打扫房屋,置办年货等。腊月二十三"祭灶"之后,家家户户更是紧张繁忙,理发、洗澡、烫发、洗衣服,发酵面、蒸枣花、做年糕,蒸献馍,买鞭炮、剪窗花、写对联,备干柴、砍柏枝等等。大年三十最忙活,燉油锅、包饺子,还得焖一大锅隔年小米焖饭,让年后正月初一至初五早晨起来吃圪嚓饭。除夕之夜,饭前先敬祖先,随后满斗焚香先安神,接着全家同吃团圆饭。饭后鞭炮齐响,小孩早睡,大人守岁。

正月初一五更天,各家先放开门炮,后点明明火。各人梳洗干净,穿戴一新,由主人手捧供食，带领大家依次敬献天地爷、祖师爷、财神爷、老君爷及五谷、中宫、门神等各路神仙。

早饭先吃点隔年圪嚓焖饭，上午各家族晚辈要沿家沿户给长辈拜年，老人要给小辈子孙发压岁钱。初二开始走亲戚，先走舅舅家，随后丈母、姑姑、姨姨、表伯、表叔，依次先长辈后平辈，相互拿些礼物，一直延续到正月初五，这天俗称“破五”。农村还把正月初一至初十这十天分别定为：一鸡、二狗、三猪、四羊、五马、六牛、七人、八谷、九果、十菜日，哪一天晴好，即预兆本年那一物兴成。初七这天，家家户户要吃口里馍馍，全家人只有一个口里馍馍中放制钱，谁要吃着制钱馍馍，本年谁的运气好。

元宵节文艺活动

正月十五：是传统的元宵节。一般从正月初五以后就开始搭灯棚、搭秋千、排广场、练秧歌、挂彩灯，十四、十五、十六三个晚上在观上打铁花，村里的故事班和其他村的故事、秧歌、抬阁、花鼓、旱船、二鬼摔跤都来中村闹十五，晚上街道两旁和各家大门外挂有各种各样的花灯、谜灯、转灯供人们游玩观赏，热闹红火，通宵达旦。

二月二：是土地神圣诞，也是龙抬头的日子。此日正处“惊蛰”前后，传说睡眠一冬的龙在这天被春雨或春雪唤醒，各种生灵也将苏醒，大地万物萌发。

清明节：是炎黄子孙上坟祭祖、扫墓尽孝、寄托哀思的主要节令。常年在外工作的人们、出嫁在外的闺女，都要回村上坟烧钱挂纸。早时，各家族都要集中到老坟，吃大锅饭，领人口馍，同时要续写家谱。烧纸在清明前三天内均可。祭品有土纸、火香、锡帛、冥币、鞭炮、食品、花圈等，坟堆上必须挂纸花“财儿”、复添新土，以示本家后继有人。

四月八：是释迦牟尼的诞辰，也是中村的传统庙会。当天，村里的百姓要到观上庙院娘娘殿上香祈祷，无子求子，有子带枷。满 13 岁这天完枷，以求佛灵保佑其健康成长，平安吉祥。庙会要唱戏，三至五天不等。

端午节：即五月初五端阳节。这天家家吃粽子，以纪念春秋时期爱国诗人屈原。各户在日出前，要把预先准备好的艾条插在门框上，孩童要佩戴装有艾叶、苍术、菖蒲等中药材添装制成的香布袋，手腕、脚腕、脖颈还要戴上用五色线编制的索环。凡此种种均用于避蛇虫，祛瘟疫、消暑气、保平安。

六月六：是崔府君圣诞，村人也叫羊工节。本日，各家各户要蒸面猪、面羊，以敬献山神、土地、龙王爷，祈求保护牛羊猪等牲畜安康。牧羊工这天也受到众人款待,形同过年。加之农历六月进入雨季,初六俗称“雨行头”,故中村有谚语:“六月六淋羊头”。

七月七:也称“七夕节”、“乞巧节”,也是传说中牛郎织女鹊桥相会之日。中村农家在当晚也有夜观天河、寻找星座、传颂牛郎织女爱情故事的习俗。

七月十五:也叫中元节。也是上坟祭祖,烧钱挂纸的节气,村民也和清明节时一样到祖先墓前焚香烧纸磕头跪拜。庙会是中村七月十五的重头戏,自民国初年至今从未间断。旧时以骡马牲口交易为主,河南、陕西、潞泽、平蒲等地的客商纷纷前来,真是人潮如涌、车水马龙。20世纪50年代后,改称物资交流大会,市场经济的特色在这里表现无遗。

庙会

八月十五:俗称中秋节。这天举家团聚,用月饼、水果馈赠亲族老人,晚上吃饺子象征团圆,饭后在院中摆设香案,供月饼水果等以敬月神。

九月九:俗称重阳节。是小辈敬老人的节日,要为老人赠送节日礼品以祝福长寿。从1989年起,这一日被定为“中国老年节”。

十月初一:是民间岁腊元日,也叫下元节。有些地方也称寒衣节。这天村人也和前两个祭祀日一样,焚香烧纸于祖墓之前。

十月十五:园神节,这天大部人家要蒸黄玉米面豆馅馍,用油煎炸,俗称“油圪圞”。

五豆日:腊月初五。这天要吃由红豆、小豆、蔓豆、豇豆、绿豆这五种豆类再另加些瓜米熬成的甜稀粥(如同现在的八宝粥)。

腊八节:腊月初八这天,各家多用小米、萝卜、白菜、玉米面搓成梭形面鱼,一起煮熬有盐稀粥,俗称“腊八粥”。此时正处大寒节期,为此有“五豆腊八,冻得叽喳”之说。

祭灶:“年年腊月二十三,家家户户蒸枣山”。各家各户都奉献灶君老爷,因其司营民间日常生活的诸事。传说腊月二十三日这天,灶君老爷要回天宫汇报一年民间之事,到初一五更天再回民间,所以称“一家之主”。人们用糖饭奉献灶君,意思是粘住他的嘴,使他到天上莫说坏话。

新中国成立以后,除春节、元宵、清明、中秋、端阳这些传统节日之外,其他的节令也已淡化,祭神仪式则更为简化。同时,新设立的纪念日人们越来越重视。如元旦节、“三八”妇女节、“五一”国际劳动节、“五四”青年节、“六一”儿童节、“七一”中国共产党诞生日、“八一”建军节、“十一”国庆节、植树节、气象节、环保节、教师节、记者节、护士节、母亲节等，均受到人们的热烈庆祝和关注。

附录：

端午随想

郑挺奇

端午又称端阳，在农历五月初五，今年被国家纳入法定假日。

记得小时候，也就是上世纪三四十年代，端午这天，太阳还没有升起，我的祖父就早早起床，穿好衣服，拿起镰刀和镢头向山坡、路旁、地边、水沟走去，采集艾蒿、香蒲或车前草等药草。然后在耕地干上一阵活，到吃早饭时把采集到的这些药草扛回家来。

祖父出门以后，家里的其他人也相继早早起床，各忙其事。祖母准备一家人的早饭，母亲洒扫庭院。祖父把采集到的药草扛回院中，又把艾蒿分成小捆悬于门楣。再选些好的香蒲让祖母置于香袋中给娃娃戴。剩余的大部分晾晒于院内墙头、地上。在夏秋季节焚熏蚊虫或者煮些水洗腿脚祛皮肤之疾。我们小孩子在端午这天受到特别关爱，兴高采烈，像过节一样。有的穿上母亲做的猫头鞋或虎头鞋，有的还在额头上用雄黄画一个“王”字，特别英武神气。传说端午这天采的药草特别灵验，于是，有的人就用五色线绳穿一些香蒲挂有脖子上。有的还戴上母亲缝织的香草荷包或包有香草的兜肚。有的还在腰间或头上扎一条香草编织的带子，利用香草散发的香味，防疫祛病，避瘟驱邪，净化环境。同时，让孩子们感受到过节的气氛。

听老人们说，端午的“吉”时在中午，于是，全家人中午要聚集在一起，吃家人用糯小米、红枣或小豆包的粽子，还要吃鸡蛋，大蒜或蒜薹面条，喝雄黄酒，防毒辟邪，保健康平安。

长大后，离开了老家，接触面宽了，见识广了，耳闻目睹的事也多了，对于端午节的起源就知道各地有不同的传说。有的说端午节是起源于汉代，最早是为了驱邪、祛病、防疫、避瘟，祈求健康平安的。有的说是为了纪念卧薪尝胆、刻苦图强的越王勾践的。也有的说是为了纪念整军经武、转弱为强的忠臣伍子胥的。还有说是为了纪念荣耀史册的爱国军事家霍去病的，等等。但传说最多的是为了纪念我国最早的伟大爱国诗人屈原的。两千多年来，每逢农历五月初五这天，也就是屈原抱石投汨罗江的日子，家家户户包粽子吃。为了纪念屈原，汨罗江畔的人还往江里扔粽子哺鱼。南方有些地方的人还认为自己是龙的子孙，在这一天划龙舟比赛，放鞭炮、敲锣鼓，热闹非凡。

水手们在划龙舟比赛这天团结一致，奋力拼搏，挥动木浆，水花四射，奋力前进，吸引岸边助威的人群的目光，舟上和岸边人群的锣鼓声和呐喊声震耳欲聋，叶叶小舟，像离弦的箭，破浪冲击，一往无前。

端午节被纳入国家法定节假日后，更体现了爱国主义和民族团结的精神。除了民俗的、历史的吃粽子、划龙舟、插蒲艾、喝雄黄酒等习俗，近来随着电信事业的飞速发展，越来越多了些文化内涵和魅力，传统节日也以更开放的姿态记录和接纳着现代文明与生活的痕迹。有好些朋友在这个传统的节日中，曾用手机短信给我发来一些顺口溜，作为礼尚往来，我也临阵凑热闹，瞎诌几句，现都摘抄于后，以飨同道。

端午节到了，送你一个粽子，健康结实的绳子，吉祥如意的叶子，幸福美满的馅子，吃下它，平安顺利地过一辈子。

我用一份健康的绿豆，一份开心的花生，一份美丽的红豆，一份快乐的调料，包成一个开心的粽子，送给你，祝你端午节快乐！

粽叶淡淡香，人间浓浓情，丝线根根连，情意粒粒沾，端午已至，粽香千里，用真诚的祝福，把健康、平安、幸运包成粽子送给你，端午节快乐！

万水千山“粽”是情，粮馅肉馅啥都行，粽米粘着红枣香，粽叶包着你我情，鸡蛋伴着艾叶煮，平安健康乐一生。

桃儿红，杏儿黄，五月初五是端阳，粽子香，包五粮，剥个粽子裹上粮，幸福生活万年长。

闲聊中村与七月十五

郑挺奇

传说，很早以前，佛教创建人释迦牟尼有十位得意弟子，其中有一位名叫目连，又称目犍连，在诸佛教弟子中神通第一。目连母亲青提夫人故世之后，堕陷饿鬼道中，目连是一位孝子，一心要以神通之力，亲自解救母亲于苦难之中。于是他求佛救度，借助佛之神力，遍历地狱，饱经恐怖，寻找生母青提夫人。当他和随行救世僧人寻找到阳岔岭时，突然被一片汪洋阻挡，无法向前寻找。但他救母心切，面对洪水，他伸出手中的佛杖，在洪水淹没的地面上空画了一个圈，然后指着洪水中的村庄，意念符咒：以这个村庄为中心，洪水入地下流，不得阻挡妨碍。之后，阳岔岭一带洪水消退，河沟干涸，所有沟壑溪谷，池沼泥坑不存积水。目连之母得救之后，佛令目连置备百味饮食，于七月十五救生母于饿鬼道之日，也就是众僧结夏圆满之期，一拜谢十方僧众，二追荐列祖列宗。于是目连日夜积极筹备，建庙宇，塑神像，置供台，献供品，相当盛大庄重。为了常以孝慈忆念所生父母，乃至七世父母，约定七月十五为鬼节，年年这天报答父母养育之恩。后来相沿成习，年年七月十五设斋供佛，拜忏改悔，烧纸跪拜，慎终追远。阳岔岭佛庙在这天相当热闹，岭东的岭西的，男的女的，老的少的前往敬香者络绎不绝。

随着星移斗转，日升月沉，活动内容也就脱出了原来单一的烧香敬佛。附近各村庄族长社首共同商议，同时在七月十五兴办庙会，请艺人唱戏，摆摊设市，既进行物资交流，又方便亲戚朋友相见叙事。

阳岔岭是条分水岭，岭东水向东流，岭西水向西流，有佛庙时，东来的西去的，上到岭上还能在庙内歇歇脚，喝口水。但世事变迁，沧海桑田，庙宇年久失修，倒塌了。除了一片荒丘瓦砾，不复辨认，什么也没有了。由于战乱不断，民不聊生，无力供奉佛爷，无能重修佛庙。然而，七月十五烧纸祭祖的习俗还是延续了下来。在阳岔岭不办庙会了，就改在中村。

中村是个好地方，风光秀美，人杰地灵。地下有矿藏，地面有林木，逐渐形成了附近村庄乃至城西政治、经贸、文化中心。人口多，有街市，四通八达，交通方便，利于物资交流。除去战乱动荡年代，中村年年七月十五举办物资交流大会。而且越办越好，越办规模越大，唱好几天戏，吸引河南、陕西，省内绛县、翼城很多客商，市场很是繁荣。赶会的人越来越多，街市越来越热闹。村民既得到休息，享受娱乐，也能买到自己所需物品，又能变卖自己多余的物资和牲畜。搞活了经济，改善了生活，大家都很满意。

（二○○八年九月于贵阳市水锦花都）

四月八庙会的祈子佑子歌

柏枝桥搭的高，夫妻二人把香烧。赐下长大成材的，不要赌博码牌的。跪求娘娘赐恩典，赐下富贵后人来。再求娘娘多照应，照顾儿女免灾星。

硕　鼠

十月十五供桌前，样样东西都备全。人人虔诚来敬香，唯有老鼠黑心肠。天不怕，地不怕，神像脸上都敢抓。家中叔，你暂缓，听我给你把老鼠短寿表一番。都说老鼠眼睛小，却能眊着庙中供桌上的大红枣。吃红枣又嫌红，接着就把糖饼闻。吃糖饼又嫌粘（音然），过去就是花椒团。花椒团实难啃，一爪爪蹬的核桃滚。吃核桃又嫌皮，过去就是老黄梨。吃黄梨又嫌酸，回头还有两座山。先吃粉，后吃饭，粉皮海带拉了个稀巴烂……前头院里咬人哩，后头院里寻绳哩。四个人刮，五个人离，二十四个人抬了一张老鼠皮。

（以上故事由刘杰云口述，李国鸿整理）

第三节 称谓习俗

一、家人称谓

祖宗　家人对下世后的先祖的通称，亦有称为“祖先”的。

曾祖父　习惯称为“老爷爷”。

曾祖母　称“老奶奶”，亦称“老婆婆”。

祖父　称“爷爷”。

祖母　称“婆婆”，现称为“奶奶”。

父亲　过去称“大大”，现统称“爸爸”。

母亲　称“妈妈”。

老公　丈夫的父亲。儿媳妇与丈夫同称“爸爸”。儿媳对别人谈话时称“我（哦）老公”。

婆婆　丈夫的母亲。儿媳和丈夫同称“妈妈”。儿媳对别人言语为“我（哦）婆婆”。

伯父　称“伯伯”。

伯母　称“大妈”，或“娘娘”。

叔父　称“叔叔”，或“小爸”。

婶母　称“婶婶”，或“小妈”。

兄　称“哥哥”，或“哥”。

嫂嫂　称“嫂嫂”，或“姐姐”。

弟弟　称“弟弟”，或直呼其名，嫂嫂称“他叔”。

弟媳　直呼其名，或称“弟媳妇”。

姐姐　称“姐”或“姐姐”。

妹妹　称“妹妹”或直呼其名。

丈夫　妻子过去称“他大”或“他爸”。

媳妇　即妻子，丈夫多呼其名，或称“老婆”、“老伴”。

儿子　直呼其名。

儿媳　直呼其名。

孙子　直呼其名。

孙媳　直呼其名。

曾孙　　称"重孙"。
女儿　　称"闺女"。
侄儿　　兄和弟的儿子统称"侄儿"。
侄女　　兄和弟的女儿统称"侄女"。

二、亲戚称谓

老姑母　　称爷爷的姐姐或妹妹为"老姑"。
老姑父　　称爷爷的姐姐或妹妹的丈夫"老姑父"。
老舅舅　　称祖母娘家的兄或弟为老舅。
老舅母　　称祖母家的兄或弟的妻子为"老妗"。
老姨　　称祖母的姐妹为"老姨"。
老姨父　　称老姨的丈夫为"老姨父"。
外祖父　　统称"姥爷"。
外祖母　　统称"姥姥"。
姑母　　称"姑姑"。
姑父　　称姑姑的丈夫为"姑父"。
舅父　　称母亲娘家的兄弟为"舅舅"。
舅母　　称舅父的妻子为"妗母"或"妗妗"。
姨母　　称母亲的姐妹为"姨姨"。
姨父　　称姨姨的丈夫为"姨父"。
岳父　　称妻子的父亲为"伯父"或"叔叔",现在也叫"爸爸"。
岳母　　称妻子的母亲为"娘娘"、"伯母"或"婶婶",现在也叫"妈妈"。
亲家　　两家儿女成亲后,他们的父母互称为"亲家",称对方的母亲为"亲家母"。
女婿　　女儿的丈夫。
表兄弟　　有姑表兄弟和姨表兄弟。前者与父母各有血统关系,后者与母亲有血统关系。相互之间以年龄大小称兄道弟。
表姐妹　　同表兄弟之间的关系一样,以姐、妹相称。年龄小的可直呼其名。
堂兄弟　　父亲弟兄间的儿子为堂兄弟。
堂姐妹　　同堂兄弟之间的关系一样。
姐夫　　姐姐的丈夫,称"姐夫"或叫"哥哥"。
妹夫　　妹妹的丈夫,多直呼其名。
内兄　　妻子的兄长,面称"哥哥",对他人称"大舅子"。
内弟　　妻子的弟弟,可直呼其名,对他人称"小舅子"。

大姨子　　妻子的姐姐,同妻子一样称呼“姐姐”,对他人称“大姨子”。

小姨子　　妻子的妹妹,姐夫可直呼其名,对他人称“小姨子”。

外甥　　姐妹出嫁后,所生的儿子为外甥,所生的女子为“外甥闺女”。姐妹之间所生的儿、女,相互称为“姨外甥”、“姨外甥女”。

内侄　　女姓出嫁后,对娘家兄弟所生的儿子称“内侄”,女子称“侄女”。

三、社会称谓

邻里之间的相互称谓,是按照世代约定成俗的辈分关系,依照家族或亲戚的称谓相称呼。新处的邻居,则根据对方年龄性别,与自己的父母相比较分别称“爷爷”、“奶奶”、“大伯”、“阿姨”等。

社会上,对年纪大的多称“老先生”、“老同志”、“老大爷”、“老师傅”、“大叔”等;对中年男士称“先生”、“掌柜”、“同志”,“师傅”;青年人之间相互称“老兄”、“老哥”、“老弟”或“哥们”;青年妇女之间称“大姐”、“小妹”等。

学界:旧时称“师傅、先生、徒弟、弟子”,称师妻为“师娘”。现通称“老师、学生、同学、学兄、学弟、校友”等。

医界:旧时称医生为“先生”或“大夫”,现称“医生”。

商界:旧时内部有东家、掌柜、账房先生、伙计等,现在按职务称董事长、经理、老板、会计、员工等。

第二章 吃穿住用

第一节 传统饮食

中村村由于地处“四十里寒冰”的历山脚下，以自然农业为主，受各种不同自然灾害的影响较大，丰歉年不定。所以，村民生活俭朴，省吃节用，糠菜代粮，勤俭持家。

20 世纪 80 年代前，中村因气候原因很少种植小麦，村民口粮以玉米、小米、豆子等杂粮为主，平时很少吃白面、肉食，过年过节和款待客人才偶尔吃白面。改革开放后，农村实行土地家庭联产承包制，村民愿意种啥种啥。加之气候变化、科技进步、市场流通，食品越来越丰富，生活水平逐步提高，现在食物以大米、白面、小米为主，鸡蛋、豆腐、猪肉及海鲜等副食也成为餐桌上的常客。

村民的饮食习惯一般为一日三餐。早餐主要有小米稀粥、圪垯米羹，配有馒头、窝头、饼子，炒点萝卜丝、土豆丝或者酸菜。午饭是每天的主餐，多以玉米面疙瘩、小米焖饭、小米捞饭、大米焖饭、杂面饸饹、擀面条为主，副食较丰富，肉、蛋、菜品种多样。晚饭多吃米淇、米羹、汤面等。在农活较忙和较重的季节，农户有下午吃贴晌和夜晚九、十时许吃夜饭的习惯，以补充劳务体力。中村没有种植蔬菜的条件，地产菜主要有萝卜、土豆、白菜。近年来，中村蔬菜市场繁荣，南菜北销，时令蔬菜应有尽有，香菇、蒜薹、青椒、菜花、黄瓜、西红柿等品种繁多。一年四季吃酱水酸菜、疙瘩米羹的习惯成为历史。

20 世纪 80 年代前，喜庆大事才请厨师烹调酒席，最排场的是十大碗、十二器，无非是些金针、白菜、粉条、豆腐、辣椒素菜等。现在是鸡、鱼、猪、牛、羊等肉类食品应有尽有，酸、甜、香、辣等五味俱全。

饮酒，在旧社会是豪门富户的专利，农家在喜庆之时也很难享用。随着经济发展，农民饮酒的档次不断提高，由二锅头、高粱白、杏花村、玻璃汾、瓷瓶汾、老白干、老白汾一路飙升。

第二节 传统服饰

服饰在每个时代各有特色。

帽:民国年间,男子出门,过年过节戴瓜瓣衬帽,老年人冬天戴毡帽,中青年多戴有遮檐的带耳布帽,中老年也用白毛巾打结包头以替帽子。中老年妇女则以面织方包巾裹头。小孩多戴兔耳帽,虎头帽等。20 世纪 70 年代后,男女冬季均戴火车头帽、军帽,女子戴用毛线编成的各式彩帽,小孩子多戴军人帽、警察帽等。

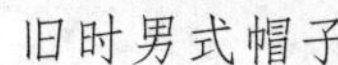

旧时男式帽子

旧时女式帽子

鞋袜:20 世纪初,男人穿圆口和尖口布鞋,女子缠小脚穿尖角鞋,到结婚时穿红缎鞋或者龙凤鞋,鞋料多为黑面白里绳纳底。袜子全部是用白布做的。小孩穿咪咪鞋,虎头鞋等。20 世纪五、六十年代,方口鞋、松紧口鞋、气眼鞋、胶底鞋、皮鞋等进入百姓家庭。塑料底鞋、胶底成品鞋的生产,代替了手工做鞋,妇女从打褙、纳帮、钻底的劳累活中解放了出来。20 世纪 80 年代后,成品鞋五花八门,有球鞋、凉鞋、皮鞋、拖鞋、运动鞋,平跟、中跟、高跟、尖跟、增高跟,高腰、半高腰、长靴鞋等等。老年人穿灯芯绒、平绒、布底鞋、沾胶底鞋等。男女袜子全部是针织尼龙袜、涤纶袜、棉线袜、混纺袜等。

手饰:解放前,比较富裕的家庭,妇女多戴银手镯、银耳环、银戒指或者玉佩。大部分饰物在结婚后就放到衣柜或首饰箱保存起来,多在逢年过节、走亲访友时佩戴。男女儿童均戴银项圈,附挂长命百岁锁。一般家庭的孩子多戴用粗绳外包红布做成的项圈,附挂一个小宠物的制品,手腕上、脚腕上佩戴小银铃或小铜铃镯,满 13 岁完枷时卸掉。解放后至今,随着农民生活水平的提高,装饰、打扮日显时髦,经济条件较好的家庭妇女都佩戴价格不同的金项链、金耳环、金戒指,有的男同志也佩戴上金戒指、金项链。20 世纪七、八十年代起,时兴戴手表,主要有上海表、天津表、瑞士表,现在男女老少大部分都带有电子手表。

服装:村民着装也基本跟随时代潮流。解放前后男人身穿家织粗布长袍短褂,大裆裤系腰带;妇女多穿丹青、印花偏襟上衣,中式裤缠裹腿。随气候变化更换布衫、夹袄、棉袄,单裤、夹裤、棉裤。新中国成立以后,纺织工业的飞速发展,促进了服装穿着的更新换代。粗布换细布,棉织换纤维,毛纺换混纺。服装花样日新月异,背心、汗衫、秋衣、绒衣、毛衣、皮衣、大衣、羽绒衣、风雪衣;短裤、筒裤、喇叭裤、牛仔裤、蹬脚裤,秋裤、绒裤、毛裤、羊绒裤、保暖裤、羽绒裤应有尽有。服装款式中西相映，男子穿中山服、茄克服、牛仔服；女子穿大反领、小反领、蝙蝠衫。服装个性化趋势与时俱进。

第三节 居 住

中村居民住房现存的旧房多是清代建筑，有砖木结构的“四合院”、“簸箕院”、“厅房院”、“高楼院”，也有前墙砌砖，后墙、企墙三面下半截块石、上半截土坯，或三面都是土坯的房子。攒钱修房是中村人的习惯，钱多建筑好而大，钱少建筑差而小。再穷也要筑个“窝”。

四合院

四合院 即：四大八小，四楼道，四厦口，四夹房的砖木结构庭院。这种结构是按天干、地支、避五行相克、取五行相生，采用八卦连环套的布局建筑而成的。四合院以东西南北四座大房为主建，各三间，称“四大”。在四个角落处配修八座间口大小不等的小屋，即南北房两侧各修两间夹房，夹房外有小厦，称“八小”。东西正房两侧建石阶楼梯，为上楼通道，厦口上层有栏杆通至四角小楼。全院上下两层共有房屋40间。北房为该院的主房，俗称堂屋，比东、南、西三座房稍高大宽敞一些。堂屋门东侧的墙壁上修有土地爷神龛，过年时贴对联：“土中生白玉，地内出黄金”，横批为“一院之主”。东房和南房的空间地是修东南宅门的过道处。宅门楼下层由立柱顶方木横梁，上层与南房相通。东房南墙修有正方形迎壁，多为青砖花雕镶四边，中间镶嵌个“福”字，或是用琉璃制作一尊麒麟。目前，保存比较完整的四合院有西街刘家院、泉沟上下院、前街李家院、东街乔家院等，涧河村留有六院。由于年代久远，多数四合院破损严重。

高楼院

高楼院 坐落在中村旧村正北处，是全村高度仅次于阁楼的院落，房高10米，墙厚二尺。旧时以此挡“煞口”、保风脉。目前保留有3座，分别由李忠生、李品山、王小计所有。其中李品山三节高楼院（现为李鸿章居住）建于大清嘉庆16年（1812），距今已286年。

簸箕院 簸箕院形同四合院，但无南房。堂屋高，东、西两屋低，形似簸箕，故称“簸箕院”。典型的院落集中在东堂儿胡同窑顶上，有乔李狗、谭小云、乔执荣等院。

厅房院 厅房院坐落于东街李家胡同，房屋木制框架，四梁八柱，重修于20世纪五十年代。正大门有影壁，两边有耳房，屋内宽敞明亮。砖、石、檩、梁，用料考究。门扇、窗户，工艺精良。

旗杆院 当街牛家院最为典型。大清同治己巳，牛家七世孙牛广秀金榜题名，中岁进士。在院内悬挂四面镶金字牌，大门两侧每边立两个石墩，石墩中间夹竖一根高杆，名曰“旗杆”，实际并不挂旗。“旗杆”只有功名等级在“举人”以上的进士才可以竖立，是儒雅、高贵、名望的显示。

20世纪70年代村民建房，都是一面青砖，三面土坯。80年代大队统一规划建房基地，在南坪巷、西坡巷建设木质结构，青砖到顶的二层楼房。90年代后，村民建房多为水泥、钢筋、砖混结构的二层楼房，独家小院。

第四节 用 具

一、家具摆设

20世纪60年代前，家庭陈设一般是：进门正中间靠墙放黑色长条几，镶有富贵不断头花纹的金边。条几上中间放镜屏，两侧放档瓶，两头放小书柜。条几前放枣红色方桌，两把带有扶手靠背的椒椅。正堂房中间墙上挂中堂并对联，也有的挂四扇屏。中堂中下方设有祖先牌位“奉祀一门三代宗祖之灵位”，供家人敬献。屋内左右两间各盘砌锁圪瘩坑、炉灶，摆设橱柜、碗架等。

20世纪80年代末，时兴立柜、高低柜、写字台、床头柜、沙发、茶几、缝纫机等。紧接着又时兴组合柜、大包床、玻璃茶几、电视机、收录机、洗衣机、电冰箱、饮水机、家庭影院、VCD、DVD等。雅气的家庭摆设使人觉得富裕、舒适。

二、灶具

20世纪70年代前，灶具以砖砌炉灶生煤炭为主，厨具以生铁制品为主，铁锅、铁茶壶、铁蒸笼、铁勺、铁匙，铁油圪茶，附之桃、柳条编成的漏勺、木勺、木水勺、沙锅等。80年代后大部分厨具改用铝制品，洗脸用具换成搪瓷盆、铝盆、塑料盆，挑水桶由木制改为铁皮、塑料质地。历代沿用的粗陶瓷碗进化为细光、优质瓷碗、塑料碗、不锈钢碗等。21世纪厨房用具现代化，电气产品进入农民家庭，电饭锅、电热器、微波炉、液化气灶，微波盆、碗、盘、盒一应俱全。

三、农具

农民种庄稼用的主要工具有锨、镢、锄、耙、扁担、钩担、箩头、粪桶、犁杖、齿耙、条耙、茅勺等；收割工具有镰刀、尖担、木锨、杈把、扫帚、谷筛、簸箕、碌碡、摊钯等。

斗、升、合

四、量器

20世纪50年代前，主要量具均为木制的斗、升、合。平斗（15斤）、官斗（15斤）、官升（1.5斤）、合（0.33斤）。50年代后逐步改用16两秤、10两秤、公斤秤、磅秤、电子秤等。

第三章 婚丧喜庆

第一节 嫁 娶

一、结婚

男大当婚，女大当嫁，是人生的终身大事，历来受到人们的重视。由于时代不同，男女婚嫁的方式也不相同，旧时有娃娃亲、换亲、指腹成亲、童养媳等方式。婚姻大事全凭“父母之命、媒妁之言”。

解放前结婚嫁娶程序大致有：提亲、相亲、过礼、订婚、送礼、迎娶、圆房、回门、接九、送十六。

提亲 男方家长初步了解女方家庭概况，先请媒人向对方提出求婚要求。然后，双方将子女的生辰八字、家庭人口、经济状况和其他有关内容等，相互作一介绍，以便考虑是否合适。经过一段时间了解，双方均认为合适，方可答应定亲结侣。这时女方家长开出彩礼单，由媒人转交给男方家长商量，双方讨价还价，经媒人周旋后达成协议则告成，否则告吹。

相亲 即男女双方见面，也称相家。先由女方到男方家看是否门当户对，家境如何。如果满意就此共进午餐。午饭后，男方母亲要给女方见面礼物。若不收纳，说明还存有疑虑，随后约定日期男方再到女方家，并约媒人携带丰厚礼物重作商议。若女方热情招待，留客人共进午餐，同时女方回赠男方礼物，视为相亲成功。

过礼 媒人和双方家长协商达成的订婚礼物，由男方送到女方。一般有被子、褥子、床上用品，女子的部分衣物及结婚必备用品，还要送礼金。女方收下礼物，同时返还一定比例钱、物。

订婚 订婚在男方家主办。双方定好日期，女方随同媒人和本家的兄嫂或者妹妹及亲朋好友一行来到男方家里，男方也要请亲朋好友共办礼事。款待来客，先敬糖茶水果、香烟瓜子等，午饭为饺子或扯面，随后设宴席款待。宴毕，男方母亲要送赠未来儿媳四色礼、八色礼不等，近亲戚也同时赠送衣料物件礼金等。

送礼 结婚日期确定后，媒人将彩礼和庚帖送交到女方，协商婚礼之日一切事宜，并将新娘当天的穿戴、首饰、许口青、许口红、迎娶方式方法等一番细节告知清楚，以示照此办理。女方家蒸制如意吉祥的面点，让男方带回馈赠给亲友，通知结婚日期。

迎娶 好日当天，双方积极张罗办喜事，贴喜联、粘喜字、按账房、设客厅，请厨师、支锅灶，压饸饹、做酒席。早饭后，男方迎亲队伍带着花轿或马匹，担着龙凤石榴大馍，携提离娘衣、离娘肉到女方迎亲。花轿走后，酒宴待客。

迎亲者到女方家村边和家门口都要燃放鞭炮，女方礼宾迎接客人，酒饭招待。下午，迎亲队伍及送亲队伍在鞭炮声中簇拥着新娘上轿或者骑马，抬着嫁妆动身起程。亲戚朋友送至村外。途径村庄要燃放鞭炮，人多之处有拦路戏耍之人向媳妇要喜糖、香烟者要以礼相待给予散发。回到男方村边，乐队出迎，音乐鞭炮齐鸣。花轿婚堂门前落定，婆婆发给新娘下轿礼钱。新娘由伴娘扶持，然后和新郎在婚堂前并排站好，先拜天地，再拜高堂，夫妻对拜后，送入洞房。进洞房时由看新人房的两个妇女给新娘开脸后方可进去，意即从此告别了姑娘时代。

闹新房 俗语称“耍媳妇”，步骤依次为暖房、圆房、铺床。

暖房，晚饭后，由乐队和艺人在婚堂内或新房内表演节目，鼓乐喧天，笙箫齐奏，说唱戏逗，油腔滑调，满堂热闹喜庆。

圆房，在洞房内安好桌椅、摆上酒菜，新人坐定后，姐夫和嫂子开始导演闹剧。戏逗新郎新娘喝交杯酒、碰头啃苹果、相互喂菜、对说顺口溜，如“新媳妇吃个白菜帮，生个娃娃白又胖。新媳妇吃个大桂圆，生个儿子中状元”。洋相出尽，大笑哄堂。

铺床，是闹新房的尾声。嫂子等众人散去，便抖开被子铺床。铺床得念铺床歌，有长有短，短的如：“铺床铺床，上卧鸳鸯，先生公子，后生姑娘”；“花衣裤高挂起，明年姥姥来道喜”；“龙凤被窝卧鸳鸯，生个宝宝当县长”；“新娘入洞房，闻见桂花香。青砖墁脚底，白土粉围墙。坑下铺红毡，枕头绣鸳鸯。身穿红袄裤，鞋扎龙凤帮。头儿盖红布，耳上挂铃铛。叫声小妹妹，心里喜洋洋。揭开盖头红，笑到东方亮。”

有的还加个插曲——圪碌瓜。把一个长型南瓜（俗称老瓜）放在炕中间，新郎新娘分坐两头，用脚来回蹬，一边蹬一边念：“东头圪碌瓜，西头抱娃娃”。“一年一，二年俩，三年过来一大家”。“一蹬瓜，二蹬瓜，一年生个胖娃娃。生个闺女不吃亏，长大侍候娃他妈；生个小子进学堂，能文能武领兵马；男的女的都一样，传流后世好当家”。嫂子尽兴之后，诡秘地、含糊其辞地教给新娘一些夫妻生活的秘密，这算基本完成任务，新婚夫妇便可以歇息。

回面 也称回门。新婚后第三天,新郎伴新娘回访娘家,丈人家以宴席招待女婿。新女婿要遭到大兄嫂、小姨子、小舅子的戏耍打闹,他们摘帽子、脱鞋、藏衣服等,新女婿要用钱才能赎回。女方家把预先安排好的物件,由新郎带回称为"偷富贵"。

搬九 新娘在婆家住够九天,娘家来人将女儿接回称之搬九,一般是由父亲或父辈来接。

送十六 闺女出嫁过了头一个大年之后,其娘家的伯伯、叔叔、舅舅、姑姑、姨姨等亲戚在正月十六前,选定好日,带各种礼物去女婿家"送十六",实质为"认亲戚"。男方与女方相对等的亲戚也来作陪,摆宴席招待一天。丈人家来时要带火柱一根、五谷杂粮、面制对鱼、对蝉、对牛蹄、枣糕等,以示新婚燕尔成家立业。

婚俗各地不尽一样,时代进步也不断演变。现代婚姻自由恋爱,自己做主,在取得结婚证书后,举行典礼与否由双方协定。典礼的形式五花八门,配送的礼品各取需要。彩礼已经流行家庭影院、冰箱、冰柜、全自动洗衣机、高档家具、摩托车、金银首饰乃至小轿车。迎亲的车辆,少则六辆,多则十几辆,已成为普通婚嫁的惯例。

二、再婚

旧时,受儒家传统思想影响和封建礼教的束缚,男女再婚讲究三纲五常,尤其女人改嫁更是遭人非议,反映旧时妇女社会地位的低下。男人死了媳妇叫失家,再婚叫续弦。女人死了丈夫叫寡妇,寡妇常被人歧视,如要改嫁多被视为不守贞节。寡妇改嫁自己不能做主,要由双方的父母或兄弟同族负责,请人写据画押,至于内容她本人不会知道。再婚女人不拜花堂,不圆洞房,第一次婚礼的程序全部简化。

抗日战争后期,寡妇再婚习俗有了一定改善。解放后,实行了新的婚姻法,男女自由结婚权力得以保障,寡妇改嫁不再被世人歧视。自由结婚,男女平等是社会主义优越性的彰显。

第二节 丧 葬

从古到今,丧葬之事乃人世间极其重要的大事。

中村地区殡葬全部实行土葬。人过60岁就开始准备棺木、坟墓。棺木多用松木、柏木、楸木或桐木,家境困难者才用杨木。一副棺木分四块头、八块头、十块头、十二块头不等,并配有柏木堵头。逝世前做好的棺材称为"喜寿"。坟墓一般在祖先茔地选定,在父辈坟前开穴,并用青砖或石头浆砌。多数老人家在逝前就做好寿衣，被褥由儿女们分做，称之为“铺儿盖女”。

过去的葬礼习俗程序为：

停尸 老人故前，子女们要为其穿好寿衣，剃头、净身、修剪手脚指甲。老人停止呼吸后，先把准备好的门板放在家中地上，铺垫干谷草，然后将逝者连铺褥一同抬到门板上，头下枕新砖、新瓦各一块，仰卧停放。死者口内塞一用红线串联的铜钱，脸上盖一块黄布或者黄表，双脚用绊脚绳捆住腕部，胸前压一犁铧，袖内依据死者年龄装有面食饼，右手旁边放数量不等的用木棍或者高粱秆做的孝棍。一切停当，故称停尸。停丧时间年轻人短，一般3至5天；老年人长，一般7至9天。大多数由阴阳先生合定日子。

报丧 老人去世当日，其长子穿白鞋、白裤，头戴白色孝帽，腰系麻辫到左邻右舍门前磕头报丧，而后再到亲戚家告知死者去世时间和入殓时间（俗称“烧夜纸”，一般是第三天晚上），习称“报丧”。

入殓 先将棺材抬入房内，大头朝左，棺内先垫放一些炉灰，撒些五谷杂粮，再铺褥子，后抬死者入棺内仰卧。亲戚均视殓。逝者为女性，娘家要人须亲自视殓，认为有不妥之处，提出要求丧家必须照办。诸事办妥后，儿子将蒙面布拿去，盖上被子，放上七张锡帛，再放上各类镇物，盖天花板（是根据棺材上口做的一个梯形方架，用兰绸张在框架上，以表示蓝天之意），再装上阴阳楔子，盖上棺盖，然后匠人钉棺，称之为“封口”。封口后，将阴阳先生推算的出殡日期通知亲戚。

出殡 出殡前一天下午或者晚上先将棺材移置院内灵棚底下。孝子们全部身穿孝衣，头戴孝帽，腰系麻辫，彻夜守灵。当夜要焚烧18遍香纸，亲戚要按远近依次奉献祭品。送献祭品在司仪的礼唱声中由乐队奏乐配合进行。从此开始，主要程序有：1.移材；2.迎供菜；3.迎缘楼；4.迎遗像；5.迎纸扎；6.迎祭桩；7.迎吃桌；8.迎献食；9.祭风；10.按灵位；11.接祖；12.献饭；13.烘棚；14.迎供；15.大祭；16.小祭；17.中祭；18.献饭；19.起灵；20.路祭；21.下葬。

起灵后，长孙手举迎魂幡，另一个孙子端着死者遗像走在最前边。长子端纸锅紧靠灵柩，其余孝子按辈分年龄次序拉扯灵绳，哀乐鞭炮齐鸣，男女孝子共泣，16个青壮劳力抬着棺材缓缓而行。一般绕中村街道一圈，离村直奔坟地。下葬时，逝者依男左女右安放坟内，且按阴阳之嘱咐摆放镇物。墓门封闭，男孝子各复土3锹，女孝子抓把五谷沿路撒着返家。抬材众人填土掩埋墓道，堆砌坟头。一切完毕，孝子烧纸放鞭，原路返回家中。第二天早饭前，全部孝子上坟烧复三纸，安放供桌香炉，将孝棍插至坟头，脱下孝衫、孝帽，丧葬结束。

谢孝 出殡后，孝子要对邻居和参与祭奠、帮忙办事的人表示谢意，要带上食品、香烟之类的东西登门致谢。

20世纪70年代，中村实行殡葬改革，简化程序，移风易俗，取消披麻戴孝陋习，代之以佩戴黑纱袖章。党员、干部及普通村民，只要生前为村上和群众做过一定贡献，村党支部、村委会均敬献花圈，出殡之日要召开隆重的追悼会，以示对死者的尊重与深切怀念。

第三节 喜 庆

做满月 生下孩子满一个月要隆重庆贺。过去，由于重男轻女的观点比较严重，生男孩要大贺，生女孩只小贺。实行计划生育以后，无论生男生女都要庆贺。做满月由爷爷奶奶主办，孩子的舅舅、姑姑、姨姨、姥爷、姥姥拿重礼庆贺，有八色礼、十六色礼，物件包括童衣、鞋帽、被子、玩具等。现在时兴上礼金，500元到千元不等。第一个月不过满月，第二个月过满月的称“双满月”。

过生日 孩子满一周岁要过生日，形式与过满月相似。出席庆贺的以亲戚为主，所带礼品多为蒸食——“串铃”。随着时代进步，为子女过生日成为习惯。不仅一周岁过生日，学生时期几乎岁岁过。父母要为孩子订做生日蛋糕，做好饭好菜。同学们还要举行小小的仪式：点燃生日蜡烛，同唱“祝你生日快乐”，花季少年，欢歌笑语。

完枷 孩子在13岁前，每年四月初八要戴枷。满13岁时为最后一次戴枷，所以称“完枷”。完枷当天，如果孩子认过“干爹、干娘”被锁着，还要“开锁”。参加“完枷”、“开锁”仪式的客人主要有舅舅、姑姑、干爹、干娘等。很早前，戴枷、完枷都在观上庙，在娘娘殿前烧香磕头，由家人把事先用五色纸糊好的三角形项圈及纸扎敬献送子娘娘，以求保佑子女成人成才。焚香献礼之后，孩童背戴红布，胸戴钱串枷锁，并以铁链用铜锁锁住，干爹或舅舅亲手开启铜锁，并卸枷在神像前焚烧。至此后，孩子不在戴枷。

祝寿 人到花甲之年，做60岁生日习称“过寿”，一般是六十、七十、八十，逢十过大寿。祝寿是儿女尽孝的大礼，以女儿女婿为主客。过去，贺礼主要有寿匾、寿屏、寿联、寿桃等，也做时兴的穿戴。近年来多以生日蛋糕、烟、酒、面、肉等食品孝敬老人，主要是合家老少欢聚一堂，共享天伦之乐。

暖房 修房盖屋乃家庭大事，入住新房要“暖房”。乔迁之日，亲戚、朋友同来恭贺。娘家表叔带门帘、被子、床单等礼物，朋友拿烟酒、饰品居多。旧时，焚香敬神自然不少。现在，放鞭炮、奏乐器、唱戏剧热闹非常。款待宾客必有丰盛酒席。

贺开业 商家开张、工业投产，为了开业大吉，生意兴隆，一般都要举行剪彩仪式。选定好日，东家邀请乐队，张灯结彩，或商品促销、或文艺宣传、宾朋满座，热闹非凡。

第四章 生活习俗

第一节 禁 忌

1.家中若有人下世,穿白戴孝的人不准进邻居的家门,过三七后方可。

2.禁止产妇在未满百日内串门或参加红白喜事,以防产后迎风。

3.同村两家娶亲时,新娘进村要争先恐后。如果双方在途中相遇要互换银针,以保吉利。

4.过去打粮场上不许妇女坐杈把、木锨等,更不许估算产量,意思是怕少打粮食。

5.产妇门上挂红布,叫做"忌门",以示外人勿进。

6.借用别人的药锅不准送还,待人家用时来取。

7.嫁出去的闺女不得在娘家过年、生孩子,更不能故于娘家。

8.过去妇女不许进煤窑场、矿洞,怕冲撞神灵,给主家带来不利。

9.去世在外的人,尸体不得抬回村里,只能在村外搭个灵棚祭拜。

10.老公公和儿媳妇不能戏言,大伯哥和弟媳妇忌讳开玩笑。

11.修建房屋,家门不能对准院门,即"大口不对小口";邻里修房,各自的房脊不能对准对方的房门。

12.婚、丧、建筑、选坟地、搬迁等都要请阴阳先生掐八字、看风水、选吉日,否则不能动土、不利办事。

13.每天下午和初一、十五,不去探望病人。

14.寿材不能空放,外边不准上漆,里面必须放一根擀面杖,放一件老人穿过的旧衣服。寿材做好时要"合口",子女们要蒸寿桃,烧香、叩头、献爷。献罢后,放一个寿桃于寿材内,叫做"压底"。

第二节 习 惯

冥配 俗称“迎魂”,即给未婚而死的青年男女或去世独葬的男子找配偶合葬。冥配之后,双方结亲,相互往来。

结干亲 已婚妇女生育头一胎或第二胎均流产或夭折,再生育成活者,则给儿女选认拜个干爹娘,也叫“锁住”。初认时,双方互赠礼物,以示结为亲戚,逢年过节互相来往。

合龙口 修房盖屋村民十分讲究规矩,事前要请阴阳先生看风水、定好日。动工前先要举行“破土”仪式,房子上了大梁还要上“花梁”,屋脊瓦坡砌完时,留几个瓦最后等时辰安放叫“合龙口”。开工、上梁、合龙口这三天的午饭,都要由房主制备丰盛的酒菜款待工匠。

上花梁 花梁是由修房盖屋的文书记载,花梁由长九尺余、宽五寸许的椿木制作,安装在房屋中间的脊檩下。花梁上悬挂“桃木弓、柳木箭、五色布条五色线”。花梁书写有固定格式:

例 1.大清道光××年次丁亥三月甲辰初九日李××愚男子 修建堂房叁间梓匠××石匠××自修之后人口平安六畜兴旺财源茂盛吉祥如意永为记耳。

例 2.公元××年农历×月×日宅主刘××妻××率子××孙××创修堂房上下十间自修之后人丁兴旺万事如意永为记耳。

择好日 村民办喜事和丧事,都要请阴阳先生“合好日”。一般逢三、六、九多为好日,近年人们多选初八、十八、二十八,因粤语中“八”发音为“发”取发财、发家吉祥之意。阴阳先生因此也获得一笔酬金。

第五章 婚姻家庭

第一节 婚 姻

封建社会,婚姻完全靠“父母之命,媒妁之言”,当事人没有自主权。官宦绅士、富豪大户的男人可以一夫多妻,女子则须“从一而终”。因此,寡妇改嫁往往受到歧视。那时结婚年龄偏小,民间有“十三留头十四改,十五岁抱娃沿街摆”的歌谣,就真实反映了当时女子初婚年龄。男子结婚年龄比女子更小,当地留传的“女大三,抱金砖”、“妻大一岁,荣华富贵”便是真实写照。

抗日战争时期,人民政府在根据地实行婚姻自主,提倡一夫一妻制。农村男女青年在择偶配婚上强调“门当户对”、“生辰八字相合”。合婚时有许多口诀:“蛇盘兔,实难凑”、“龙虎相斗,越斗越厚”、“从来白马怕青牛,羊鼠相逢一旦休”、“蛇见猛虎如刀割,老猪遇猴不到头”、“龙逢白兔云端云,金鸡见狗泪常流”等等。

新中国成立后,中央政府颁布了《婚姻法》,确立了一夫一妻、结婚自由、离婚自愿、男女平等的婚姻制度。各级地方政府认真宣传贯彻《婚姻法》,人民群众认真执行《婚姻法》,结婚年龄严格执行男 20 岁,女 18 岁的规定。男女自由恋爱渐成风气。至于订婚彩礼,结婚程序各地或各时期略有不同,婚姻花费也根据各自家庭经济状况不尽一致。

20 世纪 80 年代,《婚姻法》经过修改,结婚年龄推迟为男 22 岁,女 20 岁。这一时期,中村村的经济和社会发展速度较快,集镇建设日新月异,中村的男孩子比较好找对象,人口增长稳定。中村村实行移风易俗,新事新办,婚礼由村红白理事会操办,基本标准统一,不互相攀比,风气清新。

20 世纪 90 年代后,经济状况越来越好,婚姻操办规模也越来越大,彩礼、陪嫁、花费也随之奢华。

第二节 家 庭

家庭是社会的基本细胞。自父系社会以来,家庭中“男尊女卑”思想特别严重,“男耕女织”、“男主外、女主内”为基本模式。男子主掌家事称为一家之长,是家庭中知家底、懂家规、创家业、传家教、续家谱、记家事和料理家务一切事宜的决策人物。妇女依附于男人,生儿育女、洗衣做饭、料理家务,在家庭中处于低下地位。

家庭人员聚集、分居,主要按照祖辈的意愿而定。子女少者,一般同居,以“四世同堂”为荣。男孩多着,一般结婚后年余便分家立户,各自成立小家庭。

解放后,妇女社会地位逐步提高,参加生产劳动,参加社会活动,男女平等,同工同酬,在家庭不再受到歧视,成为真正的家庭主妇。加之计划生育国策的逐步落实,人们思想观念的转变和住房条件的改善,农村居民家庭规模渐趋小型化,“四口之家”、“三口之家”的小家庭逐步代替了“三代同堂”“四世同堂”的大家庭。无论家庭规模、结构、关系如何变化,赡养父母,孝敬老人的传统道德世代沿袭,关爱老人、呵护子孙的亲情也永远不会改变。

第六章　方言俏语

第一节　方言声韵

中村位于沁水县城西，与翼城县毗邻，语言受晋南地区影响较大，特别是杨岔岭往西，中村、南河、上峪、下峪、北庄等村形成典型的中村方言。中村方言翼城腔调比较浓，可纳入山西河东片地方方言。中村的方言发音与普通话相比主要差别在于韵母，部分声母也有微小差别，有些声母韵母都发生了变化。在口头表达时语调结尾托腔轻而长。

声母变化：

标准音		地方音
眼(yan)睛	——	眼(nian)睛
核(he)桃	——	核(ge)桃
住宿(su)	——	住宿(xu)
牲畜(chu)	——	牲畜(xu)
阳辿(chan)	——	阳辿(zhan)
容(rong)易	——	容(yong)易
品尝(chang)	——	品尝(shang)

韵母变化：

标准音		地方音
快乐(le)	——	快乐(luo)
上峪(yu)	——	上峪(you)
飞跃(yue)	——	飞跃(yao)
没(mei)有	——	没(mo)有

核(he)心 —— 核(hai)心
钥(yao)匙 —— 钥(yue)匙
也(ye)是 —— 也(ya)是
伯(bo)父 —— 伯(bei)父
叔(shu)父 —— 叔(shou)父
龙(long) —— 龙(lun)

腔调助词：
的(yi) —— 我(e)的(yi)、你的(yi)
来(lai) —— 咋来、歪(wai)来
昂(ang) —— 昂吧!
哤(mang) —— 是哤?
吭(hang) —— 对吧,吭?

第二节　方言词组

一、人体称谓

普通话 **方言**
脑袋 —— 圪脑
鼻子 —— 鼻圪袋
眼睛 —— 眼(nian)窝
嘴 —— 咀(ju)
肩膀 —— 架关
手臂 —— 胳膊
脚 —— jie
膝盖 —— 圪膝炉

二、时间称谓

普通话 **方言**
今天 —— 今个
昨天 —— 夜个
明天 —— 门个
早晨 —— 清到

中午 —— 晌午
下午 —— 后晌
夜晚 —— 黑咾
去年 —— 年时
白天 —— 白日

三、方位称谓

普通话 **方言**
上面 —— 浮头
中间 —— 当中
下面 —— 底下
前面 —— 头起、前头
后面 —— 后头
左面 —— 左伴
右面 —— 右伴
天空 —— 天上
地面 —— 地下
出去 —— 开呀
进来 —— re 来
东房 —— 东屋
南房 —— 南屋
西房 —— 西屋
北房 —— 堂屋

四、人物称谓

普通话 **方言**
我 —— 哦(e)
他 —— 嗱(nia)
爷爷 —— yaya
奶奶 —— 婆婆
姥爷 —— 姥 ya
父亲 —— 大大
叔父 —— 叔叔(shou)、小大
伯父 —— 伯伯(bei)

岳父	——	老丈人
岳母	——	老丈母
连襟	——	挑担
男人	——	汉家
女人	——	媳妇、老婆家

五、食品称谓

普通话		方言
面条	——	糗
馒头	——	馍馍
窝头	——	圪圝(luan)
烧饼	——	火烧
油条	——	麻糖
饺子	——	扁食
拉面	——	扯面
烙饼	——	烧馍
饸饹	——	饸饹(luo)
祭馍	——	枣果
水煎饼	——	油圪擦
油炸饼	——	油饼
生日花馍	——	串铃
小米干饭	——	焖饭
小米稠饭	——	稀粥
小米稀饭	——	米汤
大玉米糁	——	大瓣瓣
小玉米糁	——	圪糁
煮玉米面饼	——	煮疙瘩

六、动物称谓

普通话		方言
公牛	——	圪牤(没去势)
		犍牛(去势)
母牛	——	牸牛
公驴	——	叫驴

母驴 —— 草驴
公猪 —— 羯猪、犽猪、郎猪(种猪)
公羊 —— 膙胡(种羊)、羯羊
公狗 —— 犽狗
猫 —— 咪物
公猫 —— 儿猫
母猫 —— 妮猫
母鸡 —— 草鸡
野鸡 —— 咕噜鸡
乌鸦 —— 老哇
麻雀 —— 西虫哇
喜鹊 —— 野 ya 嗗
猫头鹰 —— 惺虎
蝉 —— 乌音娃
蟋蟀 —— 地狗狗
蜻蜓 —— 旱蛇[illegible]břa
跳蚤 —— 圪蚤
青蛙 —— 圪蟆(ma)

七、植物称谓

普通话 **方言**
玉米 —— 玉麦
高粱 —— 茭草
蓖麻 —— 大麻
南瓜 —— 绵瓜
秋瓜 —— 白瓜
豆角 —— 豆荚
西葫芦 —— 夏瓜
山药蛋 —— 洋芋
胡萝卜 —— 红萝卜
核桃 —— 圪桃
山桃 —— 小桃
柿饼 —— 柿瓣
杏 —— hen

八、用品称谓

普通话		方言
石头	——	地石
木料	——	木头
水泥	——	洋灰
土坯	——	胡堺
凳子	——	板墩
床	——	簸箕床
被子	——	盖顶
枕头	——	豆枕
筐子	——	箮(bu)篮
瓶子	——	咕噜
木棍子	——	圪栏
手杖	——	拐拐
水瓢	——	马勺
背心	——	褂褂
衬衣	——	布衫
鞋	——	hai
毛笔	——	生獲
火柴	——	洋火
厕所	——	茅房
便盆	——	尿锅

九、其他称谓

普通话		方言
太阳	——	日头
月亮	——	月明
台阶	——	圪台
街道	——	儀上
垃圾	——	圪渣
炉碴	——	燎灰
炼铁渣	——	塘圪料
冰雹	——	冷疙蛋

响雷——吼雷
闪电——火闪
看见——瞀见

第三节 歇后语

歇后语大多是地方俏皮话,在群众中口头传诵,说起来顺口,听起来幽默,易学易记,实为方言口语之精华。

骑驴凑圪节——正好
蛤蟆拴到鳖腿上——难脱
缸沿上跑马——危险
羊群里跑出驴来啦——算老几
打肿脸充胖子——假装
一嘴吃了个热蔓菁——说不出来
茶壶里煮饺子——道不出来
顺衕衕打狼——跟着跑
喂狗喂成了狼——翻脸不认人
放着河水不发船——有条件不利用
狼吃了山神爷——一家不认一家人
花圪卷撞钟——没音
睡在床上摸天——不可能
电线杆子上挂暖壶——高水平
做梦娶媳妇——尽想美事
高山顶上吹喇叭——名声在外

第七章 谣谚 传说

第一节 谚 语

农 谚

春种一粒籽，秋收万担粮。
宁作春天贼，不当秋后盗。
刨块坡坡，吃个窝窝。
人哄地皮，地哄肚皮。
下种不锄草，种籽白丢掉。
草是百谷病，不除要送命。
晴天不除草，阴天受不了。
玉米锄四遍，吃着香又甜。
旱锄高粱湿锄麻，雨后天晴锄芝麻。
春季早种一天，秋后早收十天。
蚕老一阵，麦黄一时。
早割豆，午收谷。
谷雨前后，种瓜种豆。
好天小心连阴雨，好年防备灾荒年。
不能靠天吃饭，全靠两手动弹。
春天背锄上山冈，秋天粮食堆满仓。
要吃来年饭，勤在地里转。
春争日，夏争时，百般宜早不宜迟。
庄稼要得好，一年四季早。
早起三光，迟起三慌。

人勤地不懒,年年吃饱饭。

种庄稼不用问,一半功夫一半粪。

人误地一时,地误人一年。

要想日子甜,家无一人闲。

农具齐全,做活周全。

谷锄马耳豆锄瓣,玉米锄在四、五叶。

麻三菜四豆五天,谷六麦七匀出全。

谷锄三遍饿死狗,豆锄三遍扎烂手。

湿犁湿种不如不犁不种。

庄稼人不用问,别人做甚咱做甚。

秋天划破皮,胜过春天犁十犁。

八十老汉不忘秋茬地。

上粪一大片,不如一条线。

春忙夏忙,绣女下床。

白露早,寒露迟,秋风种麦正当时。

饿了糠也甜,饱了肉也咸。

做豆腐养母猪,三年过来是财主。

文化人爱读书,庄稼人爱喂猪。

粪是农家宝,种地少不了。

七十二行,庄稼为王。

种田有谷,养猪有肉。

只知油米香,哪知农人苦。

农人不努力,饿死世间人。

要想吃饱饭,还得汗水换。

人勤地情深,黄土变成金。

多出汗,勤耕田,土中自有黄金来。

三伏热天不歇阴,锄头底下见黄金。

秋后草割圪脑,春季草连根刨。

打仗要用好武器,种地要用好机具。

消灭病虫害,造福万万代。

种籽年年挑,产量步步高。

母壮儿肥胖,籽好多打粮。

一点水一滴油,不让滴水白白流。

水是庄稼命,离了活不成。

耕地深又早，百样庄稼好。
春栽杨柳夏栽桑，正月种松好时光。
山上多植树，等于修水库。
光栽不保，越来越少。

教育谚语

读书全在自用心，先生不过引路人。
读书百遍，内容自解。
勤学则进，不学则退。
眼过千遍，不如手过一遍。
从小读书不用心，不知书内有黄金。
早知书内黄金贵，高点明灯苦用心。
熟读唐诗三百首，不会作诗也会诌。
一日读书一日功，一日不读两眼空。
一寸光阴一寸金，寸金难买寸光阴。
向人请教不为低，下坡容易上坡难。
人活七十古来稀，学坏容易学好难。
吃饭不嚼不知味，读书不想不知义。
世上无难事，只怕有心人。
十年寒窗无人问，一举成名天下知。
久病才知求医晚，老年方晓读书迟。
吃饭细嚼方知味，读书深钻明其理。
好铁要经三回炉，好书不厌百遍读。
家有黄金用斗量，也要送子上学堂。
黑发不知勤学苦，白头才悔读书迟。
泉水流不尽，知识学不完。
光阴贵似金，读书趁年轻。
苦学变成才，懒学变痴呆。
师父引进门，修行在个人。
书山有路勤为径，学海无涯苦作舟。
三天不念口生，三日不写手生。
笨鸟早飞先入林，功夫不负有心人。
学似逆水行舟，不进则退。

看书看皮，读报看题，不知其理。
三人同行，必有我师。
好书是好友。
不懂装懂，一辈子饭桶。
有志人勤学苦练，无志人贪图轻闲。
只有上不去的天，没有过不去的河。
有志不在年高，无志妄活百岁。
要想人前显贵，背后就得受罪。
空口袋，立不起。
用笔不灵看燕舞，行文无序赏花开。
书到用时方恨少，学海无涯苦作舟。
忠言逆耳利于行，良药苦口利于病。
书中自有黄金屋，书中自有颜如玉。
热爱书吧，这是知识的源泉。
我身上的一切知识都是书给的。

气象谚语

早上雾山头，中午晒死牛。
有钱难买五月旱，六月连阴吃饱饭。
燕飞低，雨点沥。
早看东南，晚看西北。
星星眨眼，离雨不远。
麦收八、十、三(月)场雨。
不怕春无雨，耽怕四月寒。
日落云里走，雨在半夜后。
天黄生雨，人黄生病。
早烧(sao)不出门，晚烧(sao)晒死人。
星星繁，雨成团。
七阴八下九不晴，二十四五便连阴。
瓦片云，晒死人。
黑猪拱河，下雨没躲。
天旱东风不下雨，雨涝西风不得晴。
八月十五云遮月，正月十五雪打灯。

人晕生病，月晕生雨，开口生风。
公鸡愁，晒破头，母鸡愁，满街流。
水缸湿，天必阴。
蚂蚁溜道狗吃草，不是下雨就是雹。
猪吃草，老牛叫，不久就有大雨到。
风是雨的信。
蚂蚁溜道，大雨来到。
动物异常不进窝，地震预兆必出祸。
云雾搭桥，不阴就下。
蚂蚁搬家蛇过道，大雨不久就来到。
青蛙夜夜吵，雨水少不了。
八月初一洒一阵，旱到来年五月尽。
早雷晚雾下的没路。
东虹(jiang)圪雷西虹(jiang)雨，南虹(jiang)出来卖儿女。
立春北风起，早春定有雨。
惊蛰闻雷吼，粮食堆满楼。

其他谚语

鸟美凭羽毛，人美凭学问。
不会烧香得罪神，不会说话得罪人。
巧言不如直言，明人不用细说。
包子有肉不在皮上，人有本事不在嘴上。
会说话的想着说，不会说话抢着说。
逢人只说三分话，莫抛心中一片情。
人生在世，忠信二字。
为财而生，不如为众而死。
宁可无钱使，不可无廉耻。
宁做好事千千万，不做坏事一点点。
蚂蚁上炉台，财源滚滚来。
秋后的蚂蚱，蹦不下几天。
儿走千里母担忧。
站着说话腰不痛。
看花容易绣花难。

天不下,河不涨,一只手拍不响。

狗急跳墙,人急生智。

闭门常思自已过,闲谈莫论他人非。

若要人不知,除非已莫为。

要想众人敬,先要为人正。

有理不在高言。

男儿无刚,不如粗糠。

有志妇女胜男人,无志男人一辈穷。

一个将军一道令,一朝君子一朝臣。

十里不同风,百里不同俗。

一人难称百人意,百人难称一人心。

有志不在年高,无志妄活百岁。

山神告土地,各说各有理。

少管闲事养精神,一觉睡到大天明。

用得着靠前,用不着靠边。

只图自已快活,不管别人死活。

面带三分笑,背后藏大刀。

祸由恶作,福自德生。

是福不是祸,是祸躲不过。

十个朋友不嫌少,一个对头就嫌多。

不抽烟不喝酒,病魔见了绕道走。

要想身强疾病少,天天跑步做早操。

饭后百步走,能活九十九。

冬吃萝卜夏吃姜,不用医生开药方。

三分吃药,七分保养。

宁吃鲜桃一口,不吃烂杏一筐。

骏马无腿难走路,人无理想难进步。

小孩不中惯,惯了不中看。

唱戏的不疯,看戏的不傻。

酒多伤身,气大伤人。

生命在于运动,长寿来自锻炼。

饿不暴食,渴不狂饮。

多求安然少求财。

人没廉耻,没法可治;狗没廉耻,见屎就吃。

阴来阴去下了雨，病来病去死了人。
钱大事情办，火大猪头烂。
有口不笑老年人，花开能有几日红。
为人不做亏心事，半夜不怕鬼叫门。
单丝不成线，独木不成林，大家一条心，黄土变成金。
江山易改，本性难移。
左手不如右手，父有不如已有。
动手又动心，技术大革新。
东西越捎越少，闲活越传越多。
巧媳妇难做无米之粥。
不说两边话，不讨两面光。
没事不找事，有事不怕事。
有钱能使鬼推磨。
见难不救，短命减寿。
三问不开口，神仙难下手。
嘴是两片，说话会变。
人要成才全靠教，树要成材全靠管。
村有千株树，不愁吃和住。
出门不叫哥，多走十里坡。
不吃苦中苦，难为人上人。

第二节　歌　谣

中条山上闹嚷嚷

中条山上闹嚷嚷，军队生产忙。
扛上镢头背着枪，深山去开荒。
高山镢头响叮当，荒山变了样。
光溜溜的山冈上，穿上新衣裳。
东山玉米长得好，西山谷穗长。
自己流血又流汗，吃着甜又香。
咱们边区军政民，本是一家人。
你帮我来我帮你，赶走了日本兵。

皮筋舞

小燕子飞,五阿哥追,
尔康喜欢夏紫薇,
皇上喜欢韩香妃,
容嬷嬷,贵嬷嬷大乌龟。

回娘家

出川下了山,野花赛牡丹。
闺女出了门,总想把娘看,
山中土特产,带上一大摊,
娘见哈哈笑,爹见真稀罕,
哥嫂问长短,边问边做饭,
党的政策好,山货要进关。

去丈人家

真咕喽真,假咕喽假,
三匹骡能两匹马,
马不跑,拿鞭打,
一打打到丈人家,
丈人丈人不在家,
窗窟窿照,门缝里照,
照着一个小奴家,
白白脸,黑头发,
瓜子牙,耍娃娃,
红绸裤,两圪衩,
红鞋丝带挽疙瘩。

送亲郎

送亲郎送在大门外,
问一声亲郎哥哥你啥时回来,

家里的事情你不要管，
打败了日本鬼子凯旋还。
送亲郎送到大门东，
口袋里拿出两苗葱，
这一苗叫你陪饭吃，
这一苗叫你想小奴。
送亲郎送在大门西，
书包里掏出两颗梨，
这一个叫你解解渴，
这一个叫你永跟八路军。
送亲郎送到五里坡，
五里坡上人儿多，
要是有人来问我，
我就说是表妹送表哥。

军民一家亲

晴天呀蓝天蓝咯莹莹的天，
你说这是什么队伍上了前线，
晴天呀蓝天蓝咯莹莹的天，
这就是咱爱国爱民的八路军。

八路军呀爱护咱老百姓，
老百姓和八路军心连心，
军民团结大家一条心，
坚决赶走日本鬼子享太平。

它是我家乡

历山高又高哟，沁河长又长哟，
东西三百里来，它是我家乡。

三么三月三，日寇进了山，
进驻了沁水城哟，为害老百姓。

人民自卫队呀，深夜来包围，
鲜血洒满城墙上，歼敌逞国威。

一九三九年，阎匪搞政变。
捣毁了区公所哟，乌云遮住天。

抗日先锋受迫害，乡亲们遭了殃。
高入云霄历山上，尸骨喂豺狼。

土匪如毛，狗成群，
鬼子挡道路难行。

一九四零年，中条起战火，
二十多万蒋匪兵，弃枪逃黄河。

太岳支队八路军，由北往南进，
开辟沁东区，建立沁南县，
美好山河晋豫区，四方联成片。

建立了抗日根据地，巩固新政权，
昨天我是老百姓，今天上前线，
山旮旯里庄稼人，当上了八路军。

八路军呀救穷人，我们是老百姓的子弟兵，
消灭土匪，打鬼子，为的是老百姓。

家乡父老和乡亲，你们请放心，
打败日本鬼子后，我们还是咱山里人。

五字歌

民国卅二年，旱得真可怜。
日寇常骚扰，土匪也凶险。

到处赶牛驴，烧房拿物件。
农工出逃亡，柴米没一点，
转了三五日，无奈返家园。
破裤烂布衫，地荒云遮天。
黑暗旧社会，生活真熬煎。
上吊又投井，哭声一大片。
遍野黄土地，到处无人烟。
东山马头岭，来了八路军。
白天是老百姓，晚上去出征。
赶走了小土匪，恶霸哭求饶。
开仓放粮食，解救老百姓。
组织大生产，军民齐上阵。
儿童去放哨，家中没闲人。
昔日荒山岗，今天变了样：
棉花白如雪，南瓜重如铁。
玉米堆成山，谷穗长如担。
年已古稀人，今世见稀罕。
捧碗眼泪流，功劳归于谁？
感谢八路军，咱们的好部队。
天晴云雾散，人民真喜欢。
驴驮人挑担，全民去抗战。
离开晋豫边，翻山下河南。
跟着共产党，穷人把身翻。

犁地谣

山连山，沟套沟，一张木犁俩牲口。
世人都说农人苦，寻食拱在土里头。

山连山，沟套沟，一张木犁俩牲口。
世人都说农人伤，风吹雨淋汗水流。

山连山，沟套沟，一张木犁俩牲口。
世人都说农人累，五更动弹到出星宿。

山连山，沟套沟，一张木犁俩牲口。
犁出五谷香喷喷，塞满世人张张嘴。

山连山，沟套沟，一张木犁俩牲口。
世人代代传呀传，农人犁地不到头。

掌耧谣

两手端平耧，扎地摇三摇。
垄背要把直，籽眼要定好。
胳窝夹鸡蛋，出力在手腕。
注意小手摆，两眼紧看耧。
插耧紧三摇，提耧三不摇。
脚踏垄背走，中途不停手。

打场谣

太阳太阳我打场，风呀风呀快帮忙。
红豆红是庄稼人心呀，晒干吹尽红杠杠。

太阳太阳我打场，风呀风呀快帮忙。
黄谷黄是庄稼人汗呀，晒干吹尽金黄黄。

太阳太阳我打场，风呀风呀快帮忙。
芝麻杂粮扬一天呀，加金添银落满场。

太阳太阳我打场，风呀风呀快帮忙。
打得仓满席囤流呀，献猪献羊烧高香。

自由组歌十二个月

正月里来闹元宵，秧歌舞故事都来到。姐姐又把妹妹叫，不用叫，知道了，怀抱娃娃往出跑。金莲小，门栏高，扑通一声跌倒了。嗯哪咳哟，叫一声王大娘，闪了奴的腰。

二月里来龙抬头，中华民国兴上自由。自由不分男和女，大自由，小自由，你自由，我自由，姐姐妹妹手拉手，点点头，不要媒人成两口。嗯哪咳哟，你看看兴自由好呀不好。

三月里来是清明，中华民国兴上时新。时新衣裳短袍袖，文明棍子手中拿，东洋帽子头上扎，穿衣裳四口袋，西装裤子插布袋。嗯哪咳哟，再把那东洋皮鞋脚上来踏。

四月里来四月八，不分男女都镶金牙。金牙卫生把口漱，雪花膏脸上擦，文明棍手中拿，金银固子（固子指戒指）戴俩仨。嗯哪咳哟，再不然把金壳手表胳膊腕上扎。

五月里来正端阳，中村街修一座大澡堂。澡堂本是生产好，进屋后脱衣裳，大毛巾擦身上，小毛巾擦脊梁，洗罢澡穿衣裳，一杯热茶紧跟上。嗯哪咳哟，不要你晋南票子要的是人民洋。

六月里来三伏天，大姑娘小媳妇站在门前。站在门前把棒吊，吊下棒子换板票，东染房西头窑，东头西头都知道。嗯哪咳哟，你看那妇女解放好不好。

七月里来七月七，卢沟桥事变由日本发起。日本侵我东三省，又是杀又是烧，三光政策全用了。嗯哪咳哟，中国人受尽了艰难苦熬。

八月里来八月八，听我把东洋车子夸上一夸。中国车子外国驴，不用拉就能骑，又省麸子又省料，又省夹板又省套。嗯哪咳哟，你看那这东洋车好呀不好。

九月里来九一八，抗日战争全面爆发。全国人民齐参战，蒋介石不抵抗，一直退到大后方。嗯哪咳哟，毛主席下命令兵发战场。

十月里来立上冬，日本人进中国势势可凶。造飞机天上飞，造大炮地上扔，轰轰隆隆一声响，炸死了许多老百姓，爹一声娘一声，你看残忍不残忍。嗯哪咳哟，骂一声日、汪你们都是畜生！

十一月里来天气寒，当兵人盖大氅（指大衣）两腿发凉，蜷腿暖和展脚凉，忽然想起娃的娘，我在外，你在家，忽然想起我的妈。嗯哪咳哟，不打败日本鬼子决不回家。

十二个月来整一年，汪精卫丧良心当了汉奸，他和中国人不一心，他和日本人称弟兄，害的是咱老百姓。嗯哪咳哟，骂一声汪精卫你是狗生！

小喜鹊

小喜鹊，叫喳喳，姐姐今天回娘家。
不坐驴车不骑马，姐夫开着小拖拉。

夫妻谣

天上下雨地下流，两口子嚷架不记仇。
白天吃的一锅饭，晚上同枕一个枕头。

年龄歌

二十三十，风华正茂；四十来岁风流俊俏。
五十六十，不觉衰老；七十八十健康结实。

穿衣歌

五十年代男女一身蓝，六十年代军装抢着穿。
八十年代衣着变花样，九十年代名牌时装。

乘车歌

六十年代爬山虎，（爬山虎指手扶）
七十年代五十五。（五十五指拖拉机）
八十年代帆布篷，（帆布篷指吉普车）
九十年代两头平。（两头平指小轿车）

彩礼谣

七十年代三转一响，（三转一响是自行车，手表，缝纫机，收音机）
八十年代彩电冰箱。
九十年代三金名装，（三金：金戒指，金耳环，金项链）
二十一世纪汽车洋房。

婚车谣

六十年代自行车，八十年代工具车。
九十年代小轿车，如今结婚车连车。

住房谣

新建楼房一栋栋，花红柳绿满院庭。
水暖电卫配套全，栋栋住的田舍翁。

农家乐

彩电报刊 VCD，吹拉弹唱舞翩跹。
戏进大院书入户，欢歌笑语满乡间。

家乡好

桑拿本是洋名堂，如今落户在农庄。
蒸冲搓洗样样全，敢向市民夸俺乡。

炊妇愁

巧妇难做无米炊，米多炊妇也发愁。
变着花样吃个遍，再出新招该问谁。

致富谣

三万两万不称富，五万六万刚起步。
只要有个好支部，富了还能更加富。

第三节　传　说

错错鸟

历山有一种名叫“错错错”的鸟，每年到小满前后，总是在晚间发出一种形象的叫声：“错错错”，“错错错”，“千错错”，“万错错”的叫声，就这样叫着叫着，声音越来越低沉，最后就无声啦。

相传舜帝三岁时母亲去世了，五岁时，父亲又娶了一个老婆，从此，厄运也就落到了他的头上。继母对舜很刻薄，苦脏累活都叫他干，夜里尿湿了床铺，就要遭一顿毒打，害得他晚上都不敢早睡。到第三年，后娘生了个男孩，便对舜更加凶残了。有一次，舜去担水，当他打上水往起提时，却被后娘在背后猛击一掌，将舜推下水井，就在继母刚离开不久，那笔直的水井却呼呼响着倒塌成了一个斜坡，舜便扒着井壁上来。

同父异母的弟弟长至十二岁时，个头不大，又经常生病，黄干黑瘦，无劲乏力。后妈有点不解，为什么亲儿吃得好、穿得暖，却总是疾病缠身，没完没了，而吃粗粮穿的单薄的舜却像猛虎一样强健体壮，于是她就更加怀恨在心，打起了坏主意。

一天夜里，继母把家里的麻籽拿了一些，一分两份，一半生的，一半熟的。生的留给了他的亲生儿子，熟的给了舜，让他兄弟二人去种麻，并嘱咐他们说“七天之后，谁种的麻出来，谁就回家来，谁种的麻出不来，谁就别进家门”。于是他弟兄二人就去了。在路途之上，弟弟总闻着哥哥的麻子“香气喷鼻”，就请求舜将麻籽换过，无奈之下舜也就依存了弟弟的请求。七天之后，舜的麻苗破土而出，她亲生儿子的麻却没出一苗，结果把后娘活活给气死了，死后变成了一只鸟，其叫声听起来就是“错、错、错”。所以，人们称之为“错错鸟”，意思是继母后悔当初不该如此做。以此教育当今的人们要把心放正，世上没有后悔药可吃。

魁星楼

在中村镇的东南山上，有一座不知是什么朝代建筑的“老爷庙”，供奉着“魁星爷”，所以当地人称为“魁星楼”。

魁星楼金碧辉煌，绮丽壮观，朝雾溟蒙，缥缥袅袅。高高挺立的魁星楼，在乳白色的雾气中，若隐若现，直入云霄，看上去简直是天上的宫殿，东海的蓬莱。在老人们的口中，流传着这样一个故事：

很早很早以前，有个中村人在外地经商，晚上住进一家客店，与一个同宿的河南客发生了争执。因为一个地铺和一个坑铺争得面红耳赤。最后，店主想了一个办法，说：“你们两个，各自说出你们家乡最高的东西，谁说得最高，这坑铺就是谁的！”双方想了想，便同意了。河南客抢先一步：“我河南有座无影楼，离天只有丈七八。”说罢，便得意地看看中村客，只见中村客面带微笑，不慌不忙地做出回答，“我中村有座魁星楼，上半截插在天里头”。河南客张口无言，店主愕然……

汤帝与雨簿

相传,夏无道,玉帝降旨于予履,让他下凡称帝,灭夏兴商,拯救庶民。予履赴玉殿闷闷不乐,低头不语。玉帝问曰:“予爱卿啊,为何不语?”予履曰:“我无有雨簿,如何拯救庶民?”玉帝将雨簿当即赐与予履。予履带簿下凡,继而有天下,称汤帝,国号商,定都于西亳。

连续三年,商朝滴雨未降,庄稼枯死,寸草不生,尸骨遍地。群臣禀奏汤帝,天下大旱,民不聊生。汤帝恍然大悟,竟忘记了自己带有雨簿,愧色对臣曰:“吾带有雨簿,为何不下?下!下!下!”连说三个下字,结果又带来三年连涝,洪水泛滥,良田淹没,百姓溺死无数。汤帝问群臣曰:“雨为什么下个不停?”群臣答曰:“皇上你忘记了收雨簿”。汤帝即将雨簿收起,天下便复现了春种夏耘秋收冬藏的美好年景,可谓风调雨顺。

君臣们齐聚银安宝殿,共商使用雨簿、拯救庶民、富国强民之策。议定:春秋少雨,冬日有雪无雨,夏日五风十雨。议毕,予履追悔因自己失误,铸成普天下连续六年旱灾和涝灾,无数庶民丧生的大错,遂命人等架起柴火,自焚身亡。

百姓为悼念汤帝英灵,村村建庙塑像,世代敬奉祭祀。

泰山石敢当的由来

石敢当乃山东泰安县人氏,祖居泰山脚下,以狩猎、采药为生。敢当生来耿直爽朗、一身侠气,好打抱不平,扶正压邪。

石娶刘氏为妻,夫妻恩爱、如蜜似胶。妻25岁时,辰时生病,午时命亡。石敢当悲痛不堪,留恋哀思,常备祭品祭奠爱妻亡灵。尽管如此,石敢当心情任不平静,总在梦中看见亡妻穿着褴褛,面黄肌瘦,非常艰辛。妻子苦诉:你给我之祭品、衣物,全被恶鬼抢走。石敢当醒来愤愤不平,誓言要到阴曹地府,除恶镇魔,保护爱妻。一天,石敢当身穿盔甲,佩带宝剑,携带祭品,到亡妻墓前祭奠。祭毕,拔剑自刎。石敢当到了阴曹地府,首先拜见山神。神主视其耿直豪爽,大义凛然,便封其为镇妖除魔大将军,镇守险隘关口,除妖镇魔。

此后,谁家有妖邪作怪,就请石敢当来除妖捉怪。石敢当一来,妖邪果然逃之夭夭。妖邪跑到山西,石敢当就被请到山西。来请的人太多,石敢当忙的应接不暇。于是,石敢当想出一个主意,让人们搬上一块泰山石头,上写“泰山石敢当”。人们照着去做,果然灵验。时间长了,老百姓不再去泰山搬石头,改在本地选石刻字,嵌在狭隘路口,镇宅避邪,祈保平安。中村村民的房前屋后和狭隘路口、街道出口仍可见“泰山石敢当”的石碑。

二月二龙抬头

农历二月初二日,是龙抬头的日子,这天家家户户要喝炒面油茶,祭祀白玉龙王降雨救命之恩。

传说,古时候的小麦、谷子、玉茭是多头植物,产量很高。打的粮食多了,人们就任意糟蹋,白面馍馍扔的路上、地下、茅厕到处都是。玉皇大帝看到这种现象非常生气,决心把凡界的人们惩罚一下。他先让神农掐去小麦、谷子的满身籽穗,只留顶尖一穗;玉米扳掉浑身棒子,只留一、两个棒子。又下令龙宫诸神五年不准降雨。凡界百姓眼看着神仙把庄稼的满身籽穗掐光毫无办法。心想只要能吃苦耐劳,精耕细作,总可以顾住吃吧。只是五年不下雨怎么办呢?

一年无雨心发慌,二年无雨泪汪汪,三年无雨饿断肠。人们饿得面黄肌瘦,皮包骨头,哀魂遍野。求神祈雨的百姓成群结队,天上诸神也不断到玉皇大帝面前求情,玉帝仍是不准。

第四年, 正遇上白玉龙君值班。白玉龙君乃当年扶助唐僧西天取经的白龙马,他随唐僧从东到西,又从西到东走了几十年,度过九九八十一难,十分了解人间疾苦。这次他在巡天时看到六、七十岁的老太太把瓦盆顶在头上,渴望下雨;年轻人跑到十几里以外挑水饮用。人间赤地千里,荒芜一片,再不下雨,人类就要灭绝。看到这种惨景,白玉龙君顾不上玉皇大帝的禁雨令,立即行云布雨,“哗啦,哗啦”给人间下了一场透雨。久旱逢甘雨,百姓抢耕抢种,企盼着秋天的硕果。

玉帝听说白玉龙抗命降雨,龙颜大怒,拿白玉龙兴师问罪,让太白金星把他压于泰山脚下,并立碑一座,上刻四句箴言:“玉龙降雨犯天规,当受人间千年罪;要想抬头登天庭,只待金豆开白花。”众神同情白玉龙君,纷纷请求赦免,奏曰:“如果再不降雨,凡界的百姓都饿死了,谁来给我们烧香上供呀!”玉帝不赦白玉龙君,却取消了禁雨令。夏秋两季下开了雨,庄稼有了收成。百姓知道后,感谢白玉龙君的救命之恩。很多人不远千里赶到泰山脚下烧香,祭祀白玉龙君。只是一直找不到金豆,更没法叫金豆开白花,以便拯救白玉龙君。

随着时间的推移,某年二月初二,一个老太太炒玉茭,看见放到锅里的金灿灿玉茭,一会儿“崩崩吧吧”全都爆开白花。“这不是金豆开花吗?”老太太高兴极了,马上把这个消息传遍家家户户,大家都来炒玉茭,“崩崩吧吧”满地开花。太白金星立即把此情况禀报玉帝。玉皇大帝心想,数年过去,玉龙在下界遭受了不少灾难,他违旨降雨,只是为了拯救百姓,并无险恶用心,随命太白金星放出白玉龙君。

玉龙从泰山下出来,展展被困的腰,抬起头来,一跃上了天。他感谢人民对他的拯救,凡轮到他值班降雨的年份,雨量充沛,年景也好。

人间百姓为感谢白玉龙君，村村修建龙王庙，多数村并兴起“二月二龙抬头”庙会。这天早晨，人们要到龙王庙献供上香，祈祷白龙抬头升天，为百姓及时降雨；家家还要敦锅炒玉茭，爆玉茭花，有的把炒熟的玉茭、豆子、小麦磨成炒面油茶，以怀念白玉龙王。

五月端午戴艾抹雄黄的传说

五月端午不戴艾，死了变成老鳖怪；

五月端午抹雄黄，小孩屁股不发痒。

旧时，在中村一带有个风俗，端午节要包软米粽子以纪念屈原。同时，家家户户还要在大门、二门、屋门上各插几支艾草，孩子们头上载几片艾叶；七岁以下的男女小孩，还得往屁股眼儿、鼻孔、耳朵窟窿等地方涂抹雄黄；多数小孩子的手腕上、脚腕上都戴上五色线捻成的百百索；富裕户还用各色丝线绣个小巧玲珑的香布袋儿(里面装着菖蒲、篙本一类的香草中药)，随身带在纽扣上。

传说在很早很早的时候，人类的祖先居住在森林里的大树上，后来移居到大地上。他们选择住在山洞里，不怕刮风，不怕雨淋。但是，一到炎热的暑天，洞里冒出瘴气，人们闻久了便头昏脑涨，眼冒金星，晕倒在地，眼睁睁看着死去。

这时，有个名叫人皇的青年人，他心甘情愿冒着生命危险，到西天王母娘娘那里去求救，想办法降伏瘴气瘟神，搭救大伙脱离苦海。

人皇离开家乡上了路。他走啊走，走了七七四十九天，还没有到达目的地。人皇不罢休，继续往前走，走啊走，走啊走，又走了九九八十一天，终于拜见了王母娘娘。王母娘娘给了人皇一株草，要他回去栽种起来，有瘴气时，把这草晒干点燃，只准冒烟不准着火，瘴气便被熏跑。

人皇按照王母吩咐把这株草带回栽好。第二年一株草长成一大片，起名“艾草”。哪里有瘴气，人皇就带上艾草前往驱除，并把种艾草的方法教给众人。从此，家家户户都种艾草，再不怕瘴气害人，人们也永远不忘人皇的恩德。

瘴气治下去了。山洞里由于潮湿，螳螂、蚰蜒、全蝎到处爬行。人们入睡后，这些小动物便为害于人，钻进屁股里、钻进鼻孔、钻进耳孔，弄得人们不得安生。轻者头疼、肚子痛，重者送了性命。

人们无奈，只好又求人皇想办法。人皇毫不推辞，又一次远涉西天求助于王母娘娘。王母娘娘见人皇坚韧不拔两次为民求愿，便产生了爱慕之心，于是对人皇说：“我把身边的玉女送给你做妻子，你愿意么？”

人皇答曰：“王母娘娘在上，小人不敢。此次来西天，是为民请求治螳螂、蚰蜒、蛇蝎之法。至于娶妻之事，小人不敢奢想。”

王母娘娘说:“玉女做你妻子,吾已决定。至于防虫子之法,玉女全会治伏;不要推诿,遵旨去吧!”王母娘娘用手一指,不知怎的,他已和玉女回到了家乡。玉女十分贤良,她告诉人们把雄黄抹在屁股眼、鼻孔、耳朵窟窿等处,虫子就不敢往里钻了。并用香草做了香布袋儿,叫人们带在身上,各种邪气不敢近身。手腕、脚腕戴上五色线百百索,虫蚁蛇蝎就不敢沾身。人皇和玉女成亲后生活在百姓之中,深受世人爱戴。

现在插艾条的习俗还在中村传承着。

七月七乞巧节

农历七月初七，是我国广大地区的大姑娘、小媳妇向天宫七仙女乞巧的节日。所以,人们把七月七这天叫“乞巧节”,也有的叫“姑娘节”、“女儿节”。

传说,七月七是七仙女下凡的日子。这一天傍晚,大姑娘和小媳妇们,三三五五成群结队,把事先准备好的供品趁月亮初升之际,敬献给七仙女。然后一齐跪拜,一起祷告,乞求七仙女把刺绣针工的技巧传授给她们。从此,她们得到真传,个个变成心灵手巧的巧姑娘。

其实,这一风俗是传统社会的陋习:不管是有钱人家的小姐,还是平民百姓家的女儿,姑娘们的女红底功必须好。女红包括纺织、缝纫、刺绣、家务几个方面。每一个做母亲的,都严格要求女儿,从小就下苦工练习,力争把上述四样女红学到手。不然,女儿长大嫁到婆家当媳妇后是要受气的。

在女红功底中,最难学的是刺绣。刺绣俗称绣花,具体分刺、绣、扎、挑等手法。手法不同,效果各异,绣出的花、鸟、虫、鱼,要栩栩如生,有立体感、有鲜活感。

姑娘们初学绣花时，用一个竹制的圆圈叫撑弓。一大一小两个竹圈套在一起,把一块绸子夹在撑弓上,形成一个固定的刺绣平面,用笔描绘出所需的花鸟图案,然后一针一针往上绣。刺绣的图案有菊花、桃花、杏花、荷花、海棠、牡丹、迎春、葡萄、石榴以及嫦娥奔月、麒麟送子、牛郎织女、凤串牡丹、兔跳花园、鸳鸯戏水、龙凤呈祥、二龙戏珠、孔雀开屏、蝈蝈吃白菜、蛇蛉吃葡萄等等。

七月七的乞巧活动，姑娘们都要拿出自己平时刺绣的精品，在一起互相观摩,互相欣赏,互相交流,实际上是一次取长补短的针工技术交流节。

乞巧节从哪朝哪代兴起,无从考查。然而,这个节日的故事至今仍在民间传颂。

腊八粥与朱元璋

说起腊八粥，与明朝开国皇帝朱元璋有一段情缘。传说，朱元璋领兵打仗，一心想推翻统治残酷的元朝。但胜败乃兵家常事，有一年冬初，朱元璋的军队被元军打得惨败，他只带领十几个随从冲出重围，来到太行山深处的一座破庙里藏身。

当时，正是寒冷季节，山高风大，滴水成冰，随从士卒个个冻得浑身打战，肚子饿得咕咕直叫。朱元璋命令伙夫埋锅造饭，伙夫说："冲出重围时，为了轻装，不仅粒米未带，就连军釜也给扔了，如何造饭？"十几个随从便分头去找吃食。俗话说天无绝人之路，随从们真的找到了吃食：有的在树林里找到一些野山枣，有的在柿树下找到一些冻柿子，有的在山沟沟里找到农民丢失的老南瓜，有的在核桃树下的乱叶中找到了一些山核桃。伙夫却在破庙墙角找到一个老鼠洞，洞中有一个贮粮窝，挖出的杂粮有黍米、豆角籽、红小豆、花生仁、大豆等，足足十多斤。

五谷杂粮找到了，伙夫想办法把找来的老南瓜一切两半，挖去瓜瓤，消一些雪水，把黍米、豆类、山枣等装进去，两半南瓜一合，下面架起柴火，不大一会全烧熟了。伙夫先给朱元璋端上一碗。朱元璋一连几天没吃过一顿饱饭，尝了一口金黄金黄的南瓜饭，感到甜丝丝、黏乎乎甚是好吃，便高兴地问："这叫什么饭？"伙夫见朱元璋高兴，灵机一动马上下跪说："禀告大帅，这饭叫'腊八粥'。"

"何谓腊八粥？"伙夫回禀："大帅，今天是腊月初八，这饭中有黍米、红小豆、豆角籽、大豆、红枣、柿子、核桃仁、花生仁等八种东西做成，因此叫腊八粥"。

朱元璋辗转太行山，集中原来义军，横扫中原大地，建立明朝，定都南京，当了明朝的开国皇帝。一天，他忽然想起太行山破庙中的美餐"腊八粥"，便命御厨如法炮制。但他尝了又尝，总品不出破庙里腊八粥的味道。

然而，朱皇帝吃腊八粥的故事传到民间，每年腊月初八这一天，家家户户都要吃"腊八粥"。如今食品行业瞄准商机，把腊八粥精制装罐，起名"八宝粥"，成为方便食品畅销全国。

岳飞炮打丹坪砦

绍兴十年，金兀术兵分四路，进攻中原。岳飞率部迎击，大破金兵。又联络太行山义军，遥相呼应，乘胜追击，把金兀术赶至今山西省沁水县中村一带。

金兵被岳飞追得人困马乏，精疲力竭。行至张马、北庄与中村的交接处时，金兀术忽然马失前蹄，坠落马下。他狼狈地从地上爬起来，长叹一声："唉，落马者必败，此乃天意也！"后来当地人在此立石碑一块，并称"落马碑"。

抵达中村，那时村里不过十几户人家。金兀术观此地形，只见河沟不宽，满眼乱石荒滩，时逢汛期，浑浊的河水似脱缰的野马，令人目眩。从高处往下看，此地犹如一条巨大的麻袋，屯兵安营利于人马的食宿，却不利战事谋略。金兀术暗想，兵士虽不愿再行远逃，但绝不可在此安营扎寨。他举头远眺，南山地势险要易守难攻，倒是一块理想的安兵之地。他率领残兵败将向南山进发。过了中村河，走进一个山沟，山上树林茂盛，荆棘丛生，步行都十分困难。金兀术无奈，只得下马爬山。从此，这条沟便称为“下马沟”。

最后，金兀术爬上距中村三十余里的丹坪砦（现称“寨上”）。丹坪砦位于历山西北，四周都是高耸入云的悬崖峭壁。唯有前山和后山各有一条羊肠小道人们可以攀行，真是一夫当关，万夫莫开。金兀术仰天大笑：“天助我也!岳飞能奈我何!”于是，就在丹坪砦扎下大营，在路口修筑寨门，加固一切防御设施，准备在此重整人马，再扑中原。

岳飞率领大军，尾追金兵赶到杨岔岭，探马报告金兀术已上丹坪砦。岳飞立马远眺，只见西南峰峦起伏，云霄烟海，地形复杂，即令全军在杨岔岭安营，不得轻举妄动。又命部将白华率小队人马，前往丹坪砦附近打探虚实。

白华率小部队骑兵向南前进，进入深山便不能骑马，只好牵马行进。翻过两座小山头，看到半山坡上有一个小村，便决定进村打听金兵消息。刚到村边，忽听村里人喊马叫，哭声连天，原来是金兀术带人下山抢粮。白华为了不让金兵抢走粮食，为了不让当地百姓受害，即刻派人给岳飞送信，自己亲率小队人马和金兵展开了一场血战。怎奈寡不敌众，白华又战不过金兀术，最后将士全部牺牲。为纪念白华将军，这个村命名为“白华”。

金兀术得知岳飞已得信赶来，恐怕有失，忙下令把所抢到的部分粮食牲畜带走，也要把白华将军留下的十几匹战马赶上山去。谁知白华将军所骑战马任凭金兵执鞭抽打，一步也不前进。金兀术就命八个金兵捆绑四蹄抬着上山。不巧，在一段特别陡峭的坡路，金兵一不小心连人带马滚下山沟。金兀术大怒，遂命金兵杀掉白华的战马，把马肉抬上山去。后来此地名称“杀马沟”。

岳飞紧急追赶，可惜来迟一步，金兵已上丹坪砦。老百姓正在掩埋白华将军的尸体。岳飞痛惜不已，哀痛祭奠白华和牺牲的士兵，并下达发兵攻打丹坪砦的命令。

丹坪砦地势险要，防守甚严。岳家军刚近山下，山上檑木、石块、流箭一齐倾泻而下，士兵伤亡惨重。岳飞讨教当地老百姓：“难道上丹坪砦，就再没有别的路？”众人叹气摇头。

岳飞仔细观察地形，意识到强攻难以成功。忽然，他抬头发现与丹坪砦一条深谷相隔的东面，有一座和丹坪砦对峙的山峰，两峰之间的距离极近，如用火炮攻打定可取胜。岳飞大喜，即令士兵连夜赶制火药，把所有的土炮集中于丹坪砦东边山头。

第二天清晨，"轰、轰、轰"的巨响，炸碎了金兀术雄居丹坪的美梦。寨门被炸开，金兵惊慌失措，一个个抱头鼠窜。金兀术大惊：丹坪砦此乃天险，岳飞亦能攻破，真乃神兵也！这时，山下的将士也呐喊着攻了上来。金兀术仰天长叹："天灭我也！"拔剑就要自杀，军师急忙上前劝告："后山还有一条退路！"金兀术这才恍然大悟，急忙收络残军，从后山小路朝林池河、大河一带逃窜。

岳飞炮打丹坪寨，虽然没有致金兀术于死地，却彻底打消了其吞并中原的野心。当年炮打丹坪寨的那个山头曾修建了岳飞庙，现称"小庙岭"。

第十卷　人物

第一章　古代人物

岁贡

谭遵宪，清雍正甲寅贡

李光谟，清嘉庆戊寅贡

牛士林，清同治己巳贡

耆宾

刘敦孟、刘礼章

孝友

刘礼章，中村镇人。五岁时，其父外出，迁流不定，人莫知其所在，历十二年未返。章不知其死也，贷资于人，寻访十余年，至荆州公安县始得确信，函骨而归。

卓行

刘均阁，居乡喜排解，求无弗应。村中修老子祠，修石井沟，移龙王宫，皆捐资首倡。

贞节

张氏，上阁南刘敦申妻。年二十孀居。少娴，内则事亲以孝闻，扶继嗣如己出。勤俭自持，坚贞以矢，卒年七十。奉旨建坊旌之曰："天鉴幽贞"。

刘氏，蒲泓西李惟馨妻。夫亡，氏年一十八。寡言笑，端举止。闺门以外，人罕见其面。坚贞永矢四十一年。里人拔贡郑观洛以"松筠柏节"表其门。

又，家谱记：刘氏年十九夫故，逾三月遗腹生子，扶孤授室，孤夭。又扶孙成人。孙生子，氏犹健焉。寿臻八十有二，孀居六十余年，备极艰辛，贞静自如。闾里赠与匾曰：节凛冰霜。邑侯闻之，采访入志。迄今后嗣绵绵，家道称盛，无非母氏之力也。（该节录《中村李氏家谱》）

刘氏，蒲泓西李光天妻。年二十八孀居。夫弟光日妻杨氏，年二十四亦孀居。妯娌和睦，数十年无间言。学宪谢以“一门双节”旌之。

张氏，蒲泓西乔玉朗妻，夫亡，氏年一十九，守节四十一年。孙邑侯旌之曰：“志节永贞”。

季氏，蒲泓西李斑妻。年二十三孀居。抚育胞侄如己出。

杨氏，蒲泓西李惟彦妻，夫亡，氏年二十七。子未周岁，父母虑氏年幼，柏舟之志代为难之。氏坚持不移，扶孤成立。及老，诸孙满前，李氏一门赖以不绝。

席氏，上阁南刘福昌妻。夫亡，氏年二十八。守节二十八年。

师氏，上阁南刘均辅妻。夫亡，氏年二十八。守节二十五年。

李氏，上阁南刘春林妻。夫亡，氏年二十九。守节二十七年。

郑氏，上阁南刘清阳妻。夫亡，氏年二十九。守节三十年。

谭氏，蒲泓西李新意妻。夫亡，年二十四。守节四十八年。

李氏，上阁南刘时昌妻。夫亡，氏年二十六。守节十年。

郑氏，上阁南刘镇金妻。夫亡，氏年一十九。守节十年。

王氏，刘大任妻。（系已旌者，守节年限难考，仅录姓氏）

（以上录《光绪沁水县志》）

第二章 现代人物

第一节 居里人物

牛永林(1900年2月—1967年),男,1943年加入中国共产党,1947年7月至1952年10月担任中村第一任党支部书记。1952年11月至1954年任光明农业社社长。牛永林同志任职期间,动员群众参军参战支援全国解放战争。新中国成立后,他以当家做主的主人翁精神,坚持党在农村的领导地位,全面贯彻党在农村的一系列方针、政策,组织领导群众进行土地革命,创办互助组,成立光明农业社,使中村人民开始走上集体化的道路。

李长青(1909年1月—1980年),男,1943年1月15日经中共沁南县委工作队员张春元(上海人,历山大队队员)同志介绍,秘密加入中国共产党,是中村第一名共产党员。1943年7月任党小组长,当时党组织不公开,处于地下秘密活动状态。他把党的方针主张宣传到群众中,坚持抵抗日寇,带领群众斗地主,搞土改,减租减息,使中村人民看到了黎明前的曙光。

王书贵(1912年12月—1966年),男,1912年12月生于上峪村甲刺自然庄,1953年迁至中村。1947年加入中国共产党,曾任社长、生产队队长等职。1966年到山坡为生产队放牛,下午暴雨来临,他急忙赶着牛群返村。当来到南河口牛群过河时,山洪暴发。为了集体财产,他不顾自己的安危,在河中奋力地赶着牛群。当最后一头牛走出河流,他却被洪水打倒,无情的恶浪将他卷走。人们追赶、奔跑着救他,无奈他壮烈牺牲。全村群众、全体党员无不悲痛。中村公社党委、中村党支部为他召开了追悼大会,号召全体党员和群众学习他爱国家、爱集体不怕牺牲的共产主义精神。全公社的各个学校组织学生开展学习活动。他给中村人民留下不可磨灭的印象。

马如祥(1917年—1968年),男,中村村人,1950年加入共产党。1952年至

1958年任光明农业社副社长，1958年—1960年任村主任。1960年至1961年任管理区党支部书记。任职期间，他带领群众由初级社转入高级社，试验植种高产小麦。1961年至1966年任中村大队主任。享年51岁。

牛锡宝（1922年12月—1987年），男，1960年4月加入中国共产党，1970年4月至1972年3月任大队革命委员会主任、支部委员。1973年至1977年任支部委员。牛锡宝同志任职期间，正处于“文革”时期，他坚持实事求是的原则，不混淆是非，保护了一批干部和群众，使中村没有发生大的动乱，未造成重大损失，得到了群众的信任。享年65岁。

王兴年（1923年—1987年），男，1923年生于一个贫苦农民家庭。在土地改革时期积极参加运动。1950年2月加入中国共产党，1953年由县委选拔到沁水县供销社农产品公司工作。1958年初因患阑尾炎手术后回家休息。当时正值“大跃进”时期，1958年10月接任中村管理区党支部书记，他组织群众大炼钢铁，并修建村会议室5间。由于工作劳累，健康状况恶化，当年他办理了供销社的退职手续，在家养病。1962年身体好转，他负责大队的车马大店、畜牧场、粮食加工房等企业。1987年12月患胃癌病逝，享年64岁。

刘培义（1924年1月—2002年1月），男，初小文化程度，1945年参军，1949年2月加入中国共产党，1958年3月转业。在部队期间多次立功受奖，先后在阳城兵工厂、太原兵工厂、甘肃北艮兵工厂任班长、副科长、行政科长等职。1958年10月至1960年1月担任村党支部书记，1960年2月至1961年3月干部轮换借调上阁村任支部书记，1961年4月至1966年11月返回中村村任支部书记，“文革”期间职务中断，1970年4月至1972年1月重新担任支部书记，1971年1月至1983年任党总支委员。

刘培义同志光明磊落，对党忠心耿耿，任职期间，兢兢业业办事，清清白白做人，密切联系群众，带领群众苦干实干，先后修建大队会议室，成立农村托儿所，试验种植小麦，发展北岭、后沟果园，扩展改建南街，建设乔家畜牧场等，大力发展农林牧副业，使中村农业生产迈上了新台阶，年年获县、镇表彰。享年78岁。

刘杰汉（1926 年 10 月—？），男，1945 年参军，后在宁夏回族自治区铜川县武装部工作，1957 年转业回家，1947 年 9 月加入中国共产党，1958 年至 1966 年任大队副支书，1966 年 12 月至 1970 年任大队党支部书记。1970 年至 1973 年任支部委员。任职期正处于“文革”时期，他维护团结，维护稳定，中村也因此未发生大的混乱事件。期间，他修建车马大店，将南胡同重新规划，改造扩建为宽敞明亮的新街道，修建街面房 30 间。

陈秀英（1927 年 10 月—2005 年），女，1946 年 5 月加入中国共产党，1948 年至 1950 年任张马村妇会主任，1951 年至 1953 年任沁水县三区（中村）妇会主任，1966 年至 1969 年任中村村妇会主任、党支部委员。

乔兴才（1927 年 11 月—1988 年），男，1943 年 3 月加入中国共产党。1947 年至 1970 年 3 月任支部委员。1966 年 12 月至 1970 年 3 月任中村大队革命委员会主任。乔生才同志在战争年代担任武委会领导，组织民兵积极开展武装斗争，有胆有略。在建设时期能够紧跟上级部署，完成各项任务，是一名忠实的共产党员。享年 61 岁。

尚日旭，1931 年 11 月出生，男，初小文化程度，1952 年至 1957 年在中村乡任行政秘书，1955 年 10 月 1 日加入中国共产党。1958 年至 1959 年 7 月任大队副业会计，1959 年 8 月至 1959 年 12 月在中村新华书店工作，1960 年 1 月至 1961 年 12 月任大队副会计，1962 年 1 月至 1962 年 12 月任第五生产队会计，1983 年 1 月至 1985 年 9 月任第五村民组组长，1985 年 10 月至 1988 年 12 月任村委副主任。

马孝善（1932 年 9 月—2004 年 7 月），男，1932 年农历八月生于河南省济源市克井镇南凡村，祖姓苗，父亲苗维中，本名苗务云。1940 年，随伯父苗维书逃荒要饭来到中村，因饥寒交迫命在旦夕，伯父将其送予中村马得长为子，起名马孝善。

马孝善同志到中村马家后，家境仍然贫穷艰辛，从小就在苦难中摸爬滚打，放牲口，种庄稼，跑马帮。他在艰苦的环境中长大成人，练就出坚强的意志，培养出从不服输的性格。1953 年至

1958 年任第二生产队队长，期间于 1956 年 9 月加入中国共产党。1959 年至 1960 年任大队管委会副主任兼团支部书记，1962 年至 1965 年任大队副主任。1966 年至 1967 年任第二生产队队长。1968 年 2 月至1970 年任大队革委会副主任。1971 年至 1992 年任村党总支书记。

马孝善同志在农村基层干部岗位上一干就是 40 年，其间担任党支部书记长达 22 年。他当队长时，中村第二生产队的各项工作都走在全村的前面，粮食产量最高，经济效益最好，社员分红最多。他担任大队副业主任时大抓狠抓畜牧业、运输业、手工业、服务业等，使集体经济实力逐渐壮大。他担任支书后，一心扑在集体和党的事业上，他心中装着全村人，柴米油盐无不操心；他精力用在工作上，事事处处只恐失误；他始终按照共产党员的标准要求自己，牢记宗旨全心全意为人民服务。

马孝善同志任职期间，带领中村人民狠抓农业生产，大搞农田水利基本建设，打坝 14 760 米，垫地 200 多亩，截潜流 3 处，户户安装自来水，发展果园230 亩，宜林荒山全部绿化，使中村人民生活在优美的环境中。

在改革的大潮中，马孝善同志奉行“以工兴村”，积极招商引资，兴建机砖场，兴办泰盛铁厂，为振兴经济四处奔波，为解决资金八方争取，为了给集体省钱，他既当采购员，又当装卸工。他坚信“无商不活”，带领大家改河修桥，铺街建楼，发展集贸市场，新建商业一条街；他深知“百年大计，教育为本”，压缩多项开支，发动群众集资，投资兴建小学教学大楼；他十分重视群众文化，投资兴建影剧院，使群众有了文化娱乐场所，并积极培养农村文艺人才，使村业余蒲剧团生、旦、净、末、丑尽显风流，剧目演出在周边市、县颇具名气。村里文艺宣传队曾多次出席省、地、县文艺汇演，频频捧回大奖；他注重基础建设和公益事业建设，先后修建了村委办公楼、村卫生所等公共设施。

40 年任村干，马孝善同志悟出“做官”之道，他经常说：“当干部离不开群众，离开群众寸步难行；老百姓离不开组织，离开组织无法生存；群众靠干部组织，组织不起群众干部无能”。他待人厚道，贫富一视同仁；他坚持原则，一贯不徇私情；他清正廉洁，克己奉公。他常说：“干部干部，必须领先一步，喊破嗓子，不如做出样子。”他凭着对党和人民事业的忠诚，凭着对人生价值的执著追求，使中村党总支年年被市、县委评为“红旗党总支”、“先进基层党组织”。中村村被省体改委评为“深化农村改革红旗单位”，被市、县评为“文明村”、“小康村”。他本人曾当选中共山西省第六次党代表大会代表，受到省委领导的亲切接见，还多次被市、县政府评为“劳动模范”，市委、县委年年评为“优秀党务工作者”，被中村镇党委、政府授予“创业功臣”称号。

2004 年 7 月马孝善同志因病医治无效逝世，享年 72 岁。

附录：

"把群众顶在我头上"

——马孝善自述

杜闻雪

一首儿歌唱道："山喜鹊，尾巴长，娶了媳妇卖了娘。把娘赶到门外头，把媳妇顶到他头上……"我呢，是把全村群众顶到我头上。

我叫马孝善，今年58岁，是沁水县中村村的党总支书记。从1958年起我就担任村干部，至今已有37年了，当村党总支书记呢，也有20年了。

多年的工作，多年的磨炼，使我深深体会到，要当一名比较称职、群众信任的农村干部，就要有事业心，在发展生产、改变农村面貌上带领群众干几件漂亮的实事；就要有责任感，诚心实意当公仆，"把群众顶到我头上"，心里时刻装着全村人；就要有原则性，要做到屁股干净，不以权谋私。

20年来，我坚持做到这三点，把一个家穷村破的旧中村，改变成了富裕、文明的新集镇，1991年人均纯收入584元，成为全县数得着的富裕村。这么点钱，在别处也许不算太富，可在我们这个山区县，可是让人翘大拇哥的事呢！

一、有人说，中村是"深山里的都市"。党组织把这块地方交给我，我就是"市长"，我就要拼命工作

1973年，我担任了村党总支书记。我一连几宿睡不着觉，翻来覆去地想，党组织把这块地方交给我，尽管这是个不上品的芝麻绿豆官，磨盘大的地方，但这是党和群众对我的信任，我就是拼着性命，也要带领全村广大党员和群众摘掉头上的贫困帽子。

大家都知道，那些年是什么时候，别说我老马，就连共和国主席也无奈。面对那情那景，我的心像刀割一样难受，为群众真枪实弹地办几件事的美好愿望无法实现。整天价顺衖衕打狼，跟着上头走。

三中全会以后，一场新的变革正在中村悄悄兴起，我马孝善大展宏图的机会终于来了。

1982年，中村开始推行家庭联产承包责任制，实行土地下户，这就像油锅里倒进一碗冷水噼啪作响。有些人要"分光分尽"，有些人要吃"大锅饭"，过懒汉勤

人同样饱的生活。后来在群众中“分光分尽”的倾向占了上风。大伙吃尽了那几年学大寨举红旗、大批促大干的苦，现在要自我经营，轻松轻松，怎么办？是分光分尽？还是有分有留？我老虎吃天无法下口。不过，有一条我抓住不放，那就是在决策上要维护大多数人的利益，符合中央的精神。经过一段时间的学习，反复考虑定出了统分结合、双层经营、集中领导、民主管理的原则。这下惹火了一些人，他们煽风说：“马孝善不执行中央的下户政策”，他们点火说“马孝善怕分光分尽后摸不上油水”，一时把中村弄得人心惶惶，议论纷纷。我吃不下，睡不好，仔细琢磨，真的是我错了吗？社会主义的国家难道不要集体经济了吗？共同富裕的道路难道不往下走了吗？我让在县里工作的同志给我好好讲了讲中央政策。吃了定心丸，有了撑腰柱，不管压力有多大，风力有多猛，统统顶回，分光分尽我坚决不答应。就这样，在我们中村，除把土地、牲畜、农具，和一些小型的工副业项目承包给个人经营外，全村的企业骨干项目和村里的固定资产一概不变，全由集体经营，既巩固保存了集体经济又扩大了农民的自主权，两全其美，双方有益。

正因为当初我们那样做了，集体经济这几年才不断发展壮大，坚持走共同富裕的道路才有了根本保证。

人的本事有大小之分，在一条水平线上致富是不可能的。先富起来的当然好，一下子难以富起来的怎么办？我真不忍心看到一些人富得流油，一些人整天为柴米油盐发愁。可我马孝善又没有那么多钱，去帮助他们富起来。但我不怕，也不愁，因为在我们中村有集体经济做这些人的坚强后盾。看看吧，中村村里现在已经看不到贫困户了，中村人走共同富裕的社会主义康庄大道走定了。现在回过头来看看，要不是当初顶住“分光分尽”的时髦，那些富不起来的群众不知怎么办？共产党共同富裕的神圣职责还从哪里说起？这不，中村人都说，老马有眼光，是为群众着想的好书记。

老戏里有一位县官说：“当官不为民做主，不如回家卖红薯”，我马孝善的为“官”宗旨就是为民办实事。担任支书 20 年来，我算是正儿八经带领群众办了几件经济翻番、社会进步的大实事。

兴办村办企业，找到了尽快脱贫致富的门路。我东奔西跑、上跑下挖，投资 200 多万元，建起了机砖厂、酿造厂、炼铁厂、建材厂、小煤矿十来个企业，效益不错，光去年纯利润达 30 多万元，人均 150 元。

兴办教育、文化事业，咱这一辈子生不逢时，没有赶上好时光，儿时不是在学堂里度过的，多年来的工作实践，吃尽了没文化的苦头。今天娃娃们生长在新社会，该给他们创造一个优美舒适的学习环境。1984 年小打小闹给娃娃们新修了 31 间教室，1986 年又给学校增添了上万元的课桌用具，1988 年集体钱多了，漂漂亮亮新建了教学大楼和老师宿舍，全村三所小学全部实现了“一无两有”，对考上县以上学校的学生,一律发放补助金。

群众关心的社会公益事业也没落下。1982 年特大洪灾后,重新打护坝 2760 米, 铺自来水管道 5640 米,1983 年硬化街道 2400 米,1985 年新建了 1900 平方米的三层综合服务大楼,去年又新建了二层百货大楼 21 间。

办的实事也就不多数了,近几年全村用于福利投资 32 万元,用于文化投资 54 万元,用于村容村貌建设投资 95 万元。

有本书里说:中村是“深山里的都市”,我老马也成了“市长”了。有点自大?不,中村这几年确实是变了。到 1989 年底,全村总收入 308 万元,比 1973 年翻了 12 倍,比 1978 年增长了 105%,人均纯收入 627 元,比 1973 年翻了 6 倍,粮食上交国家征购任务 266 万斤,缴纳税款 120 万元。看看是不是一年比一年好? 对国家的贡献是不是一年比一年大?社会文明程度是不是一年比一年高?如果哪位想去中村体会体会,我老马管吃管住。

二、当共产党的干部,就要有一副菩萨心肠,村里有一个贫困户,也不能说你是个称职的干部

大道理我也说不成, 反正有一条,当干部就是要带领群众走上共同富裕的道路。富裕村里有贫困户,就不能说你是个称职的好干部。当共产党的干部,就是要有一副菩萨心肠。看到社会已进入什么消息时代,对了,是信息时代,有的群众还没有摆脱贫困,心里很不是滋味。所以这几年我下大力气抓了扶贫工作, 在扶贫对象上我选择了困难较大的,债务较多的,越穷我越帮,越贫我越扶,在扶贫方式上,我讲求重扶志、轻供给,以造血为主,输血为辅的办法,常抓不懈,人穷志不可穷嘛!

我们村有个叫张清富,自从他从父母那里得到基娃这个小名后,村里没人叫过他清富,都叫他基娃。“基娃”是什么?外地人“基”写作“鸡”,“娃”写作“巴”。谁愿意一直叫这个名呢? 他今年已经 49 岁,在他很小的时候,家里就穷得叮当响,父母曾几次把他寄养在外,等他长成大小伙子的时候,家境仍没有大的改观,眼看已到三十几,没有找下媳妇,一家人愁眉苦脸。面对这种家庭情况,我首先把给他找对象作为扶贫的第一步去抓。也许我是支书,头一回当月下老人,很快就给他找下了对象,结了婚。可不久,他妻子又患了严重的肺气肿病,没钱请医,病情逐渐恶化。当时我在自己家也不宽裕的情况下,拿上钱亲自把他妻子送到翼城县

治疗,不久病是好了,债台却垒高了。为了帮他渡过难关,我把自家的粮食和钱拿去救济他,又让村里想法救济了他300元,算是熬过了难关,1982年我提议把村里的石料场优先承包给他经营,仅仅三年时间,张清富不但脱了贫,而且致了富,一跃成为中村当地的上等富裕户。

再说说刘锦奎,乳名小旦,一条硬汉子,今年50岁。他在20多岁的时候就患了肺结核病,真是穷人得了富贵病,一拖就是几年。后来,真正硬抗不住了,夫妻二人借了90块钱悄悄到西安住院治疗。一天,一份由西安拍给我的电报送到家里:“病重需切肺,缺钱请速寄,刘锦奎”。我手拿电报,流下了眼泪,短短十几个字,字字重千斤,锦奎这条硬汉子不到万般无奈的时候,是不会向别人开口的呀。我当即让会计往西安汇去300元,并附加随要随汇的纸条。锦奎病好返家后,我第一个跑去看望,要他“有什么困难,有什么要求,尽管跟我说”。以后给他安排一些力所能及的活,以增加一些微薄的收入。我老马忘性大,但在他这一家上什么都忘不了。他的三个孩子长大一个,我给安排一个。大儿子我托人带他学会了镶牙手艺,一年收入硬硬邦邦的3000元。老二在我推辞了众多的亲朋好友之后,把他安排到我村的汽车上学司机,每月得工资300元。现在刘锦奎一家已由过去黑糊糊的一堆,稀圪咚咚的一锅饭,变成了“青石圪台砖包房,腰缠票票哗哗响”的富裕户。

这两家富起来后,村里的群众编了一句顺口溜:“基娃小旦,多亏孝善,没有孝善,早就完蛋”。不过,我个人可没有那么大的本事,感谢的是有党的好政策。

在我们中村390户中,就有60多户是贫困户。近几年来,我带领总支一班人,急贫困户所急,想贫困户所想,满腔热情地帮助他们。我个人扶持脱贫的就有23户,其他村干部也都包户扶贫,眼下,全村60多户已经全部脱了贫、致了富。

不过,在扶持重点户脱贫的过程中,要不怕说闲话,必要时还得硬着干。刘培庭这人是我村的贫困户,夫妻二人患了四种病,不哼不哈。日子一直过得十分清贫。1986年,在几家有头面的人物为一块街面上的宅基地争得面红耳赤、不可开交的时候,我想到了刘培庭,他有一手电焊、修配技术,又是贫困户,宅基地给他最合适。在总支会上意见难以一致的情况下,我硬三分下线:这块宅基地谁也要不上,非给刘培庭。有些人说:“你不会为人。”还有人说:“你不近情理。”当我把这一决定告诉刘培庭时,他流下了感激的泪水,不住地说:“马书记,我真想不到你心里还想着我。”刘培庭办起了修理服务门市部以后,凭着能吃苦和好手艺,一年还清了3000元的外债,还投资近万元购置了小型车床和电焊设备等。去年,他又申请扩大服务范围和场所,我在街上想方设法满足了他的要求。现在,他本人投资两万元的修配门市部已竣工开业。

三、一件件小事，一桩桩“闲事”，只要关系到群众的切身利益，我都管，都办，不分远近，不怕麻烦

同志：
在一九八六年两个文明建设中成绩显著，特发此证以资鼓励。

这些小事、“闲事”，不管是修房盖屋，还是婚丧嫁娶，不论是请医买药，还是传信捎话，我都尽心去办。几十年来，我一直这么坚持。村里有几个肚里有点墨水的人，把我办的几件小事编成了故事，在群众中流传，像我们沁水的才子赵树理的《李有才板话》一样。

张九荣买房——越弱越撑腰。张九荣是我村一名老实巴交的老人，三棒槌打不出一个响屁来。1983 年他的儿子在修建公路时不幸被炸死。他家的居住条件极差，一家六口拥挤在一间半的小屋内。1985 年村委处理原大队库房时，因价格便宜，地处方便，要家很多，会上起争执，会后说情的踏破门槛，上至政府机关的干部，下到村委的领导，就连我的亲家也登门要房，我一一借故推开，然后低价把房卖给了张九荣。想都不敢想，提都没有提的张九荣咋也不会想到他有这般福分。当我把支部、村委的决定告诉他时，老实巴交的张九荣老人不知说啥好，只是一股劲地流泪。

刘民基修房——越穷越扶持。刘民基是我村的一个残废人，且患有严重的疾病，一年四季无人接触，全家住在两间危房里。1986 年我登门与他商量搬迁修房，但他因为没有那么多的钱迟迟不敢开口。在这种情况下，我与其他几位村干部商定，把村边仅有的两棵大杨树砍倒送到他家。随后，我又亲自为他张罗，备材料、请匠工，如期破土动工，房修好以后，我又通过详细的核算，弄清了修房所欠的债务，并经支部研究决定，救济 1000 元，偿还了全部债务。

乔长锁娶妻——琐事不怕烦。村民乔长锁 1972 年要结婚，因为当时最时兴的平绒是姑娘们结婚最喜欢穿的。那时候，商品不发达，前门买不到，女方就为这死活不嫁，急坏了乔长锁，他跑到我家来求我想想办法。我一口答应，为此，我专门跑到翼城托了仨熟人，拐了三道弯，进了三道门，才买回了平绒，使他们按期高高兴兴地结了婚。现在说起来，乔长锁的妻子还真有那么点不好意思。乔长锁对他媳妇唱起了“咧咧腰”，“要不是马书记帮忙买上平绒，恐怕到今日，你还是个嫁不出去的姑娘呢。”

李生龙治疮——小事记心上。李生龙这冒失鬼，在一次生产中不小心把腿压伤，久治不愈，疮疤犯了好，好了犯。当我打听到一种针剂能治好这种伤疮时，专门写信给云南的一位亲戚，让人家买回了 10 支这种药，只打了 3 支就治好了疮。

吴秀英办证——两次下翼城。女共产党员吴秀英前夫是翼城县人，1946 年

参加解放战争时牺牲。因为当时没有及时申请,一直没有领到烈士证。1985年党员登记时,我偶然发现了此事,就问清情况,专门两次下到翼城县民政局及有关部门,查档案,取证明,为她补办了烈士证。当她领到第一月的20元抚恤金时,双手交给了村党支部,捐献给了村里的铁厂建设。

我们党有着密切联系群众的光荣传统。战争年代党和人民结下了血肉之情。我们党之所以能够推翻三座大山,建立起社会主义的新中国,正是因为有了广大群众的支持和无私的奉献。今天在这和平建设时期,我们党格外重视党群关系。作为一个党的基层领导干部,要为群众办实事,办小事,把党的温暖和关怀送到群众心里,群众就会信任我们,支持我们,理解我们,党与群众的血肉关系也就一定能得到进一步巩固和发展。我是这么想的,也是这么做的。

四、六十年代,焦裕禄的名字震撼了祖国大地,我们当干部的,不论官大官小,都要像焦裕禄一样,廉洁奉公,一尘不染

在日常,我坚持做到红白大事不吃请,修房批地不收礼。中村是个人口较多的集镇所在地,几乎隔三差五地发生红白大事和进行着修房盖屋。我马孝善在别人眼里看来大小是个“土皇帝”,保准在这上头发了。但猜错了,我不但做到不吃请、不收礼,并且要求总支一班人也不准去吃、去收,更不准去要。这几年在我们这里修房的外村和机关单位的居民就达140户,这些户在修房前后都要进行一番烟酒座谈和酒宴回谢,我都拒绝参加。也许没去修房的人会误解我老马话难说、礼难送、宴难请,可修了房的人就会知道我老马话好说、礼不收。我坚持一条,修房盖屋只要在政策允许的范围内,人人不难为。有些人,请我不去,就来送。来者有批地修房的,有申请生育的,有迁移户口的,有要求办其他事的。无论何种情况,不管托谁来送,我统统不收,礼拿走我还得说他几句。十几年来,我拒绝收礼就达500多人次,拒收礼金至少也有上万元。

有些人看到我为他们办事不吃请、不收礼,就等着“表示意思”的机会。1975年我儿子结婚,他们觉得这是一个“表示”的好机会,以贺喜的名义拿着毛毯、被面、现金蜂拥而来,我还是那办法——心意领了,礼物拿回。1983年我女儿出嫁,为防止送礼者,我事先和亲家商量,不通知亲朋、不请客、不收礼,全家都绝对保密。孩子们上午照常上班,吃过午饭鞭炮一响,村里人才知道办喜事,想来送礼也迟了。这样既节省了开支,又树立了良好风气。从我自身做起,刹住大操大办之风才有可能。因此村里这几年的红白大事,再没有讲排场、比阔气的恶风了。有人说:“马孝善能悄悄办女儿的婚事,我们为何不能?”

有人说,搞建基能发财。中村这几年搞了大小七八个工程建设,投资上百万,总有人猜想我在这上面发了横财,保准成了几万元户,哪个包工队不给送个红包

包？我承认有人送，不过我不要。那是1985年我们开办矿洞，浙江包工队头头听说后，拿了20条名牌香烟，来到我家，来意我当然明白。我就告诉他，烟我不要，工程在你前面已和另一家签订了合同。可这个包工队头头说：工程既然已包出也就算了，烟你就留下抽了吧，以后咱打交道的事还多着呢！我一下就火了："你去中村打听打听，也可以问问其他包工队，看我马孝善是那种人不！烟你必须拿走。"给了这人一个难看，他只好把烟拿走。

这几年，我们在工程建设上充分发扬民主，每一项工程都由总支、村委集体研究决定，责成一名支委或村委干部全权负责，重大问题集体决定，而且一人只允许负责一项工程，我本人从未负责过任何一项工程。在工程承包上，实行公开招标，包工不包料，集体验收。所以，我们所修建的几项工程，质量合格、造价最低。比如：修商业大楼，我们包工不包料，专人管理，每平方米比市价节约80元。800平方米的商业楼共节约建设资金64 000元。想想看看我怎么在这上面发横财。

在清除社会丑恶现象上，我不分远朋近邻，也不管沾亲带故，毫不留情地去抓去管，兴利除弊毫不含糊。1986年，中村一度酗酒成风，有些小青年手头有了仨钱，不知烧得怎么花，酗酒闹事，打架斗殴，成为中村当时的一大公害。群众意见最大，经过几天的调查了解，发现我的一个远房女婿也参与酗酒，耍酒疯。我就叫来公安人员，当众把他扭到派出所，进行了治安处罚。这一下把那帮小青年给镇住了，酗酒之风一夜之间刮得无影无踪。

人们常说：村里富不富，关键是支部，班子强不强，关键是班长。这话一点都不假。打铁先得本身硬。我作为一名"班长"，20年来，严于律己，廉洁奉公，奋发工作，在我的带动下，总支一班人，同心协力，密切配合、勤勤恳恳，为群众谋利益，使总支的战斗力、凝聚力、号召力得到进一步增强，群众信任我们，支持我们，党与群众的血肉关系在这里得到进一步体现。正因为这样，我们村的党总支多年来一直是县、镇的先进单位，还多次受到市委的表彰、省委领导的赞扬。

我是一名党的基层组织领导者，首先我是一名党员，几十年来，我只是为党做了一些应做的工作。以后，我还要继续"把群众顶在我头上"，好好为群众服务。

（选自《三晋风流》）

杜金生，男，1937年腊月生于河南省滑县溜骨乡杜星落村，自幼勤奋好学，钻研中医之术。受生活所迫，20世纪60年代在山西沁水一带行医，先后在郑庄公社罗沟、中村公社北岭等地任乡村医生。1967年前后到中村落户，并修建了东街尚日旭院东房。

1970年中村公社调其筹建“中村军支制药厂”，投产后任厂长。生产的中成药“壮筋活络丹”畅销全国，受到医患者的好评，该厂也成为当时为数不多的优秀乡镇企业之一。制药厂停业后，他又积极兴办中村食品厂，生产果品罐头，在沁水市场占有一席之地。

1990年改革大潮涌动，他首创中村民营预制构件厂。他懂经营、会管理，具有丰富的市场经验和经济智慧，是当地有名的民营企业家。

1972年9月30日，他在药厂工作期间加入中国共产党。此后，他以党员标准要求自己，乐施善助。捐资助学，汶川救灾，公益事业等都留有他解囊扶助的身影。

蔡义城，男，生于1942年，高小毕业，1970年加入中国共产党。1967年至1969年任涧河生产队队长，1970年至1974年任涧河大队支部书记，1974年至1976年任大队副主任，1976年至1979年任党支部书记，1984年至1995年任村委会主任。在任期间，他致力于改变山区旧面貌，多次出外联系，引资筹款兴办企业，与班子成员共同努力，兴建核桃露饮料厂，虹鳟鱼场，木材加工厂，促使山区经济起飞。在经济发展的同时，新建起宽敞明亮的学校，使本村儿童就近上学，求知在村。他为涧河村的经济和社会发展做出了积极贡献。

李树德，(1942年4月12日—1991年10月12日)，又名李茂红，男，中村镇中村村人，初中毕业。他可称为中村怪才，初中毕业师从刘祥基学木匠，心灵手巧，学啥会啥，做家具，制农具，造房屋，雕木艺样样精通。特别是他善于观察事物，能够抓住要害，并用通俗易懂、流畅押韵的语言表达出来。开始他到村宣传队主要表演快板，慢慢形成自己独特的表演风格。后来完全改用中村方言，达到见啥说啥，开口成章的水平，并把自编自演的节目命名为“中村评书”。在沁水文艺界，茂红成为名人，他自编的节目《下沁水》、《夸中村》等受到奖励，他的表演受到群众欢迎，他走到哪里就把笑声带到哪里，他与中村宣传队同时红遍沁水县和周边地区。

李树奇，男，1944年6月出生，初中文化程度，1984年12月加入中国共产党。1968年至1972年任第五生产队会计，1973年至1977年任第五生产队队长，1978至1980年任村副会计、保管，1981年至1982年任第五生产队队长，1983年至1986年任村委副主任，分管林业工作，1990年至1999年任第五村民组组长。

李怀玉（1944年6月—2004年8月），男，初中文化程度，1974年自学成才，取得晋东南煤炭学校函授中专学历，助理工程师职称。1966年3月加入中国共产党。享年60岁。

李怀玉，1963年10月至1965年8月任村团支部书记，1965年9月至1970年8月任村副主任，1970年9月至1973年8月带领民工在襄垣修建铁路，任3202工程6连指导员，1973年9月至1974年10月任村党支部副书记，1974年11月至1976年12月任中村镇水利员，1977年1月至1992年12月任中村镇企业公司总经理，1993年1月至2001年9月任村党总支书记。

李怀玉同志任党总支书记期间，发扬争创一流、敢为人先的精神，扑下身子办实事，只争朝夕谋发展，积极筹资修建幼儿园、跨村建设年产15万吨煤炭的中冶煤矿、修建农民住宅小区、安装闭路电视、扩建吃水工程等，促使中村经济社会又好又快发展。他先后荣获市、县“优秀党务工作者”、“先进工作者”、“尊老敬老文明人”、“晋城市十佳思想政治工作者”等荣誉称号。他是中共晋城市第四届党代会代表、沁水县第十一、十二届人民代表大会代表。他勤政为民、爱民、乐于奉献的事迹被中国言实出版社《农村支书风采》专辑和《泽州风采》刊物登载。

李怀玉同志出身寒门，好学上进，在父辈们的熏陶下，养成了一种宁折不弯的倔强性格，凡是他认准的事就一直努力去做，靠自学精通测量、煤炭、水利工作，文字功底也相当扎实。他靠勤奋实干，日积月累掌握了驾驭农村工作的经验，在不同的岗位上发挥出自己的光和热。

附录：

聚民心·顺民心·得民心

——记中村镇中村村党总支书记李怀玉

李德胜　倪艾君

“一部机器没有润滑剂，就不能正常运转，做好农村工作，如果离开思想政治工作这个‘润滑剂’，同样是件很困难的事，尤其是在新的形势下。”这是中村镇中村村党总支书记李怀玉说到思想政治工作时的深刻体会。

农村工作千头万绪，错综复杂，多年来，李怀玉带领一班人在工作实践中充分坚持以民为本的思想和工作方法，稳步推进，积极实施“赢民”、“爱民”、“富民”三大系列工作，思想政治工作由言及行、看得见、摸得着，唤起广大群众的建设热情和冲天干劲，经济发展、社会稳定，两个文明建设取得惊人成绩，使地处“鸡鸣一声惊三州”的中村村名震四方，李怀玉也被人们所熟知。

赢民工程聚民心

今年春天，县城关镇境内发生一起森林火灾，凌晨一时许，李怀玉接到镇党委、政府调集群众赴城关救火的命令，他迅速行动，一个小时的功夫，呼啦啦300余人的救火队伍齐刷刷汇集起来，三时许，他亲自带着这支队伍准时到达火场，及时扑灭了余火。事后，县领导对其进行了表扬，认为这么多人、这么快的行动就是党支部战斗力、凝聚力、号召力的具体体现。

是的。然而，这“三力”从何而来，民心如何赢来？李怀玉的办法是“三抓”。一是抓思想建设，强化教育，营造氛围。80年代，中村村党总支就根据农村体制变革后出现的新情况、新形势，开创了依托“校室日”三环联动的党员教育网络，收到了显著效果，曾两度夺得晋城市“党日活动”金杯。近年来，他们又依托“党员活动室”这块阵地和开展“党日”活动等形式，不间断地开展了政治、理想信念和技能三项教育，收到良好的效果。今年村委换届选举中，原在群众中很有威望的村委主任刘培祥，险些落选。对此，他本人认为是平时工作中得罪人太多所致，一度情绪低落，思想上有了顾虑，不敢放开手脚像以前那样大胆地去工作。为了帮助其卸下思想包袱，李怀玉多次同他促膝谈心，交流思想，积极疏导，并在一定大众场合，对先前工作中的失误主动承担起一份责任，使刘培祥放下包袱，抖擞精神甩开膀子干了起来，在不到一个月的时间里，就完成了村委大院的改造和群众吃水工程改造两项承诺工程的兑现，使原先对他有异议的群众改变了看法，纷纷找到李怀玉书记，有说后悔当初没投他一票的，有说不与主任计前嫌的，更多的是说李书记的思想工作真见效，他这样干我们大伙还有什么不信任的。

二是抓制度建设，规范干群言行，形成强大的凝聚力。李怀玉长期在基层担任领导职务，深知无规矩难成方圆的道理。多年来，中村先后制定出“两委班子工作守则”、“干部廉洁自律十不准”、“党员议事”、“群众议事”等制度，尤其是制定出台了一整套上合大法，下顺民意，综合配套，规范可行，便于操作的《村民自治规范化管理章程》，章程共32章494条，被群众喻为“小宪法”，被干部称为“紧箍咒”。实施以来，这个章程起到了有章可循，管理有据，自我教育、自我约束、自我管理、相互监督的功能作用。该村有一名村委副主任，主管林业，但村上偷伐林木的现象时有发生，还得不到及时公正处理，原因是这位副主任好贪杯，只要一杯酒下肚，就忘记了原则。群众把对他一个人的意见，发泄到整个班子成员身上，影响了党总支和村委会的形象。为此，李怀玉书记寻根找源，亲自到群众中查找问题症结，掌握第一手材料后，他多次到这位副主任家，批评教育；自已定的规矩自己不执行，这不等于自己拿巴掌打自己的脸吗？干部不是老爸，职能是服务，服务不好，群众怎能没意见、没看法。入情入理的多次谈话，使这位副主任幡然醒悟，发誓不再犯从前的错误。现在这位副主任果真和从前判若两人，工作格外卖力，认真负责，挽回了自己在群众中的不良影响，得到了群众的一片赞扬声。

三是抓作风建设，充分发扬民主，增强班子号召力。李怀玉担任村党总支书记多年，知道这个家该怎当。虽说他为“一把手”，但从来不搞“家长制”、“一言堂”，他认为村中大事小事一切应以“群众拥护不拥护，赞成不赞成，满意不满意，高兴不高兴”作为决策的出发点和落脚点，绝不能出现“书记一人说了算，主任自作主张定了就干”的现象。这些年来，他们在重大村务决策上实行的是集体决策、民主监督的运行机制，遇大事先由村委事先提交支委会讨论，在广泛征求全体党员意见的基础上，提交村民代表大会或村民大会讨论，最后按照民主集中制的原则，少数服从多数形成决议付诸实施。对群众关注的村务公开、项目承包、计划生育、建房占地等事项一切按规章制度、按照程序进行“阳光作业”。所以，多年来，班子成员中没有出现一名违纪违法的。“公生明，廉生威”也就不足为奇了。要不党总支、村委会怎能政令畅通，群众一呼百应！

爱民工程顺民心

李怀玉常说，作为一名基层领导干部，爱民、帮民、便民、安民是其工作分内的事情，是义务，也是一种责任。多年来，他把这一思想始终贯穿在爱民工程之中，把思想政治工作融入真心实意爱民，强化服务便民，稳定社会安民之中。有了这些，村里的群众，特别是老年人、残疾人、困难户遇到啥事首先想到的是党支部，是村干部，哪家出了事，遇到困难时，李怀玉必定是最先出现在

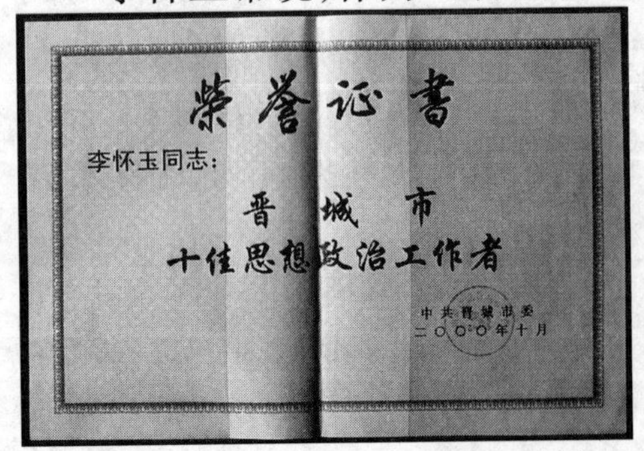

他们面前的。

复员军人刘录基老人，无儿无女，孤身一人，生活清清冷冷。李怀玉平时常把他挂在心上，平时工作再忙，也总要挤出一点时间到他家聊一聊、坐一坐，老人85岁高龄，却耳不聋眼不花，身板硬朗，他常常对人说，我这无儿无女的人，比那有儿有女的还强哩。村民王茂汉的女儿王叶叶去年考取中专学校，除家储和借资外仍有数千元学费无着落，手拿通知书整日以泪洗面。李怀玉获悉后，发动大家献爱心捐款助学2000多元，集体垫资3000元，使王叶叶愉快地按时到校报到。对于村里的弱智残疾人，李怀玉除安排专人照顾外，逢年过节，还亲自带上大米、白面、衣物逐户登门探视，对有一定生活自理能力的残疾人，还帮助他们发展渡过难关。残疾人刘培庭治病花去上万元，想搞个小卖部，但缺乏资金，一家人生活过得很恓惶，李书记了解情况后，亲自和信用社领导商量帮助贷款2000元，免收一切费用，帮其在村中黄金地段开了一间店铺，仅3年时间，刘培庭不仅还清了债务，还建起了预制结构二层楼房，成了自食其力的富裕户。

去年，村民张秋生带着两个刚初中毕业的邻居小兄弟到太原打工，不幸因煤气中毒导致两人死亡。事情发生后，张秋生愁肠百断，两个刚走出家门闯荡社会的小青年顷刻不在人世，如何向其家长交待？无奈之下，他想到了李怀玉书记，把救急的电话打到李怀玉的家里，李怀玉一边劝其振作起来，帮他出主意，想办法；一边又带人做出事方家长的工作。一开始，两家人寻死觅活，要停棺闹事，要以命换命，李书记夹在当中苦口婆心，耐心说服，法理情理讲了一遍又一遍，最后终将一场一触即发的械斗事件平息了下来。近几年来，李怀玉共帮助6个家庭破镜重圆，挽救了12名失足青年，使他们改邪归正，调解8家房产分配纠纷，避免了5起突发性事件，村里的百姓说，哪里有困难，哪里就有李书记和村干部，土地下了户，真正离不开的还是党支部。

富民工程得民心

李怀玉不但善于做群众的思想政治工作，而且更是一位实干家。他认为思想政治工作的落脚点就是把农村经济搞上去，推动农村两个文明建设向更高层次发展，让广大群众走上共同富裕的道路。

改革开放以来，中村村的经济发展，一年一个新台阶，先后投资900余万元，兴办有泰盛铁厂、中冶铁厂、建材厂、机砖厂、矿洞等6个骨干企业，兴办了农村服务中心和商业贸易中心，安排本村和外村剩余劳动力800余人，每年增加集体收入200余万元。到去年底，全村工农业总产值达到4266万元，人均纯收入2860元，全村集体固定资产总值达到1560万元。产业结构调整是市场经济

发展的必然趋势，李怀玉一班人把眼光盯在了可持续发展、培育新的经济增长点上，实施了“借脑生财，借梯上楼，借船出海”的三借战略。今年，他们发挥科技人才优势，兴建了30亩特种苗木培育试验基地，葡萄、大枣、银杏三个百亩经济林基地也已启动，与山西农大联姻，投资300万元的历山复合硅肥厂今年投入正式生产，产品远销河南、安徽、湖北等地，生产3个月就赢利18万元。与煤炭科学院山西分院攀亲，一个投资360万元的型煤厂，已完成立项融资的前期准备工作，预计10月份可建成投产。

经济的快速发展，为推动社会事业全面进步奠定了雄厚的物质基础。目睹中村的发展与变化，不少人感叹中村真不愧为“深山峡谷农民城”的美誉。漫步中村街巷，3条主要街道全部实现了水泥硬化，37条胡同全部实现了石板铺砌，村办小学、幼儿园设施一流，全村100%的农户安装了闭路电视，用上了自来水，80%的农户安装了程控电话。村里修建了老年人娱乐活动中心，修建了商业一条街、历山农民商贸城，重新规划建设了农民住宅小区，组建了农民业余剧团和农民篮球队，旱冰场、游艺室、影剧院一应俱全。各业生产大发展、村容村貌大变化，群众生活大改善，社会环境大改观，真正实现了“小有教，老有养，病有医，乐有场”，全村民风淳朴，风正气顺，秩序井然，呈现出一派文明、富裕、祥和的景象。该村党总支连续13年荣获市委“先进基层党支部”称号，获省委组织部“农村先进基层高标准建设红旗党总支”殊荣，被省体改委树为“农村改革红旗单位”，被省委、省政府评为“精神文明建设先进村”，先后被市委授予“文明村标兵”、“村民自治达标村”、“尊老敬老文明村”、“民调先进村”等称号。李怀玉也先后多次被省、市、县授予“先进工作者”、“功勋党支部书记”、“优秀共产党员”等荣誉称号。

这些荣誉对他来说只是起点，他并不满足于现状，仍旧默默努力着，向着更高目标努力着……

（本文摘自《沁水报》2000年7月27日3版）

张洪奎，男，生于1944年10月，中村村涧河自然村人，初中毕业，1974年加入共产党。

1959年至1962年在翼城县中条林局林校（十河村）读书，1962年毕业后到中村公社医院任事务兼学医，1965年到张马大队保健站任司药员，1966年至1969年任涧河大队第一生产队保管员、会计，1969年至1974年任涧河大队会计，1974年至1978年任涧河第一生产队政治队长，大队副主任，1978年主持大队党支部和革命委员会工作，1979年至1998年任大队党支部书记，1999年至2003年任村党支部委员。2005年涧河并入中村村任涧河村民组长。

张洪奎同志任涧河村党支部书记时，充分利用涧河山区资源，兴建虹鳟鱼场、核桃露饮料厂、木材加工场，带领群众致富。同时，架通了白华至涧河、丹沟的高压电力线路，兴建粮食加工厂、修建涧河小学、修建矿洞岭至庄火腰公路、丹沟腰至寨上公路，使山区群众生产生活发生了很大变化。他带领群众植树造林、绿化荒山100亩，栽植四旁杨树5万多株，他也多次被评为县劳模和山区建设先进党支部书记。

刘培祥（1945年11月—2008年4月），男，初中文化程度，1971年7月加入中国共产党，享年63岁。1964年至1966年任副业会计、保管员，1966年12月至1970年8月任第三生产队会计，1973年至1975年任副主任，1976年至2002年12月担任主任职务。

刘培祥同志连续担任村主任24年，他勤奋学习、工作认真、待人厚道、办事细心，靠多年实践经验积累，锻炼成为农村经营管理的一把好手。在他任职期间村委班子能够坚持原则、廉洁奉公、团结一致、齐心协力为中村的经济发展、人民的生活富裕苦干实干，他把自己的聪明才智奉献给了生他养他的这片热土，受到了老百姓的拥护。他先后荣获中村镇“创业功臣”、“劳动模范”、县“先进工作者”等荣誉称号。

秦永贤，男，生于1946年8月，原下川乡小河湾村人，初中毕业，中共党员。1954年在小河湾读书，1962年在中村中学读书，1965年初中毕业后回村务农，任大队会计；1966年任大队主任，1972年2月加入中国共产党，同年任大队党支部书记。2001年，实行撤乡并镇，小河湾村划归中村镇中村村，任村民小组长。

秦永贤同志在小河湾大队任党支部书记20多年，带领群众自力更生，艰苦奋斗，大搞农田基本建设，使粮食产量实现了“达纲要、过黄河”，解决了群众温饱问题。期间，兴修大队办公室及牲畜饲养房屋24

间，解决了大队多年无会议室和办公室的状况，又满足了发展畜牧生产的需要；组织全村群众个人出工，集体投资，架通了加工照明电力线路，兴建了粮食机械加工坊，减轻了村民家务劳动强度；中共十一届三中全会后，修通了小河湾至下川的盘山公路8公里，解决了群众出行难、运输难，改变了山区贫困面貌；划并中村村后利用上级移民搬迁的优惠政策，修建移民新房180间。昔日穷居山旯旮，如今迁居小康村。

李法刚，男，1948年11月出生，高中文化程度，1975年7月加入中国共产党。1969年3月至1972年12月任第七生产队会计，1972年8月至1974年12月任村团支部书记，1974年至1975年任村副业会计，1976年至1977年任党支部副书记、副业主任，1978年至1979年任支部委员、副业主任，1980年至1982年任村委副主任，分管林业、畜牧业，1983年至1985年任第七生产队队长，1986年至1989年任村办企业泰盛铁厂副厂长。

霍明明，男，1949年1月出生，初中文化程度，1968年10月加入共产党。1968年参军入伍，1973年退伍，1973年至1975年、1978年至1980年任中村大队民兵营长，1974年至1979年任党支部委员，1980年至2005年任党总支副书记、委员、调解委员会主任等职，1986年至1989年任村办企业泰盛铁厂厂长。2002年9月荣获中华人民共和国司法部“模范人民调解员”称号，2003年9月荣获山西省司法厅“山西优秀人民调解员”称号，他为中村村两个文明建设做出了突出贡献。

附录：

风雨历程十载路一片冰心系民调

——记沁水中村镇中村民调主任霍明明

在历山脚下，有一方净土，地处深闺无人知，这里民风淳朴，秩序井然。30年来无重大刑事案件，无上访告状，经济发展，人民富裕，被人们诙谐地称为“深山都市”。而这里的变化与民调工作保驾护航有着密切的联系，与基层民调员的无私奉献是分不开的。当人们徜徉在稳定、祥和的环境里，不由自主地会想起为民辛苦操劳，舍小家为大家，终日疲于奔波的霍明明同志。

时年52岁的霍明明，1973年从部队退伍还乡，1974年被选为村干部，先后任民兵营长、副书记等职务，为保持中村民调工作的连续性，老民调主任慧眼识才，推荐他担起民调重任。自1992年，他接上中村民调主任的接力棒后，就把自己的人生坐标定位在服务农民，稳定农村，确保一方平安上。他在民调这个平凡的岗位上坚持十年如一日，埋头苦干，任劳任怨，调解民事纠纷120余件，调解成功率达100%，帮助10个家庭破镜重圆，挽救了4名老年人因儿子赡养不周险些自杀身亡，制止了6起群伙械斗性事态发生，以对人民高度负责，对民调事业执著追求的敬业精神，实现了人生的价值。多年来，先后被晋城市委、市司法局，县委、县司法局授予“模范人民调解员”的称号。

作为一名村级民调干部，成天面对的是包罗万象，事态各异，纷繁复杂的各种矛盾纠纷。没有丰富的法律知识，就做不好人的工作，就打不开民调工作的局面。鉴于此认识，他克服自己文化水平不高的困难，硬靠恒心、毅力，通读了《民法通则》、《民事诉讼法》、《婚姻法》、《合同法》、《继承法》、《土地法》等法律书籍，对法律条款中的疑点、难点啃不下就不耻下问，经常向司法人员请教，仅笔记本就记了四大本。法律知识的充实，理论认识上的飞跃使他如鱼得水，干起民调工作得心应手，以案释法，以理服人，以情感人，起到了治表治里事半功倍的效果。

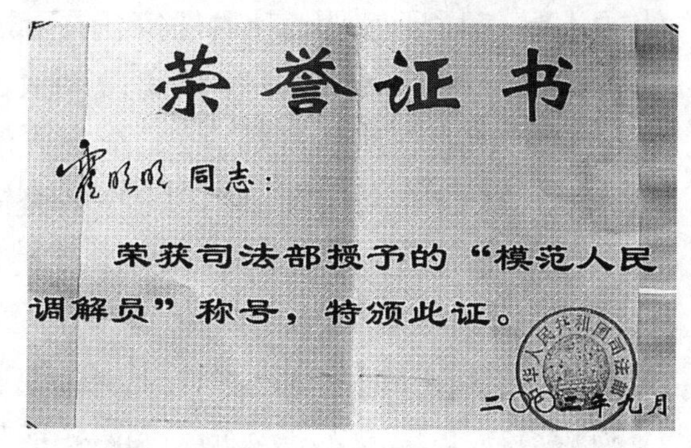
荣誉证书

霍明明同志：

荣获司法部授予的“模范人民调解员”称号，特颁此证。

二〇〇二年九月

在中村经商的刘全发，系江苏籍人，仗着是本村人的王小五，赊货款540元赖账不还，刘全发找到王小五家索讨欠款，被王小五妻子骂了个狗血喷头，还放出浪言，再讨款敲断刘全发一条腿，刘全发不服，两人厮打在一起，刘全发势单力薄害怕吃亏便逃离现场。后又兴师动众叫上两个姐夫携带器具上门械斗一比高低。他获悉此事后，顾不上刚做完腹部手术伤口尚未愈合，让妻子搀扶着赶到事发现场，化干戈为玉帛，及时制止了一场大的流血争斗。事态平息后他又趁热打铁，做双方的疏导工作，终使二人言归于好，王小五当场还了欠刘全发的货款，此事对在中村经商的外地人影响很大，一时间外籍人到中村经商络绎不绝。

1999年，村民张秋生携带左邻右舍两个初中毕业不满16岁的孩子到太原打工，因煤气中毒双双死亡。一个仅有12户人家的自然庄，停放着白花花的棺材，着实使人毛骨悚然感到心寒，死者家长亲属寻死觅活要以命抵命不让下葬，他连续三天两夜没有合眼做三方调解处理工作，等到下葬后事处理妥善，人已熬得眼圈发黑仿佛大病了一场。

古言说的好“公生明，廉生威”这话一点都不假，老百姓服不服你，信任不信任你，拥护不拥护你，就看你处事公正不公正，能不能把一碗水端平，他经住了这个考验。他的侄女婿在弟兄中排行老四，几个兄弟都已成家，母亲去世后，把老父亲像踢皮球一样，踢来踢去赡养无有着落。对此事的处理，他没有回避而是直接介入，在弟兄三人的眼中似乎他与其弟有亲属关系，不看僧面看佛面，打断骨头还连着筋，肯定是偏向他侄女婿，这次吃亏是吃定了。然而在亲情与法情、理情上孰轻孰重他心中有数，他以《老年人权益保障法》、《继承法》公平公正地做了调处，弟兄四人心服口服，各自履行着赡养老人的义务。

多年来他忙于工作，成天东家进西家出。农活家务全由妻子操持。今年7月份，他的妻子因劳累过度突发疾病去世。中年丧妻本是人生一大不幸，他沉浸在悲痛中以泪洗面。在他妻子出殡后的第二天，邻居刘××妻子哭哭啼啼找到他家，进门就说，霍主任你快去看看这事，二媳妇不听话，跟人去了太原不回家，儿子找回来又不好好过，闹着要离婚，我家两个娃和他爸气恨不过，找事去了。事发突然，当时顾不上细问情由，在他起身要走时被儿女拉住不让去，儿女们哭着说，咱家出了这么大的事，你连你都顾不住，饭不吃，觉不睡，还有心情去管别人这些鸡毛蒜皮的小事。儿女的心情他理解，此时无言胜有声，他没有多说，也没心情去说，神圣的职责驱使他挣脱儿女们的双手毅然赶到现场，刘家父子和在场的人被他的人品气质所镇服，霍主任家出了那么大的事，还来管我们的事，我们闹又能解决什么问题？不等他开腔都离散而去。待刘家父子心平气消后，经他苦苦劝导，刘××的小儿与妻子双双合好，全家人和睦相处。

多年来的民调生涯，在他的心中充满了不少外人难以想象的酸甜苦辣，尤其是觉得对不起念他、疼他、关爱他、支持他干好民调事业而又受了不少委屈的已故爱妻。但当他看到一个个家庭和睦充满着欢声笑语，一个个老年人老有所养享受着天伦之乐，社会安宁，农村稳定，他就感到无比的自豪与自信，感到当一个人民调解员无上光荣无怨无悔。如今，他把荣誉看作生命，把民调员的职责作为己任，仍是带着感情夜以继日地奔波牢筑着第一道防线，仍是十日一排查，一案一归档，小纠纷随时调处不过夜，大纠纷集中调处不上交，把一切纠纷苗头消除在萌芽状态，默默无闻地躬身力行着“三个代表”。

谭兴悟，男，1950 年 4 月出生，中村镇中村村人，初中文化程度，1971 年 4 月加入共产党。1968 年 5 月至 1970 年 12 月任大队保管，1970 年 11 月至 1972 年 10 月任大队民兵营长，民兵营荣获山西省军区“民兵工作三落实先进单位”奖。1972 年 10月至 1975 年 12 月任大队革命委员会主任、党支部委员，1976 年1 月至 2002 年任村委副主任、党支部委员，分管农机、林牧业、矿山、水电等工作。

刘其锁，男，1952 年 10 月 18 日生，中村镇中村村人，小学文化程度，中共党员。1969 年 11 月应征入伍。他在部队虚心学习，刻苦钻研，担任司号员，成为优秀号手，曾受到三次嘉奖。1975 年复员后，任中村大队民兵营副营长，

中共十一届三中全会后，他敢想敢干，勇于创新，自筹资金办饭店，既服务群众，增加收入，又可安排剩余劳力；他购买小四轮拖拉机跑运输，又购买中村第一部大卡车，使中村货畅其流，推动了中村运输业的发展；为了联系业务方便，他又率先购买了第一部私用吉普车；他顺应形势，毅然决然开发地下资源，开办铁矿洞，每年向村集体上缴利润 24 万元。他多次被镇、村评为“致富能手”，1984 年出席晋东南地区劳模大会，同年出席山西省劳模大会，受到省委书记李立功、省长王森浩亲切接见，并合影留念，又和全国劳模申纪兰、郭玉恩等座谈合影。

2003 年在村两委换届中，当选为村党总支委员，第五届村民委员会主任；2006 年村两委换届中，连任村党总支副书记，第六届村委副主任；2008 年当选为村党总支副书记。

刘其锁同志致富不忘群众，不忘社会，中村村兴建幼儿园，他慷慨解囊，第一个捐资助学 10 000 元；2008 年重修西祥寺，第一个带头捐资 10 000 元，受到村民的赞扬。

刘虎虎，男，1954 年 11 月生于中村镇中村村，初中文化程度，中共党员。1974 年应征入伍，1977 年 7 月加入中国共产党，1980 年退伍回乡。1981 年至2008 年，任中村村党总支委员、总支副书记、民兵营长、村委委员等职务。他连任农村基层干部近 30 年，勤勤恳恳，兢兢业业，任劳任怨，在小康农村建设中发挥着一个退伍军人敢打硬仗的作风和不怕困难、勇于创新的精神。他多年任民兵营长，使民兵能够招之即来，来之能战，中村民兵营在新世纪维护社会治安、抢险救灾、护林防火中成为一支主力军，民兵营多次被晋城市政府、晋城军分区评为“先进民兵营”，被县政府、县武装部评为“先进单位”。

刘锦社，男，1955 年出生，中村镇中村村人。1977 年至 1990 年任中村镇政府司机。1991 年承包镇办企业历山铁厂，结合当地资源优势，租赁县钢铁厂一分厂。2001 年投资 1300 万元，占地面积 7300 平方米，建起晋城市第一座 124 立方米的炼铁高炉，并组建兴隆冶炼有限公司，吸纳劳力 150 余人。2003 年生产生铁 12 000 吨，产值 1300 多万元，缴纳税金 194 万元。

刘锦社同志是中村村在市场经济大潮中崭露头角的民营企

业家，他曾当选沁水县人大代表、县政协委员，多次受到市、县党委、政府表彰。

李建国，男，1958年4月出生于中村镇中村村，高中文化程度，1986年6月加入共产党，1981年至1984年9月任村保管，1983年至1987年任团支部书记，1984年10月至2002年12月任村委副主任，分管矿山、学校、车辆、文书等工作，2003年1月至2009年9月任村委办公室主任。

刘小瑞，女，1958年6月生于中村镇南河村，初中文化程度，1988年10月加入共产党。

1981年至2008年，连任村党支部委员、妇代会主任、村委委员等职。在近30年的妇会工作中，带领妇女春种夏管秋收冬藏，充分发挥妇女半边天的作用；在计划生育工作中，积极协助"两委班子"落实计生措施，模范执行各项方针政策。中村村妇代会被沁水县妇联会授予"和谐家庭创建活动先进集体"称号，被晋城市妇联会授予"巾帼文明示范村"称号。

牛国营，男，1958年12月出生，初中文化程度，2003年1月至2005年12月任村委副主任，分管民事调解和村政管理工作。

郑芳，男，1962年11月生于中村镇中村村，高中文化程度。1984年至1990年任中村镇历山铁厂业务会计、财务科长、办公室主任等职。1991年至1993年任中村镇企业办公室会计，1993年任中村村出纳。1994年5月加入中国共产党，1997年至2001年8月任中村村会计。2001年9月任中村村党总支第一副书记，主持党总支工作。2002年8月经"两推一选"任总支书记。2005年12月第七届村民委员会换届选举，经"两推一选"，书记、主任一肩挑。2008年12月第八届村民委员会换届选举，连任书记、主任。

郑芳同志书记、主任一肩挑以来，率先践行"三个代表"，常怀忧民之心，恪尽为民之职，认真落实科学发展观，与时俱进谋发展，调整结构促增收，连年为百姓办实事：一是完成饮水工程改造，村民饮用上干净卫生、安全达标的涧河自来水；二是实现了庄庄通油路；三是完成了街道商业用房改造工程；四是兴建了中村寄宿制小学教学大楼；五是建起了绿色文化休闲长廊；六是完成了街道绿化、亮化、硬化工程；七是建设了农民文化广场。他充分发挥“两委”班子才智，带领全体村民在新农村建设中走在全镇、全县乃至全市前面，年年受到市、县、镇党委、政府表彰，荣获市、县“优秀党务工作者”、“先进工作者”、“优秀村干部”等荣誉称号，曾当选为沁水县第十三、十四届人民代表大会代表、晋城市第五届人民代表大会代表。

附录：

用真心真情实干描绘中村画卷

——沁水县中村党总支书记兼村委主任郑芳

山西日报社记者　刘高梅　应向仙

过去，在农村流行着这么一句顺口溜：“村看村，户看户，社员看干部。”虽然现在时过境迁，但它在建设社会主义新农村中仍然有着一定的实际意义。学习胡锦涛总书记“七一”重要讲话，我们倍感社会主义新农村的建设者特别是带头人任重道远、使命光荣。建设新农村，关键要有一批像焦裕禄、谷文昌那样的带头人。毫无疑问，我们这篇文章的主人公晋城市沁水县中村村的党总支书记兼村委会主任郑芳就是一位奉献新农村建设的人。

中村村地处历山腹部，既是沁水城西一大历史集镇，又是中村镇政治、经济、文化活动中心。东傍柳氏民居开发区，南邻历山旅游风景区，交通四通八达，独特的地理位置起着承东连南的枢纽作用。全村 12 个村民小组，819 户，2600 人。多年来，先后荣获省、市“农村先进基层党支部”、“红旗党支部”、“农村改革红旗单位”、“精神文明建设先进村”、“尊老敬老文明村”、“市级安全文明村” 等荣誉称号，是远近闻名遐迩的“小康村”、“文明村”。

在被人们誉为“深山都市”的中村村，经常可以看到一个忙忙碌碌的身影在闪动，涉足街头巷尾，进出农家小院，往返田间地头，或调研或规划，工作总是那样神情专注，让人觉得可亲可敬，他就是中村村党总支书记兼村委会主任郑芳。难怪群众亲切地称他是不唱高调的“务实书记”。自 2002 年接上总支书记的接力棒那一刻起，他就把自己的心与中村村的发展紧紧连在一起。他不好高骛远，也不善空谈，默默无闻地用行动践行着“三个代表”。

坚持以人为本的党建理念

作为党总支书记，他深知肩头担子的分量，把党组织建设作为新农村建设组织的保障工程，时时放在心上，抓在手上，不断创新见实效。结合新时期党建工作

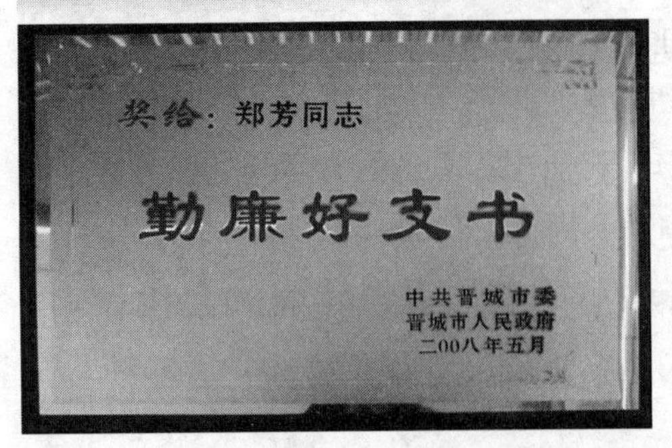

目标、任务、要求，坚持“围绕小康抓党建，抓好党建促小康”的指导思想，每月3日“党日活动”，坚持20年如一日雷打不动，夺得晋城市“党日活动”流动金杯三连冠。他深知，金杯银杯不如百姓口碑，坚持立党为公，执政为民，情系百姓，谋求发展，在提高党员素质上下功夫，做文章。党员实施目标化管理，党员率先致富做示范，阵地建设达“九有”，村务管理坚持“两议五公开、一年二公布”，党建工作年年受到市、县委嘉奖。面对殊荣他不骄不躁，把党建工作的落脚点放在农村发展、经济增长、农民富裕上，以实干精神赢得民心。利用区域、资源优势，兴办中冶煤矿、机制砖厂、型煤厂、运输车队、物贸中心、畜牧养殖园区等企业，安排农村大量剩余劳动力就业。2006农村经济总收入达6443万元，人均纯收入3202元，村集体年纯收入达200余万元。

坚持以人为本的执政理念

党总支书记、村委会主任郑芳和他的领导班子始终把稳定农民、稳定农村作为农村工作重中之重，齐心协力营造发展氛围。“四个民主”运行有序，村级系统组织健全，村民自治章程完善，村务、财务公开，村里重大决策以群众拥护不拥护、赞成不赞成、高兴不高兴、满意不满意为出发点，干群关系融洽，形成了建设小康的合力。发挥“两会一队”作用，为新农村建设保驾护航。村里连续20年没有重大刑事案件，没有上访告状，政通人和，秩序井然。

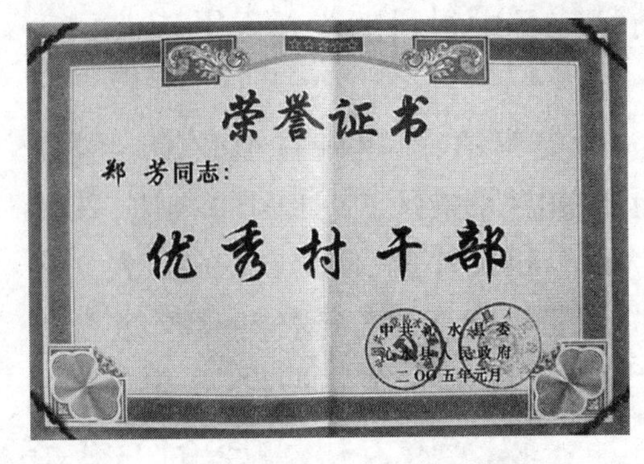

多年来，郑芳同志团结带领班子成员，站在社会发展和对人民负责的高度，高起点、大手笔制定了小城镇建设宏伟蓝图。克服各种困难，改变村容村貌，先后完成了十大民心工程，在百姓中留下了好的口碑。一是投资180余万元，完成了村村通水泥路工程；二是投资60余万元，硬化了村里五条主干街道；投资30余万元，完成了村里26条巷道硬化和5000米排污渠的建设；三是投资160万元，修建了中村幼儿园；四是投资500余万元，新修建了中村寄宿制小学；五是投资26万元，完成了街巷道亮化工程；六是投资120万元，拓宽改造了南大街，建设了历山商业街；七是投资110余万元，完成了吃水三期工程，人们吃上了干净卫生的自来水；八是投资120余万元，修通了两公里环村公路；九是建设了三个进镇(移民)农民住宅小区;十是建设了老年活动中心、农民书屋、农村合作医疗所、农民体育场。在中村村,100%的村民全部加入新型合作医疗;自然村(庄)通车、通水、通电、通电话、通有线电视、通网络;65%的村民参加了农村养老保险;村民每年每人享受福利待遇在700元以上。如今,中村街道宽阔干净卫生,大楼鳞次栉比,市场繁荣,商业网点星罗棋布。崭新的村容村貌、一流的基础设施,犹如一颗颗明珠镶嵌在历山腹部,被人们诙谐地称为“深山都市”。绽放在百姓脸上的笑容,如同一道高丽的风景点缀着“深山都市”。

坚持以人为本的发展理念

2006年,中村荣幸被列入省级新农村建设推进村行列,郑芳同志抓住机遇,带领一班人以超前发展的眼光、务实创新的气魄,发挥民智,集中民意,制定了新农村建设5年发展规划,确立了建设资源节约型、环境友好型的和谐新农村工作目标,因地制宜,依次推进,取得了成效。2007年,沿着新农村建设5年发展规划继续前行,完成八大民心工程。一是启动了农民休闲文化绿色长廊建设工程。预算总投资70余万元,将河床上120间商品房拆除,建设成集休闲文化健身于一体的绿色长廊,此长廊将成为中村又一道亮丽的风景,工程预计在今年7月底竣工;二是上凹奶牛养殖园区工程。总投资800万元,分为三期建设,达到1000头奶牛养殖规模。建成后将以上凹、涧河、乔家、木凹四个自然庄为依托,形成基地加农户的产业链,在上凹、涧河、乔家、木凹四个自然庄发展奶牛养殖户150余户,这样,既能发挥区域优势,又能拓宽群众增收渠道;三是村镇绿化美化工程。投入10万元,购回塔松、金丝柳、国槐、杨树等树种3万株。栽种后,使镇区及村庄周围形成四季有绿,树木郁郁葱葱的景观。四是环村公路水泥铺装工程。环村公路总长2.5公里,过河桥梁一座,设计有效路面宽9米,预算总投资235万余元。目前,施工队已进入施工阶段,已完成前期路基铺垫碾压,整个工程预计7月底竣工。五是农民洗浴中心。总投资60万元,目前主洗浴楼工程正在施工,2007年10月底交付使用。开张后可满足村民、镇区人口和邻近村村民洗浴。六是大型沼气工程。此工程已报批上级主管部门通过,正在组织实施阶段。七是利用远程教育网络,加大对农民科技知识教育力度,使农民素质得到提高;八是继续开展建设和谐家庭活动,弘扬爱家、爱村、爱国家的传统美德,形成家庭与社会良性互动。中村和谐家庭户780户,占全村总户数的96.3%。

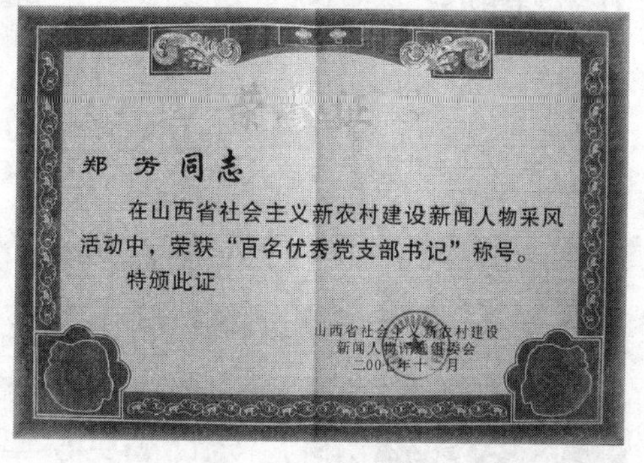
郑芳同志

在山西省社会主义新农村建设新闻人物采风活动中,荣获“百名优秀党支部书记”称号。

特颁此证

山西省社会主义新农村建设
新闻人物评选组委会
二00七年十二月

一宗宗一件件实事,村民们看在眼里,记在心头,对郑芳和村党支部的评价是:这几年,干部辛苦了。他们的所作所为赢得了群众的信任,赢得了民心。郑芳同志之所以能在第七届村委换届选举中以高票当选,书记主任一肩挑,从枯燥的数字中可略见一斑,从百姓信任的目光中可寻找到答案。

有一种责任叫拼搏,有一种信念叫奉献。多年来,郑芳同志荣获县、市“优秀党务工作者”、“先进工作者”、“优秀村干部”等荣誉称号,荣任县十三届、市第五届人大代表。

欲问秋果何所累,自有春风雨潇潇。郑芳同志就是这样,心系人民痴情不改,情牵中村热土无怨无悔,以一个共产党员的标准严格要求自己,用真心、真情、实干描绘着自己壮丽的人生画卷。愿他在新农村建设进程中再创新业绩,再传新捷报。

（选自《山西日报》2007 年 6 月 5 日文体新闻 B4 版）

乔永隆,男,1964 年 7 月出生,高中文化程度,中共预备党员,1983 年 9 月至 1993 年 2 月历任中村镇历山铁厂办公室干事、副主任、化验室负责人,1993 年 3 月至 1996 年 5 月任村办建材厂会计,1996 年 6 月至 2001 年 12 月任村办中冶煤矿会计,2002 年 1 月至 2010 年 12 月任中村村会计。

李忠忠,男,1968 年 3 月生于中村镇中村村,高中文化程度。1986 年应征入伍,1989 年 3 月加入共产党,1990 年复员。1990 年至 2003 年 1 月任中村村团支部书记,2003 年至 2005 年任村委副主任,2005 年 10 月至 2010 年 12 月任村党总支副书记。

李忠忠同志任团支部书记时，带领团员青年积极开展争创“两个文明”活动,充分发挥了党的助手作用。进入新时期,大胆学习吸收先进的科学文化技术和管理经验，不断培养提高青年团员的知识层次,为建设宽裕型小康村作出了贡献。

席国兴,男,1982 年 4 月出生,本科学历,中共党员。现任中村村委主任助理、团支部书记。

1997 年 9 月至 2001 年 7 月就读于晋东南会计学校,学习财务会计。2004 年 11 月被晋城市人事部门选聘为首批农村小康建设人才，选派到沁水县中村镇中村村任村主任助理兼中村花沟科技示范园区技术员职务。2007 年 1 月至 2009 年 7 月,参加中央广播电视大学函授学习,学习法学。2007 年 7 月被晋城市委组织部转聘为大学生村干部进行管理,任沁水县中村镇中村村主任助理。由于在工作期间表现优秀,于 2008 年 9 月 21 日加入中国共产党。

席国兴同志 2009 年 7 月,被沁水县委授予“优秀大学生村干部”荣誉称号;2010 年 3 月,被中村镇党委授予“劳动模范”荣誉称号;2010 年 5 月,被共青团沁水县委授予“优秀团干部”荣誉称号;2010 年 7 月,被中村镇党委授予“优秀共产党员”荣誉称号;2010 年 7 月,被沁水县委组织部授予“学习实践活动先进工作者”荣誉称号。

历任会计:谭怀宝　张文焕　杨国歧

第二节　籍外人物

谭智悟（1916 年—1968 年），男，中村镇中村村人，生于 1916 年,卒于 1968 年 8 月 17 日,享年 52 岁,中共党员。

谭智悟同志 1942 年至 1943 年 1 月，在沁南县第一区抗日区公所,任中村敌占区情报员。1943 年 2 月至 1944 年 12 月,在中村村农会任农会组织委员。1945 年 1 月至 1946 年 11 月任中村村公所民政主任。1946 年 12 月至 1947 年 10 月在村公所任秘书。1947 年 11 月至 1949 年 12 月任村农会主席。1950 年至 1953 年 1 月任中村镇公所副镇长兼秘书。1953 年 2 月至 1955 年 3 月任中村乡乡长。1955 年 4 月至 1957 年 10 月任中村村党支部书记。1957 年 11 月至 1958 年1 月任中村乡党委副书记。1958 年 2 月至 1961 年 6 月任中村公社党委宣传委员。

谭智悟同志,无论抗日战争时期还是解放战争时期,都能够发扬一不怕苦,二不怕死的革命精神,辛勤地为党工作,充分表现了一个共产党员的坚强意志。解放后,在党领导的土地改革、互助合作、农业合作化中,他始终走在前列。在三年困难时期,他带领群众艰苦奋斗,自力更生,克服困难,渡过难关,为社会主义革命和社会主义建设事业献出了毕生精力。

刘相贞(1917年9月—1982年),男,1917年9月生于中村村。1935年担任中村村长,1937年10月参加山西省牺牲救国同盟会,1943年4月加入中国共产党,投身革命队伍,随晋冀鲁豫军区转战山西晋南、长治和河南等地。参加过解放晋城、长治、榆次、太原等战役,在部队任团职干部。1949年太原解放后,由部队转入地方工作,曾在山西省重工业厅、省煤管局工作。1958年任小峪煤矿分局党委书记、局长。1966年调任山西省地方煤管局党委书记、局长。1967—1969年在北京中央省直干部学习班学习。1970年下放回乡,后任中村水泥厂厂长。1976年1月14日晋东南地委任命为中共沁水县委常委、工交建政治部部长、工交建办公室主任。1980年4月在沁水县第七届人民代表大会上当选为人大常务委员会副主任。1982年退休,当年病逝,享年65岁。

刘相贞同志出生在一个贫苦的农民家庭,青年时期接受中国共产党的影响和教育,积极参加革命活动。新中国成立后长期在领导岗位,为党和人民作出了很大的贡献,他是中村村较早外出参加革命的工作者之一。

江地(1921年—1992年),男,原名李广澎,中村镇中村村人,著名史学家。

江地自幼在本村上高小,在晋城读中学时,因日军侵华而辍学。1938年3月参加青年抗日救亡训练班学习,由翼城中心县委书记吴云夫和刘良介绍加入中国共产党。后入延安抗日军政大学,被编入晋察冀分校学习。1939年春夏之交毕业后,分配到沁水县委任秘书、青年部部长、中村区委书记等职。

1939年"十二月事变"后,江地先后两次被捕入狱,出狱后被驱逐出境,与组织失去联系。几经努力,1947年2月进入解放区,在北方大学学习。1948年初到沁水中学任教。1950年6月调往太原市山西工农速成中学任教。1956年调山西大学任教。江地有一种锲而不舍的求学精神,在自学成才的道路上一步一个台阶攀登。他前后当过五年小教、十年中教、三十年大学教师,后来又任硕士研究生导师,培养专业人才。

江地在教学生涯中,把教学与科研有机地结合起来,40多年中,在国内外发表出版论文专著近200万字。主要著作有《捻军史初探》、《初期捻军史论丛》、《捻军史论丛》、《捻军史研究与调查》(与人合作)、《中国近代史大系表》、《江地回忆录》等。其中《捻军人物传》被译成日文,在日本刊物《东海大学纪要文学部》上连载。由中国、日本、朝鲜三国史学家合著的《东亚世界研究》一书,他是作者之一,撰写了《苗沛霖传》。他的研究成果扩充了中国近代史的研究领域,部分著作已译成英文、日文和俄文,其学术观点在俄罗斯、日本、英国、美国、法国、荷兰、新加坡等国家的学术界均产生了一定影响。北京出版的《中国当代社会科学家》一书收载了他的传记、照片和著作目录。英国剑桥大学出版的《剑桥中国史》称赞他是“治学严谨的中国史学家”。

江地1956年调入山西大学(当时是山西师范学院)不久,加入九三学社,任山西支部宣传委员,80年代当选九三学社中央候补委员。曾任山西省人大常委会常委。晚年他重新加入中国共产党,1992年1月在太原病逝,享年71岁。

张国鸿（1925年6月—2005年1月），男，生于1925年6月,1945年1月参加革命,1945年8月加入中国共产党,历任22军66团战士,14军41师122团后勤处财务副主任、财务部长、后勤处副处长。14军41师后勤处军需股长,贵州铜仁军区后勤部长,1982年离休,系贵州省军区第四休干所副师职离休干部。

张国鸿同志,1955年被国防部授予上尉军衔,1960年晋升为大尉军衔,1965年晋升为少校军衔。1948年参加淮海战役,荣立甲等功一次,1955年授予“解放奖章”,1988年被中央军委授予“独立功勋”荣誉奖章。在革命战争年代,参加过淮海战役、西江战役,勇敢作战,圆满完成了战斗任务。在社会主义建设时期,认真贯彻执行党的路线方针政策,在思想上、政治上、行动上同党中央与中央军委保持高度一致,为我军革命化、现代化、正规化建设做出了很大的贡献。2005年1月10日,他与世长辞,享年80岁。

牛锡麒(1925年—1991年),男,生于1925年,卒于1991年,享年66岁。

牛锡麒同志青年时代读书于四川省成都国立七中，学校毕业后,曾入国民党军校学习无线电专业,做短期译电员。后起义参加中国人民解放军,投入到解放全中国的战斗中。1950年,朝鲜战争爆发,他积极响应祖国“抗美援朝,保家卫国”的召唤,加入了中国人民志愿军。他跨过鸭绿江，在部队管理汽车运输工作,在枪林弹雨中,将军用物资及时运到前方,保证战争急需。退伍后,他从事教育工作,为兴学育人作出了贡献。1981年到中村联区任教委主任,直至退休。

牛锡麒同志热爱祖国,热爱家乡,无论是抗日战争、解放战争还是抗美援朝,他都积极踊跃奔赴前线,投入战斗。他抗日战争吃过糠,解放战争扛过枪,抗美援朝渡过江,戎马半生,是一名真正的革命战士。他后半生致力于党的教育事业,工作勤勤恳恳,任劳任怨,含辛茹苦教学生,尽职尽责育后人,在端氏、永安、下川等地教学时,所代班级考试成绩名列前茅,莘莘学子满天下。

刘相俊(1925 年 11 月—2009 年 3 月),男,1925 年 11 月生于中村村,1944 年加入中国共产党。

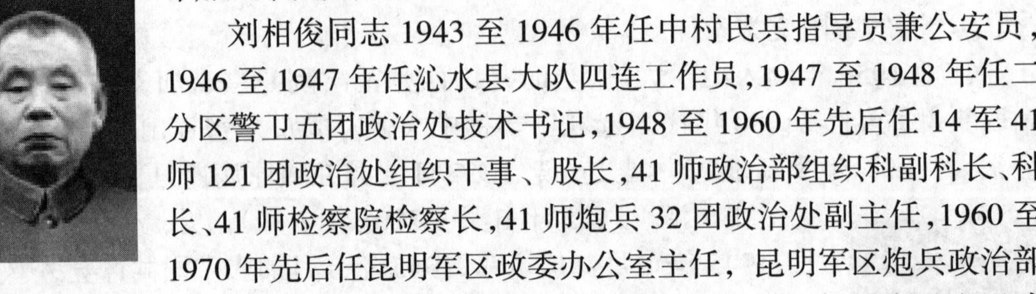

刘相俊同志 1943 至 1946 年任中村民兵指导员兼公安员,1946 至 1947 年任沁水县大队四连工作员,1947 至 1948 年任二分区警卫五团政治处技术书记,1948 至 1960 年先后任 14 军 41 师 121 团政治处组织干事、股长,41 师政治部组织科副科长、科长、41 师检察院检察长,41 师炮兵 32 团政治处副主任,1960 至 1970 年先后任昆明军区政委办公室主任,昆明军区炮兵政治部组织处副处长,昆明军区直属门诊部政治委员,1970 至 1986 年任沁水县人民武装部休干,1982 年 7 月起享受副师职待遇。2009 年 3 月因病去世,享年 84 岁。

李恩发,男,生于 1927 年 10 月,原中村镇上沟村人。大专学历,1945 年加入中国共产党。

李恩法同志 1940 年参加工作,1940 年至 1945 年在太岳军区参加抗日战争。期间,因战绩突出和战争需要,于 1943 年 4 月,被“抗日军政大学”录取为学员,参加三大技术的学习。

1945 年 10 月至 1950 年 3 月,在东北野战军 38 军 151 师 451 团 2 营 6 连,先后任班长、排长、副指导员、副连长、指导员、连长等职。五年中有三次光荣负伤,因作战英勇,战功显赫,多次受到部队的记功奖励。1946 年 4 月,在参加东北团山子战斗中立大功一次,同年 7 月,参加四平保卫战立小功两次。1947 年 3 月,又立大功一次,同年 9 月,参加法库县战斗中立大功一次。1948 年,被评为模范指导员,并为巩固部队建设立小功两次。1949 年随军南下,在衡保战役中立大功一次。

1950 年至 1951 年,随中国人民志愿军赴朝鲜作战,任 45 军 134 师炮兵 2 连指导员。1950 年 5 月因战斗负伤回国治疗,伤愈后同年返朝,升任 45 军 134 师山炮营副教导员。

1951 年至 1954 年,由于有实战经验,被录取到“中国人民解放军第一高级步兵学校”深造。

1954 年至 1964 年,在 42 军任教导员、副团长、授少校、中校军衔,主要从事部队工程建设。1964 年 10 月转业地方工作。

1964 年 10 月至 1989 年 12 月,先后在山西省财贸、物资、棉麻、工交、外贸等部门工作,先后任省商业厅政治部人事处副处长、省生产资料公司副主任、省棉麻公司副主任、省展览馆书记、省外贸局政治处处长、省经贸厅副厅级调研员。1989 年 6 月,被聘任为高级经济师。

李恩法同志,在部队 24 年戎马生涯中,由一名勤务兵成长为一名副团长,一名中级军事指挥员，曾立大功四次、小功六次，荣获中华人民共和国“独立自由勋章”和“解放奖章”。为民族的解放，新中国的诞生，为保家卫国，贡献出了自己的青春年华。转入地方工作后，他积极为党和人民工作，干一行爱一行，走一处红一处，深受同志尊敬，深得群众拥护。离休后，他坚持学习，更新观念，始终保持共产党员的先进性。

李品山，男，生于 1929 年 1 月 25 日，沁水县中村镇中村村人。1944 年10 月加入中国共产党。

1944 年 3 月参加革命工作，在沁水县公安局任公安队员，1950 年 5 月在壶关县三区任民政助理员，1952 年 6 月任壶关县三区副区长，1953 年 5 月任壶关县法院刑事庭长，1955 年 5 月在西北政法大学西北分校学习，1956 年 7 月任壶关县法院刑事庭长，1957 年 8 月任沁水县公安局股长，1958 年 4 月在沁水县南阳乡任总支书记，1958 年 9 月任土沃公社主任，1959 年 11 月任张村公社主任，1960 年 4 月任端氏公社副书记，1962 年 11 月任东峪公社党委书记，1965 年 12 月任县农村工作队核心组组长。1968 年 11 月任县革委会毛泽东思想宣传队队长。1970 年至 1980 年 4 月任下川乡党委书记，县运输公司书记兼经理，张村乡党委书记。1980 年 4 月在沁水县第七届人民代表大会上当选为县人民法院院长。1986 年离休。

李品山同志在解放战争时期，少年立志参加革命，加入中国共产党，为人民的解放事业英勇奋斗。在社会主义革命和建设事业中，听从党的安排，在各个工作岗位努力工作、立党为公、勤勤恳恳、任劳任怨，带领人民群众战胜各种自然灾害，修田建坝，支援国家重点建设，普及农业科学知识，尽心尽力圆满地完成了各个时期的工作任务。

1980 年 4 月当选人民法院院长后，认真执行国家依法治国建设社会主义法治国家的战略部署，为发展社会主义民主健全社会主义法制积极工作，他多为家乡办事，平易近人、和蔼可亲，深为中村人民爱戴。

谭怀鸿，男，1929 年 7 月生，中国共产党党员。

1945 年 2 月参加八路军陈赓兵团“太岳纵队”。日本投降后，1948 年参加了淮海战役，之后随刘邓大军南下，解放西南重镇昆明。1950 年在中国人民解放军第 14 军军部保卫部工作，1959 年调昆明军区高级干部招待所工作，1965 年调解放军 35021 部队任副政委，1970 年调解放军生产建设兵团独立 3 团任政治部主任，1975 年调解放军 119 部队任副政委，1979 年参加中越自卫反击战，任昆明军区补训团政委，1982 年调任解放军滇南 2 区政委，

1984年接中央军委命令,按师职干部离休。

任桂花(李品山妻,1930年9月–2005年3月),女,生于1930年9月,陵川县马圪党人,高小文化程度。1947年5月在陵川县马圪党村加入中国共产党。1948年1月在陵川县洪水区参加革命工作。1948年至1950年任陵川县五区妇联会委员。1950年9月至1951年11月,在长治农村干部速成小学学习;1951年12月至1955年5月,任壶关县一区、五区妇联会主任;1955年6月至1957年9月,任壶关县妇联会主任;1957年10月至1959年8月任沁水县妇联会委员;1959年9月至1961年12月任沁水县百货公司副经理;1962年1月至1962年9月任端氏综合站副站长;1962年10月至1965年6月任东峪公社党委宣传委员;1965年7月至1968年10月任沁水县卫生局副局长;1968年11月至1972年4月,在中村、张马插队;1972年5月至1979年4月,任中村木器厂副厂长;1979年5月至1982年9月调县新华书店任副经理;1982年10月至1986年1月任县计生办副主任;1986年离休。2005年3月因病逝世,享年75岁。

任桂花同志,在长达40年的革命生涯中,把自己的一切献给党的事业,党叫干啥就干啥。她深入群众,体察民情,想百姓之所想,急百姓之所急,为群众排忧解难,为妇女撑腰做主,充分发挥了妇女半边天作用,晚年在计划生育工作中做出了积极贡献。

郑魁榜,男,1929年生于下峪村郑家圪塔,中共党员。工作期间在中村建房安家,退休后居住中村。

郑魁榜从小就读于中村高小,1948年7月加入中国共产党。1950年7月参加教育工作,1952年调县粮食局工作,1953年调端氏区公所。1955年根据工作需要,调柿庄区公所,同年又调回县政府工矿科(县工业局前身)工作。1956年调县农机厂(县东关联合厂)工作。1958年县工业局成立,调县工业局、工业部工作。1959年调县计划委员会统计局任科员、干事。1966年调县皮革厂任厂长、支部书记。1971年调沁水县中村铁厂任车间主任、副厂长职务。县成立中村木器厂,调任木器厂厂长、书记。后又调回县钢铁厂任厂长、书记。因年龄大退二线任工会主席,直至1992年退休。

郑魁榜同志自参加工作以来,大部分时间从事工业生产和管理,在沁水县的工业发展中作出了应有的贡献。

刘建基，男，1931 年出生于中村镇中村村，早年就读于蒲泓高小，1946 年加入中国共产党并参加工作。先后任沁水县人民政府、太岳革命管理局、太岳区行政公署秘书处文印。新中国成立后，先在山西省委组织部办公室当干事，而后担任省长卫恒、省委书记王大任秘书，历时 16 年。“文化大革命”中历经磨难，平反后先后担任太钢革委会办事组秘书科组长、中共山西省委、省革委办公厅秘书办公室组长、副主任、省政府办公厅办公室主任等职。八十年代任山西省民政厅党组成员、副厅长，兼任山西省人民政府扶贫领导组办公室主任、山西省残疾人福利基金副理事长等职。1993 年离休后，参与编辑卫恒（原山西省长、省委第一书记）、王大任（原山西省委书记）等的《纪念文集》，与友人合编有《人间真情》、《“文化大革命”劫难记》等书。

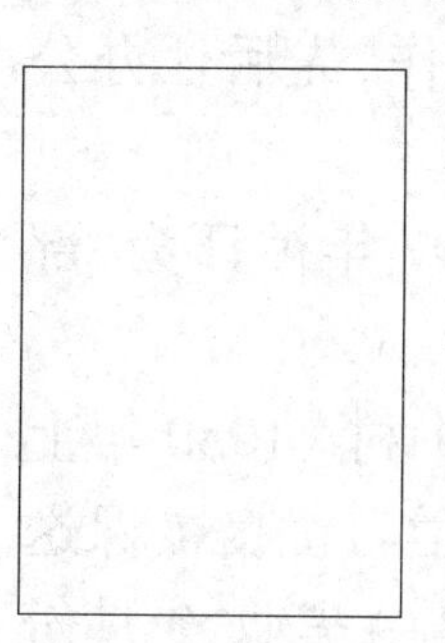

王少亭，男，中村涧河丹沟人。1934 年在本村读小学，1941 年到 1944 年在沁南县第三抗日高小（中村西庙）读书，后因日军扫荡高小经常搬迁而停课。1944 年秋考入晋豫中学（土沃南阳村）读书。1945 年日寇投降前，晋豫中学迁至阳城文庙，王少亭于 1945 年 6 月参加太岳行署干校学习，同年 10 月被分配到太岳第四专署工作。1946 年在太岳军区济源独立团工作，1947 年在太岳二分区青训队学习，同年 8 月调太岳军区军政大学学习。11 月上党战役结束后他又到太岳军区长治经济处学习。1948 年 2 月，调太岳军区第五军分区工作。1956 年调河南军区任参谋、处长。1976 年调济阳市武装部任副部长，1979 年任新乡军分区副司令员至离休。

侯凤德，男，1940 年 10 月 23 日生于中村镇李家坡村，终生从教，中国共产党党员。

侯凤德 1950 年 9 月至 1961 年 7 月分别在李家坡初小、中村高小、沁水中学、阳城师范读书。1961 年 7 月至 1969 年 8 月分别在下川完小、上峪初小、中村小学、冶内初小任教员；1969 年 9 月至 1972 年 5 月在张马七年制学校任教员；1972 年 5 月至 1982 年在中村中学任教员；1982 年 2 月至 1984 年 8 月任中村中学教导主任；1984 年 8 月至 1986 年 9 月任中村小学校长；1986 年 9 月至 1988 年 8 月任中村联区副主任、工会主席、副书记；1988 年 9 月至 1992 年 3 月先后任中村中学副校长、张村中学校长书记、杏峪中学校长书记；1992 年至 1996 年任土沃中学副主任；1996 年 8 月至 2000 年 10 月任中村教委副主任；2000 年 10 月退休。

侯凤德在教育战线任劳任怨，多年受到各级领导表扬。20 世纪七十年代就安家中村，退休后积极参加村党支部和村委工作，并为中村志的编撰尽心竭力，为中村的文化教育工作贡献了自己的力量。

王少斌,男,生于1941年4月,中村涧河丹沟人。1950年10月至1956年在中村上学,1956年1月在中村乡人民医院(卫生院)学医,1958年转正为药剂调剂员;1959年12月应征入伍,在步兵189师565团120连(炮兵)当战士,1961年8月至1963年2月当副班长、班长,1964年6月在三营炮兵连当排长,1966年4月在炮兵连任副政治指导员,1966年12月在三营七连任政治指导员,1969年8月在565团政治处任青年股长,1970年4月调北京卫戍区警卫四师十团政治处任组织干部股长,1976年5月在警卫四师十团司令部任直政股长,1979年9月任本团二营政治教导员,10月任一营政治教导员,1981年4月任本团政治处主任、党委常委,1982年6月任副政委、常委,同年12月任政委、党委书记。1988年转业到北京"建工出版社"工作,先后任办公室主任、社长助理、党委副书记,2003年4月退休。

王少斌同志在部队先后荣立三等功2次,在地方工作后1997年被评为"部级优秀领导干部"。

张国忠,男,1942年12月30日生于中村镇中村。1950年上小学,1956年考入沁水中学初17班。1959年因学习优良被保送至沁水高中,并任学校团委副书记。1962年夏高中毕业,9月份被中村公社分配到张马完小当民办教员,11月晋东南地区招考教师被录取,12月在晋东南教育干部学校学习并转正,仍分配张马完小任教。1963年8月调中村初中任教。1970年12月调中村公社任党委秘书,1973年任中村公社党委副书记。1973年7至12月经县委推荐到山西省委党校青年干部培训班学习。

1974年10月由中村公社调杏峪公社,先后担任副书记、主任、书记。期间,带领杏峪干部群众打坝造地,发展社队企业,赢得上级表扬和群众赞赏。1980年11月至1981年12月经县委推荐、考试成绩合格,参加山西省委党校青年干部培训班学习一年,是晋东南地区18人之一。

1982年2月调任端氏公社党委书记,他把工作重点放在改变镇容镇貌、重塑蚕乡、迎战"八·二"洪灾、抗灾自救等方面。特别是在抗洪期间给干部群众留下不可磨灭的影响。

1984年1月调离端氏公社,3月份任沁水县委农工部副部长。期间协助县、部领导兴办家庭林场、实施飞播造林等。

1985年5月晋城升为地级市,8月组建晋城郊区。8月1日晋城市委任命他为郊区组织部长。任职期内,他理顺干部队伍、筹备"两代会"、推行党员目标管理、实行一般干部聘任制等,得到了上级党委的肯定,并在全省组织系统交流了经验。

1988 年 10 月调任高平县副县长,分管农业。1990 年 3 月任高平县委常委、常务副县长,主持政府常务工作。

1992 年 1 月 3 日调陵川县工作,任代县长,4 月 14 日当选为县长。1993 年 6 月 16 日当选为陵川县委书记。在陵川任职六年,精心打造政治和经济品牌。“锡崖沟挂壁公路”、“锡崖沟精神”、“盲人曲艺队”等,受到中央、省、市表彰。特别是在 1995 年他被评为“全国百名优秀县委书记”,同年 6 月 30 日至 7 月 2 日参加了中央召开的表彰大会,受到了江泽民等中央领导的接见。

1998 年 5 月 20 日当选为晋城市第三届人民代表大会常务委员会副主任,历时四年余。2003 年 1 月退休后,被市委、市政府特邀为督察员,同时担任老促会常务副会长。

附录:

为了贫困县的崛起

——记山西省陵川县委书记张国忠

近年来,陵川县的变化着实令人刮目,这个山西省有名的贫困县,以惊人的速度和效益,在全省贫困县建设中一路领先。这一成绩的取得,与县委书记张国忠的努力是分不开的。

1992 年元月,张国忠来到陵川县,并于 1993 年担任这个县的县委书记。刚到陵川时,通过大量的调查研究,他找到了陵川贫困的症结所在。陵川地处太行山南端的最高峰,山大坡广,石厚土薄。虽然有丰富的资源,但山路崎岖,交通不便。没有好的乡镇企业,也没有好的公路设施,因此,资源优势不能转变成产品优势,商品优势。

“要想富,先修路”。这个县的锡崖沟党支部带领群众艰苦奋斗 30 年开山修路,这件事使张国忠异常兴奋。1993 年,他派人组建了锡崖沟英雄事迹报告团,在全县宣传、推广锡崖沟艰苦奋斗开山修路的精神,有力地推动了陵川县的山区公路建设事业。1994 年,全县完成了陵辉路、陵修路、杨礼路改造工程,为山区致富打开了通道,而陵川县的公路建设,也连续两年走在全省最前列。

张国忠的工作作风一向是定了的就干,说了的就算。他听汇报不听空话,谁要是应付,他就对谁不客气。一次因绿化县城,城建局长来找他要钱,张口就要几万元,张国忠问:“栽了多少树?挖了多少坑?用了多少砖?”城建局长没有想到张国忠问的这么细,忙说:“这个我没算过。”“没算,你怎么知道需要这么多钱?”直到最后城建局长算清了账，才去要款。其他单位听说张国忠这么认真，对工作再也不敢马虎。

对于群众的困难，张国忠总是时刻挂在心上，他帮最穷的朱圈郊村安上电灯；帮东下河村解决了吃水问题。对群众来信来访，他也十分重视，及时批转，大大化解了各方面的矛盾，使陵川县近年来从没出现过一起集体上访案件。

工作中，张国忠“以民为本，为民着想”；生活中，张国忠则“以廉为荣，洁身自好”。他下乡从来轻车简从，不打招呼，不让上烟上酒，吃的是粗茶淡饭。一些乡镇干部说：“张书记真好接待。”

他用的办公用具，是十多年前修政府大楼时剩下的边角料拼凑而成的，如今已经历了五任县委书记。行政局的同志想给他换一套新的，他说啥也不肯。他坐的桑塔纳车已经历了三位县委书记，轮胎也破得不行了，行政局想给换新车，他执意不肯。在他的影响下，县五大班子几年来都没换车。

张国忠一心工作，廉洁奉公。有人劝他：你的工作这样好，稍跑一下可以得到提升。他说：“我没这功夫！”

张国忠就是这样，和县委一班人带领全县人民团结奋斗，使陵川县从贫困中崛起，从1991年开始到1994年，陵川县工农业总产值达85亿元，农民人均收入769元。四年时间主要经济指标实现了第一个翻番，四年增幅相当于新中国成立以来40年的总和。

（原载《农民日报》1995年9月26日第一版）

全国优秀县（市）委书记名单

山西省

翼城县委书记　耿根善

陵川县委书记　张国忠

垣曲县委书记　孙靖东

柳林县委书记　刘建明

（其他省市名单略）

（新华社北京6月30日电）

——原载《人民日报》1995年7月1日第二版

郑天禄，男，1942年生于中村镇中村村，中专学历，中共党员。1959年进入沁水县人民政府工作，1963年调往太原。1963年至1966年在晋祠干部疗养院工作；1966年至1978年在太原重机学院（前身为太原科技大学）工作，1979年至1996年在省教育厅（含省高教厅、省教委）工作，1996年至2003年在省招生考试管理中心工作。曾任省教育厅计划财务处副处长，省考试管理中心副主任。

郑天禄同志从事教育管理工作多年，热爱业务，忠诚实在，团结同志，为人厚道，在同仁间备受尊重。

乔执荣，男，1943年生于中村村，1964年参加工作，1971年9月加入中国共产党，1982年10月由晋东南地区中心支行授予经济员，1985年由中国工商银行山西省分行聘为“经济师”。

乔执荣同志少年时期在中村小学、初中读书，1960年5月加入中国共产主义青年团。1960年初中毕业留校当干事；1961年至1963年任中村完小事务长、中村联区大片会计；1963年至1964年在中村发电厂当电工；1964年5月正式调到中村信用社担任会计，1971年10月调沁水县人民银行至1984年6月，期间曾担任支行总务、业务会计、会计股长等；1984年7月至1986年在沁水县工商银行任办公室主任、副行长；1986年7月至1989年7月在阳城县工商银行任行长；1989年8月起在晋城市工商银行任监察室、办公室、后勤部主任，2005年退休。

乔执荣同志长期工作在金融系统，曾参加太原银行干校、山西财经学院离职培训，达到大专学识水平，具有较强的业务工作能力。他工作积极，踏实苦干，团结同志，任劳任怨，受到同志们的尊重，受到系统和所在地党委政府的多次表彰奖励。他所领导的单位曾获“先进集体”、“先进党支部”、“文明单位”等称号，自己获“先进工作者”、“模范党员”、“廉洁从政先进个人”等荣誉。

侯凤娥，女，1944年生于中村村，高中文化程度，中国共产党党员。

侯凤娥同志1953年9月至1962年9月在中村完小和初中读书。1965年1月由中村公社选拔，经县组织部门批准任中村公社妇会干事；1969年因公社机构变更，调中村小学任教；1976年8月调下峪七年制学校任校长；1979年10月调中村小学任校长；1984年1月调沁水县工商银行中村办事处工作，1985年调县支行任西街储蓄所主任，1990年1月调晋城市工行营业部建设路分理处，1990年9月调凤翔分理处任主任，2000年退休于晋城市工商银行。

李素琴(郑天禄妻),女,1945年生于沁水县张村乡,中专学历,经济师,中共党员。1958年在沁水参加工作,1967年至1999年在山西省邮电管理局工作。曾任省邮电管理局邮政处主任科员(正科级)。

李素琴同志在邮电局从事管理工作41年,她好学上进,刻苦钻研,在实践中总结经验,探索革新,为深化邮政改革,发展我省邮政事业作出了应有的贡献。

刘杰元,男,1945年生,中村镇中村村人,1965年参军,1966年加入中国共产党,副主任医师。1965年3月入伍,在天津66军4746部队二中队七分队服役;1967年提干任医生,1969年11月任助理医师,1971年4月调中国人民解放军251野战医院麻醉科,1973年提医师。1977—1979年在张家口卫生学校深造,1980至1983年在北京军区军医学院学习,1987年晋级主治医师,1991至1993年在河北医学院学习,1993年晋级主任医师。2000年5月退休。

刘杰宽,男,1945年10月生于中村镇中村村,中共党员。1954年7月至1963年在家乡就读,1963年应征入伍,参加中国人民解放军空军,1965年加入共产党。服役期先后在空军河南李新店基地,陕西临潼场站、西安场站、镇川堡场站工作,历任战士、班长、排长、副连长、连政治指导员等职。1979年10月转业垣曲县,历任县交通局人事干事、县汽车运输公司党支部书记、县纪律检查委员会副科级检查员、正科级调研员,2005年10月退休。

刘杰宽同志在部队服役17年,年年被评为五好战士、先进工作者,因工作积极,优先提干。转业到地方工作后,发扬部队艰苦创业,勇于创新的精神,多次被评为优秀共产党员、先进工作者。他所领导的集体单位,工作成效显著,多次荣获县委、政府表彰奖励。

刘铭祥(1945年10月—1999年5月),男,中村镇中村村人,1965年参军,1968年复员,1969年7月加入中国共产党。1969年至1974年在中村大队任民兵营长、宣传队长。1975年至1981年在中村海绵铁厂工作。1982年至1989年在中村镇任文化站长、武装部长、副镇长。1990年至1992年在张村乡任副乡长。1993年至1995年在王寨乡任乡长。1996年至1999年任县民政局副局长。

刘铭祥同志在中村村任职及后来到外乡任职期间，酷爱文艺工作，吹拉弹唱,编写导演样样在行。1971年春节中村宣传队代表沁水县赴长治参加晋东南文艺汇演,他主演《红灯记》中的李玉和与自编节目晋南道情《一粒米》双双获奖,受到领导和观众一致好评。1984年又一次到长治参加汇演,他自编并主演的小剧《半个脑袋》荣获一等奖。

刘铭祥由中村镇人民代表大会无提名直选为副镇长,从此走上领导岗位。他1999年5月病逝,用快乐送走短暂的一生。

侯宽永,男,1946年2月7日出生于中村镇中村村,1953年入中村小学读书,1957年入中村高小22班读书,1959年入沁水中学初中26班读书,1962年入沁水中学高中7班读书,1965年考入北京医科大学(现北京大学医学部)学习,1970年被分配到北京医科大学第三附属医院外科工作。1979年至1981年参加援外医疗队赴非洲几内亚工作,1985年至1987年赴法国留学、工作。1990年至1998年任北医三院外科主任,1995年任北医三院党委书记,1996年至2002年任北医三院院长兼党委书记。2003年起任乳腺外科主任医师、博士生导师、教授。

侯宽永同志主要从事乳腺外科疾病的诊断与治疗，对乳腺癌的综合治疗有很高造诣,并担任《中国微创外科杂志》主编,发表有《乳腺癌的根治和即刻乳房成形》等多篇论文。他勤奋好学,自学能力特别强,精通四国语言,能娴熟的运用英、俄、日、法语言与外国友人交流。

侯宽永同志工作40余年,在国内外实施手术近万例。他视病人如亲人,贫富贵贱一视同仁。乡亲、朋友、同学有求必应,招待周密。在担任领导期间,招贤纳士,网络人才,先后聘用几十位顶尖专家从医北医三院,使三院誉满全国。

尚张章(1947年10月—2010年2月),男,1947年10月生于中村村,1973年5月加入中国共产党,2008年11月在沁水县烟草专卖局退休。

尚张章同志少年时期就读于中村小学、中村中学,1971年至1972年任中村团支部书记,1973年推荐上大学就读于山西农学院,1976年8月毕业，同年8月参加工作。1976年8月至1977年8月任土沃公社农机员;1977年8月至1980年10月任下川公社党委秘书;1980年10月至1982年6月任沁水县示范牧场办公室主任;1982年6月至1984年11月任沁水县农工部干事;1984年11月调沁水县烟草公司,至1985年5月任办公室主任,至1992年2月任公司副经理,1992年2月至1999年1月任沁水县烟草专卖局局长,1999年2月至2004年10月为在职干部,2004年10月至2008年10月任正科级调研员。2010年2月21日因病去世,享年63岁。

尚张章同志工作30余年,在烟草行业24年,为沁水县的烟草供应作出了积极贡献。他常常为货源采购东奔西走,一心为企业的繁荣操劳,为客户消费者的满意努力,为职工群众的利益担忧,受到同事们的赞誉。

芮萌奎,男,生于1948年,初中毕业,中共党员,中村村上沟自然村人。1965年中学毕业后在上沟大队务农。1969年任大队革命委员会主任,1972年任大队党支部书记,1976年调中村公社任革命委员会副主任,1983年任中村公社企业总公司总经理,1985年任中村镇矿业公司总经理,1987年任中村镇党委秘书,1989年任下川乡副乡长,1992年任土沃乡副乡长,1995年任中村镇正科级调研员,2007年退休。

王勤书,男,1950年8月3日生于中村,青少年时期在中村小学、初中读书。1969年3月参加中国人民解放军,在内蒙古军区五1139部队服役,历任战士、班长、排长、连级政治指导员、后勤处副营职助理员,1985年转业回县。1986年至1992年在沁水县外贸公司工作。1993年起在沁水县丝绸公司工作,历任办公室主任、副经理、经理、书记等职。工作期间勤勤恳恳,任劳任怨,团结同志,成绩突出,多次受到上级公司和县委、县政府的表彰。

马刘勤,男,1953年3月29日生于中村镇中村村。1960年9月至1966年8月在中村小学读书,1966年9月至1969年9月在土沃初中读书,1969年10月至1971年3月在中村务农,1971年4月15日参加工作,1979年5月加入中国共产党。历任县电影公司放映员,县新华书店业务员,县政府体改办公室干事,城关镇副镇长,郑庄乡乡长、书记,端氏镇书记,嘉峰镇书记兼镇长,1998年3月任县委常委、宣传部长,2002年3月任县政协主席。

在县电影公司工作14年间,马刘勤多次获得“先进工作者”称号,他撰写的《电影院大包干带来大变化》发表于《电影普及》杂志头版头条。他在新华书店工作5年,曾参加全省新华书店业务知识比赛获得第二名。

1989年11月,马刘勤开始走上乡镇领导工作岗位,至1999年底离开乡镇,整整10年。他在郑庄乡发展“两高一优”农业,推广地膜覆盖棉花,建设蔬菜大棚基地,发展优质苹果,发展畜牧和植桑养蚕,兴修水利发展农田管灌工程,使得郑庄乡农业生产在晋城市名列前茅。他在端氏镇提出“以商兴镇,重振端氏雄风”的思路,抓集镇环境整治,抓集镇商铺建设,成立镇工商协会、城镇管理办公室,在常山岭开炮打坑植树,发展林业经济。他抓住机遇,在全省首次实施乡镇企业端氏化工厂的破产,化解债务上千万元。他在嘉峰镇提出"用特区思路开发嘉峰"的口号,抓基础建设修建滨河大道和主中心大街,抓工业发展建设冻干制品公司,抓农业开发新建蔬菜大棚,抓文化教育兴建嘉峰和树理中学,抓改革开放对外承包煤矿、电站、招待所,抓党的基层组织建设,创建"五个好"农村支部。他所开展的各项工作受到市、县党委和政府表彰,本人荣获"优秀党务工作者"、"标兵党员"、"十大功臣"等荣誉称号。

1998年3月至2002年3月在任县委常委宣传部长期间,马刘勤积极开展思想理论教育,发挥正确舆论导向,推进精神文明建设,把握大局,服务中心,坚持宣传工作为经济建设、社会发展、人民生活鼓与呼。

2002年4月至2010年12月马刘勤任县政协主席,九年间履行"政治协商、民主监督、参政议政"三大职能,组织委员考察、视察、调研,为沁水发展提出了很多思路和建议,并写有多篇调研报告。他狠抓文史资料收编,与山西大学田同旭教授合作整理编撰了《沁水历代文存》、《沁水史话纵横》、《沁水县志三种》、《沁水县志逸稿》等书籍,亲自组织编纂了《沁水县政协志》、《中村志》,为传承沁水历史和文化发挥了积极作用。

马刘勤曾当选为中国共产党晋城市第三次代表大会代表,被推荐为中国人民政治协商会议第四、五、六届晋城市委员会委员,当选为沁水县第十二、十三次人民代表大会代表,连任中国人民政治协商会议第五、六、七届沁水县委员会主席。

附录:

实干家马刘勤

1998年1月12日,倪艾君、贾元元报道:当年,赵树理曾写下脍炙人口的《实干家潘永福》,如今,在作家的家乡也出现了这样一位实干家。

他,就是嘉峰镇党委书记马刘勤。

说起马刘勤,在咱县城颇具知名度。他的出名不仅仅是他口才利索,笔下生辉,更主要的是他的实干、他的政绩。在他担任郑庄、端氏党委书记的几年里,看看沁河沿岸的蔬菜大棚、山地果园、肉牛育肥、经济林基地等,便可知分晓。自然,也就印证了"马刘勤是个大把式"的赞语。去年3月他到嘉峰镇担任党委书记,在咱县的第一大镇担任书记也就不足为奇了。不到一年光景,那一件件拉得出、叫得响当当的实事,已完全可以说明这一点。

他这人天生就是这秉性，干啥都要干出点名堂来。他到嘉峰，心里很清楚县委把他放在此地的用意，他也感到肩上这副担子有多么的沉重，要当“大哥大”、排头兵，不付出一定代价，是不可能的，看摊子就意味着落后，马刘勤不会这样！

退路是没有的，捷径也是没有的，有的只是脚踏实地、拼死拼活地干。嘉峰，这个处于特别地位的工业小镇，等待着他这个总导演，去上演一幕惊心动魄的话剧。

走马上任的他，没有那份喜悦，也没有那场慷慨激昂的施政演说，有的只是风里雨里，走村串户，调查、了解、请教、访问、思考、研究……，70多个不眠之夜，他心里那条发展思路渐渐地清晰起来，长远抓教育，近期抓修路，围绕矿区搞服务，服务矿区求发展。一年打基础，三年成规模，五年见成效。

一句话，“用特区的思路开发嘉峰。”

未来10年的嘉峰，将会是一个拥有10万人口的工业矿区，人才、教育显得格外重要。说干就干，马刘勤多方筹来200多万元，在潘庄中心地带修起了3400平方米的树理中学大楼，前来视察的王昕副省长、马巧珍市长给予了高度评价。他又筹资200多万元，在嘉峰村兴建一所教学大楼，主体工程已完成，今年5月可交会使用，尊师重教他有他的道道，嘉峰出了大作家赵树理，也许在他心中正想着要培养出更多的赵树理式的人才。“树理中学”的名字也许隐蕴着这层意思。

嘉峰的乡亲们看到了，孩子们住的教室比镇党委的办公地方漂亮多了，他们现在还住在百年多的古祠堂里。

随着侯月铁路的通车，晋矿西移的现实，嘉峰遇到了大好的发展机遇。基础建设迫在眉睫。他正在与晋矿联手修建5.8公里长的沁河南北路，奠定嘉峰未来城镇的骨架。他抓住秋冬开展三项建设的时机，在长达10多华里的潘河滩摆开战场，那些天，他和全镇2000多名劳力奋战在工地，4000多米的大坝已经完成，他说，将用2至3年时间对潘河沟进行路、林、水、滩、地综合治理，不但可使沟内几个村的交通畅通，还可开发高标准的水地500亩，连片种植当地盛产享誉省内外的七须黄花菜。马巧珍市长看了这个工程，连连称赞，这是晋城市今冬铺开的最大的一个工程，是个效益工程。

马刘勤是个干大事的人。他利用侯月铁路、寺河煤矿占地补偿的2000多万元土地款，创建自己的地面企业，推出自己的名牌产品。经过调查了解，他上北京，四次登门，终于请来了中国农大的老教授，一番考查论证，最后拍板定案：在殷庄成立“山西华殷冻干制品有限公司”，二条生产线，投资4000万。一期工程1500万元，马刘勤正在红红火火地大干之中。

马刘勤无论干什么事都讲究质量，哪怕是一件小事也要干成、干漂亮。就说修建蔬菜大棚，他就干得特别好。李庄、尉迟村几个月建起140栋大棚，在全县数第一。尉迟村的工厂化蔬菜大棚，在全市都属精品工程，凡是来检查参观的同志，没有人不竖大拇指。难怪嘉峰的老百姓都说,马书记是个干事的书记。

马刘勤有胆有识,有闯劲。他到嘉峰不久,就对村镇企业进行了有条不紊地改革。走在了全县农村产权制度改革的前列。潘庄福利厂,通过公开招标,实行了租赁制,利润由过去的不足2万,最后中标为8.4万元。尉迟铁厂4座高炉一次性整体出售,公开拍卖221万元,在全县颇有影响。

马刘勤很忙、很累,几次相约都不遇,但从那匆匆的脚步中可以看到他很充实;从那笔挺的背影里可以看到他对自己的事业和嘉峰的未来充满信心;透过他那出神的眼光,可以看到那一片片希望的霞光正在嘉峰大地上升起。

(本文摘自1998年1月12日《沁水报》)

刘瑞萍,女,1954年9月出生,中村镇中村村人,高中文化程度。1975年加入中国共产党,1976年参加工作。1976年10月至1980年7月任中村镇党委委员、妇联会主任。1980年8月至1984年9月任郑庄乡妇联会主任。1984年10月至1987年8月任杏峪乡妇联会主任。1987年9月至1990年4月任中村镇妇联会主任。1990年5月至1993年3月任中村镇党委组织委员兼妇联会主任(副科级)。1993年5月至1995年12月任中共沁水县委候补委员、县妇联会主任(正科级)。1996年1月至1997年9月任沁水县档案局(馆)局(馆)长。1997年10月至2002年5月任中共沁水县委统战部常务副部长,是沁水县政协第五届、第六届委员。

李元斌(又名李全明),男,生于1954年10月16日,沁水县中村镇中村村人,法律专业本科学历,中共党员。

李元斌同志1962至1970年在中村小学、中村初中读书;1970至1972年在家务农,1972至1988年应征入伍,服役16年。在北京军区第27军81师21团任战士、班长、排长、副连长、连长等职。

1986年遵照中央军委命令,参加了赴滇对越防御作战(老山对越南作战),作战期间任团直属特务连连长,被评为“老山作战模范干部”,荣立三等功。

1988年10月从部队转业到沁水县人民法院工作。在沁水县人民法院工作期间,曾任书记员、助理审判员、审判员、副庭长、庭长、副科级审判员等职。2007年12月被最高人民法院评为“四级高级法官”。

谭民悟，男，1955年生于中村镇中村村，1977年参加工作，1985年加入中国共产党，中学高级教师。历任沁水县下川学校教师，沁水中学化学教师、教导处副主任、主任。在30多年的教学生涯中，他始终狠抓常规教学的备、讲、辅、改、考各个环节，精心设计每一节课。在讲课中，推行“兴趣实验”、“自学启导”等教学方法，取得了较好效果。所代化学课在每年的高考中均分、及格率均列省、市前茅。1989年所代学生在全国中学化学竞赛中获二等奖。在搞好教学工作的同时，他还先后在有关专业报刊发表了《金属键和金属性小议》、《需考虑盐类水解问题八例》等多篇文章，主编了《高中数理化复习教程》化学分册一书。1990年荣获晋城市“高中化学教学能手”称号，1992年被评为“晋城市劳动模范”，1995年被评为“全国优秀教师”。

李广龙，男，1955年8月生于中村镇中村村，大专学历，中共党员。1962年至1974年在中村小学、中学读书至高中毕业，1974年1月至1974年12月在村务农，1974年12月至1979年8月应征入伍，在解放军63集团军188师高炮营四连任战士、军械员兼文书。1976年10月，加入中国共产党，任班长。1979年8月至1981年1月，在188师高炮营四连任排长。1981年8月至1983年2月，在188师高炮营营部任书记。1983年2月至1983年12月在188师高炮营四连任副政治指导员。

1983年12月至1984年9月，在188师通信营营部任正连职管理员。1984年9月至1985年11月在188师司令部直工科任正连职参谋。1988年被授予少校军衔。

1989年5月至1990年1月，在188师工兵营任政治教导员。1990年1月至1994年2月，在188师司令部直工科任正营职干事。1992年10月被授予中校军衔。1994年2月至1996年9月，在188师高炮团任副政治委员。1996年9月转业，任晋城市管理监察大队大队长。2003年12月起，任晋城市城市管理行政执法局指挥中心主任兼局长助理。

李广龙同志在部队工作期间曾荣立三次三等功。2002年3月在晋城市行政执法局，被建设部评为“城建监察先进个人”。

刘天创，男，1957年2月1日生于中村镇中村村，中共党员，专科学历，农经师职称。

1966年至1970年在中村小学读书，1971年至1972年在中村初中读书，1973年至1975年在土沃高中读书。1975年至1976年在家务农。1976年至1978年，在原晋东南地区五七大学财会班读书。1978年6月至1993年3月，在农业局工作，先后任经管站副站长、站长，办公室副主任、主任。1985年3月加入中国共产党，曾担任农业局党总支、机关支部委员。1993年4月至1995年7月，在沁水县委农工部工作，任经管科负责人。1995年7月至2004年1月，先后任王必乡党委副书记、端氏镇党委副书记、镇长，固县乡党委书记。期间，1997年10月至1998年1月，带队赴福建省福清市挂职学习。2004年2月起任县委农村工作领导小组办公室第一副主任、县农村经营管理局局长。2010年调任沁水县农业综合开发局任局长。

刘天创同志曾当选为沁水县第十二届人民代表大会代表。在工作中，多次受到上级部门的表彰奖励，荣获“先进工作者”、“劳动模范”、“工作标兵”，“伯乐”、“优秀共产党员”、“优秀党务工作者”、“优秀人民公仆”等荣誉称号。

刘永芳，男，1958年生于中村镇中村村，中国共产党党员。1966年至1977年在中村小学、初中、高中读书。1977年9月至1979年8月在中村公社农科班学习；1979年9月至1981年8月在山西省中药材学校读书，于1980年加入中国共产主义青年团；1981年9月至1984年7月在沁水县土沃乡政府任经营管理员、武装干事；1984年8月至1988年3月在沁水医药药材公司工作，任出纳、主管会计、财务股长，1985年6月加入中国共产党；1988年4月至1992年12月任阳城医药药材公司党支部书记、经理；1993年1月至1995年9月任沁水医药药材公司党支部书记、副经理；1995年10月至12月任晋城医药药材公司业务计划科科长；1996年1月至2002年1月任晋城医药采购供应站党支部委员、经理；2002年2月至2006年12月任晋城医药药材公司党委书记、总经理；2007年1月起任晋城市人民政府国有资产监督管理委员会党委委员、总经济师。

李敏，男，1961年11月19日生于中村镇中村村，大专文化程度，1986年加入中国共产党。毕业于公安部管理干部学院，1979年2月参加工作，在沁水县人民检察院任法警、档案员、秘书；1984年10月调入沁水县公安局工作，先后任预审科科员、科长；1995年5月任端氏中心派出所所长(副科级)，2002年10

月调任沁水县交警大队副大队长;2008 年调任陵川县交警大队队长。

李敏同志长期在公安政法战线工作,先后荣立二等功一次、三等功两次,在抗击“非典”中被中共晋城市委授予“优秀共产党员”称号,多年被省、市、县公安厅局授予“优秀工作者”、“业务标兵”等荣誉称号。

李国宏,男,1963 年 7 月 2 日生于中村镇中村,大专毕业,现任中村镇中村中心幼儿园园长。

李国宏 1971 年至 1985 年,分别在中村小学、中村初中、沁水一中、晋城师范读书。1985 年 9 月至 1990 年 7 月在中村小学任教;1990 年 9 月至 2001 年 7 月在蒲泓小学任教兼业务指导员;2001 年 9 月至 2003 年 7 月在晋城教育学院脱产学习;2003 年 9 月至 2010 年 7 月任中村中心幼儿园后勤主任兼会计;2010 年 9 月至今任中村中心幼儿园园长。

李国宏连任政协沁水县委员会五、六、七届委员,积极参与中村志资料收集并撰写文章,对中村的教育文化做出了积极贡献。

谭爱国,男,1964 年 5 月生于中村镇中村村,中国共产党党员。1971 年至 1979 年在中村小学、中学读书,1979 年至 1981 年在长治农校读书。1981 年 8 月参加工作,1981 年 9 月至 1984 年 5 月任下川乡团委书记,1984 年 5 月至 1986 年 8 月任城关镇团委书记、党委秘书,1986 年 8 月至 1995 年 4 月任共青团沁水县委组织部部长,1995 年 4 月至 1995 年 12 月任中村镇副镇长兼东沟村支部书记,1995 年 12 月至 1999 年 1 月任下川乡副书记、乡长,1999 年 1 月至 2002 年 4 月任中村镇党委副书记、镇长,2002 年 5 月至 2008 年 12 月任中村镇党委书记,2009 年 1 月任沁水县城建局局长。

谭爱国同志自担任领导职务后,长期在基层工作,他深入群众,体察民情,调查研究,出谋划策,始终把发展作为第一要务。特别是任中村镇镇长、镇党委书记 10 年中,扑下身子干事创业:一是发挥当地优势,调整农业产业结构,以中村花沟科技示范园为依托,发展了 7 个规模养羊园区,11 个养羊大户,兴建了南河养猪专业村,下川大麻生产基地,上沟 500 头养牛基地和冶内养兔基地;二是提升煤炭产业,实施以煤立镇战略,加大安全投资力度,2002 年投资 6000 多万元改进煤矿采煤方式,使安全技术升级达标;三是发展民营企业,兴建峪煌煤焦化有限公司,集采煤、炼焦于一体,安置农村剩余劳力 370 余人。支持兴建沁晟公司沁泽焦化厂,带动全镇运输、服务等相关产业的发展;四是狠抓基础设施建设。2003 年投资 800 余万元,完成“村村通”硬化公路 50 公里工程;投资 100 多万元完成中村环镇路、白华旅游路拓宽改造工程;2005 年投资 1000 万元,完成中村至张马一级公路工程;2006 年镇政府自筹资金 500 万元,完成润河引水工程,解决了以中村为中心的万人用水困难;2004 投资 600 万元兴建中村小学, 投资 100 余万元,完成了张马、上阁、蒲泓、下川等标准化寄宿制小学建设;2006 年镇政府自筹资金 240 万元,完成了镇政府办公楼装修改建工程;五是抓党建、固阵地、夯实基础。全镇投资 80 余万元,按照“九有”标准对基层党支部阵地进行改善。规范了党建工作制度,同时大力吸收优秀农民入党,彻底解决了农村多年存在的党员队伍年龄老化、文化低化、思想僵化、能力退化的状况,使农村党组织焕发出新的生机和活力。

谭爱国同志在中村镇工作 10 年,被老百姓称为激情工作,热情服务,痴情事业的“三情书记”。

附录:

赤子情洒青山留

——记沁水县人大代表谭爱国在中村镇二三事

常慧青

2009 年年初,沁水县中村镇党委书记、沁水县人大代表谭爱国调到沁水县城乡建设局当局长去了,这在他长期工作过的中村镇引起不小震动。他在中村工作的点点滴滴,如同郁郁葱葱的历山山脉,满满地占据着故乡人民的心怀,如同奔流不息的润河之水,给人们留下久久的思念。他是土生土长的中村人,在前半生的 40 余年历程中,有 20 余年是奉献给中村这块土地的。

开 局

1998 年,原来就在中村镇工作过一段时间的谭爱国,又重新调回中村镇担任镇长。那正是中村镇政府经济最困难的时候。上任第二天,他就被要账的人堵在临时住的客房而不能出门。千言万语的好话,千条万条的保证,以往共事的人格魅力,加上刚刚到任的工作职务,终于使人们网开一面,度过了一个令人尴尬无奈的年关。在镇党委的坚强领导下,针对镇政府困难的窘迫财政,他对镇政府机关进行了大刀阔斧的改革。封存了两辆吉普车、辞退了 24 名临时工,和电信局达成了协议,机关全部换成了磁卡电话,整改了全部电路,更换了节能灯具,引进了声控开关,安装了超负荷电流断电器。话费、电费支出降低了 30%。对正常使用的车辆先校验里程表,按行驶里程供油,机关办公生活用品定点商店供应,专人取货,领导审查,会计结账,严格程序,堵塞漏洞,并亲自带人到侯马、洛阳、郑州等地批发采购,财政支出减少了40%。面对各村拖欠的费用,采取以工抵欠的办法,维修了政府、学校等办公场所,翻修了电影院,改善了环境。面对因欠钱停修的教学楼,他让包工队列出各项材料和预算,亲自带头安装,技工和财务人员到洛阳批发,采购资金节省了60%以上。刚开始的三年,他硬是顶着各种不满、非议精打细算、艰难跋涉,严格制定执行各项管理制度,还清了100多万元的外欠,使镇政府机关各项工作得以正常开展。

修　路

2002年,谭爱国担任中村镇党委书记,他觉得肩上的担子更重了、责任更大了,他决心不辜负组织的信任,努力改变落后面貌,造福家乡人民,回报养育之恩。2005年,在他的领导下,中村至张马一级公路开工建设。然而工程队进场干了20天竟不辞而别,突然退场。原因是工程预算打得过紧,工程队继续干下去干得越多按招标的价格赔得越多,在这种情况下,他组织领导班子开会研究,决定为了节省投资发动全镇群众自己施工完成任务。当时许多同志担心:没有工程队,技术力量不行,工程质量难以保障。但他凭借自己以往修路工程的经验,又虚心请教有关专家,翻阅大量专业书籍,及时做通了大家的思想工作,并立下军令状,决心按技术要求科学操作,高质量高标准抢时间修好这一条制约中村经济发展的瓶颈公路。统一思想后,第二天,他就组织租用工地机械施工,第三天,他在市里以月租的形式租用了挖掘机、压路机、装载机,没有耽误一天工期。同时他又把机关干部职工分队编组,每组7人,轮流在工地,配合监督施工。每天10小时的机械合同施工,干部要坚持12个小时以上。施工的四个多月时间里,白天他在工地指挥施工,晚上还要考虑6台机械施工分配的最佳方案,几乎没有在12点以前睡过觉,有时太累了,他躺在路边河坝上就能呼呼睡着。机关的其他同志6天轮休1天,而他几乎从没有休息1天,每天在工地跑好几个来回。辛勤的耕耘换来丰硕的收获。工程比预计时间提前完成,比原来就打得很紧的预算又结余了70多万元。经检验完全符合质量要求。党委政府以及机关干部在群众中的形象和威信得到了空前的提高。

引　水

中村镇地质结构复杂,村东为黄沙含硅叶岩,村西是奥陶系灰岩突出,多年来大量开采煤炭造成水系破坏,中村成了最缺饮用水的村。从上世纪80年代起只能以煤矿坑下抽上来的废水作为唯一的饮用水源,村里成了心脑血管病、高血压、肿瘤等病的高发区,群众急盼改变村里的吃水状况。2006年,谭爱国召开会议,公开向群众承诺,自力更生,艰苦奋斗,动用一切力量引回涧河水,彻底解决群众吃水难问题。经水利部门勘察设计,需要引水总长12公里,二级抽水扬程300余米,建一个截水池,6个分水池和分流池。需投资600余万元,投工7000余个。为了既达到设计质量要求又节约投资成本,他亲自带人在郑州钢材市场跑了3天,看了十几家市场,最终以同等质量而低于沁水30%的价格购回了输水钢管,并和镇长在网上和山东、上海、河南、河北等多家高压管商询价商议,以最低的价格购回了耐高压塑料管,既保证了质量又节约了大量资金,为群众办了大好事。2006年底,中村引回了清澈甘甜的高锌优质的饮用水,彻底解决了群众的吃水难问题。

建 言

由于谭爱国工作成绩显著,2007年晋城市劳动竞赛委员会授予其“劳动模范”称号。他还多次受到县委县政府的表彰。如今谭爱国虽然离开了中村,但中村的大山、故乡的人民深深地怀念着他,怀念着他为家乡人民办的一点一滴好事。

录自《晋城人大》2009年4月(总第125期)

刘永鑫,男,1967年3月27日生于中村镇中村村,中专学历,中共党员。1975年至1984年升至沁水中学,1987年于沁水中学高中毕业,1989年长治煤校毕业后参加工作,在张村乡从事土地管理、行政秘书等工作。1995年12月起,先后在下川乡、土沃乡、胡底乡、张村乡任副乡长职务,多次受到县委、政府授予“先进工作者”、“安全生产模范”等荣誉奖励。

王凤兴,男,生于1968年8月,中村镇中村村人,中共党员,大专学历。

1980年6月参加工作,在中村镇政府先后任水利员、民政助理员。1987年8月加入中国共产党,1995年12月任中村镇副镇长,1998年9月起任中村镇党委副书记。

王凤兴同志工作期间,忠诚于党的事业,同党中央保持高度一致。他认真学习,勤于思考,在基层工作中,大胆探索,勇于创新,利用中村镇的资源优势,在涧河村兴办香菇厂,在上阁村兴建蔬菜大棚,在柳沟村建设养殖场,为中村镇的经济发展和社会稳定做出了一定的贡献,先后被市、县授予“先进工作者”称号。

李书孔，男，生于1968年12月，中村镇中村村上沟自然庄人，大专文化程度。1994年10月至1999年5月，在下川乡政府任团委书记、统计员、计划生育管理员等职务。1999年5月至2004年6月在胡底乡政府任计划生育管理员、民政助理员、政府会计等职务。2004年6月至2009年5月在苏庄乡政府任组织委员、武装部长职务，2009年5月起任中村镇党委组织委员。

李书孔同志在多年的乡镇工作中，积极按党的政策办事，深入农村，为民着想，为民办事，曾被县委组织部评为“优秀党务工作者”，被县政府评为“安全生产工作者”。

刘海，男，1975年2月生于中村镇中村村，中央党校函授本科学历，中共党员。1994年山西省林业学校毕业后参加工作，1994年7月至1997年9月任张村乡团委书记，1997年10月至2000年12月任杏峪乡党委秘书，2001年7月至2009年4月任郑庄镇副镇长，2009年4月起任十里乡党委副书记。在乡镇15年的工作中，他始终坚持深入农村，服务农民，发展农业，为兴乡富民办实事，办好事，办利民之事。

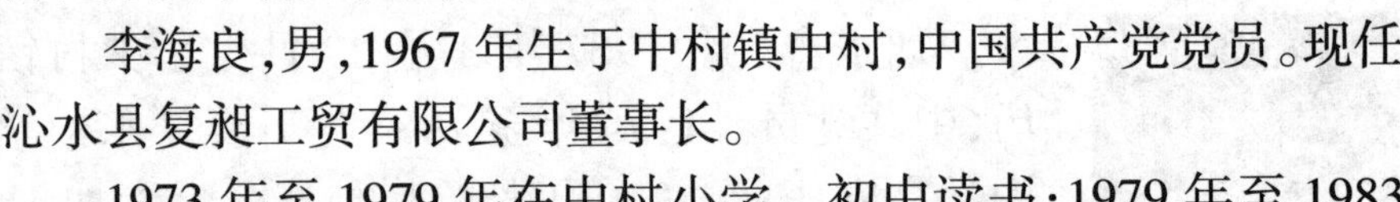

李海良，男，1967年生于中村镇中村，中国共产党党员。现任沁水县复昶工贸有限公司董事长。

1973年至1979年在中村小学、初中读书；1979年至1983年取得大专学历；1984年至1991年在中村镇政府工作；1991年至今在县政府工作。

李海良2006年牵头创建沁水县复昶工贸有限公司，新建年入洗原煤60万吨洗煤厂，实现销售收入5000多万元，实现利税600多万元。2009年，他与山西水泥龙头企业中条新型建材厂达成合作意向，投资3400余万元，建设90万吨水泥粉末站。正式投产后，年销售水泥可达60万吨，实现利税2000多万元，提供就业岗位200个。

李海良干事业有爱心，汶川、玉树地震后，他情系灾区，分别捐款20 000元、15 000元，还多次为村里修路、改造村容村貌，奉献自己的力量。

第三节 流寓人物

郑挺奇,男,1934年出生于南河村马邑沟,从小随父亲在中村读书。

1954年高中毕业后考入保定空军军官学校,9月在北京军区空军第八航空预备学校训练部工作,1956年7月加入中国共产党,1967年7月在武汉军区第七航空预备学校干部部工作,1958年8月在沈阳军区空军第三训练基地政治部工作,1959年8月在军委20训练基地二部宣传部工作,1965年4月在地质部新疆地质局政治部工作,1970年5月在贵阳化工原料厂工作,1989年1月在贵阳花溪化工厂工作,1993年4月在贵阳磷化工总厂工作,1995年5月退休定居贵阳。

附录:

我和郑挺奇

郑民伟

我们第一次认识是在1951年8月下旬,我刚考取曲沃中学。当时,沁水县在该校就读的男生只有他一人,他主动热情地在中村区政府往曲沃中学打电话,询问新生入学的有关事项。到校后,我们虽不是同级同班,他却设法使我俩同居在一间独立小屋,直到毕业离校。1954年8月高中毕业后,挺奇考取保定空军军官学校,我也毕业到太原读书。1956年他因事路过太原,拜会了江地先生,并在酒店款待了我。那时他身着空军军装及少尉肩章,是排级军官。1957年我毕业被分配到大连工作,他调到武汉空军7航校(河南信阳)任飞行理论教员。是年秋天,我曾写诗一首怀念他:“我在大连观波涛,君在信阳闻海啸。海鸥不解怀君苦,低空飞舞把我嘲。”1958年,挺奇调到沈阳空军第三训练基地(辽宁开原)。我们虽都在东北,却未相见。1959年,挺奇调到溺水之畔,大漠深处的额济纳旗(内蒙)筹建我国第一个导弹试验基地,任师政治助理员(营职)。我也于次年被八机部调往塞上江南的银川市。世上竟有如此巧合的事,我在东北,他调东北,他调西北,我也调西北。1962年,我回家乡工作,挺奇也于1965年转业到新疆乌鲁木齐地质厅做政治工作。1970年,由于他第二次婚姻的妻子傅学贤是贵州文艺团体的艺术家,他因此调贵阳化工原料厂做政治宣传工作。不久,傅因病早逝,他和本厂子弟学校教师刘琴建立家庭。1989年,挺奇调贵阳花溪化工厂任工会主席,1993年调贵阳磷化工总厂工作,直到1995年5月正处职退休。他育有三女一子,皆事业有成,如今家庭幸福,生活美满。我和挺奇同志相交60余年,至今都已是古稀老者,世道多变,世事沧桑,但我们的交情却愈加笃深。在我人生最困难时刻,他给我鼓励和信心,并在物资上给予多方帮助。60余年,飞虹传书,信函不断,我以有挺奇做挚友,甚感骄傲。挺奇酷爱文学,文笔优美,笔耕不辍,著述颇丰。他还有大量写作计划,怎奈突发重疾,壮志难酬,不甚遗憾。愿他坚强信心,战胜病魔,早日康复,为后人留下更美好的篇章。

王治贵,男,1935年农历八月初三生于河南省济源市克井镇柿槟村。原姓黄,起名晓轩,1941年卖身于中村镇北庄村王兴河为子,改姓王,起名治贵。

1943年在北庄小学读书,1947年在中村高小读书。1950年毕业后在中村"同心益"杂货店当店员,后到北庄村、上峪村南凹任代课教师。1952年8月考入沁水师范(补师班),同年9月转入沁水中学初三班读书,1955年7月初中毕业考入高中,编在高五班,读书两个月后因病休学。

1955年12月被县人委任命为中村乡政府代理秘书,1958年10月1日加入中国共产党,并担任中村公社党委秘书,1963年任中村公社党委政治部主任。

1965年9月调任县人委办公室任干事,1966年春调县委办公室任秘书兼通讯组长,1969年9月任县革委办事组秘书办公室第一副主任,1971年10月任办事组副组长,1980年任县委办公室第一副主任。1984年3月任县计划经济委员会第一副主任,1984年5月任县财贸委员会主任,1994年退居二线,受县委、政府委托帮助筹建"香港益美"饮料公司,1996年出任副董事长兼办公室主任。1997年1月退休。

王治贵曾任中共晋城市第二届党代会代表,中共沁水县第五、六、七、八届代表大会代表,七、八届县委委员,沁水县第六、七、八、九、十、十一届人民代表大会代表,县政协第二届常务委员。

王治贵同志在任40余载,工作业绩颇丰,任秘书兢兢业业,当领导扎扎实实。在县委办、政府办任职期间,亲自主持机关修建,建设家属宿舍、修建办公大楼、修建政府招待所、修建县委(人大、政协)大楼等。在财委主政期间,引进资金办企业、倡导商业办工业、突破"菜篮子"工程等。这些成果记载于沁水史册。

王治贵在中村工作期间购买中村西街原供销社市面房一座。其爱人延凤英1980年退休后,在中村首办改革开放后的第一个民办旅社"新春旅社"。后来全家离开中村,迁居沁水县城。

郑民伟,男,1938年1月12日生于沁水县中村三区上峪村。七岁丧母,由伯母抚养(伯母娘家是中村前街李长轸家)。其舅父是中村东街王兴年,因此幼年长期居住在中村。

1948年入中村高小读书,1951年到山西省立曲沃中学读书,1954年到太原机器制造学校(现在为太原科技大学)读书,1957年11月入大连工学院夜大学习,1960年8月因工作变动,离开大连学业中断。

1957年被分配到国营大连柴油机厂任热加工技术员,1960年8月调八机部西北拖拉机厂任电气技术员。1963年应邀回沁水工作,先后在中村公社发电站及中村林场当电工。1970年调中村铁厂任技术员。1977年3月调中村海绵铁炼钢厂任副厂长,1978年12月加入中国共产党。1981年由晋东南专署授予工程师职称。1983年2月又调任中村铁厂任厂长兼党支部书记,1986年任县经济委员会副主任,党组成员并兼中村铁厂厂长、书记。1989年由山西省科技干部局授予高级工程师职称。1992年1月重回县经委任总工程师。1996年任县经委调研员。1986年任县工程系列职称评审委员会主任。曾当选为沁水县第八、九、十届人大代表;晋城市第一、二届人大代表,中共晋城市第一届党代会代表。1998年退休。

1969年在大连柴油机厂任铸钢技术员期间,他撰写《扩大电炉装入量试验总结》一文,刊于1959年《重型机械》杂志10期。1978年与他人合作撰写的《固体燃料底卸焦炉还原海绵铁中间试验》,获山西省1978年科技成果四等奖。1974年任中村铁厂技术员期间探讨白煤炼铁小高炉炉型研究及工艺特点,首创使用白煤和焦炭混合燃料炼铁的良好经济技术指标。其撰写《小高炉供水自动控制》一文,由《山西冶金》杂志1975年刊出。中村铁厂小高炉利用系数等三项经济技术指标连续多年列全国地方小高炉前5名,多次受到省、地表彰。1980年,其在主持中村海绵铁厂技术工作期间,撰写的论文《对海绵铁电炉炼钢有关问题的初步探讨》,参与了省有关科研生产部门的技术交流。

郑民伟在任铁厂厂长期间,于1984年荣获山西省劳动竞赛委员会三等奖,1985年代表全厂职工出席省群英会。1989年,中村铁厂技改项目初步完成,建成了拥有炼铁、炼钢、轧钢、耐火材料生产能力的小型钢铁联合企业,更名为“沁水县钢铁厂”。

郑民伟自1948年10月在中村高小读书,又于1962年秋到中村工作,两次共居住近34个春秋。人生最美好的年华在中村度过。起初他住在西街杨国政院南房,后又调换至大槐树巷小衕衕院刘录基东房。1980年,经中村大队和中村公社批准,在中村西头窑占地0.53亩,新建庭院平房6间住宅一套,1987年扩建为二层楼房及东西侧庭共计16间320平米住宅一院。1992年10月22日迁居沁水县城居住。

王秀章，男，1947年农历三月十一日出生于沁水县中村镇下川村，1964年9月参加工作，1965年6月加入中国共产党。

王秀章同志少年时期在下川乡读书，1964年至1966年在长子县、沁县参加“四清”运动，1966年9月至1972年10月先后在晋东南地委任宣传部干事、沁水县委办公室干事、下川供销社统计、下川公社党委秘书、团委书记等职务；1972年10月至1978年10月任团县委副书记；1978年10月至1989年9月任中村公社主任和党委书记；1989年10月至2002年任沁水县人民政府副县长（正处级）；2002年至2007年退居二线，分管西气东输建设工程。2010年1月30日因病去世，享年64岁。

王秀章同志一生勤勤恳恳，任劳任怨，谦虚待人，严于律己，勤奋好学，勇于实践，作风严谨，办事踏实。特别是在担任副县长期间，大力破除沁水交通发展瓶颈，组织修建了沁翼公路、沁端公路、中下公路、侯村煤矿铁路专用线，进一步完善了县域公路网络。他强力推进县城基础设施建设，为县城扩街改造、河道治理等作出了突出贡献。他一生忠诚党的事业，献身沁水发展，给沁水人民留下了深刻影响。

王秀章同志在中村工作期间，将全家落户中村，并在南园胡同购买庭院房上下10间。调离中村后，房产易主。

王树德，男，1944年3月生于沁水县中村镇冶内村，1962年参加工作，1966年4月加入中国共产党。1955年至1958年在蒲泓小学读书，1958至1961年在中村中学读书。1962年至1964年在大南坡小学任民办教员，1964年至1966年在长子县、沁县参加“四清”运动，1966年至1968年在沁水县委农村工作队工作。1968年至1971年返乡务农，任生产队长，1972年至1975年任中村公社团委书记，1975年至1980年任下川乡党委副书记。1980年至1984年任张村乡乡长，1984年至1989年任下川乡党委书记，1989年至1997年任沁水县煤炭运销公司经理，1997年至2005年任煤炭运销公司调研员。2005年退休。

王树德同志多次荣获上级领导表扬，曾当选为山西省第七届人民代表大会代表。

王树德于1973年落户中村，购买西街书房院胡同刘杰民西房，1987年在南坪巷修建庭院房上下12间。现在虽常住沁水县城，但家产未动。

附录：

跋涉者的足迹

杨笔文

王树德有自己的座右铭："踏踏实实为党工作，为民造福，为发展沁水经济竭尽全力，死而无憾。"铿锵话语，掷地有声。

1989年10月，王树德受组织调遣，走出大山，当上了沁水县经委副主任、煤炭运销公司经理。初来乍到，面对一个"领导彼此不服，司机不服会计，会计不服领导，汽车在院里淋雨，职工拿着工资逍遥"的"烂摊子"，他憋足了劲，并暗下决心，非干出个样子不可。于是，改选党支部，重组工青妇，刷新体制，重设股室，更换人员，加强财务，责任到人，制定规章制度，奖惩分明，铁面无情，使一盘散沙的煤运，一切走上正轨。1990年，沁水县煤运公司捷报频传：全年收入500万元，上交利税38.4万元，两项收入均超过公司成立以来5年的总和。1991年10月，一座像样的煤运综合办公大楼在沁水县城拔地而起，经济效益直线上升。该公司连续被评为省、市先进集体，王树德的名字也写在各种各样的光荣册上。

"以宽厚的胸怀对待别人，以正直的观点对待事物，以荣誉感对待团体"，随着侯月铁路在沁水的建成通车，沁水煤田的开发，壮心不移的实干家王树德，在经济改革的大潮中，又将挥动大手，紧紧抓住这个千载难逢的机遇！

摘自《笔下有情》

郑和，1947年5月出生于中村镇下峪村武家庄，中专毕业，1971年4月加入中国共产党。

1955年8月至1968年10月，先后在上峪小学、中村完小、中村中学、晋东南长子农业职业学校读书。1971年11月至1975年6月，先后在任下峪大队主任和党支部书记。期间，他带领下峪村广大干部群众治河打坝、闸沟修田，努力改变农业生产条件，开展多种经营，全面发展，使农村经济得到全面恢复和发展。1975年6月，郑和恢复国家公务员身份，先后任中村公社党委秘书、管理委员会副主任、主任。1984年5月至1989年10月任中村镇人民政府镇长、党委副书记。1989年11月至1992年12月任下川乡党委书记兼乡人大主任。在乡镇工作期间，他为农村的经济发展和基础设施改善作出了积极贡献。1993年1月至2006年12月任沁水县农委副主任、农工部副部长兼县扶贫办主任，他对农村、农业、农民工作，特别是农村经济管理有深入的研究和探讨。2008年退休。

郑和同志20世纪80年代在中村村花沟修建平房一座，退休后经常回村居住。

王洪儒，男，1950年10月19日出生于中村镇柳沟村，中专文化程度，中国共产党员。

1969年10月参加中国人民解放军，在新疆36965部队服役，历任战士、班长、文书。1975年5月退伍后，分配到中村“七一”水泥厂任办公室秘书，1978年12月调县委通讯组任干事，1983年6月任县委办公室干事，1986年6月任郑庄乡乡长，1990年8月任土沃乡乡长，1991年12月任王寨乡党委书记，1995年6月任县财贸委员会副主任，2000年8月任县供销社主任，2002年9月任县人大农业工作委员会主任。

1978年6月他的家属迁入中村村，1986年他在中村西坡巷建筑新房，家属及子女均为中村户籍。后家属转户、子女大专毕业工作离开中村，但一直以中村人自居，语言及生活习惯均为中村习俗。

翟建云，男，1957年7月初7出生于中村镇白华村。青少年时期在白华七年制学校读书，1973年至1975年在土沃高中读书。

1976年到中村公社工作，1979年到县农机局工作，1982年调到县农工部区划办工作，1984年调中村公社任党委秘书，1987年负责中村镇乡镇企业办，1991年任中村镇历山铁厂厂长。1995年12月—1997年2月任中村镇副镇长，1997年3月—1998年3月任嘉峰镇党委副书记、副镇长，1998年3月—2000年1月任嘉峰镇党委副书记、镇长，2000年1月—2003年9月任嘉峰镇党委书记。时今，创办晋城恒源能源有限公司，任总经理。

翟建云在中村工作期间，1997年先在南坪巷修建庭院楼房上下十间，2007年又在林场路修建庭院楼房上下十二间。他多为村里办好事、实事，乐施善助，修学校、修幼儿园倾囊捐款，亲友邻里有困难有求必应，孝顺父母，广交朋友，同时为乡邑经济管理之优秀人才。

武书林，男，1966年出生于中村镇下峪村武家庄，本科学历，中国共产党党员。

1984年9月前，分别在土沃小学、中学、沁水高中读书；1984年9月至1986年7月在山西省忻州商业学校读书；1986年7月至1987年12月在沁水县食品公司工作；1987年12月至1993年3月在沁水县财办(委)任办事员、科员；1993年3月至1995年12月任下川乡副乡长；1995年12月至1998年6月任杏峪乡党委副书记、纪检书记;1998 年 6 月至 1999 年 1 月任固县乡党委副书记、组织委员;1999 年 1 月至 2003 年 1 月任胡底乡乡长;2003 年 1 月至 2006 年 6 月任郑庄镇镇长;2006 年 6 月至 2008 年 12 月任苏庄乡党委书记;2008 年 12 月起任固县乡党委书记至今。

1986 年其父武金宝在中村南坪巷修建庭院新房,随之落户中村。

第十一卷 艺文

第一章 文学

第一节 传记

舜耕历山

汉·司马迁

虞舜者，名曰重华。重华父曰瞽叟，瞽叟父曰桥牛，桥牛父曰句望，句望父曰敬康，敬康父曰穷蝉，穷蝉父曰帝颛顼，颛顼父曰昌意，以至舜七世矣，自从穷蝉以至帝舜，皆微为庶人。

舜父瞽叟盲，而舜母死，瞽叟更娶妻而生象，象傲。瞽叟爱后妻子，常欲杀舜，舜避逃。及有小过，则受罪。顺事父及后母与弟，日以笃谨，匪有解。

舜，冀州之人也。舜耕历山，渔雷泽，陶河滨，做什器于寿丘，就时于负夏。舜父瞽叟顽，母嚣，弟象傲，皆欲杀舜。舜顺适不失子道，兄弟孝慈。欲杀，不可得，即求，尝在侧。

舜年二十以孝闻。三十而帝尧问可用者，四岳咸荐虞舜，曰可。于是尧乃以二女妻舜以观其内，使九男与处以观其外。舜居妫汭，内行弥谨。尧二女不敢以贵骄事舜亲戚，甚有妇道。尧九男皆益笃。舜耕历山，历山之人皆让畔；渔雷泽，雷泽上人皆让居；陶河滨，河滨器者皆不苦窳。一年而所居成聚，二年成邑，三年成都。尧乃赐舜絺衣与琴，为筑仓廪，予牛羊。瞽叟尚复欲杀之，使舜上涂廪，瞽叟从下纵火焚廪。舜乃以两笠自扞而下，去，得不死。后瞽叟又使舜穿井，舜穿井为匿空旁出。舜既入深，瞽叟与象共下土实井，舜从匿空出，去。瞽叟、象喜，以舜为已死。象曰："本谋者象。"象与其父母分，于是曰："舜妻尧二女，与琴，象取之。牛羊仓廪予父母。”象乃止舜宫居，鼓其琴，舜往见之。象鄂不怿，曰：“我思舜正郁陶！”舜曰：“然，而其庶矣！”舜复事瞽叟爱弟弥谨。于是尧乃试舜五典百官，皆治。

舜年二十以孝闻，年三十尧举之，年五十摄行天子事，年五十八尧崩，年六十一代尧践帝位。践帝位三十九年，南巡狩，崩于苍梧之野。葬于江南九疑，是为零陵。舜之践帝位，载天子旗，往朝父瞽叟，夔夔唯谨，如子道。封弟象为诸侯。舜子商均亦不肖，舜乃豫荐禹于天。十七年崩。三年丧毕，禹亦乃让舜子，如舜让尧子。诸侯归之，然后禹践天子位。尧子丹朱，舜子商均，皆有疆土，以奉先祀。服其服，礼乐如之，以客见天子，天子弗臣，示不敢专也。

天下明德，皆自虞帝始。

（选自《史记·五帝本纪》）

李佩旭小传

李佩旭，字日初，1917 年生于山西省沁水县中村村一个农民家庭。家有土地 43 亩，房屋 28 间。父亲略识文字，以农耕为主，兼做一些小生意。他到 6 岁入中村小学念书，1929 年入中村高小学习，1932 年考入阳城中学深造。爱好广泛，喜小说、绘画、音乐、医药。1935 年中学毕业，随父亲在中村做小生意。

1938 年中国共产党领导的“牺盟会”在中村出现，遂参加“牺盟会”工作，并担任村“牺盟会”秘书。随后调到一区“牺盟会”，先后任秘书（区特派员）及协助员。在“牺盟会”里，亲身感受到师筱帆等共产党人待人诚恳、办事公道、生活俭朴、作风正派的优良品格，激发了好好干事的热情。

1941 年李佩旭被国民党冉府委任中村村长，他再三回绝。拖了三四个月换人后，他受聘到中村小学教书，从此开始了比较稳定乐意的教书育人生涯。在爱国心、民族感的促使下，他一方面爱护学生，抵制日寇奴化教育；另一方面诚心教授传统文化知识，组织学生白天念书识字，夜晚练习珠算。他与学生结下了深厚情谊，周围村庄上的小孩子也跑来求学。

在与八路军、新政府的不断接触中，李佩旭对共产党产生了良好印象，提高了对共产党的认识，走上了光明道路及正规工作岗位，满怀深情地培育幼苗，拥护新政权。

1942 年抗日政府加委其为中村小学教员。1943 年他奉政府之命赴白华村小学任教。初到白华，学校无学生，他就走村串庄一家一户地进行动员。从开始来一个两个，到后来三五个，最后来到二三十个。在教学中他不仅教学生文化知识，还让学生参加生产劳动，响应政府号召生产自救，成绩很出色，受到沁南县政府的好评,被评为“模范教师”。

1944年沁南抗日县政府调他到沁南蒲泓高小当教员。他在缺少课本的情况下倾注心血,既教国语,又教算术,还教美术,孜孜不倦地写教案,竭心尽力勉励学生学好知识,做正直诚实的人。他言传身教,深受学生信赖与热爱。1945年他被学生选为校办笔墨厂下属的消费品零售部负责人。接任后,他埋头谨慎工作,改善了经营状况。

1946年2月18日(正月十七),李佩旭到沁水县城开会,会后遭到蒲泓高小个别领导人主观臆断、无中生有的诬陷。在逆境中,他严于律己、勇于剖露、襟怀坦白,披肝沥胆、实事求是、忍辱含冤。当蒲泓高小个别领导人,用从小学生口中威逼出来的胡说,逼他招供是“三青团”时,他视清白如生命,实事求是地说:“某同学说的是假的,根本没那回事。”他对人对己高度负责,6月9日被摧残致死,年仅29岁,过早地走完了他的人生之路。

他家有父、母、嫂、妻、弟、侄。妻生过一女婴夭折,无嗣。

1997年9月由沁水县信访办公室行文为李佩旭、张允娴、李树福及刘培思、李德煜等平反昭雪,恢复名誉。

(郑挺奇1999年1月整理于贵阳)

第二节 诗 歌

游西坪

明·柳遇春

羊肠百叠步难留,猿鸟飞腾亦解愁。独有神驹跨逐电,摇身直上碧云头。

游黄土洞

明·柳遇春

声暗灵涵万谷虚,白云深锁赤松庐。可能跨鹤超三界,愿学千言老氏书。

游历山拜瞻虞庙

明·王国光

西坪石庙接云崖,回首山川近帝家。野草薰风还往日,令人寤寐忆重华。龙见当年禾御天，终身甘自往尧田。一从历数咨文祖，万国南风奏舜弦。

游黄士洞

明·王国光

石磴高悬逼太岁，云藏栈路过仙庐。前年黄士飞天去，王烈还能得素书。万仞烟霞上玉虚，山为屏障石为庐。桃花洞口蟠千岁，中有仙人不老书。曾闻黄石卧丹阳，谁凿灵丘开玉堂。金灶犹遗松下火，独伴闲云仙路旁。

岳将军砦

明·杨子器

太行忠义奋如云，人血淋漓染战裙。一战南阳余孽扫，梁兴本是岳家军。

岳将军砦

明·何景明

欃枪弄芒天改色，汴京失守乘舆北。鄂王唾手复中原，两河豪杰皆奋力。刊山筑砦声裂空，和议误国隳成功。千秋英魂或游此，森森草树生悲风。

自上沃山路入张马

清·樊初荀

又是山间一日程，南来信宿转西行。风吹岭树云开合，禾尽溪田路纵横。短碣何年惟颂德，孤村几处未知名。回头远过幢山背，炉冶牛车别有声。

过太行忠义砦，寻岳武穆故垒用查初白《朱仙镇》韵

清·朱樟

燕陉南垂赵北际，叠嶂层峦供拭眦。忍见青城二帝行，排击两河纠善类。星分砦栅棋布营，太行之社称忠义。喊山遥应岳家军，不比当年奋螳臂。雪耻嗤还朽木檠，顶思剩此香盆地。沁水城西土岿然，断垣屈曲长蛇势。戴天不复父兄仇，摩垒空谈宣靖事。义旗络绎号令行，传檄中原定何易。徒令居士梦华胥，南渡偏安拥虚

器。我来览古吊豪杰，私茫未测皇天意。谁驱一桧贼中来，沦丧两京主和议。蛾眉私语误东窗，银瓶井底冤三字。丹坪水冷白华凋，烟痕流尽英雄泪。守门石烂於菟蹲，减灶灰寒墙角弃。山前不见岳侯祠，雪洒孤松滴寒翠。阅尽沧桑又几年，斫地悲歌吐英气。

忠义砦

清·洪世佺

岳公砦上木叶多，山光霜色落回波。土人耕作拾遗镞，争唱当年杀贼歌。

游朝阳观赠受彤上人

清·窦向阁

古壁留仙洞，青苍杳霭间。岩阿千树冷，廊下一僧闲。只有猿窥户，何来客叩关？禅心归寂静，咫尺隔尘寰。

登历山

清·张尔墉

古帝躬耕处，千秋迹已迷。举头高山近，极目乱峰低。花气闻幽径，泉声过远溪。黄河遥入望，天际一虹蜺。

历山颂

韩钟昆

（韩钟昆，现代诗人、作家、高级编辑、原《人民日报》海外版总编，于2008年金秋畅游历山，游后感触颇多，于9月25日赋诗）

混沌初人履下川，重瞳舜帝耕历山。山若惊龙冲天起，峡如银蛇境万千。水似玉手垂银莲，林掌巨臂护中原。文星赵柳耀北斗，人杰地灵惊世界。足踏雄山观天下，盛衰荣辱若等闲。

（注：赵柳，即赵树理、柳宗元。）

沁园春·人间真情

郑挺奇

（建基同志寄来清样，嘱校阅，先睹为快，感慨良多，遂命笔。）

一片丹心，历史作证。诉丙戌蒲泓，“反特”运动；三人凶死，数人非刑。冤假错案，逆施铸成，五十余秋未辩正。须晴日，重实事求是，返璞归真。

蒙难师长学兄，今平反昭雪有定论。举恢复名誉，不胜欣幸。“左”右倾向，引为教训。报效祖国，谢恩中央，老骥伏枥心志雄。紧团结，为稳定发展，尽瘁鞠躬。

七律·游白龙洞

郑挺奇

一龙蜿蜒入山洞，腹中藏水又容峰。有笋有柱皆相异，如禽如兽各不同。亿年造化赖神力，万般修炼仗奇功。人生苦短一晃过，更须一刻不放松。

历山行吟（组诗）

杨山虎

浣溪沙·避暑胜地历山下川村

山下还穿短袖衫，山上骤觉暑天寒。有时甚至打牙关。暗笑书生无奈处，借来村长外衣穿。此间避暑绝胜仙。

五律·登历山舜王坪

才临大河水，又上舜王坪。脚下松涛卷，眼前云雾生。黄河天际暗，车辙草中清。借助山风猛，高歌颂德明。

小重山·舜王坪

突兀山巅绣草坪。方圆千亩大，太阳明。牛羊花朵散如星。犁沟里，世代草难生。

小庙祀神灵。南风吹百世，得丰登。犁沟千载卧无声。常提醒，儿女重耕情。

南乡子·上历山看日出

夜半起三更，朝着历山峰顶登。摸黑山腰听远处，牛鸣，更显凌晨万簌宁。跃上舜王坪，难抑南天门处情。只见东方鱼肚白，霞蒸，一颗火球云隙升。

洞仙歌·历山仙人洞

苍松画阁，绕仙家门户。进洞犹如到龙府。看深宫，山水禽兽花神，千百态，尽是熔岩绘塑。

白云曾出入，今已无踪，代以幽明彩灯舞。敲壁听编钟，梦幻声光，教人是，难分何处。又未觉仙人几时回，化作了身边景观无数。

七绝·历山东峡二首

进来峡谷日新晴，草木葱笼涧底行。绕倦石溪难计路，偶听鸟叫两三声。

古桦苍松绝壁悬，涧流脉脉泻清潭。聚仙石上合张影，看我人人都是仙。

贺新郎·历山西峡

一举通天戟。把山岩，劈成两半，并排而立。幽谷纵深十多里，头上天成缝隙。夹岸又，崖高林密。涧底绿溪流汩汩，入深潭，忽听娃娃泣。原却是，大鲵给。

秋光满峡斜晖浴。记当年，舜王夫妇，许多遗迹。七彩女娲补天石，是娶女英铺的。池七十，娥皇簪剔。滴水岩前谁滴泪，竟酿成，石椁悬云壁。妃子梦，耐人觅。

第三节　散　文

游丹评山记

明·张道濬

丹坪者，盖万山之特也。左右闼峙，水下绕，广十余武。相传宋岳忠武进次朱仙镇，河北所结义寨三十有七之一，今废城尚在。或曰古仙人炼丹处，故砂铅汞青，在在而有，山所县名也。山下曰丹沟，去余家百里许，时心慕之，未克游。

崇祯壬申（五年，1632）六月，余自翼城西来，始迂道焉。初五日方午，自白华取径于河，五里为箭河，云矢石所及也。循河而左，寿藤杂萝，幕蔓缀属，令人忘暑，蒙阴露日，微见其隙。又二里，得小石桥，据桥延睇，水石清露，纤鳞游泳，宛如镜中，了无少碍。纡稍前行，即丹沟也。居人数家，筑茅炊汲，惊见游客，竞骈首骇咤，此何异桃源人惊见渔夫耶！第居人朴，处不解问户外事。予即询山中故实，无为应者。

少倾拾级而升，曰下叠，其山壁立如城，层置如台，予强以名下叠。土石参半，路夷不苦,骑登中叠,较险矣,下马扪萝扳葛而行。幽邃极目,獐鹿雉兔,交迹林间,俱有傲睨之色,不我避。寻登上叠,石鑱削,可五六丈,有岩洞三,具可容百余人。势狞甚,欲生噉人,令不寒而栗。再寻径上之,仅受趾,不能并武。巅之缺,如玦泉莹如也,疏之注下,即瀑布,潴之即池。假汉阴丈人遇之,何烦抱甕哉?再上,得地,坦而可耕者三千亩。不时有阜,阜即有林,花木掩映。想昔人避世于此,枕漱耒耜之乐,亦山中万户侯也。西来山峻,而若断蜂丝,蜒步可数里,突起似孑似附,此坪之所为奇也。东南下瞰,人如蚁。俄云雾滃茫,举山麓失之。仰视赫曦,略不少改。稍顷,山下人至,衣履皆濡,则雨师移其德于山下,而予尚穷登眺之胜,得宽政焉。设初时及山之麓,予又安能以笠代笻也?自是观止矣。

还宿山下,因叹山居之难,坦失之旷,奥失之阻,今耕于白云之上,饮于群峰之中,又重关绝巘以键之,真仙灵幽宅也。河北忠义寨或一时戍守,岂足久混神区哉?然去予家百里,今始克游,不可以无记。

白云洞观奇

倪艾君

历山自然保护区是我们早已向往的地方。今日得宽余,如愿以偿了。

吉普车沿着河谷,顺着山势盘旋穿行。道两旁松柏吐出了新枝嫩芽,鲜红的山桃花,粉红的山杏花,米黄的连翘花漫山遍野。山越来越高,林越来越密,路越来越险。汽车在远离沁水县城50公里的下川乡鸡冠山半山腰分路拐弯处停下来,只见一个醒目的指路牌竖立道旁:“白云洞”。

这里山峦重叠,古树参天。我们沿着弯弯曲曲的林间石梯而下,走完420多个台阶,在密林深处的山腰,一幢别致的六角小红楼展现在眼前,这便是白云洞了。溶洞的洞口就在此处,我们兴致勃勃向洞口走去。

白云洞,又名白溶洞。此洞形成年代悠久。传说,白云仙曾在此修炼降福,初夏白花缀枝,云雾缭绕,故此得名。其实,它是含碳酸盐类的地下水逐渐沉淀结晶堆积,形成了今天千姿百态的各种自然形态。

大自然的神功奇妙极了!洞内最高处27米,最宽处30余米,规模宏大,景物精致,洞中各种形态的钟乳石忽拔地而起,忽悬空垂吊。那满面笑容的“迎宾童子”,高耸入云的“参天劲松”,色彩斑斓的“乳石垂花”,垂涎三尺的“盗金神龟”,体态矫健的“滚球雄狮”,昂首摆尾的“送客猴子”,形象逼真极了。还有那敦实可爱的“佛像”,玲珑剔透的“灯塔”,英姿挺拔的“竹笋”,擎天而立的石柱,飞流直下的“瀑布”,扶风飞腾的“玉龙”,也都惟妙惟肖。在千余米旅程之内,廊回曲折,移步换景。这些神奇莫测,变幻无穷的大自然造型,借助五彩缤纷的灯光辉映,更显得色彩斑斓夺目,游人就像置身于神话世界。

观赏白云洞美景,实在是一种享受。随行的同志告诉我们,在历山自然保护区内,溶洞成群,目前已发现的还有七星潭洞、王国光洞、牛鼻子洞、黄道士洞、银沙洞、黑龙洞等10多个。这些溶洞景观秀丽,各有特色,目前只有白云洞加工开发,接待游客,待将来将这批溶洞开发之后,必将有更加奇特迷人的景点供人们观赏。况且,在历山这块宝地上何止溶洞,还有东峡、西峡、舜王坪等7个风景区,100个风景点都是绝妙的原始自然景观。

桂林山水美,历山风光可与桂林山水相媲美。

(载于《山西日报》1991.5.11)

历山观奇

倪艾君

大自然的鬼斧神工在太行、太岳、中条山之间劈出一块美丽的地方,这就是被省政府列为重点旅游区的历山自然保护区。文人墨客送它“五绝”、“十胜”、“百景”之美誉。随着“舜王坪山顶公园”的开发和开放,这个充满神奇色彩的景点,便成为人们的向往之地。说来有幸,前几日我们恰巧得到一次机会,饱尝了那里秀丽多姿的原始风光和光怪陆离的自然景象。

历山旅游区位于沁水县西南部的下川乡,距县城50余公里。我们在县旅游公司导游的带领下,坐着吉普车沿河谷顺着山势盘旋穿行。山道中,花草芬芳,鸟语虫鸣,泉水潺潺。当车驶到海拔2358米的山顶时,巍峨壮观、气势雄伟的舜王坪就展现在我们的面前。跳下汽车,仿佛有头顶蓝天脚踩白云的感触。一眼望去:近万亩的舜王坪被一尺多高的杂草花卉覆盖着,宛如一个硕大无比的绿茵场。极目四顾:山势巍峨峥嵘,周围峰谷相连。向东望“仙女望夫台”沟壑纵深,峰峦层叠;朝西看“群猴望归”白云环绕,洋洋浩瀚;向北瞧林木参天,山风海啸;往南看“斩龙台”涧水淙淙,清溪环绕……导游人员告诉我们,日出登坪可望黄河,犹如一条弯曲银带;夜晚登坪可观星辰,好似亿万明珠笼罩大地。古人登坪曾写下“古帝躬耕处,千秋迹已迷。举头高山近,极目乱峰低。花开闻幽径,泉声过远溪。黄河遥入望,天际一虹霓”的诗篇来赞美舜王坪。

走进坪中,只见一条长千米宽5米深1米的沟,想必这就是传说中的舜王犁沟吧,在坪的中央建有舜王庙,传说舜王耕于历山时,恰遇尧王带着女儿女英、娥皇来到历山选贤择婿。尧见舜犁地“以无鞭之力,收鞭笞之利”大受感动,把两个女儿许配舜为妻,后来见舜治水有功,颇有才华,就让贤于舜,让舜做了首领。这在历史上留下了“让贤”的美传。

在舜王坪公园我们还看到20余处景点，斩龙台、梳妆台、望夫台等，一个景点就有一个美丽的传说，还有那巧夺天工的人造景观诸如蒙古村、赛马滑雪场，使人们感受到浓郁的古时牧民的生活气息。

历山旅游区有华北地区保存最完整的的上万亩原始森林，有700多种植物，有近千种药材和上百种珍禽异兽，仅国家一、二类保护动物就有38种。

从舜王坪返下，我们驱车来到下川乡的鸡冠山，在山的半腰公路旁，一颗已有500年历史的迎客松，伸开它庞大的树冠向我们点头招手，一个醒目的指路牌竖立道旁：“白云洞”。白云洞又名白溶洞。它是含碳酸盐类的地下水逐渐沉淀结晶堆积，形成了今天长江以北最大的自然形态。

大自然的神功奇妙极了！洞内最高处27米，最宽处30余米，规模宏大，景物精致，洞中各种形态的钟乳石忽拔地而起，忽悬空垂吊。那满面笑容的“迎宾童子”，高耸入云的“参天劲松”，色彩斑斓的乳石花，垂涎三尺的“盗金神龟”，形象逼真极了。这些神奇莫测、变幻无穷的大自然造型，借助五彩缤纷的灯光映辉，更显得色彩斑斓夺目，游人就像置身于神话世界。

观赏白云洞美景，实在是一种享受。导游告诉我们，在历山旅游区，溶洞成群，目前已发现了10多个，都是绝妙的原始自然景观。

（载于《山西日报》1995.7.28）

第四节　故　事

王国光、田阁老历山行

张文君整理

位于沁水县西南部的历山，与阳城、垣曲、翼城相交为邻，因系虞舜耕治之地，当地人习称“舜王坪”，又因与山东南次滩河东的析城山（当地人习称圣王坪）隔河相峙，河东的圣王坪叫东坪，河西的舜王坪也称西坪。

舜王坪，历史悠久，风景秀丽，素有“仰天鼻擦天，看地不见底”之怪势，历来为文人墨客浏览观赏，吟诗抒怀，泼墨写生之地。

史记，公元1570年农历初夏四月小满时，明朝的户部侍郎王国光（1512——1594，阳城县润城镇上庄人氏）曾约请阳城老乡、协办大学士田宜奄一块登游历山。

因田宜奄是沁水县下沃泉村郑姓女婿，他二人就乘四人抬轿从阳城县经次营来到田的岳父家。田宜奄，史称田阁老，官居当朝，在人们的心目中是大人物，他们的轿还没进村，周围的老百姓就纷纷前来夹道跪迎。王国光不愿再惊动黎民百姓，同田宜奄商议后，只在下沃泉村田的岳父家便餐一顿，就一块去到西文兴(解放前叫西大兴)村去见同僚、诗友、宁海知州柳遇春。

柳遇春，号柳柳泉，家富万贯，为沁南名士，本人善文喜诗。王、田的到来，使柳家大增光彩，立即设宴款待。

宴毕，三人商定第二天一起去游舜王坪。次日，鸡鸣起床，脱去官服，换成便衣，各乘二人抬小轿，经老马岭时，三人下轿进岳王庙参拜岳飞塑像，再起身至后洞沟。因山高路陡林密，轿夫难以行进，就又换骑毛驴至山上。

这里说的山上是已进入历山境内，但要到达舜王坪尚需十多里，毛驴也上不去了。他们三人就步行至海拔2358米的舜王坪高峰，浏览了各处胜景，饱尝了自然风光，拜了舜王庙。在舜王庙前，宁海知州柳柳泉即兴吟诗一首：《游历山拜瞻虞庙》："西坪石庙接云涯，回首山川近帝家。野草薰风还往日，令人寤寐忆重华。龙妃当年未御天，终身甘自往尧田。一从历山咨文祖，万国南风奏舜弦。"

天色不早，他们三人步行下坪，赶到下川乡北边的峪南渠村。在一乔姓人家吃了玉米面油饼后，协办大学士田宜奄在被中吟诗一首《宿峪南渠》："肩舆临绝巘，振足且徐徐。曲路盘云盖，繁枝凝客裾。金声骇虎窟，樵语出猿居。黄昏无可止，灯火峪南渠。"

第三天一早，房东给他们吃了麻油炒小米焖饭，就从峪南渠村后的点炮梁上下黑沟到历山支系丹坪寨下的丹沟村，游览了村南面的黄道士洞。王国光和柳遇春又各吟诗一首《游黄士洞》。

王国光的诗句："石磴高悬逼太虚，云藏栈路过仙庐。前年黄士飞天去，王烈还能得素书。万仞烟霞上玉虚，山为屏障石为庐。桃花洞口蟠千岁，中有仙人不老书。曾闻黄石卧丹阳，谁凿灵丘开太堂。金灶犹遗松下火，独伴闲云仙路旁。"

柳遇春的诗是："声暗灵涵万如虚，白云深处赤松庐。可能跨鹤超三界，原学千言老氏书。"

出洞后，三位朝官，步行三几里来到涧河村，雇了三头毛驴，优哉游哉地回到西大兴柳柳泉府下，洗去尘埃，更换官袍。稍事休息后，就令家仆取来文房四宝，把他们各自所吟之诗写于纸上。然后又由王国光挥毫写到长条上。柳遇春的后人又勒石立碑，把他们的诗刻于碑上，矗在柳府之中。柳遇春的诗碑落款是：宁海知州沁水柳柳泉(诗)户部侍郎王国光书。田宜奄的诗碑落款是：明隆庆四年夏协办大学士田宜奄(诗)明户部侍郎可乐山人阳城王国光书。

《游黄士洞》诗落款同前。名人游历山者众多，但留下笔墨的恐怕这是较早的人了。

陈赓将军视察历山

张文君整理

太岳军区司令员陈赓将军作为抗大太岳分校校长，曾多次到历山胸前的南阳大庙和张沟村视察住在这里的抗大太岳分校学员。

第一次到南阳村时，是在1944年，抗大太岳分校刚从历山顶端的下川、上川一带迁到南阳。那一天他和军区政治委员兼抗大政委的谢富治骑着高头大马，从阳城来到南阳，先深入到南阳村大庙和村西南约2公里的张沟村察看了学员的住处，学员的操练和生活，听了一堂讲话，然后在校部接见了排以上学员干部。他号召抗大太岳分校的学员要做好四件事。一是要学好持久战术和游击战术，练好本领，随时准备上前线杀敌；二是要克服灾荒年带来的困难，节衣缩食，课余要开荒种地，争取粮菜自给，改善和提高生活；三是要搞好军民关系，做到拥政爱民；四是要发扬“团结、紧张、严肃、活泼”的抗大校风。

他在张沟视察时坐过的那把椅子，至今还摆放在南阳抗大太岳分校旧址纪念馆内。

令人难忘的是1947年，夏秋之际，他担任四纵队司令员后，率兵8万进军晋南，挺进豫西的情意。那几天正下着瓢泼大雨，部队来到历山胸前的蒲泓村，河水很大。过河时一位马夫的一只鞋被河水冲走了，只好赤着一只脚行军。

在寺坡河见到欢迎陈谢大军进军晋南的老百姓，陈赓将军下马后自己牵马行走，并向老乡们致意。当他看到那位马夫只穿一只鞋时，就问他：“那只鞋呢？”

马夫委屈地说：“过河时只顾照顾牵马，被河水冲走了。”

陈司令说了句：“乱弹琴。”就叫勤务员从自己骑的马上取下一双新鞋给了那位马夫，“把它穿上，这里尽是石子，会划破脚的。”

马夫高兴地弯腰穿上新鞋，把剩下的那一只旧湿鞋扔到原地，牵马就走。

“站住！”陈赓把脸一沉命令马夫：“乱弹琴，把那只鞋捡起来，带上走！”

马夫有点茫然，陈司令又缓和地说：“前面还要过河，要是再冲走一只你怎么办？”

马夫明白了，立即笑着弯下腰捡上那只湿透了的旧鞋插到背包上高兴地牵着马走了。

在一旁的战士和欢迎群众无不为陈赓将军的此举深受感动。它验证了陈赓将军爱兵如爱子的传说。

（选自一丁《历山的民间故事》）

李德生视察舜王坪

张文君整理

这是一件鲜为人知的事。

1973年的一天，风和日丽，晴空万里，一派吉祥如意的气氛。

历山舜王坪上，天蓝蓝，云淡淡，草是嫩绿的，花是鲜红的，空气清新、阳光灿烂。这时，天空突然响起了隆隆的飞机声，由远而近。随即舜王坪的高空出现了七架灰绿色的直升机。

这些飞机由高而低，绕着绿色的舜王坪旋转了几圈，其中三架飞机徐徐而下降落在舜王坪顶上那平坦如毡的草地上。

另外四架飞机仍然在天空飞旋，好像在时刻注视着舜王坪周围的情况，并关注着降落下的飞机的安全。

降落的三架飞机着地后，从机内走出几个着草绿色服装的军人，衣领上的红旗，帽子上的红星证明他们是中国人民解放军的军官。

这些军官中有一个身材高大的人，在坪上观看了一阵，向一个小房子走来。这小房子是种药人老侯住的。

老侯第一次见到这么多的飞机降落到坪上，又怕又奇。他试着向飞机走去，想看看飞机是什么庞然大物。

那个身材高大的人走到老侯面前问他是干什么的，在这里干什么？老侯见这个军官和气就一一做了回答。

大约有一刻钟后，那位军官和他的同事与老侯握了手，并叫他看了飞机，然后进入机舱，不大一会飞机就隆隆地起飞了，随同四架没降落的飞机一同飞向北方……

这时舜王坪东边的下川公社，也有人看见飞机落到坪上，就奔向坪上观看，但他们上到坪上，飞机早飞得看不见了，只听看药场的老侯讲了讲他与那位军官说话、拉手的情景。

不久才听有关方面说，那位身材高大与老侯谈话的军官，就是当时任中共中央副主席的李德生将军，他到舜王坪是视察三线工作的。

李德生是解放后进入历山舜王坪的最高级领导人，那七架飞机，就是陪他视察历山的工作人员的座机。

据悉，李德生视察历山时，全由军方安排，除通知沁水有关方面外，其他县、地区领导和地方人员均不知道，在当时属于秘密。

武士敏将军历山抗敌

武士敏将军是一位抗日英雄,是一位具有远见卓识的军事家,是一位赤胆忠心的爱国主义者。他在历山坚持抗敌、坚守防区、英勇杀敌的民族气节给历山人民留下了诉说不尽的话题。

武士敏将军1892年出生于河北省怀安县,1908年考入宣化官立中学堂,后入北洋政法专门学校,加入了同盟会。1917年赴陕参加靖国军,与于右任、胡景翼、杨虎城等结为好友,到广州谒见了孙中山先生,深受孙中山赞许,资助他国币800元,让他到苏联学习。

1927年,武士敏由苏回国,应杨虎城将军之约,任西北军一师二旅旅长,1936年“西安事变”前夕,升任为169师师长。

抗日战争爆发后,1938年反攻太原、石家庄时,按照中央政府的作战部署,武士敏所部归二战区副司令长官朱德(司令长官是阎锡山)和彭德怀将军为首的东路军指挥。他同国民革命军第八路军精诚团结,共同抗敌,战果赫然。他曾指挥了威震敌胆的“子洪口战役”,使侵华日寇屡遭惨败。

1939年6月,武将军晋升为国民革命军第98军军长,奉命到中条山前线抗击日军。武将军军部驻扎在历山东南侧的西哄哄村(属垣曲县),指挥作战部驻扎在西哄哄北十多华里的上川、下川村一带(均属沁水县)。

在日寇重兵进攻中条山之时,国民党军驻军20万,相继败退逃窜黄河南部,唯独武军与敌交战,取得了不少战果。日军从西、北、南三面攻不上中条山之巅历山,便调兵遣将从东面向历山进攻。武士敏将所部某师一团部署在南渠,二团部署在上川和后渠。三团部署在李圪塔、口河一带,使敌寇无隙可击。该年初秋,日寇在汉奸带领下偷袭一团一营一连前哨虎圪塔,由于战士麻痹,守在漆树沟的一连一个排,被日寇全部杀死,一连奋力抵抗,大部阵亡。驻扎在历山顶上最东北边的北石窑的一营丁营长接电后,率部在北石窑的红土圪梁奋力抵抗,使敌军不得深入一步。

丁营长前线负伤后,驻扎在峪南渠的麻子营长率二营跑步到北石窑红土圪梁奋力抵抗。武将军接电后亲自从西哄哄赶到上川部署二、三团集中到龙王庙村的弹场圪梁,动用大炮、迫击炮猛轰虎圪塔之敌,使其不得前进半步。

激战一天,入侵敌人只好败退。战斗中武士敏将军亲临战场指挥,取得了历山抗敌胜利。在虎圪塔战斗中敌我双方阵亡300余人。

武士敏的部队在历山一带驻防时,纪律严明,秋毫不犯,深受老百姓拥护,但部队军阀习气浓厚,当官的在治军中不时地有打骂士兵或下级官员的现象,武士敏将军知道后,也曾让执法官鞭杖打过下级士兵或官员的团长、师长。

当时,中条山地区大部已被日寇占领,只剩下武士敏一个军。在“小东岭会议”和“桑田会议”后,武军奉令撤出历山开往岳北。当部队集中到上川后,领导集团发生分歧,当时虽系国共合作,团结抗日,但武军系杂牌军组成,又有国民党军统作祟,一部分人提出不愿到北岳抗日,而要过黄河与大批中央军会合。在此关键时刻,武士敏将军利刀斩乱麻,提出“愿岳北抗日者跟我走,愿过黄河者请便”。把全军部队集合到后渠村村前大麻地,发表了讲话。

大约有近2000人随参谋长从后渠经北石窑下到南阳村入阳城县经蟒河逃入河南后,被其他中央军吃掉了。

另有8000多人跟随武将军从后渠出发经大庙岭、沙腰、蒲泓、将军腰开往岳北抗敌。在这8000多人中,他的师长、旅长全跟着他。

在中条山战役中,中国军队是失败了,但历山之战,中国军队打胜了,主要是武士敏将军指挥得好。

赵树理历山采药

赵树理历山采药,至今仍鲜为人知。给笔者讲述这件事的人是第二次国共合作时期曾任过沁水县张村、堡头、张河、板桥、西大兴五大行政村联合村长的杨日堂老人。他1928年春夏之间曾因纠纷干戈在张村寺院避难过一段时间,与那里的老和尚有过深厚的交情。他给我讲述了这件事后,我曾到这些地方做过调查,但没有人知道真情。前些年,年届九旬的老人也已作古。

杨日堂老人讲述的赵树理历山采药一节,我当时的笔记上是这样记载的:

1928年三、四月间,我在张村寺(寺名开明寺,一说为开福寺)避难,一天来了个姓杨的走方大夫,是个瘦高个头的年轻人,身着旧长衫,背一个钱褡,挟一把三弦琴,自称能治各种疾病。这杨大夫确实手艺不错,只用两种丸、散药就能治好流行的各种病疼。这地方与阳城县紧紧相连,杨大夫白天走村窜庄在两县交界处看病,晚上回到寺院住宿。

这年小满节后,杨大夫带的药用完了,一天晚上他说:“本家,你上过舜王坪吗?我听说那里的中草药很多,我的药用完了,想请你陪我上山采些药。”我告诉杨大夫:“那里有我的亲戚,我去过好几次了,等我给师傅说说,明个咱就去。”

张村到舜王坪要走四十多里山路,第二天一大早我就带领杨大夫经土沃、蒲泓村上到川里(指上川)。那时,正是舜王坪上采药的季节,采药的人很多,在采药人指点下,我们挖了一些菖蒲,又买了一些结根、黄芪、苍术、黄檗之类的中草药。我们在坪上住了两宿。

我让他下午早点下山住到老百姓家,吃饭方便些。他却说:“就挤到采药人的窝铺里凑付一下。”这个人会烧火,我去拣了一抱柴火,他用三块石头垒了个火,借采药人的锅,把上坪时自己带的小米煮起来,很快米粥就煮中(熟)了,又借来一把菜刀,把我们采药中拔的山葱野韭切碎放点盐用筷子一拌,就成了配饭的菜,我二人美滋滋地吃着。这杨大夫不光会看病,烧火做饭也挺内行的。他很随和,没有架子,也能吃苦,就是有点心事,老是愁眉苦脸的。

第三天早饭后我们下了舜王坪回到张村寺院。

杨大夫把我们采买的草药焙干,在一个小拐磨上磨成粉末丸成药丸。寺里的主持和尚想请一个有文化的人教小和尚识字。这时,杨大夫因上坪受了些风也病了,就住在寺内调养,听了老和尚的话,就自荐当师傅教小和尚识字。

我是个唱戏的把式,时不时地要唱几句高兴高兴。没想到杨大夫也会唱戏,我们就经常对唱起来,对唱中,杨大夫还能用嘴念打过场中的文武乐器,引起了老和尚的注意,就又请他教小和尚学习寺堂音乐。

杨大夫除教小和尚识字学唱经文乐声外,也还继续看病。这时,好像他还带了一个徒弟。过了个把月,他去阳城那边看一个朋友并给朋友送点零花钱。去了几天后,杨大夫回来了,他很不高兴地与老和尚说搭了一黄昏,第二天他就带上那个徒弟走了。

抗战后期,我们几个唱戏的搞了个剧团,排演《小二黑结婚》时,我才知道了和我一块在张村寺避难,一块唱干梆戏,又一块上坪上采药的杨大夫就是大作家赵树理,《小二黑结婚》就是他写的,可惜再也没有见过面。

杨系本文作者的表舅,解放后搞群众运动中得知他 1928 三四月间确实在张村寺当过几个月留发僧人(实为避难),这件事从 1942 年底沁南县圪塔上事件中得以证明。

当时沁南抗日县政府机关住在圪塔上,春节前夕,一支土匪乘虚黑夜偷袭圪塔上,打伤了县长王维岳,杨的母亲和继父全被土匪打死。张村寺闻讯,来了大小和尚 30 余人为杨的父母亲诵经超度,并举行了盛大的道场而分文不收。就因为杨曾在这个寺院“出家”过。笔者随母前去送葬,目睹了当时的情景。

(选自一丁《历山的民间故事》)

功昭祖国

刘相仕,中村村人,早年就参加了共产党领导的游击队、县大队,后当过八路军、解放军,抗美援朝时由于年岁已大而复员回家。在整个军人期间,他服从命令,作战勇敢,从战士升为班长、副排长、排司务长,并多次荣立战功。特别是在一次养伤期间，由于伤势不太重，他待伤势稍好后就要求担任排司务长，从此，他肩扛扁担为战士们买菜送饭。一次他在买菜的路上，碰到了往八路军驻地去的三个形迹可疑的人，于是他顾不上去买菜，便悄悄尾随其后，观察他们的动静。待他们三人到路边草丛中小便时，刘相仕清楚看见了他们腰间的手枪，断定是三个特务，脑子便一下紧张起来，怎么办？自己一个人只有一根担菜的扁担，但如果放过这三个特务就会给八路军带来很大的危险，他决定不惜性命也要制服三个特务。此时，他急中生智，趁特务们正在系裤带时，突然从荆棘中跳出来，在他们背后大喊“不许动！把枪放在地下”，并随后喊了几个战友的名字让他们包抄。特务们由于人地两生也不知到底有多少人，又不敢回头，为了活命只好乖乖地把腰间的手枪抽出来放在地上，举起双手投降。相仕拿着扁担走上去，把三人的枪一齐捡在手中。当三个特务回头看时才知上当，但为时已晚，只好被相仕押回到八路军驻地，经审问他们果然是来打探八路军情报的特务。

刘相仕门头匾额

相仕只身抓特务的举动在部队里传为佳话，官兵们称他是“孤胆英雄”、“扁担英雄”，此后，部队往家乡发回了嘉奖令。复员后县政府特赠送相仕一块木匾，上刻四个大字“功昭祖国”，至今仍存其家中。

弃暗投明

1939年，日军在中村成立维持会后，大肆宣扬“东亚共荣，中日友好”，使许多百姓蒙骗上当。当时中村一带由于盐运不进来造成了盐荒，镇里几十个村的村民们便自己入股建起了一个盐行，年轻气盛的中村村民刘杰功当时只有19岁，主动担任了行长。在兵荒马乱年代干事业的确不易，他东奔西忙筹措资金，带上马队运输食盐，为百姓缓解了缺盐的困境。住在中村镇张马村的日本红部看到这一深得民心的举动，为了收买民心，便向刘杰功下了委任状，并配发司令部的专用袖章。当时由于杰功人年轻，没有识破日军的用意，还认为是日军良心发现，要为中国百姓办好事，于是便戴上了袖章。就在日军参与他的盐行后不到三天，他戴着袖章在中村街上办完事正要回家，迎面走来了日军巡逻队叫他站住，让拿出良民证。杰功指指袖章，他想你们自己发的东西总会认识吧！哪知这群在中国欺压百姓成性的鬼子，哪管他什么袖章，不问青红皂白叽里呱啦地就打，打得杰功晕倒在地上，日军却哈哈大笑扬长而去。杰功被人们搀回家后，全身疼痛难忍，心中愤愤不平，他深深地悟出了一个道理，小日本为中国百姓办事根本不可能，只有赶走这群恶魔中国才有出路。伤好后，他找到了当时抗日一大队的王维岳队长，毅然参加了抗日行列。由于他勇敢善战，几年后成了一大队的副队长。从抗日战争到解放战争他英勇杀敌，屡建奇功，曾任队长、副连长、团长、副师长等职。解放后任西安市供销总社主任，“文革”时含冤去世。

斗法

相传在清咸丰年间，中村一年一次的七月十五庙会，从河南来了一班要杂技的，看到中村这偏僻山区的农民一个个老实巴交，因此人人威风凛凛、目空一切，称他们是世上最有法力的把戏团，可以把活人大卸八块并重新组装，而人却完好无损，是世上独一无二的绝技。

开演的那一天，中村的中庙里站满了观看表演的男女老少。一会儿杂技班领班在台上自吹自擂，把一个年轻男孩的胳膊、脑袋分解放开，炫耀后正准备重新接上。突然天上飞来了一只乌鸦，落到台上叼起男孩的人头展翅飞走了。表演的慌了神，料到自己遇上了高手，赶快向台下观众作揖，询问村里是否有懂法术的高人。经人指点后，领班顾不上脸面，急忙向中村刘××家走去。由于此把戏中的法术有时间限制，如果超了时间，人命则难保。到了刘××家后，头人作揖求救说，只要给了人头甘拜下风。此时，刘××告诉他，请他来是要做一件事，因中村的张沟后有一条大蟒蛇经常害人，看到你们法力如此之大的分上，想请你们做件好事降服此妖。领班满口答应说，只要把男孩的人头放回，做什么事情都可以，于是刘××放回了人头。

第二天上午，刘××带着这位杂要领班走到了张沟后沟口，稍站一会儿只觉得天昏地暗，一股寒风由远及近，只见一条张着血盆大口的大蟒蛇直扑而来，来者尚无施展法力，已被大蟒蛇吞入口中。

刘××提着一条口袋回到家中，一会儿睡在口袋中的领班醒了，刘××将其放出。这时，领班倍感羞愧，叩头拜师，而后送给刘××一对石狮子作为拜师礼，现在石狮子还在其门而立。

第五节 回忆录

故乡

江 地

我是山西省沁水县中村镇人，这地方在山西省的正南部，它在行政区划上虽然属于晋东南地区，但沁水却是这个地区南部最西边的一个县，而中村又是最西边的一个镇。从中村往西走四公里，还有一个张马村，这个村子也不小，由这个村子再往西南走一、二公里，就到了翼城的边境，而翼城就属于临汾地区。整个晋东南地区的剧种是上党梆子和上党落子，但临汾、运城地区的蒲剧却能在沁水中村一带流行，就因为这里是两个地区的边界之故，一过了中村东边五里的杨岔岭，蒲剧就没有人看了。中村人的方言，也和城关人不同，带了点翼城的味道了。像“我”这个字，城关人的发音是 wǒ，中村人的发音是 é，沁东人的发音就是 wò，不是当地人，是不大容易加以辨别出来的。翼城的北关最繁荣，中村人赶集，来回四十五公里，两天可以打一个来回。绛县的南樊，是一个大镇，它离中村也是四十五公里，中村人担盐、担棉花，也是两天可以打一个来回。这都说明了这里不仅与晋东南关系密切，而且在经济上、政治上与晋南一带关系也是很密切的，这是由于地理形势所决定的，就是沁水正在山西南部正当中的缘故。

中村这地方可以说是景色秀丽，森林茂密之区。沁水全县是介于太行山、太岳山、中条山三座大山的中间，在抗日战争时期，这里属于晋冀鲁豫边区的太岳区，实际上沁水已在太岳区的最南部，中条山的最东部，在沁水以南的阳城，就属于王屋山和析城山。所以这沁水全境是群山连绵，蜿蜒不绝，到处都是山、山、山，在山与山之间有比较大的沟壑，也有比较大的河流，又可以说到处是水、水、水，形成一山挟一水，又一水挟两山的沟壑纵横的地理形势。

沁水下川村舜王坪，传说在远古时代舜耕于历山就是此地，所以这座山，就叫做历山，这是沁水、翼城、垣曲三县的边界，也是这三个县海拔最高的地方，达 2358 米，而我的故乡中村，离这地方仅 20 公里。小时候，母亲告诉我，舜王坪是“四十里寒冰之地”，那地方气候冷得很，山里边还有老虎和豹子，小孩子不敢去，也没有去过。近几年来，想念故乡，承故乡同志们的好意，接待我去舜王坪和下川附近的匣底参观了两次，我才知道，那真正是我国第一流水平的风景区。到处是悬崖绝壁，古木参天，有一望无际几乎是远在天边的林海。站在舜王坪的草坪上，极目四望，全是保护的绝好的原始森林地带，山花野果，红绿相间，灌木丛生，植被良好。这地方的人，不知道什么叫环境污染，只知道在深邃幽静的山乡里到处是鸟语花香，林木葱茏，芳草如茵，流水潺潺。其风景的美好，任你怎么样描写它都可以。这里的人们，不会想到世界上还有人口密度极高，交通过于发达的大城市，以及它所带来的一系列严重的社会问题。

历山已经被划列为山西省的自然保护区，这里初步发现的有猕猴、麝香、豹子、娃娃鱼等名贵动物，也有猴头、红果、木耳、蘑菇等植物，黄芪、冬虫夏草、生地、连翘等名贵的药材，更是琳琅满目，数也数不清。我认为庐山和黄山之所以美，是因为它出了名，是因为有许多人，特别是文化学者，在文字上、书画上替它作了宣传。其实以我们国家之大，那风光绮丽的佳区多得很，只是它们还没有被外人所知道罢了，历山自然保护区就是这样尚未被人所知的宝地。

我去看过北京香山的红叶，那里有一片山里是生长着红叶，可惜这一点点红叶之区，哪里经得起这每天几万人的长期践踏，它已经被那么多的人践踏光了，还有什么看头！认真说来，香山的红叶比沁水舜王坪的红叶差上十倍，时节一进入秋季，漫山遍野都是红叶之区，这里才真正是保持着天色国香的本来面目呢。

同样的道理，我去广西桂林看过它的山水，那山水是很美的，可惜的是，每天都有几千人几万人去看它，去游览，这秀美的山水，哪里禁得起每天几万每年几十万人的践踏，所以，我后来到了贵州，看了黄平、施秉之间的㵲阳河，我就在他们的题册上写了“桂林山水甲天下，㵲阳山水甲桂林”的句子。这里绝无夸大之意，因为㵲阳河上依然保持着大自然山水的原始美，而我国许多风景区，实际上是已经名不符实了，而也有许多很美的风景区，却还不大为人所知晓！我请国内外的朋友们、同志们都来看看我们沁水的舜王坪和匣底吧，那才真正是第一流的风景区，它好就好在依然保持着原始的美丽，由于它不出名，所以它也没有遭到过几千几万人的践踏。

匣底是一条河谷，河谷里到处是小如鸡蛋大如房屋的石头。有一种巨石是赭红色的，其间还夹杂着白色和黑色，恐怕这是一种尚未经过化验的含有某种成分的矿石。这是一种奇怪的美丽的石头，南京雨花台上的雨花石，在刚刚解放的那几年我去过，随地都可以拣几大包回来，放在水里确是美观。待到现在，经过30年，游人已达数万甚至数百万，不要说雨花石早已被拣光，就连那绿色的草地，也已被践踏成马路，实在是一点意味也没有了。可是在我们的故乡的匣底呢，你来看看那巨石、那树木、那草坪、那野花、那高山流水、小桥瀑布，一切都是天然的景色，没有任何粉饰和加工，长期住在大城市里的人，实在是应该到这个仙境一般的地方来松散一下你的神经。

中村现在已经成为一个美丽的铺有柏油马路的小镇，镇上有几个小工厂，还有一座中学。在我的幼年时代，小镇上商业就很繁荣，并不亚于今日。那时候，植物的生态平衡，保存的比现在还要好得多，村外南岭上的野草长有一人多高，形成一大片草坡、牧场，我们曾经在那里放牛、割草。北岭上的松柏树，南河刘家老坟里的松柏树，都是几人合抱不住的那么粗壮，而且又有几十丈高度。全村周围形成一大片一大片高大茂密的丛林，葱葱郁郁，相当好看。夜风吹来，这些大树就左右摇摆，并发出呜呜的响声，还有些怕人呢。

中村东南山坡上，原有一座魁星楼，我小时候已经毁坏，不过还有半截子遗址，而现在是什么也没有了。还有一座寺庙，我们就叫它"观上"，这观上当年是一座美丽的道观。那时候保存完整，四面房屋中均塑有神像，院子里铺着用细石砌成的甬道，有几棵大的海棠树栽在庙里，开着白中略含黄色的小花，满院清香，幽雅安静，别有风致。这庙里本来应该是道士，不知道为什么却住了和尚，专管着这里的房屋和香火，这也是中村一景。后来在抗日战争中遭到破坏，今日已改建成粮仓，没有什么可看的了。

中村有三座大庙，在最西边的我们就叫它西庙，西庙里是一座完小，我读完小，就在这里。今日一切犹如往昔，只是年久失修，已经出现了破破烂烂的衰败之象。在村的最东头，也有一座大庙，我们就叫它东庙，东庙里当年还有神像，没有人居住，里边放着一些什物之类，当年已经没落。现在早就全部拆毁，这里变成了一座挖煤的煤窑，这乌黑乌黑的一大堆闪闪发光的煤炭，很有经济价值，但却太煞风景了。

村中间的一座大庙在正中街，坐北朝南，大庙门口就是东西横贯的中村大街，这座庙叫做舜王庙。我年幼时，每年四月初八日中村赶庙会三天，就是专为舜王庙而起会的。这大庙的北边中殿，当然是神话故事传说中的舜王，记得当年还塑着他的两个妻子娥皇和女英的塑像。北殿两边的偏殿，也塑着一些女神像，这都是些什么人，我可记不得了。在四月初八日赶庙会的时候，我们孩子们都由父母领着或抱着，每人脖子里都戴着一个用玉米秆子绑扎而成的枷子，就是象征性的古代罪犯所戴的枷锁。那意思是我们都是有罪的，在这一天要到舜王庙里去赎罪。大家到了庙里，给神像下跪、磕头、烧纸、献供品，然后就把这种假造的枷锁从孩子们头上拿下来烧掉，表达了父母保佑儿女生长的良好意愿，这是一种中世纪式的消灾避难的方法。

大庙的东西两廊下，都是一排排的房屋，里边住着和尚，也是"社首"们议事的地方。全村里选举出十个有名望的老汉为"社首"，社首与村长不同，村长是地方行政长官，社首是民间族姓集团组织的领导。中村当时有李、刘、牛、乔四大姓，李家人都住在中街，刘家人都住在西街，牛家人都住在后街，乔家人都住在东街。那年代不讲什么思想政治工作，讲的是宗族观念，因而封建顽固势力相当强。四大族姓各自团结起来形成四大集团，犹如今日之四大政党。朋党之争激烈，为了争取那社首和村长之权，往往以打架或械斗形式出现，甚至出现了人命案件，宗族斗争掩盖了阶级斗争。在我出生后仅有一岁的时候，我的父亲就在这种械斗中牺牲了。我的母亲为此，与对方结下了深仇大恨，这种官司一直从民国十年(1921年)打到七七事变前夕，后来是日本人来了，小小村庄里的恩怨，就在国家民族的危机之中把自家人的仇恨放在一边了。随着老一代人们的死亡，这种过往的遗事，便被人们逐渐淡忘了。

这大庙的南边是舞台，每年四月初八日赶庙会要唱大戏，就在这个舞台上举行。戏班子到了村里以后，先要跟着一群人，到十多公里以外的黑龙潭去祈神求雨。前边有一个年青人捧着一个陶瓷的大圆形罐子，后面跟着戏班子，不仅要穿上戏装，还要打上各种彩色的旗帜，还要敲锣打鼓，一群人互相簇拥着而去。黑龙潭在涧河村，到了那里，在水潭里灌上满满一罐子的地下水回来，这就是祈雨的队伍回来了。上午出发，下午回来，大约是下午四点钟左右，这浩浩荡荡的队伍，来到中村舜王庙。舜王庙中间的大门，每年只有这一次打开，使这支队伍进得庙来，把神水放在舜王爷的祖像前，这就完成了一桩严肃的重大的任务。人们赶快把大庙正中的大门关闭起来，把大木板搭在这门洞上，这就是舞台。戏台上此际必须立即开台唱戏，而且极为迅速，大约不到十分钟就开台唱戏了。如果要是稍微迟了一些，社首们就会罚戏。我至今还不知道这是何意，大约是神已请回，雨已祈回，不得稍有怠慢之故吧！

我们孩子们这一天高兴极了，整天就是盼呀望呀的等着等着，只要是祈雨的队伍一出现在村口的南边大路上，全村人就都沸腾起来了，与其说是出于对神的尊敬，倒不如说是大家都焦急地等着要看戏，这是庙会的高潮时期。等到戏开了以后，人们的精力都集中到戏上，那心情也就平静下来，高潮也就慢慢过去了。

中村四月初八日的庙会，中村东边杨岔岭上七月十五日的庙会，张马村二月初八日的庙会，这是我们故乡每年的三大庙会，是山村里最热闹的时期。那时候，大家都当大事来对待，态度严肃认真。附近村庄的亲友来赶庙会，都要来到中村的亲戚家里，这时候家家都要热情接待。乡里人没有什么好吃的，小米捞饭是要准备的，最低限度"米粜"是要准备的。而且一到晚上，都要看戏，大庙里挤满了人，我们孩子们就爬在石狮子上看，妇女们就坐石狮子后边的台阶上，坐在凳子上看，男人们都挤在台下看。这头一天晚上的戏目，也一定是《八郎探母》，是杨家的戏，八郎通过公主，夤夜里从萧银宗那儿偷出了令箭，才得通过雁门关外的防线，回来探母，当夜却又奉母命去取了萧银宗(他的岳母，辽国的女王)的人头回来。结果是辽国的追兵后边来了，八郎把人头交给他的朋友胡必显带回给他母亲，辽国的公主带着他的小女儿也回到三关之内来了。可八郎在中途被辽国追兵所包围，战马陷入泥潭，他自知不免，就在马上自杀了。人们为他的死而叹息着，为那个糊里糊涂跟着丈夫回来却失掉了丈夫又失掉了母亲的公主而惋惜着。夜深了，戏也就散了。后来，我在长大了之后，还回到家乡去看过一次《八郎探母》这个戏，为了使人们高兴一些，它把这戏的内容更动了。八郎在途中没有死，而是活着回来了，这当然使人们满意了，可我看了以后，反而觉得有点滑稽。悲剧就应该是悲剧，它使人们惋惜，却感到深沉而有力量。一旦改成喜剧，就失掉了深沉而有力的节奏之美，变得软弱起来，人们反而容易淡忘了。

深切缅怀江地先生

郑挺奇

元月一日，是江地先生的祭日。站在书橱前，望着他笔下的著作，件件往事浮现心头，难以忘情。

江地先生，原名李广澎，中村镇中村村前街人，1921 年 9 月 19 日生。在中村念小学、读高小，经全县会考毕业后，又先后在阳城中学、晋城崇实中学就读。因抗日战争爆发，日本人打到晋东南，狼烟四起，兵连祸结，人人自危，家家惊慌，学校关门，学生离散，便辍学回家。正在风雨中探索新人生道路之时，由共产党人薄一波等领导的牺盟会和决死队，1938 年 2 月在当地招收知识青年参加抗日工作。于是，江先生就和村里几个同学一起到曹公庙报名，参加“抗日救亡青年培训班”学习，并在青年抗日救亡训练班加入中国共产党，不久又被党组织派往延安抗日军政大学学习。他和王维岳、郑虹、常子章等是沁水中村地区第一批共产党员，他又是中村地区第一个奔赴革命圣地延安的青年革命者，也是中村地区第一任党的区分委书记，主持过牺盟会时期的工作。他经历了中国革命的风风雨雨，出生入死，是抗日战争、解放战争、社会主义革命、社会主义建设和改革开放各个革命历史时期培养、实践、锻炼和造就了他，使他丰富了知识，增长了才干，积累了经验，为革命事业做出了很大的贡献。他卓识远见，德才兼备，才干杰出，深孚众望，大家都把他当作尊崇的楷模，非常赞佩他，也非常仰慕他。

我面识江地先生是在 1949 年元月。那时他在沁水中学任教，寒假回中村过春节。一天，在中村街上遇到我的父亲郑允昌，二人边谈边走，便到桥上我父亲开的磨坊烤火取暖，聊别情，叙家常。他身材瘦高，大眼高鼻，黑发浓密，穿着家庭手工缝制的家织粗棉布衣服鞋袜，朴素干净。他态度和蔼、推诚相见、平易近人、落落大方，令人倍感亲切。当得知我辍学在家放牛、农闲时帮父亲在磨坊喂驴推磨，打锣筛面时，感到非常惋惜。于是，他立即应许我，过了正月十五和村里董明德、刘锦绣、牛锡逵等几个孩子一道去沁水中学读书。过了元宵佳节，我们几个小娃娃就相约一早背上极其简单的小行李，爬山越岭，时而坑坑洼洼，乱石纵横，时而曲如回肠，陡峭狭窄，走一天也未碰上几个人，艰难地走向沁水城，天快黑才走进了沁水中学。虽然这是我第一次离开家人,出远门,但能在县城上学,心里是很高兴的。江地先生对我们几个小孩爱护、关怀、帮助、引路,彻底改变了我们几个人一生的命运。后来我们几个人都走出了沁水,参加了工作,有的还走出了山西,参加了解放军。

我们到了沁水中学,未经入学考试就插到初三班,读初中一年级下。学校当时的校长是崔从正,副校长是赵资琛,老师有在高小教过我们的高慎之和李易书老师。学生有两个中学班,初二班、初三班。(初一班刚毕业,待分配)。另外还有一个师范班和一个师训班。学校设在街北一个一进两院的民宅, 我们在前院上课,后院睡觉。

江先生住后院小角楼。他教过中学班,也教过师范班及师训班。他教过史地、政治、语文,也教过心理学和教育学。还教过薛暮桥著的《政治经济学》、毛泽东著的《中国革命和中国共产党》。他知识渊博,学富五车,妙语如珠,出口成章,诗词名句信手拈来,滔滔不绝,妙趣横生。他是一位面目和善,言谈可亲,爱护学生,博学精教,教育有方的好老师。同学们都对他心驰神往、热爱他、喜欢他。每天吃晚饭时,我们都端着饭碗走向他蹲着的地方,一层层围住他,听他讲故事、说笑话。他讲得津津有味,妙不可言,常常乐得令人喷饭。他还教我们唱《国际歌》,苏联歌曲。他也和我们在一起打篮球、打乒乓球,他的球艺高超,打乒乓球时常当擂主,久久攻他不下。我们在他面前无拘无束,通过游戏,增进友谊。他是师长,也是朋友。他知识奥博,闳中肆外,讲课深入浅出,循循善诱,见解精辟,娓娓动听,动人心弦,荡人心腑,是造诣高深,善于辞令,长于表达,因材施教的好老师。同学听他讲课、讲故事,都能获得心灵的快乐和知识。学校教职员早晨的学习理论,他给大家宣讲过斯大林著的《辩证唯物主义与历史唯物主义》。县里的干部理论学习,也请他辅导过列宁著的《帝国主义论》。他以大众化、口语化的解读方式作精彩幽默的分析。他爱自学和思考,理解力很强,博学达观,联系实际、边学边教,人缘很好,威信很高,是被大家奉为楷模的好教师。

沁水中学的高慎之老师,是江先生读高小时的老师,此时他们在一起共事。但江先生始终以"老师"相称,终身尊重。师训班有位叫张鸿勋的参训学员,曾是江先生的启蒙老师,此时便成为江先生的"学生"。江先生对他特别尊敬,不仅声声尊称"张老师",而且当众宣布:张老师是自已永远的老师,在课堂上发问或回答提问,可以不举手、不起立、坐着。给大家树立了尊敬师长的榜样,在校内外传为美谈。

1949 年夏天,政府拨给学校一些粮食。粮食存放在梁庄粮站,学校动员师生去运。江先生主动带头,找来布口袋、扁担、绳子和学生一道,边走路边说笑话。到梁庄粮站依次领到粮后,他担上七八十斤粮食就往城返。我们人小力薄,只扛一二十斤，跟他走了一段路就落后了。他腰板挺直，走得又快，虽然浑身流汗，但他走了很远才换肩，才歇息。同学们都非常尊崇这位能吃苦耐劳的好师长。

1949 年冬季，学校要到尧都运烤火煤，江先生又身先士卒，找箩头、扁担，到煤窑装了满满两箩头煤，和同学们一路跑似的返城。我们年龄小的学生，两个人抬一箩头，天黑了才返回学校，个个都喊累得很。但江先生在吃晚饭时仍然和大家在一起说说笑笑，消除大家的疲劳，振奋大家的精神。

江先生在沁水中学时，国内战争尚未结束，全国尚未实现和平，共产党领导的解放区一面支援前线，一面正在迎接新中国的诞生。人民生活仍然困苦，衣服极简单，铺盖很单薄，洗脸无毛巾，冬天无袜子。沁水县城在梅河和杏河的交汇处，冬季朔风劲吹，格外寒冷。1949 年冬季，江先生异常关爱照顾我，叫我晚上到他房间去和他打通铺，抵足而眠，这样要暖和许多。当时我只有十三四岁，个子矮小，下了晚自习就跑到他住处，常常见他在小煤油灯前不是准备新课，就是批改作业。他的桌上放着很多书籍和报纸，他也让我翻阅，并说些开卷有益、博览群书、每天“挤”时间学习知识和“焚膏继晷”、“囊萤映雪”等勤学不辍的故事。也教导我读书要学会抓重点、难点和疑点，能分清主次，做到泛读或精读。他说学问学问，知识是问出来的。上课要集中精力，不懂就问，同时要善于思考，多多练习学习精神和学习方法诸方面的常识。他每晚都睡得很晚、很晚，躺进被窝，也要再翻看一阵书籍。苏联作家肖洛霍夫的长篇巨著《静静的顿河》厚厚四大本，就是在小油灯下，躺在被子里看完的。他看书的速度很快，几天甚至几个小时就看完一本，桌上的书几天就换一次新的。大家都知道，他有一个习惯，就是上厕所也带一本书看，直到看完了一个章节或把一本小书看完才出来。他看完书后也总要给同学们讲讲。阿拉伯民间故事《天方夜谭》，就是他端着饭碗，蹲在院子边吃边讲给我们听的。这是我第一次听说《一千零一夜》的冒险故事，我和同学们听得很入神，很专注，常常听得忘记加饭、洗碗。都觉得江先生讲的故事好听极了，很风趣，很幽默，很诙谐。他见识广，博古通今，满腹经纶。脑子里的故事永远讲不完，大家也永远听不厌，总企望他继续往下讲，总觉得能和他在一起是非常幸运的，是非常快乐的。

1950 年 6 月，江先生奉命由农村调往省城太原。临走的那天，沁水中学的老师和同学排队送江先生到县城北关汽车站，同学们和他都哭了。大家相处融洽，情深谊厚，难舍难分、依依惜别。江先生带着极其简单的小行李卷，竭力保持镇静，不使自己流出眼泪来，站在不时颠簸摇晃的大卡车上频频向送行他的师生挥手。他荣调了，离开了沁水，离开了故乡，走向了新的生活与工作岗位。

1954 年 7 月，我在太原参加完高考，去山西大学拜访了江先生。他对我参加高考非常高兴，也对我非常照顾，安排我住到工农速成中学，又给我买饭票，让我在太原自由地活动、长长见识，扩展视野。太原是个繁华的省会城市，让我这个从大山沟里出来的孤陋寡闻的穷孩子耳目一新，处处都新鲜、新奇、流连忘返。但我又不敢久留，不愿太麻烦江先生。告别江先生时，他又给我买了返程的火车票，我真是太感谢江先生了，没齿不忘！

参加工作后，无论是在祖国的华北、中南、西北还是西南，我都和江先生保持着联系，每次路经太原也总要专程拜望。他虽身负重任，但每次见到都很热情地与我交谈。坦率直言，尽情交谈，给我很多鼓励和希望，并让我带走他的新近著作。他是自学成才的治学严谨的史学专家、大学教授、研究生导师。他一生致力于史学研究，有雄厚史学功底，有独特创见，尤其是精于清史及中国近现代史。著作颇丰达30余种，论文80余篇。著作内容翔实，生动活泼，结构完整，体系严谨，在国内外学术界有极大影响。江先生除了本职工作，社会活动相当频繁。他是山西省人大代表、常委，省政协委员、常委，还兼任其他一些委员会的顾问、副主任、委员、理事及一些书刊主编等等要职，社会工作很多、很忙。1981年8月，我返家路过高平县，巧遇江先生到晋东南巡视。在百忙之中，他接见了我，并和在高平工作的原沁水中学同学郑林书、马孝荣等合影留念。

1983年11月江先生应邀到贵州黔东南州研讨中国近代史，路经贵阳时又抽暇和夫人亲临舍间小聚。当年江先生虽已年逾花甲，但身体健康，精神面貌很好，精力仍旺盛充沛。他说是受益于几十年来始终坚持游泳、洗冷水澡，参加体育活动和劳动的锻炼，这对我们是大有裨益的。江先生在贵阳去拜访贵州师范大学史学家、校长吴雁南先生和史学家周春元教授，全是徒步前往。他上几个书店，都要购上一摞书籍。几十年来，嗜书之好如旧。

1990年7月，我去吉林开会，特地取道成都、西安到太原，去山西省人民医院探望了病中的江先生。一见面，他就握住我的手，忍不住双眼角流出了泪水，用头示意我坐在病床边。我见他面孔清瘦，脸色苍黄，说话吃力，声音微弱，急切盼望的眼神，令我吃惊而难过。他让护理他的人把他扶起来，一边说话，一边擦汗。断断续续地谈了他的病情，手术过程和现状。还说看过我在《赵树理研究》上写的文字，鼓励我业余多写些东西。我不忍他勉强谈下去，几次劝他躺着休息他都坚持，好像有很多话要谈。为了减轻彼此沉重的心情，我几次转移话题劝他保重，但他总绕回到工作、事业“壮志未酬”上来。说十一届三中全会以后，获得了第二次解放，他的专业得到重视，他又有了作贡献的机会，他的著作有的在国内刊物上陆续出版，有的也译成外文在国外发表。他还要研究清史，要带研究生，敬业治学等等，念念不忘一个忠诚的史学工作者的事业。

无情的病魔肆虐，1992年1月1日江先生离别我们而去了。噩耗传来，悲痛不已。面别之后，我经常在内心深处默默地祈祷着：“愿江老师早日恢复健康，健康长寿,事事如意!”万万没有想到,这次面别竟然成了永诀。但他那和蔼可亲的音容笑貌,循循善诱的长者风范,诲人不倦的学者精神,永远是我们的榜样,他的生命在伟大的事业中永存。江先生一生甘居清贫,没有留下什么丰厚的遗产,但他的精神、他的品德、他的风范、他的才智、他的情怀、他的坚定,天长地久,永远长存,永远激励人们奋发向上。我们怀念他,呼唤他。不由地回想起曾经和江先生相处的日子,想起他对我的引导、培养、关怀、帮助,于是写了这篇短文,以表对江先生深切缅怀哀思之情。

江地先生永远活在我的心中!

二○○八年清明节

我所知道的赵树理

刘建基

一、久闻初见

赵树理是我国现代杰出的人民作家,一颗璀璨的文学巨星,又是一位完全彻底为人民的共产党人。他的作品与为人是我终生热爱和敬仰的,即使有过一面之交,也感到今生有幸。

远在青少年时期,我和吉茂英就非常喜欢读赵树理写的作品,感到他的小说内容现实生动,很有教育意义,非常精彩。他写的故事,好像实有其事,他塑造的人物形象,好像我们都见过,他用的语言、描写的乡土民情,以致山水景物,与我的家乡一模一样。他是沁水东南部人,他的家乡尉迟村与阳城接壤。我是沁水西南人,相距百十多里。随着他的名字誉满全国,不禁使我也感到与赵树理同乡而骄傲和自豪。凡是他的作品的评论文章,我都收集保存。可是参加工作多年,却未见过赵树理这位名扬中外的老乡。

这一天,终于来到了。

那是 1961 年 12 月 29 日,我和吉茂英随卫恒同志(山西省省长)到晋东南地区下乡,住进了长治地区第一招待所。当我们向着三层楼走上时,抬头看见一位五十开外年纪的男同志笑嘻嘻地站在楼口面迎卫恒。他,高高的个子,穿一身旧旧的深灰布制服,戴一顶鸭舌帽,面容极为和善。大概他已经知道他的老友卫恒来了,早已等在楼口迎候。但卫恒同志并不知道赵树理去长治,一见是他,惊喜地“哎呀!”一声,连连叫道:“老赵?老赵?”两个人的手紧紧握在一起,久久不放。

在招待所住的那些日子,每日三餐,赵树理、卫恒都是和我们在一层的大饭厅里同桌吃饭。那时的招待所,建筑很简朴,饭桌是又厚又重的木质大圆盘桌,坐的是长方形的小凳子,用的碗是阳城、晋城产的白瓷碗,筷子是河南产的方块竹筷。每张饭桌规定为 10 人,照顾我们 5 个人就开饭。吃的多是上党的家乡饭,饸饹、小米焖饭、稀粥、炒酸菜、山药丝、萝卜……

二、听赵树理唱戏

1962 年的元旦,因为是新年,这天吃了顿白面饺子,说是白面,看起来却又粗又黑。吃罢饭后,卫恒开玩笑地说:"过年啦,老赵,唱一段吧!"赵树理是上党戏曲的行家里手,那时他正在长治改编上党梆子《三关排宴》剧本。他从小在农村八音会里就吹拉打唱样样都行,15 岁时就会掌鼓板。许多人都知道他娱乐时,一人能同时操作上场口四种打击乐器,还不误嘴里又唱又拉,又砸梆子。因为我们都是上党地区人,都爱听上党梆子。赵树理知道大家的意思,可是没有乐器,于是他微微一笑,而后拿起筷子当鼓箭,敲着饭碗当锣鼓,叫起板来,唱了一段《三关排宴》中佘太君的唱段:"不知江水深和浅,被他朦胧十余年。要知他的真名姓,他是亲生四子男。"

赵树理摇头摆身,似笑非笑,越唱越有劲,越唱越有神。卫恒和我们聚精会神地听,想笑也不敢笑出声来,越听越想听,尤其是听赵树理唱戏,对我和茂英来说机会十分难得。据说赵树理小时就爱看戏,十五里地以外唱戏也要走着去看。他编过不少剧本,为剧团排戏,既是导演,又给演员化妆、穿戏装。开演前他提出先"吵台",自己亲自打鼓板,他的鼓板打得特别好,两只手腕轻轻启动,两根鼓槌上下如飞,真是有板有眼,有声有色,观众都说:"光听这'吵台',就知道今晚的戏错不了。"对演戏、唱戏、排戏、编戏、评戏他都是行家里手。

在招待所这几天,虽然和赵树理同住一楼,同桌吃饭,又听他唱戏,我只知道他是沁水人,哪个乡的,哪个村并不知晓。我那时年轻、单纯,也不懂得打听打听,和赵树理拉拉"老乡"关系。同样,赵树理也不知道我是沁水人,茂英是阳城人。但赵树理给我留下的印象太深了。这就是我第一次见面的情况,万万没有想到这也是和他最后一次见面。

1964 年,赵树理同志赠给卫恒同志一首题为《咏松》的五言律诗,对卫恒同志的人品,对他平易近人、艰苦朴素的作风,进行了认真的刻画。这首诗写道:"峻岭苍松古,朝朝映赤霞。风凄偏见劲,日暖不眩华。出众还依众,居哪变乐哪。涛鸣浑似海,晓夜彻天涯。"

这说明赵树理同志对卫恒同志是非常了解,非常熟悉的。卫恒同志把它作为珍品挂于会客室,不料在那场浩劫中被造反派盗窃走了。

为慎重起见,我专门查阅了工人出版社出版的《赵树理文集》,在第三卷里确有《咏松》这首五言律诗,并依此对过去传抄中的一些不准确处作了纠正。

三、观看《十里店》演出

1964年夏天,山西省在太原举行新戏汇报演出,晋东南上党梆子剧团排练了赵树理同志1964年创作的剧本《十里店》。因为是汇报演出,只在内部进行,未向社会公演。汇报演出期间,卫恒、王大任、王中青、史纪言等领导人看过,我也跟随着去看过。演出的戏场大概是在柳巷的"山西大剧院"或"长风剧场",这是一本六场现代戏(寻根、出诊、报警、挤进去、挤出去、查卫生)。它的主题是:通过写农业与副业争劳力的事实,反映了那时农村党群关系、干群关系的紧张、矛盾。用现在话说,它的主题是党风问题。

省里每次举行戏剧汇报演出,总是请组织观看演出的戏剧文化领导机关和专家、同行讨论、评论提出意见,这已是多年的惯例了。对《十里店》提出的意见是希望对太尖锐的台词能请作者修改一下。我清楚地记得唱腔里有一句"小台湾"的唱词,意思是说十里店村里的贫下中农李东方及其年迈多病的母亲受的罪,吃的苦太重太深了,形容十里店如同"小台湾"。讨论、评论会上的意见反馈给在北京的赵树理同志。赵树理态度很明确,回电报说:"文责自负"坚决不同意修改,他剧本里的字一个都不让动。这件事过去35年了,别的记不太清楚了,但这一点在我脑子里印象特别牢,永远忘不了。

就从这一点可以看出,赵树理同志是一个原则性很强的人,是一个非常慎重的人。他的有些词句是经过几天几夜思考,深思熟虑定下的,不是一时心血来潮随便下笔的。《十里店》讲的那些事实和人物,在"文革"中的样板戏《红色娘子军》里的南霸天是最典型的了。联系到我们现在的现实生活,类似"南霸天"这类骑在人民头上的恶霸时有揭露和公处。他们的胡作非为比起《十里店》里的"小台湾"的那些人的作为有过之而无不及。不管他们隐藏多深,独霸一方,欺压鱼肉百姓,我们党总是发动群众把他们揭露出来,公之于众,依法处理。该关的,该判的,该杀的,彻底捣毁那些类似"小台湾"的地方。想到这些,会使人想念赵树理同志,更尊敬赵树理同志,更崇拜赵树理同志。他一贯刚直不阿,只认真理,只重实践,只听贫下中农的意见。他真正做到了陈云同志倡导的"只唯实"、"不唯上"。他曾说过,我写的《十里店》剧本,大家都看了,支书软弱,队长跋扈,牛鬼蛇神出笼,写的是"三类队"的事。这出戏出不得国,上不得京,招待不得国际友人,是为农村开展"四清"写的。有人说是毒草,我说是香花。有人说是阴暗面太重,我说最后还是看到了光明。

又过了一年,1965年的夏天,中共中央华北局在太原晋祠招待所举办读书会,到会的都是华北局和北京、天津、河北、山西、内蒙五省市党委、政府的负责人,又把这本戏调来在晋祠演出过一次,也没有做出过明确肯定的结论。粉碎"四人帮"后的1977年5月份的《诗刊》、《人民文学》和1980年工人出版社,山西大学主编的《赵树理文集》第三卷分别刊登和收录了赵树理同志的遗作《十里店》剧本。同年六月,中国文联第三次扩大会议上,巴金副主席有个重要发言,发言中说:老舍同志、赵树理同志、周信芳同志、盖叫天同志、郑君里同志、严凤英同志,在艺术上有成就,对人民有贡献,都是受"四人帮"迫害而死的。这年五月份山西省文联第三届第二次全委(扩大)会议上,也提到赵树理被"四人帮"迫害而死,《十里店》是好作品,历时十多年的一场争论,也从此告一段落了,这才还了赵树理同志一个公道。

四、迫害致死

因为中共中央关于无产阶级"文化大革命"的决定,即"16条"讲的所谓的修正主义分子、反革命分子、叛徒都混进了我们的各级党委、政府、文化、教育、艺术、戏剧界里,篡夺了领导权……那么所谓"反动作家"赵树理是逃不脱这场厄运的。先是文化部和全国文联各协会根据上边下达的最高指示,说各种艺术形式中存在不少问题,许多部门还是被死人统治着。许多共产党人热心提倡封建主义和资本主义的艺术,却不热心提倡社会主义艺术,要整风。赵树理是首当其冲,而且离开生活过16年的首都,下放于晋城县委副书记的岗位上。在中共中央华北局的多次督促下,尽管中共山西省委对领导这场运动还是很不理解,还是很不得力的情况下,于1966年8月6日被迫的、错误的以省委139号文件作出了在《山西日报》公开批判赵树理同志的决定。8月9日《山西日报》四版报道了中共山西省委宣传部8日召开的座谈会,彻底批判资产阶级反动文学权威赵树理,打倒"文艺黑线"祖师爷周扬树立的标兵。8月11日《山西日报》用一个半版的篇幅发表韶宝、宏光等写的题为《从赵树理的作品看他的反动实质》的所谓"革命大批判"文章,并组织了对赵树理进行错误揭发批判的其他报道。到1970年改为"支左"的掌权后,7月24日《山西日报》又在第一版和第三版发表所谓新生的山西省革委大批判写作组的长篇文章《把一贯鼓吹资本主义反党反社会主义的反动作家赵树理彻底批倒批臭》。文章指出,赵树理的小说《传家宝》是破坏互助合作运动的反革命宣传书,《三里湾》是对农村合作化运动的全面反动,《锻炼锻炼》是对农业合作化运动进行全面反攻倒算的大毒草,《实干家潘永福》是影射攻击"三面红旗",鼓吹复辟资本主义的黑作品,《卖烟叶》把矛头直接指向了社会主义和无产阶级专政。总之,"赵树理的罪行累累,他的要害问题是一贯鼓吹资本主义,反党反社会主义。"就这样对赵树理的所谓批判时断时续一直到1971年7月止,《山西日报》共发表专版30多个。就在赵树理被残酷迫害致死的一个星期前,即1970年9月18日还以整版篇幅,突出报道了省城召开有6000人参加的批判赵树理大会的消息和评论员文章。

省城太原批斗赵树理在后，晋城县、长治市、晋东南地区批斗赵树理在前，再后就是全国进入大夺权的1967年，在全国报刊上批开了赵树理。

先前的批斗，还算“文明”些，他还说些俏皮话，但很快，他在批斗中两根肋骨被打折，折骨又戳通了左肺叶。自此以后，他便常用两手捂着胸膛，斜着身子一颠一颠地移动，每移一步，就要咳嗽一声……

即使这样，仍被各地造反派拉去批斗，几乎“游”遍了山西省的城镇乡村。

在晋城，造反派用三张桌子叠起来搭成一个高台，强迫赵树理跪在上面低头认罪，等候批判。突然，一个造反派狞笑着对他说：“你不是写过《三关排宴》吗！”说着就照着他的后背一推。

哗啦一声，三张桌子倒了下去，赵树理被摔得昏死了过去，当他醒来时，发现自己的髋骨已经断了……

他坐不能坐，睡不能睡，只能斜倚在小板凳上，背靠火炉，胸伏在床沿，趴着度过黑夜，白天还得继续接受批斗。

1970年6月23日，赵树理正在屋内观看儿子和同学下棋，房间被推开了。

进来两个穿军装的人。

“你是赵树理吗？起来卷起铺盖，跟我们走！到法院去！”

原来，山西省高级人民法院已奉命成立“赵树理专案组”对他隔离审查。因他“案情重大”。专案组按“要犯”处理，将他囚进单间里，彻底隔离。然而，他已被折磨得大小便也不能自理了，无奈，才允许他的儿子每天来此送饭护理。

赵树理病情加伤情急剧恶化，被打断的肋骨使内脏发生多种炎症，烧得他浑身起火，穿不住衣服。

就在这时，山西省“支左”的军政当权者下达命令，召开一场规模宏大的有6000多人参加的批斗大会，他不能走，爬也得爬到现场去。

9月17日上午，在太原市最大的湖滨会堂，批斗赵树理大会开始了，让他把双肘撑在桌面上，胸部抵住桌沿。他双手捧住脑袋，认真地听取批判。随着一声声“赵树理站起来”、“低头认罪”的口号，他艰难地站起，又艰难地弯下腰去。

他越来越难支持，头上不停地落下豆大的汗珠，两腿哆哆嗦嗦，约莫半个小时后，他一头栽倒在地。

他没有被送往医院治疗，而是继续押回囚室。

9月22日下午，赵树理突然浑身颤抖，瘫在床上，他双手乱抓，口吐白沫，嗓子里呼噜作响，经专案组批准，送到了医院“抢救”。

9月23日凌晨2时45分，黎明前的黑暗里，赵树理的心脏不再跳动，这是1970年，他年六十有四。按现在中国人的寿命，他还应该再活20年。但是他硬被造反派一次次、一天天批判斗争折磨死了呀！难道他们没有罪吗？难道不该追究他们的责任吗？

五、还了公道

粉碎“四人帮”后，根据党的十一届三中全会精神，1979 年 2 月 3 日中共山西省委发表了《关于为被错误在报上公开点名批判的赵树理同志平反的决定》。“决定”全文是：“1966 年 8 月 6 日，中共山西省委 139 号文件，决定《山西日报》公开批判原晋城县委副书记、作家赵树理同志，至此，1966 年 8 月至 10 月，1970 年至 1971 年 7 月，在《山西日报》上多次公开点名批判了赵树理同志，给他戴上‘资产阶级学术权威’、‘反革命修正主义分子’、‘反党反社会主义的反动作家’、‘叛徒’等帽子。对于赵树理同志诬蔑不实之词，应予推倒。”

在此之前的 1978 年 10 月 19 日，新华社发表报道，我国著名作家赵树理骨灰安放仪式，17 日下午在北京八宝山革命公墓礼堂举行。赵树理同志是遭受林彪、“四人帮”反革命集团残酷迫害，于 1970 年 9 月 23 日在太原死亡的，中共山西省委书记王克文，山西省代表武光汤（省政协主席），马烽（全国著名作家），刘江（山西省委宣传部副部长），孙谦（全国著名作家），贾克（山西省文化局副局长）等参加了骨灰安放仪式。

六、故乡变迁

我虽然同赵树理是同乡，曾有过短暂的交往，总想能看看他的故乡。特别是十年浩劫中他惨遭迫害离开我们时，这种心情更迫切了，但直到 90 年代才有这样的机会。一次是 1991 年 6 月 5 日，回沁水端氏镇参加由省救灾扶贫周转金资助建起的沁水县制药厂投产剪彩仪式后专门去的；一次是 1998 年 4 月 6 日参加由沁水县委、县政府组织的原沁水蒲泓抗日高小校友“同窗校友重相聚，共叙家乡昔与今”联谊会。这两次的季节特别好，一次是夏季，一次是春季。

在尉迟村，赵树理的故居也称是青砖灰瓦木质建筑的普通的四合院，北房、西房为楼房，均为赵树理家所有，1906 年农历秋风八月初七，阳历 9 月 24 日，赵树理就出生于西房的楼上，乳名得意，字齐民，这时的尉迟村属潘庄管辖。

尉迟村在抗日战争、解放战争时分属士敏县（沁水县城东部，为纪念光荣牺牲的抗日将领武士敏，经晋冀鲁豫边区决定而改名）、沁水县的第二区、第六区管辖，1947 年 7 月，士敏县撤销，东西合并又恢复为统一的沁水县名称，人民公社化、大跃进时期尉迟村又属嘉峰乡（常兴社）管辖，现在的尉迟村归属嘉峰人民政府管辖。

尉迟村坐落于太行山、太岳山、中条山三山之间的沁水县东南部山清水秀的横贯全县东北的沁河河畔，横穿全县 72 公里的候月复线电气化铁路，先是由西向东而后又从北向南紧靠着尉迟擦肩而过进入阳城县，往东以晋城为界。全村共有173户，640口人，658亩土地，其中水地640亩，地平水浅，土地肥沃，光照资源丰富，发展农业具有得天独厚的地理条件。它是一颗闪烁在沁河岸边的明珠。这块以沁水命名的沁水煤田是世界上最大煤田之一。这块丰饶的沃土，孕育了享誉海内外的"铁笔圣手"的人民作家赵树理，它是沁水人民的自豪和骄傲。赵树理毕生为农民写作，他情系农民，根在尉迟，尉迟成为赵树理创作作品、塑造人物的生活基地和情感源泉。赵树理写出了《小二黑结婚》、《李有才板话》、《李家庄的变迁》、《三关排宴》、《十里店》等一批优秀文学、戏剧等作品，塑造了小二黑、小芹、李有才、二诸葛、三仙姑等一大批农民形象，赵树理的作品脍炙人口，不仅走向中国，而且走向世界，尉迟的名字也走向了中国，走向了世界。赵树理生前一直都关注着尉迟，支持着尉迟，一心想着尉迟人民早日过上幸福生活，赵树理付出了毕生的心血，曾为尉迟描绘过发展蓝图，现在，这幅蓝图已经成为生动的现实。

在赵树理有生之年，由于历史的原因，尉迟人民群众的生活还比较清贫。

如今，尉迟变化了，尉迟人民富裕起来了，这种变化来自于党的十一届三中全会为尉迟发展吹来了一缕和煦的春风，来自于党的一系列改革开放的政策，来自于尉迟群众在改革开放过程中所释放出来的极大的冲击力，这就是尉迟变化的动力，这就是中国农村和中国农民在社会主义历史进程中，所寻找到的符合实际的最佳生存方式和生活方式。

1985年以来，尉迟村先后办起了煤矿、冶炼厂、耐火材料厂、防火材料厂、建材厂，商业股份公司、经济发展实业公司等8个企业，固定资产达到4300万元。"无工不富，无农不稳"，在工业发展起来后，集体积累也厚实了，尉迟村开始强化基础保农业。在村总公司策划经营下，设置了培训中心，先后投资100多万元，购置了联合收割机、脱粒机、拖拉机以及铺设自动灌溉系统，实现了从种到收、从生产到销售的一条龙服务。如今，村里果园达到120亩，果林品种达到8种，新增加桑园50亩。

1983年，投资6万元，尉迟村第一个在全县实现了电视村。

1986年，投资8万元，建成新学校，不久又追加投资建成了幼儿园。

1988年，投资12万元，建成了村委办公大楼。

1989年，投资8万元，建成了地面卫星接收站，安装了闭路电视，同时购置摄像装置，尝试自办节目"尉迟新闻"。

1991年，投资16万元，整顿了村容村貌，埋设了下水管道，硬化街面，安装路灯，同时集体资助每户2万元，设立住宅小区，村民兴建居民标准小楼，水电齐全，使农村走向了城市化。

1992年，投资6万元，安装了程控电话交换机，村民普遍装了电话。

1993年,跨入了小康村行列。

1995年,全村工业总产值完成2150万元,人均纯收入1900元,粮食总产达到26万公斤。

1997年,实现社会总产值3647万元,总收入3250万元,农民人均纯收入3000元。

1998年,计划农业上再来一次新飞跃——创建现代高科技农业园区。既巩固原有四个基地,又新建粮食高产、品种示范、集约高效牧草开发及水产、畜禽养殖六个基地。通过基地建设,发展集约的功能,加速高科技、新产品的推广和应用,达到分区开发、连片生产、规模经营、高产高效的目的。

尉迟村的变化,记载了中国改革开放后农村的进程,赵树理毕生追求的夙愿终于在今天得以实现。

如果赵树理再能回到人间,他一定会再拿起他的"铁笔",举起他的"圣手",兴高采烈,满腔热情地去创造,去歌颂尉迟村的翻天覆地的伟大变化!

玉洁冰清,舍生取义

——缅怀李佩旭老师

郑挺奇

我深沉地缅怀我读高小时的第一任老师——李佩旭!李佩旭老师能在蒙冤横死50多年后得到平反昭雪、恢复名誉,作为他的一名远离故乡的学生,我由衷地感谢中共沁水县委、县政府以及为此事多年努力不懈的蒲泓高小的老师和同学们!

李佩旭,字日初,是沁水县中村镇东街人。土地改革前家庭比较富裕,有土地雇人种,有市房经营小生意或出租。其父李见善乐善好施,为人通达,土改时主动交出土地和房屋,运动中没有受过激烈的冲击。李佩旭和其兄都有学识,在外供职,他就在当时的蒲泓高小任教。

1945年,我父亲郑允昌在中村租李见善当街的两间市房开一爿小杂货铺,父亲带我在中村念小学,认识了李佩旭。是年秋后,我父亲就托李佩旭带我到他执教的蒲泓高小读书。此时我年仅10岁,个子矮,胆子小,也是初次离开家人,所以刚到蒲泓,一切都依赖李佩旭老师。

李佩旭老师教书育苗、辛勤耕耘,深受同学们欢迎与敬重。他住的小房间经常有学生来往,充满欢乐。

住在李佩旭老师正对门的是训导干事梁广义,此人不学无术又旁若无人,且行径不端,在同学们中间引起许许多多议论。他做事心虚,又想堵住别人的口,于是独出心裁，制作了一个“意见箱”挂在他窗台旁。他隔几天开一次箱，把箱里的意见加以整理，逐一处理，弄的学生惊恐万状、心惊肉跳。有的学生常被一些鸡毛蒜皮的小事整得抱头掩面地哭，避着训导处、躲着梁广义走。李佩旭不恭维梁广义的这些做法，梁广义也觉得自己的一举一动都在李佩旭的眼皮下，于是便对李佩旭怀恨在心，并对经常进出李佩旭房间的学生耿耿于怀，想方设法整李佩旭，树立自己的形象。

1946年春，梁广义趁其他教员在县集训之机，一手遮天、独行其是。一天，他突然蛊惑一些天真无邪的青少年学生向李佩旭年幼的外甥李德煜寻事生非，把李德煜捆绑到事务处，吊在梁上毒打，剥去他的衣服，用烧红的火柱、煤锹烫烙。迫害得李德煜体无完肤，大小便失禁，强逼李德煜招供李佩旭是三青团头目，国民党员、特务。同时又派学生到中村一带把平时学习成绩优秀的刘培思、刘培教、李树昌、李树福和已参加工作的杜仲源、参了军的韩殿魁等好几个学生捉拿到学校，分别轮番严刑拷打，威逼招供。这些年龄不大的少年被打得头破血流，皮开肉绽，遍体鳞伤，死去活来，长期卧床不起。李树昌遭毒打后趁隙逃命，被紧追其后的学生捉回来施予严刑，险些送了性命。李树福被不间断地暴虐审讯，当天深夜蒙冤死去。一时黑云压城，岌岌可危。教学秩序混乱，学生恐慌紧张，担心祸从天降，害怕继续在校读书。梁广义等则感到草木皆兵，风声鹤唳，认为中村一带无好人。今天揪这个刑讯逼供，明天捉那个严刑拷打，气焰嚣张至极！当时，我年仅11岁，只因为与同学开了一句玩笑，便被捆住吊打了两昼夜，逼迫我这个无知的儿童应对根本不懂的提讯。

梁广义等人把李佩旭和张允娴从县公安局捆绑回高小进行斗争，张允娴悲愤至极，在回校途中跳井身亡。李佩旭回校后，他们紧关学校前后大门，集合全校师生在后院正殿门前斗争。由于李佩旭实事求是、忠诚老实、不说假话，梁广义等就组织学生手持棍棒轮番殴打李佩旭。李佩旭当时身上穿的白布衫和单裤，被打得稀巴烂，衣不遮体。有的人还说要考验考验留用人员高校长，逼高校长带头毒打李佩旭，由于高校长体弱力薄、文质彬彬，他们就说高校长有问题，右倾。连续不断的残酷迫害，体无完肤的李佩旭已气息奄奄，不省人事，惨不忍睹。人们看不到他的眼泪，但能感受到他的心在流泪。他洁身自好，襟怀坦荡，有一说一，尊重事实，忠诚老实。宁愿自己死也不做瞒心昧己、苟且偷安的事，树立起了真正实事求是的形象。

连续斗争后的一天夜里，一阵“李佩旭掉厕所了”的吼叫声，突然惊醒了熟睡的师生，大家急忙起来，围着厕所折腾了半夜，天快亮才从厕所南口把李佩旭捞出来。此时李佩旭已停止了呼吸，但师生们还是用冷水冲淋，高校长还亲自动手给李佩旭进行人工呼吸，最后抢救无效，李佩旭含冤故去了。

李佩旭死后,梁广义等无法向公安局交代,遂加恨于李佩旭。把李佩旭的尸体拖到庙后一块耕地,又责令学生到蒲泓村借长矛大刀等锐器,把李佩旭的尸体剁成泥浆,接着又指令学生到山坡上、河沟里拾柴火堆到河滩,然后把李佩旭的碎骨肉渣扔到很高很大的柴火堆上焚烧。焚尸的柴火燃烧了很久,听说蒲泓河也臭了很久,河滩那块烧李佩旭的地多年了连草也不长。

1946年春,蒲泓高小发生的这场人为的“反特”运动中,一个学生、两个教师被摧残致死,许多小学生惨遭迫害。这一特大冤案发生后,不少同学离开了蒲泓高小,有的被迫回乡务农,有的异地升学,有的参军,有的参干。然而,对一九四六年“反特”运动一事,无论是李佩旭的同学同事,或历史上真的参加过反动党团的人员,也无论是参加过这次“反特”运动的师生,或了解李佩旭的普通老百姓,都认为李佩旭生性胆小、谨言慎行,他在昼夜轮番捆绑拷打、火柱烫烙、遍体鳞伤的惨状下,忠贞不渝,以死辩诬,宁为玉碎,不为瓦全,其精神极其崇高,给人们留下了悲惨而沉痛的记忆。他无愧于心,玉洁冰清,他以生命作代价,洗刷自己的不白之冤,实属一件特大冤假错案,应当纠正,得到平反,予以昭雪,恢复名誉。

历史的车轮向前滚动了半个多世纪,社会发生了根本性变革。李佩旭和张允娴及李树福等在受尽严刑折磨残害致死后,党和政府予以洗雪冤情恢复名誉。生活在省内外的同事和学生们都深深铭记着他们,他们如若有灵,就在九泉之下得以慰藉,安息吧!

1997年12月22日于贵阳

耳闻目睹之昔日中村

郑挺奇

中村位于沁水县境西南。相传,很早以前,佛教创始人释迦牟尼的大弟子之一——目连,常以孝慈忆念所生父母。于是,依仗佛力寻找生母。当他遍历地狱,途经杨岔岭一带时,正遇特大洪水不得接近村庄。但他救母心切,面对洪水,他求佛陀救助,遂伸出手中佛杖,指着周边的山坡村庄画了一个大圈。接着,又一边用佛杖指着前面不远处的村庄,一边念咒语:以前面这个村庄为中心,洪水入地,不得阻挡。从此,目连所指的前面这个村庄及周边,虽有山坡沟壑,坑谷池沼,但不存雨水,河道长年干涸。目连救母脱离了饿鬼道,中村也就由此得名。

中村距沁水城关30公里,西距翼城县城45公里,距绛县南樊镇45公里,东距阳城县城45公里。距翼城县的西闫镇仅七八公里,距绛县边界也不过十来公里。翼城属临汾地区,绛县属运城地区,沁水、阳城原属长治地区,20世纪八十年代划为晋城地区。蜿蜒曲折的来路和去路把山里山外连接起来，周边县份的经济、文化发展直接影响到中村。因此，中村成了沁水颇有影响的重镇，成为沁水西南的政治、经济、文化中心。中村地下煤、铁等矿产资源丰富，地面林木丛生，绿叶茂密，林业资源丰茂。民居四合院两层青堂瓦舍。一条石头铺砌的街道横贯东西。处处都呈现着兴盛之气，每逢赶集日举办庙会，小镇人潮如流，车马喧嚣，兴旺繁荣，异常热闹。

中村四周有山坡，但北边高，南边低，东、南及西边均有河道经过，像块小盆地。由于采矿及冶炼业的兴起，中村较早地成了物资集聚疏散之地，东来的，西往的，人挑的，驴驮的，都来这里交易买卖，是东连河南，西接陕西的交通要衢。历史上的区、乡、镇政府也设在中村。中村成了沁水县人口集中、经贸发达、市场繁荣、建筑规范的乡镇。紧连中村的乔家庄、马邑沟、南河、木凹等山庄，都是辖属中村的行政村间，历史上都与中村为一体，只是后来人口增多了，经济发展了，南河才组建成一个建制村。

中村最富丽巍峨的建筑是中村街道连接的三座壮观的庙宇。舜帝庙，人们通称大庙，它历史悠久。据说建于元代，位居中村中心，坐北朝南，面向街道，北为正殿，殿里塑有舜帝和娥皇及女英两位妻子的泥像。正殿两侧有配殿，也塑有女性泥像，萧墙粉壁，画栋雕梁。但神像金身脱落，庙宇残破不堪，墙壁坍塌，碑残碣断，蛛网纷乱，尘埃一地。东西两廊各有一排两层房屋，里边住着和尚、道士，中村人称“小元”，逢庙会唱大戏时，又当作社首和有关人员议事及剧团人员食宿的场所。庙院中有碑碣及石牌坊竖立，南边是戏台，戏台有一人多高，戏台两侧为进出大庙的东西大门，大门顶上有小楼房与戏台连接，在唱戏时，辟为演出人员放置行头道具，更换衣服及休息的房间。戏台下边是正大门，但平时当作铺面，不通行。只有求雨祈神时才打开，但求雨队伍进庙后，这道门洞顶上就立即搭起木板，恢复舞台，很快演出戏剧。

1939 年农历 2 月 14 日凌晨，人们还在睡眠之中，突然一架日本鬼子的飞机侵袭中村，一声直刺天空的尖厉声音之后，鬼子投掷下炸弹。顷刻，中村大地震动，天空摇晃，支支黑烟腾飞，房屋崩塌，人畜伤亡，墙上、地面、顶棚，到处溅洒死伤人畜的残体、肉丝、血迹，地面成了火海，一片悲惨情景。日本鬼子欠了中村人民一笔永远无法偿还的血债！

大庙被炸成废墟后，殿宇无再修复。但村民把庙院进行了平整，沿用多年。二十世纪四五十年代，大庙仍是群众集聚的场地。平时在大庙开大会，放电影，放幻灯。过年过节或逢什么庆典，大庙张灯结彩，唱戏，演节目，开展宣传活动。我上中学时，在寒暑假期间若遇庙里有演出活动，组织者也安排我和王宗武、侯淑芹同学等，上台表演过小节目，也被安排参加村里秧歌队在大庙院里扭秧歌、唱歌。有时,也让我配合李元埠先生,在大庙放幻灯时念解说词。“三反、五反”时,村里还让我协助刘杰升先生编写宣传“三反、五反”运动的剧本,在大庙排练演出。观上的几个僧徒,好像是一家人,移住大庙后,仍经常为村里办红白喜事的家户吹吹,拉拉,弹弹,唱唱,为别人的婚礼、寿礼、丧礼等仪式制造气氛。有位叫徐生的释子,才艺双全,无所不能,是个唱、做、念、打、说、拉、弹、表,样样都行的多面手,一个人能串演几个角色,音色浑厚,唱个不停。又能手脚并用,左右开弓,同时演奏好多种乐器,技艺超群。村里组织演出文艺节目,请他出场伴奏,他不参加排练,也能在演出歌曲或戏曲时配乐,而且很合拍、合韵、合辙,抒发着乐曲的各种感情,给演出大大增色。中村演出的节目很受村民欢迎,也经常受到上级表扬。中村高小的师生也经常配合形势,编写些文艺节目,在大庙戏台上演出。只要大庙有演出,前往观看的人就很多,尤其是上演古装历史戏曲时,大庙的观众就更多,墙头上坐的也是人。有些老人,妇女,早早就让小孩子扛上板凳或木椅在庙院中间占一排排位置,青壮年及村周围小村庄上来看戏的,就站在庙院后边、旁边或挤到戏台跟前昂首观看,一站就是几个小时。有些戏迷对演出的剧目熟悉,有时还跟上演员低声哼上几句,直到戏终散场,才依依离去。

但是这座颓垣断壁,破砖碎瓦的残庙,到70世纪六七十年代,面目全非了,戏台被拆除了,戏台西边新修的五六层楼高的广播台,也被拆除了。取而代之的是一座电影院。戏台旁的广播台是村中最高的建筑物,也是大跃进的产物。当时广播业不发达,村里只有一台直流式收音机,效果也不好,广播器材也少得很。村政府就用白铁皮制作几个长喇叭,安排几个人爬到广播台上面,一个人念报纸消息或自己准备好的稿子,几个人分别在四个窗口轮流向四面广播。有时,一个人也分别在四个窗口,高声直播。李元埠先生、李淑芝和谭芝兰同学等,都被村领导安排,上去广播过。虽然办法土一些,但还是能让人听清楚广播的内容,就是在河边山坡上干活的,也能听清楚,起到了宣传、通知的作用。现在说起这些,有的人可能觉得不可思议。然而,当年这可要算先进的宣传工具了,周边的村庄还仿效呢!如今电讯事业飞跃发展,可以说是日新月异,突飞猛进。记得五十年代初,村政府有一台手摇式干电池电话机,摇近处还可以,一旦摇长途,可要费大劲了,有时摇一天也接转不通一个电话。

中村东庙,坐落在村东头,坐北朝南,北为神殿,南为戏台,大门在戏台两侧,庙内有东西厢房。东庙,比较完好,庙脊肃穆,安详恬静。20世纪40年代末,在里边还唱过大戏。平常村民就在里边堆放农作物,农具,圈羊。后来在村东头开采煤炭,建水泥厂,被拆除了,非常可惜。

中村西庙,即西寺,坐落在中村西头,一进上下两院,正殿,配殿在上院,献殿在下院,上下院两廊有数间房屋,上院还有一钟鼓楼,明清建筑,古朴雄伟,古意盎然，孤独冷静。沁水西边的最高学府——高小，长期设在寺院。后来学校迁出，上下院已荒草颓垣，晦暗败坏，十分冷落，亟待拯救。

中村几宗大庙的门口，都设有威武雄伟的石雕狮子，许多小孩子都开心地爬到石狮背上玩耍过。庙宇残遭厄运后，石狮子的踪影也就难寻觅了。

中村东南山坡上，有一坐魁星楼，早已毁坏。南坡上有一坐浓阴蔽顶，葱绿苍翠的庙宇，村人叫“观上”。我小的时候，由祖母带着上去过。那是农历四月初八，祖母用高粱节和彩纸，扎个刑枷，和其他的小娃娃一样，给我戴在脖子上，她拿上香、蜡、纸、烛，上观上，给泥塑神像烧香磕头。这天妇女儿童熙熙攘攘，烟雾缭绕，香火旺盛，极其热闹。院内有棵大海棠树，很粗，甬道用石子铺就，很干净。院正中，放着一只像鼎样的铸铁大香炉。人们拥挤着献上供品，点燃蜡烛，焚化刑枷，燃烧香表，敲打钟磬，跪下叩头，嘴中念咒。后来观上成了存放公粮的仓库。观上庙背后的墙上，有一条20世纪40年代，书写的“劳动最光荣”的大标语，一个字有一人多高，极其醒目，一进中村就能看见，如今仍让人记忆犹新。

中村西街，距西寺不远处，还耸立一石牌坊，巍峨高大，气势雄伟，属罕有，也是一道景观，可惜不复存在了。

中村被一条横贯东西的石头街道一分为二，街南为前街，街北为后街。大庙西侧有一条由北向南的河沟，是时任村长的李长轸先生主持筑堤修坝的，它起到了防止洪水泛滥群众遭殃的作用。河沟在紧靠大庙西大门纵穿大街处，建有一活动木桥，人们称桥上，平日步行而过，偶遇大暴雨涨水时，上闸板。桥上，又把中村分为东街与西街，大庙门前称当街。大庙东门对面，有一条南北向小街，人们称为南胡洞，是中村的丁字街，也是一条商业街，人口流动频繁，生意兴隆。有油坊、澡堂、骡马大店、木材、铁器、杂货等门类。还建有一些公共厕所，街道整齐干净。

中村村民居住的青砖瓦屋四合院，有的以方位定名，如东院，西院，前头院，后头院；有的以姓氏定名，如刘家大院，李家大院，牛家院，马家院；有的以用途定名，如盐店，炉院，店院，书房院；有的以周围特点定名，如泉沟，高圪台院，槐树院等等。村民主要有两大姓，即李姓与刘姓。除此就是乔、侯、谭、张、郑、徐、牛、马等姓。居民院落，街道打扫得干干净净，各住家户都在房背后僻静处挖有一厕所，积肥下地。有的在院与院之间的空地上安有石碾和石磨，加工粮食。有的还养牛喂驴，耕地跑运输。

中村东南西北的四方建有很对称的进出村里的二层楼阁，颇似城市里的四座城门城楼，楼阁砖石到顶，高大坚固。登上阁楼，极目四望，大小动静，尽收眼底。阁洞门拱形，高、宽，门洞可以通行牛马车辆。阁门洞备有两扇高大宽厚的坚实木门，深夜关闭阁洞大门，全村非常严实安全。在东阁和西阁的两内侧，还分别建有一排坐南朝北的神庵，里边不大，光线晦暗，塑有泥像，设有供桌，门口还建有花墙,人们把这儿称为堂耳。20 世纪 40 年代后期,这些建筑逐步被拆除,地面改作他用。

在东阁及南阁旁,泉沟及韭菜园,各有一眼深水井,井水澄清碧绿,透亮爽口,供全村人畜饮用。后来用上了自来水,水井被填。但人们,尤其是上年纪的老人,都很怀念那井,赞赏那井水的味道。

南阁西边,人称沙圪梁,建有一简易篮球场,村里的民兵、学生和政府工作人员及一些闲散年轻人,常在这儿打球,玩得还挺认真,也吸引了不少人站在旁边观看。球场边上还有一沙坑,一单杠供人玩。村民高雅的娱乐活动是下象棋。体育设施少,活动也少,很多人都是靠劳动增强体能。东街一位叫侯树德的年轻人,就是靠常年打麻绳,锻炼出一臂之力。一次在县里举办的运动会上,他单手不停地举二三十重的石锁,一举就是一百多下,观众连连为他喝彩,最后他获得大会奖励,也被传为佳话。

在中村村外建有一条东西长几百米,既厚实又坚固的护村河堤,村人称之为马道,上面可以行人走牲口。偶遇暴雨,东边和南边各山沟流下的洪水,被马道挡住,向西流去。村里得以安全,能免受其害。1947 年秋季一天,突然下了一场暴雨,东河及南河的山洪滚滚而下,被马道挡在村外。山洪汹涌澎湃,奔腾呼啸,浩浩荡荡,威势难挡。暴雨稍停,许多大人和小孩就跑到马道上,观看这好似吃人的野兽般的暴涨山洪,一阵惊喜。

中村大庙东北角有一院两层楼房,是中村小学校。侯镇河老师、李佩旭老师,当初就读书于此校,后来又在母校教书育人。中村人很关注小孩子读书认字,很多人小时进过学校,认过字,但家境贫寒,能坚持念书的人不多。能念的学生,念的也多是古书,像《三字经》、《百家姓》、《必须杂》、《十字必须杂》、《论语》、《论说精华》、《千字文》、《增广贤文》之类,后来才有《国文》、《算术》。要写毛笔字,先是改红,接着写大楷小楷。还有珠算,学"三遍三"、"九遍九"、"归法",口诀要背得很熟。每天还要背书,要在石板上默写。默写不好,背不下来,先生是要用戒尺体罚学生的。每个假期学生考试还发榜,并贴在学校大门口的墙上,这时就会有许多人看,谁考了第一名,就会受到众人夸赞。

中村的历届村、镇、区公所,设在中村小学东边的大院,都是两层楼房,很宽敞明亮。

西寺,二十世纪初就设有一所高小,中村学生小学毕业升高小,不必出村。城西的人要上高小,就要背上铺盖,粮食跑上几十里路。1922 年改为沁水县第三高小,也叫中村高小。1937 年更名为民族革命第三高小。1939 年,中村被日本鬼子的飞机轰炸,高小先后迁至南河,涧河,南阳,变得很不正常,更不正规。1942 年,抗日高小在原中村高小的基础上成立。因战争影响,像打游击,校址经常迁移。

1947年秋天,高小奉命从蒲泓村的福胜寺又搬回中村西寺。中村高小是沁水西南地区的文化摇篮,为革命培养了很多骨干。像张克、江地、王少亭、王维岳、刘德华、李易书、高鸿基、程志远、靳秉诚、刘建基、张都城等同志,都是从高小走上革命道路的。中村高小的学生对山区文化教育的发展,对中国革命和建设做出了很多贡献,有的甚至献出了年轻的生命。

中村街市有本村人利用自家的临街住房兼作小本生意的,也有外地人来租房经商的。有卖油、盐、姜、蒜、粉条、海带、蒸馍、火烧、麻糖、油糕等食品的;有卖锅、碗、缸、盆、针头线脑、肥皂毛巾等日用品的;有卖锄头、铁锹、犁铧、镰刀等小农具的;有卖锯子、凿子、锛子、斧头等小工匠工具的;有卖纸张、徽墨、毛笔、瓦砚、算盘、石板等学习文具的;也有卖笤帚、簸箕、草帽、苇席、黄花、木耳、核桃、花椒等土产山货的;还有开药铺、磨坊、照相、镶牙、理发、掌鞋、布匹绸缎、留人起火、骡马大店等百货服务行业。上世纪三四十年代,就有河南省人马聚臣先生开药铺,卫二祥先生开店,马继明先生开杂货铺等。本村人更早的有郑育东老先生的京货铺,刘文华老先生的富和成,李枝章老先生的永兴合,李见善老先生的升义成,刘建勋老先生的千和太等老字号。李明旭老先生经营天顺成冶炼炉号,并创办宝楼戏剧班,唱蒲剧,在当时颇有声誉。中村李树富、李树昌、韩殿魁、杜仲源、侯树信、谭怀金、谭怀银等,许多年轻人就在戏班学过戏,也登台演出过。郑育标先生开韭菜园,武银兆先生开染坊,李世华先生蒸馍,李天章先生制月饼,李文章先生开磨坊,侯玉堂先生开油坊,侯镇钢先生打麻绳,李长禄先生镶牙,张小泉先生开理发铺,王兴合先生开杂货铺,等等。我父亲郑允昌先生先后也开过杂货铺、大店、磨坊,聊以卒岁。当时开业自由,生意兴隆,买卖公平,童叟无欺。每月逢三、六、九赶集,若逢看戏赶会,墙根屋角,门旁街边,摆摊设市,街上更是拥挤不堪,肩摩踵接,人声鼎沸,骡马市场,马嘶人喊,人群达到饱和程度。

中村村民,穷且益坚,坚忍刻苦,浑朴率直,憨厚勤劳。成年面朝黄土背朝天,栉风沐雨,辛劳耕作。东河两岸至杨岔岭,南河两岸至马邑沟、桑柏界、木凹,山地贪脊,收成低微。耕地少的农户辛勤一年,也不够吃几个月,常常空空如也,青黄不接,饔飧不继,要举债糊口。山区气温低,无霜期短,一年只收成一次,而且都是耐寒低产的大秋作物。玉米、谷子是主粮,也有人种少量麦子、荞麦、高粱及各种豆类等小秋杂粮,还有一些瓜瓜豆豆、萝卜、洋芋等普通蔬菜。老百姓生活清贫艰苦,没有大的期望,只求长年有吃喝的,能生存。每年夏季昼长,一日吃四餐,冬季昼短,一日吃三餐。早饭米羹,即小米、玉米糁儿及自己腌制的萝卜缨或小豆叶或杨树叶或野苦苣酸菜。中午稀粥、散饭,即在稀饭中加洒一点米糠或玉米面,或者加点洋芋或蔓菁。还有的人家吃米汤、窝窝头,这就要算上乘的饮食了。夏日在地里干活,劳动强度大,晌午加一餐饭,吃些焖饭、窝头、捞饭、米粸等好一点的饭食。晚上又和早上的一样,流食或半流食。家庭富裕一点的或有上年岁的老人的,在夜里悄悄享受一碗细粮饭。家家勤劳俭朴,布衣素食,很忌讳男人买吃,女人炒吃,嫌它太浪费。就是办红白喜事,也十分节俭,能搞些豆腐、白菜、豆芽、萝卜、海带、粉条、金针、木耳,加猪肉炒几个菜,或大杂烩,吃些蒸馍、火烧或饸饹就算有档次了。通常是没有酒喝的,有吸烟嗜好的男人也是用旱烟袋吸自家种的兰花烟草。

中村村民的穿着,几乎都是妇女手摇纺车纺成线,又自己在织布机上织的粗棉布。有的在染坊染成毛蓝、靛蓝或藏青色,有的就买些煮黑、煮蓝、煮红等现成颜料,自己染。多数是自剪自裁手工缝制。夏季布衫,春秋夹袄,冬季小棉袄棉裤,裤脚又用带子缠着。家庭条件好点的,给老人做件棉袍或马褂穿。男的头上,早年留辫子,后来剃光头,天冷了,有的戴衬帽,毡帽,有的包块布或手巾。女的头上,常年顶一块手帕或毛巾,没有什么化妆品,装饰品,最好的是头上有个簪子,胳膊上有个镯子。男女老少穿的鞋,都是妇女做的布鞋。有的爱惜些,早早钉上鞋钉,鞋破了掌掌再穿,相当俭朴。

中村村民普遍的处境窘迫,生活困苦,缺医少药,身虚体弱。谁都怕患病,万一患病,就硬扛,扛不住,就拖,直至拖死。人的寿命都不长,六七十岁的人稀之又稀。人死后,有办法的家做寿衣,买棺木土葬。家境差的只能用苇席卷,或用瓦缸装尸挖坑埋。哭声盈野,悲痛欲绝。

春节是大家极为重视的佳节,腊月二十几要大扫除,要推碾米面,蒸些有花样的馍馍。除夕要贴春联,守岁,吃年饭,包饺子。正月初一,供奉神祖,什么舜王、关公、土地、门神、山神、灶君,等等各路神仙。人们特别注重慎终追远,祀奉祖宗三代,封位焚香,燃放鞭炮,祈求来年风调雨顺,平安吉祥。过春节这几天,小孩子最高兴,有新衣服穿,有新鞋穿。有能吃饱的好食品,又能尽情地玩耍,还能得到极少的压岁钱,无忧无虑,陶然自得。尤其是正月十五闹元宵,村里还组织一些活动,办龙灯、跑旱船、踩高跷、打腰鼓、扭秧歌、耍狮子,载歌载舞。村民也重视过传统的清明节、端午节、中秋节。

还有一个被大家看重的时日,就是农历七月十五,村里举办大型的物资交流会,要唱几天大戏。河南的,陕西的,翼城的,绛县的,沁水的,阳城的,驴驮的,人挑的,络绎不绝地涌来,从村东头一直逶迤地拖到村西头。卖什么的都有,到处是摆小摊的,要买的、看热闹的挤来挤去。比肩继踵,云蒸霞蔚,呈现出一种繁荣景象和欢乐气氛。赶会这几天家家户户都要准备一些吃喝,以招待来赶会的亲戚朋友。和全国其他地方的老百姓一样,中村老百姓在旧社会过的是家徒四壁,民穷财尽,饥寒交迫,民不聊生的生活。但中村老百姓能在危难之中和衷共济,和谐友善,自强勤俭,自力更生。他们常年烧煤炭,点油灯过日子,可是每天把室内外收拾得干干净净,村容整洁,村风文明,就是穿件补丁衣裤,也常保持洁净。村民在历史上曾有过宗族摩擦,但随着时光的流去,历史的变迁,一切宿怨都淡出了。出外也无须锁门,洗的衣物晾在院里,秋收的粮食堆在场里也丢不了。吃饭时端着一大碗饭还出来串门,随意交谈扯闲篇儿,大家相处得和善融洽。

20世纪初,中村的女性仍是封建制度的牺牲品,个人婚姻大事,没有自由与自主之说,全由父母之命,媒妁之言决定。妇女们几乎都把脚缠成一双三寸金莲,走起路来摇摇晃晃,踉踉跄跄。她们都温良敦厚,心灵手巧,秀外慧中,任劳任怨,很能干,又很吃苦。又都会纺线织布,做针线活。她们黎明即起,除做繁琐的日常家务,洒扫庭除,推磨推碾,生火煮饭,还要生儿育女,侍奉老人。夜静更深,还要借着月光缝衣物纳鞋袜,有做不完的事,手脚总闲不住。煮好饭要等干活的男人吃过,自已才去吃。农忙时还要上地干些农活,养桑蚕。生了孩子,也没有补养的食品,天天喝稀米汤填充肚皮。农户养鸡也舍不得杀吃,要让鸡下蛋换盐吃。真是太艰辛、太节俭、太勤劳、太无私、太高尚、太伟大了!我们应该永远真诚地尊崇她们!

以上驳杂蓬乱地记述了对昔日中村的一些耳闻目睹，而且又仅仅是当年小孩子的皮毛粗疏印象。上学后参加工作,远离故土。虽然后来也回过几次老家,但也是来去匆匆。多少年过去了,记忆还是新的,印象还是很好的。中村年年在变化,天天在变化,时时跟着历史的车轮在前进。在共产党领导下,经过民族抗日战争,国内革命战争,土地改革,抗美援朝,镇压反革命,“三反、五反”运动,实现过渡时期总路线,开展“一化三改”,整风“反右”,贯彻社会主义总路线,掀起“大跃进”、“人民公社化”高潮,进行调整、巩固、充实、提高,“文化大革命”粉碎林彪、江青两个反革命集团,历史发生了伟大转折。实现拨乱反正,安定团结,全面开创了社会主义建设新局面,坚持“四项基本原则”,加快改革开放和现代化建设步伐,建设有中国特色社会主义,建立社会主义市场经济。中村老百姓解放思想,实事求是,艰苦奋斗,改革创新,在社会主义道路上阔步前进,社会、家庭和个人都发生了翻天覆地的巨变,而且仍在与时俱进,实践着科学发展观,据说如今已创获千万元村,文明村,创建许多先进,令人兴奋、鼓舞、赞佩!祝愿家乡父老在各级党组织的正确领导下,生产发展,经济繁荣,生活宽裕,乡风文明,村容整洁,管理民主,乘着和煦的春风,朝着灿烂的前景,马不停蹄的奔腾前进,使社会主义新中村继续突飞猛进,开启农村经济社会发展又一个崭新的时代,农业稳定发展,农民持续增收,生活越来越美好,家庭越来越幸福!

（本文选自《沁河浪花》2009年第3期）

坎坷童少年

王治贵

我是1935年农历八月初三出生在河南省济源市克井镇柿槟村的一个贫农家庭。祖籍姓黄,起名叫黄晓轩。父亲叫黄跃斌,是个小手工业者,一生以起刀磨剪为业。家境贫寒,常常过着有上顿无下顿,缺吃少穿之生活。加上父亲受西洋毒品之侵害,染上了鸦片瘾,无钱支付,背着我母亲把仅有的二间茅房典给别人,其困境是可想而知了。母亲段风英,是个典型的家庭主妇,她勤劳、善良、乐于助人,在亲朋邻里中落有好名声。由于父亲走了邪道(吃大烟),母亲挑起了家庭重担,她以给有钱人洗衣、做饭、加工衣着,卖小吃(卖煎饼,用小米加工的食品),挣一点微薄的钱来养家糊口。记得在我五六岁的时候,就被母亲驯为"小采购",她每天给我一些钱,一个小口袋,让我到五华里外的庙街村(当时是个比较繁华的小集镇)去买小米。所给之钱,除买二升小米外,还可以买个饼子吃,日日如此。那时兵荒马乱,我遇到过这样一件事:一天,我买到小米往家返,路上见到每块地里的粪丘上都爬着一个上刺刀的持枪大兵,很多很多,吓得我拼命往回跑。到家后我母亲二话没说,拉上我就往外跑,一口气跑到一个土山上,人很多,村里人大都躲在上边。晚上就打起了仗,我至今也不知道谁和日本人打。第二天看到日本兵往城里拉尸体,一个骡子驮四个,听说在城里用火烧。

世间的事往往是有规律的。兵荒必然带来灾荒,对人民来说叫"祸不单行"。兵荒已遭害的人民够苦了,可是随之又来了蝗虫灾害。"蝗虫",当地老百姓称其为"神虫",其来势很猛,每进入一块田地,就如同蚕吃桑叶一般,一会儿工夫,庄稼就成了光杆杆。蝗虫究竟有多少,在科学发达的今天,可能有人不相信,一群飞过,可以把太阳遮住。由于兵荒加灾荒,把人民推向了"水深火热无路可走"之境,就是当时一些比较好的家庭,也无法维持生活了。为了生活,只好随大流,背井离乡,向山西的阳城、沁水等地逃荒求生。从此,我们全家开始了流浪生活和悲惨之遭遇。

一、流落阳城彦掌村

我家逃荒时是四口人,父亲、母亲、弟弟和我。弟弟那时只有一周岁,是父亲担在筐里带着的。

逃荒出来的第一个落脚点是阳城县的彦掌村。河南济源市和山西阳城县是两省接壤的毗邻县。从我老家柿槟村到阳城的夜张村,大概只有五六十华里的路程。我父亲在这里有几个朋友,在他们的帮助下,找了二间平房,我家在这里落了脚。父亲仍以小手工艺为业,母亲还是加工一些衬帽卖。尽管他们俩没明没夜地干，还是维持不住生活。无奈，母亲只好以乞讨作补充。如果村里死上一头牲畜的话，当地人不吃，我家就发了大财，父亲把它弄回家，可当作美餐享用几天。每逢过年过节，母亲就引上我到各家各户讨要，因为人熟了，比乞讨好一些。

在阳城彦掌村住了不到一年，灾荒也蔓延到阳城，我们在那里也不能久住了，所以到第二年的三月（农历），即桃花盛开的时候，我父母合计了一下，准备西行，到晋南的河津、稷山、运城一带去。在那里有我父亲的老乡和朋友，也快到麦收季节了。可是欠房东的钱付不出，经再三说情，都无济于事。万般无奈，逼迫之下走为下策，我们决定偷跑，有了办法再回来赔礼道歉，付房费。我们是半夜逃走的，第二天上午九点左右到达阳城的董封村，那里正好赶庙会。我们稍作休息，还没有吃饭，房东等人就出现在我们面前，把我父亲围住要钱。我母亲灵机一动，把我和弟弟藏了起来，一切灾难由我父亲一人来承担。其实，在那种情况下，要人一个，要钱没有，你愿咋办就咋办。穷人都有一颗善良的心，来追的人也觉得无法，他们合计了一下，把我家仅有的一条粗布棉被和我父亲穿的一条半新不旧的夹裤脱下拿走了事。我们一家四口人继续讨要西行了。

二、卖身沁水北庄村

由阳城逃出的第一站，也是由河南出逃的第二个落脚点，即沁水西境的中村镇。开始，我们住在村东头的一个小庙内（此庙现已拆掉），随后在老乡的帮助下，又住到一个由河南老乡开的留人起火店——韩家店。在这里住了约有一个月的时间，父亲仍操旧业，母亲以讨要为生。那时，我是最怕母亲叫我出去讨饭，但只要我出去，总能得到比我母亲好的效果。所以母亲一再哄我，让我出去讨要。无奈，只好听从母命了。我遇到这样两件事：一次，我乞讨到中村东头一个高圪台院（门前有一盘石碾），我到门前还未张口，从屋里走出一个40来岁的妇女，拉住我的手就往屋里走，把我的讨饭袋拿去，给装了一袋黑面（玉米和谷糠加工的面），有三四斤，还给了我一个黄馍。这下可以维持我全家两三天的生活。1956年在我任中村乡秘书时，专门委托治保主任乔执元同志查找这个女人，予以报答，可惜没有找到。据说她也是从阳城逃难上来的，解放后回原籍了。凡是讨饭的人，都摸索有规律，只要打听到哪里办婚丧大事，都要拼命往里钻。有一次，中村东头一家办丧事，埋葬一个老人，我们六七个乞讨者不约而同地光临，有大人，也有小孩。弄不清是什么原因，其他几个乞讨者每人给了一勺小米焖饭，打发他们走了。而我被一个老汉拉进院内，给了我两个大锅巴。我高兴地抱着锅巴往店里跑，路经一个胡同，被四五个乞讨者拦住，他们七手八脚地把我按住，抢走了一多半锅巴，我哭着把剩余的锅巴拿回韩家店，父母亲很高兴。今日回想起来却也有趣。

随着时光的流逝，中村也住不下去了，从长远计，还得继续西行。因为晋南的小麦已接近收割，到那里或打短工，或拾小麦，均可维持生活。但是，穷人磨难多，又因付不出店费，店主韩掌柜不予放行。实在想不出办法，我父母商量了一下，决定把我弟弟“占国”卖给人。“占国”这个名字是针对日本人占领我国而起的，意思是我们把国占住，不让小日本占。所以这个名字有些政治意义，表现出中国老百姓一种朴素的爱国心理。经人说合，卖给中村镇上沟村的一户农民。我弟弟命运尚好，这家农民没有孩子，所以对其如亲生，起名叫“高洪”，大名叫杨春福，供他上学念书。中学毕业后又参加了解放军，在部队入了党、任班长、代理排长。退伍返乡后，参加了工作，先后任沁水县“七一”水泥厂副厂长、工会主席等职。

把我弟弟给人后，父母准备结清店费西行。可是我母亲总想再见孩子一面，第三天又带着我到上沟看望占国，结果对方没让见。这一不让见，又酿出一场大灾大难来，而且把这场灾难又加在我的头上。情况是这样的：我母亲没有见到孩子，悲愤至极，在上沟返回中村的路上，一句话也不说，翻过山梁便放声大哭。哭着哭着，晕倒在地，口吐白沫，不省人事。我记得当时地上黄风刮，头上乌鸦叫，弄得我这个六、七岁的乞讨孩束手无策。人在急中智即来，我想了一下，在山坡上拉了一些松枝，把我母亲遮住，跑步回店叫我父亲。我父亲把我母亲背回店内，请医诊治，属中风不语症。这样又在店内折腾了月余，粮用尽，钱花光，我母亲的病不见好转，西行又受阻。我家又进入了危难关头。为了活命，我父亲只好又向韩店主求情，承诺两点：一是请店主高抬贵手，给我们放行，等我们到晋南站住脚后，立即筹钱，加倍归还；二是真正不行，把孩子（指我）留下，实际是做人质，筹下钱后，连同孩子生活费一并加倍归还。话音刚落，韩掌柜把眼一瞪，手持一根三尺长的旱烟袋，朝我父亲头上打去，眼见头上起了一个大包，还说了不少难听的话。意思是指我不值钱，连命也保不住，还得给我收尸哩。此路不通，又碰大钉。俗话说“屋漏偏遭连阴雨，船破又遇顶头风”。一连串的灾难，使父亲无计可施，眼下唯一之路就是再把我卖给人。我父亲说啥也不愿意走这条路。这里还有我一段生世奇闻。其因是这样的：当我1935年八月初三出生后，算命先生给我算过一卦，说我是个贵人，18岁上得大事，但克父克母，父亲出钱让算命先生“摆治”，算命先生经过一番折腾，向我父母交待，不克父母功名降低，得势推迟十年，但不能与父同姓同居。最后这句话把我父亲激怒了，他说：“要是这样，你就不该给我摆治。我不信那一套，我和晓轩硬死也不分开。”现在要把我给人，父亲说啥也不同意。但是，确实到了走投无路之境，在老乡和朋友的一致劝说下，父亲只好走这条不愿走而又不得不走的路。他含着眼泪对我说：“晓轩，现在到了这个时候，你娘昏迷不醒，我跑了几天，实在借不下钱，我们不走是死路一条，走吧韩掌柜不放，咱也没有盘缠。现在只有把你给人这条路了，这也许是当初算命先生说的那句话，是天命吧。”父亲泪流满面，说不出话来。那时我也多少懂些事，觉得父亲的话也有一定道理，他确是不得已而为之。我答应了，只是要求父亲有了办法把我再接回去。当然，那个时候的想法是幼稚的。父亲答应了我的要求。就这样，父亲把我引到距中村三华里的北庄村。

北庄村在中村镇西侧。这里风景秀丽，山清水秀，山上有林，地下有矿，小河一条穿村而过，绿树成荫很迷人，是个育人养人的好地方。这里是块老革命根据地，自我记得，在抗日战争、土地改革、解放战争和社会主义建设期间，有不少同志参加革命活动，如王维岳、王兴河、王本治、王治权、王怀连、王秉太等。他们领导人民战日寇、斗地主、分土地、支前线，前仆后继，为人民办了很多好事、实事。特别是在改革开放之后，各个时期的领导班子，年轻有为，敢想敢干，有理想、办实事、建铁厂、架桥梁、修道路，深受群众拥戴。如 2003 年，新班子在支部书记王炳鹤、村委主任王书奎的带领下，自力更生，艰苦创业，短短三个月时间，修筑了 2 公里长 5 米宽的水泥路一条，为北庄村建起了奔小康的致富路。

第一家要我的是一个有四十多岁的农民，叫王××，其爱人叫×××，比王小十来岁。我的身价是五斗玉米、一斗小米。同众用红布写了卖契，内中有一条是今后不准我父母来看我。在把一切事情办妥，我父亲准备带粮走的时候，我记得有个六、七十岁的老太婆来看我，也是来给王××、×××道喜。临走时，她和王的爱人在门口嘟嘟了几句，大概是说我太瘦，怕活不了，是白花钱的意思。当把那个老太婆送走之后，其妇人回到屋里一反常态，一头扑到她丈夫身上打闹，说她还年轻，不应该引孩子等等。我父亲领悟了意思，他是个直心人，二话没说，把玉米和小米扛回福林家，当着众人面，把卖契撕掉，拉上我就走。这场闹剧就这样结束了。这虽说是一件坏事，但对我来说，却是关系到我今生命运的大事。后来在上小学的时候得知：王××又引了河南一个小男孩，起名叫小祥，其妻对孩子不好，施以虐待。每天让孩子外出拾粪，把筐子拾不满不准回来。一次，天下了猛雨，涨了山水，孩子在石崖下避雨，被洪水冲了很远溺水而死。假如我要是落到这样的家庭，岂不是和小祥一样的下场？回想起来，还真是有些可怕。

从王、李家出来，我父亲又把我引到上北庄（那时北庄村分上、下北庄，现在已经连在一起了），遇到我的养父王兴河。当时他是抗日村长，对外是下峪村日本村长，有一定的社会地位。他为人正派，处事果断，能言善辩，适于应付。他原任沁南县一大队副官，太岳支队来沁，他是第一个接头人。第一次在下川被日本人抓住，晚上把他吊在大树上，因他练有气功，半夜脱绳逃走。由于他有随机应变之长，不漏马足之能，所以在抗日战争的非常时期，县大队队长王维岳和常子章等，才把他派回下峪村当日本村长。他们暗定通信落款为：王维岳叫王发庆，常子章叫常思文，王兴河叫王发源。这个暗名在抗日活动中起了很大作用。有一次，土匪头子马玉龙（解放后镇压），仿王维岳的手笔给我养父写了一封信，骗我父亲到上沟村后沟开会,落款是王维岳。我父一看便知是假,立即采取将计就计的办法,到十字河村搬来我八路军 17 团一个排,狠狠地给土匪来了一次打击。父亲名义上给日本人干事,实际是干抗日地下活动,掌握日本动向,收集日本情报,营救抗日人员,保护人民群众。众所周知的张马活捉毛太君,就是我父亲把八路军引进日本红部的。据我所见和当事人告诉我,他救过五六个人,像抗日干部王志义(某部政委,离休在西安第一干休所)、八路军战士马祥(河南人,已退伍)、民兵王兴周(北庄村人,已故)、村民闾长王兴仝等,都是他搭救的。王本政和马祥为报答他的救命之恩,认他作干爹,当了他的干儿子。土改时,我们上沟行政村被坏人×××、×××等利用,他们造谣惑众,煽动群众,想把我父亲置于死地,达到其阶级报复之目的。县政府发现后,立即采取措施,把我父亲救出,随即派工作组到上沟村,把颠倒的历史又翻了过来,把两个坏人予以镇压。在"文革"的特殊时期,又有人想在我父亲身上做文章,企图把父亲推到反革命那边(当时的政策是当过日本村长者可划为历史反革命)。父亲真理在握,大义凛然,同那些别有用心的人做了坚决的斗争,维护了抗日战争时期的本来面貌,保护了不少老干部。我的养父就是这样一个人。

可能我俩前世有缘,一见钟情,一说即成。也是我幸运,可以说这个家庭是我的最佳归宿,也是我理想的养身父母(养母叫苏忠英,家庭主妇,治家有方,是我养父的贤内助)。他们俩没有孩子,只有一女儿,和我同岁,也是引的。我虽是养子,他们把我当亲生孩子一样看待,十分关心我的生活,给我求医看病,供我上学读书。在北庄村所有的十来个收养孩子中,我是最幸运的。我之所以有今天,不能忘记他们。正因为这样,我前面述过,让我亲生父母有了办法时把我再赎回。1948年,我生身父母在这个承诺上作过努力,但那时我已有了理智,认为这样做不妥,故作了既认亲生父母,又不舍养身父母之举。今日看来,这是个最佳选择,不但合乎情理,而且在心理上都得到了平衡与安慰。

在我亲身经历的过程中,有些事就是那样的巧合,现实叫人不信也得信。虽然我们不相信"生死由命,富贵在天"的宿命论,但人世间一切事情的发展变迁,却使人为之咋舌。像我出生时算命先生所预兆的事,一件件都得到了印证。

三、生死线上一挣扎

人的一生,谁能保住贫困与疾病不与自己为伴呢?谁能料到要经历多少次坎坷里程、受多少苦难折磨呢?我一生的经历可归纳为这样两句话:度过一关又一关,祸上加祸多磨难。卖到北庄后,应该是从此好转,但是不然,温饱问题解决了,瘟神又向我袭来。进了王家不到一个月,我就患了重病,不知请了多少医生,花了多少钱,吃了多少药,都无济于事。高烧不退,面色憔悴,不思饮食,骨瘦如柴。每天昏昏沉沉，说胡话，不省人事。两个老人对我也失去希望，只是等时辰。“人不该死总有救”，在我生命垂危之际，我的舅父苏忠义来到我家。他是中村民兵医院院长，看了我的病后也觉得难。他是中医，却用西药为我治疗，给我注射了一支盘尼西林。那时这种药靠进口，很缺，当然也很贵。但是，对我来说，却起到出乎意料的效果。从此，我一天天好起来。经过父母的精心照料，大约不到半年时间，我的身体得以康复。这是痛苦的半年，也是生死线上挣扎的半年。

回想起来，童少年的遭遇是痛苦的、不幸的，真可称其是“受尽万般苦，渡过生死关”。我记得古代有个哲学家说过这样两句话：“祸兮，福之所倚；福兮，祸之所伏”。意思是说，遇祸者，有后福也；得福者，潜之祸也。我在小时候受尽折磨，吃尽苦头，实为死里逃生。今日，年迈花甲，吃不愁，穿不愁，心情舒畅，精神振奋，这大概就是“少多祸，老得福”吧。

（选自自传《走过的路》）

正道沧桑照汗青

——追忆我的父亲刘杰仪

刘培榕

我的父亲刘杰仪，1927 年 3 月 3 日出生于山西省沁水县中村镇中村村一户农民家庭。爷爷刘礼林是一位勤劳朴实的农民，40 多岁时才喜添一子，高兴得拼命劳动、养家育子。因劳累过度，积劳成疾，50 多岁就病逝，留下奶奶和父亲孤儿寡母相依为命，度日如年。当时我父亲才 10 岁，在村里小学读书，学习成绩名列前茅。爷爷去世后，因家庭贫困，父亲只好失学回家，承担起繁重的家庭负担。

为了追求贫苦穷人的翻身解放，父亲年仅 16 岁就参加了共产党的地下工作，1945 年 3 月 25 日光荣地加入了中国共产党。抗日战争胜利后，在太岳根据地担任保卫工作，逐渐成为公安战线上的一名出色战士。1949 年为迎接全国解放，父亲响应毛主席的号召，毅然告别年老多病的奶奶，随解放大军长江支队千里迢迢南下福建，任福清县公安局侦查股长。在镇压反革命运动中，父亲怀着对党的一颗赤诚之心，夜以继日勤奋工作，不顾个人安危，不怕种种艰险，镇压了潜伏在福清境内的国民党残渣余孽和反动势力。在短时间内稳定了社稷，安定了民心，群众拍手称快。1952 年父亲调到福建省公安厅，历任一处一科副科长、农侦科长、技术外线科长、技术处技检科长等职，享有“公安专家”之称誉。1959 年闽侯专署成立，父亲又调往闽侯专署公安处任一科科长、公安处副处长等职。“文革”期间，父亲受到政治迫害，被下放到永泰县农村劳动。1970 年任永泰县清凉公社党委副书记。1972 年落实政策,父亲出任长乐县委常委、公安局长。1977 年调任莆田地区渔政办副主任。1978 年 1 月调任平潭县委副书记,1984 年任平潭县政协主席。1987 年经福州市委组织部批准离休,享受副厅级待遇。父亲在近 60 年的革命生涯中,辗转多处,几经变迁,但他始终如一地对党和人民的事业忠心耿耿,呕心沥血,用自己的言行塑造着一个共产党员的形象。

记得 1960 年至 1961 年间,当时备战形势紧张,福建又处于距台湾岛的海防前线,组织上派父亲前往离台湾最近的平潭岛负责备战工作。当时福州市及沿海居民大都疏散到山区地方,父亲为了能在前线安心工作,也把奶奶和我们子女迁到条件艰苦的山区暂住。父亲以高昂的斗志,坚守在边防前线,不畏艰险,全身心地投入到战备中。一年中,他只回家看过一次年迈的奶奶,也仅仅在家停了一天。奶奶看到父亲由于工作劳累身体消瘦了很多,让他在家多停几天养养身体,但父亲安慰奶奶说:“前线备战工作非常重要,我不能延误时间,影响到了工作就对不起党和人民。我的身体是小事,我会注意的,请母亲放心好了。”

父亲出身贫寒,是党把他从一个农民的儿子培养成为一个无产阶级革命战士,他对党有着深厚的感情,对实现共产主义理想有着强烈的信念。在长期担任领导工作期间,清正廉洁,两袖清风,始终保持一个共产党员的本质和优良作风,从不利用职权谋一己私利。他坚持原则,身先士卒,经常教育身边的工作人员要兢兢业业办事,堂堂正正做人,清清白白为官,严守党的纪律,无论何时何地绝不损害党的事业,时时事事维护群众利益。他到长乐县任县委常委、公安局长时,就对家里的人说:“长乐县是个华侨较多的侨区,环境很复杂,工作不好做。要特别注意凡是有人来家里找我办事,就请他们直接到办公室去找我。”我们作为子女,非常理解父亲的心意,也从不打着父亲的旗号办私事。每当我们看到像侨眷样子的人来家,就赶快回家将门关上。记得有一次一个熟人来家里找父亲,带了一袋鲜桃。我们子女四人确实看在眼里,甜在心里,但父亲却硬让家人追上把桃子送还人家。在我们的记忆中,父亲对送礼办私事的都当面谢绝,从未收过礼品。

父亲在任公安局长后,对工作一丝不苟,慎之又慎,每发生一起案件,父亲都亲自带人深入现场,调查案情,注重证据,严禁逼供,避免了冤、假、错案的发生。在查处一起刑事工作人员受贿案件中,父亲以法律为准绳,以事实为依据,冲破人情关系网,顶住各方说情风,终将罪犯绳之以法,得到了广大群众的赞扬。使党的海外侨胞、侨属政策在长乐县得到贯彻落实,促进了长乐县经济健康发展。

“文革”期间,父亲下放劳动,不管条件多么艰苦,生活多么困难,他对党毫无怨言,全心全意扎根农村,和农民同甘共苦,接受考验,深信党的干部政策终究会得到落实。

清凉公社是盛产木材的地方,父亲在清凉公社任党委副书记时,我母亲想做一个简易的小衣柜,存放我们子女的破旧衣服。父亲得知后毫不客气地说:“我来清凉是改造锻炼的,不是来添置家具的。”由于父亲的反对,小衣柜的事就成了个梦想。

1977年组织上计划调父亲到福清县工作,可父亲却认为福清县是母亲的家乡,亲戚多、熟人多、同事多、朋友多,这些千丝万缕的关系会影响工作。于是父亲找组织要求到条件最艰苦的平潭县工作。平潭县为我国第五大岛屿,经济不发达,交通不便利,是一个贫困县区。父亲在平潭任县委副书记,先后分管公、检、法、海防、人事等工作,始终以党的事业为重,以人民利益为重,调动各方积极因素,充分发挥群众力量,坚决有力地打击猖獗一时的海上走私活动,使平潭县社会治安得到明显好转,经济秩序得到规范运作,极大地促进了平潭县各项工作的健康开展。为了加强对台工作,父亲结合平潭的实际,创建了全省乃至全国第一家台胞接待站,为促进两岸交流打下良好基础。离休后,父亲仍以高度的政治热情关注平潭的经济和社会事业。

父亲在工作上是一个党的好干部,在孝敬老人上也是一个有着华夏传统美德的孝子。1955年父亲调福建省公安厅后,就回山西老家将奶奶接到福州住,他将每月工资全交给奶奶,要奶奶吃好、穿好、养好身体,愉快地度过晚年。1963年奶奶患哮喘病和胃病,父亲四处求医为奶奶医治,但因奶奶年老体弱,病情不见好转。奶奶思恋故乡,要求回老家。同年3月,父亲带我们全家人送奶奶回到了沁水故乡。9月奶奶病逝后,父亲即赶回料理奶奶的丧事,按当地的风俗习惯将奶奶安葬于九泉之下。在“文革”时期,安葬奶奶的丧事也作为“四旧”给父亲扣上帽子,受到批斗。但父亲为尽到一个孝子的责任情愿受批挨斗,凡熟悉父亲的人都称他是一个孝子。

父亲在家庭里更是一个好父亲,他为人耿直、生活节俭,从不乱花一分钱。他爱护家庭,体贴亲戚,更关爱子女。我们子女四个从没有打过半下。父亲平时对我们要求十分严格,时时告诫我们要自力更生,勤奋学习,掌握本领,长大更好地服务于社会。父亲从不为了子女违背原则,谋取私利,从不无端的迁就、纵容子女。我作为大女儿高中毕业后主动报名上山下乡,其余三个弟妹都以优异成绩考入大学,毕业后在各自的工作岗位上尽职尽责认真工作,在父亲良好的家庭教育下,我们始终以父亲为榜样,在人生道路上走得堂堂正正,没有辜负父亲对我们的谆谆教导和殷切期望。

(选自《热血献闽江》)

上任中村

常振英

1969年的八九月份，我从历山顶上的下川公社调到了历山脚下的中村公社,任革委会副主任、核心小组副组长,和时任中村公社一把手的豆锦深同志搭班。一年多的时间里,我们配合的相当默契,工作相当顺利,得到了领导和群众的好评。就是这一年多以后,豆锦深同志荣升县革命委员会副主任,我担起了中村公社党委书记的重担。

中村位于县城西南,和翼城、绛县相邻,是我县大公社之一,总面积148平方公里,总耕地32 000多亩,林地7.5万亩。总人口12 000多口。是城西政治、经济、文化、交通的中心。煤炭、铁矿、木材资源丰富,这里号称四十里寒冰之地,无霜期较短,以种植玉米、谷子为主。东片气温较好,小麦虽然也种,但产量很低。

这里的条件比下川好,县里每天往这里发一趟班车,交通比较便利。除过雨、雪天气,回县开会办事不用步行。中条山森林管理局驻在张马。中村还有木材加工厂,有汽车队,县里主要部门都有常驻派出单位。县营厂矿企业有:铁厂、煤矿、水泥厂、木器厂、木材站、药材站、粮站、食品站等。此外,还有一部分社队的小型企业单位。这些都给中村增添了一份生机和活力,当时在全县除了城关和端氏两大集镇外,中村就是老三了。但从农村、农民的生产、生活水平看,在全县比先进还是落后,比后进稍为好些。虽不像下川那样连年靠吃救济粮,但全年人均口粮也只有300斤左右,每人每天吃不到一斤粗粮,1969年全社粮食总产量仅有652万斤,亩均不过200斤,卖给国家余粮95万斤,按年序往前查,几年来就一直徘徊在这个水平线上。风调雨顺增一点,遇到灾害减下来,农业生产受大自然的控制至今仍难以摆脱。

那个时候,毛主席号召:“工业学大庆,农业学大寨,全国学习人民解放军。”特别是农业学大寨运动,在全国农村开展得如火如荼。自力更生,艰苦奋斗,治山治水,改天换地,彻底改变农业生产基本条件,大打粮食翻身仗,是当时的时代主流。达纲要(亩产400斤),跨黄河(亩产500斤),过长江(亩产800斤),是农业上的硬任务。对农业学大寨的要求是有条件要学,没有条件创造条件也要学。学大寨就是革命,不学大寨就是反革命,就是对党中央和毛主席的不忠,那时是任何人任何力量都无法抗拒的历史洪流。

在这样的高压下,从省市县各级领导都是一把手亲自抓、亲自干,现场指挥。对于我这个小小的公社党委书记来说哪敢怠慢。小干不行,慢干不行,必须大干快干。宁叫累死牛,不能倒了车,形势逼人,不学不行。中村怎么办?我首先是和党委的几个同志跑遍了全公社22个大队的山山沟沟。看看这里的山河土地,听听干部党员、群众的心声。“寨上”是涧河大队一个孤庄，山顶上只住着两户人家，距村足有十几里山路。特别是上寨那四五里，我只能让大队干部扶着拖着，勉强走到了百姓家中。那里的主人告我说：这里的条件不好，只有自己多吃点苦，习惯了，还是可以吃饱肚子。这个地方和下川的峡底直接反差在千米之上，一个在山顶、一个在沟底，条件虽差，但那里的群众，勤劳肯干，生活过得很自然，就这样在一般中找先进，在普遍中找规律。从此，我看到先进的、积极的东西辐射面很小，甚至视而不见，落后的、消极的因素却泛滥成灾，有的党员混同于一般的老百姓，忘记了自己的身份，个别的还不如一个好百姓。思想上看摊保本，工作上得过且过，生活上听天由命，是大多数干部、群众的现实状况。此外，在党委会的讨论中，还提出了一些干部不力、财务、工分混乱等问题，经过充分酝酿，最后从以下几个方面着手抓：

一、要抓粮食大翻身，先抓好思想大翻身

①首先在党内外开展了一场“全国学大寨、中村怎么办”的大讨论、大发动。由公社干部带队组织党员、干部、群众代表分批到大寨参观学习。走出去到实地亲眼看，亲耳听。先让一部分人急起来，动起来，然后才能带起来。②党委一班人带领全体干部分片包队，深入下去，引导党员干部，发动群众，因地制宜，着手当前，放眼长远，制订规划明确目标，采取措施，真抓实干，要求年年都要有个新的变化。③在实践中抓干部队伍的思想、组织建设。“政治路线确定之后，干部就是决定的因素。”对那些消极怠工、又软又懒、缺乏工作能力的同志，让他们退下来；把那些作风正派、群众拥护、有一定工作能力的同志换上去。对那些思想上暂时还不适应的，但有一定经验和群众基础的同志，抓准问题，摸清脉搏，对症下药，说服教育，使其重振精神，冲上战场。在很短时期内，把干部相对稳定下来，同时在党内外批判了那些因循守旧，右倾保守，看摊保本，听天由命，消极怠工，思想上软瘫懒散的歪风邪气。从而全社党员、干部、群众，统一了思想，协调了步伐。④要想粮食大翻身，必须土地大翻身。一场以治山治水，打坝造地的群众运动轰轰烈烈地开展起来了。

整理山地以小青旺大队为重点，修塄补堰，起高垫低，成片成垛，搞出样板。打坝造地以张马大队为重点，自力更生，人人动手，白灰自己烧，炸药自己造，先是秋冬大搞群众运动、季节性治理，后来，发展为群众运动和专业队相结合，常年治理不断线。榜样的力量是无穷的，在张马、青旺大队的带领下，上阁、中村、北庄、松峪、东沟、蒲泓等一大批大队，相继开展了打坝治滩造地工程。三四年时间，全社总共打坝万余米，造地千余亩，各队的“三类田”（即流土流肥流水田）普遍得到了改造，队队有了一部分自己的高标准“大寨田”，即活土层在一尺以上的“海绵田”。传统的小木犁变成了拖拉机，即使小块山坡地，也改用双轮双铧犁。这样不仅解放了生产力，提高了劳动效率，而且加深了土地的活土层。消灭了草灰谷、金黄后，变为了一年一换的杂交种，传统的稀植变成了科学密植。

在作物破土后的生长期，针对当时“自留地里打冲锋，集体地里磨洋工”，不讲质量，混工分的不良倾向，田间管理采取了分片分段小包干的负责制，即各个大队按照土地的分布划片，根据田间农活的管理分段，从干部到社员都安排在各片田间管理的各段里，负责各片、各段农活田间管理的质量，并在地头插牌，写明这里的庄稼是由谁来负责的，以便检查，追究责任。这样又大大加强了干部群众的责任感，极大地调动了积极性。

总之，我们坚持几年不松劲，在水、肥、土、种、密、保、工、管上下功夫，花力气，终于得到了比较满意的回报。粮食总产量在1969年652万斤的基础上，1978年达历史新高，总产量达1229万斤，比1969年翻了一番，卖给国家的余粮由1969的95万斤增到1978年的260万斤，五年平均每年增卖20万斤，是1969年的两倍多，为全县第二家卖粮大户。为此，国家奖售给汽车一辆(南京卡斯)，使中村公社成为我县第一批拥有汽车的公社。人均口粮由300斤左右增加到400余斤，小青旺、张马、中村大队成为全县和市地区的先进典型，张元合(青旺支书)、张洪宝(张马支书)、马孝善(中村支书)也成了县和地区劳动模范。

二、按照毛主席“以粮为纲、全面发展”的指示，党委组织两个班子，一手抓粮食，一手抓多种经营，大办社队小企业

当时的指导思想是：无粮不稳，无工不富。晋城县(现城区的泽州)的“五小”工业是全省、全国的先进典型。时任晋城县委书记的是原来沁水的老县委书记李德全同志，我亲自联系，组织各大队主要领导前去参观学习。李德全书记也曾为了鼓励我们的发展，还亲自带着宣传队赴中村公社作了慰问演出。从此，艰苦奋斗学大寨，自力更生办企业，成了社员群众的行动口号，各大队从实际出发，因地制宜地办起了自己的小企业。一时，铁木社、粮加厂、小铸造、小煤矿、小养殖、小果园、小林厂、小修配、运输队、建筑队等星罗棋布。真正没有条件办企业的小大队，也组织起了长年副业专业队。公社整顿了羊坩厂、小油房，扩建了农修厂、小翻沙、农机站，增置了50马力大型拖拉机和120马力的推土机。在解放军第八医疗队的帮助下，又办起了军支小药厂，尤其是“小活络丹”、山楂丸远销至首都北京。还经地区、县里批准开办了北庄煤矿。张马大队办起了铁木社、果树厂、粮加厂、药材种植、养猪场等，中村大队利用自己的地理位置优势，一街两行开办了理发、镶牙、照相、修鞋、修车、缝纫、粮食加工、小旅店和常年副业队等等。

那时，大部分大队都有属于自己的一片山林，所以，凡有山林的大队都有林

业专业队，常年护林、造林、计划采伐木材。小青旺的果园比较大，红、黄香蕉扬名全县。蒲弘大队的小林厂，自己育苗，自己植，成绩显著。下峪、北庄、松峪、宋庄、冶内的小煤矿越办越好。晋东南地区社队局曾在这里召开过全区现场会。

企业发展了，从公社、大队到社员群众也都逐步富起来了。公社全年经费开支，一不向上面要，二不向下面摊，年年自给有余。企业不断投资扩大再生产。大部分大队有存款。少数大队即使没有存款，也没有外债。全公社既无外债又无内债。中村信用社社员群众存款连年居全县第一，是全县金融系统的先进单位。

三、道路、广播事业大为发展

从1974年公社有了自己的汽车起，党委就下决心，发动群众大修路，队队必须通汽车，大片地块要通拖拉机、小块坡地也得开进小四轮、小平车(当时指小平车、铁轮车)。首先公社发动和组织修理中村、张马到上阁的7公里标准路，当时的标准只是:宽、直、平、光。路边有排水沟、两边栽窜天杨，一米高刷白灰。那时也是中村一道亮丽的风景线。在这一样板的感召下，各队干部带头，党员先行，全民上阵，经过一个冬春的努力，基本上实现了队队通，各队都有了自己的机耕地，只是机耕面积多少还极不平衡。但往地里送粪，或从地里往回运粮草大部分不用人扛肩担了，主要靠平车，驴车来回拉。生产力又一次得到了解放，劳动效率成倍增长，为30年后的今天村村通打下了良好的基础。

当时的通话信息，也是一个困扰。大队虽有一部电话机，但由于没有坐办公室的专人看，更没有什么显示器，所以当时公社、大队干部不能及时联系沟通，需要经常派人下去送通知，真是个头痛事。为解决这个问题，我们要求一是把电话机安回大队主要干部家，起码晚上有人接。二是趁当时县里大抓有线广播的东风，实现了户户喇叭化。电话不通就在广播上听。还经常向全社群众召开广播大会，把上面领导机关的指示、政策精神直接传达给人民群众。既增加了工作的透明度，又把自己的工作言行置于了群众的监督之下，大大有利于调动群众的积极性，一度很受群众好评。

四、党的组织建设和干部队伍的建设，都有一个吐故纳新问题

只有不断吸收新鲜血液，补充新生力量，党的组织才能保持旺盛的活力，坚强的战斗力，干部队伍才能成为一支带领群众奋勇向前的领头羊。通过“一课三会”制度，定期向广大党员和入党积极分子进行宗旨教育，人生观、价值观教育，公社党委书记、委员下乡都要亲自讲党课。发展党员坚持成熟一个发展一个。发展一个就能使用一个，决不发展那些只听话，不能干的党员。

①实践中发现，实践中培养，实践中鉴别。对那些德才兼备的年富力强的好

同志,逐步吸收入党,充实到各大队领导班子。像张洪发、芮盟奎、樊清高、郑和、李进灵、蔡增强、史洪贵、郭怀兴等都是在生产第一线以老带新,跟踪培养入党,逐步充实到了领导班子,担任了一把手。经过几年的实践鉴别、筛选,各大队的主要领导基本在一定时期内稳定了下来。干部稳、产量增、干部安心面貌变。郑和同志是我在下峪大队下乡,晚饭后,闲溜到大队保健站闲聊中发现的,他是鲍店农校毕业的中专生。毕业那年正赶上"文化大革命",那批学生没有分配,也没人管了,无奈才来学司药。闲谈中,发现他人品好,又年轻,又有文化程度,于是就和大队支部商量,先让时任大队支书郑克元同志带一段,劳动中干一段,逐步入党,接任下峪大队下一任党支部书记一职。

在集中精力建设好各大队党组织和领导班子的同时,还特别注重公社干部的提高和充实。除定期组织集中学习外,强调个人自学自用。并从各个渠道把一些德才兼备的好同志,逐步充实到公社干部队伍中来。像张国忠、上官祯同志是从老师中抽借回来的,郑和、芮盟奎同志是我在大队支部书记中抽借回来的。郑良同志是我在上峪大队下乡吃派饭时,偶尔发现的一个小队记工员,他精明能干,年轻利索,先选用在公社当事务长,经过一年多时间的观察培养,后经县组织部门考核,转为国家正式干部,任公社团委书记,后来逐步成长为固县乡乡长,不幸早年病故。

②顶风冒险讲政策,解脱困扰,解放人才。在那个以阶级斗争为纲的时代里,一些家庭出身不好,社会关系株连等问题,曾影响着一些有才有德的好同志不能进步。有的不能提干,有的不能入党,多年的民办老师不能转正。为了工作,尊重人才,我曾顶风冒险,不懈努力,不只一次地亲自深入大队,参加支部会,贫下中农会,群众代表会,反复讲清党的政策"出身不由己,道路可选择,重在表现";对一些上访告状的群众个别座谈疏导,耐心说服教育,不断排除了重重阻力,从而使他们的问题一个个得到了解决,有的入了党,有的转了正,有的提了干,有的后来还步步高升,为党和人民负起了更大的责任。

③振兴农业、活跃农村,必先振兴教育,尊重教师。也许是因为我是教员出身的缘故,每到一处对教育工作总是多一分关爱。当时教员的社会地位还比较低,往往不被人重视。但在我心中却不是这样认为。他们不仅是小孩子的老师,而且也是农民教育的骨干,又是一切中心工作可依赖、可依靠的宣传力量。他们分布广,山沟小庄都有,他们的队伍庞大,人数众多,所以教育工作在中村是党委一项重要议事日程。首先在学校领导和老师中发展了一批共产党员,像聂钩彬、陈茂宏、杨如学、孙义、张志峰、徐福善、高振礼等,这些同志入党后,鼓舞了整个老师队伍。他们在搞好本职工作的同时,为当时的农民业余教育,农村宣传工作,都奉献了自己的力量。

④群众中推荐，送出去培养。那时，学校还没有恢复高考。大中专学生是由县里下达名额，大队推荐，公社批准保送上学的。在此期间，几年先后送入临汾师范学院、晋东南师专、医专、晋城师范、山西医学院等各级各类学校十多名优秀青年。我记得的如中村的刘培兰、左秀英，张马村的张广君、尚瑞芝、尚雪梅，蒲泓村的杨希萍等。他们完成学业后，分布在各条战线上，都在自己的专业岗位上发挥着光和热。大部分入了党，还有的担任了领导职务。

⑤培养干部、使用干部，更重要的是关心干部，特别是要关心同志们在生活上的切身利益。帮助解决后顾之忧，才能使其无忧无虑，轻装上阵，卖力工作。即使是一个炊事员，失去了老伴，单身生活，要求他专心做好饭菜，也是无稽之谈。我在学校当校长时，就有过这样一个事例。我曾趁课余时间，饭后休息空闲和一个炊事员奔波找老婆，破镜重圆后，不仅没有影响工作，反而把饭菜做得更香更可口。在中村当书记期间，为离了婚的单身干部牵线搭桥，登门说合，帮助其重建家园，帮助父母均不在身边的回乡女知识青年和公社职工在机关操办婚事。当地群众称赞说：你是既娶媳妇，又嫁闺女，真是政通人和，五谷丰登。在水电公司任经理时，一双年轻夫妇闹别扭。女方半年多时间住在娘家不回家，双方的父母都掺和到了里边，我利用晚上时间长长跑了几个月，千方百计想办法，苦口婆心做工作。既做夫妇双方的工作，又做其双方父母的工作。硬着头皮跑，不厌其烦说，终于把一对将要分手的小两口说得重归于好。时至今日，当年的小夫妻有的虽已退休，但他们家家都生活得和和美美，有滋有味。

（选自作者自传《风雨历程》）

生命的轨迹（节选）

张国忠

中村公社位于沁水县城西 33 公里处，与翼城、绛县相邻。22 个大队，101 个自然庄，总面积 148 平方公里，12 247 人。历来是城西政治、经济、文化中心。这里煤、铁资源丰富，林木茂密，气候凉爽，是一处天然氧吧和避暑山庄。

中村的工业发达，煤矿、铁厂、林场、木器厂、海绵铁厂、水泥厂等，曾在这里兴旺多年。

改革开放以后，中村发生了巨大的变化，地域变大了（和下川合并），道路变宽了，吃水进家了，旧房变新了，人民生活提高了。盖起了幼儿园，修建了新小学，整修了街道，新建了公园。人们安居乐业，过着其乐融融的小康生活，到处充溢着盛世的祥和与昌盛。中村是我的故乡，也是我工作时间较长的地方，是我走向社会的第一站。

1970年12月,我由中村初中调到公社任党委秘书。1973年任副书记。在这两个岗位上,刚刚步入政界的我在政治上得到了很大的锻炼和提升,增长了才干和见识。

一、初出茅庐

党委秘书虽不是班子成员但也是公社大小事情都要参与的。党委会上做记录,镇上单位管协调,接上迎下搞服务,总结讲话写材料,种种事情都要亲力亲为。我在中村担任秘书期间经历了两位公社书记(豆锦深、常振英)。他们对中村的发展做出了努力和贡献,同时对我的成长也给予了正确的引领和悉心的培育。

记得豆锦深任公社书记时交代我写会议报告,按照领导意见,我加班一天一夜,当我向豆锦深书记交材料时,才知道他也在写这个材料,他把我写的材料留下,又把他写的材料给了我看,后来他又给我讲了我这个材料的不足之处,使我很受启发,由此,我写材料进入了一个正确轨道。

三年秘书生活使我学到了很多,懂得了很多。铭记了这么几条:当领导要身教重于言教,搞服务一定要细心周到,处人处事要搞好协调,写材料要有深度高度,做人一定要谦虚谨慎。

二、走进党校

1973年7月至12月经县委推荐,我来到省委党校青年干部培训班,参加为期半年的学习。主要课程有:《国家与革命》、《共产党宣言》、《费尔巴哈论》等。校长是时任省委政治部主任的王文章,副校长李玉。山西每个县只有一个名额,而我有幸得到了这个名额,对我来说是一个非常难得的机会,一件值得庆幸的事情,这是我从政以来的第一次深造,也是一次获得长进的机会。那是省委党校刚从忻州"五七"干校搬回省城太原改为省委党校的第一期。至今我还记得王文章主任讲,为什么要把"五七"干校改为党校。他讲的生动,也很有哲理。在校学习很紧张,除了正常上课培训外,还要在忻州原"五七"干校去收葵花,到小店农村去参加劳动,到南城区挖地下隧道。半年时间虽然不长,但收获很大,理论武装了头脑,实践增长了才干。熟悉了省城环境,结识了许多朋友。

三、下乡蹲点

中村人淳朴、忠实厚道,但也有难缠的"老大难"。这些老大难中,最令人头疼的有两个大队,一个是张马大队,一个是上峪大队。张马是中村公社的第二个大村,300多户,1000多人。这里的班子历来不团结,派性比较严重,贴小字报,上访告状的多。

1974 年党委决定让我到张马大队蹲点，那时人年轻，工作经验少，对于这个远近闻名，耳熟能详的“老大难”大队，我不免感到有点挠头。因为这个大队不仅问题成堆，而且时任张马大队支部书记的张红保和我沾着亲，工作中难免会左右为难，深浅不得。但基于我是本地人，对那里的情况熟悉，大略知道问题症结所在，便“明知山有虎，偏向虎山行”了，勇敢地挑起了这副担子。

在张马大队驻队一年，住在大队部，吃在群众家，300 多户几乎家家都去过。采取了如下几种方式：一是访——通过吃饭，接近群众，了解群众疾苦和村里情况，请教良方上策，和广大人民群众建立了深厚感情。二是干——大搞农田基本建设，和群众一道吃在工地，干在工地，在张马至上阁滩打坝造地三百余亩，在青旺河改造三类田五百余亩。三是谈——和支部书记张红保、主任王庭彪个别座谈，清除疑虑和误会，工作上的事先让他们个别交换意见，然后坐到一起，达成共识。四是批——针对村里爱传闲话，贴小字报、搬弄是非、不务正业的个别人组织会议进行揭发和批判，以达到压制歪风邪气之目的。

经过一年多艰苦细致耐心工作，班子团结了，粮食增产了，派性基本消除了，弘扬了正气，刹住了歪风，各项工作走在了前面，得到了组织和人民群众的好评。

1975 年又让我到上峪大队蹲点。上峪大队也是一个“老大难”大队，除班子不协调外，还有个别告状专业户。他们不仅告村干部，也告公社领导。

我接受任务后，在上峪一扎就是八个月。一是对于大队班子存在的问题展开了深入细致的思想工作，消除班子成员之间的分歧，解开长期以来的疙瘩，使班子成为了一个比较团结协调的集体。二是着力做好上访户的工作，在顾全大局的同时，拿出诚意，满足上访户提出的合理要求。对反映中干部的多吃多占问题，经过调查让其全部作了退赔，并在支部会上主动认识错误，得到了群众的谅解。此外对上访户所反映的一些捕风捉影问题一一作了说明。经过 8 个月的不懈努力，上峪的风气得到了一定的转变。有人问：两个“老大难”怎么不告你？我开玩笑说：“可能因为我是本地人的缘故吧。”

经验告诉我，任何地方的人民群众都是通情达理的，只要你的工作方式方法得当，只要顺应了群众的合理要求，只要坚持走群众路线，尊重群众的正确意愿，所有的问题都能得到解决，所有的矛盾都能得到化解。

四、踏遍山庄

1946 年党委决定由我包中村片上的工作。作为一个土生土长的本地人，我觉得更应把本地老百姓的事当成自己的事去办，不能怠慢任何一个乡亲。其时下乡，既无公路也无交通工具，无论路途多远，全凭两只脚来完成。三年多时间我走遍了全公社 101 个自然庄,22 个大队全部住过宿, 在十分之一的老百姓家里吃过派饭,深知百姓的疾苦和群众的需求。带着对农民深厚的感情工作,压力大,动力也大,因此我所包的中村片样样工作都走在前边。由于有了这样一些历练和积累,从此,我自觉地把以民为本,为民办事,作为了自己从政的准则,为我以后的政治生涯奠定了一个良好的基础。

五、遭受误解

1976 年后半年到 1977 年,是中国历史上一个比较特殊的时期,粉碎“四人帮”后,国家从长达 10 年之久的“文革”中摆脱了出来,那时的首要任务是全面揭露批判“四人帮”的反革命罪行,开展“揭批清”运动。

当时县委派来以农工部副部长苏成富为队长的农村工作队 60 余人,进驻了中村公社及各个大队,搞“揭批清”。当时我任中村公社副书记,分管机关工作。在运动中,有人给我提了四条意见:一是刮资产风,说我收了上沟大队送来的2 斤羊肉;二是搞特权,说我在公社油坊花 0.75 元钱买过 1 斤油;三是拉拢坏人入党(指当时的一个大队支部书记和一个企业负责人);四是为公社书记树碑立传(公社曾经搞了个展览,上面有公社书记的照片)。

工作队针对有人反映的这四个问题,进行了专门调查。调查的结果是这样的:

上沟送的 2 斤羊肉是我姐夫王炳斗(上沟村支部书记)花钱买了送给我家的;公社油房买的 1 斤平价油,是帮县教育局一个同志买的;两个入党的人没有证据证明他们是坏人,更不是由我介绍的,因为他们入党时我本人还不是党员;公社办展览,不论有公社书记的照片是不是问题,就事件本身来讲,那时我正在山西省委党校学习,根本不知道此事,更谈不上参与。工作组对于个别人给我提的这几条意见给予了全盘否定。现在回忆起来,这几乎是一个笑话,也可以说是一场误会,但对我来说却是有益无害的一件事,给我提了个醒,告诉我,一个人无论在什么地方,无论什么时候,或担任什么职务,都要清清白白做官,堂堂正正做人。

(本文选自作者自传)

第六节 报告文学

深山里的都市

李兴国 张 华

大凡都市者,乃人众及货物汇集之地也。

然而笔者眼下要介绍给读者的"都市"既非人众之国都,也非货集之省会,而是点缀在沁水西部海拔两千多米的历山脚下的一个小镇——中村。

这个小镇地处素有"四十里寒冰"之称的深山坳里。它和邻近三专四县的乡村一样,原本不起眼。加上十年动乱的折腾,更显得荒芜萧条,满目凄冷。曾几何时,这里发生了令游人所叹服,为四乡所倾倒的巨变,被人们赞誉为深山里的"都市"。这便是这个美称的由来。

深山里的"都市",乍听起来有些玄乎,可它颇具城市风貌的事却实实在在存在着。

请看,总共仅有431户,1547口人的集镇,群山环抱,苍松盖顶,绿色的森林,黑色的煤炭,褐色的铁矿……有着得天独厚的丰富宝藏。

村子周围遍布大小20多个铁厂、煤矿、还有水泥厂、木材加工厂、酿造厂……矿区连片,烟囱耸立,车水马龙,一片喧闹,展示着生机勃勃的兴旺景象。

横贯小镇东西的小河,沿着青石、水泥浆砌的长堤、栏杆汩汩流过,岸上垂柳婀娜,岸下清水欢快,令人赏心悦目、如痴如醉。

笔直宽阔的水泥街道,纵横交错贯穿全村,两旁泡桐婆娑,花果飘香,沁人心脾。

一座座拔地而起的高楼,鳞次栉比。

一排排造型精致的农家住宅,别致大方。

一个个琳琅满目的商业网点,星罗棋布。

……

啊!好气派呀!真想不到大山里还有如此繁华所在。

当您由衷地惊叹这一富庶的"都市"时,当地人会非常自豪地向您讲述党支部带领群众建造家园的动人事迹……

日历倒翻返数年。

公元1980年初春的一天,金乌西坠,深埋在历山脚下的中村,仿佛像一艘漏了底的船,负载着翻滚的乱石,横流的泥水,又一次一分一寸地沉进了夜色的海洋。

党的三中全会,像一股暖融融的春风,重新给这里带来了勃勃生机。农村经济体制发生了历史性的变革。千百年受土地束缚的广大党员、农民解放了。他们八仙过海,各显神通,家庭农场、工厂、林场、个体商店、运输,应有尽有。随着经济的开放搞活,引起了人们生活方式、行为观念的新变化。多数党员农民依靠双手勤劳致富,也有个别人乘机投机取巧发洋财,有的偷税漏税揩国家油、有的假公济私挖集体墙角……党员活动的分散,不正之风的出现,给党支部提出了尖锐而又亟待解决的新课题。

如何解决这些形势发展带来的新课题?党支部面临着新的考验。

一向多谋善断,深孚众望的老支书马孝善为此思来想去,彻夜不眠。他想彻底改革,又怕出问题。值此紧要关头,县委和镇党委大力支持他的设想,促使他决心从变革组织机构设置入手,探讨新时期加强支部建设的新路子。他三下晋南取经,四访邻县问计。根据党员分布,打破旧格局,按照工业、农业、商业等不同行业设置了四个分支部,建起了党总支。解决了党员难集中、会议难召开、问题难解决等实际问题。然而,衔接性极强的经济生活与多头的"一课三会"制度发生了矛盾,频繁的集合与一味说教使人们产生了逆反心理,党内的活动形式仍没有得到理想的解决。

中共晋城市委组织部作了《关于在农村党的组织中普遍推行党支部建设活动日的决定》,像雄鸡破晓,再次给他们带来了佳音。

他们在全县首次改革"一课三会"制度,把原来一月四次改为一月一天的党日活动制度。一经推行,成效斐然,深受欢迎。

一堂《以实际行动为党旗增光辉》的党课,使全体党员得到莫大的启迪。

一次严肃而热烈的组织生活会,对三个党员偷税漏税,工时争殴进行中肯的批评,使大家受到了深刻的教育。

一件党员筹资71 396元的实事,解了村办铁厂的燃眉之急,更鼓起了每个党员为四化献身的风帆……

党日活动表现了党总支非凡的凝聚力,初现了巨大活力。

中村这个偏僻的山庄在这里升华,在这里巨变。

他们的大胆创新为农村党组织的活动拓出了新路子,得到了全县、全市的大力推广。

在晋城市委主办的首届创最佳"党支部建设活动日"评比中,他们以1035的最高分捧回了流光溢彩、满目生辉的流动奖杯和红旗。

变了,这里的一切,发生着空前的、翻天覆地的巨变。

昔日长期逍遥党外的青年党员乔玉虎,如今已是助人为乐的好党员了;身患癌症,卧床不起的老党员王新华,居然在别人的搀扶下,走出家门,如期参加组织生活;年近花甲的老党员刘培成,在支部兴造"党员红果山"时,带病上阵,苦战三天不下火线;总支书记马孝善在恢复生产筹资时一次拿出 10 000 元,不顾病体四处奔波,捕捉信息,推销木材,挣利 12 000 元,自己却分文不要……这些党员们的高风亮节,克己奉公的高贵品质,使妇孺老幼掉下了热泪,他们以崭新的风貌在群众中赢得了崇高的威信。

党员思想观念的深刻变化,带来了经济建设的飞跃,再让我们看看三中全会以来的实绩吧:1980 年修建办公室 26 间, 文化活动室 15 间;1981 年治理河道 2000 米,拓宽街道四百米;1982 年筑堤 2750 米,改造高压线 4 公里,铺设自来水管道 5640 米;1983 年改良厕所、猪圈 669 个,铺街 1840 米,建成年产百万机砖厂一座;1984 年建校舍 31 间,截潜建 300 立方米高位水池一个,投资 18 000 元,半免费为群众购置黑白电视 76 台, 办酿造厂一个;1985 年引进资金百万元,建起年产 500 吨的球式炼铁炉一座,建 3 层营业楼一座,年产 200 万机砖厂一座,1986 年改造露天剧场,修平板大铁桥,修门市部 16 间。仅短短 6 年时间,支部为群众办实事投资总额达 174 万元,人均 1160 元。1987 年列入总支议程的 10 件事业已完成了 5 件……

这些功益后代,德感天地的光辉业绩,无不记载着 58 位党员们的滴滴心血,串串汗珠……

这,就是他们的初衷和夙愿吧!

啊! 沸腾的热血在共产党员的胸中奔涌。

深山里的"都市"在他们的手中腾飞!

(本文原载《沁水》1989 年第一期)

五连冠的苦乐

马刘勤

本文记叙的主人并非成绩威震环球的体坛明星,亦非名冠华夏的企业巨子,他们是几位默默地为人类生存、人们长寿作出实质性贡献的凡人。

——题记

5 月 9 日,一场珍贵如油的绵绵春雨沐浴着沁水县城,万物吐新,青松葱茏挺拔,垂柳碧绿滴翠,樱花红颜怒放,街道雨水清淌,行人撑伞漫步,犹如游走在天然的美乐公园。

一支由市政府组织的爱国卫生检查团冒雨来到沁水县政府大院, 走进了县爱卫会办公室。热情的主人招呼着客人,客人们却似忘记了礼节,只是注目观看着悬挂满墙的省、市、县各级奖旗、奖状。尤其是一并排五面(1984—1988年)由省爱卫会授予的“卫生红旗县城”锦旗更为光彩夺目。这既是沁水县爱卫工作当前的汇报,也是历史的回顾。五连冠锦旗向客人们介绍着为夺得它们而辛勤、艰苦工作的同志——

“垃圾主任扫把官”

沁水县爱卫办主任张道魁同志,好似生来就与卫生有缘,参加工作37年,就已在卫生战线渡过了37个春秋。和他同时参加工作以及同龄的很多同志,有的改行,有的晋升,而他仍然是个“老卫生”。有人说他榆木脑袋不开窍,不懂“生命在于运动,当官在于活动”的诀窍,有人劝他调调单位,“要不调个有权的,要不调个清闲的”;老伴也时常唠叨,“别人争当管官的官,你就一辈子当个圪渣官?既没名,又没利,图了个啥?”老张闻之泰然,轻蔑一笑。他笑别人的势利眼,他笑老伴的迂腐观,他坚信自己走过的路。

然而,天不尽如人意,事情总有不顺心的时候。1985年的一次,爱卫办召集县城各单位领导开会,提前一天通知,第二天老张准时在会议室等候。八点、九点、十点……,时间无情地飞逝,但是没有一个人来参加会议。是羞辱?是嘲弄?老张气得脸色煞白,心脏几乎要从胸口蹦出。他想:爱卫工作就如此轻微?爱卫干部就如此低下?他想:为什么人们都愿意长寿,都有爱美之心,而对改善自己生存环境的工作这么鄙视?他要疾呼:可怜的人们,医疗卫生只能解决5%的人口治疗问题,而95%的人口要靠卫生保健工作来维护。你们知道吗?自1949年以来,我国人口平均寿命由35岁增长到69岁,全靠了社会卫生活动。

老张毕竟是接受党的教育多年的同志,他以理智代替了激动,他仔细地反思:历任县委书记、政府县长都给予了他大力支持,每次卫生运动群众都积极参加,“文明县城”、“卫生红旗县城”都是领导和群众共同努力的结果。他想通了,自己的官不小,权也不小,“上管天,下管地,中间还要管空气”,他想通了,不是别人看不起,而是自己工作没做好。他别出心裁,与城建、防疫、工商等部门结成了“亲家”,坚持了“连横贯纵,治本求实”的办法,协调各委员职能部门,齐抓共管搞卫生;他紧紧靠住县委、县政府这个坚强靠山,主动出击,打开了局面;他还敢放弃80年代的自动电话不用,派人步行送信签字,通知各项工作。爱卫办的同志佩服他这位“好班长”,领导和群众信服他这位“爱卫官”,他自己说:“我没有什么需求,只想为人民多干点实事。”

“多嘴婆婆铁腿汉”

他有名字,而知道的人似乎不多;更多的是在嘴边挂着他的绰号。不管这个绰号是褒是贬,主人是否愿意笑纳,他已与爱卫办密切的联系在一起,几乎成为爱卫办的代名词——“乔老爷”。

黎明,东方天边刚刚翻起鱼肚白,大多数人还遨游在甜蜜的梦乡。这时,沁水县城的街头已经出现一位个子高高,头发花白,五十开外的汉子。在清洁工扫帚交响乐的伴奏下,他进东街,出西街,走南街,穿北街,这里指指,那里说说。他不是在散步,也不是在消遣,他是在监督、检查早晨的环卫工作。在某单位的大门前,一位同志毫不在乎把垃圾撒到街上,他上前恳切地说:“公共卫生大家抓,怎能随便倒圪渣?不能家里现代化,门外脏乱差。”在新南街,一辆进城的畜力车,牲口没有带粪包,他挡住车主耐心教育:“政府有规定,畜车带粪包,这次不追究,以后要带好。”理解的人向他投去信服支持的目光,不理解的人不冷不热抛下一句“这个乔老爷”。

“乔老爷”不管人们怎么舆论,也不管人们怎么评价,他总在自己认为应该出现的地方出现。农行院内他建议修个喷泉,财招院内他希望雕个假山,计生办萧墙上他设计了一幅名画,就连文化馆院内栽风景树,他也跑了10余次,协商每排栽三株好,还是栽两株好。有人说:“乔老爷,你是咸吃萝卜淡操心——管事宽。”他回答说:“绿、硬、美、香、净,五化我都问,吃、喝、拉、榻、住,样样负责任,社会大卫生,处处得操心。”

“乔老爷”不仅嘴勤,腿更勤,杏峪乡建设文明乡,他早晨骑自行车上去,晚上再骑自行车返回,日行50里,往返10多天。中村镇提高文明镇建设标准,他一去20天,起早搭黑,吃不好,歇不好,人晒黑了,胡子长长了,体重下降了。就这么个“傻子”,在很多人身上丢掉的东西,在他身上还保留着,且固执得出奇。一天,有个人走进中村供销社大楼的走廊,只见地板上躺着一位筋疲力尽的汉子,睡得正香。他一眼认出了其人:“这不是爱卫办的乔有金吗?”是的,他就是人称“乔老爷”的乔有金。

“小气会计穷财神”

1984年,沁水县爱卫办会计的官帽落在了安积兴同志的头上。他告别了工作多年的乡下,来到了县城,跨进了县政府大门。他暗暗思忖:县政府机关是领导全县的首脑部门,应该是财大气粗,要啥有啥。当他正式上班后,迎接他的是一张脱去红漆外套的50年代的桌子,一把各个关节都自由发表演说的椅子。翻开财务预算计划,他几乎惊叫起来——一年预算费用4000元!就这么些钱,还不如一个乡村医疗所。可怜,真可怜!实际离想象差距太大,他心理一时难以承受。他怎么也想不通一个管理全县爱国卫生工作的政府机关,全年费用以全县人口平均,每人不足二分钱,这究竟能干多少事情?这个家怎么当?

"这个家你当!"办公室主任张道魁同志说:"财务大权全权授与你,你计划,你开支,一切照法规办事。"好开明的婆婆,把信任、重任一起放到了安积兴同志的肩上。

老安同志没有推卸,他挑起担子,决心做一个"巧媳妇"。在日常工作中,可花可不花的钱他不花,可多花的钱他少花,恨不能把一分钢镚分两瓣。1988 年的一天,主任提议给每个同志买个椅垫,他看了又看,算了又算,到商店买了两个棉椅垫。主任见了奇怪地问:"老安,怎么不买成革制海绵垫?"老安轻轻地答:"这棉垫比海绵垫每个贱两元钱呢。"主任又问:"怎么只买了两个?"老安笑笑答道:"您1981 年从卫生局带过来的那个虽然破了,补补还能用。"张主任点点头,赞许地说:"好一个小气会计穷财神。"

凡人凡事似乎不足挂齿,但就是这些凡人凡事,赢得了上级的表扬和群众的赞扬。今年爱卫办又在爱国卫生月活动中名列全市第一,获得了省里的奖杯。每当爱卫办的同志看到满墙的锦旗,脸上就露出欣慰的笑容,就把工作的艰辛和苦酸忘得一干二净。可能有人会说:"红旗值几个钱?"但爱卫办的同志说:"多少钱能买来奖旗?多少钱能买来荣誉?"

(原载《沁水》1989 年第 2 期第 5 页)

书记郑芳

马　林

对于人们来说,2007 年农历 2 月 16 日,这一天是普通的日子,但对郑芳来说,却值得刻骨铭心。因为,这天是母亲的送葬之日。这一天,全家人都在为办理老人后事而忙碌着。

中午 11 时 40 分,沁水县中村镇中村村党支部书记郑芳,突然接到一个紧急电话,离村东头有十华里的一个叫司旺岭的山坡失火,由于地处偏僻山沟,昔日仅有的几户人家也早已搬迁,具体失火情况不详,所以无法了解到失火现场的真实情况。

怎么办?眼下正是清明人们上坟烧纸的时节,加之天气持续干旱,要是火势得不到控制,大火定会向四周蔓延,周围可都是茂密的大山……

火情就是命令,责任重于泰山,他顾不得听完电话,马上换下有重孝在身的衣服,立刻招集在他家帮忙的部分村干部,马上组织人员上山救火,对家里连交待一句都顾不上,叫了一个帮忙的人骑上摩托车带着他直奔失火现场。

早已失修的崎岖山路,坑坑洼洼,荆棘横生,他坐在不停颠簸的摩托车上,焦急地和村干部联系着,通知村干部,喇叭广播、紧急通知全村的青壮劳力和全村的运输车辆到村委大门口集合。

二十几分钟的时间,摩托车到达失火地点,浓浓滚烟在山间沟壑缭绕,烟雾中时隐时现烧出长长的火舌,不时地冲天而起,无情地向四周吞噬着,树枝、荆棘荒草被大火焚烧得“噼里啪啦”直响,火势顺着风向正朝着东南角上不远的大面积成材森林蔓延……

十万火急,可当时火场只有五六个人。

“老刘,以最快速度拉20个人,先上,快!快!快……”

“不要在村里死等,有多少人上多少人,人不能等、车不能停,最快速度到达失火地点!”

此时此刻,焦急万分的他又在不停地和镇政府的领导联系着:

“谭书记,我已到达失火现场,正在往山上调人……”

“苗镇长,我就在火场,好,我马上向你的方向调人……”

嘟……嘟……嘟……

他一看是家里打来的电话,马上关掉,又紧接着和村里调人的村干部们联系着,焦灼的目光不停地向山路口眺望,恨不得救火的群众能从天而降……

第一车救火人员上来了,他马上交给现场指挥的派出所所长统一指挥,统一调遣。

嘟……嘟……嘟……

又是家里的电话。

他不耐烦地对着手机吼了一声“什么事现在也顾不上,过一会再说”,啪的一声,挂断了电话。

第二车……第三车……

随着救火车辆陆续的到达,随着救火工作紧张而有序的安排部署,看着暴虐的火势已基本有所控制,这时他才松了一口气。

家里又打来电话,当地的习俗,中午饭后就要为亲人送葬出殡,现在已经两点多了,超过了正常出殡的时间,家里问他什么时间回去?

这时,站在他身边的人说:“回吧,老娘出殡没有你咋行……”

“家里等急了,这里救火有我们。”

“回吧,这里救火有我们,安葬老人不能没有你。”

他,看着一车又一车送到山上的救火村民,耳边听着劝他回家的声音,回头望了望烟雾弥漫的山坡,火势仍在朔风中蔓延着……

此时的他,复杂的感情交织着:运送救火人员的车辆能否保证安全,救火的群众能否保证自身安危,大火何时才能扑灭,国家和集体的财产损失,怎样才能减到最少,最少……

关键时刻,容不得半点私情,更不能瞻前顾后。

"娘,你儿是一名共产党员,共产党员就应该先办共产党的事,您老在世之时,不是常对儿讲公家事最重要吗?请您老人家在九泉之下谅解儿子吧!不孝儿今天不能为您老送行了。"

他努力克制住自己的情感,把难以言状的心头酸痛,深深埋在心底,他拨通了家里的电话,告诉妻子:"看来我是回不去了,安葬咱妈就靠你了,拜托咱那些同学好友、亲戚邻居们帮忙出殡吧!"

说完,他含着泪花,深一脚浅一脚的背影,消失在浓浓的烟雾之中。

下午三时左右,他母亲的棺椁被亲朋好友们抬出了家门。

鞭炮阵阵,哀号声声,宽敞的大街上,走来了一支长长的送葬队伍后,他们惊奇地发现母亲出殡,儿子却不见!只见孙子端着遗像在前,儿媳妇提着纸扎在后,如此出奇之事,在中村这块历史不算悠久的地面上,最起码在近百年来不曾发生过。

"唉,咋回事,郑芳怎么不见?"

"就是呀!"

"山上失火,救火去了!"

"再救火,也得给老娘出殡!"

"他妈就他这一个儿子,出殡时还不在,唉……"

"不能为老娘出殡,养活这儿……"

下午六时三十分左右,大火终于扑灭了。

在安排好大部分村民返回,留下少数人员继续守护火场,以防余火复燃后,他拖着疲惫的身躯,步履艰难地从仍有部分烟雾的山径中走了出来。

当他疲竭地靠在吉普车旁,旁边有人递过来一根火腿肠时,他才知道自己一天来一直没有吃饭,肚子确实饿了。

天快黑了,他回到家中,送葬的亲朋好友,邻居们早已回去了,妻子用怨怜的目光,久久地注视着他……

他一声不响地走进屋去,木然地站在母亲的遗像前。

好大一会儿,终于忍不住地失声痛哭起来。

(摘自《太行文学》2007 年第 4 期)

第七节 家 史

风雨百年

刘天永

一、老家

我的老家在沁水县中村镇中村西南山坡的木凹梁上,叫“岭上”,隶属中村。中村行政管辖属于晋东南的晋城市,这里是晋城市最西南的一个镇,位于山西省的正南。它是沁水县出西门最大的一个村子,往西走四公里是张马村,再西行四公里就是翼城县的西阎镇。西阎属于临汾市管辖,往南不过十几公里就进入运城市管辖的绛县和垣曲。所以,中村镇是三市三县的交界,位处中条山、太岳山、王屋山交汇的历山舜王坪脚下。这里群山连绵,沟壑蜿蜒,一岭又一岭森林茂密,一层又一层梯田重叠,景色秀丽,风光诱人。整个村子坐北朝南,东边有一道山梁叫“杨岔岭”。这里是分水岭,它东坡水向东流入沁河,西坡水向西流入汾河。村前一条弯弯曲曲的小河,河南是一垛缓缓而上的梯田。木凹,就是十几个散落在中村南山坡上,镶嵌在梯田坑坑洼洼中的自然庄的总称。

木凹山顶第一个庄叫“南岭后”,顺坡往下是“石疙瘩”、“西岭上”,再下才是“岭上”庄。岭上庄西左侧过道沟有一个庄叫“窑里”;东右侧是一道深沟,沟底有个庄叫“下马沟”;北面坡很陡,跌下一个圪节,下面就是“后凹”;离后凹不远是“杨家庄”;后凹往西翻个小梁,梁上是“西凹”;顺梁向北是“坡池腰”,拐弯往下是“北庄上”,也叫侯家庄(因庄上十几户中就有七八户姓侯而得此名)。这里已接近坡低,不远就是中村了。各庄下中村都要经过这里。整个木凹,只有杨、侯两庄较大,各有十几户,且有一两户富裕人家,住的是砖瓦楼房。其余各庄都是三两户人家,一律住的是地棚。“岭上”已接近一道山梁的坡顶,西南略高,其余三面均是一溜而下的山坡和梯田。所以,站在我家门前,中村全镇尽收眼底,下面各庄也看得一清二楚。

岭上庄只有三户人家,一前一后一个半院落。前院住着陈、杨两户,是个全院落。我家在他们南边紧靠着山坡,那里西南地势高,是个小斜坡。所以在东和北两面修了两座地棚和一东北角房,院子不方,是个以南北为上下底且比值约一比三的直角梯形。没有院墙,所以只能算半个院子。院东南有一条通道出入,算是大门,可没有门楼和门扇,只有用芭条编的一个栅栏门。门前有一棵高高的楸树,一人抱不住。宽阔的树冠遮下很大一片荫凉,每到夏天人们常在此乘凉。特别是当它开花的时候,孩子们全聚在树下,拾起落下的花朵吹着打泡泡。树下向东南有一条绕山而行的羊肠小道，通往“南水泉”。那是从山里渗出来的一股泉水，常年供给附近几个庄上人们的生活用水。水泉用石头砌成很浅一眼井，井后上方用石头垒着一个小小的神阁楼，供奉的不知是水神还是龙王。庄上只有东边房后一条小路联系着两个院落，旁边安放着一磨一碾。这里有一块小平地，可供大人们集聚和孩子们玩耍。路下是几层梯田，北边山嘴下是一片松林。由此拐向后院北房背后，从西边上下山，去往各庄和中村。路口有很大一棵杏树，斜躺在半坡上，上树如同走平路。我每次回家都要先在这里爬一阵树，或者摘一会儿杏。

说到房子，大家把它叫做地棚。因为它既区别于人们在野外看庄稼临时搭的窝棚，又不同于村里的房子。一是材料就地取用，墙全用石头砌成；二是做工粗糙，石料未曾加工，砌墙像垒堺，墙面一点儿也不平；三是只有一层，房顶是用芭条编的平顶，上面铺一层坩土，然后用石磙碾压而成。每逢天阴下雨，外面大下，屋里小下，外面不下了屋里还在下。所以，家家户户房顶上都备有一个石磙子，一有空就推着碾压。这种房顶也有好处，夏天人们在上面可以乘凉，秋天还可以晾晒粮食。我家就是这样两座地棚，奶奶住东，四爸住北。我们每次回家总是先到东房看奶奶。东房脚地较低，进门好似下坑，地面上有的地方铺着石板，有的地方还是土面，高低不平。窗台较高，窗户很小，屋里黑洞洞的。进门对面墙根放着一个条几，两旁摆着两口大柜。条几前是个铺柜(即下边是柜，上边类似桌子，里面有个抽屉，面上开个口，有块板可开可盖)，两边放着一椅一凳。不知道这些家具是哪个朝代的，条几上的油漆已经全部脱落，黑色变成苍白色。椅、柜上的红油漆被煤烟熏的变成紫色。柜没门，椅少背，破破烂烂残缺不全。炉、炕是按我们当地风俗浆砌的，靠南窗下是一个锁疙瘩炕，炉在炕前，中间低，两头高，形似“凹”字，专供人们冬天取暖。靠北窗下是一平炉平炕，炉炕一般高。炉旁有一煤池，煤池旁放一口可装四五担水的大缸。缸上面高高地搭着一块木板，木板上面摆满了锅碗和各种灶具。炕上仅铺着一条席，几床破被叠在墙角。进了北屋，光线稍好一些，家具甚少，也显得比较宽敞，正面靠墙中间放一张红红的方桌，旁边一把椅子还有靠背，看得出这把椅子和东房那把是一对，是被分开使用的。屋里只有一炉一炕，靠东头窗边。听说我就是在这里出生的。西边窗台下放着一台铁织布机，那是三十年代父亲受新工业影响，为办织毛巾作坊置买的。铁织机比当地所用的木织布机先进多了，尽管是手工操作，但已有半机械化程度。比如穿梭，已经不是靠两手一下一下地倒替，而是有一个梭盒，梭子放在里面，用一根绳子去拉动，梭子就可以飞快地穿行，大大提高了生产效率。西北墙角放一口大柜，没有了柜门，里面堆放着一些乱七八糟的东西。东北角房是牲口圈，里面喂着牛和驴。

听父亲说，我们祖上原属于中村西街刘氏宗族，先族居住在中村西庙前的南园里。因为祖上某代中有五兄弟，人称“五只虎”。他们爱好抱打不平，无故被人陷害，惹上了人命官司，搞得家破人亡，这才搬到岭上。“五只虎”的坟茔在中村猪凹平的一块地里，土改时这块地分给了我家。种地时父亲对我说，他小时候每年来这儿上坟。据说搬到岭上是为了租种族里的山坡地，给族里交点供奉祭祖的香火钱，剩余家用。但这维持不了全家生活，所以还租种杨家庄的地。另外还兼做矿工，父亲的祖父和曾祖父都是在矿洞下被砸死的。到父亲一代在岭上也就是六、七代，约二百多年的历史吧。

据父亲讲，这支人中有一部分去了翼城县桥上镇上交村。那里有一个老爷爷在桥上学校里做饭，后来就招亲到那里一户张姓人家，生育有两个儿子。为了不忘祖宗，一个叫张朝刘，一个叫刘朝张，分别继承两户。父亲小时候每年还常见翼城桥上来人上坟，他也去过上交几次，认识那里的父辈们，知道一些家庭情况。张姓有一个女儿名字叫梅娃。刘姓现在有和我父亲同辈的兄弟俩，一个叫刘锦文，一个叫刘锦武，年龄与我相仿。自从抗日战争以后，父亲再没去过桥上。

1963 年父亲患病要到临汾治疗，当时我在松峪小学任教，这儿离桥上只有十几里，他顺便借机会到桥上走访了一次。

父亲第一天住松峪，第二天一早动身到桥上。他一打听，才知道刘锦文也是教师，就在桥上学校教五、六年级。于是，他走进学校，一问锦文正在上课，便找到其宿舍坐下等待。这时他灵机一动，想装成生人，试一试锦文的人品。正捉摸着，锦文下课回来，进门看见家里坐着一个陌生人，就主动上前打招呼：“同志，你找我么?”父亲点了点头。“有什么事吗?”父亲说：“走累啦，想找个地方歇歇。你能帮这个忙么?”锦文立即说：“可以，可以。那你就先擦把汗，喝口水吧！”说着，又拿毛巾又倒水，父亲也就毫不客气地端起水杯，慢条斯理地喝起来。这时中午开饭的铃声响了，锦文就问：“吃饭了吗?”父亲说：“还没吃，来一点吧！”锦文说：“好吧！”说着拿了个碗就去盛饭。父亲站起来在地上兜了个圈，暗自高心：“多么朴实多么善良的孩子，是我们刘家人！”

不一会，锦文端着两份热腾腾的面条回来，把一份放到父亲面前：“你一定饿了，赶快吃吧！”这时候父亲带挑逗性地笑了笑，毫不客气地端起碗大口大口地吃了起来，看也不看锦文一眼。吃罢饭，擦了擦嘴，站起来走到床前坐下，好像在自己家一样边脱鞋边说：“我要睡一会儿。”说着顺势就要躺，锦文赶忙过去挪开被子摆好枕头。父亲问：“你呢?”锦文答：“我给学生改会作业。你先躺吧。”说着在桌边坐了下来。这时父亲才和他聊了起来，问了他以及他堂姐的一些家庭情况。说着，说着，锦文恍然大悟：“你是中村三哥吧?”话没说完就向床边扑去，这时父亲也迅速坐起来，伸出双臂把他紧紧地抱在怀里，意味深长得说：“好孩子，你是我们刘家的好孩子。”锦文也十分激动地说：“太突然了！我们天天念叨，还说抽空去找你们。今天如此相见，真让人惊喜。”接着他说：“我爸爸在世时常说‘不能与木凹断了线'，今天他的遗言总算兑现了。"说着说着他的声调变得哽塞起来，最后竟泣不成声。这时父亲赶快笑着说："好啦，好啦，这不是见了么。"父亲详细询问了家庭情况，得知老人们已经相继去世，伤心地落下眼泪。当天父亲没有走，晚上俩人同床共被畅谈通宵。第二天恰好过星期，他们回到了上交。当然父亲受到了特殊的招待与欢迎。他走访了各家，亲戚百般挽留，父亲恋恋不舍，一住就是三四天。因为要急着看病，无奈向临汾而去。

父亲离开上交时，把他一时也离不了的两光老花镜丢下。他走后被锦文发现，因其知道我在松峪学校，便亲自送了过来，使我有幸见到这位家叔。

一晃几十年过去了。我在沁中工作时，同学李学孝招亲翼城三头腰，此地离上交很近。我托他打听过族亲的情况，他说刘锦文"文革"时调公社搞专案，后来逐步提升，听说近年调吕梁当纪检委书记了，哪一级不太清楚。刘锦武是一名兽医，现在在镇兽医站当站长。张家下代还是个女儿，招亲在家务农，家景可以。

二、祖辈

我的爷爷叫刘保基，奶奶吉氏，生育有四个儿子：老大祁德，老二祁盛，我父亲三盛，老四许娃。中村刘姓数代延运"金木水火土"部首字起名排辈，爷爷"基"字辈，父亲"锦"字辈。大伯、二伯名字我不清楚，父亲名字"锦文"，四叔名字"锦奎"。

听我父亲讲：爷爷一生务农为主，兼做矿工。为了养家糊口还去当过"法师"，扛过长工，受了不少罪，吃了不少苦。当法师这种事他也知道是骗人，但因他掌握一些偏方，对有些病还真管用。所以，他救了不少人，同时也为家庭生活寥作补贴。

我的记忆中，爷爷是一个满蓬胡须的老头子，他那一尺多长的苍白胡须飘在胸前很仙逸。他留着清朝时的一条长辫子，有时盘在头上，有时垂在背后。一出门他就拿着一根四尺来长的"林池木"棍子，紫红色，像用漆漆过，非常漂亮。他一会儿拄着，一会儿用两臂横挟在背后。肩膀上经常搭着一个钱褡，不是去给人看病，就是去赶集、赶庙会。冬天爱穿一件棉袍，腰里缠着一条腰带。为了走路方便，常常把一个袍角掖在腰带上。他的身体很棒、很强壮，但一次意外事故，使他匆匆离开了人世。

那是我六七岁的时候，当时野狼很多。在离我家二十几里的一个地方叫大河村，属于翼城县管。那里是大山，狼群经常出没，有时还到村子里伤害牲畜和小孩。为此村子里的青年人组织起来打狼。某次，他们发现了一个狼窝，里面还有七八只刚生下的小狼崽。他们把狼崽带回了家，引诱的老狼每天晚上围着村子嚎叫。他们躲起来用猎枪打，还真打死一只！可那只母狼气疯了，到处咬人伤人，大河村附近就伤了两人。打狼队穷追猛打，那只疯狼顺着山梁一溜烟儿就跑到了木凹。那天爷爷正在门前的地边放牛，看见有狼从梁上下来，正冲着一个叫合元的小孩赶的牛奔去。我爷爷急忙大喊："有狼！有狼！"狼一听到喊声，扭回头就向爷爷扑来。爷爷举起他那根"林池木"棍，朝疯狼狠狠打去。第一棒打空了，他赶紧后退两步，又打出第二棒，还没打中，就这样边打边退，眼看到了地塄边。爷爷又轮棍打下时，恰恰打在地塄边的桑树上，因用力过猛木棍折成了两截。就在这一瞬间，疯狼扑到爷爷面前，两只前爪爬在爷爷的肩膀上，血盆大口往爷爷脸上咬去。爷爷猛一扭头，嘴唇给撕了个豁口，顿时鲜血顺着下巴流满前襟。爷爷忍痛与疯狼搏斗，转身把狼头挟在了掖下，拾起掉在地上的半截木棍，痛打狼的屁股。疯狼用力挣扎，爷爷连狼一起摔到了塄下，疯狼脱身向坡下逃去。爷爷站起来，看见下面不远处一个小伙子正在往一块儿收拢羊群，爷爷立即大喊："狼下去了！"说时迟那时快，疯狼已经扒在小伙子的背上，张口咬住了他的后脑勺。他转身打了疯狼一放羊铲，恶狼放开他就蹿，可他头上留下几个血淋淋的牙印。这时地里干活的和庄上在家的人陆续赶到，一起追打疯狼。疯狼见势不妙，仓皇向中村河方向逃窜。奶奶听到喊声，赶快把受伤的爷爷扶回了家，擦了血，放止血药，觉得不碍大事，也没再做进一步治疗。不几天，被疯狼咬伤的小伙子病了，像疯子一样闹腾，且被他咬伤抓伤的人也得了此病。爷爷还去给小伙子看病，觉得自己问题不大。不久传来消息说，疯狼顺河到了北庄、张马、上阁、东沟河、吴家，在吴家被众人打死。可是被恶狼伤着的所有人，先后得了病，随即亡了命。过了一两个月，爷爷也犯了此病，他一个人躺着，不让任何人接近，依靠顽强的意志，控制着自己，与病魔作抗争。后来才知道这叫"狂犬病"。

一个多月后爷爷与世长辞，我参加了他的葬礼，他的棺木被安放在家门前一块叫小凹凹的地里。背靠西南，三面环山，地边长着一棵枝叶下垂几乎拖地的大松树。向北虽说看不到中村全景，可还能看见中村东街我家的房子。十五年后奶奶去世，才与爷爷合葬于一块叫"煤腰沟"的祖坟茔地。

我奶奶娘家在岭上庄背后约一华里的"石疙瘩"。小时候奶奶随娘嫁父，到土沃村祁家，所以土沃也算半个娘家。奶奶和爷爷成婚后，还在祁家打过几年长工。奶奶一生勤劳朴实，乐于助人，善于舍施。她收集有不少民间秘方、偏方，所以经常有人请她看病或问她讨药。有时需要采些草药，别人不认识她就亲自上山去采。有人叫她看病，她不管路途远近，不论白昼黑夜，不说家中忙闲，决不推辞。所以周边南河、上下峪、北庄、中村常常有人请她看病，人们非常喜欢和尊重她。父亲说过而且我记得的偏方有：千年陈石灰可止血和治刀镰斧砍的外伤。把硫黄、冰片、花椒等四味中药，放在鸡蛋内用泥巴糊好，放在火内烧，等泥巴干裂，扒开焙干研细，用食油调和，可治湿症引起的各种疮科。把花椒树下的蚯蚓屎研细，拌隔年老葱捣烂，用鸡蛋清调和，摊在布块上，

贴在已经红肿长出的疙瘩上，可消肿。边用桑柴烧烤，边用花椒水洗，能治廉疮。碗上糊一张麻纸，将谷糠放在上面点燃，所得糠油可治疥疮。羊都不吃的“羊角草”有大毒，煎后洗秃疮、黄水疮很有效。用刀刮的青石粉，放在伤口上能立即止血且愈合快。鸡蛋黄炼油，可治漆草疮和烧伤等等。

我从小在姥姥家长大，和奶奶接触很少。可她那张常常布满笑容的四方脸盘，一双又大又黑的眼睛，头上经常顶着的一块黑手帕，走起路来铿锵有力的一双小脚，都给我留下了深刻的印象。奶奶对我们很亲，逢过年过节，上坟烧纸，父亲一定要带我和弟妹们回去，顺便给奶奶带些白面点心之类的东西。我们一进门，奶奶的脸上就乐开了花，问这问那，忙前忙后，也不知道该给你吃点什么。不过当时家里的确很穷，拿不出什么好东西，无非是几颗野果，一把瓜子，烧棒玉米，炒碗老豆，可这些却正是我们特别喜欢吃的。开饭了，吃些啥？炒豆焖饭，榆皮面饸饹，黄澄澄的小豆馅油炸玉米面馍，又绵又甜的老南瓜粥，米面煎饼，玉米圪蔘圪垒，鸡蛋炒小米捞饭，煮毛豆，爆玉米花……虽是五谷杂粮，粗茶淡饭，可我们吃得有滋有味。每次我们回家，奶奶都像摆宴席一样准备一大堆，这种习惯一直保持着。现在我们回到老家，亲人们仍照奶奶的办法招待我们，这常常引起我们对奶奶的思念。

奶奶在爷爷去世后，一直和我大伯的一个女儿相依为命，一起生活。大伯去世早，大伯母有些痴呆，所以堂姐一出生就全靠奶奶一把屎一把尿抚养，就连吃奶也要奶奶把她抱到伯母奶旁亲手喂。后来大伯母改嫁，奶奶含辛茹苦地养育了堂姐十八年。大家盼堂姐快快长大，所以起名“小盼”。堂姐要嫁人，奶奶还舍不得离开姐姐，姐姐也舍不得离开奶奶。同时，姐姐的婆婆也是个弱智人，姐姐一进门就要担当家庭主妇，一时难以胜任。姐夫侯有拄也有意让奶奶帮忙，就把奶奶搬迁到了他们“侯家庄”居住。奶奶住在姐姐家一孔土窑洞里，单独一个小院落，坐北朝南，幽雅安静。窑顶上就是通往中村的大路，交通方便而且离中村很近，为此我们看望奶奶的次数也频繁多了。奶奶在姐姐家一住就是十多年，为姐姐操持了不少家务，照看了三个孩子，也算是鞠躬尽瘁。

1963年奶奶八十二岁，可她身体还很硬朗，耳不聋眼不花，腿不痛腰不酸，生活完全能够自理。特别是她那豁达的性格，开阔的胸怀，乐呵呵的笑口常开。就在这年初秋，奶奶因一时不慎摔倒在地，恰巧碰在织布机的棱角上，刺中了背部，导致口吐鲜血。当我们得知消息赶回去时，她老人家已不省人事，很快逝世了。突然地变故，使我们非常伤心。因当时地里庄稼即将收获，我和父母亲又要到县城集训，只好将奶奶的棺木暂时停放在土窑内。月余后准备安葬，当打开窑门时，发现窑的后半部分已经塌落，且刚刚到棺木边。大家都认为此窑是为奶奶的存在而存在。奶奶去世后，小院就渐渐地荒芜了。但每当我路过小院，自然而然想起奶奶。慈祥善良的奶奶,让我一生难以忘怀。

三、父辈

大伯祁德,出生在土沃祁家。小时候得抽风病留下了后遗症,一直摇头摆手,连吃饭也困难,甭说干活。爷爷给他收了一个童养媳,也是个因小时候得病吃药有了智障的姑娘,名叫引艾,柳沟人。她七岁就进了刘家门,奶奶像待亲闺女一样侍奉她。结婚后生了两个女儿,因为她照理不了,所以把二女儿苹娃给了南河王进财,大女儿小盼一直靠奶奶喂养。家中生活的担子越来越重,可大伯不思进取,每日游手好闲,东家门进西家门出,正经本领没学下,却学了一肚子"酒曲儿",常和一些不三不四的人走东串西闹洞房,耍媳妇。为此,老人们常教训他,弟兄们也常常责备他。但是,他这个人脾气还很倔,不但不听,还要反抗。听父亲讲,有一次爷爷要打他,他反而夺过棍子把爷爷按在驴槽上,弟兄几个拉也拉不开。为此,四叔拿起铁锹剐了他一个大口子。有一天他去放牛,又被几个人拉去唱曲儿,很晚还没回家,结果丢了一头驴。他回来见全家人都摸着黑四处去找驴,知道自己又做了错事,悔恨极了。他也害怕,怕父母责骂,怕弟兄埋怨,更让他难以解脱的是病魔的缠绕,自己的无能,生活压力的越来越大。加之他天生的倔犟,一时想不开就上吊在驴槽旁的木桩上。大家找驴回来也没发现他,直到第二天喂牛时见他已经死了。我父亲当时已在外工作,得知这一消息后急忙回家,为他办理了丧事。从此,父亲又承担起对伯父家孤儿寡母的照顾和经济负担。

我记得小时候回到家里,总有那么一个衣衫破烂、披头散发、言语不清、指指画画的女人,在我和父亲面前伸出拇指比划,嘴里嘟囔着"三盛、三盛"。我根本不懂她在说什么,而且有些怕她,总是躲避。长大后听父亲解释才知道,她记得我是在木凹出生的,所以认识我。那些手势无非是指我长高了,长大了,吃胖了等。后来有几年没有见到她,才知道她改嫁到了南凹。小盼姐很孝敬母亲,经常去南凹洗洗刷刷、缝缝补补。可大伯母总是疯疯癫癫到处乱跑。结果在一个冬天的风雪夜里,来木凹找女儿迷失了路径,冻死在中村上木凹的路上。大姐夫侯玉拄多年一直担任生产队长,他们生育有一儿俩女。二堂姐苹娃和我同庚,二姐夫合元是从河南逃荒上来的苦命人,与人为儿,辗转几家,最后招亲与我姐。小时放牛放羊,后来当了煤窑工人,一直居住在冶内,生育俩男俩女。

二伯父祁盛,听父亲讲是个奇人。他生来一头赤发,圆滚滚大眼睛的瞳孔中,能照见俩人影。夜间向远处瞭望,别人看不见的东西他却看得一清二楚。有一次,天已黄昏,夜幕降临,兄弟几个都在门前吃饭,他突然说爸爸回来了,手里提着一个篮,还不停地告诉大家已经到了什么地方,又到了什么地方。弟兄几个什么也看不见,还有点不相信。过了一会儿,果然在他指的方向爷爷出现了,大家很佩服他。二伯父性格豪爽，体魄健壮，干活卖力，很讨大家喜欢。不幸的是在一次瘟疫中，病魔夺去了他幼小的生命，年仅一十三岁。

四叔乳名许娃，大名刘锦奎。他满脸胡须，生性憨厚，少言寡语，不修边幅，常常蓬头垢面，给人一种憨傻的印象。实际上他心明如镜，一清二楚，后来还子承父业做过“法师”。他也从奶奶那里学习和掌握了很多偏方，所以经常有人请他看病、问他讨药。他一生务农，犁、耧、叉、耙样样精通，是地里、场里的行家里手，七十五岁依然是在地里务农活。后来他患了食道癌，吃不下东西，但他坚持上地干活。病魔缠绕了他三四年，七十八岁寿终。

四婶王石榴，冶内人。一生生育不少，但只留有二女一男活下来。长女葛季，长我一岁，嫁给西岭上吉家。她男人有点残疾，生有三男二女，早些年孩子小，家中生活特别困难，后来男人病逝，弟招兄嫂由南岭后搬北岭上，包种苹果园发了家，在中村修了十几间房。二女儿社苹，比姐姐小十四岁，嫁给杨家庄杨国武，生有一男一女。他们打铁矿发了家，修了一院新房，日子过得很富裕。最小的儿子丑娃，长大后不愿在岭上居住，把地棚拆掉卖了木料，在侯家庄上买了三间平房。2000 年他又修了五间新房，养育一男一女。

丑娃离开岭上，我的老家从此湮灭。

四、父亲

我父亲乳名三盛，出生于 1912 年农历十月十九。他七岁给人放牛，从来没有穿过鞋。长到十几岁，男孩子还穿一条大红裤，是用他父亲作法师挣来的一尺尺红布拼凑而成。弟兄四人睡觉合盖一条被子，中间蹬了个大窟窿，只好用麻绳网起来。吃喝更是半年糠菜半年粮，吃了上顿没下顿，只好东掬西借。有一年借了杨家庄几斗谷子，秋后已经还清，可第二年又来要账，且翻了一番。账本放在面前，一家人目不识丁，只得吃个哑巴亏。恰当时各地“兴学”，木凹几个庄联合在杨家庄办了一所小学。爷爷不顾家庭困难，咬紧牙关送父亲去念书，起了个学名“刘锦文”。父亲立志要改换门庭，让家里过上好日子，所以学习很努力。为了激励自己，他改名“展彪”，字“虎卿”，意在像一头老虎扑食，不达目的绝不罢休。后来又为符合刘姓辈分用字规范，改“彪”为“镖”。小学读了两年，老先生也只能教个《三字经》、《百家姓》、《弟子规》等，从不开讲，只让学生死背硬记。这使父亲八十几岁时对《百家姓》还能倒背如流。求知的欲望促使父亲想继续深造，又苦于家徒四壁难以启齿，只好背着爷爷报考了中村高小。等到揭榜录取，爷爷无奈地送父亲上学了。

中村高小是沁水县第三高小，从 1922 年起，就设在中村西庙。虽说历史变

迁,社会动荡,抗日战争时期几度搬迁、停办,但这里一直是“三高”的老营。中村高小在西庙办学八十余年,教育和培养了几代学子。就我家来说,三姥爷、父亲、母亲、姨姨、我和弟弟、妹妹以及我的孩子们,四代都在这儿读过书。父亲和三姥爷是第一代中村高小学生,编在第三班。

中村高小在当时是一所比较正规化的学校,学制三年。课程设置,教师水平都数一流。父亲虽说自幼聪明,可是上学迟,基础差,一些功课跟不上,所以有些同学看不起他。但他有决心,有毅力,不服气。笨鸟先飞,暗自努力。课余时间一个人藏在钟楼上用功,晚上钻在被窝里点个小油灯看书。渐渐同学们发现了他的刻苦,很多人很敬佩他,有些调皮同学给他送了个绰号“钟楼上”。三年的孜孜不倦,效果终于浮出水面,他以班级第三名的优异成绩毕业。从此,他也算当地一个小有名气的小知识分子了。

父亲毕业后,应聘到上峪南凹村一所民办小学任教,当时才十七岁。父亲待了一个冬天,第二年春季县里招考小学教员,他以优异的成绩考取了甲等教师,分配到徐常村的甲等一级学校任教,月薪四块大洋。

当时的教师是很受人们尊敬的,上学要去接,放假要去送。在校期间,学生各家轮流管饭,早、晚送到学校,中午请到家中,互相攀比,尽力款待。村里红白大事,邻里纠纷,也要请去参加主持,无论老幼都称先生。我父亲第一次开课,就是村里派人牵着马去接的。

父亲在徐常一呆就是四年。期间,他培养了一批批学子,而且教学相长,自己也利用一切空闲时间学习了很多东西。如农村常用的应用文诸如契约、诉状、公文的书写、格式与内容,珠算的三遍三、九遍九、飞归、撞归,斤秤的技法和应用,以及书法、绘画等等,都是他涉猎的内容,这也为后来的工作打下坚实的基础。像珠算,他不但对所有的内容记忆和背诵得滚瓜烂熟,而且还练就了格外熟练的手法,拨子如飞。他能左右开弓,双手拨打,同时用两架算盘,对付两个人唱数计算,且音顿珠停,准确无误。这成为他后来当伙计、做生意、干商会、当会计的拿手绝活。我小时候学算盘,他不教“三遍三”、“九遍九”、“飞归、撞归”等,先是教“凤凰单、双展翅”、“李三娘担水”、“孤雁不入群”等游戏,引起了我的兴趣,然后直接教像笔算一样打加减乘除,口诀也不让死背,由乘法口诀会意而生,在当时这不能说不是一大进步。所以我刚十几岁,对珠算就很精通。1956 年我 14 岁,农业社搞“三年早知道”规划,中村五、六、七、八四个队在李魁章家集体办公,小队会计、记工员、正副队长和帮忙的 20 余人都只会作加减运算,一碰到乘除就要找我,特别是多位数乘除,更是非我莫属。大家让我把桌搬在炕上,以便能看见是谁在叫,谁在问,也好回答。我出尽了风头,露尽了脸,姥爷每天端个大碗给我送饭,显露着自豪和喜悦。

父亲当时对国画——山水、翎毛、花卉也打下很深的功底,渐渐有了较高的造诣,像无骨牡丹,白描秋菊等很拿手。逢年过节常有人请他涂几笔,或作中堂,或作条屏。当教师后绘制了无数教学挂图,曾多次参加各种宣传活动和美化工作。中村公社大门上的国徽就是他 1958 年画的。他一生以画为乐,八十岁时还练画虎,可见对绘画的热爱和挚迷。

父亲在徐常辞教后踏上了人生旅途的又一个驿站,开始在生意场上奔波。首先跑堂当伙计,渐渐搞贩运,而后开铺面做掌柜。他披星戴月走单帮贩过百货,当老板运过绸缎布匹。他和乔兴伟、李品山等跑马帮,赶驴下过河南,走运城驮过盐、棉花、铁货。他办过工厂,买铁织机在木凹家里请河南师傅织过毛巾、袜子、白布。他在战争的年代里拼命,在战火的缝隙间奔波。他紧紧抓住一切时机,赚了一些钱。他在徐常结了婚还买了房,在中村也买了房和地。1946 年前后,我们家乡作为老解放区,群众安居乐业,生活蒸蒸日上,他也疲于奔命,大干创业。他缫过丝,做过月饼,磨过面,烧过砖瓦,开过粮行,摆过百货,贩过牲畜,赶过脚。他下河南,上太原,走临汾,跑晋城,过侯马,转长治,历尽艰辛。听说有一次,他为了给中村医院抢购一批“盘尼西林”,晚上动身翻山越岭,走中条、爬析城、上王屋、下太行,由阳城的蟒河去河南济源,一路羊肠小道,往返五六百里,一天一夜打了个来回,那种拼搏与艰难可想而知。

解放初期,父亲在中村已经是屈指可数的门户。当时,实行“一化三改”、“公私合营”,对资本主义工商业进行社会主义改造,他带头与原效荣、马民驹等几家百货铺联合,成立了“广益恒”百货店,他担任总经理兼会计。又与侯宪斌、刘芳育、乔执政、李长青、乔兴鲁等几家油坊、磨坊成立了“合作经营,分头作业,统一核算,集体销售”的面铺,他任董事长。中村镇商业和小手工业成立了工商联合会,他被大家选举为“商会主席”,兼管沁水二区的商会工作。建国初期他为中村地区百废待兴的经济发展做了一定的贡献,这段时间也是他事业上的鼎盛时期。1952 年的“三反五反”运动整了他半个月,连家也不准回。虽说是误整了他,后来没了事,但他从此也不愿意再经商了。恰巧,1952 年随着教育事业的发展,县里招考教员,他就和我母亲侯淑英、三姥爷侯镇河去参加了考试,并且都被录取。正当他集训时,县工商部门发现了,又被招回工商所。此时,山西省召开第一届人民代表大会,他和常存仁被选为代表,代表沁水工商界参加了山西省第一届人民代表大会。会议期间,他与省工商联合会主席谈了自己想改行的一些想法,得到了支持。会后他给县工商联写信辞职,又当起了教师。

父亲二次从教只是一名代课教师,就职下川乡东川村小学。当时教学条件差,教学设备缺乏,他自己动手做教具,先后制作了地球仪、珠算教学的毛算盘、计数器、小黑板、钟表等几十种,绘制教学挂图几百张。他还做桌凳、砌炉火、砌墙壁等。特别是他自己动手制作的地球、月亮、太阳运行的三球仪，非常直观的演示了年、月、日的关系，为当时山区的科普和教学提供了很大方便，被选送参加省级教具展览。二年以后，由于他对教学工作的执著和优异成绩，被转为正式教师。此后在白华、老圪坨、宋庄、土沃、中村、西沟等地工作多年，受到了群众的欢迎和好评，多次被评为先进工作者。

1966年6月初，中村宋来文在张沟后放牛，因抽烟用火不慎，引起森林火灾。当时父亲在蒲泓学校开罢会，正在往西沟学校返的路上，得知消息立即顺小路从柳沟奔向火场。救火的群众也陆续来到，他呼喊着带头冲向火海。当时他已经是五十八九的老人了，却像个年轻的小伙子和解放军驻扎在蒲泓的通信兵战士们一块东奔西闯。汗水湿透了他的衣衫，手、脸都有了烫伤，可他顾不上歇息一下，连续战斗了一天一夜，一直到大火全部熄灭。

说来也巧，在那阶级斗争的弦绷得很紧的年代里，好像真的有阶级敌人到处在破坏。中村的大火刚刚扑灭，救火的人马正准备撤离现场，又传来消息说松峪沟失了火，父亲随着大队人马又向松峪沟方向奔去。还没到松峪，半路上有人返回，说松峪火已扑灭，下川又有火灾，父亲就又随大伙往下川进发。车到小庙岭处，又有救火的车辆返回，说是失火地点在南渠，犁地者吸烟引起失火，火势不大，已经扑灭了。这样父亲在白华下了车。

西沟是白华大队的一个自然村，学校设在村前的古庙里。父亲独自一人回到学校，感觉大脑晕晕沉沉，腿脚十分沉重，高一脚，低一脚，强打精神才趴上学校大门口的十几个台阶。他过度劳累，十分想上床睡觉，所以匆匆忙忙向宿舍走去。翻身闭门时，晕倒在地上，什么也不知道了。第二天早上学生来上学，发现他躺在地上昏迷不醒。村里的干部群众急忙把他送到中村医院抢救，又请张马林局王医生会诊，确诊为脑溢血。当时医疗设备和条件都很差，医生说没有什么好办法，只能观察24小时后再说。无奈，我们把父亲抬回家，和医生共同守候一夜。第二天上午，父亲突然喊了两声：火！火！便又昏睡过去。医生告诉我们危险期已过，会有好转。一直到第七天，他才慢慢睁开眼睛醒了过来，从此落下了半身不遂。中村公社党委给他颁发了救火模范奖状，他非常欣慰。

父亲病后，我和母亲在家前前后后总共伺候有一个多月。他刚能下地，见我们几次请假总要到县城，非常麻烦，就坚决要我们去上班。我们怕他一个人生活不能自理，他就给我们演示一只手和面、擀面、切面、端锅。我们说他出不了门，上不了厕所,他就拿个小凳子,趴着一下一下向前挪。他悄悄躲在楼上夹着一根木拐练习走路,怕声响惊动别人,就在木拐下裹上破布,同时还拿篮子装上土块,拎着练习手劲。

父亲是个坚强的汉子，大病一场没多用过什么药。当初只注射了几盒葡萄糖,另外就是我买了两盒“人参再造丸”,他只吃了九粒就不吃了。可是他的身体奇迹般的快速恢复,不到一年生活完全自理,二年后还为我带着两个孩子。后来很多半瘫病人向他寻求良方,他说只有一条,就是“锻炼”。有人问我时,我说再加两条:坚强的意志,生活的迫使。

半年后“文化大革命”全部展开,各地学校陆续停课,他所在学校的代课教师管理不了学生也关了门。他知道后非常着急,怕孩子们荒废了学业。再加上西沟群众再三请求,1967 年秋他被西沟负责学校工作的马鸣驹同志用牛车接到了学校。他拖着病体上了班,坚持在教学第一线。不幸的是 1968 年夏天,在“红海洋”运动中,他为了写标语去爬墙,又从墙上摔了下来,不得已二次返家休养,从此离开了教育战线。

我父亲一生也从过政,但都是做文书、书记员之类工作,且断断续续时间很短。

1938 年抗日战争刚开始,李文章被牺盟会任命到南阳村当村长,他邀请父亲去给他当文书,还有一位特派员姓关,是牺盟会的人。因是抗战初期,各方面工作开展得不太顺利,干了两个多月就分道扬镳了。

1939 年他在张村村公所当过几个月文书。当时局势很乱,沁水县三青团总部设在张村，三青团头子吉彦贞在沁南一带胡作非为，父亲看不惯常常和他顶牛。他就鼓动张村一部分人闹事,把我父亲赶出了张村。

1940 年尚广华在中村任村长,邀父亲当文书。当时中央军的孙殿英、石友三部队驻扎在中村一带,日本人已占领沁水县城,并且出来扫荡过,还有很多杂牌部队也在中村一带游荡。村里的老百姓大部分都躲到山里或一些小山庄。兵匪经常来村里搜刮民脂民膏,这一部分要粮,那一部分派款,父亲和村长只好软顶硬磨。有一次村长不在,父亲被一部分杂牌兵抓住,送到当时的区公所。区长是一个晋城人,人们叫他“箍漏锅”区长,他为了讨好杂牌兵就把父亲关起来,逼着交粮交款。这时中村的绅士李长珍,早就想当村长,也参与做坏。他向箍漏锅区长进谗言,说我父亲有粮不交。父亲向“箍漏锅”区长申辩说:“当年粮款早已支空,下年的也已支出大部分,其余还在各户。现在人们躲乱不在家,一时难以交出。”区长不听,反而说父亲有意抗拒,便与李合谋,让区警焦东旺给我父亲用刑。先是用皮带打,接着是七八个人用压杆压,后来用烙铁烙烫。父亲被打得皮开肉绽,遍体鳞伤,多次昏死过去。父亲性格刚烈,据他后来讲,当时疼痛还是次要的,而使他难以忍受的是“箍漏锅”区长的蛮不讲理,李长珍的公报私仇。父亲被折磨了半个多月，父亲仍然说交不出粮食。他们见硬的不行，又出坏主意想把爷爷抓来说服父亲这个孝子，结果几天，没有找见爷爷。这时村长李树春回来，他急得没有办法，就跑到上沃泉找县府报告此事。县府派人到中村，说此案案情重大，需要交县审理，父亲才被抬着送到上沃泉养伤。伤愈后他留在县府做了几个月事务长工作。

1941年张马村驻扎了日本人，中村一带成了敌占区，县府搬到了张村一带。父亲不愿意在县府干了，回家路经阳讪村，碰到了李易书(后来是我的岳父)。他原在三区当文书，几天前区长被游兵散匪打死，县府任命他为三区区长。他正在物色一个文书，就把父亲留了下来。当时区公所设在涧沟，他们就在那儿共了几个月事。后来父亲得“汗病”回了家。

1942年元旦，太岳支队到了下川，我岳父(李易书)受邀请参加了军民联欢，慰问了这支抗日部队。从此他参加了革命，到抗日县政府工作。先任督学，后来在涧河、蒲泓、西文兴担任抗日高小教员、校长。解放后在沁水中学任教师、教导主任、副校长等职务，成为我县资历最深的教育家。他一生信仰共产主义，八十岁还加入了中国共产党。

我父亲错过了多次参加革命的机会。沁南抗日县政府县长王维岳与他是同窗好友，并多次在我们家躲避兵匪，也和他多次谈到一起工作。可是因为家庭的拖累，他一直未能成行。1943年，八路军在上、下峪办了兵工厂，在蒲泓大庙办了毛巾厂。因为他曾自己纺织过毛巾，就被任命担任了八路军第四毛巾厂经理。他干了一年，时值解放战争大军南下，工厂要搬迁，他又病倒了，失去随厂南下的机会。

我父亲一生有过三次婚姻。第一次大约是他十几岁的时候，家里穷，怕他长大找不下媳妇，就给他订了一门娃娃亲。后来此女害病，把鼻子害掉了，很难看，父亲一直没有和她完婚，便写休书解除了婚约。第二次是在徐常，父亲有幸认识了有情人侯玉梅。

侯玉梅祖籍河南，世代银匠，靠手艺谋生，四处流浪，到祖父辈流落沁水县城。父辈兄弟二人，大伯子承父业，继续干他的小手工业。她父亲侯金甫从小读了书，在学生时期参加了反清斗争，很早加入了国民党，参加了辛亥革命。后来他与西文兴柳氏结婚，育有二男一女。大儿子侯玉泉，二儿子侯玉堂，女儿就是侯玉梅。

据父亲讲，侯玉梅当时是一位中学生，因为战乱和逃难辍了学。她人长得非常漂亮美丽，衣着、发型也很时髦，对人彬彬有礼，处事落落大方。父亲在徐常认识了侯玉梅，经人说合结了婚。他们的结合真是“董永遇见了七仙女”，郎才女貌。婚后，父亲更感到到她温柔淑贤，才华横溢，文史、算理处处会，琴棋书画样样通。父亲后来的绘画嗜好真是受到她的影响和教诲。父亲那几年一直沉浸在欢乐和幸福中。

1941年他们喜得一女,不幸侯妈妈月子中得了“汗病”。据我父亲讲,当时侯妈妈的父亲一面教书一面行医,他为女儿开了几副中药,吃了后已见好转。一天,他要到学校去,就又配了几副中药。可他对药的剂量犹豫不决,反复再三,终因泻药略多,一副下肚人就有些虚脱,不到一天便撒手人寰。我父亲顿时失魂落魄,痛哭流涕,悲痛欲绝。从此落下了一个唉声叹气,长吁短叹的毛病,常常在睡梦中被气压、胸闷憋醒。幼女只好带回木凹与同庚的“葛季”一起让我四妈喂养。因为营养不良,照顾不周,十个月时夭折。

1942年父亲和侯淑英结婚,她就是我的亲生母亲。

五、母亲

母亲1924年正月十四生于中村东街堂儿底侯氏门第,小名来凤,官名淑英,字贞如。她父辈弟兄四个,当时膝下均无子女,她最大,所以童年是在一片呵护和溺爱中长大的。她天资聪敏、靓丽、机灵,加之外祖母巧于女针线,精于描龙绣凤,善于装扮修饰,把母亲打扮得闭月羞花,沉鱼落雁,备受四邻五舍的青睐。

1930年,母亲六岁入小学读书,校址设在中村西街里头院的后院里。当时她与村里槐树底的乔瑞英(三迷),大堂屋的张翠兰(海棠),牌楼底的刘英,杜家院的柳杨枝一起上的学。五个小姐妹结拜为干姊妹。学校当时男女同校不同班,教她们的是一位从城里来的女教师李灵娥。

女娃娃念书,当时很时髦,学生年龄相差很大,到校学习大部分是三天打鱼两天晒网,有些念不到底就退了学。母亲当时年龄较小,但已经显露出聪敏伶俐的天性,学习成绩遥遥领先。她特别热爱算术,八十多岁时碰到算术题还要计算一番。

一晃四年过去,她仍是侯门唯一的长女,大家对她寄予厚望。她爷爷想让她好好读书能有出息,她母亲李广芝耳闻目睹李灵娥带着其母在学校一起生活,很想自己的女儿也能当个教师, 自己老来也能如此颐养天年。大家都支持母亲读书,1934年她十一岁考入中村高小第九班,继续求学之路。

中村高小已经招收过八个班学生, 可是从未招收过女生, 这次录取了七八个,入学的只有五人,入学后又有三人先后退学,只留下她和李玉珍两人。

因女生少,学习期间优待有加。宿舍在钟楼上,格外清静。除上课外,自习可以在宿舍学习。有一次历史课考试后,全班只有她和王朝山两人及格,发卷时其他同学,挨个伸出手被打板子。第二天上语文课,全班男生都没有去上课,她两个女生知道后也没去上课。教室里空荡荡的,黑板上写着:“语文教师秦关军上课不讲课,只是照本宣读,大家不愿听”。这一罢课行动,引起了校方的重视,调查此事时要大家签字,可拿到的却是一份圆形的名单,即看不见头,也找不见尾。最后,经多方了解说是靳文政、王朝山的主谋,就挂牌开除了他俩的学籍。七八天后,他们又进了教室,听说校方开除他们是假,吓唬他们是真。他俩是班里的优秀生,眼看要毕业了,家长多方说情,他们也认了个错,可是秦关军不久就调离了中村高小。

在1937年“七七”事变的炮声中,他们三年修业期满。毕业是三所高小在县城一起汇考。地址在西关文庙里,当时这里是师范学校。考试形式非常隆重和严格,县长主考,开考先放三声雷炮,然后关上了大门。考生集中在院内,由县长亲自点名,考官逐个核对、验证,然后才能领卷入场。卷纸完全是密封式的。各考场门前左、右站着两个警察,其他人员一律不得靠近和进入。考试结束,再放三声雷炮,才准开大门离场。

母亲考算术时是第一个交卷。她出场时碰见县长到考场巡察,有人把她叫回去,县长指着卷中一个答数点了点。她一看才发现计算结果是665,作答时笔误写成了656。她赶快改动了一下,县长笑了笑说“这就是满分了”。

毕业是在八月十五前后,为了答谢老师们,我姥爷买了些月饼给学校送去。回来时却带着一个大红包,原来母亲考试成绩很好,算术成绩名列前茅,学校奖励了十块大洋。

高小毕业是名副其实的秀才了。科举时期县衙要报喜,当时各地已没有这一习俗,可在我们中村还保留着。一般是学校写了喜报,由学校工友分赴各村各家去张贴,家长给些赏钱以谢辛苦和劳累。母亲是女秀才,在我们这一带史无前例,大家都很重视。学校工友都参加了报喜,先放三声礼炮,然后道喜,把喜报贴在院子里大门东边的墙上。家里设宴招待了大家,且给了丰厚的谢礼。作为一种荣耀,这一小小喜报一直保留着,1958年左右还依稀可见。

1937年“七七”事变后,中界村一个叫张轲的老教师从太原返回沁水,在县城首次举办汉语拼音训练班,母亲参加了学习。结业后,被分配到了张村任教。因战事已起,形势很乱,母亲年仅14岁,所以就没有去开学。

1938年,39军驻扎中村,军部设在中村高小。母亲和刘杰深在校前的龙王宫里招生办起了学校。当时中村一带到处是部队,西闫还设有师部,人员流量很大。加之中村历来是晋城、阳城通往侯马、运城的一条商道,南来北往的商贾、小贩纷至沓来，饭棚、地摊一街两行，每天像赶庙会一样熙熙攘攘，车水马龙，人来人往，小镇繁华热闹，人称“小汉口”。

1939年二三月间，战争炮声越来越近，日寇已向中条山扑来，39军陆续撤走。一天早饭后，在人们毫无防备的情况下，通！通！通！一连串震耳欲聋的爆炸声响彻天空，来不及躲避的人们有的爬到床底，有的钻到桌下，来不及躲的只好抱头滚在墙角旮旯。轰炸过后，死一般的寂静。

当惊恐的人们渐渐清醒，这才意识到遭到了日寇的空袭。村里多处被炸，到处一片狼藉。大庙炸得只留下南台，庙前炸死一个做生意的人，只见地上一摊鲜血，尸首飞溅得到处都是，惨不忍睹。“堂儿底”四周扔下了四枚炸弹，北边的窑洞被炸塌，碾、磨被炸飞，东边、南边的园子里炸了两个一人多深的大坑，四面墙壁被炸得千疮百孔。我四姥姥刚生的一个小女孩，被震得抖了起来，因此丧命。

苏醒过来的人们慌忙向村外逃跑。坡前岭后，塄旁崖下，漫山遍野，到处都是三三两两的人群。母亲一家人躲到了“沙洼地”的一个水沟里，过了一夜不见有什么动静，这才陆续回家。从此，中村只要有飞机声、炮弹声人们就东躲西藏。学校也是三天搬这儿两天搬那儿，有时在野外上课。1939年秋，村里大部分群众躲了出去，高小搬到南河大庙。1940年日本鬼子驻扎到张马，学校又搬到涧河村。

学校搬迁到涧河，教室设在庙里，师生住宿在村里。随着学校和躲避日寇的人们到来，这里一时热闹起来。但好景不长，1940年二、三月间，日本鬼子进了村。大部分群众、学生仓皇爬上了南山的密林中，年老体弱的妇女被堵在了村子里。禽兽不如的鬼子们这家进，那家出，把锅碗瓢盆、被子、褥子抢掠到村外的白华坡下，在此安营扎寨。他们把妇女赶在一起，调戏、蹂躏。喜娃的妻子被拉来拖去多次奸污，几乎死去，后来才乘机逃跑。

后来鬼子还来过涧河几次。有一次母亲没来得及躲，只好假装男生生病，躺在男生宿舍逃过一劫。在国难当头，民不聊生的年代里，一个亭亭玉立的大姑娘，远近闻名的女教师，更是提心吊胆，每天都是在恐慌不安中度过的。不得已，1941年母亲辞职回家，1942年和父亲仓促结婚。

1943年春，日本鬼子从张马撤退，抗日县政府任命母亲到上沟小学任教，她去工作了半年。秋季，在南阳召开了教师集训大会，她是沁南唯一的女教师，大会主席团名单里有她的名字，但因身怀有孕未能到会。这次大会表彰了一些优秀教师，她是其中之一，还有冶内的王希瑞。张马王茂德还代表县里优秀教师出席了行署的表彰先进大会。

1943年农历十月十五前后，日本鬼子又对中村一带进行了大规模的扫荡，这也是最后一次。我们村有一习俗，十月十五家家户户都要蒸很多玉米面膜，包上豆馅，然后用油炸，俗称“油圪圞”。十月二十几鬼子撤退了，人们才推磨的推磨，碾碾的碾碾，蒸黄馍，搭油锅，炸圪圞。二十五晚母亲感觉有些肚子痛，二十六一大早，三姥爷赶快用毛驴把她送回木凹岭，酉时我降生到人世，母亲因此辞职回家。

一晃九年过去，1946年宽永降生，1948年敏永降生。母亲虽说在家，但从来没有清闲。冬学、民校里她教大家识字，“支前”她纺花、织布、做军鞋。1952年县里招考教师，她和我父亲、三姥爷一起赴县参加了考试，从此又走上了教育战线。当时全县女教师只有十几人，城西仅她一人。

1952年秋季开学，母亲带我到了沙腰小学。学校设在村外的大庙里，教室和教师宿舍都在三间西房里，学生只有十一二个。她一到这里，村里的女娃娃见是一位女教师，就都想来学校念书，一下子增加到三十多个。这些学生大都是十五、六岁的大姑娘，最大的已二十好几，和我母亲年龄相当。村里赶快扩建校舍，打通西南角房，新添课桌、凳子等教学设施。她把这些女学生按年龄大小，分别编入了各个年级。这样，各年级学生程度相差悬殊，为了拉近差距，她白天不断辅导，晚上单个针对性手把手补课。学校只有六七个男生，且白天晚上都上课，所以既像女校，又像民校、又像速成识字班。母亲的教学精神受到群众好评，也得到了上级的赞誉。

1954年，因工作需要母亲调到县城西关女子学校。1956年张马、蒲泓先后增设了完小，她被调回张马完小任教，一待就是十三年。期间，她苦心孤诣，孜孜不倦，辛辛苦苦，默默耕耘。对学生严格要求，言传身教，因材施教，教导有方。对工作认真负责，教学相长，屡创佳绩。她所带班级届届优秀，她年年被评为模范教师。1959年她代表学校赴太原参加观摩教学和先进工作者代表大会。“文革”时期清队中，她受到不公正批判，但因教学成绩有口皆碑，受到群众的热爱和保护。

1970年母亲回到了家乡的中村小学。虽然已快五十岁，劲头不亚于年青人，每天从中村的最东头到最西头往返奔波，兢兢业业整整五年，1974年底退休。

提前退休是因为当时的困难家境。儿媳英年早逝，三个孙子大的六岁，小的刚刚四十天，丈夫半身不遂留有后遗症，我当时又在山西大学读书，家庭重担非她挑莫属。母亲辛辛苦苦、忙忙碌碌几十年，现在虽然已经八十七岁高龄，仍不肯坐享清闲，还在为家庭奉献。

六、亲戚

外祖父家住中村东街“堂儿底”，据说祖上是中村谭家女婿，嫁女时陪送了一院房子和几亩地，所以从翼城县十字河村搬来中村，距今约有二三百年。这些年侯氏家族日出而作，日落而息，繁衍生息，代代相传。到姥爷的父辈，已有五大门头二十多户，以农为主，兼开一些小作坊，如纺绳、染布、做豆腐、开磨房等，活跃在中村东街一片。

我太外祖父叫侯寿堂，弟兄三人，老大早年夭折。老二侯寿明，家住上头院，生育一男四女，儿子侯镇岳，大女儿嫁疙瘩，二女儿嫁上峪，三女儿嫁小尖山，四女儿嫁中村马家。太外祖父排行老三叫侯寿堂，有四男一女。儿子分别叫侯镇江、侯镇淮、侯镇河、侯镇汉，女儿嫁中村李家衚衕刘门，英年早逝。

在我最早的记忆里，太外祖父已是一个70多岁的老头，个子不高，留着山羊胡须，经常手拄一根油漆的紫红紫红的长棍，穿一件深蓝色的长袍，戴一顶乌黑色的瓜皮帽。布满皱纹的脸上，没有一丝笑容，显得格外严肃。他一生务农，兼做豆腐。据说十河豆腐名扬十里八乡，又香又嫩且产量高，他得祖传，手艺绝妙，在中村誉满乡里，生意兴隆。家境虽不太富裕，解决温饱还是可以。晚年随三儿子一起生活，三儿媳善良贤惠，对老人孝敬周到，太外祖父幸福享年八十又三。

大姥爷侯镇江，1942年躲避兵荒，在柳沟病逝，堂兄侯镇岳将一子侯树第过继于他。

姥爷侯镇淮，一生务农，兼做一些小生意和随戏班子做箱务，在区政府干过做饭等杂务事情。他生性暴躁，人送外号"二炮"，他平时喜好看戏和说古论今，常和村里的一些老头子集聚在大庙台背后，一面晒太阳，一面东拉西扯。1959年患感冒，恰逢大庙演戏，他硬是要去看，结果病情加重，不幸去世，享年59岁。膝下唯有我母亲一女。

三姥爷侯镇河，毕业于沁水县城师范学校，一生以教书为职业。先后在松峪、东沟、小青凹、张马、下峪、上峪、北庄、中村、沙腰、石务等地工作。他生性懦弱，胆小怕事，对工作格外认真，为人处世小心谨慎。人们都说他是"小心灯火"。没想到1948年他突然被拘押审查，原来是一次教师会议期间，集体参加了三青团。他没有任何活动和劣迹，半年后回了家。在村里他也一直担任民校教员，白天教妇女，晚上教男人。1952年重当教员，1973年退休，1974年病故，享年62岁，膝下一子——侯树繁。

四姥爷侯镇汉，在兄弟几个中个子较矮，小时候得过天花，脸上留下了星星点点隐约可见的疤痕。他是兄弟中最机灵、最勤快、最能干的一个。1941年的一天，冶内来人要把一封信送往下峪，因"堂儿底"在中村最东头，来人进村就敲开大门问乡公所在哪里。他急忙领着来人送到乡公所，乡公所即刻派他和另外一个人去下峪送信。刚好到下峪口，日本兵从张马上来了。他们赶快钻到庄稼地里，结果还是被抓住了，并从他身上搜出了信件。他被日本鬼子带到张马打得死去活来，且浑身上下浇满汽油，准备火烧。家里得知后，赶快托人说情。村长李树春忙前忙后，乞求伪区长刘相贤帮忙。刘看在中村人份上，和李树春一起向日本鬼子求情，送礼50块大洋，才算了事。人被抬回来，可是遍体鳞伤，体无完肤。特别是脸部，因受汽油刺激，肿胀得像个面盆。卧床休养月余，伤势才有好转。

1945年中村成立粮站，地址选在观上的大庙里。由于四姥爷办事勤快，为人厚道，善于经营，被选为主任，刘相伟担任会计。他一干就是六七年。不幸的是1952年"三反五反"运动开始，他一个地地道道农民出身，没有经历过任何运动和风浪的人投井自杀了。死因几何？他留下了说不清道不明的疑团。直至运动后期，在对刘相伟的甄别中，他的一些问题才得以廓清。他膝下一女侯淑芹，一子侯树敏。

我大姥姥娘家是中村杜家院，她乳名桃桃，憨厚善良，忠诚老实。丈夫早逝，膝下无子。她对侄男侄女视若己出，疼爱有加，几个人都是在她的尽心照料、呵护和关心下长大。她不善女工，很少描龙绣凤。但是推磨碾碾，烧火做饭，家务杂活她一人承担。她辛苦一生，受到家人的爱戴和尊敬。

我姥姥李广芝，娘家是中村前街李户。她心灵手巧，精通女工，勤于家务，运筹内外。她能够宽待妯娌，睦邻乡亲，乐于助人。她嫁到侯家时，弟弟们尚且年幼。她如同对待儿子一样养育他们。婆母去世后，她为弟弟们娶妻、成家，一生关怀呵护他们。弟弟们也像待娘一样尊敬奉侍着她。记得我三四岁时，四姥爷每天早上天蒙蒙亮，就到姥姥房里先倒尿盆，再打火、搭锅、扫地，然后请教还有何事。没事他逗我玩一会才肯离去。我三姥爷在外工作，一进家门就先到姥姥房间问候。三姥姥、四姥姥在家更是言听计从，随时听候吩咐。特别是姥姥晚年病时，妯娌们日夜守候侍奉。她的事迹可能不及"包拯与嫂娘"可歌可泣，但在中村誉满乡里。

我三姥姥王得兰，娘家石务村。她贤惠温顺，尊老爱幼。

我四姥姥祁氏，娘家土沃村。她性格刚烈，心地善良，办事泼辣。

她们嫁到侯家时，婆母已经过世。嫂嫂们视她们如同亲姊妹，教她们勤习女红，帮她们操持家务。四妯娌和睦相处，相敬如宾，分工合作，相得益彰。致使弟兄四人长期没有分家，老少十多口生活在一起，平平安安，快乐融融。

我大舅舅侯树第，是一个勤快、厚道人，他当过邮差，唱过戏，做过厨师。但是，不论到哪，不论干啥，都很讨人喜欢，让人放心。他虽少言寡语，可一切都在行动之中。舅母张家苗，虽身材瘦小，可是健康、干练、争强、好胜。做事干活，手脚麻利又快又好。一生爱打扮、穿戴。什么时候都收拾得干干净净，利利落落。八十多岁时，还不减当年之勇。养育有一女侯书荣，招婿李树洪。

我姨姨侯淑芹，个子不高，圆圆的脸膛上镶着一双炯炯有神的大眼睛，小时候聪敏伶俐，活泼开朗。在中村小学、蒲泓高校、沁水中学都有名气。她是一个非常自强自立的人，1952 年父亲去世后，家境十分困难，供她上学的费用经常接纳不上。她就自食其力，半工半读，历尽艰辛。不但就读了运城康杰高中，而且读完了西安西北师范学院，成为中村第一个女大学生。她任教于兰州回民中学，和学友杨若愚结为伉俪，生养四子：波、轲、东、奇。

我舅舅侯树繁，长我两岁，从小和我一起长大，一块儿过家家，一块儿骑木马，终日形影不离。他生性憨厚、老实，不善辞令，可是心灵手巧，心明似镜。干什么都善于琢磨，很有耐心。他肯模仿，小时候用煤油灯收集碳墨，照着照片，画的人物肖像画十分逼真。他仿造的投影机，画的幻灯片，用牛皮纸刻的皮影，和我们一起玩，使我着迷。他会打针，能做饭，乡里乡亲婚丧大事都请他帮忙。他也乐于助人，从不推辞。他在村里人际关系很好，人们都叫他“老好人”。妻子靳瑞兰，有嘴无心，两个人性格差异悬殊，但一辈子互敬互让，也还算和睦幸福。他们生育三女一男，即小春、春霞、小海、海军。

我小舅舅侯树敏，比我小十几岁，小时候很调皮，成年后豁达、开朗，结朋交友，关系广泛。妻子郭红英，里外一把手。膝下有一子，丹丹。

七、兄妹

弟弟：1946 年母亲生育了宽永。宽永也随父母读过几年小学，后来上了完小、初中、高中、北京医科大学毕业。1970 年，留在了北医三院工作。由一名外科实习生，逐步成长为一名医生、主治医生、主任医生、教授。曾两次出国。1976 年援外赴非洲几内亚二年，1982 年到法国学习和工作二年，1995 任三院院长兼党支部书记。

他是 1974 年结婚成家的。爱人刘叶萍，北京人，生育一男一女。女儿刘沁香，现在在澳大利亚工作；儿子侯沁舲，现在在北京工作。

妹妹：1948 年母亲生育了敏永。敏永一直在姥姥身边读完小学、初中，在长治一中读高中。后因“文革”没能继续上学，1969 年到阳城县“插场”参加了工作。

1971 年敏永在阳城棉织厂结婚安家，丈夫陈兴旺，阳城人。他们生育一男一女：沁阳、沁华。敏永后来调晋城市卫生局药监所工作，家也就安在了晋城。

八、我家

我1943年出生后，大部分时间在姥姥家度过。1952年，父母都参加了教育工作，我们兄妹被寄养到姥姥家。我随母亲在沙腰读了二年小学后，就离开了他们上了高小、初中、师范。1961年我年仅十八岁，也参加了教育工作。

我1963年和李颖结婚。李颖是土沃西阳辿人，岳父李景洛（字易书），是我中学时的老师和教导主任。岳父和我母亲是同学，和我父亲是同事，都是老熟人。1962年，我住进修校时与李颖相识，交谈中不约而同的都说起了父辈讲过的往事。那是抗日战争时期，他们在区政府一起工作时，一次闲聊中得知两人妻子都有身孕，便协议：同生男者即是亲兄弟，同生女者即是亲姊妹，若一男一女便结为伉俪。不幸的是长我一岁的姐姐夭折了，老人们便淡忘了这件事。今天我们俩相识真乃天意缘分。1963年11月初十，我俩结了婚。婚后生育三个男孩：艇、舰、舫。

李颖小时候就有风湿性心脏病，生产加重了她的负担。在第三个孩子生下四十天时，她突然心脏病发作，1973年11月初七去世了。我在四个昼夜未眠的痛苦与忙乱中为她料理了后事，初十她冥冥入土，永远离开家人。事后我才发现，十年前的今天我用马车把她接进家门，十年后的今天我把她送往冥间。十年，整整的十年，巧合吗？

1974年我和王瑞卿重新组合新家庭。瑞卿和我是同事，是1962年在松峪学校相识的。她是蒲泓人，一生执教，养育有两女：晓蒲、晓琳。自此我家就有三子二女了。

1974年我到山西大学数学系读书三年，1977年毕业回县进修校工作，1982年调到沁水中学任教。1990年在县城碧峰巷修建庭院住宅一处，从此安家于县城。

随着时间的推移，孩子们渐渐长大，他们分别读了书，参加了工作，并结婚成家，生儿育女。男孩艇、舰、舫三人都置买了房子，女儿蒲、琳分别在阳城、长治成家立业。我现在是一个上有八十七岁老母，下有儿、孙的“四世同堂”大家庭。

沧海桑田，风风雨雨近世纪。我的家，三易其地，从荒山野岭的木凹，搬到了热热闹闹的繁华小镇中村，继而，走进了现代化的都市，沁水县城、晋城市区、首都北京。由破破烂烂的地棚茅屋，到青堂瓦舍，窗明几亮的独家小院。而今，又安居在温馨舒适的单元小楼。

翻天覆地，朝朝暮暮约百年。我的家族与时俱进，由目不识丁的封建迷信人

家，逐步走向了现代文明家庭，相继涌现出了初中生、高中生、大学生、博士生、教授。我记得父亲床头的一副对联：“出入皆鸿儒，往来无白丁”。他一生的宏愿实现了，我的父亲、母亲、爱人、岳父、姥爷、姨姨、弟弟，三代从教，学子遍及五洲四海。扪心自问，我愉悦，我欣慰，我打心眼里感谢共产党，庆幸遇上了好时代。

第二章 剧 作

第一节 戏 剧

一、眉户剧

半个光头

编剧:张世英

时间:现代

地点:太行山区某县城服务公司国营理发店内。

人物:刘三——某县服务公司国营理发店的理发员,五十几岁。简称“刘”。

二虎——某县服务公司刚来上任的新经理,二十几岁,刘三的未婚女婿。简称“虎”。

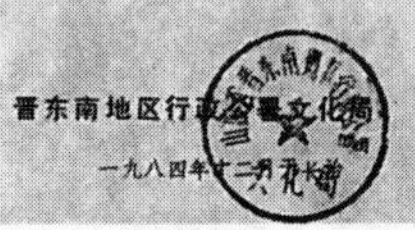

刘明祥 同志:

荣获一九八四年全区文化艺术振兴奖(《半个光头》导演一等奖),望再接再励,取得更大成绩。

晋东南地区行政公署文化局

一九八四年十二月

秀秀——刘三的女儿,二虎的未婚妻,待业青年,二十几岁。简称“秀”。

王副经理——某县服务公司副经理,四十几岁。简称“王”。

布景:舞台三分之二为理发店。店内正墙靠左是一扇敞开的玻璃窗户,挨窗不远挂一面理发用的大镜(画制),挨镜挂着两条新旧两色的理发围单、电推、刮刀布。地板上放置着一把高级理发转椅,一只方凳子,一侧放置着两把折叠椅和一茶几并拢现套的家具。茶几上放一个香皂盒、一包碱面、一台小型收音机、一个暖壶、水杯、意见簿等。

(幕启,在轻快的音乐声中,刘三高兴地上场)

刘:哈哈哈哈……

唱:刘三我今年五十六,一辈子耍刀会剃头。

手中端着铁饭碗,每月工资六十九。

剃头匠虽把人伺候,但咱刘三不是那下九流。

头发丝里找门路,理发店里有赚头。

白:哈哈哈哈……卖瓜的总说瓜甜,卖盐的总说盐咸,咱这剃头的可也不丢脸。东西南北中,工农商学兵,不管他当兵的、为官的、打铁的、做饭的、补锅的、卖蒜的、男的女的、大的小的、胖的瘦的,咱都敢在他头上抹油。谁要想理个好头,谁就得把我刘三求。不过,这话又说回来了,常说打铁看火候,该伺候的还得好好伺候。要不,有些事也让人愁啊!

唱:如今我家五口人,夫妻俩共养着三个丫头。

老大旅社把票售,老二饭店卖烟酒。

还有老三叫秀秀,待业家中我常犯愁。

想法搞个正式工,端个铁饭碗有靠头。

白:(看手表)呀! 又九点啦! 收拾收拾,准备剃头。

唱:扫扫地(扫地),擦桌椅(擦桌椅等),换上理发工作衣(挂帽换理发衣),刮刀布上练手艺(刮刀),安上电推吹风机。

(刘正忙碌地收拾小店,秀秀从窗口伸进头来高兴地喊:爹——手提提兜上)

秀:爹! ……

刘:秀秀? 你来干啥?

秀:买菜! 爹,你过来,我告诉你个好消息!

刘:什么好消息?

秀:二虎回来了!

刘:啊,二虎回来了?

秀:爹,(唱)

二虎刚才捎来信,中午到家看双亲。

妈妈让我告诉你,早点下班来坐镇。

刘:二虎从省城培训回来了?

秀:爹,他已经毕业了。

刘:分配了吗?

秀:不知道,我还没见他的面呢!

刘:秀秀,二虎到底咋样?我从来还没见他的面哩,他这一培训,手中端文凭,人也正年轻,步步登青云,我看你这婚事……

秀:爹! 你别操心!

刘:傻闺女呀! (唱)

如今的青年把恋爱谈,“国营”的不把“集体”攀。

你若端不住铁饭碗,我看这婚事难周全。

秀:爹!(唱)

如今不吃大锅饭,还要砸烂铁饭碗。

我想办个个体店,学爹爹当个理发员。

刘:真是瞎想哩呀!(唱)

个体小店根底浅,经不起风吹草动弹。

还是弄个正式工,靠住国家才保险。

秀:爹!你……

刘:快买菜去吧。告诉你妈,公司王副经理中午也上咱家吃饭!

秀:啊?爹,你怎么也让他去?

刘:不懂就别问。我去准备点开水!(下)

秀:爹!……我的爹呀!(唱)

我爹他前半生东走西奔,人称他江湖客旧习尚存。

解放后走正路才解愁闷,极左风又使他头晕眼昏。

这几年他精通关系学问,说什么铁饭碗胜过聚宝盆。

拉关系走后门创痛巨深,秀秀我要医治他满身伤痕。

劝他去邪把正路奔,劝他为人入正门。

劝他别迷铁饭碗,劝他一心报党恩。

(刘提壶上)

刘:啊!秀秀你怎么还在这儿,快买菜去嘛!

秀:爹,中午别让王经理上咱家了,咱可不巴结领导!

刘:(神秘地)秀秀,人家王经理给咱搞指标哩!你……

秀:爹!咱不走歪门邪道!

刘:什么邪道正道的,只要给你弄上个正式工,邪道?拐道咱也走!

秀:爹!你……

刘:去吧,去吧。

秀:爹(半玩笑地)

你呀,走——后——门。嘻嘻嘻嘻……(下)

刘:(对观众)这孩子,不懂个啥。哈哈哈……(唱)

今天女婿把我看,刘三我心里好喜欢。(看手表)

时间已到九点半,听听梆戏等下班。

(刘哼着梆子调,坐到茶几旁,泡上一杯茶水,打开收音机,安闲自得地点上一支烟。二虎身着朴实,肩挂一顶新草帽,手提提包,兴致勃勃地上)

虎:(唱)

党风正民风顺兴旺有盼,山锦绣水欢腾艳阳新天。

闹改革闯新路群情激奋,攀高峰更应该跃马扬鞭。

二虎我去培训整整二年,毕业后分配我重任在肩。

为改革图大志长夜不眠,细调查苦钻研破雾扬帆。

(白)啊? 理发店?(进店)师傅……(刘三只顾听收音机)

虎:师傅,理个发吧?

刘:(还不理二虎)……

虎:师傅!(指头,示意刘理发)

刘:嗳嗳嗳,这可不是你坐的地方!(推二虎到长凳上),

这里才是你的座位!(自语)年轻人就没点社会常识?

虎:师傅,你快给我理理发,我还有急事!

刘:老弟,急事? 那你就到对面那个个体小店理去吧!

他们不干没有钱,我们上班论时间。你要有急事,就快到那边!

虎:师傅,你这理发店……

刘:我这理发店? 小老弟!我给你说吧!

(唱)别看此店不景气,这牌号可是国营的。

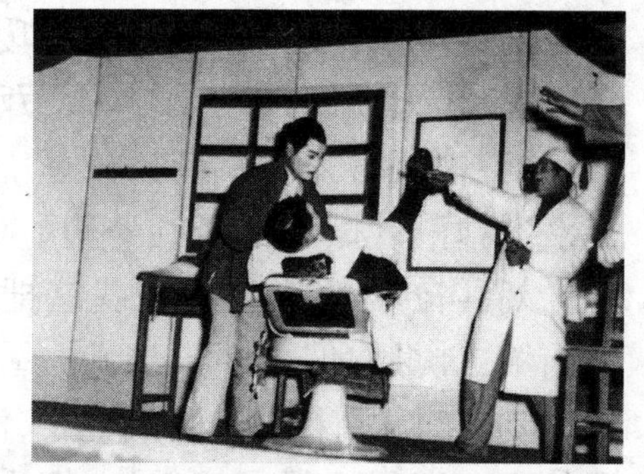

自来水,转动椅,电推刀,吹风机。

烫发设备新玩意,理发式样更新奇。

香皂香水美加净,(白:小老弟)

新买头油是进口的。

在咱这个县城里,我的技术也不低。

虎:师傅,这理发店是你承包了吗?

刘:承包? 老弟!(唱)

咱还是八个钟头一大班,正点开门正点关。

大锅饭省心又保险,咱不赶那时髦不受那个喧。

虎:师傅!(唱)

大锅饭胡混勤变懒,铁饭碗吃饭不香甜。

还是承包办法好,多劳多得多赚钱。

刘:小老弟,你们年轻人都是一个号,都爱赶个时髦,出个风头!改革,承包,还有……嗳? 咱不说这些……理发吧!

虎:哈哈哈哈……(坐到转椅上)

刘:嗳? 老弟! 这不是你坐的地方。

虎:师傅,这……

刘:小老弟!(唱)

那是高级转动椅,刚从上海买来的。

咱要节约闹革命,(搬过凳子)暂时受点小委屈。

虎:啊?(坐到凳子上)师傅,你呀!(唱)

看你真会做生意,买上转椅让休息。

不用为何摆出来?

刘:老弟!(接唱)集体财产要爱惜。

虎:理吧理吧,哈哈哈……

刘:老弟,你要个平头?还是个分头?

虎:师傅,来个平头吧!

刘:好——喽!(顺手从墙上摘下新围单欲给二虎用,但马上停手试探他)嗳?小老弟,你是乡下来的吧?

虎:刚从乡下来,初次到你这理发店。

刘:噢……(自语)是个种地的?老弟,如今种地可好呀,比过去自由多了!(马上把新围单挂回原处,摘下旧围单给二虎围上)

虎:现在,农民敢放手致富啦!师傅,你动作可得快点,理完发,我还有急事呢!

刘:好——喽!(欲给虎理)嗳,老弟,你这头哪这么多土呀!

虎:昨天在家,参加了几天劳动,干了些地里活!

刘:这就得先洗后推!

虎:好!(搬凳子坐到一边)

刘:(自语)哼!还要把我这把推子弄坏哩!(刘顺手从茶几上拿起香皂盒,欲上前给二虎用,但立即止步)

刘:(自语)干部官大很重要,洗头当然用香皂。农民对咱用处小,撂点碱面我看他也高兴得不得了!(马上把香皂放回原处,换了一包碱面)

刘:小老弟,这碱面洗头,去火下灰,可美哩!

虎:哈哈哈哈……

刘:洗洗洗!(给二虎洗头擦干)

虎:(坐于凳子上)

刘:(给二虎理起发来)老弟,今年多大岁数?

虎:二十六七。

刘:娶过媳妇了吗?

虎:哈!没有!

刘:小老弟!(唱)

找上对象赶快娶,别让对方出难题。

年轻人朝三暮四变化快,也免得夜长梦多出问题。

虎:咱是自由恋爱,出不了问题。

刘:唉!人走时运马走膘,这婚姻事情可不敢小瞧呀!

(刘只顾说话,不防电推子削去虎一刀头发)

虎:啊……

刘:呀!坏了坏了!

虎:咋啦……

刘:你你你,你只顾跟我说你老婆,看!让我把你的头给推坏啦。

虎:啊……

刘:这这这,这咋办,给你剃个光头吧?

虎:啊?没法修啦?

刘:不能修了,干脆剃个光头吧。如今年轻人留个光头,打个少林拳什么的!(示动作蹬了虎一脚!)

虎:啊……(疼状)……师傅……

刘:小老弟!(唱)

你这双眼睛有精神,配上个光头很英俊。

虎:(唱)要是我对象提意见(……)

刘:(刮光头)哈哈哈哈……(唱)

我给你再找个好的保称心。

虎:哈哈哈哈……

(刘给虎剃头,剃到一半光头时,王副经理官架十足地上。)

王:刘三!(进店)刘三!

刘:啊?!……王经理,请坐,请坐。(忙殷勤地用袖口擦椅,慌忙泡茶等)

王:刘三,这几天营业情况怎样?

刘:可以可以,王经理,来来来,抽支带嘴大前门(递烟、点烟,把烟包放在茶几上)

王:(拿起烟包)刘三呀,我倒没注意,你看,这大前门的封面还怪好看的哩!

刘:啊!王经理,你瞧!(指烟包封面)这大前门的一旁还有个小后门哩!

王:哈哈哈……你呀,拿上大前门光想走后门。

(刘王二人大笑)

刘:王经理,这几天不太忙吧?

王:忙倒是不太忙。可今天到你这儿来……

刘:有事尽管吩咐!

王:刘三呀,咱们服务公司新调的经理今天要来……

虎和刘:啊?!

王:(神秘的)你那个招工指标……

刘:搞到啦?

王:哈哈哈……有那么容易吗?(唱)

本来打算最近办,谁知干部又换班。

新调经理今天到,过几天咱再转几个弯。

刘:王经理呀!(神秘地瞟了二虎一眼)(唱)

你诚心实意给我办,我不能让你空作难。

你说的那个大彩电,过两天,我给你送到家里边。

刘:责任到人,承包制嘛!

(刘王二人大笑)

王:哈哈哈哈……老刘呀,咱这也是包产到户。

虎:老师傅,你快来给我剃头吧!

刘:小老弟,(神秘地)你看这是谁?这是我们服务公司王经理。

虎:我有急事呀!

刘:别急别急,(转而对王)王经理,新来的经理,不知道是个什么脾气,他有多大年纪?

王:大概就是那四十六七。刘三呀,我跟他是老朋友呢!

虎:哈哈哈……

王:嗳,(指虎)你笑啥,你是那个单位的?

刘:王经理,别理他,他是个老百姓。(转对虎)老弟你笑啥?

虎:师傅,你……

刘:不该笑也笑,对领导实在没礼貌?(转与王低语)

虎:师傅,你还是快来剃头吧!

刘:(厌烦地)你!你你你,你别急嘛!(将二虎身子一转,亮出二虎半个光头,转对王)王经理,这么说咱这招工指标还有个指望啦!

王:(撒谎说)那当然啦,我老实告诉你吧,这新来的经理还和我是亲戚关系哩!

刘:啊?

虎:哈哈哈……

刘:啊?!你!你你你,你哈哈哈,嘻嘻嘻,笑得实在没道理。

虎:师傅,我这个头你是剃不剃啦?

刘:(讨厌地)你……(转笑颜)小老弟,你别急,咱说话就剃,立刻就剃,马上就剃。年轻人,要有点耐心嘛!

(转身与王拉呱起来)。

虎:师傅,(看手表)你看,快十一点啦!

刘:(不理二虎)王经理,你和新来的经理到底是啥亲戚?

王:(继续撒谎)哈哈哈……我们的亲戚还不远呢!(唱)

新来的经理他姓李,他妈是我五表姨。

我们俩是表兄弟,正儿八经的好亲戚。

虎:哈哈哈哈……

刘:王经理,你真有福气,你算攀了门好亲戚。(神秘地)我那指标的事就算拜托你了。

王:(从座位上站起来)我跟李经理研究研究看看吧。

刘:王经理,(神秘地)你和新经理说说,事成之后,我也少不了他的。

王:哈哈哈……你呀!(拍刘肩)会办事!

刘:王经理,上!

王:上哪?

刘:理个发嘛!

王:理发,你说我这头发——(摸头)

刘:你这头发说长不长,说短不短,顺便洗洗修修剪剪,刮个脸,不也更好看嘛!来来来,请上坐!

(刘欲把王推到转椅上)

虎:嗳!师傅,你还没给我剃完呀?

刘:啊?!……(转笑颜)小老弟,王经理时间紧公务急,给他理完你再剃(欲拿电推)

虎:嗳嗳嗳,师傅,这样做不妥当呀!

刘:老弟,(唱)

领导事事把头带,处处都得往前挨。

王:(唱)误了公事你负责?

虎:啊……(唱)

应按先后把队排。王经理,列宁理发还排队哩!

王:排队?

虎:是的。应该讲个先来后到呀?

王:(冷笑)哈哈哈……我看你电线杆上挂暖壶,水平还挺高嘛!年轻人,你是哪个乡的?哪个村的?哪个山沟里的!你见过列宁吗?你亲眼看见列宁排队了吗?嗯?

虎:你……

王:哈哈哈……

刘:老弟,就让王经理先理吧,年轻人大公无私,先人后己,把方便让给别人,把困难留给自己,这也是五讲四美嘛!

王:别跟他磨嘴皮,理个发不是什么大问题!

虎:师傅,这样的服务态度可不好呀!你看你,给我剃了半个光头,又……

刘:又不是不给你剃了,应该尊重领导嘛!

王:(发火地)刘三!别跟他啰嗦了,理发!

刘:(狐假虎威)对!真不识抬举!王经理,来来来,我先给你好好洗洗!

王:(从椅子上下来,眼瞪二虎)哼!不知自己有几两重!(刘赶忙搬过凳子,王坐。刘给王洗发。且急忙去拿过香皂。)

刘:王经理,这是高级香皂,洗发最好!(刘认真给王洗头)

虎:(摇头)有意思!看来这场戏还非演到底不行啦!(转身坐到转椅上)

(刘给王洗好头,给王擦干)

刘:王经理,我用吹风机给你好好吹吹,来,请上坐!

(发现二虎坐在转椅上)啊……?你,你你你你,你疯啦?

王:你!……

虎:师傅!老弟今天也得坐坐这高级椅,尝尝是啥味!让他坐到凳子上理吧。

王:你!简直是捣乱社会秩序!

刘:无理取闹,不成个东西!

虎:师傅!我说你呀!(唱)

你手不高,艺不精,青年头理成个苦行僧。

我九点半等到十一点,你连个光头也理不成。

刘:(唱)和尚头下火又去风。

王:(唱)免得你脑热胡诌经。

虎:(唱)王经理你作风有毛病,这样下去可不成。

王:(唱)你吃得什么粮当得什么兵,不该逞能你胡逞能。

虎:(唱)我是人民一颗星,该逞能时就逞能。

王:你!你你你……

刘:(唱)小伙子是个愣头青。

王:(唱)你不知天高地几层。

刘:(唱)老百姓敢把领导顶。

王:(唱)野蛮透顶发了疯。

刘:(厉声地对虎)下来!

虎:师傅,这椅子是王经理买下了吗?

刘:(拖虎)你下来吧!(将二虎拖下椅子)王经理,上!

虎:有意思!哈哈哈……真可笑!

(王慢慢腾腾地坐上椅子)

王:讨厌!

刘:(给王吹发)乡下老百姓,就是这个土劲!

虎:(自语)今天算我倒霉,这头,我看是剃不成了!(解下围单,收拾东西欲走……)

刘:(眼瞪二虎,手推头,电推子不防钻进王的头发深处,削掉一刀头发)

王:啊呦——刘三?!怎么这么疼?

刘:啊?坏了坏了,只顾跟他吵吵,就,就就……

王:(不满地)我看看!(下椅到大镜前观看)你呀!(指刘)你看你看,这理成个啥了?(乱摸头)

刘:(端详王的头)不要紧,不要紧,还好修!(急忙搀王上坐,继续给王理发)

虎:老师傅,一心不能二用,给王经理理发,你可要高度集中呀!

刘:你!你还挖苦我?你你你,你可真可恶!

王:别理他!

刘:哼!(还不满二虎,眼瞪二虎,给王推头,电推钻到王的头皮跟,削去王的头发,王疼痛难忍)

王:啊哟——(双手抱头)

刘:啊!?

王:(发火)你,你咋搞的?!

刘:呀(大惊失色)坏了坏了,这下子全理坏了!

王:我看?(到大镜前)啊!?……(指刘)你,你你你,你看看(亮出半个光头)

虎:(大笑)哈哈……又是半个光头!

王:(大发雷霆地解下围单摔在椅子上)不剃啦!(顺手抓起草帽戴在头上就走。)

虎:这是我的!(顺手从王头上摘下草帽戴在头上)

(王又亮出半个光头)

刘:(急忙从墙上摘下鸭舌帽)王经理,戴上我的!(把帽歪扣在王头上)

王:讨厌!(欲下)

刘:(急拉王),王经理,今天全让这小子给搅乱了,我那个指标……

王:(更加发火)以后再说!(下)

刘:啊!?(惊呆)

虎:师傅,他不剃,咱就剃。来来来,刚才……

刘:你!? ……(发火地)滚出去!(一屁股坐到茶几旁的椅子上)

虎:师傅,(唱)

脑袋不能分大小,今后要拿平剃头刀。

刘:呸!(唱)

今天全是你乱搅,好事变成肥皂泡。

虎:(唱)都怨你怀抱铁饭碗唱老调,才落得,磕牙呛嘴摔了跤。

刘:你你你,(唱)

山中的猴子世面少,光知吃饱去爬高。

你快离店别处去,我这里下班关门把正事操。

虎:师傅,你看,你今天给我理了半个光头……

刘:哼!那正好,你打了我的饭碗,我给你剃了半个光头,咱是生姜换大蒜,谁也没把便宜占。去吧!(点上一支烟,狠抽起来)

(王副经理慌慌张张地上)

王:刘三,刘三!(刘只是抽烟)

王:(大声而急躁地)刘三!

刘:(一惊)啊?!(急出店)王经理你……

王:那个年轻人还在你店里?

刘:这小子死赖皮,还在店里乱叽叽。

王:(一拍大腿)呀坏了,坏了,坏了!

刘:啊!? 我那指标不行啦?

王:呀!……那个年轻人就是新来的李经理!

刘:啊? 你,你怎么知道的?

王:呀!(唱)

刚才回到公司去,支书让我找经理。

理发铺里我找遍,都说在你小店里。

刘:啊? ……这,这这这……

王:快进去,好、好话多说,赖话莫提。

(刘、王二人进店)

刘和王:(同时)李,李经理……

虎:啊……,王经理,你回公司去了?

王:李,李经理,支书让我来找你。今天,实在对……对不起!

刘:李,李……李经理,刚才,只、只当……没那么回事,全、全是误会,……都怪我有……有眼不识泰山……

虎:老师傅,你……

刘:来吧,来吧!(急忙找围单,拿起旧围单一看急扔一边,赶忙找到新围单)李经理请……请坐那儿!(指转动椅)

王:(故意发作地)刘三!你怎么搞的,嗯?你看你看,刚才你给李经理用这个!(把旧围单拿起)现在你你你,你……这个这个……你两种围单,两种看法,两种态度,两种作风,两种那个那个……

虎:王经理,别只批评别人了吧!(唱)

现如今闹改革波涌云翻,铁饭碗大锅饭要停火熄烟。

咱公司要改革迫在眉睫,选贤能搞承包分灶吃饭。

王:啊……是是是……

(秀秀内喊:爹……上)

秀:(误认王是刘,一把拽住王袖口)爹——

王:谁是你爹!? 讨厌!

秀:啊? 是王经理!?

虎:(转身发现秀)秀秀!

秀:(惊喜地)啊?! 是你?!(秀与虎紧握手)

刘:秀秀! 你! ……(扯秀衣角)

王:秀秀,你礼貌点,人家是李经理!

秀和虎:哈哈哈……

秀:他是经理又怎样?

刘:(焦急地)秀秀,你……

秀:爹! ……

虎:啊!? ……秀秀!(扯秀一边)谁是你爹?

秀:啊? 哈哈哈……你们还没认识呀? 二虎,这就是我爹!

刘和虎:啊!?

秀:爹,他就是二虎!

刘:啊?! 秀秀! 你,你你你……你咋不早通个气,这这这,今天算是把我这脸丢到底啦!(羞愧地坐到茶几旁的椅子上)

秀:啊? ……爹! 你你你……

虎:(至刘前)大——伯!

刘:二……二、二……二虎!

秀:哈哈哈……大水冲了龙王庙,一家人不认一家人了!

王:(不解地)刘三! 你们……

刘:老王呀!(拉王到一边神秘而喜悦地)这李经理是我秀秀的男朋友,我老刘的未婚女婿！

王：啊！？……（突然殷勤地）哈哈哈……老刘同志，啊不不不老刘哥，我向你道喜啦，秀秀的工作问题，我一定给你办！

刘：老王啊，你就别黄连蘸着蜂蜜，苦一口甜一口的了（神秘地），那台彩电，我还要自己留着用呢！

王：啊？……你……你……你！

刘：秀秀的事你就别插手啦！

虎：大伯，你别为秀秀的工作操心啦！

刘：啊？……

秀：对着哩！

虎和秀：（唱）大锅饭不香甜勤人变懒，铁饭碗就是那歪风根源。

虎：（唱）理发店这场戏不能再演，

刘：（唱）半个头惹人笑我洋相出完。

虎：王经理！（唱）我劝你走正路洗心革面，改革中还看你跃马向前。

王：李、李经理，我、我我我……（摇头，碰掉头上的鸭舌帽，露出半个光头）

秀：啊？……哈哈哈……王副经理，谁给你推上这半个光头！？哈哈哈……

虎：秀秀，还有我呢，你看！（摘下头上草帽亮出半个光头）

秀：啊？！……你……

刘：别，别……别提啦！二虎，来来来，上！

虎：大伯！（指王）还有他呢！

刘：啊？……

秀：爹！咱俩一起把他们的头修理好！

刘：对！上！

（在音乐声中，秀秀高兴地给二虎理发，二人交谈着，刘三给王理发，二人叹气中，大幕徐徐而闭。）

（剧终）

婆媳同凳

编剧：李德俊

音乐设计：吴世英

导演：李学峰

剧中人物：娘：（扮演）（五六十岁）。

儿:(高峰——扮演)某企业法人

儿媳:(春梅——扮演)

幕内:(家庭布景)

幕启:(娘端脸盆上场,漫步在欢乐声中)

娘唱:我的儿他在建材厂当厂长,
这几年人也旺来财也旺。
多亏了党的政策好,
咱村户户都变了样。
老婆我也住进了新瓦房,
玻璃门窗亮堂堂。
不愁吃来不愁穿,
日子越过越美满。
村里人为致富都在大干,
儿子他求发展重任在肩。
儿一心为群众谋富奉献,
为咱村奔小康忙个不闲。

娘白:前几年图肚饱,粗茶淡饭也喜欢。现如今上档次,告别粗粮求绿色,真是芝麻开花——节节高,日子越过越红火。全社会达小康指日可待!唉:日子好了人也闲,有的人也学坏了。就拿我那媳妇说吧?一打起麻将来她啥都不顾。这不,天又快晌午啦,还没回来做饭,不知又在谁家上了场。那要是回来还不敢说,你一说,她就像吃了什么蛋似的,将一碰她就"咣"炸了。炸不死你,也得把你炸伤。家里活她多少不干,全放在我老婆身上。(一看天)哎呀!娃也快回来吃饭啦,我得赶急把锅搭……(进屋做饭或做家务。少时坐长凳上休息)

春梅上唱:几日来春梅我手气不好,天天上场掏腰包。
停牌迟早都不成,(哎)心急意乱越打越糟。
实想(哎)糊两把往回捞捞,没想到二百五全输掉。
越想、越气、越火恼,"哎",肚子饿得咕咕叫!

白:真倒霉!(进屋掀盖锅看饭不成,又气上加气,一屁股和婆婆背面坐板凳另一头)

春梅白:都晌午啦,饭还不成,不知干啥去来?

娘白:给你洗衣服来。咱还有你那福气,钱来伸手,饭来张口?

春梅白:(转身扭头对着婆)唉,说你能了吧,你就立起来尿,你倒管到我的头上来了。老不死的东西,要你活得还有啥用?我又不靠你养活,你有什么权力来教管我！我一不吃你，二不花你，(数着指头)在屋里连些饭也做不成……。

娘白：你一天到晚干了些啥？整天赌呀赌，钱输光了回来跟我吵，这算哪门子本事？像你这样的媳妇，要不要你有啥用？不如趁早给我滚开。(吵架势)

高峰：(上场兴奋表情)

唱：党的承包政策好，(哎)，引资办厂我主意高。

南方老板有诚意，打来电话让我去。

把握机遇我不能放弃，明天我动身去把合同签。

扩大企业再上项，以工养农实现全面小康！

高峰白：刚才上海来电话，老板很有诚意，愿以49%投资在咱村上个轻工新项目。这样呢，既能为咱村增加相当收入，也能解决部分闲余女工上岗。这不，我安置一下家里，明天一早好动身到上海谈判，签约。(到门前听见屋内有吵声，少停片刻再进，进门见此景板脸，婆、媳纷争平息)

高峰白：你们又怎么啦，刚才还电闪雷鸣——这一下子怎就变得鸦雀无声。吵、吵、吵！就不怕别人笑话？就这样还想当文明户？真是把我的脸丢尽了！(走向妻问)到底是怎啦？

春梅唱：都是因为那老东西，(指婆)干点活来叨叨叨叨说个不停。

饭不做来还有理，我看她是和我过不去。

娘接腔唱：听她狂言伤我心，我侍候你倒成了你的罪人，

你还骂我是老妖婆，我看你跟马蜂差不多。

高峰唱：春梅你说话成问题，开口就把我娘气，

娘过花甲人已老，你不尊不孝啥道理？

(媳见夫话意向着娘，火气又起，上前指着丈夫鼻子)

春梅白：哎？你也管到我头上了？

白：你倒孝顺，你当个厂长就高人一头！你只能管了工人可管不了我。你觉得你娘好？你受不了啦？我看她还得把尿盆倒！

高峰白：(指妻)你也太过分了吧？

春梅白：怎，你心疼了？好、好、好，你妈好，就跟你妈过去(一掌将丈夫推倒，正好儿倒时碰倒娘，这时，儿感到恼羞成怒，起来想抄什么家伙，但左右不见有啥，只好拿起板凳朝妻子砸去，娘见势不妙，上前拦儿，妻子仗势也上前应战，且嘴里念念有词)。白：打，打，老娘就不吃这一套，来，来，来，朝老娘头上打！

娘白：(指儿)你管不了人家就让着些，还不够丢脸，没出息！

春梅白：有出息能怎样？你娘母合伙来，看你们能把我怎样？(说着)你打呀，你打！(又扑向儿母之间)接白：(指娘)我要制不伏你这老东西，就不敢上你家门。麻将我还是照样打，看你能把我怎样？

高峰白:你别欺人太甚。(举起凳子朝妻子砸,娘拼命夺下凳子甩在地上)

娘白:儿呀,这些都是娘不好,你少说一句行不行?(说着将儿、媳推开一定距离)

娘唱:为娘我前世没有行下好,这一辈应该把秧遭。

一日三餐我来做,哎,家里杂活我全包。

儿再孝,哎!妻不贤,家也不和,何况是我儿你天生软弱。

你敬她来她越能(指媳),哎,娘跟上也活受罪。

高峰白:娘……

唱:我爹他逝世早,丢下你和我,母子俩要生活(指母)凭娘操劳。

你叫儿在外无与人争吵,你叫儿在家要勤要劳。

春梅她结婚后人在人上,大部分家务活我能让尽让。

可是她多年来不识抬举,累了我,苦了你我的亲娘。

娘唱:儿呀,生下你娘无奶把你喂养,一昼夜食八顿全靠米汤。

汤热了娘怕你口舌烧伤,汤冷了娘怕你肚子着凉。

一口一口下你喉肚,一勺一勺娘都亲尝。

屎布一块脏换一块,尿窝啥湿了都有娘,

前头湿了你睡娘身后,后头再湿了你就睡在娘肚上。

要是你有时得了病,煎药熬汤为娘更遭殃。

一年三百六十五日娘天天照样,一年三百六十五夜娘夜夜在想,

盼你小苗何时成大梁,想你何日成家把家当。

多少辛酸泪水娘不敢当你面淌,多少个怨和屈娘不敢当你面讲。

你可知为了你娘硬是自装自强?你可知为了家娘带病把家务忙?

儿呀!你看我这大年纪白发苍苍,不中用了,白天忙一天,晚上腰腿疼得睡不着,瞪着眼干熬,真是活受罪,倒不如死了好,少给你们添麻烦……

高峰白:娘呀……

唱:听娘讲一番话儿心肝酸,母养子应报恩像羊羔食奶。

我不起火来不冒烟,苦口婆心把她来劝。

春梅(呀)你手托胸膛想一想,难道你就是没有亲爹和热娘?

我在厂整个家务娘担扛,好日子刚开始你就学坏。

你游手好闲太懒惰,麻将场上你阵阵坐。

口红胭脂你脸上抹,不洋不土你算什么?

为致富咱村里人都在奔忙,你想想这样做是对是错……

春梅白:(心感反省抢腔)高峰呀!

唱:听娘母一席话我后悔难过,确实我做事过分错上加错,

从今后坏习惯我一定改过，为咱村树榜样我努力去做。

春梅白：娘……（上前扶娘，低头有感）

白：您老人家坐下消消气，从今后家里就靠我来管理，您养儿成人不容易，到如今也该享享清福了，好好养养老身体。

娘白：看你说的，只要我不死，家务事我能做的我还去做，你两口子和睦就可以，也算我积下八辈大德了。

春梅白：娘从今后咱娘俩一定和气，实现全面小康共同努力，把十六大精神、落实“三个代表”具体体现在咱家里。

高峰白：别说了，快去做饭吧。

（尾声，在欢乐中进行）

三同唱：“三个代表”进家庭要具体体现，敬、尊、贤树新风幸福花开，愿天下婆媳都能同凳，家家过得团团圆圆。

（剧终）

二〇〇三年春节

第二节　说唱道情

一粒米

作者：沁水县中村大队毛泽东思想宣传队

人物：王富根——分家社员。（简称王）

李秀兰——王妻。（简称李）

张二喜——生产队长。（简称张）

男女领唱各一人。（简称男、女）

幕启：（乐队同演员两侧上。王坐台中拉二胡、李坐台中伴奏。男女领唱分站两侧。）

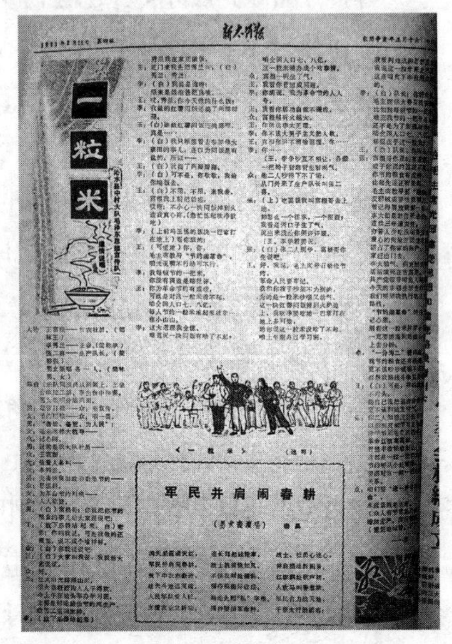
新太行报

一粒米

沁水县中村大队毛泽东思想宣传队

《一粒米》

军民并肩闹春耕

男：敲锣打鼓——众：来宣传，

女：节约用粮——众：唱一番。

男：“备战、备荒、为人民”！

女：毛主席伟大教导——

众：记心间。

男：说的是我大队社员——

众:王富根。

女:他爱人名叫——

众:李秀兰。

男:夫妻俩突出政治勤俭节约——

众:思想好。

女:为革命节约用粮——

众:人人称赞。

男:(白)富根哥！你就把你节约粮食的事儿给大家说说吧！

王:(放下乐器站起来,白)老弟！你叫我说,可是我做得还很差,说不成个啥样样。

众:(白)你就说说吧！

王:(白)大家叫我说,我就给大家说说。

众:好。

王:红太阳光辉照山川,学大寨赶西沟人人干得欢。今上午在地头举办学习班,主要是讨论勤俭节约闹生产。收罢工来回家转。

李:(放下乐器站起来)秀兰我在家正做饭。

王:进门来我先把秀兰叫,(白)秀兰！秀兰！

李:(白)我当是谁呀！原来是娃他爸把我唤。

王:哎,秀兰,你今天做的什么饭?

李:我做的红薯焖饭还捣了两瓣瓣蒜。

王:(白)谁做红薯焖饭还捣蒜哩,真是……

李:(白) 我只顾想着去参加修大寨田的事儿, 还以为焖饭是有盐的,所以——

王:(白)就捣了两瓣瓣蒜。

李:(白)可不是。你歇歇,我给你端饭去。

王:(白)不用,不用,来我去。富根我上前把饭盛。哎呀！不小心一块焖饭掉到火边我真心疼。(急忙拣起吹净欲吃)

李:(上前将王拣的饭块一巴掌打在地上)看你脏的！

王:(可惜地)你,你,毛主席教导“节约闹革命”。咱光说嘴不行动可不行。

李:我每顿节约一把米,你没有调查是瞎批评。

王:你为革命节约有成绩,可就是对这一粒米看不起,咱全国人口七八亿,每人节约一粒米堆起来就像一座小山山。

李:这大道理我全懂,难道说一块焖饭有啥了不起！咱全国人口七、八亿,这一粒米能办成个啥事情。

众:富根一听生了气,

王:我看你思想成问题。

李:你胡说,我为革命节约人人夸,

王:我看你居功自傲不谦虚。

众:富根越听火越大,

王:你做这事太无理。

李:你不该大男子主义把人欺,

王:真和你讲不清啥道理。你……

李:你……

(王、李争吵互不相让,各搬一把椅子背靠着背坐着闹气。)

众:他二人吵得下不了场,从门外来了生产队长叫张二喜。

张:(上)吃罢饭我叫富根哥去上地,却怎么一个扭东,一个扭西,我看是两口子生了气,说出来我给你俩评评理。

(王、李争着要说。)

张:(白)你二人别争,富根哥你先说吧。

王:好,我说。毛主席号召勤俭节约,革命人民要牢记。我和你嫂子吵架不为别的,为的是一粒米吵嚷又动气。这一块红薯焖饭掉到火炉边上,我拾起吹净要吃,她一巴掌打在地上多可惜。她却说这一粒米没啥了不起。咱上午刚办过学习班,我批判她这种思想成问题,我说这一粒米来之不易,这是咱贫下中农用血汗换来的。

李:(白)队长!你听我说,毛主席伟大号召我积极响应,比如我每顿节约一把米,难道我节约一把米是为自己,还不是为了加强战备!咱全国人口七八亿,哪里在乎这一粒米!

王:(白)队长,你听这……

张:富根哥你说得有道理,嫂子你说的道理不足。你节约粮食有成绩,比起先进还有差距。毛主席教导要"谦虚、谨慎",反骄破满要继续努力。曾记得解放前那一年,李大伯是怎样死去的:连续三年遭灾荒,穷苦人少吃没喝身无衣,狠心的狗地主把地夺走,霸占了你家的房产,又把你全家赶出门去,李大伯气、病交加没有啥吃,被活活饿死在古庙里。共产党领导咱穷人闹革命,今天的幸福生活全靠毛主席。我们要坚决执行毛主席的路线,"节约闹革命"的伟大号召记心里。别看这一粒米并非小事,一定要提高到路线斗争上去分析。

李:"一分为二"看问题,我节约粮食还有差距,更不该吵吵嚷嚷不讲理,都怨我路线斗争觉悟低。

王:(白)可是,我的教育方法不对头。怨自己没把道理讲明白,更不该和她发脾气。

张:你二人知错改错都很对,以后要互相学习互相勉励,活学活用毛主席的书,革命红旗高高举。思想丰收粮堆如山,这都是一粒一粒积成的。节约要从小处着眼,要摆对这一粒一把的辩证关系。

众:咱们要“进一步节约闹革命”,永远紧跟毛主席。(众人有节奏地齐喊)增加生产,厉行节约。(重复地喊着,下)

(幕落)

本文载于《新太行报》1971 年 2 月 11 日四版

第三节 快板剧

办年货

作者:中村宣传队集体

人物:甲男、女
乙男、女
丙男、女
丁男、女

合唱:太阳出来红彤彤,党的政策暖心中。
共同走向致富道,换来了人民币新票票。
有了钱心欢畅,过年就得像个样。
昨晚夫妻商量好,办年货进城走一趟。

合说:我们四家商量好,今天进城起得早。
梳了头,洗了脸,张急得就没有操洋碱。
我们四人吃得胖,这都是沾了致富的光。
多亏党的好领导,因此养上了这身膘。
我们四人商量好,今年进城起得早。
早晨起来特别忙,又要喂牛喂猪羊。
张急得没梳头、没洗脸,来迟了还怕那老婆。
我们四人不装光,光吃好的都不胖。

合唱:太阳出来当头照,口袋里装着新票票。
坐上咱买的新班车,办年货进城走一趟。

坐在车上没事干，乱七八糟说一番。
甲男：我的名字叫丑娃，今年岁数四十八。
党的致富政策好，木凹梁上去挖宝。
带头经营铁矿洞，富得简直流了油。
银行存款年年长，为了保密不敢讲。
反正超过了七位数，越干越觉有劲头。
甲女：我的名字叫春花，娘家就在沁水南圪塔。
前几年和丑娃对上象，嫁给他我觉着不冤枉。
虽然年龄比我大了十几岁，可我就看上那外一圪堆。
人脸黑，心眼好，一时我也离不了。
他在山上挣大钱，我在家里也不闲。
每年养它五口猪，年年收入五千五。
我在家里是书记，还兼主任带会计。
挣下的钱交给我，多亏我这好老婆。
乙男：我的名字叫二狗，今年岁数三十九。
十一我就离了爹娘，留下一人受恓惶。
吃过野菜吃过糠，没有穿过新衣裳。
多亏党的好领导，我才脱了贫困帽。
开汽车，把矿拉，每年收入两万八。
盖了五间新堂房，程控电视我接上。
乙女：我是沁水马邑人，官名就叫吉顺平。
那年我才二十一，一心想找个开车的。
他开车常从我家门前走，我就看上那李二狗。
我爱他，他爱我，因此我二人就合了伙。
到了他屋我当家，叫他干啥他干啥。
挣下的钱交给我，不给咱就揪耳朵。
乙男：我老婆心疼我，那不叫我开汽车。
货车卖了换班车，中村沁水来拉客。
我开车，那管钱，那就是车上的乘务员。
丙男：我是一个残废人，前半辈子穷得就不能行。
多亏党的好领导，我才走上致富道。
街上办了个门市部，依靠经营抓收入。
门市部，货很全，烟酒百货都不缺。
前几年进货到侯马，我才拐回这个小辣椒。

丙女：我叫辣椒可不辣，在侯马我还是一朵花。
多少好人我不要，我就爱上这丁三拐。
他在店里当老板，大小经济我得管。
挣下的钱不乱花，多亏我这内当家。
收入节余存银行，感谢政策感谢党。
昨晚我俩商量好，九七年沁水包商场。
今天下城不敢忘，找商业局头头来商量。
丁男：我这背后有口锅，心眼可比别人多。
这几年那都致了富，我在家里也闲不住。
想了个致富的新办法，依靠麻将把财发。
我在家里垒长城，可手气差得就不行。
两只爪，不成才，白板红中那一直来。
老不成，死点火，下下都就点给我。
别人看了很日怪，那说咱俩是一伙。
打麻将，挣不了钱，还把家里老本添。
打麻将欠的外债大，人人见了人人骂。
丁合：我俩都是麻将迷，这几年穷得不能提。
我们俩人都不好，谁的对象也不好找。
烂锣只能配烂钗，我俩人就住到一块了。
打麻将发不了财，我俩人才去搞买卖。
中村街上寻了间房，办了一个小食堂。
丁男：我炒菜做饭她洗碗，我俩人当上了店老板。
两人卖了几年饭，买了一辆“二五蛋”(250摩托车)。
丁女：出门就想骑摩托，去哪也要带上我。
下城要上宋庄坡，我就死怕这口锅。
上坡要把锅搂紧，下坡锅锅把我顶。
我看上坡还不要紧，下坡怕顶你往后挺。
饭店越来越兴旺，银行存款年年长。
合唱：车轮生风跑得快，两边杨树往后甩。
几十里路不算啥，说说话话进了城。
白：“团结、争气、苦干、创新”沁水精神，
大开放、大发展、办大事、迈大步“九七”方针。
沁水精神是咱们县委提出来的，只要全县人民团结、争气、苦干、创新，奋斗三五年一定能过上好日子。

合唱:沁水腊月好景象,沁水市场真繁荣。
要啥有啥不缺啥,乐的咱们笑哈哈。
我买点,东大村的大白菜。
我买点,大棚菜地的新豆角。
我买点,下川的木耳、郭南的鸡。
我买点,柿庄的大黄梨。
我买点,巴公的葱、端氏的蒜,胡底的香醋来两罐。
我买点稷山的大红枣,沁水的糕点来十包。
丝绸睡衣我买一件,我得买双太空鞋,我得买双高跟鞋,走路就像阔小姐。
我买一套化妆品、带口红,咱也得学学歪城里人,抹他一个红嘴唇。
我得买身皮夹克,我得买身皮大衣,我得买个大哥大,我得买个 BB 机。
买上玉溪、红塔山,茅台、汾酒成箱端。
样样东西都买好,我看天气也不早,
上了车,踩油门,打道回府赶路程。

(完)

一九九七年　春节

第四节　方言评书

王二婶发家

李树德

评书这门艺术,流行在中村、张马、靠近翼城,说起来简单方便,可就是中村口音浓。有人说这是地方话没有北京话好听,因此我动了不少脑筋,进行过多次加工。可这是民间艺术,听起来还是咱这土话儿得劲。

说的是,我村王二婶,她原是河南张德府人,由于地主压迫,在那里不能生存,没奈何才寻茶讨饭来到中村公社(呀外)东沟村。

旧社会这村子就不能提名,山上石头多,出门就爬坡,若要不小心,就把脚腕踒(wo)。想到中村看戏,那可真不容易,得吃顿硬棒饭,还得骑头毛驴。前面是深沟,后面是高岩,头上树梢挂掉帽,下面毛驴一直跳,吓得直往裤裆尿。

山上烂草树木茂盛,经常听见狼虎叫声,吓的孩子都到晚上不敢出门。所以,王二婶得早早就把尿桶提到门跟。

解放后党领导,近几年好光景。这地方的变化也层出不穷,公路宽广,汽车常通,自行车要不是门杆挡着,一下就能骑到炕塄跟,看到我的爱人。

公社化时,王二婶的日子过得也算能行,房前屋后果树成林,鸡兔猪鸭养的成群。大儿子工作在咱晋城,时间不长升成主任;小孩子春生十八挂零,他和秋梅将将订婚,国家征兵,他在年龄,二婶心中实在高兴。

二婶说:(河南话)我娃呀,今年妈意让你当兵,可不知你身体行也不行?要是能去,家里事你多少不要操心,由妈照应。只不过你要和秋梅经常通信,等你当兵回来你俩好再结婚。再过一两个年头你有了儿子,妈也抱上孙孙,到那时就是死了,俺也放心。

三年前,王张江姚“四人帮”到处横行,迫害干部,欺压群众。大儿子打成走资派送回农村,把房前屋后的零星树木全部归公,就是自留地也得集体代耕。二婶说我上了年纪给我留上一根。呀说这是资本主义思想封建迷信,黑夜召集大会,把二婶狠狠地批判了一顿,还要调查她老家的成分。

从此以后吓得二婶什么也不敢动,一年到头死死地挣点劳动工分。

到地里干活,实行大寨计工,由于二婶住得较远,呀说她来得迟回得早,一天只能关住七分。

一声春雷震天响,华主席粉碎了“四人帮”!全国人民无不兴奋,王二婶也拍手欢迎,大孩子重新工作,六十条政策还得执行。

今年我公社实行了包产到队,责任到人,农活作业定额记工,这一下王二婶大显当年威风。她每天怎样干,我说说大家听听:

我和她住着对门,她的一切我了解的最清。她每天起床大约是五点半钟,穿好衣裳,整好衣领,叠起被子,就拿火柱,燉上饭锅,舀水几盆,盖住锅盖,就提尿桶,厕所回来,打扫卫生,收拾干净,离开家门,拿上工具,走到田中,一天任务半天完成。剩下时间不肯放松,不是打松桃,就是去刹条,天要下了雨,她往山上跑,提上小篮篮,去吧木耳找,出门找猪菜,捎带刮青蒿,回来放到圈,集成好肥料。

她还养了一头老母猪,一年两窝好猪娃,哪窝都是十几个,能够收入一百八。还有七只老母鸡,一年下蛋够零花。

光今年统计不太完全,二婶搞的收入总共能有八百多元。大队今年超产,二婶评为模范,手里拿着现款,银行存了一半,支援四化建设,二婶心中喜欢。

剩下的钱还不少,她就买了个大钟表,摆在桌上看着好,铃声一响能起早。儿媳妇对她照顾的好,她给娃扯了件涤卡袄,二媳妇扯了块弹力呢,闺女扯了条三合一,给自己扯的是离水干,即当洗了就能穿。

明年二婶怎干法?她老心中有计划,她说养头大草驴,一年二头能收骡驹,长大卖给生产队你,一下就是一千几。再养上它几窝蜂,捎捎带带不误工,平时淡把操个心,甜甜的收它几百斤。

我希望众位同志、全体观众，都要学习王二婶的这种干劲，只要你不投机、不倒把，方向对、干劲大，你想干啥就干啥，如果你能发了财，利国利社又利家。小河有水大河满，实现四化不费难。你要学成王二婶，下次把你来宣传。

1979年12月15日

光棍娶妻

李树德

我叫李春喜，今年五十七，住在李家三亩圪坨里。

十几年前我老伴死去，留下三个孩子长的都很出奇，大的今年三十二岁，小的今年二十六七，三的今年二十岁，就是我父子四人光棍过哩。

这过日月家里没有老婆家真不是味气，里里外外都得我一人考虑。外面回来，先往锅里下米，碗还没洗，队长就叫上地。晚上回来还要钻帮纳底。春夏秋冬娃都要换季，从早到晚不能休息，把我累得干巴巴的。

不过我是这样想的，只要把这三个娃养活大，媳妇一娶，就是我老汉的福气，好好地活上几年，就是死了也能把他妈对起。

可是事情总不是那样顺顺利利、称心如意。现在三个孩子都长大了，就连一个媳妇也没有娶上，是我不着急，是娃不出奇？要是说到这上头咱可不是吹哩，我的三个娃，哪个都可以，文化程度高，个子也不低，不瘸也不拐，白白净净的，鼻嘴都相照，眉眼很秀气，上地去劳动都是好样的。就是说媳妇是个大问题。

不是说不下，是咱没钱花。说个媳妇不花不花也得个百百八八。况且现在买的外的确良、毛哔叽、毛涤纶、弹力呢，那一尺都是两块几，咱就连一件衣服都扯不起。

为了这事我娃都有情绪，那年腊月初八，老天把大风刮，娃都坐到屋里和我吵了一架。

大娃说：爸，你这一辈子干了些啥？房你没盖起，媳妇没有说下。说话我就三十几，从哪能说下大闺女？

老二说：我看这样下去，想说个小寡妇也有问题。就说人家愿意，来了还没地方住哩。你看咱这小房不大一圪几几，调过脊背靠住墙，举起手来探着梁，不能父子四五个来了挤到一炕上。

老三说话更不知高低，要是听了能气死你。老三说：眼看我都这大啦，还没成婚哩，要想结婚除非长下胡须。我看咱不如趁早下晋南招赘去，还能说个大闺女。整天在这屋里，也是瞎胡受哩，顿顿没有现成饭，穿鞋露着脚跟蛋。

我听这话不由得一肚子火气，恶狠狠地训了几句，我说：放你妈的闲屁，外说媳妇要花钱哩，咱家没钱实际问题。烂老百姓有啥出息，想花俩钱依靠队里。队里不分我上哪里偷去？明给你说哩，你妈死了这几年，我想找个暖脚的还没敢吭气。

不是我说话不够数啦，是咱没钱胡球说哩，实在是这几年极“左”路线压得咱喘不过气来，学大寨画圈圈脱离实际，上地干活不讲质量光写标语，三个人上地干活还得扛杆红旗。产量连年下降，口号喊得不低，谁敢说个富字就是资本主义。要是搞点副业，学习班里斗你。那年一开春，我在院里栽了几苗葱，到了秋天一卖，整整斗了我一冬。

霹雳一声震天响，胜利消息传四方。粉碎“四人帮”，人民喜洋洋。七八年，党的十一届三中全会决定了党的工作重点转移，两个农业文件说到咱农民心里。七十五号文件说的更为具体，发财光荣，致富有理。人民发财，国家富裕，这政策定得可是美哩。我队里制定了发家致富措施，把农林牧副同时并举，包产到组，责任到地，联产计酬，超产奖励，大大提高了劳动效率。根据七十五号文件落实了生产责任制。

我父子四人包了门边的几十亩土地。我在屋里专管做饭，捎带种上几亩菜园，解决了我大队社员的吃菜问题。还喂了两张蚕，摘茧一百九十七，还喂了一口猪称了四百零一。我的三个娃实在能干，把外庄稼做好，还拾了七八百斤木胡梨蛋蛋，还打了二百斤桃仁，木耳还摘了五十九斤半。我父子四人干了一年，分红得了两千二百九十三，再加上二百八十元的超产奖励，圪里麻杂四千零三十元。只要有钱，咱就有胆。去年我盖了六间楼房，新砖新瓦还是新椽，这四面都是洋灰墙，抬起头来不见梁。玻璃门亮堂堂，电灯一拉明晃晃，电扇一转凉爽爽，屋里设备新式样。这日子过好了啥事都顺当，我那三个孩子都自己找下了对象，还是二十几的大姑娘，一个更比一个强。

大媳妇在裁缝铺里会缝会裁，二媳妇在学校是教员，三媳妇在宣传队会唱会演，拉胡胡吹海笛会弹三弦。这几天重感冒就没有出来，你要是想瞧瞧正好不在。

就是我老汉也有人给出了个点点，说我上岁数恐怕跟娃都吃不到一块。找个老伴比较自在，软硬稀稠自己安排。后庄上二寡妇一表人才，给我说说也不花钱。我把这事跟娃都一商量，他们也没意见。我俩也办了结婚手续，好日就定在腊月初七，我今天提前告诉给你，到那天请你们喝喜酒去。

1981年元月20日

禁赌

李树德

评说这种文艺形式,很受群众喜欢。不用丝弦锣鼓,不讲调门板眼。不论地头饭场,不管广场剧院,只要有人想看,马上可以表演。现在我说一段,欢迎大家看看。

今天别的不谈,我就把赌博给大家表演一番。

三中全会到现在,整整一十周年。在这十年当中,由于落实了生产责任制,国家富强,人民发财。发了财,有了钱,有些人不听党话敢胡来。

就拿我说吧,我是会下棋、会打牌,转过弯弯想要钱。只要跟前无别人,我就开始赌输赢。年时腊月二十三,我打牌打到鸡儿嗲,二十块钱全输干,回去老婆把门闩。我在外头搅得她不行,她在屋里睡不成。起来给我开开门,一直骂到大天明。

我老婆骂:就没见过你这号人,半夜三更闩不了门,你不就在外头停。你外妈都呀不错,你不就在她屋过。

她当成我做外去来。

老婆呀是一直骂,我是不敢说真话,气得她也白没法。我一边应付一边想,不能白白输一场。一心还想捞一把,没有本钱怎出马?

这一夜,我就没睡,起来赶紧找广瑞。找着李广瑞,说了一大会儿。广瑞问我为啥要贷款?我说:饥荒拌得过不了年。因为盖房有饥荒,今年比去年还恓惶,也没称上一两糖,娃都还没扯衣裳。我想下晋南走一趟,贩些白菜、大蒜和生姜。回来一卖赚俩钱,还还饥荒过过年。

广瑞是一外老软人,他听我说得太可怜,也想让我发发财。一下批了二百元,还款期限是一年。照顾了,一般只批六个月。

我去找着杨云连,把钱一点揣到怀。信用社出来我没回家,找着我外哥俩仨。四五外人没头跑,找了一孔烂破窑。对着灯,点着蜡,我们开始把牌码。序幕开始胆还小,一盘只敢下几毛。越打越输眼越红,一心闷住往回赢。马上制度一改变,一盘就下四五块。谁要赢了捞一把,谁要输了拿利索。异口同声开始干,一家伙打到第二天的五点半。我把二佰块钱全输完,心里不服还一直缠。接连几盘都不好,又输了一块上海表,还输了一件呢子袄。进的家门老婆就跟我吵。

不输这件袄来些还不要紧。呀当时看着我没把袄穿,实可实的把脸翻。出手搬起一块砖,朝住我往身上栓。我把身一歪、脸一扭,掉过屁股往外走,还没走到大门口,屁股挨了一砖头。气得我真没法,俩人耍开《霍元甲》。她用的是霍家拳,我使的是朱砂掌,俩人打得乒乓响。她来了个黑虎要掏心,我的铁掌出手可不轻,打了她一个青眼睛。

这一掌打得可不覅，招来十哥小舅丈母娘。十哥小舅和她呀是同胞，呀非得要到医院眊。这会多亏老娘在，才算没有住医院。就这在屋里也花了几十块。这一回多亏老娘来和好，暂时停火算没吵。瞎胡过罢大初一，初二呀就要把婚离。呀在屋里坐不住，一直跑的找干部。呀往村委一直跑，非要干部写介绍。

村委干部对咱村民真关心，首先说服调和我爱人，这一下我才不担心她离婚。后来对我这问题处理得还特别轻。我这次，要是按照政策得全部罚，还要认真写检查，无故又把人打坏，马上就得进法院。念起我的态度好，老婆有病孩子小，不进法院不戴铐，罚金出的还比较少。让我检查写了好几份，贴遍咱这中村镇。以后不改再要干，新账老账加倍算。

领导对我这样好，我一辈子也忘不了，别啥我也干不成，只有说个评书还能行。评书材料不要找，我向大家作检讨。希望大家听我说，千万不敢再赌博。赌博从古到如今，没有一个把官升。十有八九都破产，奉劝大家别沾染。我今回多亏村委管，悬崖勒马不算晚。决心洗手再不干，以后行动大家看。说到这里收住口，拉住老婆往回走（装掺老婆样，面对老婆说）：以后发现我不改，你干脆打坏我后拐（脚腕）。

1988 年元月

看十五

李树德

我叫侯来发，今年五十八，住在侯家凹，专门种庄稼。我从小没上过学，都怪我爸爸。他不搞计划生育，养活的孩子太多啦。家里没办法，不让学文化。天天跟着他，拨拉土疙瘩，把我累得像个猪八戒。

不过我这人有点特长，爱看十五，好搞文艺。就是人样不行，本事不大，因为啥？没有文化！平常搞个啥，作文不会加形容词儿，只能是见啥说啥。呀都说外是“一部流瞎话”。可是，有人爱听，有人在骂。不管你怎，我也活了这么大，县里上过光荣榜，地区我也得过奖。今天我就把我这看十五给大家介绍一下。

我是十七上订婚，十八上成家。自从我有了媳妇，我俩人就断跟上看十五。可是，我媳妇两只脚就像两外玉麦咕嘟。走起路来，后跟一倒，脚尖一超，屁股一扭，就不能眊。外缠过脚的人走路太慢，她太慢，我心急，我才借了一头驴。尽快端了一把椅，把呀扶住往上骑。扑通一下就栽啦，把我娇娇的外小媳妇脸上操了一瓣皮。年轻人都没见过骑驴，骑驴又不好受，又没现在这宽着路。人行道又不宽，浮头还拿树枝搧,石头蛋蛋光圪拌,低下圪脑往过钻。上头树枝把帽挂掉,下头毛驴乱圪跳,吓得直往裤裆尿。骑上一天驴,屁股操得烂烂噫,浑身吓得软软噫,裤裆湿得完完噫,把人觉得难看噫。

外时候,外十五,又没啥看头。要广场的只是抹俩胳腮蛋蛋,服装七凑八借将圪换换,乐器也是破破烂烂,只在街上来回转转。估摸着转得差不多,站在中间唱一外歌。不是人都不会搞,是外东西就没头找,街上卖得不齐全,老百姓穷得都没钱。出门没有好衣裳,走时还得带俩黄馍做干粮。你看恓惶不恓惶。

三中全会以后,落实了生产责任制,人人都走上了富裕的道路。就是我老汉,也成了粮食专业户。我发挥我种庄稼的特长,每年都卖它几万斤粮。有了钱,发了财,平常生活像过年。我屋里盖了两座好房,又添两屋好行装。电视机、收录机,还有双缸洗衣机。家庭设备现代化,银行还存一万八。人人穿的是西装,个个吃得白又胖。不管我屋谁出门,都是骑得“小嘉陵”。就是我老伴,看个十五、逛个庙会,再不受外骑驴的罪。我往车里加点油,老伴坐到后头把我腰一搂,时间不到半根烟,说话来到中村街。过去骑驴得一天。

咱再说:这几年外十五也确实有个看头。白天是广场,晚上是花灯,一街两行看不完,大队院里有灯展。放烟火、耍火龙,闹活一夜到天明。大彩车,花样多,打花鼓,扭秧歌,交际舞,迪斯科,各种名堂实在多,我活了一辈就没见过。样样节目看不完,都是把党的政策来宣传。家家外都要得好,歌颂党的好领导。为了报答党的恩,党的号召要记清。永远跟着共产党,铁打的江山万代牢。

1983年春节

山村新变化

李树德

我是山西沁水中村人,这个镇过去就不能提名,外四面是山,当中尽是些石头蛋蛋。

到夜晚,狼虎多就不敢出门。小孩子上茅房得叫上父亲,妇女们上厕所得叫上爱人,老婆婆出门得拄个拐棍。走得好还可以,走不好不是碰了脚尖尖,就是扭了脚后跟。

那时候,我村里这人都想出门,不管干啥都能行,谁也不想当农民。当农民要种地,受上一年又没多大利。不是学大寨,就是赶昔阳,地里只敢种些粮。一年整整受一年,收入不比呀都强。

还有外交通也不方便,村中二三里一条河槽,自古没修起一座桥,天阴下雨没法跑。银行人登了个木头桥,两根杆,也太短,头起还拿铁丝馆,浮头铺了几块板,人走到上头光圪闪。桥一闪,人没胆,心里发慌腿发软。腿一软,脚一松,一脚踩到半隙空,扑通掉到河当中。不但没有桥,就是路上也不好跑。羊肠小道也不宽,牛车拉上害怕翻,只好拿外箩头担。可这春天担粪,秋天担粮,一年四季担不离膀。不是上山,就是下坡,把脊背压成一口锅锅。

地里的活干不完,回到屋里也麻烦。要吃米,要吃面,又没机器又没电。队里把牛喂一圈,社员使活不方便,还要全靠人推碾。我村里,人口多,碾磨少,那一回推碾也得起个早。起个早,搭个黑,一天碾不够一半百。最多碾上几十斤,把人累得还不轻。俩胳膊箩面使得酸酸噫,两条腿跑得软软噫,一对鞋底磨得烂烂噫,一外笤帚操得完完噫。

由于苦重生活不好,娃大了寻对象可真难找。只要娃长到十八九,爹娘就得快动手。说的迟了年龄大,错过机会找不下,你就再急也没办法。谁要想把孙孙抱,只有让娃出门招。

现如今,可可翻了一趴,过去是娃说不下媳妇,现在是外大闺女在我村里就寻不上一外娃。都想和我中村这娃结婚哩,呀都还要圪争哩。说到争倒不怕,就是害怕呀骂架。讲文明,讲礼貌,呀骂外话你们都是不知道,要是我照呀外原话说出来,能把你都外牙笑掉。

比如这俩人,“呀要我,不要你,呀没见过你长噫低。你低圪球球噫,粗轱辘辘噫。一外鼻圪袋凹圪陡陡噫,呀眊着你是够够噫。”

“呸,你想着你高高噫,刮刮噫,鼻圪袋大大噫,你说出话来嘛嘛咋咋噫,呀见了你也是害怕噫。”

呀都对娃说:“只要你能让我来,我又不问你要彩礼钱。不买衣裳不买鞋,这些我娘都添全。”

那个说:“只要咱俩能结婚,我待咱妈如同她亲生。我说这话你不信,给你发誓作保证。这口气我非给她妖婆争。”

这外村的闺女都想来,本村的闺女不想走,就是你娃有点小毛病,呀外身后也相跟的有。

这不是呀娃都生的犟啦,主要是我外小沟沟也变了样啦。

三中全会后,我中村在上级党委的正确领导下,实行了生产责任制,农村面貌起了很大变化,人民生活都有了空前提高。就说外交通吧,公路宽广,运输繁忙,大车小车来来往往,通往县城外班车一天就两三趟。村当中那条干河槽,南北修起坝两条,横着修了几座桥,出门上地、天阴下雨再也不怕外河水挡道。顺河坝修了两条街,街道镶牙又镶边。人行道上留着口,里头栽的是风景柳。到夏天最痛快,不怕热、不怕晒,青年人双双谈恋爱,老年人三三两两说“聊斋”。

街的两旁修大楼，百货副食啥都有。要啥买啥不发愁，楼下没有楼上走。任你挑，任你拣，售货员从来不变脸。笑脸送，笑脸迎，顾客喜欢走出门。家家都是这个样，道德高尚又文明。

物质生活好啦，文化生活也赶上来啦。收了工，吃罢饭，消消停停把衣裳一圪换，出来跑到文化站。看看书，看看报，国家大事都知道。打扑克，下象棋，人人坐的沙发椅。茶水冰糖口不离，痛快得真是没法提。要想看戏看电影，不想到舞台，礼堂也能行。修的宽宽展展噫，设备新圪崭崭噫，排椅安得满满噫，坐着舒舒坦坦噫，就我说上一段评书都想听得完完噫。

过去只能听话匣，现在有了外电视机。老年人觉着很稀奇，纷纷议论外东西："一外匣匣也不大，不知外唤一外啥，四面没窗也没门，怎个进来外多人？也会说，也会笑，也会蹦，也会跳，叫人觉着真可笑"。

现在日月过得好，党的恩情忘不了。县委今年又发号召，"七五"路上大飞跃。今后变化有多大，下次来了再汇报。

1981 年春节

第五节　解说词

好支书马孝善

《电视片解说词》

有人说这里是"泽州明珠"，也有人称这里为"深山都市"。凡是到过沁水县中村镇中村村的人，无不为这里的巨变由衷地赞叹。

坐落在历山脚下的中村村，是一个拥有 380 户人家，1600 口人的大村。

昔日的中村，房屋破旧，街道狭窄，乱石成堆，杂草丛生，到 1978 年底，人均收入仅 80 元。

而今的中村新楼林立，街道整洁，绿树成荫，花果飘香，人均收入达到 680 元，成为市县"双文明"先进单位，闻名于泽州大地。

当你身临其境，探究巨变的原因时，人们会交口夸起他们的好支书马孝善。

1982 年春天，对中村来说，是个不平凡的春天，要实行承包责任制了，全村上下像热油锅里撒进一把盐，一下子炸开了，有人主张"分光吃尽"，有的人想"大锅饭"不变。马孝善，这位有着 35 年党龄，担任了 17 年支部书记的农村干部，在这场伟大的变革面前感到迷惘，感到困惑，他反复思考和琢磨着。

在全体党员大会上，围绕"让一部分人先富起来"的精神，大家学习文件，展开讨论,深刻认识到:过去搞单一经营吃"大锅饭",你穷我也穷;现在让搞多种经营,实际上是叫大家共同致富。道理明了,心里亮了。马孝善向大家提出"统分结合,双层经营,集中领导,民主管理"的战略方案,决定把土地、牲畜、农具和一些小型的工副业项目承包给个人外,其余的骨干企业项目全由集体经营。

如何壮大集体经济,带领群众走上共同富裕的道路?一个念头在马孝善的脑海中渐渐产生。

中村山大沟深,矿藏丰富,过去是守着金山讨饭吃。如今政策允许了,为啥不能开矿办厂?

支委会上他向大家提出了建铁厂的计划。不料有的干部顾虑重重,担心政策变。苦于无资金,面对这种情况,他耐心地做通了干部们的思想工作。他说"中村要想富,必须搞工副。资金怎么办,大家来承担"。"村看村、户看户,群众看的是党支部,党员看的是干部"。

在全体党员大会上,马孝善把自己积蓄多年的一万元存款拿了出来,随着"我拿三千,我拿两千"的声音,一下子集资 71 300 余元。

马孝善北上太原,南下洛阳,求技术,购设备。经过半年的艰苦奋战,一个年产 5000 吨生铁的铁厂终于建成了。

望着火红的铁水,群众欢呼雀跃,马孝善喜上眉梢,无比欣慰。

然而,技术上的缺陷,造成产品质次价高,打不开销路。长期封闭自守的山里人,在兴奋之余,产生出种种担忧。有人说:"穷村办大厂,好景不会长"。也有人说:"农民开工厂,没有好下场"。

众说纷纭,莫衷一是,使马孝善陷入痛苦之中。困难中,支委干部与他娓娓交谈。关键时,上级领导登门来访:"你做得对,困难是可以克服的,要坚持把厂办下去"。

战友的安慰,领导的支持,坚定了他壮大集体经济,带领群众共同致富的决心。

在马孝善的带领下,中村人的思想从固守的田园中解放出来,八仙过海,各显神通,从工经商,层出不穷。

当大伙在为"富"字而奔忙时,马孝善发现钱迷了人们的心窍,头脑灵魂扭曲了,精神支柱倾斜了,"党员不党员,只差五分钱",支部工作出现了"人员难集中,会议难召开,活动难开展"的问题。面对"三难",在县委组织部的正确指导下,马孝善大胆地进行了党组织设置改革,根据行业特点,按农、工、商、老干部设置了四个分支部,建立了党总支。

随后,他们在全县率先将原有的党内"一课三会"活动方式变为每月一日的"党日活动"制度,在市委组织部的创最佳党日活动中以《历山春潮激》为题,连续二年夺得了全市最佳党日活动流动金杯。

党日活动的有效推行,保证了党内生活的正常开展。但仅靠党日活动,难以使党建工作产生整体效能。因此,从八七年开始中村党总支积极推行了党员目标管理,并把党员目标管理同党日活动有机地结合起来,在实践中不断完善,逐步深化,使支部工作生机勃勃,充满活力。

在各项工作中,支部书记马孝善以身作则,率先垂范,抓党建促经济,抓党员带群众,充分发挥党支部的战斗堡垒作用和党员的先锋模范作用。

当大兴安岭发生特大火灾时, 他带头捐款 100 元, 全村 58 名党员共捐款 2000 余元,一张汇款单把共产党人的赤诚心愿带到了祖国的北疆。

当老山前线战火纷飞时, 他带领党员为赴老山参战的现役军人李元斌家里修缮了破烂的房屋,把党的温暖送到了人民子弟兵的心上。

是他带领党员为千年缺水的木凹庄引去自来水。

是他带领党员建起了“党员红果山”,给座座荒山披上了绿装。

是他带领党员修通了利民渠,筑起了防洪坝。

在党员联户扶贫活动中,马孝善积极带头。他扶的第一户贫困户是刘锦奎。

刘锦奎乳名叫小旦,全家五口人,日子很贫寒。马孝善包上这一户后,从扶志扶本上下功夫,让锦奎的大儿子跟别人学会了镶牙手艺;二儿子学会了开汽车,当上了司机。春种秋收又帮锦奎购肥选种,提供农机,摆布劳力。这样,锦奎家年收入达到六七千元,不仅钱花不了,而且打的粮食也吃不完。现如今刘锦奎家里有了余粮,银行有了存款,成为村里的“疙瘩户”。

村民张清富,家里有年过花甲的父母,久病卧床不起,本人三十好几还是光棍一条,清富整日愁眉苦脸,失去了生活的信心,后来干脆破罐子破摔,躺倒不管这个家了。马孝善看在眼里急在心上。帮人帮在关键处,扶贫扶在点子上,马孝善先后牵线搭桥为清富找上了媳妇,又把自己家的粮食和钱送到清富手里,解了燃眉之急。还让他承包了村里的石料厂,短短几年,张清富由穷变富,娶了媳妇盖了新房,日子过得一年比一年强。

为此,村里群众编了一句顺口溜赞扬马孝善:“清富小旦,多亏孝善”。

马孝善先后扶持二十三个贫困户脱了贫致了富。在他的带动下,党员们承包的困难户都按责任目标的要求,到 1987 年底全部脱了贫,走上了共同富裕的道路。

多年来,马孝善一直用自己的行动实践着党的全心全意为人民服务的宗旨,大到村里的各项工作,小到村民的生活琐事,无不倾注着他的心血。

村民张九荣,儿子在几年前修公路时不幸身亡,一家三代六口人挤在一间小屋里无法生活,他建议把集体一座闲房低价卖给了张九荣,感动得全家人流下热泪。

村民李生龙在一次劳动中不慎把腿压伤,久治不愈。马孝善多方打听,请医寻药,从云南购回了药品,为其治好了病。

几年来,在他的带领下,全村党心民心合一心,干部群众一股劲,经济稳步上升,事业蓬勃发展,年年有新招,岁岁有变化。

他们先后投资200多万元,建起了炼铁厂、机砖厂、建材厂等十几个企业,年利润达到35万元,投资54万元建起了教学大楼,全村三所小学全部实现了一无两有,对考上县级中学以上学校的学生一律发放助学金,新建了剧场、图书室、娱乐室,群众的文化生活得到极大改善。

他们投资95万元,新建了综合服务大楼、百货大楼、硬化街道、修渠打坝,村里面貌焕然一新。

他们在全县率先实行了农民退休制,年满60岁的老人每年可领到养老金;实行了就医、上学、照明等十免费和军烈属、老党员等五项补助。全村涌现出文明户281户,连续十年无违法违纪现象,成为历山脚下一块净土。

如今的马孝善依然是那样朴素,他为群众办了桩桩件件好事,只讲奉献,不求报酬。一个普通的村民上班可以拿五六百元工资,而他只拿一百二十元的补助。这几年村里几乎家家都盖上新房,而他只是将自己的旧房进行了翻新改造。

望着村里的巨大变化,马孝善脸上露出了微笑,但他并没有因此而陶醉,他和支部一班人,又在进行新的努力,描绘着更加美好的未来………

(本文系沁水县委组织部1989年拍摄的
电视专题片《好支书马孝善》解说词)

历山风光

倪艾君

在山西省南部中条山东端,在人民作家赵树理的故乡沁水县,有一座神奇而秀美的大山——历山。

历山是我国传说中舜王耕治的地方。相传舜王当年在此山耕治时,曾编制出华夏第一部历法——《七十二候》,故而后人称此山为历山。

历山千余平方公里的区域内植被保存完好,物种数类繁多,天然景点密布,历史传说久远,形成了以自然风光、原始风光和古人类文化为主的独特景观,成为大自然造就出的一道亮丽风景。

神奇的历山,1982年被国务院确定为国家级自然保护区,她是以保护猕猴、大鲵等为主的国家重点保护野生动物和亚热带珍稀植物及其森林生态系统的综合性自然保护区。独特的地理位置,良好的气候条件及多样的自然生态环境,为各种野生植物的生长提供了优越条件，也孕育了丰富的野生动物资源。被誉为“山西省动植物资源宝库”和“黄土高原上的绿色明珠”。

不仅有原始森林、高山草甸、奇花异草、珍禽异兽、清涧瀑布、奇峰怪石,而且还有北方罕见的溶洞群、峡谷风光等,所有这些构成了奇峰、怪石、清涧、溶洞、冰帘的历山“五绝”和林涛、山风、冰雪、雾雨、光影、古迹、植物、动物、药材、村庄的历山“十胜”。这些“绝胜”景观既包含北方的雄浑博大,又展示出江南的秀美奇丽。

登历山既可领略三峡风光之旖旎,塞外草原之壮阔,又可感受云贵洞府之幽谧,东北森林之俊秀。

历山方圆100多平方公里之内,大气、土壤、水源均无污染,是人类回归大自然的一片净土和圣地。

舜王坪因有舜王躬耕之传说而得名。至今,历山的舜王坪上还遗存有舜王庙以及“以无鞭之力,收鞭笞之利”的舜王犁沟。

舜王坪海拔2358米,是中条山的最高峰,峰顶平坦,地面开阔,特殊的气候条件形成了近万亩亚高山草甸，宛如一个硕大无比的绿茵场，四周皆是悬崖峭壁,只有一条山路相通,于是,便形成了一个绝好的天然牧场,至今还留有坪顶自牧的古老风俗。每年春暖花开季节,附近两省三县的大群牛羊被赶往坪上,各有区域,相安无事,根本不需牧人呵护,在悠扬的牛羊铃声中,舜王坪展现给人的是一个与世无争,独具风情的塞外草原风光。

登临峰巅,近观群峰叠翠,沟谷纵横,远眺“七十二混沟”原始森林一片墨绿,无边无际。日出遥望黄河如丝如带飘忽天际,夜晚仰观星辰,好似亿万明珠笼罩大地。

舜王坪海拔高,水汽含量充沛,因而云雾也极为壮观,且四季变化无穷。春云弥漫,万壑生烟;夏云雄阔,色彩斑斓;秋云飘荡,恣意东西;冬云如絮,连绵不断。特别是雨后,青山如洗,云雾飘飘,使人疑为仙境。坪上气候一日多变,红日下有丝丝细雨,阳光下也起云生雾,一日之内可领略四季奇景。坪上自然景观有斩龙台、南天门、滴奶泉、舜王泉等。众多景点都与舜的传说相互交融,处处显示着古帝的神勇与仁爱。

古帝躬耕处,千秋迹已迷。
举头高山近,极目乱峰低。
花开闻幽径,泉声过远溪。
黄河遥入望,天际一虹霓。

清代诗人张尔墉的这首《登历山》,写出了他登高望远领略历山风光的一怀惊叹,抒发了诗人对舜王坪神奇的赞美。

大自然的地质构造运动和流水侵蚀,河流鬼斧神工般的“穿透切割”、“精雕细凿”相互叠加形成了历山原始生态体系的石灰岩峰林、峡谷地貌。历山峡谷不同于其他峡谷,她是由东西两条峡谷组成,呈南北走向,平行排列,部面呈“U”字型。东峡以奇石取胜,西峡以灵水见长。

东峡相传是舜耕历山用戟劈山而成。全长6.5公里,宽20余米,两壁陡崖高逾数十米,整条峡谷气势宏大,谷两侧绝壁飞峙,烟雾缭绕,巨石突兀,遮天蔽日,游人至此,仿佛身陷绝境;谷中巨石累累,千奇百怪,望不见路径,可谓“入山觅无路,岩壑障相连,盘曲踏乱石,峻嶒旁深渊”。峡中主要景观有惊心石、莲花坎、神女峰、鬼门关、小八样、飞天瀑布、憨石戏水、翡翠三潭等。东峡处处袒露出北方雄气壮美的阳刚之气。

与东峡相比,西峡则显示出南方清秀俏丽的阴柔神韵。传说中西峡是舜耕历山用刀劈山而成。全长5公里,最宽处50米,最窄处却只有尺余的一线天。峡中清泉相映,碧潭相连。溪流忽而潺湲,忽而湍急,忽而蓄潭。泉声叮咚,清心悦耳。著名的国家二级保护动物大鲵,便生存于此。这里的水从大山中渗出,不但含有多种矿物质、微量元素,而且没有受到一点人为的污染,取之即可饮用。可谓真正的天然矿泉水。用这水洗脸手后给人以发光亮泽的感觉,当地人使用的茶壶多少年也不会有一点水垢,被人们视为圣水。峡中主要景观有:关公劈石、滴水石廊、榭台、风雨阁、八卦阵、骆驼峰、佛爷龛、风潭、雨潭、冰帘瀑、情侣瀑、磐石溅玉、西海子、龙池、凤池等。

历山地处石英砂岩和石灰岩结合部,具有独特的喀斯特地貌特征。经过亿万年河流的变迁升降,形成了众多溶洞和地下岩溶奇观。

在这溶洞群中,最为壮观的要数白云洞。白云洞为我国北方最大的溶洞。沿着弯弯曲曲的林间石阶而下,走完420个台阶,在密林深处便见白云洞了。传说白云仙在此修炼降福,初夏白花缀枝,云雾缭绕,故而得此名。洞深2000米,最高处27米,最宽处30米,洞中有洞,洞套洞,时开时合,时隐时现,洞中各种形态的钟乳石组成了千姿百态的岩溶景观。

历山风景区地处山西、河南交接地带,位于山西晋南、晋东南结合部,距沁水县城50公里,适中的地理位置,便利的交通条件,美丽的景区风光,迷人的文化内涵,每年都吸引着大批游客。

历山风景区独特景观已成为一个集旅游、避暑、探险、写生、娱乐、考察为一体的综合性旅游区。

(1998年为中央电视台供专题片解说词,赵忠祥解说)

第三章 杂 记

第一节 嗣 卷

一、牛家嗣卷

立嗣卷合同文字人牛天章(居长门)、积善堂(居五门)。

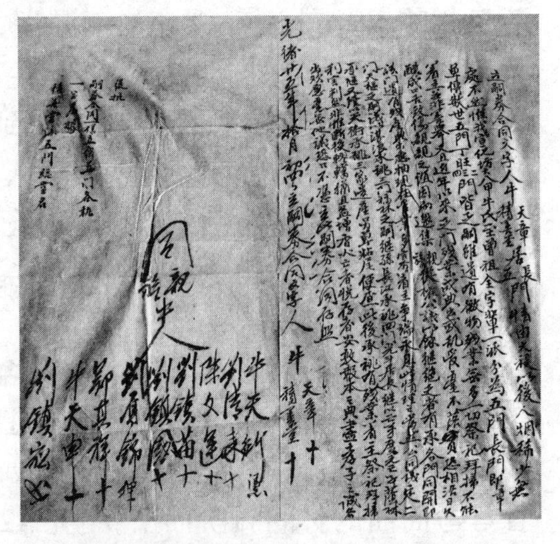

情由大祲以后，人烟稀少，无处不然。惟我宣化坊大八甲牛氏，至曾祖全字辈一脉分为五门，长门即章，单传数世，五门丁旺，二三四门皆乏嗣，锥遗有微物残业无多，一切祭祀拜扫不能，着主并非善举。又且近年以来，乏门残业或典出或乱管毫不落实，恐相沿日久，酿成口舌，致伤亲亲之谊，因而邀集亲族，从权公议。以余继绝，乏者有承，各门同开，即该门遗有残产，典出应抽，现在管业多寡着主，争端永息，此情理之当然。公同议定二门天枢乏嗣，议以湛浪承祧。三门福林乏嗣，继孙长江承祧；四门光斗居长，继以亡弟广元，亡子荫林承继，又续天卫承祧，三门遗产另单粘尾，便查。此后承祧有人，残业着主，祭祀拜扫利害判然。非惟断后輵轕，犹且益增香火，亡者悦，存者安，敦报本之典，尽孝子之诚，各出欢愿，毫无他议。恐口不凭，立此嗣卷合同存照。

光绪廿五年拾月初四

立嗣卷合同文字人：牛天章

积善堂

同亲族中人：牛天衍、刘清来、陈文运、刘镇苗、刘镇国、刘夺锦、郑其祥、牛天申、刘镇崔。

批后:嗣卷合同一样五纸,各执一字为据。

积善堂系五门总堂名。

二、谭家嗣卷

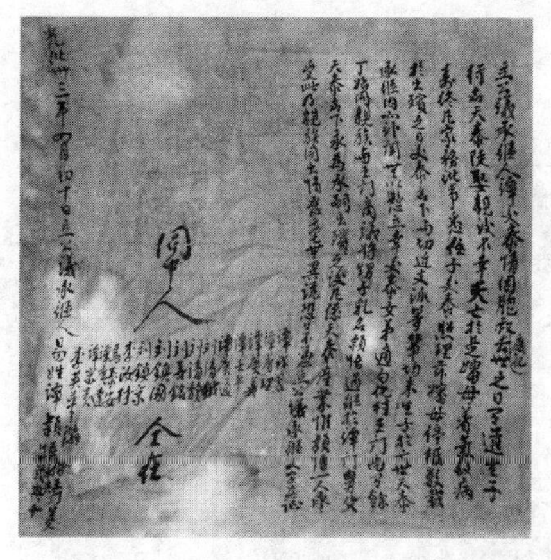

立公议承继人谭交泰,情因胞叔广化去世之日有遗生子行名天泰,其娶亲后不幸夭亡,于是婶母着气,致病寿终,凡家务诸事悉侄子,交泰照理。兹婶母停柩数载,于出殡之日,交泰名下与切近支脉等辈均未生子,于亡世天泰承继,因而讣闻无以悬立。幸交泰女弟适白华村王门,尚有余丁,始同亲族与王门商议,将甥子乳名颖悟过继于谭门舅父天泰名下,永为承嗣。出殡之后,凡系天泰产业唯颖悟一人承受。此乃亲族同出情愿,毫无异说。恐口不凭,立公议承继文字为证。

同中人:谭祥泰　谭广理　谭广义　谭壬午　谭广通

刘清钺　刘清馥　刘善铭　刘镇国　刘镇京

李汝才　马泰安　谭广达　谭富贵　李英华

全　在

光绪三十三年四月初十日立公议承继人易姓颖悟

偕王门生父永兴伯父武兴

第二节　契　约

一、卖契

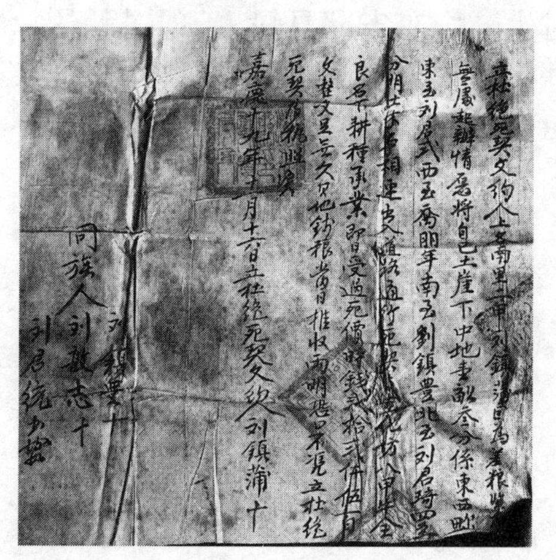

立永远死契文约人牛广元，今因使用不便,无处凑办,情愿将自己原分祖业,座落院外路东西房分到壹半,其房东至院心,西至官道,南北二至砌澹,四至分明,瓦木门窗砖石俱全,出入道路通行,今立永远死契,死卖与堂兄牛近斗名下经管承业,同中言明。当日同中言明,出备死价,时钱贰拾仟文整。即日交足无欠,其房钱粮即日催收过割两明。恐口不凭,立永远死契为证。

大清道光二十六年十二月十六日

立永远死契文约人:牛广元

同中人:牛广田、牛广杰、牛广新、牛广成、牛广口、刘君桂、张成田、马怀宏、刘君悦、刘镇汉、牛晓林

书见人:刘清思

二、典契

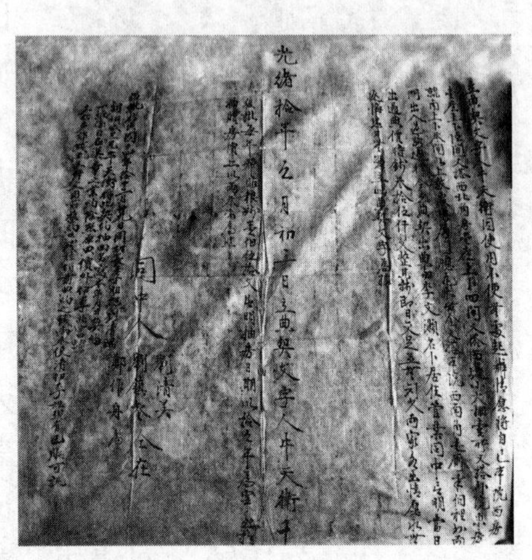

立典契文字人牛汉章,今因使用不便,情愿将自己祖业座落到本院西房壹座上下六间,东至院心,西至道,南北二至砌檐,四至分明,瓦木门窗俱全,土木石相连,又搭东南角厕坑半所,内外两门出入道路通行,今立典契出典于李兆富名下管业。同中言明,当日受过典价,时钱四十八千文整,即日交足无欠。空口不凭,立典契文字为证。

民国十四年阴十二月二十九日立典契人牛汉章

同中人:村长李明旭

刘相成　牛天卫　李旭娃　刘清鸿

第三节　金蘭谱

前有管鲍,后有陈雷。道义相最,历久常新。共和肇造,胞与从同。丽泽获益,他山是攻。车笠虽异,金石永贞。著之于牒,申之以盟。鸡鸣风雨,落月屋梁。凡我知好,永矢勿忘。

胡志成,字全有,年二十二岁,四月十一日子时生。山东省邱县籍人,现居孟县。

金蘭譜

前有管鮑後有陳雷道義相
最歷久常新共和肇造胞與
從同麗澤獲益他山是攻車
笠雖異金石永貞著之於牒
中之以盟雞鳴風雨落月屋
梁凡我知好永矢勿忘

胡志成字全有年二十二歲四月十一日
子時生山東省邱縣籍人現居孟縣
職業軍　通訊處永久北心店三里益宋村　現在第四分區司令部
曾祖
祖
父金權
母殷
兄弟
姊妹
妻　氏　子　女

职业:军

通讯处:永久北心店三里益宋村

现在:第四分区司令部

曾祖:

祖:

父:金权

母:殁

兄弟:

姊妹:

周同信，字成之，年二十八岁，十一月初六丑时生。河南省延津县籍人，现居孟县。

职业：商

通讯处：永久延津县南大街

现在：孟县城内澡堂

曾祖：睿甫

祖父：爬生

父亲：琚亭

母亲：董氏

兄：同知

妻：胡氏、吉氏

姊妹：

子女：

李长斌，字英，年二十九岁，五月二十三日未时生。山西省沁水县籍人，现居孟县。

职业：军

通讯处：永久城西南六十里中村镇

现在：第四分区司令部

曾祖：

祖：

父亲：世瑞

母亲：郑氏

兄：长清

姊妹：

妻：杨氏

子：怀珠

胡志成如弟惠存

如兄李长斌周同信鞠躬

中华民国三十四年九月十一日
盟于孟县县前街

第四节　祭　文

惟公元2004年农历六月十三日，不孝子马刘勤、儿媳徐晓文，养女张普娥，女儿马刘花、女婿郑跃生，孙女马莉莉、马波波，外孙郑骞骞，外孙女王柳娅、王晓晓、郑娇姣，敬以花圈挽联，纸火香鞭，祭食祭碟，清酒时馔，致祭跪拜灵前：

先父于1932年农历八月初四，生于河南省济源市克井镇南凡村苗氏之家。早年丧父，9岁随伯父苗维书逃荒要饭，流落中村，终生务农。于2004年农历六月初六下午5时15分辞世长去，享年73岁。

呜呼哀哉！

父亲的一生是辉煌的一生，也是奉献的一生，更是艰难坎坷的一生。

兵荒马乱，父母早亡，家徒四壁，辘辘饥肠。

尾随伯父，背井逃荒，阳城横河，大河山上。

千里乞讨，衣食无望，风餐露宿，饥寒时常。

伯父担忧，尸撂野荒，同去单归，万般恐慌。

中村西阁，马某站岗，刘氏介绍，认父得常。

晋豫千百里，骨肉两分离。伯父含泪归，孤儿低声泣。伯伯呀伯伯，您别丢下我，我要回家乡！

呜呼哀哉！

异地他乡，牲口棚长，披星挂月，脚程路长。

逆境险途，砺志如钢，忠孝德善，美名远扬。

为人正直，火热心肠，不畏艰难，奋发向上。

积极入团，光荣入党，队长主任，支书任长。

身交给党，心为民想，大办农业，工副兴旺。

架桥铺道，繁荣市场，尊师重教，兴修学堂。

重视文化，新建剧场，无私奉献，百姓颂扬。

四十余载，上级表彰，劳动模范，省市上榜。

党的代表，届届选当，荣誉无数，功德显彰。

尊敬的父亲，您对党的忠诚，对百姓的爱心，深值缅怀。对家庭老少的厚爱，更是历历在目：

岳母体衰，关护奉养，尽心竭力，如敬亲娘。

老伴有恙，求医四方，衣不解带，煎药熬汤。

教育子女，做人为上，诚信为本，品质高尚。

养女普娥，满月寄养，长成送回，几度返乡。

孙辈六人,宠爱至上,悉心教诲,资助非常。

众孙爱爷,不负其望,北大财大,学业辉煌。

擎天一柱,吾家栋梁,大小诸事,挂肚牵肠。

举家上下,老幼相让,勤俭祥和,其乐洋洋。

2001年,噩耗来天边。父染肺癌病,终日可数天。泪眼对泪眼,肝肠似油煎。忍痛吞巨悲,笑颜把父骗。谎言哮喘病,此魔多常见。父从儿孙言,只劝少花钱。求医四方忙,洛阳到太原。上海到北京,走遍名医院。尝试多种方,父志如钢坚。病重卧床时,盼等儿孙见。已知永分离,重托显双眼。儿促返故里,情在乡亲间。儿遂慈父愿,护父归乡田。环顾中村地,仰望中村天。难舍中村人,含泪归九泉。

呜呼哀哉!

父亲呀父亲,瞒您整三年,非属儿孙愿,不告真病情,只盼寿期延。

皇天呀皇天,怎能不疼我,为何不睁眼?我父归黄泉,再见永无缘,含悲大声呼,吾父安息哉!

呜呼哀哉,尚飨!

不孝子:马刘勤

二零零四年七月二十九日

第四章 著 述

第一节 杂 论

留给后人言

王治贵

我一生所走过的道路是曲折的，坎坷的，所经历的事情是庞杂的，棘手的。深悟起来，它包含着深奥的东西。今天把它翻过来，就成了经验。所以，在我结束回忆之前，把它加以整理，作为“结束语”写在后面，我想对于每个后来人都是有益的。

第一，干工作必须树立一个“公”字，力戒有私。祸之根源为“私”也。无私就能无畏，无私就是成功。每一项工作，只要不带私字，就一定会做得很好。反之，将一事无成，甚至引出祸来。在这一点上，我经历的很多，教训也很深刻。这是一条基本经验，我们每个人都应该记住这一条，它是做人的标准，是做好工作之根本。

第二，领导必须胸怀大局，力戒片面性。这既是理想方法，也是工作方法。要切记，不要学宋玉，夸耀自己完美无缺，攻击别人拓其一点，尽量扩大，不及其余。也不要学章华大夫和楚王，主观片面，不看事物本质，常被一些诡计所迷惑。在工作中，应掌握唯物主义辩证法一分为二的观点，对人对事，不要有固定的看法，要提倡实事求是的作风。今天你表现好，我就予以表扬，明天你表现不好，我就给予批评。对于一贯表现好的同志，要注意他的缺点，并及时指出，使其长足进步。对于常有毛病的同志，要注意他的优点，并及时表扬，使其矛盾及早转化。这些全都是朴素的领导方法，但说着容易做着难。一个领导同志，必须牢牢记住和把握好这一条。

第三，要勇于当一个有争议之人，力戒泄气。有争议之人，一般有以下特点，一是他们有超前意识，有创新精神，事业有成，业绩明显。但当他做出一定业绩之时,正是遭受攻击之时。这可以说是个规律。在这一点上,任何一个有争议的人都无力摆脱;二是他们有个共性,那就是工作高于一切。他们有个弱点是,忽视做人的思想工作,违背了“水至清则无鱼,人至察则无徒”的古训,其原则性有余,灵活性差矣,做事情太死、太认真,所以一生麻烦多,常常处在不安定之中;三是他们大都公大于私,在任何时候都能经得住考验,尽管他们时时在受制,常常受攻击,但推不倒,攻不垮;四是他们经常遭受委屈和冤枉。面对现实,一般持两种态度,一是从此消极、气愤、不满,情绪低落,这是少数人;另一种人,把它当做有益之教育,当做一种锻炼,认为世界就是这个世界,要完全公道是不可能的,永远不可能。美国前总统尼克松曾说过这样一段话:“看来政界是块难以容人的地方。现在许多人放弃了他们政治生涯,回到不担任公职的天地里,因为他们为了自己,也为了他们家庭不愿承受公众争议,伴随而来的压力和孤立。今天因担任公职取得成就而受到许多人赞同和尊重的可能性微乎其微。侵犯私人生活的危险性日益增大。对进入政界首先需要付出各种代价和经受各种揭露的事,对许多人来说,都要经过这一关。”这就一针见血地阐述了从政工作者的实质及其危险性。所以,有争议的人应该正确地对待这个问题,万万不可泄气,要相信群众,相信党,相信历史是会下个公正结论的。

第四,在遇“得意”和“失意”之时,力戒骄傲和悲观。在人生的道路上,每个人都不可避免地会遇到得意——诸事顺当,失意——百事不顺的情况。怎么办?一是在顺利时,千万不要骄傲,要记住“人在旺时别猖狂”的古训,要夹着尾巴做人,时刻把自己置于群众之中;二是在失意时,千万不能悲观。面对现实,要鼓起勇气,树立信心,战胜困难,勇往直前。要知道,渡过万重山,就是“柳暗花明又一村”,这就是辩证法,做人必须懂得这个道理。

第五,重视学习,力戒盲目和荒唐。没有学问的人,是愚蠢之人,不善于学习的人,是荒唐之人。作为一个中国公民,特别是作为一个领导、干部来讲,不注重学习,是个盲目之人。要使自己有远见卓识,必须学习,要使自己知识渊博,通晓古今,知书达理,必须学习;要使在工作中不走弯路,避免盲目性和片面性,必须学习。现在社会上有一种倾向是,一切向钱看,忽视学问,这是很危险的。钱是烟云,学问才是无价之宝,无形资产。我们常说,要活到老学到老。江泽民总书记教育我们要“学习、学习、再学习”,就是教导人们在任何时候,任何情况下,都必须重视学习,切勿忽略学习,以防在工作和处事中出现盲目和荒唐之举。

第六,正确对待人生,力戒烦恼。如何正确对待人生,我认为:其一,要面对现实。对生活应有清醒的认识,对自己应有足够估量。求学、择业、买住房,给人几多雨露;下岗、精减、谋生活,让人尝尽酸甜苦辣。但要认识到,苍天不负有心人,只要面对现实,天下总是有路可走的。其二,要明理适度。无论待人处事,还是挣钱养家,都应有一份豁达、约束。在物质利益面前,要取之有道,弃之不惜。对正当合法之财物,该取则取,对不义之财,则拒之千里。这样,才能做到光明磊落,不枉做人一遭。其三,要善待生命。人生在浩瀚的历史长河中,可谓短暂的一瞬。权势是过眼云烟。金钱是身外之物,酒肉穿肠而过,美色仅一时之欢,只有生命才是自己的。珍视生命,保养身体,宁可一生清贫,也不贪一时富贵。要懂得一个人的生体机能毁坏了,钱再多也没什么用。所以,对物质上的最高奢望应该是:在一个安定的社会里,有一个健康之身体,过一种小康日子。

人生在世是一种幸运。而正确对待人生,则是最大之幸福。故不必为昨日之失意而悔恨,不必为今日之失落而烦恼,也不必为明朝的得失而忧愁。要顺其自然、无忧无虑、力戒烦恼、看山神静、心理平衡、知足常乐,方可达到善待人生的最高境界。

摘自王治贵《走过的路》

为官从政须永葆公仆本色

张国忠

"领导就是服务,干部就是公仆",多年的从政生涯和工作实践,特别是在县委书记的岗位上,深深地体会到,为"官"不论大小,职位不管高低,只要永葆本色,真心实意尽公仆之心,竭尽全力为人民办事,就一定能赢得人民的支持和拥护,就一定能兴一方经济,保一方平安,富一方百姓,推动县域经济和各项事业的蓬勃发展。

一、演"主角"要练好真功。做一个主要领导就好比一场戏中的"主角",戏演得成功与否取决于"主角"的功底深浅。同样道理,一个地方工作的好坏,关键在于主要领导的政治理论素养和领导决策水平。正是由于这样,在思想上始终把理论学习作为提高自己和各级干部素质、领导能力、决策水平的关键。坚持学习马列主义、毛泽东思想、邓小平理论、"三个代表"和"科学发展观"牢固树立正确的世界观、人生观、价值观,永葆公仆本色,全心全意为人民服务。在工作中坚持民主集中制,始终提醒自己在班子中是"班长"而不是"家长",正确处理好县委与各个班子,正职与副职的关系。做到"总揽不包揽","宏观不主观","集中不集权"。不把个人意志凌驾于组织利益之上, 充分发挥与调动班子中各个成员的主动性和积极性,使之有职、有权、有责。正是由于理论丰富了头脑,公心换取了民心,真心换取了齐心,从而保证了重大决策不发生失误,重点工作不走弯路,各项工作协调发展。

二、管"一方"要强县富民。县一级领导担负全面贯彻执行党的路线方针政策和强县富民之重任。一个县的工作做好了,我们党就有了坚实的基层,人民就有了牢固的靠山,作为一个县委书记必须义不容辞地上为党分忧,下为民解难,以开拓进取的精神,勤政为民的作风带领一个地方的人民走上富裕路,过上好日子。根据当时陵川的实际,提出了把乡镇企业作为发展县域经济的主体(抓龙头上规模富县、建基地调结构富民、创名牌争市场兴企),把基础设施作为走出大山的通道,把建好党组织作为脱贫致富的保障。重点念好三本经。一是基础设施经。针对陵川地处太行山巅,境内山大沟深,交通十分不便的实际,提出了"陵川要致富,必须抓基础"的战略口号,几年如一日常抓不懈,打通了陵辉、陵修、杨礼、过境等通道,全市第一个安上了程控电话。从而改变了陵川基础设施落后的面貌。二是主导产业经。主导产业是县域经济的支柱,是增强财政收入和农民收入的源泉。面对陵川实际,山多,路少,商品少的实际。用逆向思维的方式思考陵川的脱贫出路,躺着看,山是穷根;站着看,山是富源;必须靠山吃山,依山发财。靠陵川一流的生态环境和气候,在"山"上做文章。大力发展旅游业、畜牧业、药材、林果业和加工业。三是基层党建经。根据陵川实际,提出了"脱贫先脱班子贫,致富选好带头人"的工作方针,把党的建设始终抓在手上。在班子建设中狠抓三严(严密团结、严格目标、严格管理);在队伍建设中,倡导三新(思想要有新境界、重点要有新突破、工作要有新实效);在作风建设上,弘扬三为(为民着想、为民办事、为民做主);在干部选拔上,突出三重(重德才、重实效、重公论),在基层党组织建设中,坚持三选(选好一个人,选准一个项、选对一条路)。从而在全县形成了"有为就有位、无为就无位"的良好风尚。

三、"火车头"要勤"检"勤"修"。县委书记就好比一列火车的火车头,必须言行一致,做到三带(带头、带领、带效)。只有严格要求自己,经常反省自己,时时规范自己,才能起到表率作用。所驾驶的火车才能跑得更快、更稳。工作中坚持把"为政之要在于为民,做人之要在于奉献,为官之要在于清廉"作为自己的座右铭。以人民为镜子检点自己,警醒自己。只要是人民期盼的事情,不仅要千方百计去办,而且要办好,办出成效。凡是有损群众利益的事情,要果断处理,不姑息迁就,不给不正之风留一点生存之地。作为一个领导者,要做到四要:一要限制自己,无欲则刚;二是规范自己,方圆有度;三是超越自己,升华境界;四是警示自己,以廉为荣。永远铭记手中的权力来自人民,属于人民,是为人民服务的手段,只能用来为人民造福。当拥有权力的时候,勿忘宗旨;当感到权力可以带来某些便利时,勿忘奉献,做到上下有限,左右有度。真正从思想上、行动上解决好为谁掌权,怎样掌权的问题。做到对上负责和对人民负责的一致性。以自己的实际行动,影响和带动广大干部立党为公,执政为民。

加强高校财务管理的一点思考

郑天录　惠志琴　任岳红

加强教育经费和管理就是要遵循党的艰苦奋斗,勤俭办学的方针,按教育规律和经济规律办事,科学地管理和使用各项教育经费,使有限的经费用在刀刃上,最大限度地发挥教育投资的经济效益和社会效益,保证教育事业的续持稳步发展。在这里,我们想结合太原机械学院的实际,就加强高校的财务管理工作谈几点粗浅的看法。

一、端正教育经费管理的指导思想,提高教育经费的使用效益

高等学校的教育事业费是由国家为学校开展各项工作提供的资金,合理安排和使用教育事业费,首先要贯彻治理经济环境,整顿经济秩序和坚持艰苦奋斗,勤俭办学的方针,在财务管理上要坚持财经纪律和财政法规,不断地进行财务管理的改革,提高高校办学的经济效益。

1.转变财务工作者的观念,要把过去单纯记账、报账工作,转变为参与管理、参与决策工作,把管理作为财务工作的重心,要把过去注重要钱、分钱、花钱,转变到提高资金效益上来。就是说,要以效益为中心来做财务工作,把过去的不计成本转变为核算成本,还要把事后总结分析,转变为事前管理控制,使财务管理工作处于积极主动而不是被动的状态。总的来说,要逐步实行立体管理,从时间、空间、人力、物力、财力等方面科学地进行财务管理。

2.改变学校的财务管理体制,把过去财权集中在校财务处的状况,扩大到系、处一级,充分发挥各方面的办学积极性。长期以来,高校财权一直集中在校财务处直接管理全校经费,而承担教学、科研任务的第一级职能部门很少有财权。为了充分调动这些部门的积极性、主动性和创造性,发挥它们当家理财的作用,高校应当把财权放到系处一级(当然不是独立开设账户),克服财务外“独家经营”的弊端。

在高等学校里,由于历史原因,造成学校严重超编,而教育主管部门是按学生人头核拨经费,以致学校近百分之五十的经费被人头吃掉了,实际用于发展教育事业,购置教学、科研所需设备费用极少。另一方面,又存在着设备积压,物资浪费现象。如何解决这种矛盾呢?太原机械学院采取的办法是:以系处为基础,按学生、教师数,中高级职称人数和职能范围,分别制定经费定额,实行经费包干到系、处级。他们在每个系、处都建立了“经费指标卡”,报销各项开支必须持卡,此卡由各系处掌握,处一级领导当家理财,心中有数,避免了管钱不用钱,用钱不管钱的脱节现象,增强了各级领导的责任感,减少了在经费使用上的浪费现象,提

高了经费使用效益。由于扩大了系、处一级的财权，建立了责、权、利相结合的经济责任制，充分调动了教职员工的积极性。从1986年至1989年，该院在教育经费定额大幅度低于山西省属院校标准的情况下，不但保证了教学、科研工作的顺利进行，而且实现了每年教育经费略有节余。

3.改革后勤管理工作，实行经费定额包干责任制，提高后勤工作服务质量。高等学校在后勤部门建立经济责任制，是在加强后勤工作人员的政治思想教育，树立“三服务、两育人”的基础上对公用经费实行包干，这对改革后勤工作，提高后勤工作服务质量，逐步实现后勤工作社会化和节约经费开支，有着十分重要的意义。高校后勤经费包干有两种形式，一种是全额包干，一种是单项包干。

水、暖、电、卫直接关系到高校的教学、科研和师生的生活，在学校公用经费不足，浪费现象又严重的情况下，对水、暖、电、卫实行了经费、任务双承包。实行承包任务的单位，人员工资由该院发放，承包项目的经费实行包干，即：“超支不补，节余留用，节约有奖，浪费受罚”的原则，由学校与总务处，总务处与科室，科室与个人，层层签订合同书，各职能科室又根据各单位的设备容量，全年使用时间以及近几年来的实际消耗资料等分别给各系、处按季下达指标，要求专人负责，实行定额包干。这样既充分调动了各方面的积极性，做到大家用水电，人人管水电，漏洞有人堵，浪费有人管，又使节水、节电工作真正落到实处，有效地控制了跑、冒、滴、漏的现象。同时，对用水、用电大户实行定额供水、供电，并制定了“节约奖励，超量加倍收费”的办法，采取加强管理，健全制度，严格核算，以及对设备进行及时维修和更新等措施后，节约水电费效果非常明显。

交通工具是学校教学、科研和教师生活必备的条件，学校对交通费实行了全额包干，把指标分配到各系处，用车直接付给运输科车费，运输科必须保证学校的教、科研和师生的生活用车，财务处再按运输科在财务处实领工资额收回运输科的人员工资、煤、水、电费等一切开支费用，运输科在全额承包的基础上，又进行了单车核算，对人员工资、汽车折旧、材(油)料消耗，小型维修等所需费用全部进入单车成本核算，并规定了明确的考核办法和奖罚制度，把安全行驶，服务态度，劳动工时，行车公里等全部记入考核内容，使运输科的全体职工责任心加强了，服务态度转变了，服务质量提高了，扩大服务范围，增加创收能力，1989年纯收入比上年增收了5万元，而学校的交通费开支比上年节约2万元。

二、加强预算外资金管理，充分发挥预算外资金的效益

办好高等学校，为四化建设培养合格人才，需要大量投入。目前在我国经济比较落后的状况下，光靠财政拨款是不够的，这就需要高等学校大力挖掘现有潜力，在确保完成国家的招生计划和教学、科研、生活、行政、后勤等项工作任务的

前提下，充分利用现有条件，发挥各自优势，面向社会服务，开辟财源，拓宽资金来源渠道，扩大预算外收入，用于弥补教育经费不足和改善师生员工的生活条件。

1.首先要明确预算外资金的概念。高等学校的预算外资金是由国家财政、财务制度规定，不纳入国家预算的由高校自收自支的财政资金。预算外资金的范围，一般包括：高等学校自办的不发学历证书的短训班，进修班、代培生所收费用的纯收入（扣除实验材料、仪器消耗、水电、旅差、资料、兼课酬金等学校一切开支后）；科研成果转让利润分成，出售科研产品，提供技术服务，对外销售产成品，接受外单位委托实验、设计、复制、翻译等收入（扣除原材料、水电、差旅、资料等有关费用后所得净收入）；高等学校办工厂、农场、招待所、电影队等单位的净收入，等等。

2.加强预算外资金的管理。按照国家规定，严格划清预算内与预算外资金的界限，对预算内、预算外资金要分别管理。凡预算内收入，一律不得转到预算外；凡预算外的开支，一律不得挤入预算内；凡应增减经费支出的或自动增加经费拨款的，一律不得转到预算外，严禁化大公为小公，要严格遵守国家规定的收支范围和项目，切实保证规定用途的需要。预算外资金未经批准，不得用于基本建设投资，不得用于增加人员机构和提高工资福利开支标准，不得以任何名义抽调挪用。预算外资金要严格贯彻先收后支，量入为出，以收抵支，无收不支，自求平衡，留有余地的原则，学校只能在当地银行开设一个“其它存款”的账户，办理预算外资金的存款，所有预算外资金收入，都必须交单位财务部门统一管理使用，不得层层截留。

3.严格预算外资金的分配办法。

高校预算外创收主要依靠系、处、厂（工厂）、所等基层单位，利用学校现有物质条件开展对社会服务，所以在具体分配比例上一定要兼顾国家、集体、个人三方面利益，一般来讲，应坚持国家得大头，集体得中头，个人得小头的分配原则。

教学、科研部分：主要用于改善教学、科研物质条件，包括购置教学、科研仪器设备和材料等项开支。

发展生产部分：主要用于充实、更新工厂、农场的生产设备，新产品试制，技术改造措施，增补生产所需流动资金，新建、扩建生产用房等。

集体奖励部分：主要用于教职工的集体福利事业和文化生活设施。

奖励部分：主要用于在完成各项任务中劳动好、工作好、贡献大的先进集体和个人。

根据上述分配原则，用于教学、科研和发展部分不低于60%；用于集体生活福利和个人奖励部分不高于40%。

在预算外资金管理改革的过程中，为了防止预算外资金分散，管理混乱和违犯财经纪律等现象发生，本着以上各项原则，逐步理顺了收支渠道。

(1)预算外资金坚持由院财务部门统一管理，这是理顺预算外资金管理渠道的一项重要措施，既有利于学校集中资金，统筹安排和财务监督，又防止了各级对预算外资金的截留挪用。对外服务、加工等项目，凡应向国家纳税的，一律由财务部门统一缴纳。

(2)严格财务制度，实行统一核算。

学校财务在管理预算外资金上，同管理预算内资金同样认真，做到月清日结，账账相符，严格执行预算外资金管理办法，预算外资金的收费，必须遵循国家的有关规定和标准，坚持由院财务处统一核算，统一收取，统一管理，有效地防止了基层单位擅自扩大收费范围，提高收费标准。

(3)坚持先收后支，量入为出。

院财务部门对创收单位制定了定期检查制度，克服了过去那种“寅吃卯粮”和私设“小金库”现象，有效地防止了基层单位存在的“账外账”、“库外库”现象。基本做到了收入正当，支出合理，年年结余，凡上交学院的部分必须足额上缴，贯彻了超收有奖，完不成任务受罚的规定。

由于坚决贯彻了治理整顿，深化改革和国家财政财务制度，使预算外资金收入近几年一直保持占全院教育经费总额的10%以上，使学校固定资产不断增值，服务项目不断扩大，为教学、科研和师生生活提供了方便。

太原机械学院的事实令人信服地表明，改善和发展教育事业，必须重视学校的财务管理工作，只要认真加强财务管理，就不仅能够逐步理顺学校各方面的工作，提高后勤服务的水平，而且能够缓解教育经费不足的矛盾。

浅谈国内邮政快件的经营与管理

山西省邮电管理局　李素琴

国内邮政快件是近年来新开办的一项邮件寄递业务，如何搞好经营与管理，求得迅速发展，是深化邮政改革，发展邮政事业的一个重要课题，本文想从当前我国邮政通信的实际出发，从理论和实践相结合的角度对邮政快件的发展做一些研讨，希望得到同行们的指正。

一、开办邮政快件业务是社会主义市场经济发展的需要

邮政的特点，是通过传递实物信息为社会提供通信服务，直接间接地参与商品的生产、流通、分配、消费，对促进商品经济发展有着不可低估的作用。随着改

革开放的深化和国民经济的不断发展，社会对邮政的需求将大幅度增长，对通信速度的要求也不断提高。尤其是越来越多引入竞争机制后，信息的传递速度已成为商品生产与竞争的重要因素。但是由于邮政所经营的邮件业务都是根据五六十年代的经济发展和社会需要确定的，其类别、资费和传递速度是依据内件的性质来划分的，在传递速度上基本是“快慢不分”，“时限均等”，不能适应当前社会这种要求，因此，必须按照商品经济规律，本着以质定价和优质优价的原则，以传递速度划分邮件种类，拉开邮件时限的档次，解决通信速度中的供求矛盾。

国内邮政快件就是邮政为适应这种需要而开办的。它的特点是不分物品的性质，只要符合邮件寄递范围的物品均可作邮件寄递。实行统一资费，手续统一，其速度的加快是利用邮政现有通信能力、合理制订时限、频次、科学组织生产，选择快速有效的运递工具，各环节紧密衔接，保证完成全程时限。

邮政快件业务将邮件按性质划类改为按时限划类，使用户在传递速度上可以自由选择，大大方便了社会用邮。开办以来的实践证明，它是符合商品经济发展规律和深受社会欢迎的。业务量是社会需求的反应，快件一开办就有业务量，而且成倍增长，说明了它的社会需求程度，目前邮政快件的社会知名度还在不断提高，用户也越来越多，可以说邮政快件地一项很有发展前途的新业务，它将在商品经济的发展中充分发挥作用。

二、邮政快件的社会经济效益较好，要注重经营发展

社会经济效益是指整个国民经济的经济效益。从社会的使用角度来讲，就是生产者生产某种产品获得的间接经济效益和消费者使用该产品获得的间接经济效益之和。由于邮政为社会提供的是通信服务，也即通信效能，而不是实物产品，所以其社会效益只能以社会的使用价值——效用去衡量。

邮政企业过去在传统观念束缚下，只讲生产不讲经营。党的十一届三中全会以来，通过经济体制的改革，我国的经济的经营形式发生了重大变化。商品经济的发展冲击着计划经济体制下的一切旧观念，改革着旧的经济管理体制。企业由生产型转变为生产经营型。企业转轨的根本是要树立市场经济的经营思想，讲求经济效益。邮政企业改变经营思想，主要是破除旧的经营观念，树立新的经营观念，研究市场需求，根据自身条件，积极经营，发展那些社会效益和企业效益都好的业务，在为社会提供优质服务中使自身也得到好处。国内邮政快件就是这样一种新业务。它的社会效益主要表现在“快”字上，“快”是缩短空间和节约时间的综合表现，只要为消费者节约了时间，就基本上实现了社会效益。节约的时间越多，使用价值就越大，社会效益就越好。

邮政快件是在利用现有通信网络、设备的基础上开办的。从收寄到投递，不

增设邮路、网点，只在转口局的封发部门设专台处理，其它环节均不增加人、设备或运输工具。可以说全网和企业在快件开办和发展中投入并不多，但邮政企业在“少投入”的原则下，做到了“多产出”，使社会效益、企业效益基本得到了统一。

综上所述，我认为，邮政快件业务是社会效益和企业效益都比较好的一项业务，应该不失时机地把它当做邮政的主要业务去经营发展。

发展邮政快件，一要有商品经济观点，注意研究市场，随时调整目标，紧紧围绕为商品经济服务这个总目标，以用户的需要为企业经营的出发点，采取走出去、请进来主动提供服务的方式，以最佳的服务树立快件的信誉、开拓快件的服务市场，扩大快件的服务对象；二是要树立效益观念，首先着眼于提高社会综合效益，同时努力提高企业自身的经济效益，增强自身能力的发展；三是在发展新业务中，对内要注意适当制定一些优惠政策，实行责、权、利挂钩，使企业、经营者个人在自己的职权范围内更好发挥主观能动性，搞好经营管理。

三、加强时限管理是经营好邮政快件的关键

邮政快件在经营中首先应该抓好管理，这是快件能否正常发展的关键。特别是快件的时限管理，是快件管理的核心，也是快件的生命。快件能不能保证在规定时限内送达，这既关系到消费者的利益，又关系到企业的声誉。因此在邮政快件的发展中，必须十分重视时限管理，才能使快件名副其实。

办理快件业务，要进一步抓好制度的健全、落实。快件全程时限的对外公布，是快件业务的质量介绍，也是社会监督快件质量的标准和依据，必须严格核定。全网的时限规定也应进一步完善，应从抓快件的作业组织管理入手，落实全程时限管理。只有快件的时限落实，才能大大发展快件。

此外还要抓好邮政快件的价格标准管理。邮件的规格标准是邮件是否迅速，准确传递的重要条件，必须从生产的第一道工序抓起，减少发生差错、延误的隐患。目前有些收寄人员工作中不负责任，以致出现了无着邮件。另有一些人在处理中不按规定办事，随意改变处理手续，结果给下道工序的处理带来困难，甚至造成延误。这不仅损害了用户利益，而且有损快件的声誉。因此在加强快件时限管理的同时要抓好规格标准的管理，一是要教育职工树立全网观点和用户观点，把自己的工作与下道工序、与用户利益、与企业的经济效益联系起来，既对用户负责，又对企业负责；二是要运用现代管理手段进行控制，尽量把隐患消灭在生产过程之前；三是要有好的保证措施，即监督检查的制度，人员、责任等必须落实，并进行考核。邮电部要把邮件全程时限、处理规格纳入全网质量考核指标进行考核，是一条很好的措施，这对加快邮件传递时限和提高快件的处理规格起到了极大的促进作用。

四、发展邮政快件应尽快理顺邮件种类

国内邮政快件的开办使国内邮件业务种类发生了变化。这项业务开办后，涉及其它邮件业务之间的连锁关系，甚至关系到其它业务的生存兴衰，如不解决可能互相制约。为此我认为必须加快改革邮件业务种类的步伐，理顺关系，疏通渠道，才有利于各类业务的发展。

根据近几年国内新开办的邮件业务，按时限划分邮件种类的趋势已经形成，建议将现行邮件种类全部改为按时限划分，理顺邮件种类。我认为可分为三大类：特快邮件（现行特快专递）、快件（现行国内邮政快件）、普通邮件（分轻件—信函类；重件—包、刷类）。其基本资费的制定要以传递速度为主要依据，可按三类六种（信函、包、刷）分别制定。另在特快、快件中加回执、保价等附加业务，加收附加费，然后根据各类邮件处理手续的不同收取手续费。

邮件分类的主要依据是时限，所以在传递时限、处理时限、频次、发运次序、工具选择等方面都要有明确规定，分类核定全程时限，对外公布执行。特快和快件的全程时限可规定全国范围内的最大限度，根据最大限度地确定开办范围。

改革邮件种类的工作虽较复杂，但宜快不宜慢，因为目前新旧邮件业务种类过多过繁，已不便组织生产，而且相互之间已出现竞争，容易在生产过程中发生“挤车”现象，要想使新业务茁壮成长，必须坚持配套改革，理顺各种业务关系，形成合理的业务结构，只有这样，才会促进我国邮政事业的较快发展。

小高炉供水自动控制

沁水县中村铁厂　郑民伟

编者按：沁水县中村铁厂，是个只有150人，有4立方米和6立方米小高炉各一座的小铁厂。近年来铁厂大搞革新，工人和技术人员相结合，终于把“小高炉供水和高炉卷扬机上料”改成自动控制，不但节约了劳力，而且保证了高炉供水的连接性和可靠性。中村铁厂，厂小志大，因陋就简，他们这种自力更生、奋发图强的革命精神是很值得学习的。

一、概况

高炉炼铁是一个连续的、不可间断的高温物理化学过程。为了保护进风口，铁口、碴口及炉壁等不被高温所损坏，必须连续不断地喷射冷却水，才能保证炼铁生产的正常进行。以前，我厂炼铁高炉的供水，是依靠水泵，将回水池中的水，抽往30米高处的上水池中，利用水位差，使高炉设备得到冷却。这样，每昼夜有三个司泵工人，监护上水池水位高低，控制水泵工作。但是，由于上、下水池距离较远,司泵工每班需多次上上下下,观察水位,既费力,又经常发生上水池溢水或缺水现象,造成高炉事故。半年前,我们根据液体浮力原理,自行制造了“浮子式继电器”,达到了高炉供水的自动控制,不但节约了原有的三个劳动力,而且保证了高炉供水的连续性和可靠性。

二、基本原理

浮子式继电器是利用液体浮力原理制造的。它的主要构件包括浮力,浮动支架,浮动轴,微动开关等。浮子是用金属薄板焊成的密闭容器,中间有轴孔,可沿浮动轴上下飘浮。在浮动轴的上端和下端,分别固定一只双接点 LXWZ—11 型微动开关,它们的相对位置,决定了水位的高低,其原理接线见下图:

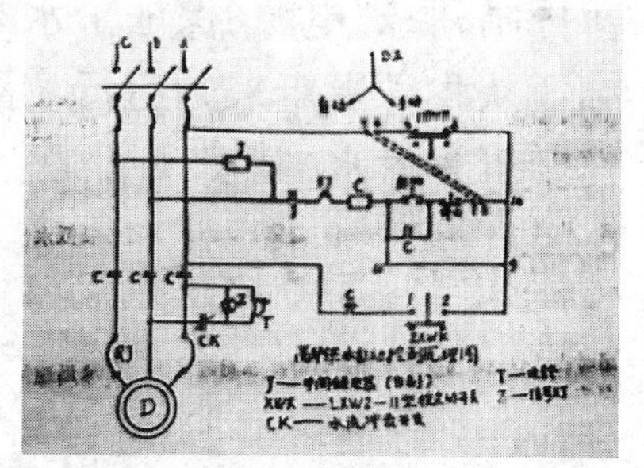

浮子继电器装设在上水池的内壁边沿上,它的工作过程简述如下,将手柄DZ 板向自动位置,使触点 5 和 6 及 7 和 8 接通。合上电源开关,中间继电器厂线圈通电吸合,接通其常开触点 J,为接触器 C 的工作做好准备。如果是第一次向上水池供水,可按下启动按钮,电流经由 B 相,中间继电器常开触点 J,热继电器RJ,接触器线圈 C、启动及停止按钮触点、IXWK 微动开关触点 3 和 4,回到 A 相。由于线圈 C 通电,水泵启动,由接触器常开触点 C 达到自保,水泵继续动转,上水池开治供水,在水流冲击作用下,冲击开关 CK(自制)断开信号电路。由于水泵的工作,上水池水位不断增高,浮子也随着水位不断上升,当接近漏水位置时,浮力压迫 IXWK 微动开关的推杆,当达到一定压力时,IXWK 微动开关迅速跳动,断开触点 3 和 4,水泵停止运转。但由于高炉不断用水,上水池水位也不断下降,浮力也跟着下降,松开 IXWK 微动开关的推杆,使其复位,触点 3 和 4 又接通。当水量下降到接近最低水位时,浮子压迫 2XWK 微动开关的推杆,达到一定压力后,2XWK 迅速跳动,闭合触点 1 和 2,此时,电流由 B 相经由触点 J→RJ→C→11→9→2XWK 的 1 和 2→C(常闭)回到 A 相,由于线圈 C 通电,水泵又自动启动,给上水池供水。水泵启动后,常闭触头 C 断开,电流由 B 相,经由触点 J→RJ 线圈 C 接点 11→9→10→1XWK 的接点 3 和 4,回到 A 相,保持水泵继续运转,使上水池水位增高。随着水位的不断提高,浮子也不断上升,松开 2XWK 微动开关推杆,使其断开接点 1 和 2,恢复原位。当水量达到最高位置时,浮子压迫IXWK 微型开关的推杆,使其迅速跳动,断开触点 3 和 4,水泵停止运转。高炉不断用水,水位又随着下降,浮子又压迫 2XWK 微动开关使其动作,向上水池供水。这样不断的循环,达到给水泵自动控制。

三、基本特点

1.当水泵发生机械故障或漏气等不上水现象时，水泵运转后，便没有冲击水流，则开关 CK 不能断开，此时，信号系统便通电，信号灯乙和电铃 T 便闪亮响铃，值班电工便可及时处理，避免事故扩大。

2.由于使用了 LXW2—11 型双节点微动开关，它的储能弹簧，能够在受到压力时，储备能量，达到一定程度，迅速跳动，避免了在最高水位和最低水位时产生振荡，使水泵消除了频繁启动的现象。

3.为了防止电动机因停电或一相熔丝爆断，产生单相动转，烧坏电动机等事故，我们利用废旧铁芯，自制了中间继电器，其常开触点串入接触器控制回路。这样，当任意一相电源丝爆断或触点烧坏而发生单相运转时，都能可靠地使水泵迅速掉闸，脱离电源，保证了水泵安全运转。

从我厂半年来的运行实践看，该装置始终运行正常，既保证了炼铁小高炉的连续可靠供水，又实现了“无人水泵”。

（摘自《山西冶金》1974 年 12 月总第二期）

对海绵铁电炉炼钢问题的初步探讨

沁水县海绵铁炼钢厂　郑民伟

沁水县中村海绵铁炼钢试验厂广大工人和工程技术人员，在山西省科委、省计委、省冶金设计院和省海绵铁办公室的领导及支持下，发扬自力更生艰苦奋斗精神，从 1977 年以来，先后多次使用白煤做燃料，在底卸焦炉式还原炉上试制海绵铁，取得了一定成果。1978 年 12 月，由省科委、省计委及省海绵铁办公室等组织全省有关厂矿、设计科研及院校等单位人员参加的技术鉴定会议认为，以白煤为燃料在底卸焦炉式还原炉上，使用天然富铁矿做原料生产海绵铁，工艺合理可行，经济技术指标先进。此项成果，获 1978 年山西省四等科研成果奖。1982 年 5 月至 7 月底，我们以海绵铁为原料，在电炉上进行了 65 个炉次的炼钢对比试验，钢种以 QG—45 为主，共生产钢水 120 吨，烧铸各种铸钢件 80 余吨，产品行销四个机械厂，对于铸件质量用户反映基本良好。

一、主要设备和工艺方法

1. 我厂炼钢车间的主要设备有公称容量为 1.5 吨的三相碱性炼钢电弧炉一台，结构为炉顶旋转式顶装料和全冷炉盆。炉用变压器系 KSJK-1200/10 型，额定容量为 1000 千伏安。电极升降的驱动方式为 2KL-1.5 可控硅滑差离合器自动调节。浇注设备为三吨钢水包和10吨桥式双梁吊车(单钩)。电炉装料设备为五吨单梁电动葫芦。

2.使用海绵铁代替废钢做原料进行电炉炼钢的生产试验,对我们来说是一项较为陌生的工作,没有现成经验可以借鉴。为了取得较好的经济技术指标,我们对海绵铁在炉料中的不同配入量,装料方法,配料的化学成分及造渣和供电制度等方面,分别不同情况进行了对比试验。由于条件限制,炼钢生产是断续进行的,基本上是每昼夜只炼一炉钢,每炉钢水量为1.8至2.4吨不等。主要视造型情况决定,除少数炉次外,装料和冶炼都完全是在冷炉状况下开始的,所以,熔化时间比正常冶炼较长,单位钢水耗电量也较高(详见附表4)

二、海绵铁的物理及化学成分

我厂电炉炼钢所使用的海绵铁,是由我厂海绵铁车间利用当地白煤燃料和还原剂,主要依靠外部加热,在底卸式焦炉还原上生产的。所用铁矿石是由我厂自己开采的低磷天然富矿。粒度为15至30毫米(少数为5至15毫米),在950至1100℃的高温下还原出来的。海绵铁的冷却方法多数是在出炉后用干燥泥土覆盖自然冷却24小时,然后用磁选机将海绵铁和过剩还原剂与泥土分离,这样得到的海绵铁表面覆盖了薄薄一层氧化铁皮。另外少数海绵铁是在外皮喷射冷却水的不断转动的密封滚桶中快速冷却的。

这次炼钢是在试验中使用的海绵铁。还原程度有以下几种情况:

1.金属化率在90%以上的海绵铁,占总数的17.8%;

2.金属化率在85%至90%之间的海绵铁,占总数的69%;

3.金属化率在80%~85%之间的海绵铁,约占总数的12%。

海绵铁的平均金属化率和粒度组成见表1,平均化学成分见表2。

海绵铁的平均金属化率和粒度组成　表1

名称	TFe%	MFe%	M%	粒度组成%		备注
				5-1mm	15-30mm	
含量	82.13	57.01	81.6	20-30	70-80	159炉平均

注:表中TFe—全铁含量:MFe金属铁含量;M%—金属化率=金属铁含量/全铁含量,即表示铁矿石被还原到金属铁的程度,它是衡量海绵铁质量的一个重要指标。

海绵铁化学成分　表2

名称	MFe%	C%	Si%	MN%	S%	P%	FeO%	备注
含量	67.01	0.399	0.883	0.783	0.044	0.017	19.40	1590炉平均值

除表 2 所列成分外，经光普分析，我厂所产海绵铁，含有少量的铝、镍、铜、锌等元素。

由表 2 可知，我厂所产海绵铁最显著特点是碳、磷含量极低，碳含量最高不超过 0.4%，只及国内外海绵铁含碳量的 1/5 至 1/3。磷含量也不超过0.018%，更是突出优点。以这样的海绵铁代替废钢做电炉炼钢炉料是比较理想的。另外，为了保证钢水在氧化期的足够脱碳量，配料时需加入占海绵铁总量大约 30%的生铁。我厂配料中使用的白口铁系沁水中村铁厂生产，其化学成分如表3 所列：

海绵铁化学成分　表 2

名称	C%	S%	P%	Mn%	Si%	备注
含量	3.05	0.15	0.18	0.50	0.845	另外铁

四、几个问题的分析

（一）海绵铁配比对熔化时间和耗电量的影响

海绵铁在配料中的不同数量，对于炉料的熔化时间有明显的影响，而熔化时间的长短，在很大程度上决定了电炉的生产率和耗电量。找出最佳的海绵铁配入量，是我们试验的主要目的之一，在炼钢试验过程中，炉料中海绵铁的配入量分别为 100%、30—40%、14—21%和完全使用废钢冶炼等四种情况。根据统计数字情况如下：

1. 当炉全部使用废钢时，熔化时间平均为 55.81 分钟 / 吨钢，全炉钢水耗电量为 1335.7 度 / 吨。

2. 当炉料中配入海绵铁为 14—21%时，炉料熔化速度明显加快，熔化时间明显缩短 41.9 分钟 / 吨钢，全炉钢水耗电量降低到 1136.4 度 / 吨。与完全使用废钢法冶炼相比，熔化时间缩短了 26.5%，即每炉钢熔化时间减少了约 30 分钟，耗电量降低了 14.9%，每吨钢水耗电量降低约近 200 度。

3. 当炉料中配入海绵铁量为 32—40%时，熔化时间大约比全废钢法冶炼缩短 7.9%，但耗电量只下降了约 1.5%，即每吨钢电耗减少 20 度，分析其原因是：虽然海绵铁的配入量增加更促进电弧平稳的燃烧而加快熔化速度，但海绵铁中所含较多的酸性脉石，炉渣量显著增多使耗电量相应增多的缘故。

4. 当全部使用海绵铁做炉料冶炼时，由于熔化过程中海绵铁严重结块并使炉料贴在炉墙上及炉渣的大量增加，致使熔化时间大大增长，耗电量明显增加，详见附表 4 所列数据。

不同海绵铁配比的熔化时间和耗电量 表 4

统计炉数	海绵铁配比%	废钢配比%	熔化时间分 / 吨	耗电量度 / 吨	备注
10	0	100	55.81	1335.7	平均值
8	100	0	60.58	1660	平均值
7	35.1	64.9	51.4	1315	平均值
16	15.9	84.1	41.9	1136.4	平均值

应当指出:海绵铁中含硅量在 0.8—1.1%之间波动,远远超过正常废钢中的含硅量。95%以上的硅在熔化期即被氧化,放出数量可观的化学热,有利于炉料的快速熔化和耗电量的降低,不过硅量的增加,又使熔化期炉渣增多碱度降低,不利于冶炼过程的快速进行。

(二)熔化期钢水中碳量的大量烧损问题的分析

海绵铁炼钢最明显的特点是熔化期炉料中碳量大量烧损。开始送电二十分钟后,电极下形成金属熔池,从炉顶电极孔和炉门便开始有大量火苗开始燃烧。随着炉料的逐步熔化,钢液不断沸腾,火苗愈燃愈旺,且经常由炉门缝喷射出来。当炉内发生海绵铁塌料时,不但火苗燃烧加强,而且伴随有黏稠的泡沫炉渣由炉门流出,这一过程可一直进行到炉料熔化终了。由化验数据表明,虽然在装料及熔化过程中未曾向炉内加入矿石,也没有吹氧助熔,但熔化期碳的烧损量远远超过正常数值 –0.1%左右,而常常达到 0.7%以上。现以七月十七日第 56 炉钢为例:

1.炉料组成　　海绵铁…………2000 公斤

　　　　　　　生铁…………660 公斤

2.炉料中含碳量　2000 × 0.399%=7.98 公斤

　　　　　　　660 × 3.05%=20.13 公斤

合计……………………28.11 公斤

根据现场实际测量,海绵铁的金属收得率为 75%左右。金属炉料在熔化期的烧损量约 1.5%(主要是在电极附近的挥发损失)当炉料全部熔化后的钢水量为:

2000 × 75% × 98.5%+660 × 98.5%=2127.5≈2130 公斤

假设在熔化期钢水中根本没有发生碳量烧损,则在炉料全熔后钢水中碳的相对含量为:

28.11 ÷ 2130 × 100%=1.3197≈1.32%

炉料全熔后实际取样化验结果,钢水中碳的相对含量为 0.55%,因此,在熔化期炉料中碳的烧损为:

1.32%–0.55%=0.77%

分析其原因,系由于海绵铁中含有大量的FeO(20%左右),在电极附近的金属熔池中,不但可使钢液中的硅、锰、磷等元素氧化,也同样可使钢液大量脱碳。

(三)海绵铁的金属收得率

金属收得率是海绵铁的重要质量指标之一。它是指单位重量的海绵铁熔化成液体后,实际可得到的金属液体重量百分比。只有正确的估算海绵铁的金属收得率,才能知道钢水的准确数量。否则,在炼钢过程中由于难于正确估算各种材料的加入量,往往容易造成化学成分出格和浇注钢锭短尺或剩余钢水过多等不应有的损失。然而影响金属收得率的因素很多,例如:生产海绵铁所用铁矿石的品位高低,海绵铁的还原度及炼钢原料中碳、硅、锰含量等许多方面。随着铁矿石品位和还原程度的增高,则海绵铁的收得率也相应提高,配料中的硅、锰含量增高,亦有利于海绵铁中铁的氧化物的还原而提高海绵铁的金属收得率。同样,炉料中碳的含量的增高,则在钢液中与之相平衡的氧含量相对降低,也有利于提高海绵铁的金属收得率,限于条件限制,我们在这方面做的工作还不多。

根据现场反复测量,使用我厂所生产的海绵铁做炼钢炉料时,当配入1%以上的碳量,金属收得率可达到75%左右。通过理论计算和测定数据基本一致,现仍从七月十七日第56炉次钢为例计算海绵铁的金属收得率:

1.已知炉料中的海绵铁炉量为2000公斤,根据表1所列数据计算出其金属铁为:

2000×67.01%=1340.2公斤

在熔化过程中,金属铁在电极附近高温区挥发损失约为1.5%,则实际可得到金属液体的重量为:

1340.2-(1340.2×1.5%)=1320.1公斤

2、由前述知道碳在熔化期烧损量为0.77%,则在熔化期被氧化的碳量为:

2130×0.77%=16.41公斤

其反应式为(FeO)+[C]→[Fe]+CO↑

已知铁的原子量为56,碳的原子量为12,假设X为氧化,16.41公斤碳可还原金属铁的重量:

56×16.41/12=76.58公斤

3.硅在熔化期绝大部分被氧化,炉料全熔后,分析钢中的硅含量一般只有0.03~0.05%,现以0.05%为计算依据,配料中硅含量如下:

海绵铁带入　　2000×0.883%=17.66公斤

生铁带入　　660×0.845%=5.58公斤

合计……………………23.24公斤

熔化期硅的烧损量为:

23.24-(2130×0.05%)=22.18 公斤

2(FeO)+[Si]=(SiO_2)+2[Fe]

144　28　60　112

和碳的氧化一样,为使硅氧化成二氧化硅转入炉渣,便伴随有铁的还原而转入钢液,现设氧化 22.18 公斤的硅由 FeO 中还原出金属铁的数量为 X 公斤

X=112×22.18/28=88.72(公斤)

4.锰的氧化:锰在熔化期被氧化的数量随炉料中的锰含量的不同而不同。当炉料中锰≥1%时,锰的氧化数量约为 30-50%。当炉料中含锰<1%时,锰的氧化数量为 50—60%,据我厂多次化学分析结果显示,锰的烧损量为 50%左右。

配料中带入锰量如下:

海绵铁带入　2000×0.783%=15.66(公斤)

生铁带入　660×0.50%=3.3(公斤)

合计……………………18.96(公斤)

熔化期锰的烧损为:

18.96-(18.96×50%)=9.48 公斤

[FeO]+[Mn]=(MnO)+(Fe)

72　55　71　56

为使 9.48 公斤的锰氧化,伴随着铁的还原而进入钢液,设其量为 X

X=56×9.48/55=9.56 公斤

其它元素的烧损,对于海绵铁的金属收得率影响甚微,现略去不计。

概括上述,海绵铁熔化之后,得到金属铁的数量如下:

1.海绵铁中的金属铁 1320.1 公斤

2.碳的氧化还原的金属铁 76.58 公斤

3.硅的氧化还原的金属铁 88.72 公斤

4.锰的氧化还原的金属铁 9.65 公斤

合计……………………1495.05 公斤

则海绵铁金属收得率为:

1495.05÷2000×100%=74.75%≈75%

海绵铁的金属收得率　表 5

组成名称	金属铁(公斤)	FeO 公斤
海绵铁 2000 公斤　含	+1340.2	+388
高温区挥发损失 1.5%	-20.0	
碳的氧化 16.41 公斤	+76.58	-98.46
硅的氧化 22.18 公斤	+88.72	-114.07
锰的氧化 9.48 公斤	+9.65	-12.41
总　计	+1495.05	+163.06

另外,在配料中,海绵铁中共含 FeO 的重量为:

2000×19.4%=388 公斤

各元素氧化所消耗的 FeO 如下:

C　　72×16.41/12=98.46 公斤

Si　　144×22.18/28=114.07 公斤

Mn　　72×9.48/55=12.41 公斤

合计………………224.94 公斤

上列计算式中,72 是 FeO 分子量,12 是碳的原子量;144 是 2FeO 的分子量。

海绵铁中的 FeO 含量是熔化期钢水中氧化的主要和基本的来源，除了碳、硅、锰、磷等元素氧化要消耗相当数量的 FeO 外,炉内残存的 FeO 量约为:

388-224.94=163.06 公斤

这些 FeO 在炉料全熔之后,根据分配定律,熔解在炉渣和钢液中。

(四)熔化期的炉渣

与使用废钢为主要原料炼钢相比较，海绵铁电炉炼钢的熔化期的炉渣有两个特点:一是数量多,往往超过正常渣量的两倍多;二是炉渣碱度低,甚至降低到 1 以下。在生产中观察到,由炉门流出的初期渣表面乌黑发亮,能拉长丝,断口呈玻璃状,渣线浸触较严重。炉渣中 MgO 含量较高,达 12—15%。分析原因,可能与下列因素有关:

1.由于海绵铁的还原温度在 950-1050℃之间,最高也不允许超过1100℃,即铁矿完全是在固体的状态下被还原成海绵铁的。因此,铁矿石中的脉石(主要是 SiO_2 和少量的 Ai_2O_3 和 CaO 等)依然还存在于海绵铁中,只有在炼钢过程中炉料全熔以后,脉石才和金属分离而转入炉渣中,使炉渣数量增加。现仍以七月十七日第 56 炉次为例:

海绵铁带入的脉石量为:2000×6.3%=126 公斤

炉料熔化后,脉石占钢水重量百分比为:

$126 \div 2130 \times 100\% = 5.91\%$

由于脉石中主要成分为 SiO_2,约占总量的 60%,碱性杂质 CaO 约占 20%。因此,这种由脉石熔化而形成的炉渣,对碱性炉衬和有效脱磷,必须即时流渣和扒渣,而后加入石灰重新造渣,要保持炉渣碱度为 2.0–2.5。

2.使用废钢做原料炼钢时,炉料中的硅含量为 0.3–0.4%,而以海绵铁为炉料炼钢时,炉料中的硅含量在 0.8–1.1%之间波动。炉料熔化完毕钢水中残存的硅量为 0.02–0.05%。硅的氧化对炉渣量的影响如下:

$2(FeO)+[Si]=(SiO_2)+[Fe]$

28　　60

$60 \div 28 = 2.142$

由上式知,占料重 0.1%的硅被氧化后,将生成料重 0.2142%的 SiO_2 转入炉渣。为了使炉渣碱度达到 2.5,则石灰加入量如下式所示(假如石灰中 CaO 含量为 90%)

石灰加入量 $=2.5 \times 0.2142\%/90\% = 0.60\%$

用海绵铁炼钢时,熔化期约有平均占料重约 0.85%的硅被化,设其形成的炉渣量为 X

0.1 : 0.6=0.85 : X

$X=0.6 \times 0.85/0.1 \times 100\% = 5.1\%$

从上两项,系熔化期炉渣的主要来源,就其所形成的炉渣总量而言,超过了正常渣量的两倍以上(碱性电炉炼钢的熔化期,炉渣量约为钢水量的 2–4%)。

综前所述,海绵铁炼钢中熔化期渣量的多少,主要与海绵铁的脉石含量和硅含量有关,在炼钢生产实践中,当海绵铁在炉中配入量在 30%以下时,炉料熔化 60%左右,部分炉渣由炉门流出,然后补加石灰,即可保证正常的炉渣碱度和渣量。但是当炉料中的海绵铁配量超过了 40%时,在熔化期要不断流渣,炉料全熔后,必须扒出全部炉渣再造新渣,才能保证冶炼过程的正常进行,这样做的结果,都在不同程度上增加了耗电量。

(五)熔化期海绵铁的结块和炉墙粘料

在炉料熔化过程中,海绵铁炉料大量粘结成块,并粘贴在炉墙上造成熔化困难,大大延长了熔化时间。尤其是海绵铁配入量超过 40%以上时,结块粘料现象更为严重。分析其原因,主要可概括为是海绵铁导热能力较差造成的。

在熔化初期刚送电时,位于高温区的海绵铁首先熔化。由于海绵铁的粒度很小(5–30mm)料层严密,已熔化的金属液体和炉渣,很难透过海绵铁料层流入炉底,只能沿着海绵铁堆的表面流至炉墙的四周的低温区重新凝固,在流动及凝固过程中成块,具体原因分析如下:

1.由于海绵铁是固体状况下还原出来的,铁矿石中的脉石等杂质和金属铁以及未被充分还原的部份 FeO(占海绵铁总量 15-20%)混杂在一起,其导热性能远不及废钢等较纯洁的金属炉料。

2.由于海绵铁的粒度细,表面积甚大,在其出炉冷却及堆放过程中,不可避免地要产生轻微的氧化,其表面形成一层氧化铁皮层,堆放时间延长,氧化铁层就越厚。海绵铁当做炼钢炉料装入电炉后，就是通过表面的氧化铁层彼此接触的,氧化铁层的导热能力不如金属铁,就使海绵铁作为炉料时导热能力比废钢差。同时,氧化铁层的高温软化点很低,在 1000℃以下,在熔化初期温度较低时其表面可能软化,使炉料彼此粘结在一起。

3.当海绵铁装入电炉后,堆放在一起的海绵铁之间存在着很多气隙,这些气隙起着一种热阻作用,使海绵铁的导热性能进一步降低。

4.熔化期炉墙升温较慢,与它接触的海绵铁熔化也最晚,在熔化过程中,也是表面氧化铁层和脉石等非金属杂质先熔化。由于海绵铁的比重比废钢轻,已熔化的氧化铁和炉渣就可使它粘结在炉墙上而不会掉入熔池中。只有当熔化期终了熔墙温度较高时,它才能熔化而流入熔池中。

为了防止海绵铁结块粘料,加速炉料熔化,必须改变装料方法,即在电炉开始装入海绵铁炉料时,切勿全部装入炉内并填满炉内空间,应该在三个电极下及其周围高温区堆装部分海绵铁,要防止海绵铁滚落在炉坡四周的低温区。其余的海绵铁可在炉内中心炉料基本熔化后用手工由炉门逐步分批加入炉内(当然,有条件时最好将海绵铁由炉顶连续的加入电炉中心)。这样基本消除了海绵铁炉料结块和炉墙粘料,有效地加快炉料熔化速度,缩短熔化时间,这种装料方法在我厂炼钢生产中已普遍推广。

(六)熔化期的供电问题

海绵铁电炉炼钢的一个突出优点是在熔化期一开始通电冶炼时电弧燃烧很平稳,没有噼啪的刺耳声音。分析其原因主要是海绵铁炉料较严密,成分均匀,本身电阻较大,导热性能又较差的缘故。因此一开始送电便可切除电源塞流圈使用大电流熔化,这样可以减少电能的无功损耗,提高功率因素,使 COSΦ 值保持在 0.92 左右。当炉料熔化 50%以后,由于猛烈地钢水脱碳作用,炉内钢液产生强烈沸腾,也偶尔造成油开关掉闸现象,尤其是熔化过程中发生海绵铁塌料时,钢水会发生猛烈地大沸腾,不但炉渣由炉门流出,甚至容易发生炉门跑钢现象。变电所掉闸多数是在这种情况下发生的。但是,只要装料方法适当,以上掉闸停电及炉门跑钢现象都是可以避免的。

五、结束语

我厂生产的铁矿石，含铁在60%左右，含磷量很低(微量)，是一种优质的天然富矿。用这种矿石生产出的海绵铁，完全可以直接用做电炉炼钢的用料，并能生产出各种优质钢，这已由我们的生产实践所证明。但由于炼钢的炉数还不多(仅65炉次)，积累的数据尚不全面，尤其是有关海绵铁的金属化率和全铁含量的高低对电炉炼钢的具体影响，还有待今后认真研究。文中所述的有关问题还都是初步认识，有必要进一步探索，具体操作工艺也有必要在生产实践中逐步提高。但是，从我国钢铁工业现状看，为适应四个现代化需要，多数中小钢铁企业都有必要采用新工艺，走海绵铁—电炉炼钢—连续浇注这条工艺路线，努力积累有关经验，探讨有关问题。

我厂是采用海绵铁—电炉炼钢工艺方法的专业厂，这在我国不多见。我们决心继续在海绵铁—电炉炼钢的工艺路线上，不断总结经验，不断提高认识，将我厂的海绵铁电炉炼钢生产提高到一个新的水平。

参考文献

1.叶德聂拉尔著《电冶金计算》

2.上海第五钢铁厂编著《电弧炉炼钢》

3.北京钢院电冶金专业编《电炉炼钢工艺原理》

4.北京钢院《非高炉炼铁》

1982年8月3日

金属键和金属性小议

山西省沁水一中 谭民悟

有许多同学对金属键的强弱和金属性的强弱混淆不清，例：有钠、镁、铝三种金属，其金属键由强到弱的顺序如何？其金属性的强弱顺序呢？有的认为金属性强的其金属键也必然强，故得出了钠、镁、铝三种金属，其金属键的强弱与其金属性的强弱顺序均为钠>镁>铝；有的则认为反应中失电子多的，其金属性强，得出了其金属性的强弱顺序为铝>镁>钠。造成此错误的原因是学生对金属键、金属性的概念，强弱比较标准等没有搞清。为了解决这个问题，我在教学中采用了对比的方法来说明金属键的强弱和金属性强弱的关系：

一、概念不同。金属键是指金属晶体内金属离子跟自由电子之间存在着的较强的作用，它是化学键的一种；而金属性(或金属活动性)是指金属原子失电子能力的大小。

二、比较标准不同。由于金属键是金属离子和自由电子之间存在的相互作用,故金属键的强弱与金属原子的价电子数,与金属离子的半径等有关。一般来说,金属原子的价电子数越多,金属晶体中自由电子数目越多,自由电子与金属离子之间的相互作用力越强,其金属键也就越强;金属离子半径越小,对电荷相同的离子来说,离子电荷越密集,与自由电子的作用力就越大,金属键就越强;而金属性的强弱是与金属原子失电子能力的大小有关的,它可根据金属活动性顺序表(严格说应根据金属的标准电极电位)来比较,即排在金属活动性顺序表前边的金属其金属性就越强。对于同周期元素来说,一般随核电荷数的增加,金属性逐渐减弱;对于同主族元素,随电子层数的增加,金属性逐渐增强。

三、对金属性质的影响不同。金属键的强弱往往对金属的物理性质有较大影响。金属键越强,使金属熔化、气化就需消耗较大的能量,表现为物质的熔、沸点越高。即金属性的强弱往往对金属的化学性质有较大影响。金属性越强,金属原子失电子的能力就越强,其金属的还原能力也就越强。

由上述分析不难看出,钠、镁、铝三种金属,其金属键由强到弱的顺序为铝 > 镁 > 钠;金属性由强到弱的顺序为钠 > 镁 > 铝。

(原载 1988 年 9 月 24 日《中学生化学报》)

农村党建重在抓“三强”

中共端氏镇党委书记　马刘勤

加强党的建设是一项伟大的工程,在深化农村改革,全面发展农村经济建设精神文明,带领农民群众奔小康、实现共同富裕和共同进步中如何发挥好党的领导核心作用,我们端氏镇党委在近几年的实践中体会到:农村党建重在抓“三强”。

第一,培养建立强班子,注重提高整体素质。农村基层党支部班子的整体素质高低关系到战斗力的强弱。近几年在基础支部班子建设上,我们注重提高整体素质,采取了以下五条措施:

一是优化结构。对每一个支部班子认真分析其内在结构,包括文化、年龄、性格、经验,特长、社交、体质等尽量做到优化配置,长短互补。

二是委于重任。给每一个班子成员分任务、压担子,特别是委员,把具体任务分给他们,让他们在实践中锻炼,在实践中成长。目前,我镇各村三主干,基本实现一职一备。

三是教育提高。班子建设是一项长期工作,不可能一劳永逸,因此,每一个班子成员必须常学习,常提高。特别是抓思想政治素质的提高一刻也不能忽视。近几年,我们重点抓了解放思想和转换观念。在县委的统一安排下,1995年开展了思想解放大讨论,通过这一活动,扫清了许多思想障碍,奠定了搞好各项工作的思想基础。使每一个班子成员达到政治上可靠。

四是落实待遇。农村干部工作苦,报酬低,在一些比较贫困的村连极低的待遇也很难落实。这对提高干部工作积极性有一定影响。1991年镇党委制定了一个三主干工资实施办法,在执行完善的基础上,今年我们重新修订,实行结构工资制,即:工龄工资(按任正职年限一年一元),职务津贴(支书、主任、会计每人每月按3、2、1元计算),基本工资(每人每年200元),人口工资(分两类,条件好的村,按实有人口人均0.20元计算;条件较差的按实有人口人均0.30计算),效益工资(按本村当年人均纯收入的50%计算)。这样就把干部待遇和工作实绩紧密联系起来,做到了责、权、利统一。

五是合理安置。对于农村离岗、离休干部的妥善安置,是班子建设的一项重要内容。有许多班子存在不稳定、不团结现象,可以说多数是因为离岗、离休干部安置不妥当造成的。我镇在调整干部时力求做到人尽其才,各有所得。凡离岗、离休人员,连续工龄在15年以上,累计工龄在20年以上年满60岁,均享受生活补贴,离岗人员也因人而异,尽量发挥其行长,为其提供用武之地。

在加强支部班子建设的同时,我们也加强了村级各类组织建设,做到了组织、人员、制度、报酬四落实,形成了以支部为核心的群体合力。

第二,培养建立强队伍,注重塑造组织形象。每一个党员的形象如何,都会影响到党组织的形象。正如群众常说的“村里工作强不强,看看党员什么样”。为使党员像个样,支部像个样,我们镇党委做了四方面工作:

一是开门推优。近几年来我镇按照“坚持标准、保证质量、改善结构、慎重发展”的方针,发展新党员,特别是群众推荐出来的战斗在第一线的青年干部和积极分子,补充了党组织的新鲜血液,增强了党的战斗力。

二是民主评议,坚持民主评议党员。把党员置于群众监督之下,是培养造就强队伍的得力措施。我镇每年至少组织两次党员评议活动,组织一次群众评议党支部活动。结合各支部实际,解决存在的热点、难点问题。

三是树旗立标,榜样的力量是无穷的。近几年党委在县委组织的创优争先活动中,重点抓了红旗支部和优秀党员的培养,用自己的典型教育自己、激励自己。双宫丝厂连续多年被评为市、县先进支部,他们就是通过抓支部建设,促经济增长。樊庄村党支部兴一业富一村,走在全县农业产业化前列。端氏村的共产党员李小四,致富不忘群众,为国为民分忧,为集体、群众办好事、办实事百余件,获市标兵党员称号。

四是开展活动。党委组织各类有益活动,为党员提供塑造形象的大舞台。全镇开展党员联户、义务劳动日、“我为党旗增光辉”等多项活动,提倡党委抓大事,支部办实事,党员做好事。提高了党的凝聚力、吸引力和战斗力。

第三,培养造就强班长,注重强化领导本领。人常说:兵强强一个,将强强一窝,有一个好班长,就会带出一支好队伍。我镇对各支部书记的选配,坚持了认真选拔,强化培养的原则。实践证明,农村干部要相对稳定,常换人不是上策,所以我们的办法是下苦功、练内功、长真功,注重强化现任班长领导本领。

具体措施有:一是加强学习。二是扬长补短。三是教给办法。四是严以自律。五是关心爱护。

通过实施筑堡垒工程,开展抓“三强”活动,我镇党建、经济各项工作成绩显著。

围绕经济抓党建,抓好党建促经济,党组织在农村工作中的核心领导作用正在得到很好的发挥,基层党建工作正在进一步增强。

(本文摘自1996年7月4日《沁水报》)

面向群众宣传群众

——学习江泽民“三个代表”重要思想的体会

沁水县委宣传部长　马刘勤

在改革开放的新形势下,中国共产党无论是代表先进社会生产力的发展要求,还是代表先进文化的前进方向,最终都是为了更好地代表最广大人民群众的根本利益。对于我们身处一线的广大宣传干部来说,直接联系着人民群众、直接担负着把党的路线方针政策贯彻落实到基层的重要任务,直接关系着党和政府在人民群众中的形象,任何时候都要增强群众观念,面向群众,宣传群众。

一、“三个代表”充分体现了马克思主义的群众观

生产力是生产中最活跃最革命的因素,是社会进步和发展的最终决定因素。在生产力中,人是最活跃的决定性因素。马克思指出:“生产力是人们的实践能力的结果。”人民群众是社会实践的主体。无论是先进工具的使用和推广,还是人类社会的发展与进步,都是通过人民群众作为直接载体来完成的。他们在推动社会生产力高度发展的同时,也创造了人类历史。承认人民群众在社会历史发展中的决定作用,这是马克思主义唯物史观和唯心史观的一个根本区别。无产阶级政党和过去一切政党的区别在于:过去的一切政党在一定时期也代表先进的社会生

产力,但它忽视人民群众在社会历史发展中的决定性作用,也不代表广大人民群众的根本利益,而只有共产党人始终代表先进社会生产力的发展要求,始终把人民群众作为自己的坚定基础,为人民群众谋利益。

人民群众不仅是社会物质财富的创造者,而且是社会精神财富的创造者。翻开历史不难发现,生产力的发展离不开先进文化的发展,离不开人民群众的崇高思想道德和伟大精神。先进文化是古往今来广大人民群众智慧的凝聚,是人类文明进步的结晶。纵观中华民族的发展历史,可以清楚地看到,历史每前进一步,都离不开人民群众的思想解放和对科学文化事业的追求。特别是近代中国沦为半殖民地半封建社会以后,中国人民对先进文化进行了不懈的追求。从“维新”到“西学”,从“洋务运动”到“新文化运动”,中国人民最终选择了马克思主义。因为马克思主义是吸收了世界文明最优秀成果的先进文化。马克思主义同中国的优秀传统思想文化相结合产生的毛泽东思想,不仅改变了广大人民群众的精神面貌,而且大大推进了中国历史的进程。在中国共产党领导人民进行社会主义建设探索中形成的邓小平理论,是毛泽东思想的继承和发展,是当代中国的马克思主义,它集中体现了先进文化的前进方向。当今科学技术突飞猛进,先进文化同腐朽文化相互交织相互渗透,体现广大人民群众的意愿和要求,如何把握先进文化的前进方向,如何使我们的经济建设不迷失方向,以江泽民同志为核心的党中央第三代领导集体进一步提出了建设有中国特色的社会主义文化。可以说,中国改革开放的进程,就是反映亿万群众的意愿和要求,不断推进有中国特色的社会主义文化的进程。

我们每一个共产党员都要牢固树立马克思主义的群众观念,始终坚持党的一切相信群众、一切依靠群众,从群众中来、到群众中去的群众路线,坚信人民群众是我国改革开放和现代化建设的决定性力量,是推动历史前进的决定性力量。

二、宣传工作要面向群众,为了群众

江总书记指出:“我们想问题、办事情的出发点和落脚点,始终要考虑人民的根本利益。”“在任何时候任何情况下,党的一切工作和方针政策都要以是否符合最广大人民群众的利益为最高衡量标准。这是我们观察和处理问题的一个根本原则。”在改革开放和发展社会主义市场经济的进程中,我国的社会生活方式、社会组织形式、经济成分和经济利益都发生了深刻的变化,人们的思想更加活跃,对精神文化的需求日益增长并且呈现复杂多样化的趋势。但崇尚爱国主义、集体主义、社会主义的思想以及与此相适应的道德观念仍然是人民群众精神世界的主流。同时也看到一些非马克思主义甚至违背马克思主义的思想在用新的形式表现出来,并伺机与我们争夺思想阵地。如邪教组织“法轮功”,以练功为名,行反政府、反社会、反人类之实，蒙蔽了许多善良群众，害得许多家庭家破人亡。这个教训警示我们，如果我们对群众的精神需求漠然视之，不用优秀文化来抵制不良文化的侵袭，不去积极占领人民群众的思想阵地，任其发展下去，我们就会丧失人民群众。

过去对宣传工作存在着"说起来重要、干起来次要、忙起来不要"等忽视或不重视的现象，宣传工作不能改变一贯的旧方法，宣传工作空对空，不能解决群众思想上的困惑，不能为群众排忧解难。人民群众感到不满意，我们也感到没地位。面对新情况新问题，近几年来，我们从人民群众的需要出发，勇于探索，大胆实践，建立了一套行之有效的群众文化生活的机制。农村阵地以农民文化技术学校、黑板报、党员联户、创建文明户文明乡镇、文化科技卫生"三下乡"等为载体，县城以群众或行业文化周、老年大学、图书馆、体育场等为载体，舆论阵地以书报杂志、广播电视、宣传栏等为载体，依托这些阵地，开展健康向上的思想教育活动、文化娱乐活动、体育健身活动等。这种从具体事情抓起，从具体要求做起的宣传工作，通过虚工实做，既产生了积极的效果，又使人民群众感到十分满意。

三、宣传工作的重点和对象都应该是群众

党的宣传工作本质上是宣传教育群众、引导群众、提高群众的工作。宣传教育群众首先要把人民群众推向宣传舞台的主角地位，把宣传教育活动由抽象变为具体，通过一定的活动载体，把教育群众变为群众的自我教育活动。前一阶段开展的"致富思源、富而思进"的教育活动，就是人民群众自我教育，把党的正确主张变为人民群众自觉行动的一个很好的形式。在这场教育活动中，人民群众追根觅源，通过今昔对比，得出致富之源就是邓小平理论，就是改革开放政策，就是党中央的正确领导。群众更加坚定了高举邓小平理论伟大旗帜、贯彻党的基本路线和基本纲领，坚定不移地进行改革开放的自觉性。实践证明，只要我们找准了宣传教育工作的切入点，就一定能激发广大人民群众积极进取、艰苦奋斗、加快发展的热情。

人民群众中蕴藏着丰富而实际的教育资源，人民群众是追求进步、热爱真理的。事实证明，不是群众不需要宣传教育，而是看我们的宣传教育工作和群众的需求是否合拍。我们广大宣传干部直接面对基层、面对群众，面临的矛盾也较多，越是这样，我们越是要走下去，亲近群众，了解群众的疾苦，倾听群众的呼声，把解决思想问题同解决实际问题结合起来，把宣传教育群众同服务群众结合起来。切实完善宣传教育工作的方式和方法，多采取群众喜闻乐见、生动活泼的形式，切忌伤害人民群众感情的形式主义方式，把群众真正视为我们的衣食父母，通过灵活多样的手段，为群众办实事，把广大人民群众凝聚在党的周围，使党的路线

方针政策贯彻到群众中去。

在人类社会新世纪即将到来的时候,我们肩负着建设经济强县的重任。实现这个宏伟目标任重而道远,各种困难和挫折,都使全县共产党员面临着新的考验。我们深入学习和研究,牢牢掌握江总书记“三个代表”科学论断的深刻内容,就是要付诸于建设经济强县的伟大实践。宣传工作不仅要表现在口头上,而且要体现在实际成效上。我们要紧紧围绕建设经济强县这个中心,大力宣传科学,宣传正确的思想,帮助人们解惑释疑,树立正确的世界观、人生观、价值观,以更积极的姿态投入生活,投入工作,而且要努力使广大人民群众享受到经济社会发展的成果,维护人民群众的切身利益。只有这样,我们的宣传工作才能不辜负人民群众的期望和重托,永远获得取之不尽的力量源泉。

(本文摘自《沁水报》2000年8月28日3版)

缩小城乡差距构建和谐社会

沁水县政协主席　马刘勤

自中共十六届四中全会以来,“和谐社会”成了一个热门词语,在各种场合、媒体都具有极高的使用频率。那么,什么是和谐?和谐社会的目标是什么呢?国家发改委宏观经济研究院研究员丁元竹认为,建设和谐社会要从各个方面入手。从社会学角度理解,和谐首先是公平与公正,包括文化公平、经济公平、政治平等和社会公正。中国社会科学院社会学研究所组织研究的《2005年社会蓝皮书》认为,中国构建和谐社会的总体目标应该是:扩大社会中间层,减少低收入和贫困群体,理顺收入分配秩序,严厉打击腐败和非法致富,加大政府转移支付的力度,把扩大就业作为发展的重要目标,努力改善社会关系和劳动关系,正确处理新形势下的各种社会矛盾,建立一个更加幸福、公正、和谐、节约和充满活力的全面小康社会。《中共中央关于加强党的执政能力建设的决定》明确指出:“形成全体人民各尽其能、各得其所而又和谐相处的社会是巩固党执政的社会基础,是实现党执政的历史任务的必然要求。要适应我国社会的深刻变化,把和谐社会建设摆在重要位置,注重激发社会活力,促进社会公平和正义,增强全社会的法律意识和诚信意识,维护社会安定团结。”然而,目前我国社会发展中,存在许多不和谐的因素,城乡差距、区域差距、贫富差距等各种社会矛盾逐渐凸显。在这诸多的矛盾中,城乡矛盾已经成为制约我国经济社会发展的主要矛盾。一位专家接受媒体采访时警言:中国目前已经形成了一个断裂的社会,挣扎在社会最底层的农民等弱势阶层正在被甩出中国高速增长的经济列车。这不是危言耸听,这是社会调查之后得出的结论。

一、用统计数据分析城乡差距

数字是枯燥的，但数字的运算是科学的。至于统计数据有多大水分我们不论，且依此为准来看看其中隐藏的不和谐。

（一）不敢细说的城乡收入差距

据沁水县统计局提供的数据，2004 年晋城市城镇居民的人均可支配收入为 8097 元，农民人均纯收入为 3278 元，比例为2.47：1。沁水县城镇居民人均可支配收入 6363 元，农民人均纯收入 2591 元，比例为 2.46：1。2004 年晋城市职工的年均工资为 14 772 元，是农民年人均纯收入的 4.42 倍。沁水县职工的年平均工资为 11 870 元，是农民人均纯收入的 4.58 倍。这仅仅是账面数字。用国家统计局副局长邱晓华的话说，中国城乡居民收入差距大大高于账面上的 3：1，这个差距应该为 5：1，甚至达到 6：1。事实正是这样。以沁水县为例，财政供养人员 8263 人，没列入工资单的隐性收入就有养老保险、医疗保险、住房基金等，县财政 2004 年拨付养老保险 1603 万元，医疗保险264 万元，失业保险 42 万元，总计 1909 万元，按财政供养人员平均每人 2310 元。此外，城镇居民的福利性收入也是一块肥肉，如取暖费，沁水县按“345”分配。一个处级干部的取暖费，相当于一个贫困村贫困农民的年纯收入。

（二）不敢细究的农业增长比例

在农民收入的统计栏目内有一项“第一产业收入”，也就是大农业的收入，包含农林牧渔。2004 年晋城市农民人均农业收入 841 元，比 2003 年的 706 元提高了 19.1%；沁水县农民人均农业收入 1092 元，比 2003 年的 704 元提高了 55.1%。偶一听无论晋城市或沁水县这一增长比例都是令人非常兴奋的。冷静的研究一下，就会发现在农业增收的数字内隐含了大比例的政策性的“少取”。就说沁水县的樊村河乡，它是晋城市的贫困乡之一。2004 年全乡一律减免了农业税，人均 37.50 元，减免了乡村统筹，人均 31.50 元，减免了乡村提留，人均 21.00 元。仅这三减免，人均增收 90 元，占到全县人均农业纯收入增长额 388 元的 26.6%。陵川县 2004 年农民人均农业纯收入 847 元，比 2003 年的 826 元仅提高 21 元，为 2.5%。我认为陵川的农业收入可以代表大部分地区的真正农业收入。不要用比例看提高，要实实在在比比绝对额。

（三）不敢细算的农业开支

增收绝对额不高，开支的绝对额可不小。以农业生产开支为例，种一亩地需机耕费、收割费、化肥、种子等，这是基本的需要。这两年粮食价格略有增长，每公斤也就一至二角钱，可农用物资上涨幅度较大，以化肥为例：硝酸磷 40 公斤袋装,2003 年 58.00 元钱,2004 年底 71.00 元钱,现在已涨到 75.00 元钱,一袋净增 17.00 元钱,每公斤涨价 0.43 元。碳氨 50 公斤袋装,2003 年 21.00 元钱,目前已涨到 27.00 元钱,每袋净增 6.00 元。每亩地两袋碳氨,就多支 12.00 元钱,已超过每亩玉米政策补助 5.00 元钱的 140%,超过每亩小麦补助 10.00 元钱的 20%。国家政策对农民的补贴,已被农用物资涨价全部抵消,还有柴油涨价、种籽涨价、地膜涨价。据山西省农调队估算,2004 年每亩小麦和玉米的生产成本比上年增加 80 元和 50 元左右,农民依靠种植业增收,真是前景暗淡。

(四)不敢细想的农民预期消费

增收门路不多,每年结余不多,但预期消费的大事却一件也不能少。生儿育女,婚丧嫁娶,修房盖屋,生老病死。就以教育和婚嫁为例,从沁水的调查情况看,教育消费,每个小学生年支出 500 元,初中生 2000 元,高中生 5000 元,大学生 10 000 元;婚嫁消费,男娶女嫁,正常开支30 000 元。2004 年沁水农村居民人均纯收入 2591 元,按每月 120 元日常生产生活费用计算,年需 1440 元,人均年结余约 1000 元。供一个初中生需 2 个人的结余,供一个高中生需 5 个人的结余,供一个大学生需 10 个人的结余,而娶一个媳妇需一个人 30 年的结余。农村穷、农业难、农民苦,这种现状不能再继续下去了。

二、用公平尺度剖析城乡差距

建设和谐社会,我们不应忽略任何一个影响和谐的因素。体现在社会结构上,就是一个关键词:公平。我很赞同这个观点。如果把“公平”作为一把尺子,我们就可以衡量出“城乡差距”中本质的不公平。

(一)政治地位不公平

应该说,我国是以工农联盟为基础的国家,农民在国家的地位可以说是崇高的。但随着革命时代的结束,在经济建设初期,以损失农民的利益,靠农业的积累来巩固政权、发展工业和建设城市,这也无可非议。可是这个经济发展的过程,也正是一个农民政治地位弱化的过程。当农民的经济地位处于弱势位置的时候,它的政治地位也处于了弱势。农民没有“农会掌刀把,说怎就怎的”威力和权势了。在各级政权组织中,真正的农民进不了门了,代表农民利益的社会组织销声匿迹了,农民与政府能够对话交流的平台没有搭建起来,哪怕是像工会、妇会这样一个名誉组织都难找到。我们说,应该给农民应有的权利、尊严和公平。

(二)资源占有不公平

中华人民共和国的公共资源应该每一个公民均沾。然而因为分工不同,公共资源的占有不公平,就造成了经济和政治的不平等。大家都知道国有大中型企业是全民所有。但企业里面的工人和管理者正是因为有了使用这些资源的优先权,所以薪酬大大高于农民。晋城市2004年职工年平均工资收入14 472元,是沁水县农民纯收入2591元的5.59倍,是沁水县樊村河乡人均纯收入1780元的8.13倍。再如近两年炒的火热的煤炭业,在我们晋城市的每一个小康村都有一座煤矿支撑着。沁水县嘉峰镇武安村煤矿,近三年每年向集体上交1000万元利润,全村每人平均10 000元。正是由于煤炭资源的使用,才极大地提高了农民收入。在我们目前的社会结构中,高收入阶层都是占有了优势资源。金融业、电信业、石化业等国有公共资源的垄断,使城乡经济差距越来越大。如果国家仍维持农民只有二亩耕地的资源,不调整公共资源占有方式,财政二次分配再不趋于公平,城乡差距缩小无望。

(三)制度安排不公平

这是造成城乡差距的另一原因。制度的不公平是个人行为无法改变的,因为它有合法性。我们用两个不公平的制度,就能说明它对构建和谐社会的危害。其一,户籍制度。我国的城乡二元结构,最基本的前提是户籍,你是非农户,就是城镇居民,你是农户自然是农民。按说户籍是一个属地管理的标签,可是在实际生活中,户籍产生了诸多的附加功能,如公务员招考、军人转业安置、事业单位招聘、国有企业招工、城镇居民养老保险、失业保险、医疗保险等,这些功能并成为户籍制度的核心功能。其二是教育制度。中国社科院社会学所副研究员李春玲认为:现代社会的分层是与一个人的教育水平相当的,教育水平基本决定了他在社会中的位置。教育机会的不均等,使这种分化通过代际传递到第二代,甚至第三代。因此,教育不公不仅危及社会公平,而且危及社会稳定。可是我国的高考制度就极不公平,全国统考,考卷一样,录取分数却不一样。尤其是大城市的考生录取分数线低于农村。据查阅,北京市考生升入北大清华的分数,通常要比我们山西考生低100分。这不公平的100分,要剥夺多少名有识青年进入国家一流大学。有研究表明,随着学历的增加,城乡之间的差距逐渐拉大。在城市,高中、中专、大专、本科、研究生学历人口的比例,分别是农村的3.5倍、16.5倍、55.5倍、281.5倍、323倍。晋城市也有一条中考招生不合理的制度,每年有统招和扩招两类学生。扩招生比统招生要多交10 000元的学费。如果学校容量不够大,就不必扩招,如果能够扩招,就可定为全部统招。两种制度一是造成学生家庭的经济负担不公平,更重要的是在学生心理上造成极大的不平衡。制度的不公平,应引起社会管理者和国家当权者高度重视。

(四)社会保障不公平

社会保障是政府的保障,是法律的保障,它对每个公民都应该是公平的。社会保障的资金,大部分是国家承担。我国经济基础差,农村人口多,社会保障难度大。但我们应该想方设法来解决这些问题,来缩小城乡差距,而不能因为政策、法律的缺失或疏忽使差距愈来愈大。有这样一段话说得很好:和谐社会应是能够保护全体社会成员权益的社会。当前我国社会公平、公正集中表现在人们承担的改革成本与财富分配上。弱势群体缺少资源优势,在经济、政治、社会各个领域的地位较低,缺少话语权,缺少弱势群体博弈的能力,这就需要政府管理者们利用公共权力来保护弱势群体的利益,让弱势群体也能共享改革开放、社会发展带来的成果。

三、用诚心真情解决城乡差距

“政里之要,惟在于安民;安民之道,在察其疾苦而已”。2002 年全国“两会”上正式提出“弱势群体”的概念,农民就是一个最大的“弱势群体”。一个有着一定规模的“弱势群体”存在,必然影响这个社会的协调发展。解决城乡差别,也就是政府协调的重头戏。如何唱好这台戏,我认为各级政府领导要切记四个字“诚心真情”。不需要高谈阔论,不需要立誓赌咒,只需要带着感情,带着歉疚之情,就像儿子对父母那样,从具体事做起,从小事扎扎实实抓起。结合我们晋城市的实际,提以下建议:

(一)以调整农业内部结构为基础增加农业收入

我市各县区农业资源均为丰富,但凭种植业提高农民收入潜力有限。应该加大种植业向养殖业转移的结构调整。去年市政府出台了扶持发展畜牧业的政策,也划定了养殖品种重点区域。但应该提倡种植业为养殖业服务,在保证粮食生产的同时,鼓励和支持发展饲料业,确实把种植业的二元结构调整为三元结构。把晋城建成山西畜牧大市。这不是自吹,因为晋城的气候、地理、水分、牧坡资源均不次于其它地市,关键在于决心,关键在于领导。我们盼望着晋城人除吹煤外,还会吹羊,还会吹牛。

(二)以转移农村劳力为重点,增加农民的工资性收入

在统计报表中,我们可以看出农民纯收入的主要来源是工资性收入。2004 年全市农民人均工资性收入 1510 元,占纯收入的 39.8%,城区人均绝对额最高为 1987 元,占纯收入的44.2%,陵川人均县绝对额最低为 1131 元,占纯收入的45.7%。劳动力的转移要三棋并举:一是现有的企业,尽可能的吸纳当地劳力,要使肥水不流外人田。初步估算,我市的各类煤炭企业、建筑企业 60%以上的劳动者是外来务工者。我们不排外,但我们应该先安内。沁水县政府今年要求各煤炭企业用工必须安排本县的劳力达到 60%。这是政府调解的一种措施;二是新办企业,重点激活民间资本发展民营企业,政府可以按民营企业安排当地劳力的数量给予资金奖励。把民营企业提供就业岗位的数量作为考核的第一要素;三是劳务输出,要建立劳务输出中心,要有组织,要有主攻目标,要塑造晋城的品牌。我们

要像河南林州人那样，把建筑大旗插遍华夏大地，要像浙江温州人那样把买卖做遍五洲四海。

（三）以提高农村劳动者素质为根本，加大职业技术培训

给钱给物不如给知识。可是，我市大学没有，高中不足，目前仍有近50%的初中生不能升入高中。这就造成新的低素质农民。千年大计教育为本。在抓好学校教育的同时，要狠抓农民职业技术培训，要有多种形式，要层层办学。村夜校，乡技校，县职校，政府要投入资金，这是治本之策。

（四）以政策性扶持为补充，推进农村发展，缩小城乡差距

我们晋城市在山西乃至全国财政实力较强，应该实施合理的倾斜政策。一是加大对农业的支持力度，在稳定种粮直补的基础上，出台良种扶持办法，包括优良的粮食种子，优良的牲畜品种，以推进市场竞争力最强的品种为主，甚至可以无偿供种，以一带十、十带百的办法壮大产业；二是尽快推行新型农村合作医疗，解决农民看病难、看病贵的问题，逐步使农村合作医疗与城镇医疗保险并轨，首先让城乡在医疗保险事业上平等起来；三是实实在在实施九年义务教育，要尽快落实贫困县乡贫困子女的三免费制度。各县应全力发展高中教育，使应升能升的学生，全部就读高中；四是尽快制定弱势农民保障办法，使那些因病致贫、因残致贫的农民和鳏寡孤独能够有基本的生存保障。

建设和谐社会犹如一艘巨轮知易行难，任重道远。我们现在需要做的，也就是加劲划桨，直至到达理想的彼岸。

（原载《太行日报》2005年9月2日B1版）

引导农民走向农业产业化

——郑庄乡党委书记马刘勤访谈录

张丑堂　张旭东

郑庄，沁河岸边一个农业乡，近几年来，这里发挥农业资源优势，大力调整农业产业结构，建设和发展规模农业基地，搞得有声有色，农业产业化也已经正在破题，开始迈出了可喜的第一步，并保持了旺盛的发展势头。下乡途中，我们和乡党委书记马刘勤同志在东大相逢，于是，便就这一专题问题进行了一番采访，一番交谈。现将访谈情况编发如下，以起到典型引路的作用。

笔者：在郑庄下乡，我们看到一个新鲜的现象，连片的蔬菜，连片的果园，连片的药材，基地建设已经小有规模，农业产业化已经开始暴露出来，感到发展势头很好，你们是在怎样一种思想指导下开展工作的？

马刘勤:我们郑庄乡是个纯农业乡,没有矿产资源,改革十多年来,我们依靠农业求发展,基本解决了农民的温饱问题,农民的“粮袋子”充裕了,肚子饱了,他们的目光就又瞄准了新的目标,那就是希望“钱袋子”也鼓起来。农民的这种心理要求,与乡党委、政府的工作目标是一致的。因此,我们认真分析研究了郑庄的乡情,认为地好、水好、山好、路好,是郑庄乡的四大优势,郑庄乡要继续发展,必须紧紧抓住这四大优势。所以,从 1992 年开始,我们就引导农民在责任田里扩大经济作物种植面积,以此来增加农民收入。1992 年 9 月,我们组织乡村各级干部百余人到山东淄博、烟台等地参观学习,使大家茅塞顿开,视野更开阔了,一致认为,不是种地不能富,关键是我们的产业没规模,产品没拳头。谷、麦、玉米、豆、蚕、菜、棉花、油,五花八门样样有,但都是星星点点不成规模,没有拳头,商品率太低。通过讨论,大家逐步形成了一个思路,那就是,农业要发展,必须走产业化的路子,这是发展农业的一个方向,现阶段首先要抓好的就是调整结构,改革模式,抓住拳头,提高效益。可以说这是我们郑庄乡党委、政府和郑庄的干部、群众思想解放的一个里程碑。围绕这一思路,我们拉开了农业基地建设的序幕。

笔者:你们这里一个品种一连上百亩,搞这样集中连片的规模化基地,你们是怎样解决规划中地块、品种等一些问题的?

马刘勤:建设农业基地,实行规模种植,首先要解决好土地问题,我们实行农村家庭联产承包责任制,在第一轮承包时,农村的土地基本是好中差平均分配,所以土地分割零碎。随着时间推移和社会发展,一些矛盾越来越明显,机耕难、灌溉难、科技推广难、病虫害防治难等问题,制约了生产力的发展,如中乡村,不少地块长达 200 米以上,一户二亩地,只是一条线,种小麦两耧多一行,三耧种不下,一些农户地少不养牛,不买农机具,又返回镢刨揪翻的原始耕作时期,特别是在种植上尽是花花田,你种棉花他种豆,你栽桑树他栽果,你种夏粮他植秋,所以,规模种植必须首先解决土地问题,针对这个问题,我们采取了“两田分离”的办法。

笔者:你能比较详细地介绍一下“两田分离”吗?

马刘勤:两田分离就是承包田和经济田的分离。各村根据当地实际制定农业产业规划,选定本村的主导产业,确定发展区域,将本村的耕地分为两大类,一类是承包田,也叫口粮田,按人头平均承包给农户自主经营,自由种植,可以一定多年不变。另一类是经济田,也叫责任田,由农户向村集体投标租赁,有偿使用,按集体统一指导,统一种植,统一服务,使用期可长可短,按照市场规律调整调节。

笔者:两田分离以后,乡村在发展农业基地建设中,确实有了工作的主动权,我们还想让你更具体地谈一些情况,比如具体到一个村,是怎样搞的?

马刘勤:就说咱们眼前的东大村,这个村有 1400 余亩耕地,规划了四大种植区域,蔬菜区 230 亩,其余为粮棉区。菜、果、桑作为经济主导产业,630 亩地作为经济田,由农户向村集体投标租赁,面积不限,每亩年租赁费在50—100元之间,粮棉区的800亩作为承包田,按全村人口平均分配。

笔者:我们刚才讲了,两田分离以后,乡村两级掌握了领导和指导农业规模化、产业化发展的主动权,请你谈一些这方面的工作和体会。

马刘勤:主要有这样五个方面的体会:

一是有利于农村劳动力的合理配置,种田能手,强壮劳力,科技大户,通过投标租赁土地,找到了充分发挥作用的用武之地。如中乡村科技大户赵保珠,过去一直想搞农科实验,苦于土地面积有限无法开展,村里实行两田分离后,他一户租赁19亩,1994年试种了13个作物品种,为当地农科技术的推广做出了积极的贡献,并受到了省、市、县的表彰。

二是有利于提高农民投入的积极性,提高土地产出率,增加经济效益,实行两田分离,经济田有偿作用,租赁者加大投入,以求得最大利润,承包田面积有限,长期不动,种不好就会影响生活问题,所以也得加大投入,谋取最高收入。

三是有利于壮大集体经济,积累发展基金。两田分离以后,集体有了土地资本,就可以通过租赁获得利润。如:中乡村1994年100亩经济田,每亩租赁费130元,村集体收入13 000元。1995年群众承租经济田的热情高涨,亩租赁费投标至300元,村里因势利导,重新规划100亩。这样200亩经济田每年可积累基金60 000元。现在我乡经济田面积近6000亩,集体年收入近50万元。以后随着农业产业结构的进一步科学化,规模的进一步发展,集体收入会一年更比一年多。

四是有利于形成产业优势,占领商品市场。经济田由集体统一规划,统一指导,统一种植,统一服务,容易形成规模经济,进一步趋于产业化格局,变产品优势为商品优势,东大村就尝到了这个甜头,九二年前,二亩白菜卖不掉,现在300亩蔬菜不够卖,不仅占领了本县市场,也引来了高平、晋城、长治的客商。

五是有利于科技推广,发展和解放生产力。实行经济田,由于模式、品种、区域的科学规划,新技术可以得到充分利用。如灌溉、耕作、用肥、治虫、化控等等。

这里所谈的只是一些粗浅体会,今后还需要在实践中进一步研究和探索。

笔者:引导农民走向农业产业化,是一项新的工作,我们觉得,在具体工作中,一些矛盾、一些难度都是有的,如何克服和解决这些困难和矛盾,我们想,你是最有发言权的。

马刘勤:办任何一件事都不可能没困难、没矛盾,更何况这是一项新的工作,当初说什么话的都有,提什么疑问的都有,抱什么态度的都有,不过我们有一个原则,就是坚持实事求是,有一种方法就是典型引路,有一个宗旨不能丢,就是为人民服务。

实事求是是解决任何矛盾的基础,我们在郑庄乡搞农业的综合开发,没有搞一刀切，结合各村情况，宜果则果，宜菜则菜，宜桑则桑，把群众的认识统一到“愿意干”这个基础上来，只要耐心细致地做思想工作，思想通了，就一通百通。

典型引路是搞好各项工作的有效方法，喊破嗓子不如做出样子，我们首先挑选了一批精兵强将，在前面探路，在前面试验。如石室村支部书记王国林，栽苹果走在前，种药材跑在先，养肉牛冲在头，起到了领头雁的作用。现在我乡已经有了这样一批农业开发的排头兵，他们用事实解答了群众提出的疑问和顾虑，把农民引导到了产业化发展这个路子上来。

搞好服务是我们乡村领导的工作职责。当前农民要求最迫切的就是产前、产中、产后的服务。我们乡建立了“农业科技开发服务中心”，从种子、农药、地膜的供应，到业务培训，技术传授，产品销售，货款回收等，都尽可能提供方便。在生产、销售的关键，乡村领导都能够深入第一线，为群众撑腰做主，排忧解难，我们不能把农民“推”向市场，而是要把农民“引”向市场。

笔者：当前县委、县政府提出了在农业上要打好“三张王牌”，通过几年努力逐步建成“三条经济带”的战略思路，这对郑庄乡来说，又是一个新的鞭策，新的机遇，你们下一步的工作，又有什么比较大的想法？

马刘勤：县委、政府在农业上要打好“三张王牌”，发展“三条经济带”的战略思路是符合沁水实际的，更是符合郑庄实际的，我认为，农业实现产业化是农业发展的方向。要达到这个目标，我们将分三个阶段来实施。第一步规模化，形成量的突破，第二步专业化，实现质的飞跃，第三步企业化，进入发展快车道。

结合郑庄的实际，为全面落实县委、县政府的决策，我们的计划是：一、继续扩大以蔬菜为龙头的规模经济，大些再大些，近二年力争发展5000亩，朝大规模、高效益的方向发展；二、逐步转换经营机制，先在已形成产业规模的东大、石室两村进行试点，实行专业分工，打破传统的居民小组，以产业成立公司或生产队，形成新的经济组织机构，以利于经营管理和提高产品质量；三、乡党委、政府副职和机关能力较强的干部，挂职到村，直接参与和领导农村经济工作。我们决心充分发挥农业的资源优势，引导农民把农业产业化发展上去，把郑庄乡的农村经济推向一个新的台阶。

（本文摘自1995年8月8日《沁水报》）

生物杂交与资本嫁接

——沁水县政协主席马刘勤访谈录

徐笑之

记者:沁水煤改,你是主要的参与者、策划者,从始到终参加了对“三矿一站”的改制。请问,你有哪些想法和体会?

马刘勤:我在不同的场合讲过,在“三矿一站”的改制问题上,我始终有一个不成理论的观点:生物杂交与资本嫁接。这主要涉及企改方面的市场动作和资本动作。至于体会嘛,酸甜苦辣,那是很多的,咱们放到后面再讲。

记者:好的。

马刘勤:先说生物杂交。这是生物学范畴的一个概念,米丘林讲过的。它的意思是,不同谱系的物种进行杂交,繁殖的下一代品系会大大超过父系品种,变得特别强健,品质会大大提升。狗是这样,人也是这样。

我把这个观点换成沁水话来说,就是小山药蛋与小山药蛋交配,种出来的还是小山药蛋。绝不能靠一布袋小山药蛋拾起来装到一块,就会成气候。这不行。因为它没有杂交优势。最好的途径,就是把咱的小山药蛋与外面的大山药蛋杂交,培育出来的才是大山药蛋。

我用这个观点来观察沁水改制“三矿一站”,就发现,咱们是用资产与外来资本杂交,或者是说用“三矿一站”与外来资本嫁接,产生的新的企业就是沁和,就必然具备了全新的品质,变得特别强壮而有力量。

记者:你说的这些很有意思,但能不能具体一下,就是说,从一个比较通俗的角度,来详细谈谈对“三矿一站“的改革。

马刘勤:好吧,我从最初谈起。我个人感觉,沁水煤改应分为三个阶段。

第一阶段,应是酝酿期。当时申书记还在担任县长,他是主抓经济的,自然对沁水整个状况洞察的深一点,看的广一些,思考的也多一些。我们发动煤改是在2001年,当时,全国上下一片调产呼声,调产就是产业结构调整。沁水怎么调?这是大家都在思考的一个问题。当时,沁水县地面以上的企业基本上全不行了,地面以下的企业,稍好一点的就剩下永安、永红和侯村三个煤矿。但是财政仅靠这三个矿每年3000多万收入,是连全县在编人员发工资也顾不住的。当时情况很不乐观,迫使我们在调产上做出突破。煤炭是沁水的资源优势,调产只能朝优势上调。所以,突破口只能选择在煤炭上面。千方百计扩大沁水煤炭生产规模,事实上成为沁水经济振兴的唯一出路。抓煤炭要比抓农业、抓旅游来得快,来得有实效。

第二阶段是试验期。这一时期是要决定成立煤电集团。这一时期县委决定成立煤电集团,目标是把三矿一站加上嘉峰电厂捆绑一起,组成集团,争取上市融资。但几经周折,几经探索,这个方案行不通,才迫使我们转向,寻求外来资本,寻找更好的出路,这就是后来成立的股份制企业沁和能源有限公司。

第三个阶段是完成期。这个时期过程长,非常复杂麻烦,三两句话根本说不清楚。我只能说,在这一阶段,经过县委、政府的通盘努力,我们成功地完成了对"三矿一站"的改革,与北京中国和平等四家大投资公司组成股份制新企业沁和公司,沁水占25%股份,以1.27亿人民币价格,完成了以资产置换资本,就是我前面说过的资本嫁接。

记者:你认为沁水煤改是成功的吗?

马刘勤:小平同志说过:实践是检验真理的唯一标准。看待沁和,也只能用这一标准,就是看实践,看效益,看发展,看本质。用事实来说话。

首先说效益。2002年,沁水全县产煤492万吨,其中沁和完成232万吨,上交税金9550万。另外的260万吨煤产,理应完税不少于这个数,但实际交税不足4000万,就是说另外一半的税被走漏了。2003年,沁和产煤225万吨,完成税金1.3亿。改革只两年,沁和就向国家提供税金两个多亿。这是沁水煤炭历史上从未有过的。何等了不起!

其次说发展,按照沁和三步走战略,四五年后沁和年产量将达到600~1000万吨。我坚信这个目标会实现。到那时,沁和利税总水平会达到8亿~10亿的水平,其中税金将不会少于5个亿。县财政会因此而根本改观。这不是乐观估计,而是可以用事实与数据来计算的。

记者:有人说,沁和煤改沁水吃了大亏。你怎样看待这个问题?

马刘勤:吃亏不吃亏要看账怎么算。改制以前,有人每年到三矿一站报销条条,数目惊人。有些人每年到三矿白拉煤。有些人低价买上东西高价卖给三矿,从中渔利……现在一改革,他们全不能这么干了,改革堵了他们的财路,真正吃亏的是这些人,所以他们不高兴。对于沁水来说,我看一点不吃亏,长远看咱们是捡了大便宜。

在整个改革过程中,县委从始至终坚持一条原则,一看职工二看税。看住了这两个,沁水就稳定,就不会吃亏。

过去三矿一站共有员工4500余名,沁和全盘接受下来,花了上千万元为职工买了双保险,至今无一人下岗。这是一个大收获。而且,职工年收入比改革前提高了,2002年人均收入是1.52万元。稳定住这一块,沁水政局就不会出大问题。什么叫以人为本,关心工人,爱护工人,保证他们工作稳定,收入增加,这就是以人为本。

有一点必须明确:沁和每挣一毛钱,其中二分五是沁水的,因为咱们有25%

的股份;沁和无论怎样发展,税是留在沁水的。有这两条最基本的计算,就保证沁水不吃亏。2002年沁和实现利润1.3亿元,虽然宣布当年不分红,但其中的25%即3000多万是记在沁水账上的。沁和挣的越多,上缴税金就越多,水涨船高,沁水财政基础就越夯越实。何况还有其他方面的效益,如土地租用、公益事业捐赠等等。

记者:如果把沁和看成是沁水产业调整的一个环节,一个步骤,你认为这一步走的怎么样?

马刘勤:我记得申书记说过这么一句话:调整产业结构主要是调整投资结构。这句话非常有用。沁水经济要发展,不论调整什么产业,关键看投资,投到何种产业上去,这个搞准了,调产就搞对了。沁水农业资源、旅游资源都不错,但煤炭资源最好。这是老祖先给咱留下来的。可资源优势为什么变不成经济优势?主要问题是缺资金、缺人才、缺技术。我们改革三矿一站,根本动因就是解决资金也就是投资问题。我们引进外来资本,把它用在煤炭资源开发上,资源优势就变成了经济优势。从这点看,沁水调产是成功的。改制这一步棋,把沁水经济走活了。

记者:沁水煤改你是有功之臣……

马刘勤:快不要说这种话!沁水一些人骂我连我祖宗三代都捎带上了。我是不求有功,但求无过,做到问心无愧,也就满意了。这个"功臣"我可不敢当!

当初搞改制,县委决定让我来负责。我那时是县委宣传部长,为什么让我来搞?我想主要是看上我这个人身体壮,扛得住,思想比较活跃。用一个宣传部长搞企改,这也是很新鲜的事哩!可是,真正搞起来后,就感到这个事太困难、太复杂,牵动的面儿太大,特别是公司上市这件事,对咱沁水人来说简直是天方夜谭。有些人说风凉话,沁水还能搞成上市公司?对我压力很大。不过,我这个人有个特点,越难的事情越不怕!压力也是一种刺激。你们说不行,我偏要鼓劲,非把它弄成。我父亲是个要饭的,从河南讨吃到中村。我是个沁水人,我不能对不起沁水。党把这个担子压在我肩上,我只有卖了命去把它干成,干好,只能成功,不能失败。

记者:搞改革很不容易。你怎么理解?

马刘勤:我对改革有一种理解,改革就是突破。突破什么呢?突破法律法规已经规定但是不适应时代发展需要的那部分东西。这就是突破!搞改革不能循规蹈矩,循规蹈矩搞不成改革。当然,这种突破有一个前提条件,必须适应社会发展的需要,社会不需要你去硬干,那就是胡来了。

记者:你怎样看沁水经济发展?

马刘勤:只能一天比一天好。我对沁水经济从来保持一种乐观态度。因为沁水地底下有几十亿吨煤,这么丰厚的资源,在全国也是罕见的。沁水的资源优势全国第一流！只要我们保持战略的连续性，紧紧抓住煤炭不放，千方百计扩大生产规模，引进人才，改善投资环境，技术上上水平，沁水就一定会很快富起来，跻身于中国经济百强县。

（根据采访录音整理，未经本人审查）

本文摘自《沁水浪花》2004 增刊“沁和特刊”

第二节　纪　事

一、中村事件

民国十年(1921 年)，中村豪绅刘相秦、李星元，因借助建立第三高小和区公所为名，滥伐公山，贪污公产，因而引起中村其他豪绅牛天衍、刘兴馥、侯建功、刘建勋、李明旭等嫉妒，同时引起村中受剥削、受压迫的劳动人民的正义反抗，因而发生了“中村事件”。

对于刘相秦这伙肇事的人来说，我们不妨在这里分别交代一下。刘相秦是中村的老地主，凭着祖宗给他剥削来的家底，进一步剥削贫雇农的劳力。此人阴险异常，诡计多端，善于逢迎。李星元文化水平较高，善于教唆词讼，经常靠刀笔润资以养身。

牛天衍是满清生员，说话斯文，当时是中村的村长，在中村一带颇有声望，人称四先生。其余刘清馥是清朝时的一个捐监，地主成分，善于经营商业，出放高利贷，颇有资财。侯建功、刘建勋、李明旭等，都是中村的统治人物。尤其李明旭，人称黑乌鸦，是欺压剥削穷人的大坏蛋。总之，这些人都是一贯把持社事和村政，压在人民头上的大石板。

民国十年，刘相秦千方百计夺取了牛天衍的村长职位后，便和李星元合作起来，一凭村长职权，一凭胸中文墨，互相勾结，狼狈为奸，以花言巧语，取得当时沁水县知事麻席珍的信任，同时又赢得第三区长刘金铭的心欢。于是不惜民脂民膏，极力逢迎县、区长，只求上司喜欢，毫不管人民的疾苦。这个后起之秀的新任村长，大权在手，为所欲为，把村长牛四先生摔之千里之外。这当然引起牛派的嫉妒，当时统治者内部矛盾也就越来越尖锐化了。

民国十年，沁水县公署拟成立第三高小，初步选择地点是在土沃相公庙和中村西庙两地内确定一地。刘、李看到这是公私两利之机，时不可失，极力争取。于是在县长麻席珍面前百般献媚，结果确定在中村西庙建校，达到了自己想要达到的目的。

兴校育才，这本来是件好事，倒没人反对。可是既要兴校，就得筹资鸠工庀材，筹资集款。刘相秦、李星元就借这筹建校之名，滥伐公山，贪污财物，引起了人们的反对。

原中村南观上的松坡，是中村三社公产，树林茂密，木材标直，久为村中当权者所垂涎，只是无机可乘。而刘相秦、李星元看到官府筹资建校，又委自己承办，这是发财的大好良机。于是调工派夫，斧斤入山，大砍大伐，大售大卖，名为筹资建校，实际将公产饱入私囊，这怎能不引起牛派的眼红呢！毕竟建校是名正言顺的事，谁也不能怎么样，恰巧他把中村西庙后的几棵老树给砍了。再说建校以后，他又要在大庙修建区公所。在这两大工程中，还损毁了许多古碑。当时群众迷信太深，称古树为"风脉树"，说西庙本为"妥庇神灵之地"。牛派即趁此机会，在群众中极力鼓动，说是什么坏了风脉，吉凶难测，亵渎神灵，祸福攸关，损坏碑记，罪大恶极，此贼不除，民愤难平。久受压迫的劳动人民，看到刘、李如此贪污中饱，早已气愤填膺，被牛派这样一鼓动，群众即风起云涌地干起来了。

在如火如荼的农民暴动下，刘相秦、李星元吓得心胆俱裂，早已远逃。刘相秦流窜入张马盐店，李星元避居南凹瑞成祥炉号，以为这官盐店和大炉号可以为他们作护身符。不料群众对他们恨之入骨，恨不得抓住这两个杀人魔王生啖其肉。当时农民刘清鸿、刘清鸿、乔奇瑞等怒气冲天，带领群众，分头跟踪追击，至张马盐店、南凹瑞成祥炉号搜查。开始盐号总管炉号经理还以硬词抵触，后来看到群众力量太大，只得将刘、李二人交出，群众如牵羊拉猪般地把刘、李二人拖回中村大庙。区长陈金铭，还多方阻止解救刘、李二人，群众一拥而上，这个陈区长吓得骨软三分，再也不敢吭气了。在群众的痛击下，李元星负伤太重，不久命亡；刘相秦独目半世，成了少一目的独眼兽。事后沁水县知事麻席珍，为这些吃人魔王报仇，便用诡计，委派大绅士李登瀛、杜若藻亲到中村，召集群众，假作调停，把那些鼓动和带头者一并诓入县署，施以重刑，分别判处有期徒刑五至七年，最多者还有判以十年者。

中村事件，部分农民虽然受到官府的处分，但为广大劳动人民除了二害，获得了胜利。

（录自《沁水县志逸稿》）

二、蒲泓高小反特事件

《人间真情》前言

刘建基

蒲泓高小“反特”冤假错案，在康生“极左”流毒影响下发生在四十年代的太岳解放区沁水县，平反昭雪于九十年代的“改革开放”时期，历时半个多世纪。当年的少男少女，如今有的尸骨已寒，有的已是老翁老妪。这次平反昭雪，从提出到有结论，也经历了十三个年头，比抗日战争和全国解放战争经历的时间还长。可见平反假案、纠正错案、昭雪冤案何等之难啊！

但是，说难也不难，难于不难之间只在于“认真”与否。1997年9月8日，我向沁水县委周(海德)书记汇报介绍了这个冤案发生的具体经过和造成的严重后果，他当即表示核实以后，该平反者即以县委信访办公室的名义行文，予以平反昭雪。当天下午县委副书记殷立功同志就主持召集了座谈会，进行了又一次调查核实，形成了座谈会纪要。12日，沁水县委信访办公室就正式发出文件，前后仅用了5天时间，就把13年前该办的事情办了。这说明中共沁水县委是认真贯彻党的十一届三中全会坚决平反冤假错案决定精神的，真正体现了共产党最讲“实事求是”、最讲“认真”的高尚品格。13和14两日，平反的文件就分别到了部分受害人家中和他们所在的乡、镇、村党委、支部和村委会。各级组织也表示在适当的会议上宣读，使这一平反昭雪工作圆满完成，彻底结束。

就在落实平反昭雪“反特”冤案的同时，有些同志建议“前车之覆，后车之鉴”，为了前进，为了更好的明天，应该认真总结经验，记取教训，不让悲剧再演，编辑一本史料集。而且，很快就得到在沁水的李易书、田文高老师和老同学的赞同和鼓励。随即又得到在外省市工作的沁水籍老干部和老同学的响应和支持。接着就陆续收到了在重庆的王维岳、南充的程志远、在海口的褚国元(现名褚石)、在北京的柳文兰(聚英)、在贵阳的郑挺奇等许多老干部、老同学的回忆文稿和信件及电话。从此以后我同郑挺奇同学联系不断，全部文稿经过了他的手，并提出了许多很有见地的意见和建议，使我更增强了信心。全部书稿在印刷之前又经过李易书老师的审改。

一年多来，经过对所来的文稿及信件的全面整理，目前已基本就绪，即可办理印刷事宜。由于政治、业务水平所限，编辑和论述不当之处定然难免。但，它是历史的真实记录。从文稿中基本上可以看到知情人的实情实录、精辟见解和掷地有声的语言文字，这是宝贵的史料。他反映了正气、伸张了正义。看了令人肃然起敬，心情激愤，久久不能自抑。虽然由于时隔太久，当事人都上年纪了，回忆往事时在一些情节上不尽一致。但这应视为瑕不掩瑜，无伤大体。因为“反特”斗争中捆绑吊打是真实的、用烧红的火柱烫烙人是真实的,打伤人是真实的、打死人是真实的,逼死人是真实的、有的人被停止了党籍、工作籍是真实的,在实施野蛮暴力中小孩子屈打成招的口供不足为凭是真实的、有的人长期背着重大的历史包袱是真实的,有的人在某些政治运动中无辜被专政是真实的、有的人颇具才干得不到施展是真实的,有的人家遭不幸,夫妻被迫离婚是真实的、甚至有的人死家破无嗣后继也是真实的……在这些最"真实"的事实面前,应该说些什么呢?还有必要去纠缠一些细枝末叶或咬文嚼字,继续倒行逆施或者仍抱着花岗岩脑袋不放吗?有良知的人是应该清楚的。沁水县委负责人之所以敢于作出决定,为这桩历史冤案平反昭雪,并正式行文,正是基于我们党的这个"实事求是"原则的。这是符合"有错必纠"的原则的,也是符合中央提出的对历史问题应采取"宜粗不宜细"的精神的。

这是一本血和泪的史料集,是受害者、参与者的亲身经历,是对野蛮、落后、残忍、暴戾及"极左"罪行的揭露与控诉,是一段历史的真实剪影,也是歌颂党对受害人的又一次解放,吹散了郁积在他们心头的迷雾愁云,使他们脸上露出了笑容。我们应该以史为鉴,记取以往的教训,建设现在,把握未来!

(1999年国庆节前夕于太原)

迟来的公道

靳兵煊

1997年9月12日,沁水县委信访办公室发出了为1946年春天蒲泓高小所进行的那场"反特"运动平反的决定,从政治上为迫害致死的李佩旭老师、张允娴老师及学生李树福等恢复名誉,为在"运动"中受牵连的同学卸去历史包袱,还他们以清白,还人间以公道。我完全拥护这一正确的决定。

我是1945年到沁南抗日高小上学的,是四班学生。李佩旭老师教过我们班的国文课,他讲课认真,通俗易懂。当时没有课本,每次上课,他都认真把课文写在黑板上,让我们抄写,我们抄定时,他就在课桌间走来走去,发现那位同学抄错了,他便立即纠正过来。那认真的态度,直到今日,我还久久不能忘怀。在李老师身上,我不只学到了文化知识,更学到了对待学习的认真态度和做人的诚实与忠恳。

张允娴老师是学校唯一的女老师,她教我们班自然课,上课时,常常领我们到大自然中去认识自然增长知识。有一次,她领我们到河边采集标本时,突然发现河里漂着很多核桃,当她知道这些核桃是上游一个农妇在河中洗核桃翻了筐时,就让我们把那些核桃捞出来,给那农妇送去。她热爱人民的高尚品德,永远是我学习的榜样。

就是这样好的老师,却被当时的一些校领导陷害,硬把李佩旭老师打成“特务”,说他是国民党的三青团,把李德煜、刘培教等中村一带的学生,特别是和李老师比较亲近的学生,都说是李佩旭发展的三青团员。把社会上一些“左”的方法搬到学校,捆、绑、吊、打,用烧红的火柱烫,吓得我躲回家去,半个月没敢来上学。张允娴老师被陷害之后,跳井自杀。李佩旭老师被打得全身是伤,最后跳厕所自杀。死后他们又把尸体拉到蒲泓村河滩,架火焚烧,真是一片恐怖。

是党的十一届三中全会关于纠正一切冤假错案的精神还半个世纪以前的这件冤案以清白,还人间以公道。尽管这个公道来得晚了些,但总算有了结果,蒙冤在世的同学也会展露笑容,含冤而死的李佩旭、张允娴老师、李树福同学如果在天有灵的话,也应当得到安息了。

(1998 年 3 月 19 日于北京)

错案应该翻过来

王维岳

首先我同意你来信提及 1946 年蒲泓高小发生的所谓特务案件处理意见和所持态度,因为你这种实事求是认真负责的态度,符合我党有反必肃有错必纠政策的精神,既错,就应该翻过来。

我看了你来信后回忆了下沁水当时情景,类似李佩旭这样的案件何止一起?如上阁村姚国玉、姚委娃,北庄的王殿藩、王龙娃等等,因此我同意你的意见。但李佩旭问题解决是否会有人提出类似问题,我认为提出也不怕,有人提出来就实事求是地解决。我还想可否和沁水县委协商, 对应该解决的主动地解决,妥否,请你考虑。

(1984 年 4 月 20 日于重庆市)

回忆蒲泓高小的一桩往事

田文高

沁水县是革命老区,由于日军占领县城,县境被分割为敌战区、游击区和抗日根据地。

1942年春，太岳区南下支队分别在沁水东建立士敏县，西部建立沁南县，北边的王寨、樊村两地划归青城抗日县政府第五区所辖。1942年秋，我从太岳第三专署流动干校毕业后，被分配到青城县五区任文教助理员。

1945年抗日战争胜利后，沁南县改称沁水县，县政府移驻县城。撤销了青城县，原沁水的王寨、樊村仍隶属沁水，我随着政区的变化调回沁水工作。时间在1945年底。

1946年春节过后，正月中旬我到县报到，县文教科长柳楠(女)和我谈话，让我到蒲泓高小当教师。我表示不愿教书，但她再三动员说："蒲泓高小是沁南唯一的一所高小，学生人数多，缺乏文娱教师，你还是去吧！"经过动员我服从了组织分配，随即参加了全县的小学教师集训会议。

集训时间大约是正月中旬到月底，集训结束，就听说公安局把蒲泓高小教员李佩旭逮捕了。人们互相打听，为什么把李佩旭逮捕？谁也说不清楚。

正月底集训结束，我徒步到学校上任。新的岗位，新的工作，可以说是人地两生。

蒲泓高小设立于蒲泓村东福胜寺内，古寺建筑辉煌，环境肃静幽雅，是读书的好地方。校长高慎之先生，早年毕业于长治师范，是个老教育家，民主人士，办事小心谨慎。学校除校长外，只有训导处，学校分工李易书兼管教务工作。训导处原来的主任叫崔皓辰，刚调任县文教科长，新任主任为周林富。两个干事：一个叫梁广义，一个叫燕景仪。学生年龄都很大，程度不齐，我带一班语文，两个班的建设课。建设课没教材，自编自教，十分繁忙。教书生活虽然单调，但和同学们在一起，热热闹闹，也就罔顾其他。

六月上旬的一天，训导处把李佩旭从县公安局要回来进行批斗。批斗会由梁广义主持，让学生、教师揭发李的罪状。多数学生不说话，只有少数学生说某某学生好到李佩旭房里，所说这些学生，有的和李是亲戚，大多数都中村学生，并没有什么具体事实。梁广义让我发言，我说我连李佩旭都不认识，什么也不了解，如何发言？批斗会草草结束。李佩旭被关进小房由学生柳××持枪看守。

约半夜时分，柳××在院内喊叫："李佩旭跳茅啦！"教师、学生闻声急忙跑进厕所。厕所很深很大。我到厕所时，李佩旭还活着，人们用锄头、木棍打捞，但他窜到死角，怎么也捞不着，说明他决心要死，不想人世。经过一个多小时的打捞，李已绝气，捞上来以后，又赶快头向下倒粪水，抢救了一阵无济于事。高校长放声大哭："我没法交待政府。"师生们默默叹息……

事情发生以后的第二天，梁广义发动学生把李佩旭的尸体拖到蒲泓河滩，叫学生把尸体大卸八块，用火烧掉。如此疯狂的野蛮行为，我实在目不忍睹，借病未到现场。

李佩旭之死，在社会、学校、群众、家长之间引起很大反响。因为在1945年冬季寒假期过后，梁广义搞所谓“反特运动”，说李佩旭在学校发展“三青团”，把和李沾亲带故的学生都吊打、用火柱烙，进行审供，直到将学生李树富打死。因此，在校学生不安心，在家的不来上学，人心惶惶，教学秩序失常。为了挽回这种局面，学校派我和燕景仪到中村去做善后工作，召开家长会议，宣传广大群众，说明李佩旭之死，用快板形式编写的宣传材料，开头几句：“李佩旭家住中村镇，家庭过得很能行，开油坊，把账放，杂货铺有好几处……”

事后不久，蔡宏副县长到学校召开教师座谈会，安慰大家安心工作，动员学生照常上课，但对李之死并未作出任何结论。

1946年末，我实在不愿在蒲泓高小工作，向王维岳县长要求调回士敏，1947年春，我调士敏中学任总务科长。

随着时光的流逝，离开蒲泓高小已50多年，我已74岁，垂垂老矣，但回忆往事，皆历历在目，那种极“左”的做法，残忍的手段，给社会、家长、许多孩子，造下了永远磨不掉的伤痕。不过，历史是无情的，终究会真相大白的，党的十一届三中全会以后，许多冤假错案都得到了平反昭雪。李佩旭等之悬案沁水县委已予以澄清，予以平反。

（1997年9月23日于沁水城）

难忘的纪念

——忆冤死的李佩旭老师

侯淑芹

去年返故里，得知50多年前发生在蒲泓高小的一起冤假错案终于得到纠正平反。使我大为惊叹，感慨万端。这迟到的纠正、平反叫人思绪万千，把我带回记忆中永远难忘的年代。

那是1946年，是一个阴云密布的清晨，校园内气氛仍笼罩在腥风血雨的白色恐怖之中。通往学生厕所的路上人头攒动，全校师生几乎全拥挤到厕所周围，水泄不通。寒风里令人骇然，禁不住打寒战，嘈杂地嚷着李佩旭跳厕所身亡了。这真使人难以置信！前两天，他招供不出自封校领导者所需要的口供，还忍受着绞心般剧痛，不断接受残酷的毒打、烫烙与无休止的刑讯逼供车轮战。怎么一下子乘上厕所之机就跳下一人多深的大粪坑淹死了呢？死了就能一切无事了吗？自封领导者说这是畏罪自杀，是自绝于人民，还要严惩……于是，我们这些天真无邪的小学生娃娃，根据上边的布置，扛着长矛，拿着大刀，来到蒲泓河畔的一片沙地上，惩治“特务”李佩旭。“先进者”蜂拥而上，把“李佩旭”的皮肉割下剁成肉泥，最后把有脸盆大的一团泥浆架火焚烧了。目睹这一切，我的眼睛什么也看不见了。好在是我最小，本来就站在最后一排最末一个的我，在不知不觉中退到河跟前，全身抖瑟着，天也越来越冷越暗，眼前茫然一片……

此后，我常常从噩梦中惊醒，也常常在梦中见到李老师和蔼、慈祥的面孔。在蒲泓高小我没能听过他授课，但入校前我们就相识，我们是同乡同村的邻居，还有点亲戚关系，逢年过节两家人有走动，他也是我们家的常客。我记得，他身材高挑，善言谈，很谦和，说话风趣、幽默，爱好广泛，吹、拉、弹、唱样样擅长。他笛子吹得好，二胡拉得好。常在我们家拉、唱什么《小放牛》、《四季歌》、《送郎打东洋》等曲调。许多歌词是他为宣传政策编写的。他在我们家一边拉唱，一边和我伯父侯镇河一起探讨，征求意见，还征求我母亲和伯母的意见，问她们能不能听明白。那时正在宣传抗日战争的伟大胜利。校宣传队的演出很受群众欢迎，团结了群众，打击了敌人，据说有的节目还是他的创作。

记得学校开学了，他就不能常到我们家来了，我是多么想他啊，常念叨着，盼望他能多放几次假。总之我们家里大大小小的人都喜欢他，就连常年难得笑一次沉默寡言的老祖父，也爱同他拉话，有时还发出笑声。他来我家，总爱逗我玩。他很爱孩子，常给我讲故事，大都讲一些古人勤学的故事，什么借光读书、悬梁刺股刻苦学习等等。还鼓励我要向男子一样读书、上进。他给我讲了许多古代女子的英雄事迹，什么“花木兰代父从军”、“梁红玉击鼓助战”、“杨门女将”、“蔡文姬”等等，她们和男子一样报效国家，只要立志就行，就能干一番事业，古代女子都能冲破种种牢笼，为国出力，何况今人！他告诉我，打日本鬼子，就有许多女战士、女将领。他给我讲赵一曼烈士等的英雄事迹，教育我、鼓励我。他和伯父都是我的启蒙老师，使我在艰苦的环境中，学知识，学做人，走上一条读书、上进的人生路，我终生难忘。

他很同情妇女，他说中国的女人最苦，但她们的容量最大，有巨大的凝聚力。她们纤弱的身躯，维系着我们民族的劳动繁衍，是家庭中的支柱。他这样说，也是这样做的。他的妻子是他的童养媳。他常为家中对妻子的不平等待遇而抗衡。只要他回到家里，就替妻子分忧解愁，帮干家务活，上地劳动……在我幼小的心灵里刻着他对人亲善，能为他人排忧解难，平易近人的品德，所以我的伯母、婶娘、妈妈等有什么事都愿告诉他，想从他那里讨个主意……这些琐事，至今记忆犹存。

往事历历，时过境迁，李老师以及同他一起遭受到极“左”思潮迫害的张允娴（女）老师和李树福同学等，已冤死五十多年，家破人亡，后继无人，有关亲属也受株连。但阴霾终于散开，这纠正、平反既昭雪告慰冤魂，也对存者是极大抚慰。党的坚持真理、修正错误的政策是永存的。安息吧！李佩旭老师。

（1998 年 2 月 22 日于兰州）

沁南蒲泓高小“反特”事件回眸

刘培兰

1946 年上半年，在我们沁南蒲泓高小发生过一起骇人听闻的所谓“反特”事件。我当时作为该校五班学生，对此事仍记忆犹新，既是参与者亦是见证人。坦诚的说，那时我还只是一个十几岁的娃娃，不懂事，对学校发生的事很少去问几个为什么？“反特”事件虽已过去半个多世纪，但其来龙去脉，历史背景至今我还搞不清楚。可以说是知其然，而不知其所以然。我记得那时社会上对家庭出身，阶级成分都很强调，在批斗李佩旭、李树福、李德煜时，就把地主和社会关系联系起来，采取捆、绑、吊、打，对他们进行人身摧残。李佩旭最后跳茅坑(厕所)而死。然后又有人将他的尸体搬到学校下面河滩，当时有很多人用带来的刀具和锄头乱砍乱剁，砍得粉碎，最后将尸体用火焚毁，真是触目惊心，惨不忍睹。

李树福在长时间批斗吊打后死亡。鲁迅先生有句名言：“暗暗的死，在一个人是极其惨苦的事。”难道他们不是这样的么？有一个问题我一直在思考着：当时“反特”事件这股风是从哪里刮来的呢？是上面的组织布置下来的任务开展这次运动？还是学校领导自己所为？但不管怎样，这次事件是死了三条人命，难道不应引起我们深思吗？作为当时学校的主要领导不知对此事是否醒悟和有何态度？总不能沉默处之吧！我认为最低限度都要负领导责任。如果说作为错误路线的执行者，那也应该作深刻的自我批评，不然的话我们怎么向九泉之下的死者和他们的亲友交待呢？说实在的，我在回忆这些往事的时候，心里亦非常难过，总感觉有些内疚和遗憾。在当时极左思潮的运作下，为亲眼看到自己的老师和同学被吊、被打，但是也没有什么办法来挽救他们而感到遗憾，这场大的悲剧发生先后造成了三人死亡，而且牵连了其他一些同学受害，其范围之大，影响之大，性质恶劣，后果严重。俗话说：“人非草木，孰能无情。”我想原来蒲泓高小的一些老师和同学，只要回眸起来这件事，无不感到痛心！我这里还要向死去的老师和同学致以哀悼。

“山重水复疑无路，柳暗花明又一村”。40 年代的蒲泓高小发生的“反特”事件，今天终于真相大白。

当年发生的这件事，好在我们这些当事人现在大部分都还健在，虽说都是耳顺古稀之年的人了，但是对搞清这件事，还是起了一定的作用。

马克思主义的精髓就是实事求是，由于沁水县委和有关领导的高度重视和积极支持；由于刘建基等同志的积极努力和细致工作，终于将40年代的一起冤假错案翻了过来，得到了平反昭雪，借此机会我向他们表示诚挚地敬意和衷心地感谢！我期待着《人间真情》一书早日出版，因为她反映了沁南蒲泓高小的一段真实历史，从正反两个方面总结了血的历史教训，指出了极“左”指导思想的危害性，不论是从现实意义还是从长远的历史意义来看，它都是一部生动的思想教育好教材。

希望编辑和有关方面积极努力，让此书早日赐予读者。

（1998年3月24日于湖南株洲市）

往事如针

——诉崔老师对我的审讯

谭怀璜

1946年的春天，对蒲泓高小来说，是一个疯狂的春天，恐怖的春天。春节刚过，学校开学，我和其他学生一样背上作为伙食的粮食返校。一进校门就觉得老师和学生的态度与过去不大一样，互相见了是敬而远之，没有欢乐，也没有笑容，随时还有被抓、被打的可怕事端发生。我们班原住笔墨厂楼下，可是这次我去了学校，却叫我们到中间院东楼上去睡。问为什么，谁都不说。而且也不让说。晚上睡时手脚还被人用裤腰带捆住，不自由，真难睡呀！

我是中村镇人，五岁时父母先后故去，留下我和出嫁的姐姐，安埋了父母，分家多年的三叔和四叔便把我领回他们家，等我们稍大点就随他们上地、放牛，到逢年过节才跟老人一块走走亲戚。在家十多年除了放牛、上地出村，没有到过东南西北10里路以外。这下到蒲泓高小要算是出远门了。所以生性怯懦，又没有什么知识，混混沌沌，少言寡语。时下看到西道河的一些同学一边在笔墨厂楼下交代问题，一边又一个一个被传唤到训导处审问，不是被恫吓，就是被殴打，气氛格外阴森、恐怖，真不知是怎么回事，更不知该怎么办，整天惴惴不安。

有天突然唤到我头上，乍一听，如临大敌，吓得我丢魂失魄。传唤的人说：“崔老师叫你到训导处去。”我一听慌忙就去了。到训导处小楼上，头也不敢抬，吓得还未站好，崔老师就大叫起来，拍着凳子，打着桌子，向我吼叫着，叫我交待问题。那时我是丈二和尚，摸不着头脑。我有什么可交待的呢！我只是低着头哭，他是不停地吼叫，吼叫的什么，我是吓得听不懂，说不来，像傻子一样。一阵威胁之后，崔老师又换了个面孔，像哄小孩子一样，编造了许多话，问这，问那，他边说边让我回答。“是、不是”或“对、不对”。他问的话，我根本听不懂，不明白。但在那种恐怖高压、欺诈胁迫的逆境中，气氛怕人。不按崔老师反复逼问的话说，是过不去的，不胡说也不行。最后无法只得他问啥我即顺着答啥，照他胡语的胡语，照他瞎说的瞎说，糊涂极了。说完，崔老师还叫写，不会写，他还教怎么写，实际上就是他说他教，我写。写完了，他满意了，又叫我写上我的名字。为了不被捆绑吊打，我就这样被他逼得写过。逼完了，写过了，答了些什么，写了些什么，连我自己也不知道。同时，训导干事梁广义蒙蔽学生，并领头斗西道河学生，打西道河学生，事件越来越激烈，越来越恶化，许多十来岁的同学惨遭不幸的祸殃，有的被打死，有的被打成重伤，在严刑拷打逼供下，说李佩旭是特务，发展“三青团”，乱七八糟什么也出来了。那时我年幼无知，根本不明白什么是“三青团”，只是听崔老师说了才知道这个名称。至于“三青团”三个字怎么写，我也不清楚。往事如针刺着心尖。多少年来，一想起此事，就深感可怕，但忘也忘不了，真是痛苦之极！

李佩旭是中村人，住在中村东街厅房院。我们住的是上下院，他家在上院，我家在下院，相距很近，可以说上厕所都常碰到。他是作风正派、为人谦逊、热忱负责、治学严谨、热爱儿童、平易近人，被人们奉为楷模的好老师。我上小学他就是我们的老师。我小时学习差，基础打得不好，还没上几天小学，其他孩子上高小了，家里人就叫我也去上高小。在学校学起来感到非常吃力，说起来我是笨学生，只知成天埋头用功。万没想到，学没有上几天，崔、梁在学校就掀起了骇人听闻的所谓“反特”风波，铸成李佩旭等人冤假错案，我也和其他同学一样成了受害者。严重的创伤一压就是几十年，想起来就难过。这种在学校由个别人造成的冤假错案，在五十多年后能得到平反昭雪，确实不容易呀！我得知这一平反的消息后，深感党的政策正确伟大，我衷心感谢党、感谢中共沁水县委、县政府，以及各级领导和原高小的老师及同学，以实事求是还历史以真面目，还了已死去的老师李佩旭、张允娴、学生李树福以及当时所有受害同学以清白，卸去了学生的包袱，恢复了名誉。这不仅使党的有错必纠的政策得到了落实，给所有受害者个人还了清白，也使后人从中受到启迪。

（1999 年 2 月 4 日于昆明）

我们的确是无辜的受害者

李德煜

我原是沁水县冶内人，因家贫穷，人多，为活命，被送给中村镇上沟村李家，是中村镇东街李家外甥。我的两个舅父都有文化，知书达理，对我影响很大。我从小就想念书识字，多学些知识，做个对社会有用的人。于是在1944年我15岁时就考取蒲泓高小，次年，我的舅父也被调到蒲泓高小任教。由于这种亲缘关系，在学校我和他接触就多些。

我舅父李佩旭是个出言谨慎，操守方正，办事特别认真细心，教书育人庄重严谨，一本正经，称得上恪守师道的好教员。同学们都喜欢接近他，听他说话授课，看他写字画画，向他求教。有的学生还把他当作一位长者信赖，把在家带的窝窝头、炒玉米等，放在他的住处，要吃时就去取，来来往往。

我舅父李佩旭在蒲泓高小住在过殿东边的一间小屋，与训导干事梁广义住的小屋正对门，间距很近。彼此说话听得见，干什么也容易看到。由于梁广义不自重，又不自尊，言行举止有失师长身份，在同学教师中早有议论。梁广义做事心虚，便怀疑是我舅父李佩旭对他说三道四，即对我舅父李佩旭怀恨在心，罗织罪名，把学校内外发生的一些似是而非的事，甚至是社会上的一些流言蜚语，也要强加到我舅父李佩旭头上，欲置之死地而后快。

20世纪40年代，沿袭了几千年的封建迷信思想，仍不断毒害人们的灵魂，人们的科学知识非常贫乏。尤其是在那内忧外患，老百姓饥寒交迫的年代，可以说是鸡犬不宁，连禽兽也是食不果腹。在蒲泓高小的一位女生被狼吃了之后，社会上有人把狼吃人的事迷信化，也还传说是寺庙里有老蛇等等。甚至也发生过学生年幼，常识浅薄，把狗当狼乱叫乱喊的事。但这些在学校里边，同学们也只是时过境迁，不是当笑话，就是当耳旁风。更何况社会上的谣传是没有根据的，对封建迷信的破除及环境的净化，是一个相当长和相当艰巨的工程。然而，梁广义出于不可告人的目的，就愚弄一些年幼无知的学生，把这些现象扩大化，强栽到李佩旭头上。

1946年正月，教师都集中在县城学习。开学后，学校由梁广义照护，先是让学生学习时事，后来分班讨论。我们班被分在后院西楼上。说是讨论，实际上是梁广义在运动学生给李佩旭提意见。在我班一位姓×的同学提意见后，我天真地就说某同学提的意见不符合事实。话还没有说完，梁广义就马上逼问我："为什么包庇李佩旭？"顿时把矛头全集中到我这个单纯无邪的小孩子头上。一大堆"为什么"，一大片喊叫声包围了我，吓得我心惊肉跳，浑身哆嗦昏头昏脑，不会说话。晚上，梁广义又把学生集合到前院西排的一个房子里，面对屋里屋外挤满的人，逼我老老实实回答他们一个接一个的追问。那时我蒙昧无知，见少识寡，对社会上的事除了知道打日本、打蒋介石外，一无所知。他们问的事，有的我从来就没有听说过，不懂。回答不上来，他们就把我的双手倒背到身后，用绳子捆住，用木棒狠打。打我也说不出来，他们就往房梁上穿一条长绳，把我的双手拴到绳一头，另一头由他们拉着。我说不出来，他们就猛拉绳的另一头，把我抽到半空中，还没头没脑地打。当时天气还冷,大家还穿着棉衣棉裤。他们要痛打我,就剥下我的烂棉衣、棉裤,让我光着身子挨打,打得我伤筋断骨,皮开肉绽,血水直流,屎尿失禁。我不知道该回答什么,他们又到伙房把火柱、煤锹烧红,拿来烫烙我血肉模糊的身体。痛得我失去知觉,神志不清,吊在半空中拉出了屎尿也不知道。

第二天稍微苏醒过来,昏迷中才听看守我的同学说,是几个同学把在半空中拉屎拉尿的我,拖到了房子躺着。还说:“把你打成这个样子,不能动了,你还不说。人家王××都说了,你们中村那片学生大部分都参加了李佩旭组织的三青团,说你还是秘书,还填了表。”

次日,他们又把我这惨伤的小孩子捆着拉到会场,继续开我的斗争会,逼问我:李佩旭是不是三青团?是不是国民党?是不是特务?都有谁参加?都是干什么的?填没有填表?表在哪里?有什么特务活动?更令人莫名其妙的是梁广义给李佩旭罗织罪名,甚至还把张允娴家里人在淘厕所时捡到的一支不能用的烂枪想让我舅父送到上峪兵工厂修的事,也说成是拿来搞暗杀活动的等等。这些都是无中生有的问题。我说不知道,他们就又一绳吊起我毒打,威逼我。我受不了就不得不乱说,从半空中放下来我又说不上来,他们就又打又吊,又吊又打,反反复复,恐怖异常,浑身血伤,难以忍耐,我就只好违心地照他们诱问的话攀供。他们向我要表,我拿不出来,就在他们威逼下谎说在我家楼上梁旮旯。梁广义就派王建斌等人去我家找,把楼上搜遍了也没有,我又招来一顿死去活来的毒打。

在梁广义的指使下打我最凶的是王建斌,他和我是同班同学,他家是大南坡的,用板凳腿打我,用火柱烙我,用铁锹烫我的手、大腿、前胸,都是王建斌所为。我被打伤后,对我最好的是我的同班同学杨长斌,他是石雾人,喂我喝水,喂我吃饭,回家治伤时帮我父亲抬担架送我回家,在我家住了两三天才返回学校。在那种年代,在那种恐怖气氛下,杨长斌同学真是了不起的人,我永远忘不了他。当然我永远也忘不了打我最凶的王建斌这种最野蛮的人。

几天后,我父亲在村里找了几个人,到学校请求把我抬回治伤。在家请医治疗了几个月,才能翻身。一天,我的同村同学张文杰来看我,悄悄对我说,在这次运动中,李树福同学被打死了,刘培教、李树昌、刘培思等同学也挨得不轻,还说王××、谭××是如何如何说的,等等。我边听边想,伤好后再逼我,我也只能照别人捏造的这些去屈打成招。六月初,学校把李佩旭从县里押解回来斗争,被捆绑被吊打,他没有无中生有胡诌乱编。梁广义就突然逼我与李佩旭当面对口供,我一听心里更慌,更紧张,这是捏造的谎话,怎么对法?!但不答应,又要招来大祸。无奈,只好颤颤栗栗地走到我舅父李佩旭面前,羞愧地低着头胡说几句。我舅父听了我的谎言,就振了振他那伤痕累累的身子,尽力从嗓子眼清楚地吐出了“没有!根本没有三青团这回事”等几个字。他尊重事实,不坑害学生,吐出了真情。但他过不了梁广义置他死地这一关。无奈,他当天黑夜清清白白不掺假地离开了人世。他的尸体又在梁广义的指使下,被剁成碎块架火焚烧了。他死得真惨,他死得真冤!

我在家治伤养伤期间,梁广义曾三番五次派人到我家催我逼我迅速返校同被打被斗被诬陷的同学核对所谓口供材料,再由他编造往上送。但我从头到尾没有向梁广义写过任何反省材料。

40年代,我是一个天真烂漫的少年,就是做梦也没有想到会祸从天降,大难临头,成了蒲泓高小"反特"运动中一个严重受害者。不真实的口供整得我一辈子翻不了身,在家老老实实务农也不能顺顺当当,安安稳稳,连子孙也受株连。日子过得真艰难,也不知道这宗冤案何日才能雪洗?

冤案发生50多年了,有的人死了,我人也老了。前些日子突然有同学来通知我,说县委、县政府给蒲泓高小四六年"反特"运动受害者平反了,恢复名誉。我一听,还以为是在做梦,后来同学再三说是真的平反了,还拿出文件给我看。我一下激动得双眼不停地流泪。蒲泓高小四六年"反特"运动确实是伤天害理的梁广义一手导演的一出悲剧,我们这些人确实冤枉,确实悲惨,确实是无辜的受害者。今天能给我们平反昭雪,我们非常感谢沁水县委、县政府,感谢帮助关心我们的老师和同学。在此,我代表惨死的舅父李佩旭、同学李树福以及在这次运动中受害的其他同学,向党、向政府和老师、同学深深地鞠躬以示感谢!

(1997年11月30日于沁水县上沟村)

我仍抱有很大希望

刘培恩

我土生土长在这块土地上,家乡的父老兄弟看着我长大,对我了如指掌一清二楚。我对共产党是拥护的,信赖的。我对党的号召是响应的,党的话我是听从的。参加工作几十年来,我是勤勤恳恳忠于职守埋头苦干的。尤其是近几年来,党的政策更实事求是极大地调动了我的积极性,为乡亲们也作出了一点贡献。但是四六年蒲泓高小"反特"运动这一冤假错案一直束缚着我,一提起它,一想到它,冷汗便从头上渗出,多年来,把我运动怕了,十一届三中全会前我是个"写不完的检查请不完的罪的人"。每当我向组织上请求纠正这一冤假错案,就会招来一场灾难,说我是不死心的坏人,是翻案,又给我记大过,又对我批斗,我始终解脱不出来。十一届三中全会以后,我亲眼看到党纠正了那么多,那么大,那么重的冤假错案,我在内心高兴,我期望着我也能有这天。我相信党,相信群众,当时参加运动的同学都会回忆起那段残酷斗争的情景，都会讲真情说实话的。都会对党，对我们蒙冤的同学负责的。因此，我再一次提出请求，请组织调查，予以平反。这次，我抱有很大希望。

1946年春，学校刚开学，我还没有去报到，就突然来了几个同学到中村，将我和李树昌、李树福等好几个同学捉住捆到学校。当时天色已晚，梁广义就在训导处对我进行审讯，开口就问我参加过三青团吗，我回答："没有。我不知道什么叫三青团。"梁广义一听，就从门后拿出一根棍子狠狠地朝我头上打来，打得我头破血流，接着威胁我："你不说，就拿火柱烙你"，"不说，就活埋你"，"再不说，就活剐你"等等。我紧张得两眼发直，恐惧得心裂胆破，只好承认是三青团。他再审问什么，我都不知道，说不出来。他们让人把我看管起来后，就又去审问李树福。我在另一个房子时能听到李树昌、李树福分别挨打的喊声。但到天亮，听说李树福已死了，这就更增加了我的恐惧心理，非常害怕。第二天再审讯我时，我在威逼下，就把从看守我的人那儿听来的一些话说给他们，或他们说什么我就顺着说什么。他们问我是不是三青团，我违心地说是，他们问我是不是李佩旭发展的，我仍违心地说是。无中生有，无事生非。学校成了人间地狱，大门锁着，白天黑夜的斗争，深夜也不让挨斗的同学休息。他们把我们这些人的手倒背捆住，说是防止我们寻死。不过那时也确实是死了比活着好受些，要是没有人看着，可能死的人更多。一连十来天，没完没了地捆绑吊打，无休止地烫烙折磨，李德煜、刘培教被打得无一块好皮，被打成重伤，不能动弹。十多个受株连的同学无一幸免，一个个在威逼中惊恐万状，胡言乱语。

老师们到县里集训未回学校前，梁广义独揽大权，独断专行，为所欲为。捆人、打人、打伤人、打死人是他直接负责的。把张允娴和李佩旭两位老师押回学校批斗也是梁广义策划的。张允娴在押回途中跳井死去，李佩旭押回学校后被百般折磨，残酷斗争，跳茅死去。尸体还被剁成肉泥，用火烧掉。

李佩旭死后，梁广义又突然宣布我们这些受株连的无辜同学集中，说要学文件，讲政策，要我们一个个写反省，写检查。完全违背了县政府与公安局负责人在李佩旭死后给学生们讲的"不能把逼供信的事实信以为真，小孩子是无罪的，是上当受骗的"等安顿人心的精神。

冤案的起因我始终蒙在鼓里。只听说学校刚开学，学校无教师上课，由梁广义领导学生学时事。一天他要大家联系实际给教师提意见，有个同学给李佩旭提意见后，李佩旭的外甥李德煜说那个同学提的不是事实，就招来一场大祸，一下子株连了一大串无辜的中村一带同学，引发了这个运动与冤案的发生。

李佩旭是1942年在中村教书，1943年调到白华学校，1944年后半年才调到蒲泓高小任教的。而我是1945年进蒲泓高小，当时只有14岁，冤案发生时才15

岁,还是一个十多岁的孩子,根本不懂事。对“三青团”是怎么回事,也从未听说过。然而,就是梁广义一句信口雌黄,逼着我承认是李佩旭发展的“三青团”,李佩旭本人至死也不承认自己是“三青团”,真正入过“三青团”的人也不承认李佩旭入过“三青团”。带着我们这些纯真的娃娃胡说是李佩旭发展的“三青团”,岂不是天方夜谭,非常荒唐的事吗?梁广义一手制造了这一极其悲痛的横事,使许多人无辜几十年来受到不公正的对待,影响了学习,影响了工作,影响了一生,影响了子孙,真是痛哉!冤哉!请能甄别平反。

(1984 年 3 月 20 日于沁水中村)

我遭无妄之灾

尚日旭

我是 1944 年到蒲泓高小上学的。1946 年正月开学时,因教员在沁水城集训,半个月后我才去上学。到校后尚春善、郑永跃同学告我:“学校把李佩旭老师送到县公安局啦,又把学生李树福打死了。”我问是因为什么事情?他俩人说:“人家说中村那片学生大部分都参加过李佩旭组织的‘三青团’,其中也有你的名字。”但是这件事当时学校领导始终没有人问过我。大概又过了一个多月,我对训导干事梁广义说:“我没有参加过这个组织,什么叫‘三青团’我也不知道。”梁广义当时答复我说:“事情已经过去了,这是李佩旭的事,和你们没有关系,安心学习吧!”但不知怎么回事,又传说我是“三青团”。从此,这顶无中生有的帽子就一直压在我头上,有嘴也说不清。1964 年平地起风波把我的副乡长撤了,也把我的共产党员的党籍停止了(我是 1955 年 10 月 1 日入党的)。从此以后,我的政治生命结束了,失去了灵魂,心情很难受。“文革”中清理阶级队伍又把这个不是问题的问题翻腾出来,硬纠缠我是“三青团”。为此事我专门到了临汾找过学校当时的训导主任、党组织的负责人崔皓辰,他告诉我这件事那时搞得很粗糙,搞得很乱……如果组织上来调查时,他可以给我写证明。后来中村党总支曾专门派李怀玉到临汾地区文化局向崔皓辰调查过。崔皓辰写过证明说:当时学校有人揭发“三青团”这件事,但是谁介绍的也弄不清楚。那时运动搞得很乱,搞得很粗糙,也无结果……

这个无妄之灾一直让我背了 50 多年了。刘培恩在世时和我经常讲起这桩冤案,他告诉我刘建基同志为纠正平反这个冤案多年来很重视,曾多次向沁水县委写过信,县委也开过一次座谈会但还未落实,我们仍忍辱含冤,但我们还没有泄气,没有绝望。多少个不眠之夜,我们怀念着党的“实事求是”的优良传统,我们坚信总有一天这个冤案能搞清楚,党的“有错必纠”的政策一定会在我们身上得到体现,历史总有一天会作出公正的结论。这一天,终于来了,沁水县委、县政府给我们平反昭雪了,恢复名誉了。当我接到正式决定时,我非常激动,我感谢党,感谢老师和同学,你们沉冤昭雪了,历史还了你们本来面目,你们安息吧!我们活着受害的同学起死回生了,眉开眼笑了。

(1997年10月31日于中村)

冤死的李树福,安息吧!

郑挺奇(搜集整理)

李树福乳名茂虎,1930年生于沁水县中村镇东街李家胡同一殷实之家。其祖父李明旭系地主兼管炉号,有一定财力。大约在20世纪20年代初期,就招收二三十个小娃娃学习蒲剧。中期又与人合股创办蒲剧娃娃班。到30年代中期便发展成为专业蒲剧团,在沁水县、翼城县、绛县交界之处产生较大影响。其父李榜章深受蒲剧组团演出影响,长期投身于管理演员演出时用的服装和道具。50年代沁水建立光明剧团,他仍从事此职业。李树福年幼时经常被大人带着到剧团看排练观演出,受到熏陶,耳濡目染,即较早地喜爱上唱戏。他暗下功夫,苦练大花脸的唱做念打技艺,表情有板有眼,大人有时也让他登台露面,他那粗犷豪放、慷慨激越的童子气质与风度初露锋芒,博得剧团艺人与观众的钟爱。

李树福朴实厚道、谨小慎微。小时在中村念小学,从师于侯镇河、李佩旭,很是勤奋进取。蒲泓设办高小后,他和村里几个年龄相仿的孩子就到蒲泓上了高小。1946年春节刚过,他还未去上学,突然祸从天降,高小来了一些人就把他和李树昌、杜仲源以及已参军穿着军装的韩殿魁等一起唱过戏的几个同学捆绑走了。到了学校,梁广义立即对他进行审讯,事务处小房内外挤满了人,问他什么,他都说不知道。说不知道就被打、被吊,他被打得不停地惨叫,从下午一直审讯拷打到晚上,才被押出事务处。走在路上他要求喝水,看守他的人遂带他到伙房去喝,然后,便回到东斋房休息。第二天早上同学们见他两只脚拖地,叫他不醒,才发现他已死了。当天梁广义又让人到中村通知其家属到学校抬尸。村里人把李树福抬回中村后,按当时的民俗是不敢进村的,于是就放在中村东阁儿外等候埋葬,死时年仅16岁。

李树福的家属对他的死混混沌沌不明不白,直到把李佩旭逼死,才听说是因为李树福是李佩旭的堂孙,他们亲近。学校一个训导干事梁广义要通过斗争李树福,逼出口供,给李佩旭定罪。李树福是家庭出身不好,但本人忠厚老实,安分守己，从不惹是生非，更没干过坏事，突然被梁广义等吊打致死，至死也未承认自己是"三青团"，死得真冤枉！李树福冤死之后，政治运动不断，谁敢为他申冤，何况家庭成分不好，更得老老实实，规规矩矩，不准乱说乱动。他的新寡改嫁，家中老人相继故去，一个小妹妹也远嫁他乡。人亡家破，后继无人，何等凄怆！1997 年9月沁水县委为其平反昭雪的文件发出，也没一个亲人能代收，只能告诉村里的党组织和村干部。但是，为其平反昭雪确系事实，而且大白于世，冤屈而死的李树福，地下有灵，当该瞑目，安息吧！

（1999 年 3 月于贵阳市）

轸悼二叔李佩旭

李辉章（锦魁）

李佩旭是我父亲李常旭的胞弟，我是他的侄子，我称他二叔。

中共沁水县委、县政府本着对党、对人民、对蒙受冤屈群众的负责精神，以党的政策为准绳，以历史事实为依据，实事求是地还了 1946 年春蒲泓高小"反特"运动中凶死者的本来面目，洗雪了沉冤，恢复了名誉。我作为凶死者之一李佩旭的后人，衷心感谢党、感谢政府、感谢原蒲泓高小的广大师生，我赤诚地称颂党和政府英明、正确！我坚信党的路线和政策必能得到彻底的胜利！

我的家在山西省沁水县中村镇东街厅房院，我 1938 年就出生在这里。土改前，我的祖父李见善在中村街上做小本生意，开个小杂货铺，经营一些日用小百货。家中有 20 多间房屋，40 多亩山地，因无劳动力耕种，就请人帮助。土改时定为地主成分，土地和房屋全交了出去。在我记忆中，祖父瘦矮的个子，清瘦的脸庞，有几绺稀疏的胡须，经常穿一件深色的家织粗棉布长袍，是位心慈面善、胆小怕事的老实人，因病 1947 年夏仙逝。祖母董氏，操持家务，生育一女三男，60 年代初仙逝。姑母李转芝是姊妹中长者，嫁给冶内村一柳姓清贫人家，生活无着，把自己亲生的第二个儿子即李煜德从小送给上沟村李家为子。姑父母先后病逝。父亲李常旭 30 年代曾在中村高小任教，后离乡外出，上学求职，新中国成立后才和家里取得联系。在太原先后从事生产技术、企业管理工作，1992 年逝世，享年82岁。母亲王子珍家庭妇女，娴雅善良，在祖父仙逝之后，主持家政，操劳家务，侍奉老人，照顾病人，抚养孩子，有时还从事许多勉为其难的活路，宵衣旰食，伶俜苦辛，任劳任怨，劳碌终生，1982 年逝世。二叔李佩旭中学毕业后参加过"牺盟会"，并开展过工作。1946 年在蒲泓高小任教时，惨遭迫害，不幸身亡。二婶席桂珍我称小妈，家庭妇女，生一女婴未成活。二叔遇难后，无可奈何，另嫁他人，但仍住中村东街。和我母亲亲如姐妹，妯娌之情深厚，彼此亲密无间，关系始终如初。她1985年故去。三叔李兴旭是先天性残疾人，无独立生活能力，50年代初癫痫病发故去。

二叔李佩旭只是在我幼年时与我相处过极短的时间。他勤奋好学、多才多艺、朴实稳健、彬彬有礼、平易近人、和善可亲。特别热心教学，喜爱小孩子，他在中村小学教书，成天和小孩子在一起非常耐心，不厌其烦。回到家里不是拉二胡、品品箫，就是信笔涂抹丹青，写写字，或看药书、小说，做家务，更多的空闲就是和我在一起，教我认常用的字，背古诗、识数、猜谜语等，做简单的手工游戏，可以说他是我的启蒙老师。他用一张正方形的纸能折叠出衣服、裤子、帽子、小船等等样式的小玩意，他一边折叠，一边还耐心地教我，接着让我自己动手去做。当我也能折叠出来这些玩意时，他就高兴地表扬我，鼓励我，提高我多动脑筋多动手的兴趣。二叔很爱整齐清洁，手脸与衣服经常是干干净净的。每当出门，也总要把衣服鞋袜穿整齐，而且还要前后左右顾盼一番自己的体态仪表，非常仔细、正正派派。这些琐事给我留下了极深的印象。多少年来，他那透着坚毅的瘦弱身躯，透着诚挚的书生之气，透着睿智的纯朴形象，始终浮现在我的眼帘。

二叔非常关心我的成长，在家人面前经常说："无论如何也要让锦魁好好念书，把他培养成一个有出息的人。"这话对家人印象很深，影响也大。记得祖母在病重弥留之际还以二叔的口气嘱咐家人和邻居无论如何也要好好照护我长大好好念书。这些就是我记忆中的二叔和他留给我的无形财富，并且长期激励着我。

二叔1946年2月18日(农历正月十七)面辞家人，挑着小行李卷去县里集训。这一去，是他与家人的永别，这一去，连他一点遗骨也无法见着。事后才听说在蒲泓高小被人诬陷，瞎说他是什么"三青团"，特务。6月9日，把他折磨死后，又碎尸，最后用柴火烧了。他走得太惨，太早了！噩耗传来，全家人顿感震惊与悲恸。但是在"敌友"分明的年代，在"左"的错误与偏向正在发展的时期，明知冤枉、委屈，可谁敢去问个究竟，谁敢去讨个说法，谁又知道找什么地方申冤！真是欲问无胆，欲哭无声，悲愤与哀伤的泪水只能往自己肚里咽！我大姑家距离蒲泓近点，家庭成分也好，她虽去蒲泓河寻找过二叔的骨头，想拾回点来给二叔堆个坟堆，做个标识，可是非常遗憾，连骨灰也没有看到。所以，在我们家的坟地里，二叔也无法占一点葬身之地，一个小土圪堆都没有！家里人每到扫墓之时，总为之凄切怜悯！只有大姑扫墓时到蒲泓河为二叔焚香烧纸，以尽姐弟之情。

二叔，你走得太早了，时间隔得太长了！你走后，国家发生了深刻的变化，国家已从半殖民地半封建进入一个完全新的时代，人民真正站立起来了，国家开始了统一与团结，国家富强起来了，人民也过上了好日子。我母亲也于1950年毅然让我离开她投奔父亲，在太原上学又参加了工作，还加入了中国共产党。尤其是在党的十一届三中全会后，国家以经济建设为中心，坚持四项基本原则，坚持改革开放，国家经济实力日益增强，人民都得到了实际利益，政通人和。你和你的同事与学生的冤案也得到了平反昭雪，恢复名誉，还原了你们的本来面目。现在告知于你，你若在天有灵，应感到欣慰，你的后人和你的同事与学生都永远怀念你！

二叔，你安息吧！

（1999年5月10日于太原市）

三、关于李枝章

雇长工　收地租　不劳而获

李枝章是中村的一个大地主，在本村霸占农民河下肥沃土地200余亩，并在外村帅家霸占土地100余亩，又在南岭上霸占庄田100余亩，连本村带外村，共计霸占农民土地420余亩。

李枝章全家共5口人，家里留下100亩好土地，常年雇用4个长工给自己耕种。雇农柳大文父子4人，就靠给地主李枝章扛长工，维持全家饥寒贫困生活。乔家庄雇农债户乔长水，就给李枝章当了一辈子长工，每年工资仅二十串钱，所有工资一分钱也不敢花，还不够给李枝章付利钱。乔长水的妻子没法生活，闹得衣不遮体，食不充饥，无奈拿上碗筷讨了10余年饭。有些好心肠的人，哀求李枝章给乔妻生活上想办法，李枝章不但不给解决，反辱骂说："天生的穷骨头，活该如此。"

大地主李枝章除雇长工耕种100余亩好地外，其余300余亩土地全部租给无地少地的贫苦农民，仅以租出的这些土地收租来说，在一般年景每年要收120余石租子。贫苦农民辛苦劳动一年，所得劳动果实，除交地主李枝章地租外，所剩粮食不够半年食用，有的甚至除交了租子则成一无所有。

霸民房　收房租　剥削为生

李枝章除用高租残酷地剥削贫苦农民外，还以赁市房做买卖剥削。

李枝章有市房150余间，仅中村本街就有80余间，中村多半街道差不多都成了李枝章的"世界"了，仅市房赁钱每年就400多元的收入。此外，自己在街上开设了一座"永兴合"杂货铺和一座"瑞兴同"药铺，两宗共有1500余元的资金，每年要收600余元的利润。并有与河南人合伙开办的一座"同记"京货铺，有布匹、绸缎、老衣等。以贱买贵卖、一本万利的剥削手段，把劳动人民的血汗都剥削到自己手里。

除经济剥削外,大地主李枝章在民国25年至28年间,利用其地主资产阶级身份收买群众选他当村长。这就使李枝章在村里财势两得,既有钱又有权,中村人大大小小见了面哪个不怕?这块压在人民头上的大石板,解放后在党的领导下,被劳动人民打得粉碎了。

摘自《沁水县志逸稿》

第十二卷　志余

第一章　邻村碑记

重修福胜寺记

乡进士　邑人　建斋张之屏撰

陕西巩昌府通判　邑人　柳泉柳遇春书

直隶河涧府通判　邑人　心田卫天民篆

沁水西四十里许，为蒲弘里，村后有寺，号曰：福胜。有僧名普雨者，以去岁秋九月，讬帅君文冈嘱余曰："福胜寺，村之胜也，圮坏良久，师祖福盖尝修之，愚僧雨亦复修之，前后工完，碑记尚虚，无以昭成绩而垂不朽。"余辞谢。后数日，复偕至，言愈谆切。余曰："览山川者知形胜，见营缮者叙功德，余道逖路殊，未尝足历而且睹也，空言何以信后？"帅君揖而前曰："先生辞之是矣，无以过与？顾吾帅氏，世迩兹土，少读于寺，壮而与知其详，试第言之可乎？且福胜昉自何代？相传在宋治平之初；建自何僧？则东京相国寺曹智密，由来所以为远也。北枕傲北山，南面舜王坪，阜山雄其左，丹坪峙其右，景之所以为奇也。院中古塌，圪立其上如米，其馨如兰，松柏之林，砻密如盖，地之所以为灵也。圮于至正之二年，火于嘉靖之六祀，渐次修理，功缘落成，事之所以可纪也，兼众美定。大功独足识耶？"余忻然而起曰：果，若君言斯文为不徒矣。

夫形胜天作，营建人谋。兴事者僧，翊相者众。假以转化之名，而阴为自利之计，僧之咎也。扬为好施之义，而实肆虚张之谋，众之□也僧虔矣，众诚矣。功立而无述，余之诟也。祥考正殿五间，重修在嘉靖十二年壬辰后二十六年丁未复命，工□治则祖福、独契、玄真为之综理，门徒普登、院主祖宾为之协赞，义民谭义为之广捐家赀。四十年辛酉，命匠塑圣像三舍加以金饰，菩萨、观音润以绚彩，则普雨洞达梵旨，为之劝课，院主普登、洪训为之辅翼，义民帅承恩、郑文道为之同心施财。工若成焉，寺若完焉，惟天王殿尚仍其故，众望攸系，不可不为之一新也。乃祖福并门徒普雨复转缘帅、郑二氏暨诸乡丈，各厚施金粟，重起天王殿三间。始自隆庆辛未春，历夏秋而告完，法轮耀彩，佛日呈空，金壁朱丹，前后辉映，伽蓝设于殿，傍水陆陈于院后，钟楼列于东庑，山门树于亩丘，东西僧房，星罗棋布，合之凡四十余间，视昔殆兴废改观矣。如景益奇，如地益灵，远近游者，无不称善。大司徒疏庵王公乘兴西驱，登眺宴赏，题咏镌石，炳炳数十联，非赞其胜而扬其功乎？余奚敢以不文辞？

老僧祖福徒普登、普雨，俗家俱上五泉人，姓席氏谭义，字有□，在北王东里。帅承恩，字君宠，号东庄，荣寿官。郑文道，字朝先，俱本里。帅君讳尚忠，字从夏，号曰文冈，承恩孙也，补增广生。输力输财各不同，而诚心乐善则一，故详书之如左，其余功德施主，咸列于碑阴云。

皇明万历二年岁次甲戌春三月吉日

文林郎　知沁水县事蠡吾　朱大化

迪功郎　舒　城　孙□泽

将仕郎　丹　阳　汪□朝

本寺主持　祖福　门徒　普雨　仝立

儒士邑人　樊宗智总理

玉　工　窦世宽　窦世亮　仝镌

（此碑现存中村镇蒲泓村福胜寺中）

舜帝庙序

立碑非古也，不识肇自何时，每见建一庙，必有一碑，或表扬神圣功德，或序建庙始末。碑存人欤，人存碑欤，抑神以碑灵欤，碑以神重欤，所不可考稽。祀典所载，有功德于人者祀之，捍大患御大难祀之。虞帝辟从来未剖之洪荒治水平土工虞教养传心于危微精一书传所记人人共闻共睹，岂容后学敢如椽蛇足。但吾乡近历山东北二十里许，村名可陶者，相传为虞帝微时陶冶于此。吾疃亦帝之汤沐邑也。建庙远无可查，或谓始于元至正，重修于明洪武、嘉靖。当明盛时，良笄年从先君拜扫诣其处，视栋宇崇隆，象貌辉煌，诚甚盛观也。庇一方雨旸时若百谷惟登家给人足，且人文蔚起，科第连绵，青衿集集。又村四隅弘亮，山环水绕，翠屏拱列，牌坊庭楼之岑峨，衣冠文武之酬作，实县西南巨擘焉。不意遭际不辰，时丁百六。崇祯初年，大寇盘拒往来□躏，窑洞熏死几半，焚烧杀掳，房舍煨烬，庙宇坵墟矣。

止余二三孑遗，东奔西窜，靡有定居。八、九年间，有复业开垦者，蝗旱频仍。十三、四年，斗米一两八钱，强弱互相杀食，饿死枕积。甚至父兄、子母、夫妻相食，道路数载，白骨掀天，残不可言。先君太学公讳□一，独履其地，恻然伤之，以谷易骨，母骨一担给谷二斗，并界洞中遗骸施冢瘗埋，复请僧众讽经拔济幽冥。庙犹未遑建也，乡人遇节跪拜于瓦砾荆棘中。至清初，又当水灾，大雨如霪，连朝不解，焚余房舍仍被崩塌。他处尚有压死者，吾庄幸以无恙。更有斋公义兵，民不聊生。嗣后，时稍平，人渐还，天亦有年。幼年十数尚倬、张玫、王奇才、张一经等，见庙宇倾圮，联一关圣会积银，于大庙东北角建关圣殿。年长张东蛟、张东皋、王一邦、尚崇一、张光灼、尚克一，坞集阖村公议，关圣有庙，而大庙颓败，是谁之责耶？可推委乎？众欣然乐从，施财舍木，助工平基。不日，在旧址建庙五楹，一切费用悉本村随心助借第缘簿失落，不能登载。然大乱之后，人户稀少，工程浩大，绵力难成。首事张光灼年过八旬，已先逝矣。旧首张东蛟、王一邦、生员尚继宗、灼子生员张奇修，倡众募缘远方。赖关圣显灵，药王施乐，远近祈祷，感应如响，布施鳞集复兴工，完成大殿、瓦武楼加柭簷、立两廊暨创药王戏楼。虽不能如畴昔之美丽，工亦去就□矣。众云：工竣，有庙不可无碑，有碑不可无文。征于良，良樗栎，余质才愧襪线未见一班年已七十，久不知笔砚为何物，其何能为。况立马以索，将何以应。不过即人离乱困苦之颠末，庙貌兴废之缘由，聊志以塞责，何敢言文云。

百无子邑庠士邻辰尚元良撰

邑庠生荆□张壂篆

邑庠生凝至尚参胃书

总理督工：王一邦　张东皋　张东蛟　尚　倬　张光灼　安　湖　张　珵
尚崇一　尚克一　张　玫　张加猷　张一经　王奇才　王鸣鸾
张奇观　张奇现　张光邦　尚元美　尚元化　张效义　张奇运
尚　桓

社首：王加全　张光唐

王马：安　海　侯王鼎　尚元鼎　王鸣虞

顶神人：□□□　张奇善

时清康熙壬戌岁长至月中浣吉日张马阖村仝立

玉　工：王美玉　吕辅周

（此碑现存中村镇张马村舜帝庙中）

创修虞帝庙碑记

环沁皆山也，凡山皆连也，东望榼山，近与鹿台诸山相连；西望坞岭，远与蒲左诸山相连；南望历山，首尾与河北□□连；而西南去城数十里许，有萃然起山气然立巍然峻望之俨若再之英山三袭之陟山，名曰：郑家圪塔者，地虽片垠土无旷民无游安居乐业，有古风焉。壬午春，余陛友人郊行步至□山之巅，见群峰声秀，居民鲜少，村旁有庙宇一所，詹牙高啄廊腰缦回锷"刘"焕然巨观，余甚焉因询厥由友人莫对有者人问余而言曰：此地南接历山西蒲坂，吾等祖居于此□以出作入息耕田打井火化粮食而享年成之乐者，皆虞帝之赐也，大都小邑立庙以祝之。独吾村地辟民少囊无馀，建庙之费力不能支父左无不遗憾焉。自乾隆四十七年岁在壬寅，咸创建神殿，以祈报之所，奈正殿工未告竣，而毫费已无余矣。由此老幼观望，咸有难矣，干支几乎两周不敢轻举。至嘉庆七年壬戌岁，社众概然思奋，欲继前人之志，而□□事，人人效力，家家聚财，乃公举交齐郑公，重诚王公，交泰郑公，总理其事，复举协办，数人募化邻村，以补不足，方经营伊始，爰属梓人度材陶人士延直以及坟金坟石设色之工各抡巽执□以营，凡属执事，无不协办共济，而为首诸公，更载经理不辞劳苦焉。自经始及秋告竣，惟正殿踵奋坤新，至若左右殿，及东西两廊，与山门舞楼，俱创始立新，其所赍不下一仟□金。吾等所以苦此而不苦其艰者非直为观美也。盖欲以荐黍稷骏奔走致祈祷之实交孚呼隐显示之际而昭神惠焉。余闻言而嘉其创成之善，喜其众志之诚日美事也，盍勒石以志之，老人吾等人有此志，但庙居山巅，门外尚包□固址以为久远之计，迨工完毕，即当立石，余兴友甚喜。而□冬十月，老人至舍，余曰：吾等创修庙宇，前后数十年，事子其为我□之。余曰：有事可志耳，何以交为因即以向之所闻于老人者，叙其始末，以垂不朽云。

邑儒学廪膳生员导川王汲熏沐谨撰及书

大清嘉庆七年总理社首：王重诚　郑交齐　郑交泰

督工兼募化人：郑良君　暨

郑交顺　郑交亨　郑交魁　郑交昌　燕友仁　郑交晋

郑交邻

本年总理社首：郑交和　郑景花

协办人：郑交杰　暨

郑景瑶　郑景江　郑景瑞　王有融

大清道光二年岁此壬午十月榖旦

（此碑现存中村镇下峪村舜帝庙中）

此碑文录于《下峪村志》供参考

石井沟桥碑记

桥梁之制，所以济舟车之不通。南人多设桥于水，北人多设桥于山。顾有水之处不必有山，而有山之处无不有水，此桥所以独多于北也。

吾乡石井沟者，石上生穴，不假修凿，自然成井，地以是得名。附近多冶炉，东通潞、泽，西达平阳诸州郡，山径之间有绝壑，商贾往来者，恒抱涉险虞。今上御极，里人王永太、李景昌等首事倡修，募金鸠工。伐石炼灰，相其地宜，跨涧为桥。高四仞，长约四寻，广计数武，周以回栏，下开孔通。经始于咸丰六年，告成于咸丰七年。计费三百八十金。深山崎岖之中，坦然诚夷途矣。

功竣，谋勒石征记于余。夫架桥为梁，所在多有。以余奔走南北，三上京师，见夫桥之最著名者，莫过芦沟与赵州。芦沟之桥，横镇永定，拱围神京，其地利之险要，制度之宏壮，非他处所敢拟。赵州之桥，规为大小，未有殊于其他，特以故老传闻，有仙灵之遗迹，遂称胜于今古。视此桥之委置于山巅水涯之间，听其修废而莫之或闻者，为大异矣。于此知天下事物，置之得其地，附之得其人，即一节之美，可以著闻天壤。而不然者，虽竭心思智虑之能，极人功物力之烦，亦名不出于乡曲。事物巨细，大抵皆然。余之为是记也，岂能若长乡之题柱，流芳升仙；雍陶之送行，易名折柳，使桥与人俱传于无穷也哉！而其创造之岁月，经营之勤劳，与夫助施之姓字，均有不容没者。爰书以贻之，俾镌于碑阴。

例授文林郎　吏部拣选知县　丙午科举人　邑人郑时雍顿首拜撰并书

（捐资人名单略）

大清咸丰八年五月吉日

（此碑现存中村镇南河村石井沟桥）

柳沟老君庙碑记

盖谓太上之名，法师符咒所必称。老君之冶陶、冶铸，销皆堂奉，立行分卦，有功于生民，为世人之所钦遵。炼海烧山，为利于械器，尤冶行之所敬事者也。

沁邑柳沟村，旧建老君庙一区，东炉行设立章程，每年二月择日至此，宰猪敬神，清算公项。合行于庙相会，终日则知一年公费多寡之不同，是诚吾所百世不易之常经也。然炼宇虽具，而暖阁未修；圣像虽备，而金碧失色。敝社与客商相商议，发其善念，动其诚心，共襄厥事，彼此同心，慨兴斯役。

工兴于同治十三年春二月，告成光绪元年冬十月。新建正殿暖阁三间，左右两楹，满张天花，绘洗神像，油画门窗，檐前四柱、大门、牌匾，至于东西耳殿，亦无不焕然从新,无不改观。

兹因树石乞文,余实不敏,不敢为文。聊以略叙商行之仁人,慷慨施金,与本社之信士,竭力捐输,不容湮没,以志贞珉。则知人有善念,神必佑之,亿万斯年,祈报无疆矣。

荣膺国典　李英昌沐手谨撰并书

遇顺炒号　六顺合　信成兴　六合窑　世信成　永兴东

绛州梁旺　诚兴永　万顺合　同兴永　顺兴合　怡顺永

时大清光绪元年仲冬吉立

（此碑现存中村镇南河村柳沟老君庙中）

重修神仙径大庙碑记

老子道君混元治世之祖也,犹龙称于宣尼风云直上跨牛睹于尹喜紫气东来,演道德五千之秘,并儒释为三教。又况调立五行有切于民生为世人之所钦遵燮理二气有利于铸销尤为陶冶之所当敬者也所世世祭享,人人奉献。如神仙径,建庙以前即有土地神祠一区,庄人于斯荐馨香焉。自雍正年间,铁产开采,炉行渐兴,始将祠区改作宏廓,中主老君,名曰:老君庙。特是殿宇孤立,不足以壮辉煌之观,不足以申妥侑之仪,未免有庙貌不备之憾。后于乾隆年间,村庄居民咸发善念,奋然继兴,南起舞楼,北建耳殿,并修东西廊房,丹楹画桷,焕然一新,较前殊觉巍峨。至道光中年,客商云集,炉厂偏僻大改庙貌以宏规模,复加卷棚以威瞻拜,又妆暖阁以增华丽,凡入目者,莫不称扬而夸善矣。东西炉行以此为主祀之地,以此为公商之局。不意民国三年春二月,突遭离变,将神像、殿宇、卷棚一概焚毁,道旁过者,无不触目而心伤也。炉行不忍坐视,与村老、庄老商议,重新修葺以襄厥事。众皆曰:善。乃志合意同。遂选木石良匠,即于本年六月中旬吉日开工,不数月,而殿宇告成。其时地冻天冷难以尽举。于九年又选良匠建卷棚,而卷棚告成。十年塑像润色,兼绘梁柱、门窗以及四壁。然庙虽复旧,而神光未开,其何以妥神灵乎?十一年孟夏,择吉开光,清算始终费金,与炉号信士捐施一一悉究明白,亿万年而不没善念可谓至矣。兹因树碑乞文请序于予,余年迈学疏不敢文,然亦不容辞,特就其实以叙之。俾知某也捐施,某也募化,某也总理、督工,而录之刻诸贞珉,以为永垂不朽焉耳。

民国十二年岁次癸亥仲夏五月吉日中村镇东西炉行仝立

（此碑现存中村镇南河村老君庙中）

消河湾及南林池碑记

尝闻,自来心志坚固,万拆不回,至危不惧,至险不变,虽迫之顽嚚加之鲁傲,历尽困苦始终不改者,皆忠臣孝子而为非寻常之辈所能及也。观夫完廪浚井无违父母之命,怒藏怨宿克全兄弟之情者,舜矣;昔谓行之纲常处之伦端者,亦舜矣。盖舜有此帝德圣仁,村民无功而歌无惠而颂,始将消河湾庄田南林池山坡施与大社为春祈秋报之奠。庄田每岁收获租资均作祭奠之费,惟山林纵横二十余里内均产生物历载经久赖雨泽润滋森林繁茂百卉蕞密山水秀丽亦可称此带之胜境也。但东、西、南三至皆无纠葛,惟北至猪耳腰,与蔡韩二姓接界,而二姓不顾忠恕专贪目利,逞强越界,屡入境内窃砍树木。适民国十一年,村民共同协商,公举代表人王翁明德、国珠、荣兴、国焕等,兴讼在沁水县公署,经知事□裁断判决,北为二姓之业,有尔之原契可证,南为大社之业,有本村王姓之原施合同可考参以乾隆三十七年两造之合同北至实属接壤矣。村中父老恐纸据岁月延远,无柄可考,邀众咸商勒石树碑,流芳后世询序于余,余不文,录其实者,概为之志耳。□□南林池小河湾两处界址,东至豪汉坡,与涧河社接界;西至大岭头;南至冻冽背顶;北至猪耳腰,与蔡韩二姓接界。下川小南庄两处山场田地界址,东至干河;西至梧倍辿顶;南至下川庄后,与上阁里接界;北至山水沟。以上八至以内犹有桃树闯半节沟两处地名又有大窑沟小窑圪崂山场一处,崖上系一甲,崖下系四甲,所有钱粮众花户完纳本村。北界及向阳两处庄田,有文约可考,遗于后世,永垂不朽。

沁水县县立第三高级小学校毕业,县委冶内第二初级学校教员钧如杨万福撰书

清佾生日新王明德参阅

王福堂施下院地基一间

总理人:王国隆　王国安　王顺兴

玉工人:萧玉龙　王占元

民国拾柒年阴二月仲旬吉日白华村合社仝立

（此碑现存中村镇白华村舜帝庙中）

第二章 相关文选

故乡有个福胜寺

靳兵煊

我走过大江南北，到过长城内外，去过异国他乡，拜谒过无数的寺庙神社和教堂，但是，我还是喜欢故乡的福胜寺。每次回乡（尽管 50 年来我只回过 4 次），都要到福胜寺看看，那儿留着我少年时的爱，少年时的梦。也就是在那儿，我和我的几位同窗好友，踏上了革命的征途。

小时候，并不知道它叫福胜寺，因为坐落在蒲弘村的村头，人们都习惯地叫它蒲弘寺。蒲弘村离我们沙腰村不到 2 里路，地块连着地块，加之我母亲的姑姑家又在蒲弘，所以蒲弘村我还是常去的，有时跟母亲一块去，有时也自己独往。经过寺院时，总觉得寺院非常森严，山门过殿的四大天王横眉竖眼，怒目龇牙，它们或弹勾魂琵琶，或舞青蛇黄龙，手挚宝幢鸣鸟，挥动乾坤宝伞，这些法器，仿佛随时都要向你击来，所以我从来没敢进去过，连经过寺院门口，也都是心惊肉跳地加快着脚步。

据万历二年（公元 1572 年）《重修福胜寺碑记》记载，福胜寺初建于宋代治平年间，距今已 930 多年了，由于经常毁于兵匪，元代重建，明初又重修。整个建筑为三进院，有正殿、过殿、山门及两廊。正殿悬山顶为琉璃脊兽宝顶，面宽五间，进深三间，中为释迦牟尼金身坐像，左右为十八罗汉，过殿的墙上，是泥塑的唐僧师徒西天取经的场景，腾云驾雾的孙行者，牵着白马的沙和尚，担着经书的猪八戒及身披袈裟的唐三藏，一个个都栩栩如生。前院的中央，是一座 13 层宝塔，在很远的山头上，就能看得清清楚楚，给这古寺增添了不少气势。门外的两棵古松，标志着寺院历史的悠久。

福胜寺在当地有点名气，不仅因为它的建筑雄伟，而且还和比丘慈泉禅师的名字及他的功德分不开。

比丘慈泉俗名张性仁，蒲弘村人，幼年体弱多病，5 岁时出家福胜寺为僧。1627 年，慈泉 16 岁的时候，随师傅到高平县仙井里听叶巅大师讲经，受到启发，以后便刻苦自修，从不偷闲。18 岁时，又随师傅西游，视野大开，他精心研究佛会音乐，每出主佛事，颇受赞许。当时有个香林大师，见慈泉天资聪慧，心善好学，便告诉他的师傅言旧，可把禅房机密经文传授给他。崇祯五年(公元 1632 年)，慈泉因战乱避于阳城县开福寺，在那里他精心研读了《法华经》，很有造诣。崇祯十五年，慈泉拜谒五台山大显通寺，第二年，又朝见少林寺，聆听少林寺第十七代弟子心悦和尚讲授佛家机缘，清顺治元年(1664 年)，慈泉到阳城海会禅院讲授《般若经》，又先后到开福寺、云峰寺等地讲授《法华经》，普度弟子百余人。经过几十年的云游，慈泉又回到了出家时的蒲弘福胜寺。由于兵乱和灾荒，寺院荒废，众僧离散，原有的 50 多间房子也毁坏十之八九，40 余名僧人，只剩下立洞弟子一人。慈泉触景生情，悲愤无比，决心重振福胜寺。于是他和立洞师徒 2 人，到处化缘布施，很快就建起了观音殿、钟楼山门，并创建了前院的一座 13 层宝塔，又修造佛殿一院，殿西静室一院，东西厢房各三楹，还有大殿塑金佛一尊，菩萨两尊，使荒废的古寺面目一新。从此，比丘慈泉禅师更受人们尊敬，福胜寺的香火也越来越旺。

……

抗日战争之前，沁水县还没有中学，最高的文化事业，就是四所高小，分别设在城关、榼山、中村和洞庵。日本鬼子占了中村镇之后，原中村三高的一些进步老师不愿接受日本鬼子的奴化教育，便在沁南抗日民主政府的领导下，成立了“沁南抗日高级小学”，出没于历山深处，进行游击式的教学活动。

1944 年，由于抗日战争的渐渐胜利，沁水县境内已没有日本鬼子了，地方相对太平了一些，沁南抗日高级小学也由历山脚下的涧河搬到了人口较多的蒲弘村。不过我想学校要搬到蒲弘的一个重要原因，也许是看中了福胜寺那几十间厢房，因此，校址就选在福胜寺。这是我第一次进福胜寺，只觉得它是那么宽敞，通过东西两个月亮门进入后院，后院虽然没有前院那么大，但是青砖铺地，大雄宝殿在高高的台阶之上。这寺院作为学校，比我们学校这几年借用的民房、庙堂要气派多了，学校迁到福胜寺之后，学生一下由 100 多人增加到 200 多，并且有了不少女学生。十四班毕业了，留下了几个高材生当老师，于是老师也由六七人增加到十几名，由 4 个班级扩大到 6 个班级。学生除蒲弘村的外，一律住校。东西厢房，楼上住人，楼下便是教室，仍然过着军事化的生活。每天早晨天还不亮，就吹起床号，排队之后，就由老师领着跑步，从东边的月亮门跑到前院，一圈又一圈，直跑得那些女生和小同学喘不过气来，老师才喊一声“齐步走！”速度才慢了下来。

那时候，根据地除实行减租减息外，“破除迷信”便是当时的一个很重要的口号，而学校的学生们，无疑便成了“破除迷信”的急先锋。所谓“破除迷信”，主要是破坏寺庙。开始，先把寺庙的铁钟和铁香炉砸了，造手榴弹，这在当时一切为了抗战的口号下，还情有可说。可紧接着便对准了寺庙中的神像，福胜寺的浩劫，就在所难免了。山门里的四大金刚给砸了，大雄宝殿里的释迦牟尼、菩萨、罗汉都被砸得一块一块搬到寺院后面的山坡上去了。当年比丘慈泉和他弟子立洞的心血，不到一个月便毁于一旦。大雄宝殿变成了“大礼堂”，过殿成了我们的伙房。只有大雄宝殿前的那两座石碑也许是过于沉重没法搬动，还稳稳当当立于赑屃的背上，记载着历史，悲叹着人生。每座碑前，各有一丛芍药花，到了夏天，花开得好大好大，那灿烂缤纷的花朵，尽情地展示着自己的丰腴的妖艳、柔美的温馨和高洁的宁静。

1946年夏秋之间，人民解放军陈赓兵团在晋南打了几个胜仗，消灭了国民党“天下第一旅”和三十一旅。部队在晋东南休整，曾在我校八班毕业的张克，当时已是该兵团十三旅教导大队的教务主任了。他回家探亲时到母校探望，并在全校学生大会上讲了一通话，无非是讲了一些解放战争的形势，并说在晋南作战中缴获了很多新式武器，要有文化的人才能掌握，希望我们参军（我们这些高小还没毕业的学生，当时就算知识分子了）。当时我们十五班将要毕业，沁水境内又没有中学，毕业后继续读书还得出县，于是就和张书信、李学新等几位要好的同学，告别了福胜寺，跟着张克到了十三旅教导队。从此，我们跟着部队一块过黄河，战淮海，渡长江，进西南，全国解放后又在云南边境剿了7年土匪，直到1960年我调北京国防部第五研究院工作路过故乡时，才又一次踏进福胜寺。这时，我们上学的那所高小早已迁回中村去了，这里只是蒲弘村的村小，三、四十名学生，显得冷冷清清，哪里还有我们当年读书时的气势？

半个世纪过去了，家乡的朋友来信说，改革开放之后，人民生活有了很大改善，作为沁水县的文化古迹，福胜寺重修了，释迦牟尼像重镀金身，它和它的弟子又共享一方香火了。

高路入云端

——沁水县中下旅游公路建设纪实

倪艾君

8月18日这一天，在沁水县公路建设发展史上，将永远留下辉煌的一页——中村至下川24公里的旅游专用路全线铺油通车！沁水的山梁沟壑、崇山峻岭中将隆起一条新的经济带！

这是一条熔铸了沁水人民不屈的意志和坚强的信念、浸透了沁水人民热血和汗水的大路，它不仅仅是一条通向国家级森林公园——历山风景区的旅游公路，而且是一条通向明天的强县大道！

敢谋大事创大业

巍巍中条山，鬼斧神工般地造就出神奇的历山旅游区，在这里登高可远眺黄河日出，低处可聆听清泉雅韵。这里既有长江三峡风光之旖旎，又有塞外草原之壮阔；既有云贵洞府之幽谧，又有东北森林之俊秀。

那里有华北地区最大的一片原始森林，那里有中华民族的祖先——舜的遗迹，那里是逐渐厌烦了城市的喧嚣的人们向往的一片净土和圣地。但由于群山阻隔，那里只是人们可望又难及的地方。由沁水县城到历山，短短的50余公里，即使性能最好的汽车，也要两小时以上。遇到雨雪天气，山外人进不去，山里人出不来，众多的旅客只能望山兴叹。

历山，舜王坪，这颗华北明珠，因交通不便，只能深锁在深山中。祖祖辈辈生活在历山脚下的人民，只能捧着金饭碗，苦守着祖祖辈辈延续下来的贫困。

1996年初，县委、县政府在制定全县经济发展的“369”工程大盘子时，审时度势，把“通道工程”和“旅游工程”作为两项捆在一起抓在手上。明确提出：打通中下路，开发旅游区。这年冬天，一支由3000多名干部群众组成的义务修路大军，开进了海拔2300多米的崇山峻岭，大战了一个多月，完成了中村到涧河9公里的三级标准路的拓宽改造任务。1997年的冬天，又完成涧河至下川15公里的路基改造任务，共完成土石方量20多万立方，投资220多万元。

至此，这条五十年代开修的简易马车便道，达到了山岭重丘等级公路的标准。

今年3月份，新一届县委、政府产生后，便果敢作出决策：要在今年内完成中下旅游公路的铺油任务。

4月8日，新任县长贾联亭便带领有关人员来到中下路现场办公，以统一思想，提高认识，振奋精神，团结战斗。现场办公会上中村镇、下川乡、县外事办等乡镇和部门的领导当场表态，决心带领广大群众，想方设法，克服困难，按时拿下底层备料任务。县交通局局长车小屯在近400万元铺油资金无着落的情况下，不讲条件，立下军令状。就在这次会上，作出决定，8月18日剪彩通车！因为再迟，在这高寒山区将错过最佳铺油时期，难以保证质量。

距这一天，只有130天！

首当其冲担重任

中下油路的开工建设，第一责任自然落在了县交通局的头上，这是交通局有史以来承担的战线最长、条件最差、难度最大、困难最多的一项工程。县交通局面对诸多困难和不利因素，做好了一切准备，决心打一场硬仗，一场恶仗，一场胜仗！

他们从机关抽调了12名技术骨干，由分管技术的副局长张树信挂帅进驻中下路，局班子5名领导，就有4名领导常驻工地，各把一方，各负其责。全体干部职工人人头上都有具体任务。

县交通局为加快工程进度，主动承担了下川境内14.5公里的备运白灰的任务，局下属的交通物资公司，在分管副局长悦雄伟的指挥下，经理苏国昌每天组织20部大货车从杏峪、中村、翼城等地运输优质白灰，他们克服交通不便，装卸困难，借用了一些司机，人休车不停，昼夜奋战，提前完成了拉运白灰的任务。

在铺油备料的关键时刻，交通局及时抽回局下属的公路工程公司在其他工地施工的大型机械，装载运送石子，经理赵国俊整整一个月吃住在工地，跟班作业。

沁水是个刚刚脱贫的山区经济小县，财政只是个"吃饭"财政，要完成中下路24公里的铺油工程，共需资金660多万元，这笔钱从哪里来？县财政有限，交通局这几年也是举债经营，尚欠修路款千万元。虽说已从市里争取回资金100万元，省里也答应以开发旅游公路建设可解决部分资金，县财政再挤出一点，但资金缺口仍较大。交通部门的干部职工便拿出了3个月的工资共计14万元用于中下路，交通征稽部门抓管理，挖潜力，挤出80万元的资助铺油。

为了保证工程质量，县交通局专门成立了中下路质量监理组，12名技术人员各包一段，路班作业，严把质量，在施工期间，局班子三次到工地一线召开反官僚主义斗争生活会，查问题，找差距，强化责任，自加压力，绝不允许不负责任的官僚主义在中下路上出现。同时，他们还聘请晋城公路分局、沁水公路段的工程技术人员4次到工地进行抽查、复验，发现问题及时纠正。前去视察的县委书记周海德在查看了整个路基的完成情况后，感到非常满意。他说，中下路的建设，交通局立了大功。

艰难险阻何所惧

中下公路全长24公里，有坡度里程占到90%以上，且坡长、坡陡，最大坡度15%，超过公路建设标准6%的两倍多，给底层和油面铺装带来极大不便，中村入下川就此一条路，没有往返便道，一车抛锚，全路受阻，加之一边堆石料，一边堆土灰，给施工进料和人员进出造成很大困难。同时，进入5月份以来，这里阴雨天气较多，造成土灰无法搅拌，路面铺油很难正常进行。面对这些他们迎难而上，强攻巧战。指挥部的同志科学安排，针对现场和问题，积极协调，合理布局，整个工地忙而不乱，有条不紊。中村、下川两乡镇的干部群众面对时间紧，任务重，战线长，春耕春播忙的矛盾，科学安排劳力，利用晚上运送土料、石子，做到春耕、备料两不误。

在底层和油面铺装过程中，阴雨天气占到近一半时间，往往一天雨，三五天不能施工，严重影响了工程进度。施工队急，指挥部更急。面对这一问题，指挥部和施工队团结协作，双方技术人员共同研究对策，最终采取了“遮盖法”进行施工。指挥部为每个施工队送去2000米的塑料薄膜，雨一来，将塑料薄膜盖在拌和好的基层料上或底面上；雨一过，揭去薄膜继续干。好天气时，各个施工队更是拼命加班加点干。

中下路的铺装难度大，临汾一家施工单位实地考察后，不敢投标承建。而在中原地区公路建设中屡建奇功的河南济源市交通局公路段等3家施工队，勇敢地中标承建了中下路，他们在资金不到位的情况下，垫支承建；他们拿出了全部看家本领，运来了两部铺油机，同时作业，机械铺油这在沁水公路建设史上尚属首次。他们为保证铺油所需的石子能及时到位，以防雨天运料的汽车上不来，索性从河南运来一套设备，在下川公路边办起了一个石子粉碎场，昼夜三班倒，全天候运转，保证了铺油顺利快速进行。在恶劣的天气条件下，中下路24公里路底层铺装只用了33天，油面铺装只用了23天，这不能不是个奇迹！

热土壮歌见精神

在沁水这个还不富裕的山区经济小县，在崇山峻岭中，仅用120多天，就漂漂亮亮地完成24公里的油路建设，实属一个奇迹，这一隆起的奇迹和辉煌，就是“团结、争气、苦干、创新”的沁水精神的具体体现！

这已是县委书记周海德第六次踏进中下路的施工现场，他看望筑路工人，慰问当地群众，查看工程质量，问询存在问题，拍板较大事宜。今年3月份来沁水上任的县长贾联亭，这位军人出身果敢严谨讲究实干富有实践经验的新任县长，更是把中下路铺油工程作为新一届政府的一件大事来抓，他先后15次深入工地，现场办公，解决疑难问题，并亲自带领工程技术人员对工程质量分期分段进行抽检、复检，严格质量要求。分管副县长王秀章，把整个心思都操在了这条路上，他亲自上太原、下晋城跑资金，把剩下的时间全部跑在了工地等一线，和筑路工人吃住在一起，劳动在一起。同时，县五大班子其他领导也都十分牵挂中下路的建设，县人大主任邵委员，县政协主席李宽裕，县委副书记、县纪检书记郑宏伟等也都多次深入工地，督查指导。

作为中下路的总指挥，县交通局局长车小屯，更是食不甘味，夜不成眠，一种时间上的紧迫感、质量上的责任感、工作上的求进感一直伴随着他，4个多月他没有睡过一个囫囵觉。资金、质量、进度、材料、安全等诸多事情和问题无不牵动他的心。他已向县委、县政府立下“军令状”,到时拿不下任务,“军法”处置他是小事,公路受损则是大事。他姓车,有人戏说:“车到山前必有路”。他倒但愿这话能成真。4个多月他夜以继日,呕心沥血,站着、走着、坐着、躺着都是在想着路上的这事那事。那次他累得病了,硬撑着不下工地,病没好又带着药品跑到太原争取资金。

常务副总指挥、分管工程建设的技术副局长张树信,从踏进工地的那一天起,他就把自己的一切交给了中下路,4个多月他一直吃住在工地,期间只有4次回到县城,3次是参加县里的会议,一次是专程回县向领导作汇报。他也只是抽这回城的空儿,回家看了看。他的集资房已拿到钥匙,妻儿们催他装修装修,可他没有一天的时间去考虑这事,他安慰家人,待铺完路,咱再装修。可他对笔者说,话是这么说哩,中下路完了,还有端高路、沁翼路,今冬的群众义务修路又要规划准备,明年再说吧。乡亲们嚷嚷着,要在中下油路建成通车典礼上,送给张局长一块大匾,以表他们的心愿。当笔者问这匾上写啥?他们说暂且保密。

李栓柱、冯军平两位年轻的技术员,以年轻人特有的朝气和干劲,冲锋陷阵。他们为等最后一车石灰、石子,时常在荒凉的山头公路边一直坐等到凌晨二三点钟,而这时,他俩也就索性露宿在山头到天亮。梁张建负责的路,在进入铺装的时刻,他两个月没有下山,没有回家,每天都是步行10多里到工地,一丝不苟抓质量。

中村、下川两乡镇的3500多名群众,出动1800辆机动车辆,大干20天,改造部分路段,备用石子、土灰,他们中间很大一部分群众为此放弃了外出挣大钱的机会,下川乡的群众为参战中下路,仅采集药材一项就比往年少收入10万多元。张马村支书王玉珠,带领群众上路一干就是30多天,期间他女儿患病住院半个月,他都未能前去照看一天。

上川村支书崔茂虎,宁愿自家责任田不能适时下种,也要完成备料任务。

……

中下路上一桩桩,一件件平凡而感人的故事数不清,写不完,从这些故事中,我们又验证了一个真理——只要是为群众办实事,为人民谋利益,我们的事业就有强大的后盾,就有了成功的保障。

中下油路的建成通车,给沁水旅游业的蓬勃发展,给沁水经济的大跨步前进铺展开了一条黄金大道,带来了新的机遇和广阔前景。

历山,因中下路的开通而更加迷人!

(载于《太行日报》1998年8月4日,与都朝阳合作)

大山深处写华章

——记沁水县中村镇党委书记丁李伟

倪艾君

素有“深山都市”之称的中村镇，近几年来，在沁水县乃至全市都远近闻名，早在1994年便率先跨入亿元乡镇行列，1996年又成为全市首批小康乡镇之一。同时，该镇在党的建设和精神文明建设方面更是独树一帜，先后被省委组织部、省精神文明建设指导委员会评为“农村基层组织建设先进乡镇”和“省精神文明建设先进乡镇”。这些荣誉中，饱含着该镇年轻的党委书记丁李伟及其一班人马的心血和汗水。

把眼睛盯在班子上，把力气花在队伍上，把重点放在经济建设上，这是丁李伟的治镇方略。随着改革的深入，在农村不少地方滋生了诸多与“两个文明”建设不相适应的不良倾向，少数干部以权谋私、贪污腐化，部分党员党性削弱、威信降低，这些都极大地影响了农村各项工作的正常开展。针对这种情况，丁李伟在班子建设上总结出一套“血”字经：一是“换血式”，对那些思想严重滑坡、干群关系恶化的村级班子进行坚决整顿，重新招贤纳士，把那些有本事、有威信的能人请回村里任主干，带领大伙共同致富。原在国营铁厂任副厂长的姚宪勇回上阁村任村长两年来，便使松、散、疲、软的班子一跃成为先进支部；二是“输血式”，针对一些村缺乏人才的实际情况，镇政府机关派工作人员赴这些村任村支书。几年来，有5名同志就任了宋庄、青旺等村的支书，村容村貌大有改观；三是“融血式”，把那些贫富对比较大、又较邻近的村组成联合支部，让大村带小村，富村带穷村，从而实现共同富裕；四是“造血式”，对于村主干年龄老化、新党员青黄不接的后进村，专门委派工作队进村，发现苗子，培养苗子，并让他们担负起带领全村群众脱贫致富奔小康的重任。与此同时，在党员队伍建设上，充分发挥镇办党校的作用，重教育、重培训，请山西大学著名教授前来授课，派优秀党员出外参观学习，并在广大党员中开展“我为中村添光彩”、党员挂牌上岗等活动，从而大大纯洁了党员队伍，提高了党在群众中的威望。

随着党组织凝聚力、战斗力的增强，丁李伟把工作重心放到了经济建设上。结合中村镇的实际，他大胆提出了“三靠”、“三变”的发展战略，即靠思想立本、靠优势发展、靠科教强镇；变资源优势为商品优势、变小打小闹为规模经营、变小富即安为共同富裕。为了让这一发展战略得以顺利实施，他首先在全镇的基础设施建设上大做文章，投资350万元，完成沁中（沁水至中村）公路12公里的油路铺装和中下（中村至下川）公路7.5公里的拓宽改造，全镇22个村实现了村村通汽车。同时，医疗设施、水电设施、教学设施也全部得到改善，并走在全县前列，为经济建设创造了优越的投资环境。通过实施“三靠三变”战略，截止1997年底，全镇工农业总产值达2.4亿元，农民人均纯收入达2600元，全镇99%的人口步入小康。

物质上富裕了的中村人，在精神上也不甘贫困。丁李伟顺应民意，高瞻远瞩，通过积极组织多种文体活动，治理脏乱差，及时地把群众的精神生活引导到健康向上的境界中来。每逢中村镇举办“五四”、“七一”、国庆群众性联欢晚会，多才多艺的丁李伟总要和群众在一起联欢。在观众热烈的掌声中，他会笑容可掬地走上舞台，用他那浑厚、悦耳的男中音高歌一曲《永远是朋友》：千里难寻是朋友，朋友多了路好走，以诚相待心心相印，让我们永远是朋友……是啊，正是丁李伟的以诚相待，平易近人，他的同事和他是朋友，他的部下，他的群众更愿和他交朋友，每个从中村外调出去的成员都对中村这个班子恋恋不舍，都对他们的班长丁李伟充满了兄弟战友般的深情。

愿丁李伟的事业更加辉煌。

（载于《太行日报》1998.10.16，与军利、德胜合作）

不求项目多　但求效益高
中村镇小康步子迈得扎实

倪艾君

沁水县中村镇党委、政府在经济发展中保持清醒的头脑，坚持因地制宜，稳扎稳打，根据镇情实事求是，促进各项事业蓬勃发展，今年全镇社会总产值可完成2300多万元，比去年增长27.7%，为明年进入明星乡镇打下了坚实基础。

中村镇是沁水县4大镇之一，当地煤、铁等资源得天独厚、乡镇企业发展有一定规模，目前主要问题是效益不高。在开展经济上台阶讨论中，镇党委、政府认识到，如果连现有资源都利用不好，连现有企业都办不成，还何以谈得上搞精尖项目？中村镇要达小康，当前最主要的一是抓好效益，二是打好基础。基于这种认识，他们在实践中确立了一条正确的指导思想：不求项目多，但求效益高。首先对全镇进行了区域规划，以煤、铁、矿、运、农5大产业为基础，把全镇划分为4大片，7个村突出抓煤炭，5个村突出抓冶炼，11个村突出抓矿石，6个村突出抓养殖业，4个村抓种植业，各区要充分利用当地资源，以最小的投入求得最高的效益。下大功夫抓好煤、铁、矿、运4个支柱产业，明年实现产值翻番，农业以科技兴农和大抓农建为手段跃上一个新台阶。二是抓乡镇企业，以巩固现有企业为主，挖掘内部潜力，对镇村10个骨干企业重点进行二轮承包和更新改造，全镇现有的663个企业要实现满负荷生产。同时本着“搞一个成一个”的原则新上一些重点项目，使乡镇企业产值占到全镇社会产值的80%以上。三是大力发展第三产业，大大改观基础设施。近年来全镇投资120多万元，投工近10万个改造拓宽县乡公路30里，并铺改油路15华里，使交通状况得到了初步改善。今年投资47万元，新修了中村集贸市场，并准备投资40万元新修镇综合服务大楼，明年5月可投入使用，可实现直拨的程控电话年底投入营用。随着基础设施的改观，全镇小康建设步伐将进一步加快，镇党委已订出目标：明年产值确保7500万元，争取得到1个亿。

（载于《太行日报》1992.12.23头版头条，与刘天明合作）

“舜王坪公园”开山门笑纳游客
孙文盛省长为该公园题名写园名

倪艾君

“下川遗址”所在地的历山，经多年沉寂，现已撩开神秘的雾纱——由沁水县政府和下川乡政府联合在其山最高峰开发的“舜王坪公园”，于8月1日正式接纳四方游客。这是我省又一处旅游、避暑的浏览胜地，孙文盛省长为该公园题写了园名。

历山为中条山主峰，这里不仅风景独特优美，峰峦集险峻、秀气于一体，有华北第一大溶洞白云洞，而且传说故事甚多，文化积淀丰厚。70年代，这里曾出土典型的细石器，使“下川遗址”和“下川文化”闻名天下。此次开发以传说舜王耕地而得名的舜王坪，海拔达2358米，面积一万余亩。

记者在该地看到，建在山顶是舜王坪公园的最大特点，在茫茫无边森林的拥抱中，只长茂密的花草而无树木的别致景观则令人惊奇。站在这里远处黄河蜿蜒而流，近处峰谷相连，古木参天。下川乡根据当地的传说又投资开发了“仙女望夫台”、“群猴望归”、“斩龙台”等人造景观，同时还开发了体验古人牧民生活的“蒙古村”、“野人庄”等旅游设施。

（载于《山西日报》1995.8.4头版头条）

“村官”直选后如何加强改善体现党的领导，全面有效地推进村民自治？

——中村镇规范村务管理

倪艾君

沁水县中村镇党委、政府针对“村官”直选后出现的新情况、新问题，在农村工作中自始至终牢牢把握党的领导这一主线，制定出台了操作性很强的《村务管理若干规定》，旨在加强、改善、体现党在农村工作中的领导地位，指导、支持、帮助村民委员会依法开展自治活动，有效推进民主决策、民主管理、民主监督的进程，全面规范村务管理工作，确保农村稳定发展。

这个《规定》从民主监督管理、“两会”议事制度、集体经济管理、村务公开四大方面作出了具体规定。在民主监督管理上，设立村民代表会和民主理财组。村民代表会在支部的领导下，按村民中每5至15户推选一名村民代表，或由各村民小组推选若干人，但代表总数不得少于20人，其中党员代表不少于代表总数的30%，经党支部审定后组成村民代表会。其权限是对所有重大村务进行评议，提出建议，对执行情况和结果进行审议，加强监督。民主理财组在村民代表和党员中推选产生，由3至5人组成。其权限是对本村财务管理进行监督，代表村民查阅审核有关财务账目，对发现的财务问题提出处理建议，向镇经管站反映财务管理情况。对于财会人员保持相对稳定，确需调整者，由村委会确定合适人选，提交村党支部研究决定，并书面报告镇农经站，经镇政府批准后方可任免。实行“两会”议事制度，即党员议事会、村民代表议事会，凡属村务的重大事项，先由村民委员会事先提交支委会，经广泛征求全体党员意见后，提交村民代表会或村民大会讨论，按照民主集中制原则，少数服从多数施行民主决策和决议。在集体经济管理上，集体经济经营项目发包前，在“两议会”讨论的基础上，确定承包方案，并张榜公布，公开招标。农村集体经济组织实行民主理财制度，年度财务收支计划，提交“两议会”讨论审核通过后实施。由村委主任负总责，计划外财务开支，500元以下由村委主任审批，500元至2000元由支部审核后，村委主任审批，2000元以上由村委提出，支委会同意，提交“两议会”讨论通过，方可列支。财务审计实行季度审计、年度审计、干部离职审计、专项审计和重点审计制度。并对农民负担提出了具体规定。在村务公开上，要求公开内容齐全，公开时间统一(一季一审计，一季一公开)，公开程序规范。

该《规定》出台后，全镇22个村均依据此规定，并参照试点村蒲泓村的村务管理实施细则，详细具体地出台了各村的实施细则(或村民自治章程)，经镇分管领导及有关人员审查验收，报镇农经站备案。目前，中村镇各村第一季度22个村的财务审计已经结束，并张榜公布。

（载于《太行日报》2000.5.22头版头条）

中村的办法值得推广

建华

面对“村官”直选，村民自治的整体推进，如何加强和改善党的领导，如何规范村务管理，是摆在乡镇党委、政府面前的一个迫切、重要的课题。沁水县中村镇通过调查、研究，讨论出台的办法，把村务管理纳入了法制化、制度化和规范化的轨道，有效解决了诸多难题，是加强农村民主政治建设的一种好办法，对全市广大农村正在深入开展的村民自治有着重要的指导作用。

“村官”直选是基层民主政治建设的一件大喜事，是农村生产力的又一次解放。但村务究竟由谁管理，最后由谁拍板？有的说党支部是核心，大事应由支委决定；有的认为村委会是村民自治组织，应由村委会讨论，村委主任拍板；还有的认为由村“两委”共同研究，最后经群众大会确定。中村镇为我们提供了一种模式。中村镇的《村务管理若干规定》是经过广泛民主制定的，它体现了群众的意志，受到群众欢迎，所以才能充分发挥作用。实践证明，加强党的领导是做好农村工作的前提，改善党的领导是做好农村工作的核心，让群众检验是做好农村工作的标准。在实行工作中，我们应依靠制度来进行规范管理，把支部的意图变为村委的意志，把直接操作变为有效监督，依法开展村民自治，只有这样才能扎实推进基层民主政治建设，确保农村稳定。

剪不断、理还乱的农村财务怎么办

——中村镇按季审计公布

倪艾君

被人喻为“剪不断、理还乱”的农村财务真的就没有解决办法了吗？不是，沁水县中村镇采取了“一季一审计、一季一公布”的办法，有效地解决了这一“难题”。

造成基层干群矛盾多、群众意见大、农村不稳定，一个根本的原因就是财务问题。过去也曾采取过一些办法，诸如形式上的财务公开，村账乡管等，都未能从根本上解决这一问题。第五届村民委员会换届选举以后，沁水县中村镇党委、政府抓住这一时机，在广泛调查研究的基础上，制定出台了《村务管理的若干规定》,各村据此制定了实施细则,明确规定农村集体经济实行民主理财制度和财务审计制度(季度审计、年度审计、离职审计、专项审计和重点审计),突出一点就是一季一审计、一季一公布,各村均设立了“民主理财组”,有权对本村财务收支情况进行审核。为搞好审计,镇党委、镇政府以镇经管站为基础成立了“农村财务审计小组”,人员由过去的2人增加到4人。工作中,审计人员同村民主理财组人员一起开展工作,审计人员把好“规定”关,理财人员把好“事实”关,一张单据一张单据地审查、询问,一项支出一项支出地核对、质询,任何一个细节、一个疑点都不放过。审计完毕,镇经管站盖章、村民主理财组人员和村委主任、会计均签字。然后,把审计结果向群众公布,并说明情况。在审计某村财务时他们发现该村巡逻队员与一村民打架纠纷案件、法院判决巡逻队员赔偿该村民3500元。而这笔赔款该不该由村集体支付?现任村长答复:这笔款必须提交村“两议会”决定,再做处理。某村今年春节时给群众购买大米款8200元,他们在审计时发现只有一张8200元的单据,而没有领大米的花名表,审计人员提出必须有花名表,村会计迅速造出花名表,挨家挨户去签字,补上了花名表。白华村新修的学校不久前竣工,他们对此进行了专项审计,张榜公布了工程建设和资金使用情况,一项一项、一笔一笔清清楚楚。目前,该镇22个村已有20个村完成一季度审计。

实行一季一审计、一季一公布可以从源头、根本上治理农村财务混乱的现象,可以不至于使账单成为“包包账”、“箱箱账”;不至于因时间过长问题成堆,说不清、理不明;可以防止干部贪污腐败,有效地保护他们,不至于犯经济错误。这种有村民理财组参加的季度审计,把过去的“暗箱操作”变成了“阳光作业”,把过去笼统的财务公开变成了直观的群众看得清的详细的财务公开。这是实现民主管理、民主监督的有效途径,是确保农村稳定、融洽干群关系的根本性措施,是给干部一个清白、给群众一个明白的好办法。

(载于《太行日报》2000.7.27)

荡起双桨　比翼双飞

——中村“两个文明”建设赢来“好”声一片

倪艾君

沁水县中村镇党委、政府在整体推进宽裕型小康的建设中,始终坚持“两个文明”一起抓的原则,不但成为全县唯一的省级“文明镇”,而且经济建设呈现出良好发展势头。2000年全镇完成财政收入166.4万元,比上年增长12.4%。

过去曾靠吃资源而红极一时的中村镇,近年来经济一度出现下滑趋势。1998

年镇党委、政府提出了全面实施“三靠、三变、两围绕、一推进”的经济和社会发展战略,进一步强化“不创一流,就是落后”的意识,积极稳妥调整产业结构,大抓基础设施建设和服务功能的完善,以抓党建和思想政治工作为突破口,促进全镇经济发展。尤其是去年以来,精神文明户达70%以上,被省委命名为“文明镇”。在物质文明建设方面,把党建工作作为重中之重,结合村委换届选举工作,制定出台了《村务管理若干规定》、《加强党支部领导的若干规定》,强化了党在农村工作的领导地位,确保了村民自治的正常进行。基层班子的凝聚力、战斗力、号召力明显增强。通过开展“十星级文明户”、“安全文明小区”等系统工程活动,使全镇文明村达到80%以上。十星级文明建设方面,他们突出抓住煤、铁、矿、运和建材五大支柱产业和农业产业化起步工程,投资15万元,完成了黄河小浪底上游东沟重点小流域治理一处3000亩;投资26万元完成了中村村人畜吃水工程;投资20万元,改善了下峪村的村容村貌;投资300万元的下峪洗煤焦化厂投产运行,投资300万元的中村型煤厂前期工作准备就绪。到去年底,全镇乡镇企业完成利税648万元,人均纯收入达到2345元,比上年增长0.3%。

(载于《太行日报》2001.2.8)

高擎党旗奔小康

——沁水县中村镇抓党建促经济纪实

倪艾君

“鸡鸣一声惊三州”,说的就是沁水县中村镇。这个镇地处晋城、临汾、运城三地(市)交界处。1989年以来,他们坚持围绕经济抓党建,抓好党建促经济,使农村经济连续5年保持了年年跃上新台阶的好势头。全镇工农业总产值由1989年的不足2000万元增长到1994年的1.2亿元,5年翻了两番多,农民人均纯收入也由400多元增长到1134元。昔日贫瘠的黄土地,变成了一方富庶的热土。

1989年9月,新一届镇党委、政府走马上任,他们在调查研究中发现:有些基层支部把党建与经济建设截然分开,支部的战斗堡垒作用和党员的先锋模范作用没有发挥出来,直接影响了经济的发展。镇党委书记潘庆云在一次班子会上尖锐地指出:“如果我们再不抓党建工作,把党建与经济工作有机地结合起来,中村的经济不但不会上新台阶,而且有滑坡跌谷的危险。”这在镇党委、镇政府领导中达成了共识——围绕经济抓党建,抓好党建促经济。打那时起,他们就把党建工作抓在了手上,融入了经济建设的各个方面。

抓党建促经济,他们坚持了思想建党的原则。重点从四方面抓起:一是坚持每月3日的党员活动日制度，开展“五个一”活动(上好一次党课、过好一次生活会、解决一个热点问题、开展一项有意义的活动、参加一次义务劳动)。通过这些活动，使广大党员认识到个人富不算富，带领全镇人民共同富才是富的道理。二是开展“双学双争”达标竞赛活动，把党在农村的工作具体化为党的建设、精神文明建设和物质文明建设3大部分20大项54小项，实行千分制考核。镇党委月月收集汇报，半年一检查，年终严格考评，分类按级张榜公布，奖惩兑现，从而使各支部看清自已在全镇所处的位置，增强紧迫感、责任感，激发战斗力。三是抓支部建设。几年来先后投资10多万元，对22个基层支部室进行了“武装”，做到了设备制度齐全、簿册卡片齐全，经常开展活动，充分发挥支部活动室的阵地作用。四是组织纳新，吸收“新鲜血液”。镇党委注重从农村优秀知识青年、妇女、科技专业户人员中培养发展党员，5年来共发展新党员49名，使党员的年龄结构、知识结构等发生了很大变化。

抓党建促经济，他们注重了班子建设。该镇在党建工作中，始终把农村支部、村委班子建设作为重点，尤其是对支部书记要求严格，标准就是能者上、庸者下。5年来先后对22个村的班子进行了整顿，对16个政绩平平的村主干进行了调整，同时对5个不廉洁的村支书进行了党纪政纪处分。班子的建设为经济发展提供了组织上的保证。

抓党建促经济，他们把社会治安综合治理作为关键一环来抓。镇党委成立了综治领导机构，镇党委书记潘庆云任组长；建立健全了各村民调、治保组织，配齐了人员，落实了待遇，村村有巡逻队，单位有治安员，建立健全村规民约、村民代表议事制度、党员帮户制度、农村财务制度等一系列管理办法和制度。同时，深入开展了“三法一策”(婚姻法、土地法、森林法和计划生育政策)教育，使农民的法律意识增强。5年来，该镇民事和刑事案件明显下降，村风民风明显好转，为经济建设创造了良好的社会环境。

围绕经济抓党建，使中村镇的党建工作连续5年受到市、县的表彰。

党组织更加坚强、巩固，党员的先锋模范作用得到进一步发挥。“三类支部”已不存在，党员带头致富，带领群众致富已成气候。目前，全镇上下心往一处想，劲往一处使，正以百米冲刺的速度和愚公移山的精神，奋力拼搏，积极进取，一个新的小康镇不久将在这深山里诞生。

(载于《太行日报》1995.4.7)

水与路的证明

——中村镇党委政府为民谋利纪事

本报记者　刘　敏　倪艾君

莽莽苍苍的历山山麓，山势嵯峨，奇峰戳天，连绵不绝，两岸峭壁绵亘秀绝，奇峰怪石耸峙嶙峋。一条小路崎岖蜿蜒在溪畔林间，时隐时现，颇有情趣。真可谓小桥流水，翠柳夹道，一峡碧绿，满谷清新的气息。峡间的涧河水犹如一条从远古游来的巨龙，在这两岸青山、一道峡谷间自由飘摆。它穿涧越峡，斗折蛇行，逢崖跳崖，遇岩翻岩，始终保持着活力。在这幽美的深山峡谷之中，路与水相伴，水与路同行，水缠绵，路悠悠……

驱车西进，一路清凉。记忆中的中村，掩映在苍翠欲滴的浓荫中，完全感受不到烈日的炎热气焰。然而刚走进中村，首先感受到的却是筑路工地上的激情和热度—车声隆隆、人声鼎沸。走进大山，领略到的是“杯中之水天上来”的气魄和胆略。在这优美的深山都市之中，路与水相伴，水与路同行，水柔情缱绻，路蜿蜒温馨……

水与路的欢歌在这里交响，水与路的激情在这里迸发。2004年，新一届中村镇党委政府本着为民办实事的方针，走村串户做调查，主动倾听群众呼声，掌握了群众最需要解决的问题，做出了研究决定：方便生活先引水，发展生产修公路，打牢基础再迈步。自此，一幅动人的水与路的画面在天地间被描就……

杯中之水天上来——小康之路水先行

水是万物之本，是生命之源。因为有了水的滋润，才有了花的芬芳；有了水的呵护，才有了雄鹰的展翅飞翔；有了水的养育，才有了光辉灿烂的人类文明。历山脚下的中村镇，依山傍水，山环水绕。多年来这里的人们却一直过着吃水困难，吃“劣质水”的生活。这个被喻为“深山里的都市”的小镇，“水”的问题始终困扰着全镇经济社会的发展及百姓的生活。

中村镇地处县城西南，东面属沙土结构，西面属熔岩地形，是北方较为独特的喀斯特地貌。特殊的地质结构，决定了中村东有水、西无水，夏天有水、冬天无水和东边为地表水的状况。正是因为是地表水，在中村才有了挖一米深的坑就可为井的奇特现象，也正是因为水浅，水井多受厕所和煤矿坑下水的“侵袭”，给人们的健康造成了危害。昔日滚滚而来，穿镇而过的河水，也因为煤矿开采导致的水流失而逐渐干枯。要不就没水喝，要不就喝劣质水，这不仅困扰着这里的老百姓，更是镇党委政府多年来的一块心病。既然低下头不行，那就只有抬头看了。苍莽的群山，给人以宁静致远的寄托，也给人以无限的遐想和启迪，把历山上湍流而下的涧河水引来怎么样？那是道好水，就是太远也太高了。可是又再没有别的引水源了。反过来想想群众的生活，想想每日饮用的杯中水，中村镇这个说话掷地有声，行事雷厉风行的党委书记谭爱国再也坐不住了，他当即在专门召开的镇党委会上拍板，就引涧河水！

中村的老百姓沸腾了，多年的期盼终于有了回音。

谭爱国带领他的班子成员，走进了那峰峦叠嶂的崇山峻岭。那一刻，便注定了激情将与风雨同行！

中村的山高、险，植被密度大，水流又急。来这里游山玩水，自是陶冶情操、修身养性、美不胜收。但要是在这上面建管道引水，难度之大难以想象。为了探个究竟，我们跟随谭爱国书记、苗路平镇长、牛永强主席，驱车走进了大山深处。虽说中村不比县城里热，但是刚吃过午饭的那一阵，热气还真是不客气地往我们身上凑。行至半山腰，我们遇见了一位骑着摩托车的人，便拦下他，搭上了话。“我是来看工地的，就快完工了，不能让我们村这一截出了问题”，这个黑黝壮实的中年人是北庄村的支部书记王炳鹤，他热情地告诉我们。大中午能碰上这么个好“典型”，当然要采访采访，他却笑着拒绝了。谭书记告诉我们，这是北庄村的支书，引水调节池那一段是他们村负责，大中午也在工地上，这在山上是常事。

说话间，车已经到了引水工程的分流池旁。这个1000方的水池是工程三个段最底下一个，引来的水将从这里流入中村的千家万户的工厂企业。分流池建设正在封顶的最后阶段，看见谭书记又出现在工地上，干活的工人开起了他的玩笑，“谭书记你又来了啊，你天天来，好像我们没有给你好好干似的”。说得大家都笑了，“工程就快完工了，分流池必须建好，漏出一滴水，都不算是好啊”。谭书记嘱咐着工人们。车走不过去了，要想看看上面的“景色”，就必须钻荆棘了。大家低头猫腰又一路爬上了调节池。调节池坐落在山沟壑中，旁边草杂林密。水在这里经过调节，净化，再流到下面的分流池里，也是正在进行水池封顶施工。刚才北庄的支书正是在这里查看工程建设。高达数米的钢筋水泥堆砌起来的水池子在这深山中，显的别具特色。接着往上走，就到了工程最上面的拦河坝。看着清澈的河水，聆听悦耳的流水声，坐在大坝上，谭书记同我们聊了起来这就是涧河水啊，将来中村人的生命之源。引水工程的难度之大，是没有想到的，但我们只有引来这条水，才能给群众用水一个最好的保证。

采访中，我们得知，自2004年着手开始建设以来，镇党委政府一班子人，就一刻也没有停歇过。他们最开始与县水利部门取得联系，监测设计的时候，水利局刘局长就告诉他，这将是晋城近年来的水利建设中工程量最大的一个。无论是难度，还是资金投入都将是巨大的。谭书记带领的一班子领导没有被困难吓倒，他们积极配合水利部门，高质量严格地完成了工程设计方案。要开工了，共需

500万元的投资却还没有落实到位，这可是一项能把人急得“口干舌燥”的工程啊。谭书记急得吃不下饭，睡不着觉。

怎么办？团结起来想办法。在镇人大会上，班子领导和村民代表集中在一起商讨，研究办法解决资金困难。一项把基础建设推向社会化的决议通过了，一条市场化运作的新路开辟出来了，这不仅解决了资金困难的问题，而且调动了群众参与的积极性。用镇人大牛永强主席的话说，就是政府搞建设，但不能做亏本买卖。就这样，自己干不了的，请工程队来干。自己能干得了的，每个村都有任务。一场全民参与，热情空前的引水战在中村大地迅速被点燃了。说到施工建设中的事，谭书记告诉我们12公里的引水工程，加之265米的水位垂直落差，对管道铺设和水池建设要求很高。可无论是领导干部还是工作人员，无论是专业人员还是普通群众，都能够始终坚持奋战在工地一线。干部们带头上山，群众绝不会落后。工作人员细致严谨，施工队也是毫不马虎。要求埋在地面60公分以下的管道，老百姓自觉地都加深一些，生怕出一点问题。质量要求严格的水池建设，建筑材料的用量和工程投入没有受到山高路难的一丝影响。看着他们黝黑的皮肤，看着那座挺立的水池，仿佛群众端起一碗洁净的水，微笑就在眼前。

工程量大，引水代价必将也大，将来不会出现“水贵如油”的现象吧？谭书记的一席话打消了我们的顾虑，“引来水以后，我们不仅要供给群众生活用水，而且要面向中村的企业，这部分水费收入将用于补贴群众生活用水，群众用水或许会是免费的。”谭书记说这席话是自豪的，中村的老百姓是自豪的。因为中村有个为民办实事的好班子，老百姓有为民的贴心人！

一条大路贯东西——小康步入高速路

路啊，你曾经是深山里的人们走出大山的希望，你曾经是深山里的人们走出贫穷的期盼……在现今，被喻为“经济长廊”的你，更被人们所渴求。有“深山都市”美誉的中村地处晋城、临汾、运城三地市的交汇之处。“鸡鸣一声惊三州”，形象地比喻了中村优越的地理位置优势。长期以来，由于出镇公路技术等级标准低，通行能力差，丰富的矿产资源和农业资源得不到充分的开发利用，发展的快车提不了速。

在村村通建设中，中村的乡村级公路面貌有了很大的改观。然而属于省道的翼中线张马至中村段的路况，在经济发展快速的今天，已经落在了时代的后面。这条坑坑洼洼，狭窄弯曲的道路，已承受不了经济这列快车的大载重量，已不能满足群众出行和发展的需要。修一条贯穿东西，连接“中外”的大路，成了中村人民的希望、期盼和渴求。

同样是2004年，中村镇党委政府做出决定，今年准备，明年施工，不惜一切代价修好这条路！这年，水与路一同被提上了议事日程。水500万！路960万！因为水与路，这一年注定将在中村发展的历史上落下深深的印记！

下了山，我们跟随镇领导们又来到了筑路工地上。路已经修得差不多了，正处于扫尾阶段。坚实的路基，厚厚的水泥，极其平展的路面，让人不觉感叹道路的质量。在路上，我们发现，虽是在扫尾，但是却没有一个人，因为要出行，在大路上行走，车辆、行人都自觉地走在两旁的便道上。谭书记告诉我们，为民办事群众是绝对支持的。从修路开始到现在，没有一个人因为出行不方便而在大路上乱走过，就是走便道翻了车，群众也没有一句怨言。说着，他又习惯性地在路上踢开了几个小石子。旁边的工作人员对我们说："修路时，谭书记每天都在施工第一线，又是检查又是干活，光球鞋就磨破了两双哩！"一句话打开了大家的话匣子，那段披星戴月的日子，仿佛又出现在了大家的眼前。

修公路是必须首先在有关部门立建设项目的，然后才可以设计、招标、施工。由于一些原因，这条路属中村自筹资金建设。自筹资金可以，但是立项时却受到了限制。谭书记跑县城，上晋城，嘴皮子都磨薄了。硬是跑了半年，把工程项目书拿到了手。备受感动的晋城交通局的一位领导对他说："不容易啊，你这是晋城市第一个建设省道是乡镇自筹资金，还立了项的工程"。说到这里，谭书记笑了，他说："这没什么，我是中村人，不想办法把路修好，以后无颜见乡亲们啊。"说了就定，定了就干，干就干好！中村人是这么说的，更是这么干的。拿到项目书，便开始进入设计阶段。在设计单位，他坚定地告诉设计人员，"你们尽管大胆设计，这条路必须设计好，起码要保证20年不坏。"于是，一幅路面16米宽，一级路的设计，高速路的标准的建设蓝图绘就了！工程招标，工程队来了，监理单位来了，大路开工了。谭书记又不放心了，这是凝聚着他的心血的路，是中村人期望的路，他怎能放心得下？他带领班子成员在路上仔细检查，对工程每一环节、细节都不放过。他要求路基挖4米，那就是少一点都不行。就算是一根树枝、一个稍大一点的石块，只要是有影响路基的可能，他都会要求一一拣出来。"这哪是修路啊，谭书记你家修房打地基都没有挖这么深，抠这么细吧?!"包工头忍不住了。"我是来给人民修路的，不是来瞎凑合的！"谭书记一点退路也不让。无奈之下，这个工程队在干了一段时间后，因实在"忍受"不了的他的"苛刻"，更感觉投标时太低了，无钱可赚，硬是工钱也没要就偷偷地跑了。这前所未闻的事，真是叫人忍俊不禁。可是，工程队走了，路怎么办？看着坑坑洼洼的工地，谭书记这条铮铮硬汉坚定地对班子成员们说："怕是再找个工程队也比这好不了哪里去。别人不干，不如我们带领机关干部自己干！一定要干出个样子来！"机器再次轰鸣，人声再次鼎沸。中村镇的所有机关干部，走出办公室，拿起铁榔头，走上了施工第一线。他们无所畏惧、无所要求，只求为家乡修路贡献自己的一把力。一位镇里的干部告诉我们，"自从修路以来，我们就是早6点半出工，晚6点半下工，吃在工地，没有一个人偷懒，更不说迟到早退了。看看我们的牛主席让晒的家里人都认不出来，吉张奎镇长（现已调离）人都瘦了好几斤，你就什么都知道了。”是啊，这么好的路，没有点奉献精神和拼命作风是修不出来的。说到发动干部亲自修路有什么好处，谭书记伸出了三个指头，一是质量有保证。二是节省。三是改善了机关干部的形象。要说质量有保证，靠吹是不行的，得接受考验。去年冬天，这条路试跑了一冬天，一点问题也没有；要说节省，谭书记买建材是亲自上门考价，用机械是广找朋友托关系，大家用起来也自觉地节约，自己干活还省去了给包工队的工资，最少也节省资金60万元；要说干部在群众的形象改善，群众看着自己的干部在路上没明没夜地受，那维护党委政府威信的自觉行动，给工地上送去的一碗碗水和干粮就是证明！

路漫漫其修远兮，吾将上下而求索。从2004年提上议程，2005年开始建设，到现在的即将竣工，中村镇党委政府一路追求一路歌！

这是一道来自天上的水，一条通往富裕的路，他浸透着中村镇党委政府一班子人的心血，凝聚着中村人民不甘落后，勇争人先的斗志。水与路，中村人民崛起的最佳证明！

录自《今日沁水》 2006年8月7日2版

沁水县地方志办公室
关于批准《中村村志》出版发行的通知

中村村委：

你们报送的《中村村志》评审稿收悉。我办经过认真的审查，认为《中村村志》观点正确，体例完备，内容全面，资料详实，表述规范，基本达到志书质量的总体要求，原则上同意出版发行。但同时也有三点要求：

一、《中村村志》定稿后，要广泛征求各方意见，核准核实基本信息，凡涉及人物的资料，要做到准确无误，万无一失。

二、《中村村志》的出版印刷，要按照《地方志工作条例》、《地方志书质量规定》、《山西省第二轮修志行文规定》的要求编排印制，要编校准确，印制规范，符合国家新闻出版部门对出版物的要求。

三、志书出版后要做好发行和存档工作。要按照省、市地方志部门的有关规定，向县地方志办公室报送20套印制好的《中村村志》，以便上报存档交流。

沁水县地方志办公室

二〇一一年二月二十一日

后　记

《沁水县中村志》经过大家的努力正式出版了，有欣喜，也有遗憾。欣喜的是中村的历史有了系统、全面的记载，关心中村的人可以阅览村志知其大概，村人可以存其书传承后世。遗憾的是：（一）中村古代历史史料甚少，挖掘考证难度较大，连中村到底什么时间有人居住，也没有找到可靠的依据。（二）中村古代名人文字记载不多，听说、传说的没有入志，有许多在外工作的仁人贤士也没有追踪搜集。（三）各家族的家谱收录不全，如前街李家找不到任何依据，本宗从何处来无考。东街侯家知道祖先自十字河迁来，但始祖为谁、何时来到中村没有考证。（四）当前在外工作人员较多，按说应该搞个名录或通讯录，但考虑到现在工作流动性较大，时效性太强，故无记录。还有一些遗憾，不一一叙述。

编完中村志，对我来说总算完成了一桩心愿，还是有些成就感的。干部当到县处级，读书只读过六年级，在土沃读初中时正值“文化大革命”，课程没有认真上，自然文化知识没学多少，编撰一部村志难度可想而知，其中的错误、不适肯定在所难免，希望翻阅本书的朋友不吝指教。也深望关心中村的各位贤士和中村后辈，能够补正、完善、续编本志，鄙人深表谢意。

马刘勤

2011 年 4 月于碧峰山下

图书在版编目(CIP)数据

沁水县中村志 / 马刘勤主编. — 太原：山西人民出版社，2011.11

ISBN 978-7-203-07448-5

Ⅰ.①沁… Ⅱ.①马…Ⅲ. ①村史—沁水县 Ⅳ.①K292.55

中国版本图书馆 CIP 数据核字(2011)第 230816 号

沁水县中村志

主　　编：马刘勤
责任编辑：阎卫斌
装帧设计：星河星

出 版 者：山西出版集团·山西人民出版社
地　　址：太原市建设南路 21 号
邮　　编：030012
发行营销：0351-4922220　4955996　4956039
　　　　　0351-4922127(传真)　4956038(邮购)
E - mail：sxskcb@163.com　发行部
　　　　　sxskcb@126.com　总编室
网　　址：www.sxskcb.com

经 销 者：山西出版集团·山西人民出版社
承 印 者：晋城市景潮办公用品印制有限公司

开　　本：787×1092 毫米　1/16
印　　张：52.25
字　　数：900 千字
印　　数：1~1000 册
版　　次：2011 年 11 月第 1 版
印　　次：2011 年 11 月第 1 次印刷
书　　号：ISBN 978-7-203-07488-5
定　　价：320.00 元